“十二五”普通高等教育本科国家级规划教材

供临床、预防、基础、口腔、麻醉、影像、药学、检验、护理、法医等专业使用

医学物理学

第 2 版

主　　编　李宾中

副 主 编　廖新华　周　涯　王　磊　于　勉　王昌军

编　　委　（以姓氏笔画为序）

于　勉（新乡医学院）　于　毅（新乡医学院）

王亚平（锦州医科大学）　王光昶（成都医学院）

王昌军（锦州医科大学）　王　磊（四川大学）

方　涌（遵义医学院）　计晶晶（包头医学院）

申杰奋（新乡医学院）　任社华（遵义医学院）

刘小利（长治医学院）　汤明玥（川北医学院）

李宜贵（四川大学）　李宾中（川北医学院）

张建炜（成都医学院）　张益珍（四川大学）

陈海峰（川北医学院）　陈　霞（包头医学院）

幸浩洋（四川大学）　周　涯（遵义医学院）

秦　鑫（新乡医学院）　聂　娅（四川大学）

梁寒冰（徐州医科大学）　曾林泽（川北医学院）

廖新华（第三军医大学）　薛晋惠（川北医学院）

学术秘书　陈海峰（川北医学院）　汤明玥（川北医学院）

科学出版社

北　京

内 容 简 介

本书是教育部"十二五"普通高等教育本科国家级规划教材。依照教育部最新颁布的医药类专业大学物理课程教学基本要求编写，书中系统阐述了医学物理学的基本概念、基本理论和基本方法，并融入作者多年的教学经验，参考了国内外优秀教材的成功经验。编写理念上，强调培养学生的物理思想和物理方法。内容选取上，依据"结合医学、保证经典、加强近代、涉及前沿"的原则，强调精炼适当，适当拓宽知识面。编写风格上，力求深入浅出、简洁流畅，力求达到"易学好懂"。

全书共20章，前15章为基本内容，后5章为医学物理专题内容。内容丰富，为医学生提供了大量的现代科技信息，有助于拓宽学生知识面，开拓学生思维。

为方便学生自学和教师教学，本书编写有配套教材《医学物理学学习指导与习题解答》(第2版)和《医学物理实验教程》(第2版)。

本书可供医药类专业大学生作为教材，也可供自学者使用。

图书在版编目(CIP)数据

医学物理学 / 李宾中主编．—2版．—北京：科学出版社，2016.6
"十二五"普通高等教育本科国家级规划教材
ISBN 978-7-03-048201-3

Ⅰ.①医… Ⅱ.①李… Ⅲ.①医学物理学-高等学校-教材 Ⅳ.R312

中国版本图书馆CIP数据核字(2016)第093741号

责任编辑：朱 华 / 责任校对：钟 洋
责任印制：赵 博 / 封面设计：范 唯

科学出版社 出版
北京东黄城根北街16号
邮政编码：100717
http://www.sciencep.com
天津市新科印刷有限公司 印刷
科学出版社发行 各地新华书店经销
*
2010年5月第 一 版 开本：850×1168 1/16
2016年6月第 二 版 印张：24
2022年10月第十六次印刷 字数：789 000

定价：76.00元

(如有印装质量问题，我社负责调换)

前　言

《医学物理学》自2010年面世以来，深得广大师生厚爱，并被全国多所高校选作教材或参考书，同时被列为教育部"十二五"普通高等教育本科国家级规划教材。在此编者深表感谢！

本书是在第一版基础上修订而成的。修订时，我们注意保持第一版教材原有的风格和特点，把教材的先进性、科学性、实用性结合在一起，重点阐述物理学的基本理论和基本知识，强化现代物理思想、概念和方法，重视分析问题和解决问题能力的培养，避免部分繁琐的内容，深入浅出地介绍部分现代物理学的新技术和方法，在取材上紧密结合医学。同时参考国内外有关教材，并结合我们的教学实践和教改经验，由九所院校共同修订的。修订后内容上有所增减，改正了原书中的一些印刷错误及个别欠确切的内容和词句，并对文字做了进一步润色，从而使全书文句通畅、通俗易懂、好教好学。

本书结构上分为两个部分，前15章为基本内容，每章末附有阅读材料；后5章为医学物理专题内容。这种结构体例使教材具有较大弹性，既保证了基本内容的介绍，又不失现代科学成就的介绍，可供不同教学时数的教学需求。本书内容丰富，为医学生提供了大量的现代科技信息，有助于拓宽学生知识面，开拓学生思维，提高学生科学素质。

本书适合高等医学院校基础医学、临床医学、口腔医学、影像、麻醉、药学、儿科、法医、医学检验、卫生检验、预防医学、护理学、妇幼保健等专业用，也可供医学院校其它专业、生命科学有关专业的师生和研究工作者作为参考用书。本书编写有配套教材《医学物理实验教程》(第2版)和《医学物理学学习指导与习题解答》(第2版)，便于教学和学生自学。

本书的改编得到川北医学院教务处的资助、被列入川北医学院教材规划，得到川北医学院基础医学院和物理教研室以及各编者单位的关心和支持，科学出版社的领导和编辑为本书的出版付出了诸多心血，在此一并表示衷心的感谢！

限于时间紧迫，编者学识水平和教学经验有限，教材中的缺点、错误及不当之处在所难免，恳请专家、同行和读者斧正。

编　者

2016年3月

目　　录

绪 论

物理学是研究物质的基本结构及物质运动的普遍规律的一门自然科学，它是一门严格的、精密的重要基础学科。物理学的新发现，所产生的新概念和新理论常常发展为新的学科或学科分支。它的基本概念、基本理论和实验方法向其他学科和技术领域的渗透总是毫无例外地促成该学科或技术领域发生革命性变化或里程碑式进步。历史上几次重要的技术革命都是以物理学的进步为先导的。现代物理学的原理、方法与技术的应用已经广泛深入到生产、生活、医疗等各个领域。下面，概括介绍一下物理学的研究对象、物理学与医学的关系、物理学的研究方法及其科学思维。

一、物理学的研究对象

物理学是探讨物质结构、相互作用和运动规律的学科，是自然科学的基础。它的研究对象十分广泛，包括宇观、宏观、微观世界。

空间尺度：从 10^{26} m（约 150 亿光年）的宇宙世界到 10^{-20} m 的夸克物质，相差 10^{46} 倍。

时间尺度：从 10^{18} s（150 亿年）的宇宙年龄到 10^{-27} s 的硬 γ 射线周期，相差 10^{45} 倍。

速率范围：从 0（静止的物体）到 3×10^{8} m/s 的光速，相差 10^{8} 倍。

自然界中的客观存在都是物质，所有物质都处于运动之中，运动既是物质存在的形式，也是物质的固有属性。物质的运动形式多种多样，各种运动形式之间既有相互联系，又有本职区别；既服从普遍规律，又有各自独特的规律。对各种不同的物质运动形式的研究，形成了自然科学的各个学科。

在自然科学中，物理学所研究的是物质运动所具有的最基本和最普遍的性质。物理学研究的运动包括机械运动、分子热运动、电磁运动、原子内部运动、场与物质的相互作用等。这些运动形式普遍存在于其他高级而复杂的物质运动之中。因此，物理学所研究的规律具有最基本、最普遍的意义，从而使物理学的知识和理论成为研究其他自然科学不可缺少的基础。

一切自然现象，包括有生命的和无生命的在内都要受到能量守恒定律、万有引力定律、热力学定律以及其他物理学定律的约束。正是由于物理学所研究的物质运动形态和运动规律在各自适用的范围内有其普遍的适用性、统一性和简单性，随着现代科学技术的迅速发展和各门学科之间的相互渗透，形成了许多与物理学直接有关的新兴边缘学科（或前沿学科），如物理化学、生物物理学、生物物理化学、量子化学、生物物理遗传学、医学影像物理学、激光医学、量子生物学、生物医学工程学等。物理学的每一次重大发现和发明都极大地推动了其他自然科学的发展，促使科学技术和生产技术发生根本性的变革。

医学物理学是现代物理学与医学相结合所形成的交叉学科，它的基础知识，已成为研究医学所不可缺少的基础，并为医学提供物理依据。

二、物理学与医学的关系

医学是以人体为研究对象的生命科学。生命现象属于物质的高级而复杂的运动形式，并且有其自身的运动规律，在生命活动中包含着大量的物理现象和物理过程。在医学的发展进程中无时无刻不在运用着物理学的理论、方法和技术。物理学的每一新进展无不对医学施以巨大影响，促使医学产生突破性的进步。例如，显微镜的发明和使用，使医学由解剖水平进入细胞水平；电子显微镜的出现，又使医学发展到亚细胞水平；而 X 射线衍射技术、波谱技术、电泳、色谱等又促使医学达到分子生物学水平。下面从两个方面简略介绍物理学与医学的关系：

1. 物理学知识是理解和揭示生命现象本质不可缺少的基础

物理学是除数学之外的一切其他自然科学和工程技术的基础，当然它也是医学的基础。例如，血液的循环流动涉及流体力学的知识；神经的兴奋传导、心脏的搏动需要应用力学知识和电学知识；视觉的形成及对视觉异常的矫正要运用光学知识；体温的调节，机体对能量的吸收、传递和利用离不开热学知识；要了解人体骨骼和关节受力情况，必须学习弹性力学和静力学的知识；要了解声音的感觉过程及超声在医学上的应用，必须知道声波的物理性质和传播规律；等等。随着物理学的迅速发展和现代科学技术的日新月异，人类对生命现象的认识逐渐深入，生物学和医学已从宏观形态的研究进入微观领域的研究，从细胞、亚细胞水平的研究上升到分子水平的研究，并逐渐将其建立在精确的物理学基础之上。任何生命过程都和物理过程密切联系，进而揭示生命现象的本质。例如，能量交换、信息传递、生理过程的控制与调控、疾病的发生机理、物理因素对生物体的作用等，都要应用物理学的知识和理论加以解释或说明。物理学在生物学和医学领域中的应用日益广泛和深入，对阐明生命现象的本质作出了新的贡献。可以说，没有物理学这一基础理论，不具备一定的物理学知识，就难以认识、洞察生命现象的本质，医学研究也就无法步入更高层次。故而，无论是现代基础医学研究，还是临床医学实践无不把其自身建立在精确的现代物理学理论基础之上。

2. 物理学为生物医学的研究和应用开辟了许多新的途径

物理学的新理论、新技术、新方法为生物学和医学的基础研究和临床应用开辟了许多新的方法和途径。现在物理学的新技术和新方法广泛应用于生物学和医学的基础研究和临床医疗实践。例如，心电、脑电、肌电的描记技术、光学显微镜、X 射线透视和照片、放射性同位素、光纤内窥镜等已广泛应用于医学领域；电子显微镜成为研究细胞超微结构的重要工具；计算机 X 射线断层摄像术(X-CT)大大提高了图像的清晰度；核磁共振成像(MRI)技术显著提高了成像的灵敏度和照片的清晰度，除了显示解剖学图像外，还能显示代谢过程和生化信息的图像；激光扫描共焦显微镜能拍摄到细胞内部瞬间变化的实时而真实的彩色图像，可达每秒 120 幅画面，为细胞生物学、分子生物学、生物化学、免疫学、遗传学、医学和神经生物学等研究领域提供了崭新的途径。超声波成像术应用于临床诊断，能方便、快捷、有效、无损伤地获得器官或组织的动态彩色图像以及相应的照片。还有数字减影血管造影技术(DSA)、单光子和正电子发射型断层成像(ECT)、放射免疫分析等等。总之，物理学每一次新的理论发现和技术发展都会为医学研究和医疗实践提供新的理论基础和更先进、更方便、更精密的仪器和方法。与此同时，生物学和医学的不断向前发展，又给物理学提出了新的研究课题。二者相互促进、相互渗透、共同前进，不断揭示生命现象的本质。

由上可知，物理学的理论和方法是学习和研究医学的基础，它为现代医学提供了准确可靠的检测手段和先进的治疗方法，极大地促进了医学的发展。因此，在高等医学院校里开设物理学课程是十分必要的，其主要任务是向医学学生传授系统的物理学知识和理论，使医学学生进一步掌握物理学的基本概念、基本规律、基本方法和基本技能及其科学思维，为学习医学奠定必要的物理学基础。因此，正确认识物理学与医学的关系，端正学习物理学的态度，是学好物理学的关键。

三、物理学的研究方法及其科学思维

物理学理论非常完善，其技术应用也日渐广泛，已成为人类知识宝库中较为系统、成熟的学科之一。学习物理学的研究方法和科学思维，不仅有助于学生对物理学和其它学科的学习和能力的培养，而且可以启发学生积极思维，激发学生的探索和创新意识，培养学生的创新精神和科

笔记栏

学态度。

自然科学的基本任务是认识物质的属性、研究物质运动的规律，其研究方法是“实践－理论－实践”的认识论。物理学的研究方法主要有：演绎法、归纳法、定性和半定量方法。具体地讲，物理学在研究物质运动规律时，一般都要采用如下的研究方法和认识过程：首先在不改变自然条件的情况下对某一自然现象加以认真、仔细的观察，再人为地创造条件使所研究的自然现象在人工控制下加以重现，即为实验。根据实验结果，对实验数据进行分析、归纳进而提出假说，即假定该自然现象中的某些物理量之间存在着一定的数量关系，遵循着某一发展变化规律，然后再把假说返回实践加以验证，用以证明假说的正确性，并对错误部分进行修改、完善，最终提出正确的物理定律和理论。所以，物理学的基本研究方法包括现象观察、实验演绎、提出推论或假设、综合分析、归纳总结、建立基本理论（定理、定律、原理）等各个方面。简单地说，物理学的研究方法也就是理论联系实践的科学方法。

大量事实表明，物理思想与方法不仅对物理学本身有价值，而且对整个自然科学，乃至社会科学的发展都有着重要的贡献。有人统计过，自 20 世纪中叶以来，在诺贝尔化学奖、生物及医学奖，甚至经济学奖的获奖者中，有一半以上的人具有物理学的背景；这意味着他们从物理学中汲取了智能，转而在非物理领域里获得了成功。反过来，却从未发现有非物理专业出身的科学家问鼎诺贝尔物理学奖的事例。这就是物理学科学思维价值所在。物理学知识的高度科学性、逻辑性、系统性和准确性常常以数学形式描述，使物理学处于现代科学知识的领先地位。在现代自然科学体系中，物理学形成的科学风格、提供的科学准则，就是人们特别重视物理学的研究方法和科学思维的原因。

李宾中

2016 年 3 月于果城

笔记栏

第1章 力学基础

运动是物质世界基本的存在方式。机械运动(mechanical motion)是最基本的运动形式，是其他运动的基础。

第一节 运动的描述

在经典物理中，空间是均匀、各向同性的，时间是均匀、单向流逝的，空间和时间各自独立的变化。机械运动是指宏观物体的空间位置随时间发生改变。任何物体的运动都是在时间空间中进行的。对运动的描述，也是用时间空间变量来表示。自然界中运动是绝对的，而对运动的描述是相对的。描述物体运动时选作标准的物体称为参考系(reference frame)。参考系的选择是任意的。不同的参考系，对研究对象运动的描述是不同的。在选定参考系中，建立适当的时空坐标系(coordinate system)，质点运动的描述便可以准确定量。

研究物体运动的一个理想化模型是质点。质点(particle)是指其大小和形状均可以忽略的有质量的点。

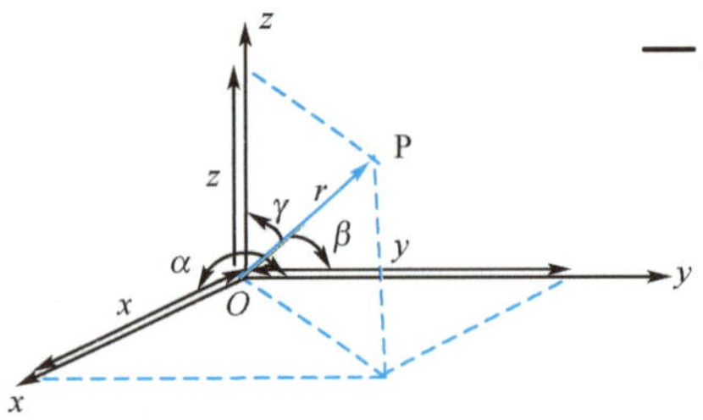

图 1-1 质点位置矢量

一、位置矢量和位移

为描述质点在 t 时刻的空间位置，首先应在参考系中建立适当的坐标系。在如图 1-1 的直角坐标系中，从坐标系原点 O 到 t 时刻质点位置 P 引出的矢量 $\boldsymbol{r}$，称为 P 点的位置矢量(position vector)，简称位矢或径矢。

$$\boldsymbol{r}=\boldsymbol{r}(\mathrm{t}) \tag{1-1}$$

质点的位置可以表示为

$$\boldsymbol{r}(t)=x(t)\boldsymbol{i}+y(t)\boldsymbol{j}+z(t)\boldsymbol{k} \tag{1-2}$$

式中，$\boldsymbol{i}$、$\boldsymbol{j}$、$\boldsymbol{k}$ 分别为 x、y、z 轴向单位矢量。位矢 $\boldsymbol{r}$ 的大小为

$$r=|\boldsymbol{r}|=\sqrt{x^2+y^2+z^2} \tag{1-3}$$

$\boldsymbol{r}$ 与 $\boldsymbol{x}$、$\boldsymbol{y}$、$\boldsymbol{z}$ 三个坐标轴的夹角称为方位角，如图 1-1 中的 α、β、γ，故 $\boldsymbol{r}$ 的方向可由方位角的余弦(方向余弦)来确定

$$\cos\alpha=\frac{x}{|\boldsymbol{r}|},\cos\beta=\frac{y}{|\boldsymbol{r}|},\cos\gamma=\frac{z}{|\boldsymbol{r}|} \tag{1-4}$$

质点在一段时间内，位置的改变称为位移(displacement)。如图 1-2 所示，在时刻 t_1，质点的位矢为 $\boldsymbol{r}_A$；在时刻 t_2，质点的位矢为 $\boldsymbol{r}_B$。于是，质点位移由矢量 $\Delta\boldsymbol{r}$ 来表示，有

$$\Delta\boldsymbol{r}=\boldsymbol{r}_B-\boldsymbol{r}_A \tag{1-5}$$

$\Delta\boldsymbol{r}$ 称为位移，它是位矢 $\boldsymbol{r}$ 的增量。$\Delta\boldsymbol{r}$ 与参考点 O 的选择无关。

位移不代表质点在该段时间内的实际路程，因此位移和路程是两个完全不同的概念。

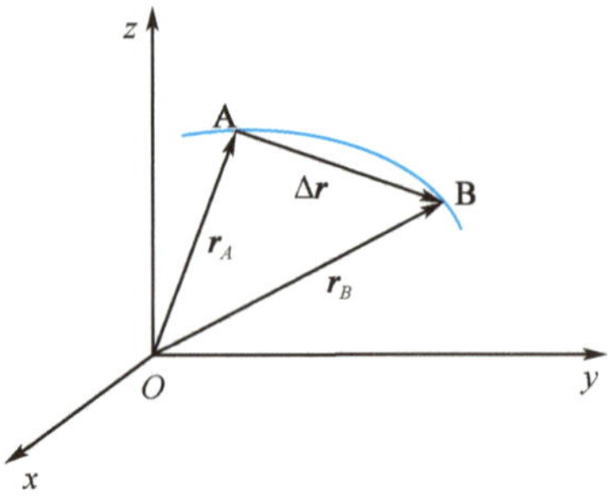

图 1-2 质点的位移

二、速度和速率

若质点在 Δt 时间内，完成了位移 $\Delta \boldsymbol{r}$，那么为了说明质点位置改变的快慢和方向，需考查质点的位移 $\Delta \boldsymbol{r}$ 与经过的时间 Δt 的比值$\frac{\Delta r}{\Delta t}$。定义质点的位矢在 Δt 时间内的平均变化率为平均速度 $\bar{\boldsymbol{v}}$，即

$$\bar{\boldsymbol{v}}=\frac{\Delta \boldsymbol{r}}{\Delta t} \tag{1-6}$$

平均速度是矢量，其方向与位移 Δr 方向一致。当 $\Delta t \to 0$ 时，得到瞬时速度，简称速度(velocity)，表示为

$$\boldsymbol{v}=\lim_{\Delta t \to 0}\frac{\Delta \boldsymbol{r}}{\Delta t}=\frac{\mathrm{d}\boldsymbol{r}}{\mathrm{d}t} \tag{1-7}$$

速度 $\boldsymbol{v}$ 是位矢 $\boldsymbol{r}$ 的时间变化率，是既有大小又有方向的矢量，即速度 $\boldsymbol{v}$ 等于位矢 $\boldsymbol{r}$ 对时间的一阶导数；速度的方向为 $\Delta t \to 0$ 时位移 $\Delta \boldsymbol{r}$ 的方向，即沿运动轨道的切线方向指向运动的前方，如图 1-3 所示。

在直角坐标系中，质点的速度 $\boldsymbol{v}$ 可以表示为

$$\boldsymbol{v}=\frac{\mathrm{d}x}{\mathrm{d}t}\boldsymbol{i}+\frac{\mathrm{d}y}{\mathrm{d}t}\boldsymbol{j}+\frac{\mathrm{d}z}{\mathrm{d}t}\boldsymbol{k} \tag{1-8}$$

即

$$\boldsymbol{v}=v_x\boldsymbol{i}+v_y\boldsymbol{j}+v_z\boldsymbol{k} \tag{1-9}$$

速度的大小为

$$|\boldsymbol{v}|=\sqrt{v_x^2+v_y^2+v_z^2} \tag{1-10}$$

在国际单位制(SI)中，速度的单位为 $\mathrm{m\cdot s^{-1}}$。

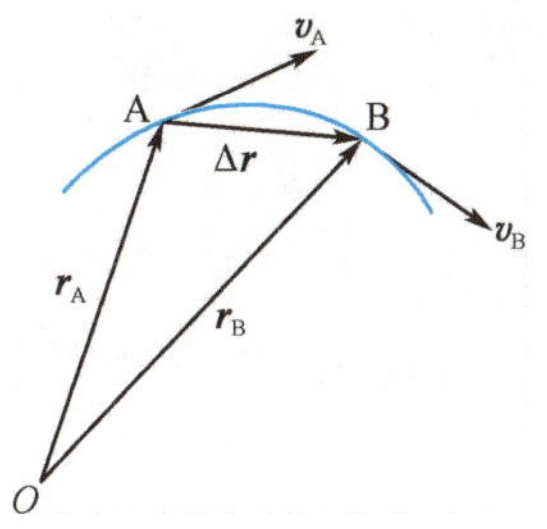

图 1-3 质点的速度

常用速率(speed)描述质点运动的快慢，速率为一个标量，定义为单位时间内质点所经历的路程。图 1-3 中，s 为质点，从 A 到 B 的路程。

$$\boldsymbol{v}=\frac{\mathrm{d}s}{\mathrm{d}t} \tag{1-11}$$

速率 v 等于路程 s 对时间的一阶导数。在 $\Delta t \to 0$ 的情况下，路程 Δs 的元路程 $\mathrm{d}s=|\mathrm{d}\boldsymbol{r}|$，于是速率为速度的大小，即

$$v=|\boldsymbol{v}|=\frac{\mathrm{d}s}{\mathrm{d}t}=\sqrt{v_x^2+v_y^2+v_z^2}$$

三、加 速 度

质点作曲线运动的过程中，速度的大小和方向随时间在改变，速度的变化情况用加速度(acceleration)表示。如图 1-4 所示，时刻 t，质点在 A 处，其速度为$\boldsymbol{v}_A$；时刻 $t+\Delta t$，质点运动到 B 处，其速度为 $\boldsymbol{v}_B$，速度矢量的变化为 $\Delta \boldsymbol{v}=\boldsymbol{v}_B-\boldsymbol{v}_A$。那么，质点在时间间隔 Δt 内，速度的平均变化率为平均加速度，即

$$\bar{\boldsymbol{a}}=\frac{\Delta \boldsymbol{v}}{\Delta t} \tag{1-12}$$

在 $\Delta t \to 0$ 时，平均加速度的极限为质点在时刻 t 或某位置的瞬时加速度，描述质点在任意时刻(或位置)的速度变化率，等于速度 $\boldsymbol{v}$ 对时间的一阶导数：

$$\boldsymbol{a}=\frac{\mathrm{d}\boldsymbol{v}}{\mathrm{d}t} \tag{1-13}$$

或等于位矢 $\boldsymbol{r}$ 对时间的二阶导数：

笔记栏

$$a=\frac{d^2\boldsymbol{r}}{dt^2} \tag{1-14}$$

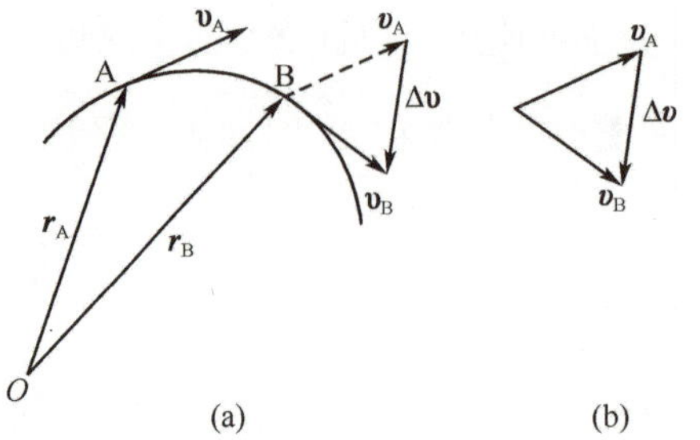

图 1-4　质点的速度的改变

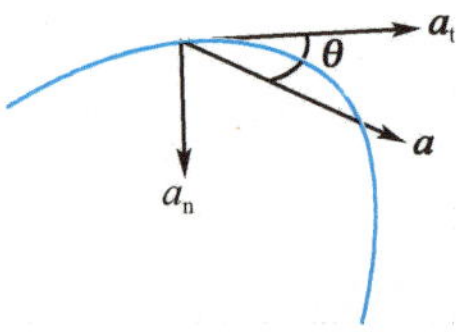

图 1-5　切向加速度和法向加速度

质点曲线运动时，如图 1-5 所示，加速度以法向加速度和切向加速度表示为

$$\boldsymbol{a}=\frac{dv}{dt}\boldsymbol{e}_t+\frac{v^2}{\rho}\boldsymbol{e}_n=a_t\boldsymbol{e}_t+a_n\boldsymbol{e}_n \tag{1-15}$$

$\boldsymbol{a}_t$ 的大小为速率随时间的变化率，方向沿轨迹切向，反映速度大小的变化；$\boldsymbol{a}_n$ 的方向沿法向，反映速度方向的变化，ρ为曲线所在处的曲率半径，质点圆周运动时，ρ即半径 R。则加速度的大小为

$$a=|\boldsymbol{a}|=\sqrt{a_t^2+a_n^2} \tag{1-16}$$

$$\tan\theta=\frac{a_n}{a_t} \tag{1-17}$$

θ 表示加速度与速度(轨道切线方向)的夹角。

第二节　牛顿运动定律

一、牛顿运动定律

物体之间存在各种不同的作用。力作用的效果表现在改变物体的运动状态或物体的形状。牛顿继承和发扬了伽利略的思想，总结出了牛顿运动定律。

1. 牛顿第一定律

又称为惯性定律，其表述为：任何物体都将保持静止或匀速直线运动的状态，除非作用在它上面的力迫使它改变这种状态。

牛顿第一定律揭示了物体的固有性质——惯性，同时定义了物体的惯性运动状态和惯性参考系(inertial system)，提出了力的概念，力即为物体与物体之间的相互作用，其效果是改变受力物体的运动状态。

2. 牛顿第二定律

表述为：物体受到外力作用时，物体运动的变化与合外力的大小成正比，与物体的质量成反比，运动改变发生在合外力的方向。

定律中表述的"运动"定义为质点的动量(momentum)，表示为 $\boldsymbol{p}=m\boldsymbol{v}$，作为物体的运动量的一种量度。于是牛顿第二定律表示为

$$\boldsymbol{F}=\frac{d(m\boldsymbol{v})}{dt} \tag{1-18}$$

在经典力学中，质量是一个不变的量，有

$$\boldsymbol{F}=m\frac{d\boldsymbol{v}}{dt}=m\boldsymbol{a} \tag{1-19}$$

牛顿第二定律说明力的效果是产生加速度，物体获得的加速度与其所受外力成正比，物体获得的加速度与其质量成反比。牛顿第二定律方程所给出的关系是某一时刻物体受力与加速度之间的瞬时关系。

在国际单位制(SI)中，力的单位为牛，符号为 N，$1\text{N}=1\text{kg}\cdot\text{m}\cdot\text{s}^{-2}$。

3. 牛顿第三定律

表述为：两物体之间的作用力 $\boldsymbol{F}_1$ 和反作用力 $\boldsymbol{F}_2$，彼此方向相反且大小相等。

$$\boldsymbol{F}_1=-\boldsymbol{F}_2 \tag{1-20}$$

二力是分别作用于两物体上的同种性质的力，同时存在、同时消失，没有主次之分。牛顿第三定律也是实验总结概括出来的，受到实践范围的限制。

在一切惯性系中，牛顿定律都成立，具有相同的形式。牛顿运动定律是质点在惯性参照系中的力学规律。

二、质心运动定理

力学中的研究对象，往往是由具有相互作用的若干质点组成的系统，简称为质点系。质点系中存在一个特殊的几何点 C，它的运动与质点间的相互作用力无关，其运动代表了质点系的整体运动，称 C 为质点系的质心。在研究多质点组成的系统时，质心是很重要的概念。

质心的位置是由质点系的质量分布确定的，如图 1-6 所示，如果质点系中质量为 m_1、m_2、…、m_i、…、m_n 的各个质点分别分布于 $\boldsymbol{r}_1$、$\boldsymbol{r}_2$、…、$\boldsymbol{r}_i$、…、$\boldsymbol{r}_n$ 等位置处，则质点系质心的位置矢量为

$$\boldsymbol{r}_C=\frac{m_1\boldsymbol{r}_1+m_2\boldsymbol{r}_2+\cdots+m_n\boldsymbol{r}_n}{m_1+m_2+\cdots+m_n}=\frac{\sum(m_i\boldsymbol{r}_i)}{\sum m_i} \tag{1-21}$$

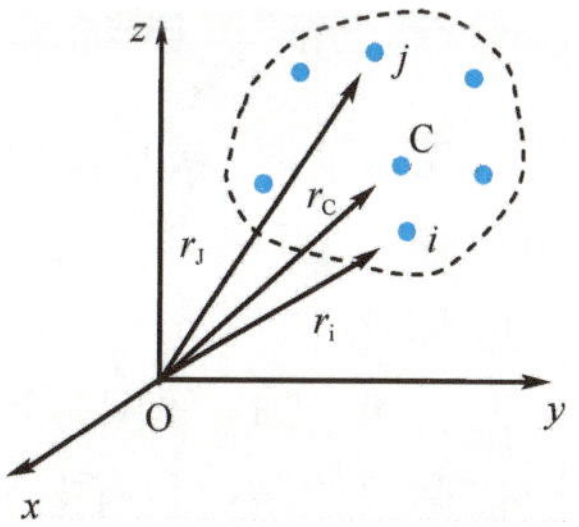

图 1-6　质点系的质心

其中 $m=\sum m_i$ 是质点系的总质量。可见，质心位矢 $\boldsymbol{r}_C$ 是各质点位置 $\boldsymbol{r}_i$ 以质量 m_i 为权重的加权平均。质心的位置决定于质点系的质量分布，代表着质量分布中心。质心位矢的直角坐标分量式为

$$x_C=\frac{m_1x_1+m_2x_2+\cdots+m_nx_n}{m_1+m_2+\cdots+m_n}=\frac{\sum(m_ix_i)}{m}$$

$$y_C=\frac{m_1y_1+m_2y_2+\cdots+m_ny_n}{m_1+m_2+\cdots+m_n}=\frac{\sum(m_iy_i)}{m}$$

$$z_C=\frac{m_1z_1+m_2z_2+\cdots+m_nz_n}{m_1+m_2+\cdots+m_n}=\frac{\sum(m_iz_i)}{m} \tag{1-22}$$

对于一个质量连续分布的物体，其质心位矢的表达式为

$$\boldsymbol{r}_C=\frac{\int\boldsymbol{r}\,\mathrm{d}m}{\int\mathrm{d}m}=\frac{\int\boldsymbol{r}\,\mathrm{d}m}{m} \tag{1-23}$$

其中 $\mathrm{d}m$ 是质元的质量，$m=\int\mathrm{d}m$ 是物体的总质量。上式的直角坐标分量式为

$$x_C=\frac{\int x\,\mathrm{d}m}{m},\ y_C=\frac{\int y\,\mathrm{d}m}{m},\ z_C=\frac{\int z\,\mathrm{d}m}{m} \tag{1-24}$$

质心是质点系的质量分布的一个特殊点，无论受力情况如何，始终有意义。若物体体积不大，可以认为物体处于均匀重力场中，物体各部分的重力加速度大小相同，方向平行，此时物体

笔记栏

的重心与质心的位置是重合的。

将式(1-21)或式(1-23)两端对时间求一阶导数，可得到质心的速度 $v_c=\frac{\sum(m_i v_i)}{\sum_m}$，$v_c\frac{\int v\mathrm{d}m}{m}$。

同样的方法，可以得到质心的加速度 $a_c=\frac{\sum(m_i a_i)}{\sum_m}$，$a_c=\frac{\int v\mathrm{d}m}{m}$。

质点系内各质点间的相互作用力称为内力，质点系以外其他物体对质点系中任一质点的作用力，称为外力。内力满足牛顿第三定律，它是施加在一对质点上的作用力与反作用力，系统内力的矢量和总是为零。则

$$\boldsymbol{F}_{外}=\sum(m_i a_i)=(\sum m)a_c \tag{1-25}$$

称为质点系的质心运动定理。质点系总动量的改变、质点系质心的加速度只与外力有关。

三、单位制与量纲

物理学是实验科学，所以对物理量必须进行测量。测量需要一个同类的量作为标准，该标准的量就称为单位。物理学量分基本量和导出量两类。

1. 单位制　国际单位制

单位改变时，联系各物理量的方程式也会改变，基本量的单位称为基本单位。导出量的单位由该物理量与基本量之间的关系导出，称为导出单位。如长度以 m 为单位，时间以 s 为单位时，速度的单位为 $\mathrm{m\cdot s^{-1}}$，密度的单位为 $\mathrm{kg\cdot m^{-3}}$(千克·米$^{-3}$)。

1960 年第 11 届国际计量大会通过了国际单位制(international system units. SI)为国际标准。国际单位制(SI)有七个基本量：长度、质量、时间、电流强度、热力学温度、物质的量、发光强度。规定基本单位分别为：m(米)、kg(千克)、s(秒)、A(安培)、K(开尔文)、mol(摩尔)、cd(坎德拉)。

国际单位制中，平面角的单位 rad(弧度)和立体角的单位 sr(球面度)为辅助单位，可参与构成导出单位(如角速度的单位为 $\mathrm{rad\cdot s^{-1}}$)。

2. 时间、长度的计量基准

1967 年第 13 届国际计量大会决定用铯原子钟作为时间计量基准，定义 1s(秒)等于铯-133 原子基态的两个超精细能级之间跃迁所对应的辐射周期的 9192631770 倍。

1983 年第 17 届国际计量大会通过，定义 1m(米)是光在真空中(1/299792458)s 的时间间隔内传播的长度。

1889 年第 1 届国际计量大会决定，1kg(千克)质量的实物标准是保存在法国国际计量局中的一个直径为 39mm 的铂铱合金圆柱体，称为国际千克原器。

3. 量纲式

导出单位与基本单位的关系式称为该导出量的量纲式。如在 SI 中，力学基本量为长度、质量和时间，以 L、M、T 表示它们的量纲，则可以对每个力学量[Q]写出其量纲式

$$[Q]=\mathrm{L}^{\alpha}\mathrm{M}^{\beta}\mathrm{T}^{\gamma}$$

式中：α、β、γ 称为量纲指数，$\mathrm{L}^{\alpha}\mathrm{M}^{\beta}\mathrm{T}^{\gamma}$ 称为物理量 Q 的量纲 $\mathrm{dim}Q$，记作$[Q]$。例如速度$[v]=\mathrm{LT^{-1}}$，加速度$[a]=\mathrm{LT^{-2}}$，密度$[\rho]=\mathrm{L^{-3}M}$，力$[F]=\mathrm{LMT^{-2}}$等等。

笔记栏

量纲式可定性地反映物理量与基本量之间的关系。物理学中常根据量纲作定性分析。

第三节 运动定理与守恒

一、冲量动量定理

牛顿定律表明，力可以使受力物体获得加速度，这是一种瞬时关系。实际上力对物体的作用总要持续一段时间，因而有必要研究力对物体持续作用的时间积累效应。本节主要讨论质点发生的动量变化与力的时间累积——冲量的关系。

1. 力的时间积累效应——冲量

力的冲量(impulse)的概念是与动量密切相关的。质点受合外力 $\boldsymbol{F}(t)$ 的作用，经过 $\mathrm{d}t$ 时间，定义作用于质点的元冲量为

$$\mathrm{d}\boldsymbol{I}=\boldsymbol{F}(t)\mathrm{d}t \tag{1-26}$$

$\mathrm{d}\boldsymbol{I}$ 表示力 $\boldsymbol{F}(t)$ 在 $\mathrm{d}t$ 时间内的积累量。力的作用要积累一定的时间才会产生冲量。只有当 $\boldsymbol{F}$ 的方向恒定不变时，$\boldsymbol{I}$ 才与 $\boldsymbol{F}$ 同方向。在 t_1 到 t_2 的有限时间内，质点受到的合外力的冲量为

$$\boldsymbol{I}=\int_{t_1}^{t_2}\boldsymbol{F}(t)\mathrm{d}t \tag{1-27}$$

或作用于质点的合力的冲量 $\boldsymbol{I}$ 等于作用于质点的各个力 $\boldsymbol{F}_i(t)$ 的冲量 $\boldsymbol{I}_i$ 的矢量和。

2. 质点的动量定理

根据牛顿第二定律有 $\boldsymbol{F}(t)\mathrm{d}t=\mathrm{d}(m\boldsymbol{v})$，于是

$$\mathrm{d}\boldsymbol{I}=\mathrm{d}(m\boldsymbol{v})=\mathrm{d}\boldsymbol{P} \tag{1-28}$$

经历一段时间间隔 $\Delta t=t_2-t_1$，$F(t)$ 作用于物体的冲量等于物体在该时间内的动量改变，即

$$\boldsymbol{I}=\int_{t_1}^{t_2}\boldsymbol{F}\mathrm{F}(t)\mathrm{d}t=\int_{\boldsymbol{P}_1}^{\boldsymbol{P}_2}\mathrm{d}\boldsymbol{P}=\boldsymbol{P}_2-\boldsymbol{P}_1 \tag{1-29}$$

式中：$\boldsymbol{P}_1$ 是物体在 t_1 时刻的动量，$\boldsymbol{P}_2$ 是 t_2 时刻的动量，此式为动量定理。它表明质点运动过程中所受合外力的冲量，等于该质点动量的增量。

冲量和动量都是矢量，动量定理具有矢量性。对各坐标分量式仍然成立，表明物体沿某方向的动量改变，取决于该方向上所受外力的冲量。

在诸如质点的碰撞和被冲击等过程中，质点受到的作用力往往非常复杂，不易测量，通常引入平均冲力 $\overline{\boldsymbol{F}}$。利用动量定律，可通过测量质点的动量变化，估算相互作用过程中质点受到的平均冲力 $\overline{\boldsymbol{F}}$，为

$$\overline{\boldsymbol{F}}=\frac{\int_{t_1}^{t_2}\boldsymbol{F}(t)\mathrm{d}t}{t_2-t_1}=\frac{\boldsymbol{P}_2-\boldsymbol{P}_1}{t_2-t_1} \tag{1-30}$$

质点系的动量可表示为

$$\boldsymbol{P}=\sum_i m_i\boldsymbol{v}_i \tag{1-31}$$

由于质点系的内力和为零，从(1-23)式可知，质点系的动量定理的微分形式为

$$\mathrm{d}\boldsymbol{P}=\boldsymbol{F}\mathrm{d}t \tag{1-32}$$

表明质点系所受合外力 $\boldsymbol{F}=\sum\boldsymbol{F}_i$ 在 $\mathrm{d}t$ 时间内的元冲量等于质点系总动量的元增量。在 $\mathrm{d}t$ 时间内，质点系总动量的变化是各个质点动量变化的矢量和，即 $\mathrm{d}\boldsymbol{P}=\sum_i\mathrm{d}(m_i\boldsymbol{v}_i)$。

对于 $t\rightarrow t'$ 的一段有限的时间过程，有

$$\boldsymbol{P}-\boldsymbol{P}_0=I \tag{1-33}$$

笔记栏

式(1-33)为质点系动量定理的积分形式，式中 $\boldsymbol{P}_0=\sum_i m_i\boldsymbol{v}_{i0}$、$\boldsymbol{P}=\sum_i m_i\boldsymbol{v}_i$ 分别为质点系初、末状态的动量，$\boldsymbol{v}_{i0}$、$\boldsymbol{v}_i$ 分别为第 i 个质点的初、末速度，$\boldsymbol{I}$ 为合外力在 $t\to t'$ 时间内对质点系的总冲量，等于在相同时间内各外力冲量的矢量和，即 $\boldsymbol{I}=\sum_i \boldsymbol{I}_i$，表明在一段时间内，质点系总动量的增量等于质点系所受外力的总冲量。

当合外力为零时，质点系动量守恒，即

$$\sum_i m_i\boldsymbol{v}_i=\text{恒量} \tag{1-34}$$

自然界中不受外力作用的系统常称为孤立系统，孤立系统总动量守恒。若质点系在某方向不受外力，或合外力在某一方向上的分量为零，则沿该方向动量守恒。

二、功　功率　动能定理　势能

1. 功、功率

力 $\boldsymbol{F}$ 作用下质点在经过 $\mathrm{d}\boldsymbol{r}$ 元位移的过程中，力所做的功(work)为 $\mathrm{d}A=\boldsymbol{F}\cdot\mathrm{d}\boldsymbol{r}$，称为力作用于质点的元功，它是力 $\boldsymbol{F}$ 与元位移 $\mathrm{d}\boldsymbol{r}$ 的标积：

$$\mathrm{d}A=\boldsymbol{F}\cdot\mathrm{d}\boldsymbol{r}=F|\mathrm{d}\boldsymbol{r}|\cos\theta \tag{1-35}$$

式(1-35)中：θ 为力 $\boldsymbol{F}$ 和元位移 $\mathrm{d}\boldsymbol{r}$ 之间的夹角。功是标量，有正负之分。当 $\theta=\pi/2$ 时，$\mathrm{d}A=0$，力 $\boldsymbol{F}$ 对质点不做功。

元功 $\mathrm{d}A=\boldsymbol{F}\cdot\mathrm{d}\boldsymbol{r}$ 为力 $\boldsymbol{F}$ 在质点空间位移 $\mathrm{d}\boldsymbol{r}$ 上的积累量。对于一段有限的运动路径，力 $\boldsymbol{F}$ 所做的功为该路径上各段元功的和，表示为

$$A=\int_{\mathrm{a}}^{\mathrm{b}}\boldsymbol{F}\cdot\mathrm{d}\boldsymbol{r} \tag{1-36}$$

式(1-36)中，a 是路径的起点，b 是路径的终点。功是一个过程量，其值与质点沿一定的具体路径相关。始末点相同而路径不同，同样的作用力对质点做的功不一定相同。由于质点的位移与参考系有关，则功依赖于参考系的选取，不同的参考系对功的描述是不同的。

在国际单位制(SI)中，功的单位为焦耳，符号为 J，$1\mathrm{J}=1\mathrm{N}\cdot\mathrm{m}$。

功对时间的变化率称为瞬时功率，简称功率(power)，表示为

$$P=\frac{\mathrm{d}A}{\mathrm{d}t}=\frac{\boldsymbol{F}\cdot\mathrm{d}\boldsymbol{r}}{\mathrm{d}t}=\boldsymbol{F}\cdot\boldsymbol{v} \tag{1-37}$$

它等于力与速度的标积，是力对质点在单位时间中所作的功，表明了做功的快慢，功率越大，做同样的功所花费的时间越少，做功的效率越高。在国际单位制(SI)中，功率的单位是瓦特，符号为 W，$1\mathrm{W}=1\mathrm{J}\cdot\mathrm{s}^{-1}$。

2. 动能定理

力 $\boldsymbol{F}$ 在质点运动过程的元位移 $\mathrm{d}\boldsymbol{r}$ 段所做的元功为 $\boldsymbol{F}\cdot\mathrm{d}\boldsymbol{r}$，根据牛顿第二定律，有

$$\boldsymbol{F}\cdot\mathrm{d}\boldsymbol{r}=m\frac{\mathrm{d}\boldsymbol{v}}{\mathrm{d}t}\cdot\mathrm{d}\boldsymbol{r}=m\frac{\mathrm{d}\boldsymbol{r}}{\mathrm{d}t}\cdot\mathrm{d}\boldsymbol{v}=m\boldsymbol{v}\cdot\mathrm{d}\boldsymbol{v}$$

由于

$$\boldsymbol{v}\cdot\mathrm{d}\boldsymbol{v}=\frac{1}{2}\mathrm{d}(\boldsymbol{v}\cdot\boldsymbol{v})=\mathrm{d}\left(\frac{1}{2}v^2\right)$$

于是

$$\boldsymbol{F}\cdot\mathrm{d}\boldsymbol{r}=\mathrm{d}\left(\frac{1}{2}mv^2\right)$$

笔记栏

将 $\frac{1}{2}mv^2$ 称为质点的动能，记作 E_{k}，即

$$E_k=\frac{1}{2}mv^2 \tag{1-38}$$

质点作机械运动时，E_k 是质点速度的函数，动能量值是反映质点运动能力的物理量，它可以与其它形式的能量相互转换。

那么，力的空间积累效应可表示为

$$dE_k=\boldsymbol{F}\cdot d\boldsymbol{r} \tag{1-39}$$

该关系式称为动能定理的微分形式。若质点沿路径 l 从 a 处运动到 b 处，如图 1-7 所示，则力 $\boldsymbol{F}$ 做的功为

$$A_{ab}=\int_{a\,(l)}^{b}\boldsymbol{F}\cdot d\boldsymbol{r}=\int_a^b d\left(\frac{1}{2}mv^2\right)=\frac{1}{2}mv_b^2-\frac{1}{2}mv_a^2$$

或简写为

$$E_k(b)-E_k(a)=A_{ab} \tag{1-40}$$

此即质点动能定理，说明质点动能的改变量等于合力对质点所做的功。

动能是一个状态量，且恒为正值。功是在质点运动过程中，动能变化的量度。尽管功和动能都与参考系的选取有关，但动能定理的形式与参考系的选取无关，在不同的参考系中动能定理具有相同的形式。

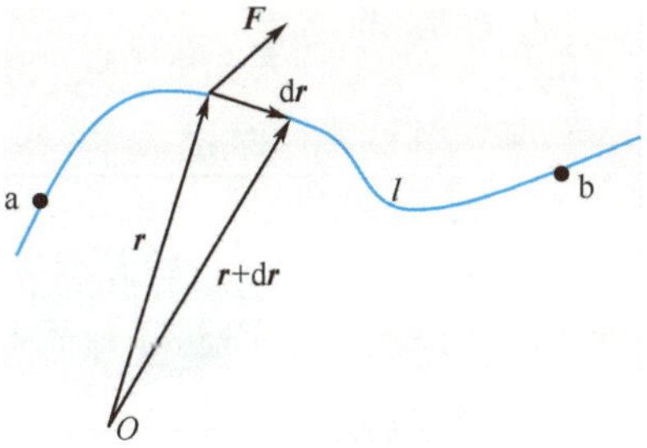

图 1-7　变力的功

质点系的总动能为各个质点的动能之和：

$$E_k=\sum_i\frac{1}{2}m_iv_i^2 \tag{1-41}$$

对质点系而言，(1-40)中的 A_{ab} 表示所有外力对质点系所做的功和内力对质点系所做的功之和，质点系的动能定理

$$A_{外}+A_{内}=E_k(b)-E_k(a) \tag{1-42}$$

质点系的动能定理表明，外力的功和内力的功都对质点系的动能的改变有贡献。在国际单位制(SI)中，动能的量纲和单位都与功相同。

3. 保守力、势能 机械能守恒

一些系统内力，如万有引力或弹簧弹力都有一个共同的特点，即做功与路径无关，于是有

$$\oint_l\boldsymbol{F}_c\cdot d\boldsymbol{r}=0 \tag{1-43}$$

具有这种特性的一类内力称为保守力(conservation force)，保守力沿任意闭合路径积分为零。保守力做功就等于系统势能的减少量(即势能增量的负值)：

$$E_P(a)-E_P(b)=\int_a^b\boldsymbol{F}_c\cdot d\boldsymbol{r} \tag{1-44}$$

质点系的内力可分为保守力和非保守力，于是质点系的动能定理(1-42)式可写为

$$A_{外}+A_{保}+A_{非}=E_K(b)-E_K(a)$$

式中：$A_{保}$ 为保守内力的功，$A_{非}$ 为非保守内力的功。用 $E_P(a)$和 $E_P(b)$表示系统初末态时的势能，由于 $E_P(a)-E_P(b)=A_{保}$，则

$$A_{外}+A_{非}=[E_K(b)+E_P(b)]-[E_K(a)+E_P(a)] \tag{1-45}$$

系统的总动能和势能之和称为系统的机械能，用 E 表示，即 $E=E_K+E_P$，则(1-45)式可写做

$$A_{外}+A_{非}=E_B-E_A \tag{1-46}$$

式中 E_A、E_B 分别为系统初末状态的机械能。此式表明系统所受的外力的功和非保守内力的功之和等于系统机械能的增量，这就是质点系的功能原理。

对于一个孤立系统，$A_{外}=0$，若非保守内力做功也为零，$A_{非}=0$，则系统机械能守恒：

$$E_K+E_P=常数 \tag{1-47}$$

笔记栏

系统机械能守恒，动能与势能的总和不变。

三、力矩　角动量　角动量定理与守恒

1. 力矩

物体转动状态的改变不仅与作用力的大小有关，还与力的作用位置和方向有关。定轴转动刚体受到的**力矩**(moment of force)定义为

$$\boldsymbol{M}=\boldsymbol{r}\times\boldsymbol{F} \tag{1-48}$$

如图 1-8 所示，$\boldsymbol{r}$ 为轴到力作用点的位置矢量，$\boldsymbol{F}$ 为作用在转动面内的力矢量，力矩 $\boldsymbol{M}$ 为二者的矢量叉积。力矩 $\boldsymbol{M}$ 的方向与 $\boldsymbol{r}$ 和 $\boldsymbol{F}$ 形成右手螺旋关系，如图 1-9 所示。

力矩的大小为

$$M=rF\sin\varphi \tag{1-49}$$

式中 φ 为 $\boldsymbol{F}$ 与 $\boldsymbol{r}$ 的夹角。在国际单位制(SI)中，力矩的单位为牛顿·米，符号为 N·m。

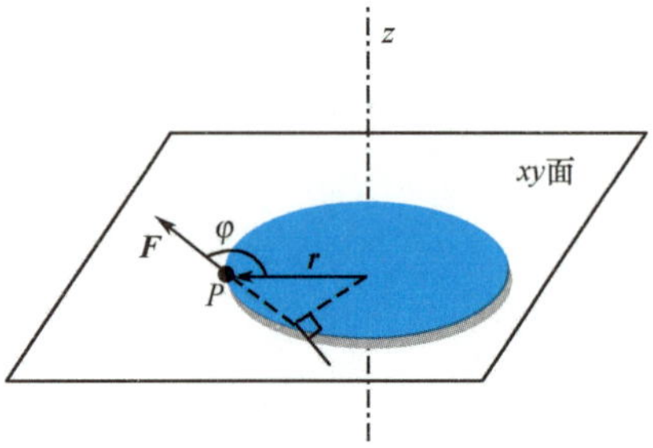

图 1-8　绕 z 转动的质点所受力矩

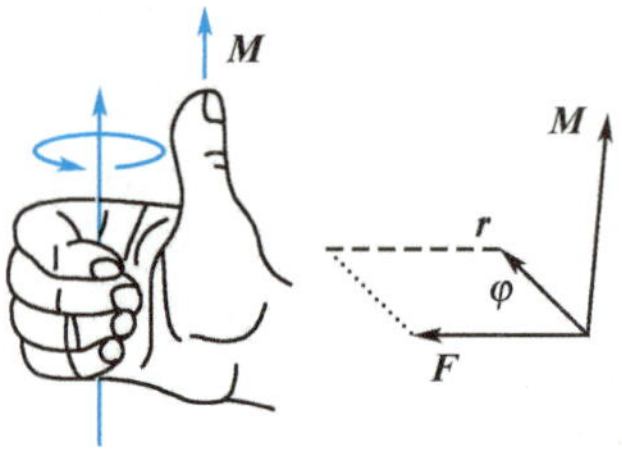

图 1-9　力矩的方向

2. 角动量

在讨论质点相对于空间某定点(定轴)的运动问题中，用**角动量**(angular momentum)来描述质点相对于定点的运动状态。如图 1-10 所示，定义质点对 O 点的角动量 $\boldsymbol{L}$ 为从定点 O 引向质点的矢径 $\boldsymbol{r}$ 与质点动量 $m\boldsymbol{v}$ 的矢积，表示为

$$\boldsymbol{L}=\boldsymbol{r}\times m\boldsymbol{v} \tag{1-50}$$

其方向垂直于 $\boldsymbol{r}$ 和 $m\boldsymbol{v}$ 所构成的平面，方向满足右手螺旋法则，如图 1-11 所示；其大小等于 $\boldsymbol{r}$ 和 $m\boldsymbol{v}$ 为邻边的平行四边形面积，即

$$L=rmv\sin\theta \tag{1-51}$$

式中：θ为 $\boldsymbol{r}$ 与 v 之间的夹角。角动量也可视为质点动量对给定点的矩，也称动量矩。质点的角动量是对一定点 O 而言的，不同的点所对应的角动量不同。在国际单位制(SI)中，角动量的单位为千克·米^2·秒$^{-1}$，符号为 $kg \cdot m^2 \cdot s^{-1}$。

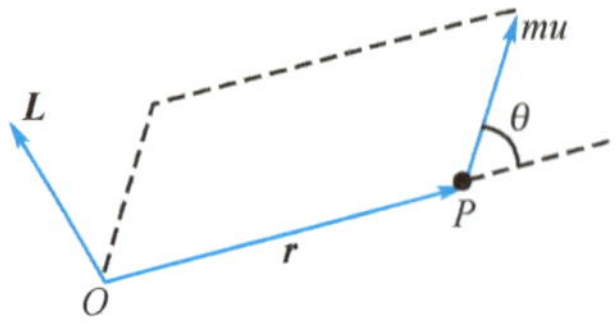

图 1-10　对 O 点的角动量

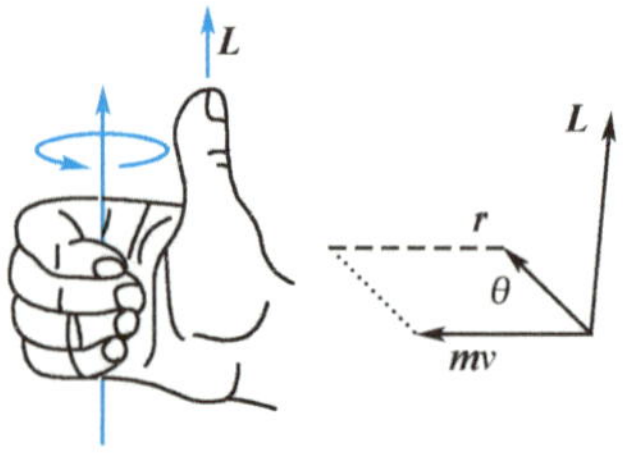

图 1-11　角动量的方向

3. 角动量定理

根据力矩的定义和牛顿第二定律，有

$$\boldsymbol{M}=\boldsymbol{r}\times\boldsymbol{F}=\boldsymbol{r}\times\frac{\mathrm{d}(m\boldsymbol{v})}{\mathrm{d}t}$$

对一定点而言，由矢量运算规则可以证明作用于质点的力矩的效果为质点的角动量随时间的变化率，即

$$\boldsymbol{M}=\boldsymbol{r}\times\boldsymbol{F}=\frac{\mathrm{d}(\boldsymbol{r}\times m\boldsymbol{v})}{\mathrm{d}t}$$

则

$$\boldsymbol{M}=\frac{\mathrm{d}\boldsymbol{L}}{\mathrm{d}t} \tag{1-52}$$

式(1-52)为质点的角动量定理。它表明作用于质点的合外力对任一固定点的力矩决定了质点对同一固定点的角动量随时间的变化率，二者是等量的关系。

质点系对定点 O 的角动量 $\boldsymbol{L}$ 等于各质点对定点 O 的角动量 $\boldsymbol{L}_i$ 之和，即

$$\boldsymbol{L}=\sum_i \boldsymbol{L}_i=\sum_i \boldsymbol{r}_i\times m_i\boldsymbol{v}_i \tag{1-53}$$

$\mathrm{d}\boldsymbol{L}_i$ 为第 i 个质点的角动量的增量，由质点的角动量定义可知 $\mathrm{d}\boldsymbol{L}_i=\boldsymbol{M}_i\mathrm{d}t$，代入上式，得 $\mathrm{d}L=\sum_i(\boldsymbol{M}_i\mathrm{d}t)=(\sum_i\boldsymbol{M}_i)\mathrm{d}t$，有

$$\mathrm{d}\boldsymbol{L}=\boldsymbol{M}\mathrm{d}t \tag{1-54}$$

$\boldsymbol{M}=\sum_i\boldsymbol{M}_i$ 为质点系所受的对 O 点的总力矩。总力矩中可分为内力矩与外力矩。由于质点系的内力总是成对出现，内力始终共线，则在质点系中，一对内力矩之和总是为零。那么，总力矩就只是外力矩的矢量和，称为合外力矩

$$\boldsymbol{M}=\sum(\boldsymbol{r}_i\times\boldsymbol{F}_i) \tag{1-55}$$

于是

$$\mathrm{d}\boldsymbol{L}=\boldsymbol{M}\mathrm{d}t \tag{1-56}$$

式(1-56)为质点系角动量定理，表明对同一个固定点 O，质点系的角动量的元增量等于合外力矩的元冲量。其积分形式为

$$\boldsymbol{L}_2-\boldsymbol{L}_1=\int_{t_1}^{t_2}\boldsymbol{M}\mathrm{d}t \tag{1-57}$$

式中：$\boldsymbol{L}_1$ 和 $\boldsymbol{L}_2$ 分别为 t_1 和 t_2 时刻质点系对 O 点的角动量。质点系角动量定理是矢量关系式，其分量式分别成立。如对 z 轴的角动量定理式为 $\mathrm{d}\boldsymbol{L}_z=\boldsymbol{M}_z\mathrm{d}t$。

4. 质点系的角动量守恒

对定点 O，若作用于质点系的合外力矩为零，则质点系对 O 点的角动量守恒，即

$$\boldsymbol{M}=0,\quad \boldsymbol{L}=\sum_i\boldsymbol{L}_i=\text{常矢量} \tag{1-58}$$

角动量守恒，包含角动量矢量的方向固定和数值不变。对于孤立的系统，外力对给定点的合力矩为零，系统的总角动量不变。而内力矩只能改变各个质点的角动量，使角动量可以在质点间相互交换，但对系统总的角动量没有影响。

同样，对 z 轴的外力矩代数和为零时，质点系对 z 轴的角动量守恒，即

$$\boldsymbol{M}_z=0,\quad \boldsymbol{L}_z=\sum_i\boldsymbol{L}_{iz}=\text{常量} \tag{1-59}$$

需要强调，要质点系的角动量定理和角动量守恒成立，质点系相对的“定点”和“定轴”都是固定在某个惯性系上的。

笔记栏

第四节 刚体定轴转动的运动描述

刚体是研究物体运动的一个理想模型。刚体中任意两个质点之间的距离始终保持不变，刚体在运动和受力时，形状和体积都不会发生变化。

一、角 量

刚体转动时，各个质点都绕同一直线作圆周运动，该直线称为刚体的**转轴**。如果转轴相对于某惯性系固定不变，就称刚体在做定轴转动，如图 1-12 所示。刚体的定轴转动由角量(包括:角位移、角速度、角加速度等)来描述，定轴转动时的动力学量，如力矩的功、转动动能、角动量等，都与角量有关。

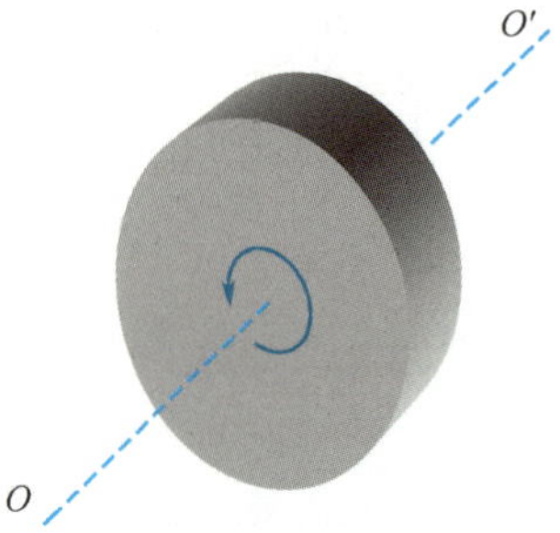

图 1-12 刚体的定轴转动

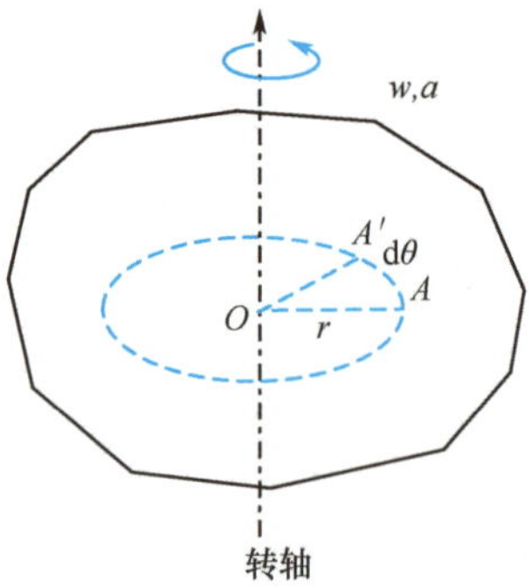

图 1-13 刚体定轴转动描述

刚体绕定轴转动时，除轴上各点静止以外，其他各质元都绕轴在作圆周运动，圆心均在轴上，它们作圆周运动的角量，如角位移、角速度和角加速度都相同。各质元的运动平面均垂直于转轴，如图 1-13 所示。

某时刻，对参考系而言，刚体上任一质元 A 的角位置为 $\theta(t)$，在 dt 时间内的角位移为 dθ，那么角速度 ω 和角加速度 α 分别为

$$\omega=\frac{\mathrm{d}\theta}{\mathrm{d}t} \tag{1-60}$$

$$\alpha=\frac{\mathrm{d}\omega}{\mathrm{d}t}=\frac{\mathrm{d}^2\theta}{\mathrm{d}t^2} \tag{1-61}$$

二、角量与线量的关系

若质元到转轴的垂直距离为 r，也就是其作圆周运动的半径，当刚体转过的角位移时，该质元的运动的弧长为

$$\Delta s=r\Delta\theta \tag{1-62}$$

于是该质元的速率、切向加速度和法向加速度分别为

$$v=\frac{\mathrm{d}s}{\mathrm{d}t}=r\omega \tag{1-63}$$

$$a_{\mathrm{t}}=\frac{\mathrm{d}v}{\mathrm{d}t}=r\alpha \tag{1-64}$$

$$a_{\mathrm{n}}=\frac{v^2}{r}=r\omega^2 \tag{1-65}$$

三、匀速定轴转动 刚体的运动学规律

笔记栏

刚体绕定轴转动的角速度 ω 恒定时，刚体的角位移与角速度的关系为

$$\theta=\theta_0+\omega t \tag{1-66}$$

式中，θ_0 为初始角坐标。

刚体转动的角加速度 α 恒定时，刚体作匀变速定轴转动，其角速度和角位移为

$$\omega=\omega_0+\alpha t \tag{1-67}$$

$$\theta=\theta_0+\omega_0 t+\frac{1}{2}\alpha t^2 \tag{1-68}$$

其中，ω_0 为初始角速度。

刚体定轴转动时，应首先规定转轴的正方向，由此可以确定刚体定轴转动的方向和角量的正负，如 $\Delta\omega>0$，说明角加速度沿转轴正方向，$\omega>0$ 时，转速增加，$\omega>0$ 时，转速减小。

例 1-1　如图 1-14 所示，一缆绳通过定滑轮拉动一升降机，滑轮半径 $r=0.5\text{m}$，如果升降机从静止开始以加速度 $a=1\text{m}\cdot\text{s}^{-2}$ 匀加速上升，滑轮与缆绳间无相对滑动。求：(1)滑轮的角加速度；(2)$t=3\text{s}$ 时滑轮的角速度。

解：(1)由于滑轮与缆绳无相对滑动，则滑轮边缘处质元的切向加速度与升降机的加速度一致，$a_t=a$，于是滑轮的角加速度为

$$\alpha=\frac{a_t}{r}=\frac{1}{0.5}=2\ \text{rad}\cdot\text{s}^{-2}$$

(2)由于 $\alpha=\frac{\mathrm{d}w}{\mathrm{d}t}$，则 $\mathrm{d}w=a\,\mathrm{d}t$

根据初始条件，$t=0$ 时，$w=0$，对上式积分

$$\int_0^{\omega}\mathrm{d}\omega=\int_0^t\alpha\,\mathrm{d}t$$

得：$\omega=\alpha t$，则第 3 秒末滑轮的角速度为：$\omega=6\text{rad}\cdot\text{s}^{-1}$。

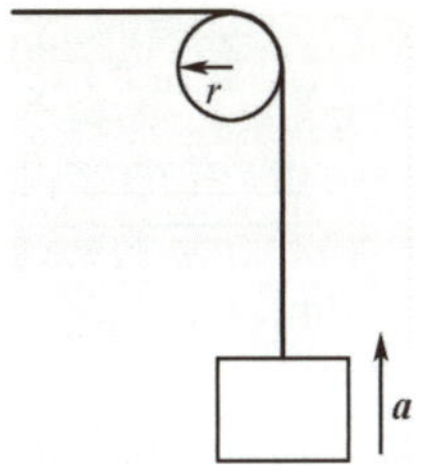

图 1-14　例题 1-1 图

第五节　刚体定轴转动的角动量　转动惯量

对以角速度 ω 绕定轴 z 转动的刚体，如图 1-15 所示，其上任一质元 Δm_i 均绕 z 轴做圆周运动，其圆周运动的切向速度为 v_i，从 z 轴引向质元的垂直距离为 r_i，由式(1-53)，该质元对 z 轴的角动量的大小为

$$L_{iz}=r_i\Delta m_i v_i=\Delta m_i r_i^2\omega \tag{1-69}$$

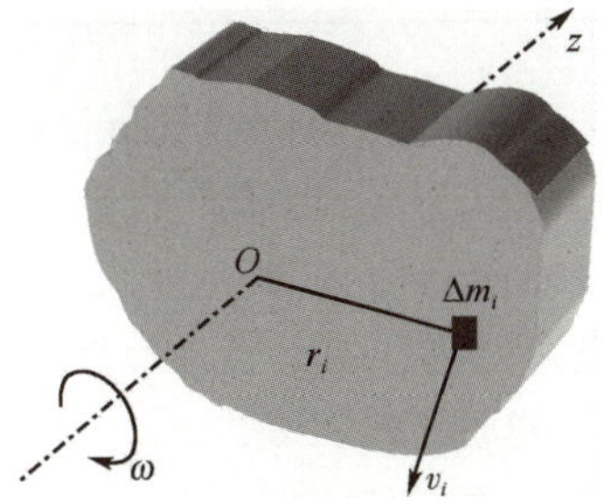

图 1-15　刚体定轴转动的转动惯量

由于所有质元的 ω 相同，刚体对 z 轴的总角动量 L_z 即为所有质元对 z 轴的角动量的代数和：

$$L_z=\sum_i L_{iz}=\left(\sum_i\Delta m_i r_i^2\right)\omega$$

令

$$J=\left(\sum_i\Delta m_i r_i^2\right) \tag{1-70}$$

为刚体对 z 轴的**转动惯量**(moment of inertia)，则刚体对 z 轴的角动量 L_z 为

$$L_z=J\omega \tag{1-71}$$

式(1-71)表明，在定轴转动中，角动量与角速度成正比。在国际单位(SI)制中，转动惯量的单位是千克·米²，符号为 $\text{kg}\cdot\text{m}^2$。

由式(1-70)可知，转动惯量是组成刚体的各质元的质量与各自到转轴的距离平方的乘积的总和，与刚体的运动无关，它反映了刚体定轴转动的物理属性——惯性。

若刚体的质量是连续分布的，转动惯量的计算应采用积分形式：

$$J=\int r^2\,\mathrm{d}m \tag{1-72}$$

笔记栏

通常，同一刚体对不同的转轴具有不同的转动惯量。

对于由多个刚体组成的系统，由于对同一定轴的转动惯量具有可叠加性，则系统对定轴的总转动惯量 J 等于各刚体对同一转轴的转动惯量之和：

$$J=\sum J_i \tag{1-73}$$

表 1-1 中列出了几种特殊形状刚体的转动惯量。

表 1-1　几种典型刚体的转动惯量（质量为 m，均匀分布）

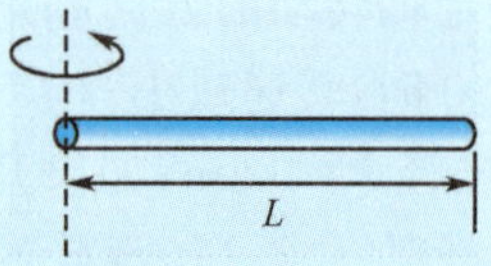 细棒转轴通过端点与棒垂直 $J=\frac{1}{3}mL^2$ 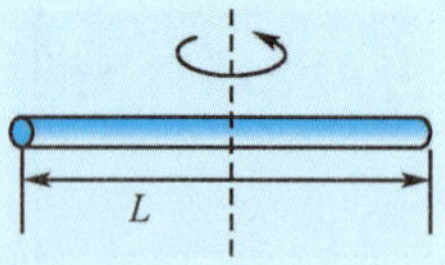 细棒转轴通过中心与棒垂直 $J=\frac{1}{12}mL^2$	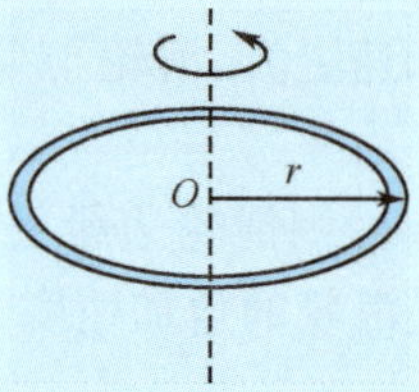 圆环转轴沿几何中心轴 $J=mr^2$	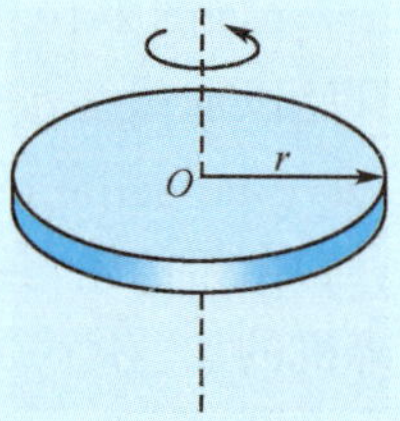 薄圆盘转轴通过中心与盘面垂直 $J=\frac{1}{2}mr^2$
 圆柱壳转轴沿几何轴 $J=mr^2$	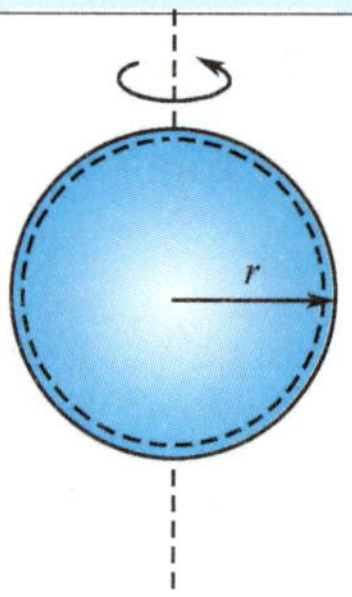 球壳转轴沿直径 $J=\frac{2}{3}mr^2$	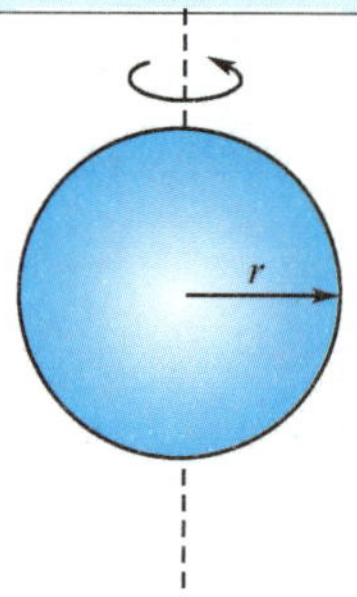 球体转轴沿直径 $J=\frac{2}{5}mr^2$

例 1-2　一长为 L、质量为 m 的均匀细棒。求：(1)对过棒的质心且垂直于棒的转轴的转动惯量；(2)对过棒的端点且垂直于棒的转轴的转动惯量。

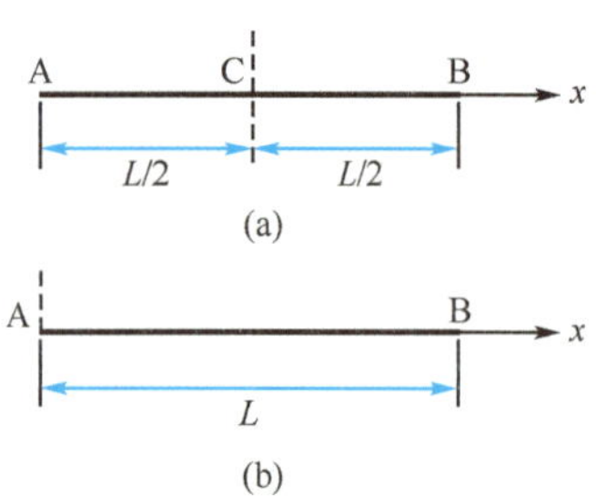

图 1-16　例题 1-2 图

解：(1)以质心 C 处为原点，沿棒向右为 x 轴正向，如图 1-16(a)所示。取棒上距原点为 x 位置处的任一小段 dx，其质量元为 $dm=\lambda dx$，其中 $\lambda=m/L$ 为杆的质量线密度。

棒对过质心 C 且垂直于棒的转轴的转动惯量为

$$J_C=\int_{-\frac{L}{2}}^{\frac{L}{2}}x^2 dm=\int_{-\frac{L}{2}}^{\frac{L}{2}}x^2\lambda dx=mL^2/12$$

(2) 以棒端点 A 点为坐标原点，沿棒向右为 x 正方向，如图 1-16(b)所示。棒对过 A 点且垂直于棒的转轴的转动惯量为

$$J_A=\int_0^L x^2 dm=\int_0^L x^2\lambda dm=mL^2/3$$

第六节　刚体定轴转动的转动定律

笔记栏

将角动量定理应用到刚体定轴转动，有

$$M_z=\frac{dL_z}{dt}=\frac{d(J\omega)}{dt}=J\ \frac{d\omega}{dt}$$

其中 ω 为刚体对定轴 z 转动的角速度，由于 $\alpha=\frac{d\omega}{dt}$，$\alpha$ 为刚体对定轴 z 转动的角加速度，则

$$M_z=J\alpha \tag{1-74}$$

称为刚体绕定轴转动的转动定律。可以看出，刚体定轴转动时，角加速度 α 正比于作用于刚体的外力矩 M_z，反比于刚体的转动惯量 J。

刚体受到的总外力矩 M_z 一定时，刚体对 z 轴的转动惯量 J 越大，其角加速度 α 就越小，即越难改变刚体的角速度；反之，刚体对 z 轴的转动惯量 J 越小，其角加速度 α 就越大，也就容易改变其原来的转动状态。所以，转动惯量是刚体定轴转动时惯性的量度。

例 1-3 一根长为 l、质量为 m 的均匀直棒，由系于两端的细绳水平静止悬挂，如图 1-17(a)所示。如果一端的绳突然被剪断，问在绳断开的瞬间，另一端绳子的拉力是原来的多少？

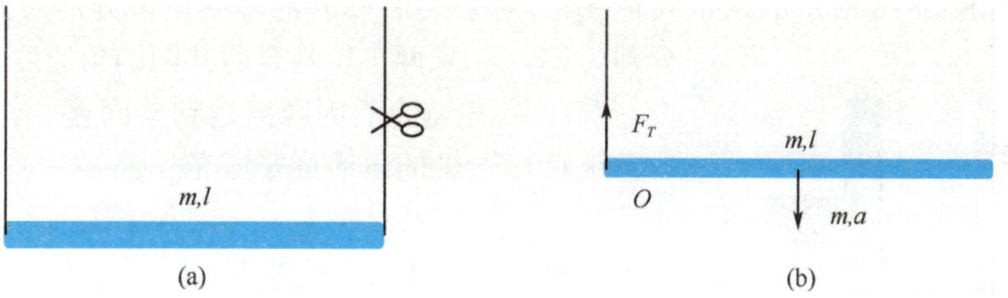

图 1-17 例题 1-3 图

解：最初，两根绳子的拉力相等，都为 $F_{T0}=\frac{1}{2}mg$。

当一端的绳突然断开的瞬间，另一端的绳来不及偏转角度，细杆将以此连接端 O 为轴，在重力矩作用下进行转动，均匀杆的质心位于 $l/2$ 处，如图 1-17(b)所示。绳断开的瞬间，根据刚体的转动定律，有

$$mg\ \frac{l}{2}=J_0\alpha$$

则

$$\alpha=\frac{mg\ \frac{l}{2}}{J_0}=\frac{mg\ \frac{l}{2}}{\frac{ml^2}{3}}=\frac{3g}{2l}$$

杆质心的加速度为：$\alpha_C=\frac{l}{2}\alpha=\frac{3}{4}g$

由质心运动定理：$mg-F_T=ma_C$，则

$$F_T=\frac{1}{4}mg=\frac{1}{2}F_{T0}$$

上式表明：如果一端的绳突然被剪断，另一端绳子的拉力是原来的 1/2。

第七节 刚体定轴转动的角动量定理及角动量守恒定律

刚体对 z 轴的角动量定理为

$$M_z=\frac{dL_z}{dt}=\frac{d(J\omega)}{dt}$$

表明刚体所受的对某给定轴的总外力矩等于刚体对该轴的角动量的时间变化率。从刚体的角动量定理可以得到

笔记栏

$$M_z \mathrm{d}t = \mathrm{d}L_z \tag{1-75}$$

$M_z dt$ 为刚体所受总外力矩在 dt 时间内的乘积，称为刚体在 dt 时间内受到的**冲量矩**，其值等于刚体在该段时间中角动量的改变量。对 0 到 t 的一段有限的时间过程，积分后得

$$\int_0^t M_z \mathrm{d}t = J_z\omega - J_z\omega_0 \tag{1-76}$$

式(1-76)中 ω_0 和 ω 分别为初始时刻和 t 时刻的角速度。上式表明刚体在一段时间内受到的冲量矩，等于刚体角动量的增量，这就是**刚体绕定轴转动的角动量定理**。

当外力对转轴 z 的力矩和 M_z 为零时，$M_z=0$，则

$$L_z = J\omega = 常量 \tag{1-77}$$

表明若刚体受到对 z 轴的力矩为零，则刚体对 z 轴的角动量不变，这就是**刚体对定轴转动的角动量守恒定律**。实际上刚体对某一定轴的转动惯量 J 为常量，于是刚体定轴转动的角速度 ω 不变，角加速度 α 为零。

例 1-4 如图 1-18 所示的两个共轴飞轮，对公共轴 OO' 的转动惯量分别为 J_1、J_2，角速度分别为 ω_1、ω_2，求两飞轮啮合后共同的角速度 ω。

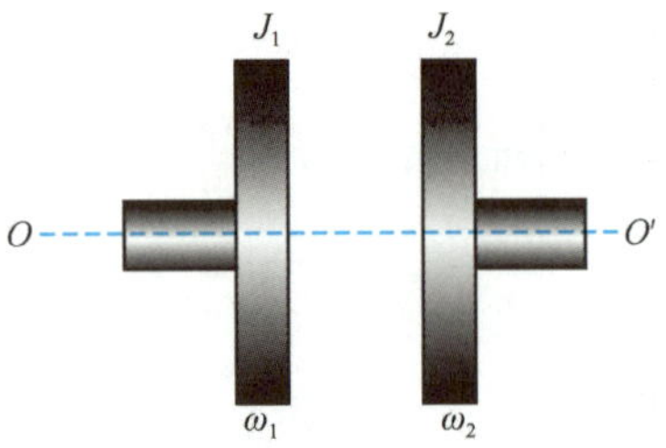

图 1-18 例题 1-4 图

解：两飞轮啮合后因摩擦达到共同速度，因合外力矩为 0，系统对 OO' 轴的角动量守恒

$$J_1\omega_1 + J_2\omega_2 = (J_1+J_2)\omega$$

得两飞轮的共同角速度为

$$\omega = \frac{J_1\omega_1 + J_2\omega_2}{J_1+J_2}$$

第八节 刚体定轴转动中的功能关系

一、刚体定轴转动的转动动能

刚体做定轴转动时，刚体的动能是组成刚体的各个质点的动能之和。对于整个刚体，其动能等于所有质元的动能之和，有

$$E_k = \sum_i \frac{1}{2}\Delta m_i v_i^2 = \frac{1}{2}\omega^2 \sum_i \Delta m_i r_i^2 \tag{1-78}$$

令

$$J = \sum_i \Delta m_i r_i^2 \tag{1-79}$$

称为刚体对转动轴 z 的转动惯量，则刚体的**定轴转动动能**表示为

$$E_k = \frac{1}{2}J\omega^2 \tag{1-80}$$

二、力矩的功

刚体定轴转动时，力作用于刚体不同的质点上，各个力矩不同，且质点的位移也不同，将各个力对各个质点的功加起来，才能得到力对刚体的功。在刚体的转动问题中，用角量表示更为方便，这样功以力矩的功来表示。

如图 1-19 所示，外力 $\boldsymbol{F}_i$ 使刚体绕定轴转动一个角位移 $d\theta$，则 P 点随转动而经过的元路程 $ds_i = r_i d\theta$，因此力 $\boldsymbol{F}_i$ 所做的元功为

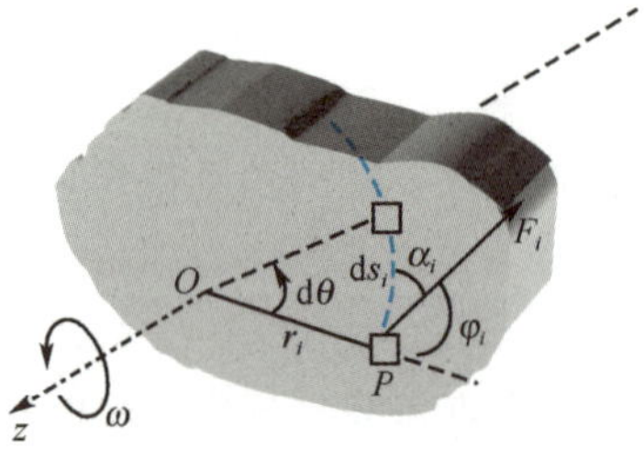

图 1-19 力矩的功

笔记栏

$$dA_i = F_i \cos\alpha_i \, ds_i = F_i r_i \cos\alpha_i \, d\theta$$

由于对 z 轴的力矩 $M_i = F_i r_i \sin\varphi_i$，而 $\sin\varphi_i = \cos\alpha_i$，所以元功可写为

$$dA_i = M_i \, d\theta \tag{1-81}$$

当刚体转过有限的角度 $\theta_1 \to \theta_2$，有

$$A_i = \int_{\theta_1}^{\theta_2} M_i \, d\theta$$

对各个力矩的功求和，得到所有外力对刚体作的总功为

$$A = \sum_i A_i = \sum_i \int_{\theta_1}^{\theta_2} M_i \, d\theta = \int_{\theta_1}^{\theta_2} \left(\sum_i M_i\right) d\theta = \int_{\theta_1}^{\theta_2} M \, d\theta$$

式中 $M = \sum_i M_i$ 为刚体受到的对 z 轴的总力矩。力对刚体作的功由力矩对刚体的角位移的积分得到，称为**力矩的功**。

三、刚体定轴转动的动能定理

由刚体的转动定律，刚体受到的总力矩为 $M = J\dfrac{d\omega}{dt}$，则

$$dA = M d\theta = J \, d\omega \frac{d\theta}{dt} = J\omega \, d\omega$$

若从时刻 t_1 到 t_2，刚体的角位置由 θ_1 到 θ_2，其角速度由 ω_1 变为 ω_2，在此过程中外力矩对刚体作的总功为

$$A = \int_{\theta_1}^{\theta_2} M d\theta = \int_{\omega_1}^{\omega_2} J\omega \, d\omega = \frac{1}{2}J\omega_2^2 - \frac{1}{2}J\omega_1^2 \tag{1-82}$$

式(1-82)为刚体绕定轴转动的动能定理，表明对绕固定轴转动的刚体，总外力矩所作的功等于刚体转动动能的增量。

四、刚体定轴转动的势能和机械能守恒

如果刚体在重力、弹性力等保守力作用下转动，也可引入势能的概念。对于一个不太大的，质量为 m 的刚体，它与地球系统的重力势能为

$$E_p = \sum_i \Delta m_i g h_i = \left(\sum_i \Delta m_i h_i\right) g$$

其中 h_i 是刚体上第 i 个质元的高度。由质心定义可知，刚体质心的高度为

$$h_c = \frac{\sum_i \Delta m_i h_i}{m}$$

故重力势能可写为

$$E_p = mgh_c \tag{1-83}$$

即刚体与地球系统的重力势能就等于刚体的质量集中于质心时系统所具有的势能。对包含了刚体的系统，若运动过程中只有保守内力做功，系统的机械能仍然守恒。

例 1-5 如图 1-20 所示，一质量为 m_1、长为 l 的均匀细棒，可在水平面内绕通过其中心的竖直定轴转动，开始时细棒静止。质量为 m_2 的小球，以水平速度 u 与棒的端点作弹性碰撞。求：碰后小球弹回的速度及棒的角速度。

解： 整个运动过程中，不考虑摩擦力矩的作用，系统的角动量守恒。设顺时针的转向为正，碰后小球的速度为 v。由碰撞前后球和棒组成的系统的角动量守恒，有

$$m_2 u \frac{l}{2} = J\omega - m_2 v \frac{l}{2}$$

又系统弹性碰撞，机械能守恒，则

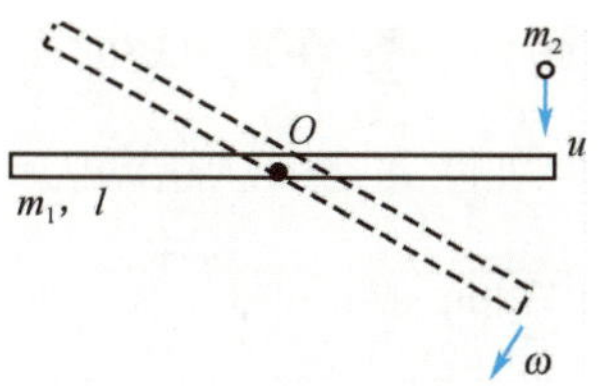

图 1-20 例题 1-5 图

笔记栏

$$\frac{1}{2}m_2u^2=\frac{1}{2}J\omega^2+\frac{1}{2}m_2v^2$$

$$J=\frac{1}{12}m_1l^2$$

解得棒的角速度为

$$\omega=\frac{12m_2u}{(m_1+3m_2)l}$$

小球的弹回速度为

$$v=\frac{u(m_1-3m_2)}{m_1+3m_2}$$

第九节 进 动

进动是一类特殊的非定轴转动。如图 1-21(a)所示,一刚体可绕其对称轴转动,这种转动称为自转或自旋,而对称轴(自旋轴)只有 O 点固定。若刚体没有自转,刚体会在重力矩作用下翻倒;当刚体绕对称轴高速旋转时,其对称轴会在外力矩的作用下绕铅直轴 Oz 旋转。刚体的这种运动叫做进动(precession)。

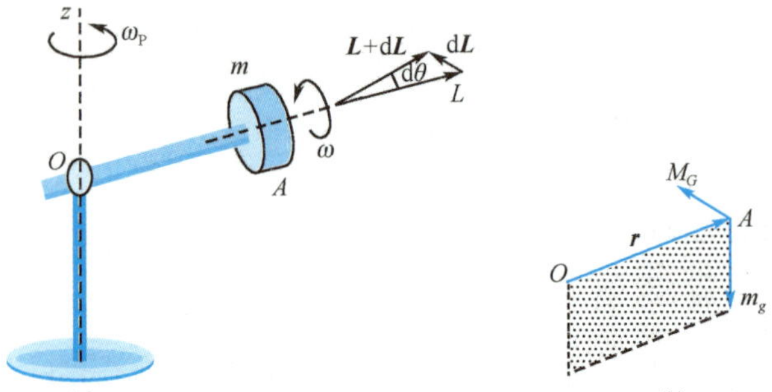

图 1-21 进动现象

如图 1-2(b)所示,刚体在绕 O 点转动过程中,受到对 O 点的重力矩 $\boldsymbol{M}_C$ 的作用,即

$$\boldsymbol{M}_G=\boldsymbol{r}\times m\boldsymbol{g}$$

式中 m 是刚体质量,$\boldsymbol{r}$ 是由铅直轴 Oz 引向刚体质心的垂直矢径。

对于轴对称的刚体来说,ω 自转角速度,若刚体高速自转,ω 很大,远大于刚体的进动角速度,即自转轴旋转的角速度 ω_p,$\omega\gg\omega_p$,则刚体对 O 点的角动量 $\boldsymbol{L}$ 与刚体的自转角动量 $\boldsymbol{L}_S$ 近似,即 $\boldsymbol{L}\approx\boldsymbol{L}_S=J\boldsymbol{\omega}$,$\boldsymbol{L}$ 的方向近似地与自转角速度 ω 的方向相同,J 为刚体对自身对称轴的转动惯量。由质点系对定点的角动量定理可知,外力矩等于角动量对时间的一阶导数,即

$$\boldsymbol{M}_G=\frac{\mathrm{d}\boldsymbol{L}}{\mathrm{d}t}$$

该矢量方程表明,角动量的变化 $\mathrm{d}\boldsymbol{L}$ 的方向和外力矩 $\boldsymbol{M}_G$ 方向相同。设 t 时刻刚体的角动量为 $\boldsymbol{L}$,$t+\mathrm{d}t$ 时刻角动量为 $\boldsymbol{L}+\mathrm{d}\boldsymbol{L}$。在 $\mathrm{d}t$ 时间内角动量的变化 $\mathrm{d}\boldsymbol{L}=\boldsymbol{M}_G\mathrm{d}t$,与 $\boldsymbol{M}_G$ 同方向,也就是说在外力矩 $\boldsymbol{M}_G$ 作用下,角动量矢量在 $\mathrm{d}t$ 时间内由 $\boldsymbol{L}$ 变成 $\boldsymbol{L}+\mathrm{d}\boldsymbol{L}$,向着外力矩的方向转动了 $\mathrm{d}\theta$ 角。于是,在重力矩的作用下,刚体的自转轴沿着重力矩的方向发生了进动。

如图 1-21(a)所示,$\mathrm{d}L=L\mathrm{d}\theta$,则 $\frac{\mathrm{d}L}{\mathrm{d}t}=L\frac{\mathrm{d}\theta}{\mathrm{d}t}$,于是刚体进动的角速度(precession angular velocity)ω_p 为

$$\omega_p=\frac{\mathrm{d}\theta}{\mathrm{d}t}=\frac{M_G}{L}=\frac{M_G}{J\omega} \tag{1-84}$$

笔记栏

常见的进动实例是陀螺的进动。陀螺在绕对称轴高速旋转时，也不会由于重力的作用而倾倒，而是在重力矩的作用下绕 Oz 轴进动，且自转轴沿一圆锥面旋转。

高速转动(自转)的刚体，在不受外力矩作用时，对自转轴的角动量守恒，即能够保持其自转轴的方向不变；当受外力矩作用时，自转轴的方向绕与力矩方向平行的转轴发生进动，这称为**回转效应**。回转效应在实际中有很多应用。

习　题　一

1-1　一个 0.20kg 的物体受到 $0.30\boldsymbol{j}-0.40\boldsymbol{j}$(N)的力。如果物体从静止开始运动，求 6s 以后物体的速度矢量。

[$9\boldsymbol{i}-12\boldsymbol{j}$(m/s)]

1-2　一个质量为 m 的物体速度为 $-v_i$，另一质量相同的物体速度为 v_j，两物体碰撞后，其中一个物体的速度为 $-\frac{1}{2}v_i$，求(a)另一个物体的速度，(b)该碰撞是弹性碰撞吗？

[$v=-v_i+v_j$，不是弹性碰撞]

1-3　一个氮分子可以认为由两个相距为 1.3×10^{-10}m 的质点(每个质点 $m=14\times1.67\times10^{-27}$kg)构成。在空气中室温下该分子的平均转动动能大约为 4×10^{-21}J。求该分子关于其质心的转动惯量和转速(rev·s^{-1})。

[1.98×10^{-40}kg·m^2；1.0×10^{12}rev·s^{-1}]

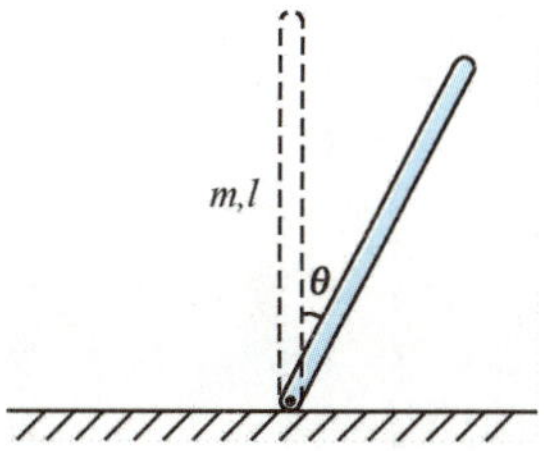

图 1-22　习题 1-4 图

1-4　如图 1-22 所示，一质量为 m 的均匀细杆长为 l，且一端固定，使其能在竖直平面内转动。支点处摩擦力不计。将该杆从支点上方几乎竖直处释放，求当杆与竖直方向成 θ 角时的角加速度。

[$\frac{3g}{2l}\sin\theta$]

1-5　如图 1-23 所示。两个圆轮的半径分别为 R_1 和 R_2，质量分别为 M_1 和 M_2。二者都可视为均匀圆柱体而且同轴固结在一起，可以绕一水平固定轴自由转动。今在两轮上各绕以细绳，绳端分别挂上质量是 m_1 和 m_2 的两个物体。求在重力作用下，m_2 下落时轮的角加速度。

$$\left[\alpha=\frac{(m_2R_2-m_1R_1)g}{(M_1/2+m_1)R_1^2+(M_2/2+m_2)R_2^2}\right]$$

1-6　如图 1-24，一根质量为 m 的均匀细杆，长为，且 B 端固定使其能在竖直平面内转动，开始时杆竖直悬挂，质量为 m 的小球以速度 v_0 沿水平方向击打杆的 A 端，碰后小球粘在杆的 A 端。求碰后杆的角速度以及杆能摆起的角度 θ。

[$\omega=\frac{3v_0}{4l}$；$\theta=\cos^{-1}(1-\frac{4}{9g}lw^2)$]

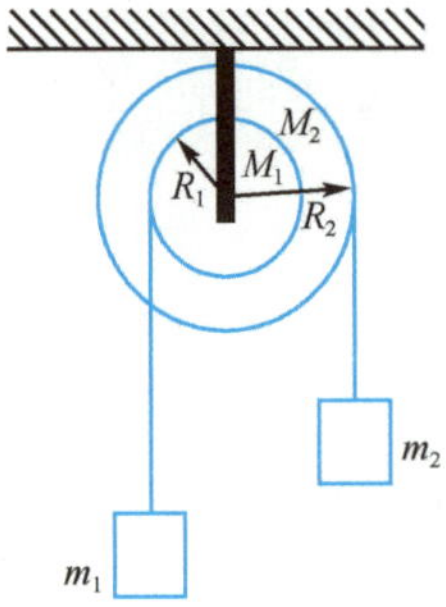

图 1-23 习题 1-5 图

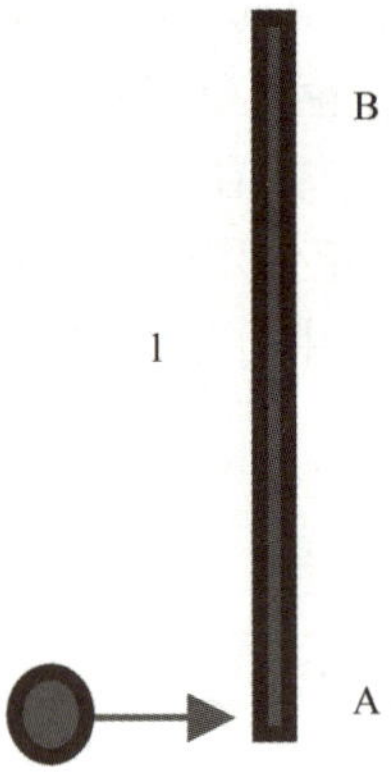

图 1-24 习题 1-6 图

1-7 质量为 m 的人手持质量为 m_0 的物体 A 站在可绕中心垂直轴转动的静止圆盘的边缘处。圆盘的质量为 $6m$，半径为 r。圆盘与轴的摩擦可略去不计。此人沿圆盘边缘切线方向抛出物体 A，相对于地面的速率为 v，求圆盘的角速度大小和人扔掉物体后的线速度大小(人与圆盘无相对运动)。

$\left[\frac{m_0 v}{4mr}; \frac{m_0 v}{4m}\right]$

1-8 如图 1-25，弹簧的劲度系数 $k=2.0\times10^3\text{N}\cdot\text{m}^{-1}$，轮子的转动惯量为 $0.5\text{kg}\cdot\text{m}^2$，轮子半径 $r=30\text{cm}$。当质量为 60kg 的物体落下 40cm 时的速率是多大？假设开始时物体静止而弹簧无伸长。

$[1.51\text{m}\cdot\text{s}^{-1}]$

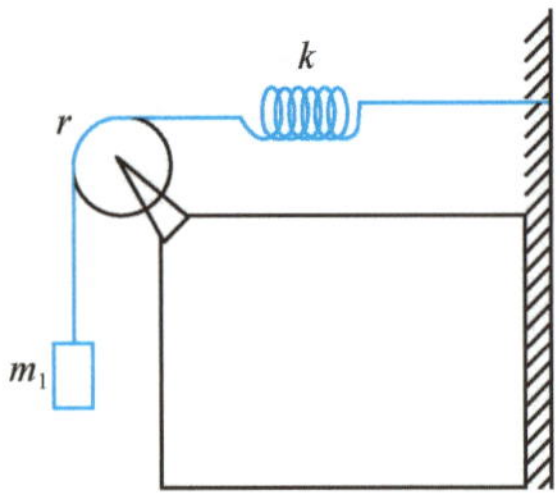

图 1-25 习题 1-8 图

阅读材料

认识质量

质量这个词在物理学中有非常重要的地位。中文的“质量”一词，尤其是在经典物理中更准确的是指“量”(quantity)，而非“质”(quality)。质量的用词 mass，往往是指一大堆物质量的构成。牛顿在其著名的《自然哲学的数学原理》一书中最早引入 mass(质量)来表示物质的量(the quantity of matter)。在牛顿之前，所谓物质的量是指物质的“大块头”，物体的体积和质量未分清楚。牛顿认为，物质的量为其密度和体积的乘积。阿基米德浮力原理则讲，水施加在木块上的作用力叫浮力，当木块被压进水中时，产生的浮力会大于木块的重量。浮力与液体密度以及木块排开水的体积有关，与木块的形状和材质无关。浮力大小是由排开的液体质量决定的，即 $F_{浮}\propto\rho_{液}\cdot V_{排水}$。当同样体积的铅球和木球完全浸于水中，所受的浮力是相同的。

笔记栏

在牛顿定律中,物体的质量是物体运动惯性的度量。物体质量越大,要改变其运动状态越困难,物体获得的加速度是与其质量成反比与作用力成正比。质量是物质本身的属性。质量的单位千克(kilogram)是今天唯一一个仍由实物来定义的测量单位,千克一直是由一个1千克铂铱圆柱体所标定,这个圆柱体一直被小心的收藏在巴黎近郊的国际度量衡标局地下室的柜子里,柜子的湿度和温度都需要严格控制。圆柱体稍有误差,全世界的重量就会出错。

物体受到力作用运动的情形与物体的质量大小密切相关。几个世纪以来,科学家对星系的运动均离不开星系质量的研究分析。在开普勒提出他的行星运动定律约70年后,牛顿才用万有引力定律证明了开普勒定律,充分表明了物体质量在其相互引力中的重要作用和定量关系。研究重量与质量的不同在于,重量是具有一定质量(mass)的物体,在地面附近指向地面的重力加速度为 g,其重量 mg,是一定质量的物体受到地球的引力作用而呈现的一种力。卡文迪许利用极为精密的天平实验,第一个测量到小物体之间的微小重力。他对万有引力定律(Newton's Law of Gravitation)的定量测验,是继牛顿之后关于重力的最重要研究。

古典力学把线动量(linear momentum)$\boldsymbol{P}$ 定义为质量 m 与速度 $\boldsymbol{v}$ 的乘积,矢量关系 $\boldsymbol{P}=m\boldsymbol{v}$。在封闭系统内,总动量守恒。动量的定义和动量守恒定律在狭义相对论中具有不变的形式。

物理学和材料科学中,物质的量往往用来强调某个物理性质是大块宏观材料而体现出来的,区别于薄膜、量子阱、量子点、纳米线等结构可能存在的量子尺寸或量子效应。根据道尔顿的原子论,所有的物质都是由各种原子量不同的原子组成,这些原子以简单的比例结合成化合物。道尔顿还提出倍比定律(Law of Multiple Proportions),指明当两元素可以形成不同化合物时,如果固定其中一种元素的量,它与另一种元素在各个化合物中的质量之间是简单的整数比。现代化学中,摩尔作为表述物质量的单位。对质量的认识是科学深度的标识。拉瓦锡(Antoine Lavoisier)注意到反应物的质量为反应物质量的和,提出了质量守恒,完成了化学从定性科学到定量科学的转变。更重要的是,注意到反应物和生成物的质量比接近小的整数比,表明原子的存在,且又发现原子的质量比接近一组整数比,揭示原子是由更基本的核子(nucleon)组成。这个层次上的对整数比的微小偏离导致了同位素概念的提出。而原子质量同后来发现核子(质子、中子)质量比对整数的微小偏离则由爱因斯坦质能关系给出。

质谱仪是测量物质样品中的原子分子质量与相对浓度的仪器。它是了解物质质量及其构成最直观的仪器。质谱仪是把化合物变成离子,然后根据这些离子的质荷比(mass-charge ratio,m/z)将其分离,以测试样品中具有不同质荷比的离子相对含量。质量是物质基本粒子的特征。值得一提的是,质量与电荷总是形影不离的,比如静止质量为零的光子,为电中性。

由狭义相对论推导出的,爱因斯坦的质能关系 $E_0=mc^2$ 是几代人从小就知道的标志符号,从这个关系式我们看到,质量本身就是能量,而且总量巨大。它主宰着从原子弹到旧式电视机的阴极射线管到史前绘画的碳元素定年法。这个方程式从本质上指出,物体的质量就是其所拥有的能量"度量",其中 c 是光在真空中的速度。放射性物质时刻依据 $E_0=mc^2$ 将其部分质量转化为能量。在研发原子弹的过程中,也曾用它探讨牵制原子核的核束缚能(nuclear binding energy),以计算核反应中释放的能量大小。$E_0=mc^2$ 解释了太阳为何会发光。在太阳内,四个氢原子核(四个质子)会融合成一个氦原子核,而氦原子核的质量小于四个氢原子核加起来的质量。因此,四个氢原子核聚变反应会将这些多余的质量转换成能量,使太阳发出光和热。在融合过程中,损失(或多余)的质量都会根据 $E_0=mc^2$ 转

笔记栏

换成能量，融合反应每秒会在太阳核心将约 7 亿吨的氢转化成氦，同时释放出巨大的能量。正负电子湮灭实验是对爱因斯坦的质能关系证实。

牛顿的万有引力公式为 $f=\frac{Cm_2m_2}{r^2}$，牛顿第二定律为 $f=ma$。这两个公式中的质量分别被称为引力质量和惯性质量。这两种质量的等价由等价性原理来说明，一块石头在下坠的过程中，悄悄分解为两块，那么两块石头将一起下坠(假设无空气阻力)。若不观察其他物体，仅观察两块石头的小参考系，那么石头之间是无法察觉引力的存在的，而且它俩之间的物理定律依然成立。这就是广义相对论的等效原理。伽利略有名的比萨斜塔实验给出了正面的回答，同被地球吸引的不同质量的物体下落是同时的。从超重失重实验看，升降机中的物体总是受到地球引力，而引起超重失重的原因是系统加速度。爱因斯坦的等价性原理意味着加速度和引力之间的等价。最后爱因斯坦在广义相对论中同时抛弃了引力质量和惯性质量，化解所谓的等价关系。引力是由能量-动量张量引起的时空弯曲的表现。

爱因斯坦提出引力场，首先打破牛顿的绝对的空间观(认为空间就是一成不变的三维，物质在空间内运动)，而是认为任何有质量的物体周围，其空间会在质量影响下变得扭曲。三维空间的扭曲很难想象，所以一般先把二维的平面做比喻。比如水面原本平静，一个皮球扔进去，皮球周边的水面形成涟漪。引力场就是这样的涟漪，形成在有质量的物体周围。空间被扭曲后，不再是平直的，那么其他物体运行至此时，就会沿着弯曲的路径前进，偏离原来的直线路径。表现上，这仿佛被一种“力”的作用。但其实，根本就不存在这样的一种力，而只是空间的扭曲。

引力场提出后，也得到了实验证实，著名的实验有三个：

(1) 光线在引力场中弯曲：远方的光线射过来，被太阳周边的引力场扭曲影响，路径发生弯曲。1919 年，人类实验首次验证了这一点。

(2) 引力红移：物体逃离恒星时，会被引力拉得变慢。而光线速度不会变，所以只能是光的频率变小，或者说波长拉大，产生红移(波长大的光色处于红端，甚至成为红外线等)。这一点也得到实验验证。

(3) 水星近日点的进动：水星的进动，是指其椭圆形的绕日公转轨道的长轴位置每年会有点移动。牛顿理论也能计算进动，但与观测值有点误差。而用广义相对论，计算太阳周围的引力场，则更精准。

上述这些验证使广义相对论逐渐被大家接受，但也只是间接验证了引力场的存在，美国加州理工学院的 LIGO 实验组在华盛顿当地时间 2016 年 2 月 11 日宣布发现引力波。怎样理解如果一个皮球扔入水面，皮球周围的水面由平静变得褶皱，这就是空间扭曲形成引力场。而褶皱不是一成不变的，而是上下波动，并向外传导。引力场也是这样的波动、传导，形成引力波。广义相对论认为，有质量的物体运动时，其周围扭曲的空间(引力场)就会产生波动，即引力波。

所以，引力波其实和光(电磁波)、声音(机械波)一样，都是物体运动对周围施加的影响，内含重要的信息。以前，我们通过眼睛看光、耳朵听声音来获取信息，观察物质运动。那么，如果我们能观测到引力波，那么相当于多了一种感官，也可用来观察物质运动，相当于打开了一个全新的世界。

但这种引力场的波动其实非常微弱，只有在质量非常巨大的物体发生剧烈运动时，才有可能发出较强的引力波。比如，超大质量黑洞的合并，脉冲星的自转，超新星的引力坍缩等。但是，这些大运动又不会离我们太近(否则我们都被黑洞吞吃了)，引力波那么遥远传到地球，可能也已很弱了。所以，引力波一直很难探测。美国加州理工学院的激光干涉引力波观测台(LIGO)实验组宣告，首次直接观测到了有两颗恒星级黑洞 13 亿年前合并产生的引力波。这是科学史上又一次具有划时代意义的发现。引力波的探测发现，证实了爱因

笔记栏

斯坦广义相对论的正确性。

质量的起源是个未全解的问题。质能关系式是理解质量起源的关键，至少在哲学意义上，在这一层次上对整数比的接近是量子物理的概念基础。试想，物质的质量来自原子，原子的质量主要来自核子，核子由夸克组成，夸克由无（惯性）质量的夸克组成，囚禁夸克的能量在核子层面上表现为质量，这是对核子质量的一种交代，但是对电子质量的起源仍然无法解释。从经典物理到近代物理，比较物质粒子性和波动性，可以在动量（mv 或 $\frac{h}{\lambda}$）与能量（mc^2 或 $h\nu$）中看到、想到些什么呢？

（王　磊）

笔记栏

第 2 章　物体的弹性

在第一章研究刚体运动时，忽略了物体在外力作用下形状和大小的变化。事实上任何物体在外力作用下，其形状和大小都会或多或少地发生变化。物体在外力作用下发生的形状和大小的改变，称为形变(deformation)。形变可分为两类：当撤去外力后物体能够完全恢复原状，这种形变称为弹性形变(elastic deformation)，这样的物体称为弹性体(elastic body)；当撤去外力后物体不能完全恢复原状，这种形变称为塑性形变(plastic deformation)，这样的物体称为塑性体(plastic body)。研究物体在外力作用下所产生的形变，在工程、生物和医学上都具有重要的意义。

第一节　应变和应力

一、应　　变

为了反映形变的程度，引入应变这一概念来描述，即，物体受外力作用时，其长度、形状和体积的变化与其原有值之比，称为应变(strain)。应变为无量纲量。下面分别讨论物体在长度、体积和形状等方面发生形变时，其相应的应变表示形式。

1. 线应变

物体受到外力拉伸或压缩时，其长度发生变化。如图 2-1 所示，设一均匀长杆，长度为 l_0，截面积为 S，当其两端受到外力 $\boldsymbol{F}$ 的牵拉时，杆被拉长，其伸长量为 Δl 。通常将 Δl 称为绝对伸长量，而相对伸长量 $\dfrac{\Delta l}{l_0}$ 称为物体的拉伸应变(tensile strain)，也称为张应变，用符号 ε 表示，即

$$\varepsilon=\frac{(l_0+\Delta l)-l_0}{l_0}=\frac{\Delta l}{l_0} \tag{2-1}$$

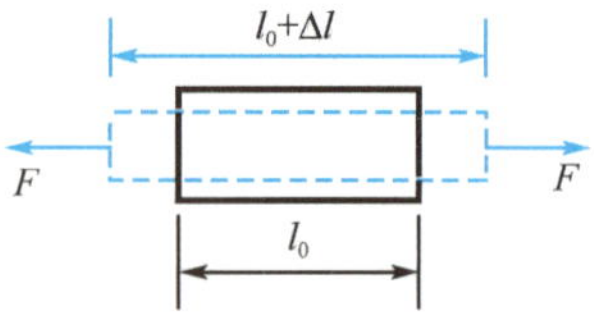

图 2-1　物体的拉伸形变

若物体受到外力压缩时，则物体的缩短量与原长之比称为压应变(compressive strain)，仍用上式表示，但 Δl 为负，ε 也为负。拉伸应变和压应变统称为线应变(linear strain)。

2. 体应变

如果物体各个部分在各个方向上受到同等(均匀)压强的作用时，体积发生变化而形状不变，则体积的改变量 ΔV 与原体积 V_0 之比称为体应变(volume strain)，用符号 θ 表示，即

$$\theta=\frac{(V_0+\Delta V)-V_0}{V_0}=\frac{\Delta V}{V_0} \tag{2-2}$$

3. 切应变

物体受到剪切力作用时，只发生形状变化而没有体积变化，这种弹性形变叫剪切形变，简称为切变。所谓剪切力是指大小相等、方向相反而作用线平行的一对力。如图 2-2 所示。长方体

的底部固定在一个平面上，其上下底面受到剪切力 F 的作用，产生切变。虚线表示这个物体在剪切力 F 的作用下产生的形变。它变成了一个平行六面体，但体积并未发生改变。从图中可知，形变后的物体向右倾斜了 φ 角。

设上下两底面间的垂直距离为 d，两底面相对偏移位移为 Δx，则剪切的程度可用比值 $\frac{\Delta x}{d}$ 来衡量，这一比值称为切应变(shearing strain)，也称为剪应变，以 γ 表示，即

$$\gamma=\frac{\Delta x}{d}=\tan\varphi \tag{2-3a}$$

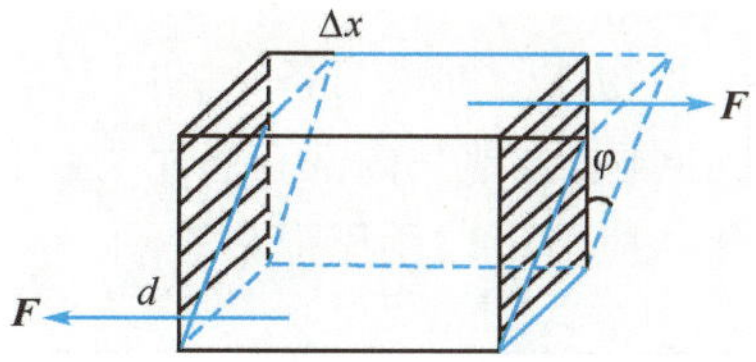

图 2-2　物体的剪切形变

在实际情况中，一般 φ 角都很小，上式可写成：

$$\gamma\approx\varphi \tag{2-3b}$$

φ 角又称为剪切角，表示剪切的程度，即表示垂直于底面的直线所转过的角度。

上述三种应变都是无量纲量，它们只是相对地表示形变的程度。应变就是相对形变，与物体原来的长度、体积和形状都没有关系。

气体、液体本身没有固定的形状，因此它们没有拉伸应变和切应变，只有体应变。而固体则三种应变都有。

另外，当物体被纵向拉伸时，将产生横向收缩。实验表明，横向的相对收缩与纵向相对伸长成正比。设物体横截面为矩形，其边长分别为 a_0、b_0，拉伸后变为 a、b，线应变为 $\frac{\Delta l}{l_0}$，再设材料性质与受力方向无关(这种材料称为各向同性材料)，则

$$\mu=\frac{(a_0-a)/a_0}{\Delta l/l_0}=\frac{(b_0-b)/b_0}{\Delta l/l_0} \tag{2-4}$$

μ 称为泊松比。不可压缩材料 $\mu=1/2$，其他材料 $\mu<1/2$。

二、应　　力

物体受外力作用而产生形变时，组成物体的微观粒子之间的相对位置必定发生了改变，因此物体内部各相邻部分之间会出现相互作用的内力，它使物体具有恢复原状的趋势。为了描述物体内部各处内力的强度，引入应力概念。我们定义物体内部单位面积上受到的内力叫做应力(stress)，其单位是牛顿·米$^{-2}$($N\cdot m^{-2}$)。对应以上三种应变，就有以下三种形式的应力。

1. 正应力

如图 2-1 所示，在外力 F 作用下，物体被拉伸。在直杆内部的任一横截面上都有张力(内力)存在。此时，我们说该物体处于张力作用的状态中。可想象在直杆中作一与直杆垂直的假想截面。对于结构均匀的材料来说，其所受的张力是均匀分布在该横截面上的。而分布于这个横截面上的总力和物体两端的拉力 F 相等。因直杆的每一部分都处于平衡状态，所以被这横截面所分开的两段直杆将互相施以拉力(即张力)F 的作用。作用于物体内部横截面上的这两个力，互为作用力和反作用力。

定义物体内部单位面积上受到的内力叫做拉伸应力或张应力(tensile stress)，用符号 σ 表示，即

$$\sigma=\frac{F}{S} \tag{2-5}$$

如果物体受到压力作用时应力称为压缩应力(compressive stress)或压应力。由于张应力和压应力都与截面正交，所以张应力和压应力又叫做正应力。对于张应力，$\sigma>0$，而压缩正应力，$\sigma<0$。

若物体内部受力不均匀或内部材料不均匀，可取一微小面元，采用求导数的方法求出，即

笔记栏

$$\sigma=\lim_{\Delta S\to 0}\frac{\Delta F}{\Delta S}=\frac{\mathrm{d}F}{\mathrm{d}S} \tag{2-6}$$

2. 体应力

当物体受到来自各个方向上均匀压力的作用时，将发生体积变化而形状不变。如果物体是各向同性的，则其内部在各个方向的截面上都具有同样大小的压应力，或者说具有同样的压强。因此体应力可以用压强来表示。

3. 切应力

当物体发生剪切形变时，如图 2-2 所示，物体上下两个界面受到与界面平行但方向相反的外力的作用。在物体内部任意选取一与界面平行的假想截面。它把物体分成上下两部分，上部分对下部分有一与外力大小相等、方向相同的内力的作用，而下部分对上部分则有一个与此外力大小相等、方向相反的力的作用。它们都是与截面平行的剪切力。则剪切力 F 与截面积 S 之比，称为剪切应力，也称为切应力(shear stress)，以符号 τ 表示

$$\tau=\frac{F}{S} \tag{2-7}$$

切应力等于单位面积上的切力。

物体中某一点的切应力则为

$$\tau=\lim_{\Delta S\to 0}\frac{\Delta F}{\Delta S}=\frac{\mathrm{d}F}{\mathrm{d}S}$$

总之，应力就是作用在物体单位截面积上的内力。与截面正交的应力称为法向(正)应力，包括张应力和压应力。与截面平行的应力则是切应力。应力反映了物体发生形变时的内力分布情况，即反映物体形变时内部的紧张程度。

应力也叫做胁强，如张应力也叫张胁强，剪应力也叫做剪胁强。应变也叫胁变。在复杂形变中，截面上各点的应力不一定相等，方向也可以和截面成某一角度，因此某点可以同时受到切应力和正应力的作用。

不同物体存在正应力或切应力的阈值，超过该阈值，物体即可被破坏。

例题 2-1 人骨骼上的二头肌臂上部的肌肉可以对相连的骨骼施加约 600 N 的力。设二头肌的横截面积为 50 cm^2。腱将肌肉下端联到肘关节下面的骨骼上，设腱的横截面积约为 0.5 cm^2。试求二头肌和腱的张应力。

解：张应力是作用在物体内部单位面积上的内力，对二头肌：

$$\sigma=\frac{F}{S}=\frac{600\mathrm{N}}{50\times 10^{-4}\mathrm{m}^2}=1.2\times 10^{5}\mathrm{N}\cdot\mathrm{m}^{-2}$$

对于腱：

$$\sigma=\frac{F}{S}=\frac{600\mathrm{N}}{0.5\times 10^{-4}\mathrm{m}^2}=1.2\times 10^{7}\mathrm{N}\cdot\mathrm{m}^{-2}$$

第二节　弹性模量

应力与应变之间存在着密切的函数关系。这种函数关系称为材料的本构关系，它是材料力学的重要内容。

一、弹性和塑性

笔记栏

物体在发生形变时产生的应力与应变的关系反映了材料在受力状态下的性质。因此常需要通过测定材料的应力与应变曲线来研究材料的性质。图 2-3 表示一个典型的张应变和张应

力之间的关系曲线。对于不同的金属材料，曲线的具体数据可能不同，曲线上各个阶段的范围也不一样，但曲线的大致形状是相似的，具有共同的特征。不同的拉伸曲线表示出不同材料的拉伸应变与拉伸应力之间的关系。

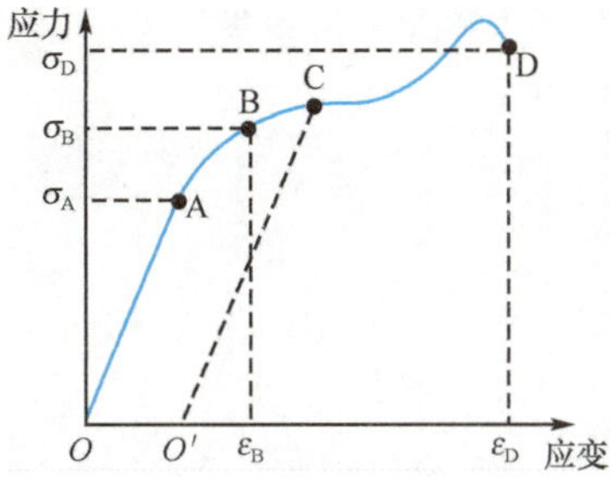

图 2-3　应力-应变曲线

从图 2-3 中可知，曲线的开始阶段，即由原点 O 到 A 点的这一段为一直线，其应力和应变都不太大，表现出应力和应变成正比的关系，故 A 点称为正比极限或比例极限。超过 A 点，应力和应变不再成正比关系，应力增加时应变超过原来的比例系数，对应着有较大的应变增加。但是，在 B 点到 A 点的范围内，虽然应力和应变不再按比例关系变化，但除去外力后，材料仍能恢复原状，这种形变称为弹性形变。故将 B 点称为弹性极限。B 点以前的范围就是材料的弹性范围。当应力超过 B 点后，除去外力时材料不能恢复原状，有剩余形变 OO′存在，表现出永久变形。当应力超过 C 点后，再增大外力，应变随之有较大的增加，直到 D 点时材料发生断裂，把 D 点称为断裂点。断裂点的应力称为被试材料的抗张强度。压缩时，断裂点的应力称为被试材料的抗压强度。由 B 点到 D 点是材料的塑性范围。

如果材料的断裂点 D 距离 B 点较远，即 ε_D 与 ε_B 的差值较大，说明这种材料能产生较大的塑性形变，不易断裂，表示它具有展性（或延性）。如果断裂点 D 距离 B 点较近，即 ε_D 与 ε_B 的差值较小，则材料表现出脆性，说明它容易断裂。例如铝、铜和熟铁属于展性金属，而玻璃和高碳钢则属于脆性物质。

二、弹性模量

从应力与应变曲线可以看出：在正比极限范围内，应力与应变成正比，这正是著名的胡克定律。对于同一种材料，应力与应变的比值，称为该物体的弹性模量(modulus of elasticity)，它是反映材料自身弹性强弱的物理量。因此，胡克定律可以写成：应力＝弹性模量×应变。弹性模量是材料的重要特征，它表示材料抵抗形变的能力。下面，讨论三种不同的弹性模量。

1. 杨氏模量

在长变情况下，即物体单纯受到张应力或压应力作用时，在正比极限范围内，张应力与张应变之比或压应力与压应变之比，称为杨氏模量，用符号 E 表示：

$$E=\frac{\sigma}{\varepsilon}=\frac{\dfrac{F}{S}}{\dfrac{\Delta l}{l_0}}=\frac{l_0 F}{S\Delta l} \tag{2-8}$$

从图 2-3 中还可以看出，直线的斜率就是该材料的杨氏模量。杨氏模量 E 愈大，表示这种材料反抗形变的能力愈强。表 2-1 列出了部分材料的杨氏模量。

表 2-1　一些常见材料的杨氏模量、弹性限度和强度

物质	杨氏模量 E(10^9 N·m^{-2})	弹性限度 σ_b(10^7 N·m^{-2})	抗张强度 σ_t(10^7 N·m^{-2})	抗压强度 σ_c(10^7 N·m^{-2})
铝	70	18	20	—
骨 拉伸	16	—	12	—
骨 压缩	9	—	—	17
砖	20	—	—	4
铜	110	20	40	—
玻璃，熔石英	70	—	5	110

笔记栏

续表

物质	杨氏模量 $E(10^9 N \cdot m^{-2})$	弹性限度 $\sigma_b(10^7 N \cdot m^{-2})$	抗张强度 $\sigma_t(10^7 N \cdot m^{-2})$	抗压强度 $\sigma_c(10^7 N \cdot m^{-2})$
花岗岩	50	—	—	20
熟铁	190	17	33	—
聚苯乙烯	3	—	5	10
钢	200	30	50	—
木材	10	—	—	10
腱	0.02	—	—	—
橡胶	0.001	—	—	—
血管	0.0002	—	—	—

注：上表所列仅是每种材料的代表值，对于非均匀材料，压缩或拉伸时杨氏模量是不相同的

2. 体变模量

在体变情况下，在弹性范围内，压强 p 与体应变 θ 成正比。压强与体应变的比值，称为体变模量，以符号 K 表示

$$K=\frac{-p}{\theta}=-\frac{p}{\frac{\Delta V}{V_0}}=-V_0\frac{p}{\Delta V} \tag{2-9}$$

式(2-9)中：负号表示体积缩小时压强是增加的。体变模量的倒数，称为压缩率——体积压缩系数，用小写的 k 表示

$$k=\frac{1}{K}=-\frac{\Delta V}{V_0}\cdot\frac{1}{p} \tag{2-10}$$

式(2-10)表示压缩率 k 是增加单位压强时体积的相对改变量，即增加单位压强时的体应变。物体的体变模量 K 越大，物体越不容易被压缩，而物体的 k 值越大，物体越容易被压缩。表 2-2 列出了一些常见材料的体变模量。

表 2-2 一些常见材料的体变模量和剪切模量

物质	体变模量 K $(10^9 N \cdot m^{-2})$	切变模量 G $(10^9 N \cdot m^{-2})$	物质	体变模量 K $(10^9 N \cdot m^{-2})$	切变模量 G $(10^9 N \cdot m^{-2})$
铝	70	25	木材	—	10
铜	120	40	骨	—	10
铁	80	50	水银	25	—
玻璃熔石英	36	30	水	2.2	—
钢	158	80	乙醇	0.9	—
钨	—	140			

例题 2-2　已知体积为 V_0 的水，其体变模量为 $K=2.2\times10^9 N\cdot m^{-2}$，若对它施加 1000 atm 的压强，求其体积的改变量。

解：已知 $K=2.2\times10^9 N/m^2$，$p=1000 atm=1000\times1.013\times10^5 N/m^2$，

根据(2-9)式 $K=-V_0\frac{p}{\Delta V}$ 得

$$\Delta V=-V_0\frac{p}{K}=-V_0\frac{1.013\times10^8}{2.2\times10^9}=-0.05V_0=-5\%V_0$$

笔记栏

式中：负号表示水的体积是缩小的。从计算结果可以看出，对体积为 V_0 的水施加 1000 atm 的

压强，水的体积仅仅缩小了原来体积的 5%。可见，水这种液体是很不容易被压缩的。所以，在一般的情况下，通常把水看作为是不可压缩的液体。从 ΔV 的表达式中还可以看出，在压强一定的情况下，物体的 K 值愈大，物体就愈不容易被压缩，也就愈不容易产生形变。

3. 切变模量

在剪切情况下，在弹性范围内，切应力与切应变的比值，称为**切变模量**，用符号 G 表示

$$G=\frac{\tau}{\gamma}=\frac{\frac{F}{S}}{\varphi}=\frac{Fd}{S\Delta x} \tag{2-11}$$

切变模量也叫**刚性模量**。大多数材料的切变模量约为其杨氏模量的的 1/2～1/3。表 2-2 列出了一些常见材料的切变模量。

总之，弹性模量表示某一种材料弹性性质的物理量，它是物质的一种属性。弹性模量表示物体变形的难易程度，材料的弹性模量越大，物体越不容易变形。例如，上面我们提到大多数材料的切变模量约为其杨氏模量的 1/2～1/3，这说明，同一种材料如果同时存在张应变和切应变时，则切应变的程度比张应变的程度要大，切应变比张应变容易产生。

另外从图 2-3 可看出，当物体所受作用力较小时，应力与应变成正比，其比例系数——弹性模量为常数。但当所受作用力较大时，应力与应变表现为非线性关系，其弹性模量与变形相关，不再是常量。一般称弹性模量与物体变形有关的物体为非线性弹性体，大多数生物材料均为非线性弹性体。

三、弯　曲

在研究弹性力学或医学上的骨问题时，经常会遇到弯曲这种力学现象。在医学上，弯曲是引起骨折的重要原因之一。

如图 2-4 所示，设有一横梁，在其中部加一足够大的垂直于轴线的外力 F，横梁即可发生弯曲。如果把横梁分成若干薄层，就可以找到一个中间层，从图中可知，中间层以下的各层被拉伸，越下层产生的张应变越大，而中间层以上的各层则被压缩，越上层产生的压应变也越大。由于各层产生的应变不同，与它对应的应力也不同。中间层由于既不拉伸又不压缩，它的应力为零，中间层以下各层具有张应力，中间层以上各层具有压应力。

弯曲时各层应变和应力的大小都与横梁弯曲的程度有关，或者说与曲率半径有关。下面利用图 2-5 对横梁弯曲时应力与应变的变化规律进行定量的讨论。

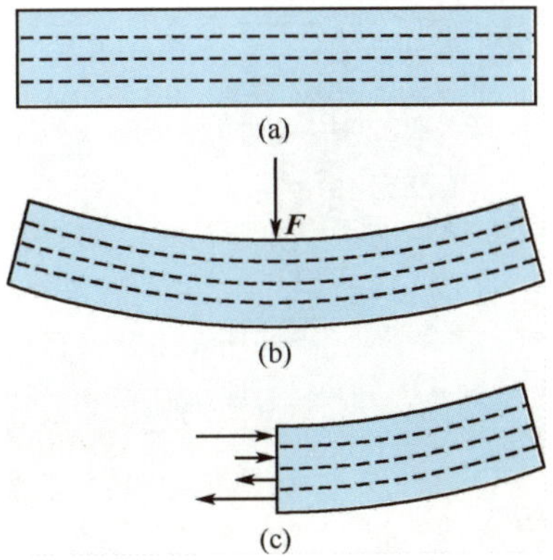

图 2-4　弯曲

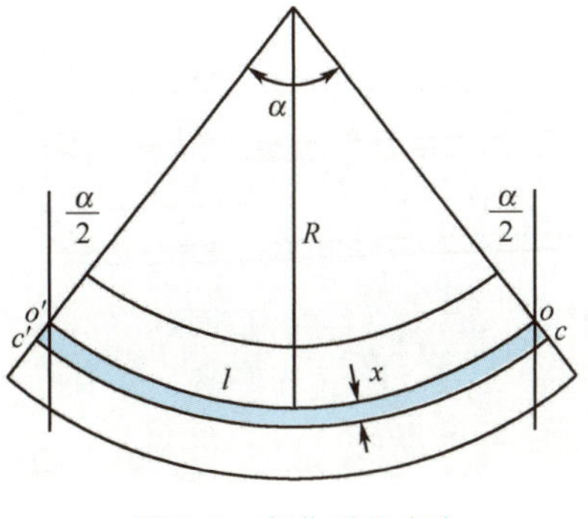

图 2-5　弯曲时的应力

图 2-5 中 oo' 代表中间层，实为中间线，其长度为 l，曲率半径为 R，R 在这里代表材料的弯曲程度，R 越小表示弯曲程度越大。我们设离中间层 x 处的 cc' 层的长度为 $l+\Delta l$。由图可知

$$cc' = oo' + 2x\tan\alpha/2$$

（$oc = o'c'$ 是 Δ 底边）因 $\alpha/2$ 很小，$\tan\alpha/2$ 可用 $\alpha/2$ 代替，则成为

$$cc' = l + \Delta l = l + x\alpha \qquad \Delta l = x \times \alpha$$

将 $\alpha = l/R$ 代入上式可得出，

$$\Delta l = xl/R$$

而距中间层 x 处的拉伸应变为

$$\varepsilon = \Delta l/l = x/R \tag{2-12}$$

式(2-12)表明，弯曲时各层的拉伸应变 ε 不但同该层距中间层的距离 x 有关，并且同曲率半径 R 有关，曲率半径 R 越小，弯曲越大，则拉伸应变 ε 越大。该层的拉伸应力由式(2-8)得

$$\sigma = \varepsilon E = xE/R \tag{2-13}$$

由式(2-13)可知，弯曲时的拉伸应力除了同材料的杨氏模量 E 和该层距中间层的距离 x 有关外，也和代表弯曲程度的曲率半径 R 有重要关系，x 一定，R 越小，则 σ 越大。从上式还可看出，拉伸部分的最大拉伸应力在最下层（x 最大，而 R 不变），而压缩部分的最大压应力在最上层（同理）。当这个最大拉伸应力超过抗张强度或此最大压应力超过抗压强度时，材料极有可能出现断裂。但因各层之间是相连且相互影响的，所以弯曲断裂的极限应力并不等于材料的抗张强度或抗压强度。了解有关弯曲的力学情况，对于研究常见的四肢骨折有重要意义。

由以上二式可知，材料中间层附近的各层的应变和应力都是比较小的它们对抗弯所起的作用不大，因此可以用中空材料来代替实心材料，这样既可以省材料又可以减轻重量，而且又不致严重影响材料的抗弯强度。例如在工程中常见的工字梁(图 2-6)就是一个典型例子。又如许多生物的组织结构是管状的。对于飞禽来说减轻骨骼的重量无疑是非常重要的，而它们的骨骼恰好都是比较薄的管子。例如天鹅的翅骨内外径之比为 0.9，横截面积只有同样强度的实心骨胳的 38%。为了加强骨的强度，骨内长有一些支撑用的小梁骨。而人的长骨呈长管状，中间也是空心的，人的股骨内(图 2-7)外径之比为 0.5，横截面积为同样抗弯强度实心骨的 78%。在受力比较大的股骨部分，长有许多交叉的骨小梁，借以提高抗弯强度。

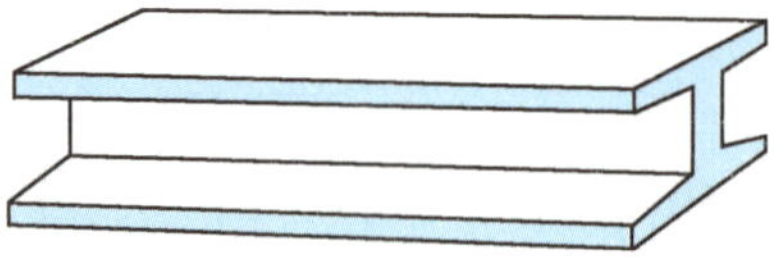

图 2-6 工字梁

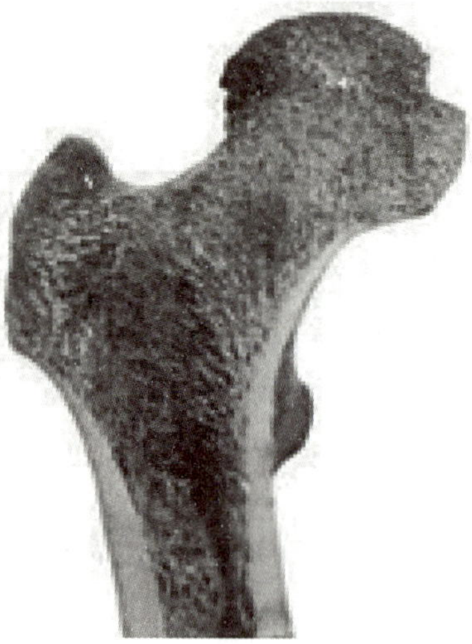

图 2-7 股骨冠状切面图

四、扭 转

扭转也是一个常见的力学现象。如图 2-8(a)所示，若在一圆杆上画若干纵线和横向圆周线，就可以把圆杆表面分成许多矩形。在被扭转的情况下，这些矩形将变成平行四边形，不仅圆杆的表面是这样，其内部各层也是这样，不过，越靠里层的变化就越小。可见，扭转实际上是剪切的表现。越靠近中心轴的层，剪应变越小，越外层的剪应变越大，在中心轴上剪应变为零，剪

笔记栏

应力也为零。从抗扭转性能来看，由于靠近中心轴的各层作用不大，因此常用空心管来代替实心柱，既可以节省材料，又可以减轻重量，同抗弯曲情况相似。

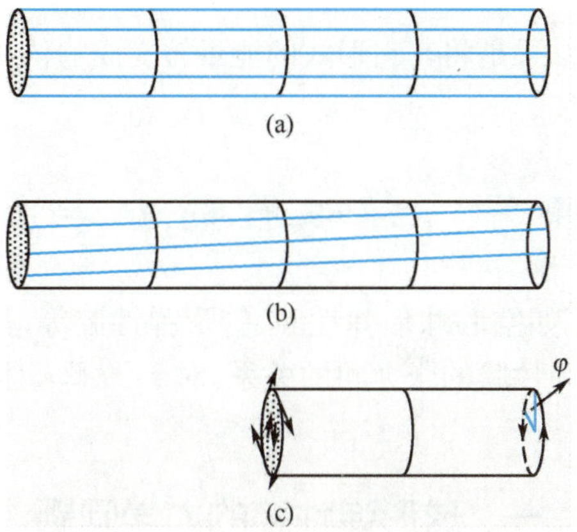

图 2-8　扭转

常用扭转的角度(图 2-8(c)中 φ 角)来说明扭转的程度。实验与计算表明，在一定的弹性范围内，圆杆或圆管的扭转角度是和所加的力矩成正比的。扭转的角度超过某一数值时，物体就会断裂。表 2-3 列出了有关人体的四肢骨的断裂力矩和相应的扭转角度。

表 2-3　人骨的扭断力矩和扭断角

骨		扭断力矩(Nm)	扭断角	骨		扭断力矩(Nm)	扭断角
下肢	股骨	140	1.5°	上肢	肱骨	60	5.9°
	胫骨	100	3.4°		桡骨	20	15.4°
	腓骨	12	35.7°		尺骨	20	15.2°

从上表可以看出，人体骨骼的抗扭转强度较小，从而很容易造成扭转性骨折。

第三节　弹性势能

在弹性限度内，物体在外力的作用下发生弹性形变。在这一过程中，外力对弹性物体做功，外力所做的功以弹性势能的形式储存在弹性物体中，即外力所做的功转变为弹性物体的形变势能。

以拉伸为例来推导弹性体的势能公式。设有一弹性圆棒原长为 l_0，受拉力 F 作用伸长到 l，如果不考虑其横截面积的改变(拉伸形变时其横截面积 S 的变化很小，可将其忽略)。由式(2-8)可知，

$$E=\frac{F/S}{(l-l_0)/l_0}$$

则棒所受到的拉力或所受到的内力为

$$F=\frac{ES}{l_0}(l-l_0)$$

若外力 F 将圆棒拉伸 $\mathrm{d}l$ 所做的元功为 $\mathrm{d}W=F\mathrm{d}l$，则在伸长过程中，外力所做的功为：

$$W=\int \mathrm{d}W=\int F\mathrm{d}l=\int_{l_0}^{l}\frac{ES}{l_0}(l-l_0)\mathrm{d}l=\frac{1}{2}\frac{ES}{l_0}(l-l_0)^2=\frac{1}{2}\frac{ES}{l_0}\Delta l^2 \tag{2-14}$$

对于一定的材料而言，E、l_0、S 均为常数，故令 $k=\frac{ES}{l_0}$，k 称为弹性物体的劲度系数。将

笔记栏

k 代入(2-14)式，可得

$$W=\frac{1}{2}k\Delta l^2 \tag{2-15}$$

外力克服弹性力做功的结果是将其它形式的能量转变成物体的弹性势能。因此，式(2-15)可以用来计算物体的弹性势能。

第四节 弹性腔的力学问题

由弹性膜所构成的空腔，如空心球形弹性腔、管形弹性腔等，都是实际中比较常见的弹性腔。研究弹性腔内的压强与弹性膜的张力间的关系，对于了解人体的呼吸力学和血流力学，具有重要意义。

一、球形弹性腔的力学问题

首先分析球形弹性腔的力学平衡问题。假设有一球形弹性腔，在腔内气体或液体压强 p 的作用下，其半径为 R，每单位长度弹性膜的张力为 T，图 2-9(a)表示此球形弹性腔的一部分。根据张力和压力平衡的原则，可以看出

(1) 在张力方面，此一部分球面弹性膜周长所具有的总张力的向下分力应等于周长 $2\pi R\sin\theta$ 与单位长度上的张力的向下分力 $T\sin\theta$ 的乘积，如图 2-9(b)：

$$F_{下}=2\pi R\sin\theta\times T\sin\theta=T\times 2\pi R\sin^2\theta \tag{2-16}$$

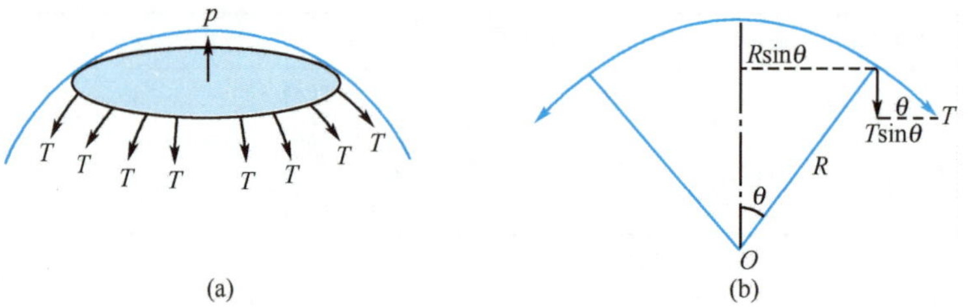

图 2-9 球形弹性膜的张力和压强

(2) 在压力方面，这一部分球面所受的向上方向的压力应等于球内压强 p 与以 $R\sin\theta$ 为半径的小圆面积 $\pi R^2\sin^2\theta$ 的乘积，即

$$F_{上}=p\times\pi R^2\sin^2\theta \tag{2-17}$$

上述式(2-16)、式(2-17)两式所代表的向下张力和向上压力，两者方向相反，在平衡时它们的大小应该是相等的，所以

$$T\times 2\pi R\sin^2\theta=p\times\pi R^2\sin^2\theta$$

或

$$p=\frac{2T}{R} \tag{2-18}$$

在上面的推导中，我们假设弹性膜外的压强为零。在实际情况下，往往膜内外都有压强存在，此时式(2-18)中的 p 应代表膜内压强和膜外压强的差(在生理学上叫做跨膜压)。式(2-18)说明，一个由弹性膜所形成的球面，其凹面一侧的压强大于凸面一侧的压强，两侧的压强差 p 与单位膜长的张力 T 成正比，与曲率半径 R 成反比。这个公式又叫做**球面膜的拉普拉斯定律**(Laplace's law for a spherical membrane)。

二、管形弹性腔的力学问题

笔记栏

下面分析管形弹性腔的力的平衡问题。同上面的分析方法相似，如图 2-10 所示，当张力和

压力平衡时，则：

$$T\sin\theta \times 2l = p \times 2lR\sin\theta$$

$$p = \frac{T}{R} \tag{2-19}$$

式(2-19)表示，弹性管腔或管状弹性膜的一部分，其内外压强差（跨膜压）与单位长度的膜张力成正比，而与曲率半径成反比。与式(2-18)比较，只是相差常数 2，此式称为管状弹性膜的拉普拉斯公式，常用于血管跨膜压的分析。

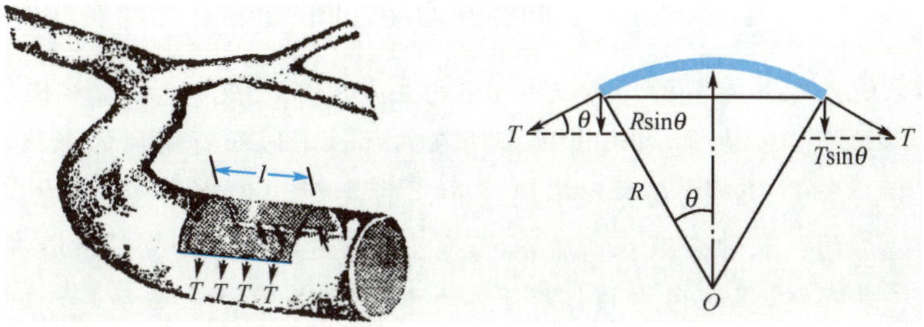

图 2-10　管形弹性膜的张力和压强

习　题　二

2-1　解释以下各物理量的定义、单位以及它们之间的关系：①压应变，压应力，杨氏模量；②切应变，切应力，切变模量；③体应变，体压强，体积模量。

2-2　设某人的一条腿骨长 60cm，横截面积平均为 3cm^2，当双腿支持整个 800N 的体重时，其一条腿股骨长度缩短多少？占原长的百分之几？（骨压缩时的杨氏模量近似为 $10^{10}\text{N}\cdot\text{m}^{-2}$）

[8×10^{-5}m ；0.015%]

2-3　松弛的二头肌，伸长 5cm 时，所需要的力为 25N，而该肌肉处于紧张状态时，产生相同伸长量需要力 500N。若将肌肉看作是一条长 0.2m、横截面积为 50cm^2 的圆柱体。求该肌肉组织在以上两种情况下的杨氏模量。

[$2\times10^4\text{N}\cdot\text{m}^{-2}$ ；$4\times10^4\text{N}\cdot\text{m}^{-2}$]

2-4　弹性蛋白是一种存在于跳蚤中的弹跳机构以及昆虫的飞翔机构中的弹性蛋白，其杨氏模量接近于橡皮。今有一截面为 $3\times10^{-3}\text{m}^2$ 的弹跳蛋白，在 270N 力的拉伸下，长度变为原长的 1.5 倍，求弹性蛋白的杨氏模量。

[$1.8\times10^5\text{N}\cdot\text{m}^{-2}$]

2-5　一匀质的铅丝竖直悬挂，铅丝的密度为 $\rho=11.3\times10^3\text{kg}\cdot\text{m}^{-3}$，长度为 L_0。求：①由于铅丝自身的重量所产生的应力在距悬点 $\frac{L_0}{4}$ 处的值是距悬点 $\frac{3}{4}L_0$ 处值的多少倍？②已知铅丝内某处的应力达 $2\text{kg}\cdot\text{mm}^{-2}$ 时，铅丝在该点被拉断。问铅丝长度 L 为何值时，它将在自身所受重力的作用下被拉断？断点在何处？

[3 倍；177m]

2-6　在边长为 0.02m 的正方体的两个相对面上，各施加大小相等、方向相反的切向力 9.8×10^2N，施加力后两面的相对位移为 0.001m，求该物体的切变模量。

[$4.9\times10^7\text{N}\cdot\text{m}^{-2}$]

阅读材料

骨与肌肉的力学特性

骨骼与肌肉是肌体的主要承载系统与做功单元，它们的力学性能对其功能的完成至关重要，骨骼与肌肉力学是目前生物力学的主要研究内容。

一、骨骼的力学性质

人体骨骼系统是人体重要的力学支柱，它的主要功能是支持、运动和保护各种内脏器官等作用。人体具有206块骨，各种骨因其所在的部位不同而有不同的形状、大小和功能。但基本上可以分为长骨、短骨、扁骨和不规则骨4种类型。骨的形态及骨在人体上的分布是与其功能相适应的。长骨分布在四肢，如股骨，肌肉通过肌腱和韧带附着在股骨上，骨系统加上肌肉支持着人体，在肌肉力的作用下人体通过骨关节产生运动；而短骨一般分布在负重、受压或运动复杂的部位，如手的腕骨和脚的跗骨；扁骨呈板状，如肩胛骨和颅骨，颅骨围成的颅骨腔起保护大脑和其神经的作用。不同形态的骨，其力学性质是不同的。

骨组织是一种特殊的结缔组织，它既有一定的结构形状及力学特性，又有很强的自我修复功能与力学适应性。骨折是常见的临床疾病，研究骨折经常使用强度与刚度的概念，强度是指在载荷作用下抵抗破坏的能力，刚度则表示在载荷作用下抵抗变形的能力，骨的这两种最基本的物理性能取决于它的成分和结构。

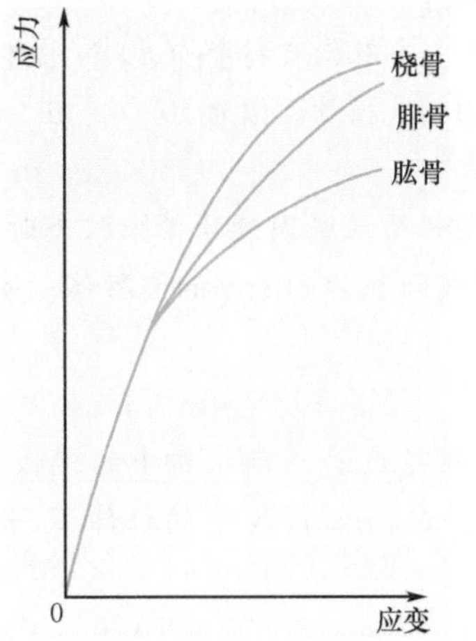

图 2-11　成人润湿四肢骨应力-应变曲线

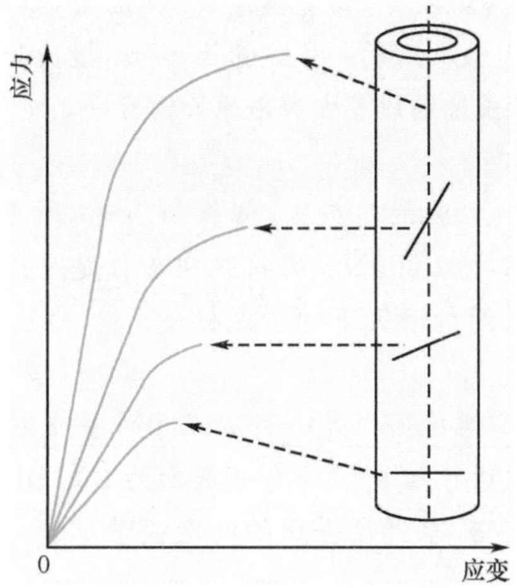

图 2-12　骨骼不同方向的拉伸曲线

实验表明，骨骼是典型的非线性弹性体，从图2-11中可见成人润湿骨的应力。应变曲线的开始部分，非线性程度较低，可近似认为骨骼是线性弹性体。另外，与一般的金属材料不同，骨骼在不同方向载荷作用下表现出不同的力学性能（我们称材料的这种特性为各向异性），即骨是各向异性的材料，而且骨的力学性质随人的年龄、性别、部位、组成成分等因素的不同而异。图2-12是人股骨标准试样在不同方向拉伸时的刚度和强度变化曲线，可以看出，在纵轴方向上加载时，试样的刚度和强度最大，而在横轴方向上最小。

骨是人体内最主要的承载组织，人体的骨骼受不同方式的力或力矩作用时会有不同的力学反应。骨骼的变形、破坏与其受力方式有关。人体骨骼受力形式多种多样，可根据外力和外力矩的方向，将骨骼的受力分为拉伸、压缩、弯曲、剪切、扭转和复合载荷六种。

拉伸：拉伸载荷是指自骨的表面向外施加的载荷（相当于人进行悬垂动作时骨受到的载荷）。骨骼在较大载荷作用下可伸长并变细。骨组织在拉伸载荷作用下断裂的机制主要是骨单位间结合线的分离和骨单位的脱离。临床上拉伸所致骨折多见于骨松质。

压缩：压缩载荷为加于骨表面大小相等、方向相反的载荷(如举重时身体各部分都要受到压缩载荷)。骨骼最经常承受的载荷是压缩载荷，压缩载荷能够刺激骨的生长，促进骨折愈合，较大压缩载荷作用能够使骨缩短和变粗。骨组织在压缩载荷作用下破坏的表现主要是骨单位的斜行劈裂。人润湿骨破坏的压缩极限应力大于拉伸极限应力。拉伸与压缩的极限应力分别为 $134MN \cdot m^{-2}$ 与 $170MN \cdot m^{-2}$ 。

剪切：剪切作用时，载荷施加方向与骨骼横截面平行，人骨骼所能承受的剪切载荷比拉伸和压缩载荷都低。骨骼的剪切破坏应力约等于 $54MN \cdot m^{-2}$ 。

弯曲：骨骼受到使其轴线发生弯曲的载荷作用时(图 2-13)，将发生弯曲效应。受到弯曲作用的骨骼上存在一个没有应力与应变的中性对称轴(oo')，在中性对称轴凹侧面(载荷作用侧)骨骼受压缩载荷作用，在凸侧受拉伸载荷作用。对成人骨骼，破裂开始于拉伸侧，因为成人骨骼的抗拉能力弱于抗压能力。未成年人骨则首先自压缩侧破裂。

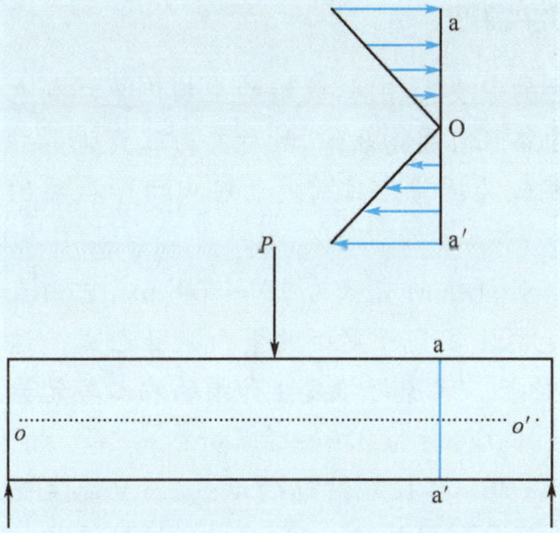

图 2-13　骨骼受弯曲载荷作用示意图

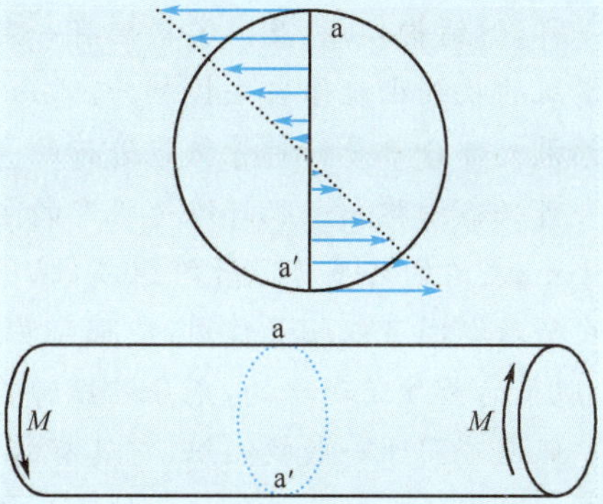

图 2-14　骨骼受扭转载荷作用示意图

扭转：载荷扭矩 M 加于骨骼并使其沿轴线产生扭曲时即形成受扭转状态(图 2-14)，常见于人体或局部肢体作旋转时骨骼所承受的绕纵轴的两个反向力矩作用(如掷铁饼最后阶段腿部承受的载荷)。扭转载荷使骨骼横截面每一点均承受剪切应力作用，剪切应力的数值与该点到中性轴的距离成正比。骨骼的抗扭转强度最小，因而过大的扭转载荷很容易造成扭转性骨折。

上面提到的是骨骼受载的几种简单情况，实际生活中骨骼很少只受到一种载荷作用，作用于人体骨骼上的载荷往往是上述几种载荷的复合作用。

骨骼经常处于反复受力的过程中，当这种反复作用的力超过某一生理限度时，就可能造成骨组织损伤，这种循环载荷下的骨损伤称为疲劳损伤。实验表明，疲劳可引起骨骼多种力学参数改变，使得骨骼的强度、刚度下降。疲劳寿命随载荷增加而减少，随温度升高而减少，随密度增加而增加。疲劳骨折常常发生于持续而剧烈的体力活动期间，这种活动易造成肌肉疲劳，当肌肉疲劳时收缩能力减弱，以至难于储存能量和对抗加于骨骼上的应力，结果改变了骨骼上的应力分布，使骨骼受到异常的高载荷而导致疲劳骨折。断裂可发生于骨的拉伸侧、压缩侧或两侧均有。拉伸侧的断裂为横向裂纹并迅速发展为完全骨折。压缩侧的骨折发生缓慢，如不超过骨重建的速度就可能不致发展到完全骨折。

骨骼具有良好的自身修复能力，并可随力学环境的变化而改变其性质和外形。应力对骨的改变、生长和吸收起着重要的调节作用。应力增加可引起骨增生。因为应力的增加使骨骼中的基质呈碱性，这使基质中的带有碱性的磷酸盐沉淀下来，骨骼中的无机盐成分因此而增加，骨骼的密度、抗压性就得到增加。相反，如应力减少，则骨骼就会萎缩，引起骨质

笔记栏

疏松。因为应力的减少使骨骼中基质呈酸性，它将溶解骨中一部分无机盐，并将这些无机盐排出体外，使骨骼萎缩，产生骨质疏松。实验表明，病人卧床休息期间每天可失去 0.5g 钙，而宇航员在失重情况下每天失去 3g 钙。

骨骼中的应力如果在变化后长期维持新的水平，则不仅骨中的无机盐成分发生改变，而且整个骨的形状也将发生改变。在较高应力持续作用下，一部分骨细胞变成成骨细胞，这种细胞的细胞质呈碱性，有能力使无机盐沉淀，并能产生纤维与黏多糖蛋白等细胞间质，这些和无机盐共同组成骨质，骨质将成骨细胞包围在其中，细胞合成活动逐渐停止，胞浆减少，胞体变形，成骨细胞变为骨细胞，从而使骨的承载面积增大。相反，作用在骨骼上的应力减少后，骨细胞变成破骨细胞，它产生酸性磷酸酶可以溶解骨骼中的黏多糖蛋白、胶原纤维和无机盐，这种活动的结果降低了骨的有效面积。

应力如何引起基质内酸碱度的变化及如何使骨细胞向成骨细胞或破骨细胞转化，一般认为是由于应力产生的骨骼压电效应所致。

二、肌肉的力学特性

肌肉包括平滑肌、心肌和骨骼肌三种，它们的构成要素相同，收缩的生物化学机制也大致一样，但结构、功能及力学特性有一定差异。骨骼肌可随意收缩，故称其为随意肌；心肌、平滑肌的收缩由机体自主控制，与意念无关，研究较为困难。目前关于肌肉力学性质的研究结果大部分都是针对骨骼肌进行的。

可兴奋细胞——肌纤维是肌肉的主要成分。肌纤维的直径为 $10\sim60\mu m$，它由直径为 $1\mu m$ 左右的许多肌原纤维组成，肌原纤维又是由许多直径更小的蛋白微丝组成。这些蛋白微丝之间可以相互作用，使肌肉发生收缩或伸长。肌原纤维发生伸缩的基本单元为肌节，肌节的长度是变化的，充分缩短时长约 $1.5\mu m$，放松时为 $2.0\sim2.5\mu m$。

肌肉不同于一般软组织，它具有能动收缩的能力。不仅能被动的承载，而且能主动地做功。肌肉的功能是将化学能转变为机械能。与一般材料特性不同，肌肉收缩时产生的内部拉力（一般称张力）变化主要依赖于肌节内结构的变化，并因此形成特殊的肌纤维长度-张力曲线（图 2-15）。可以看出，在肌节处于休息长度时（$2\mu m$ 左右）张力最大，但当肌节长度达到 $3.6\mu m$ 后，主动张力却变为零。肌纤维具有主动收缩性，此外，肌纤维及其周围的结缔组织还可被动承载，因此，整块肌肉伸缩时的张力应为主动张力与被动张力之和（图 2-16）。

整块肌肉的力学特性较为复杂，为研究方便，可将其表示为图 2-17 所示的三单元模型。图中收缩元代表肌肉中有活性的主动收缩成分，当肌肉兴奋时可产生主动张力，其张力的大小与其微观结构有关，当骨骼肌处于休息状态时，收缩元对张力没有贡献；并联弹性元代表肌肉被动状态下的力学性质，主要与主动收缩单元周围的结缔组织有关；串联弹性单元主要代表主动收缩单元的固有弹性及与之相串联的部分结缔组织。

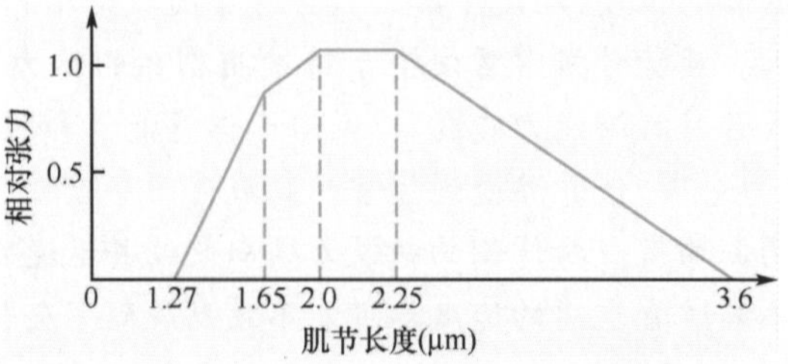

图 2-15 肌纤维长度-主动张力曲线

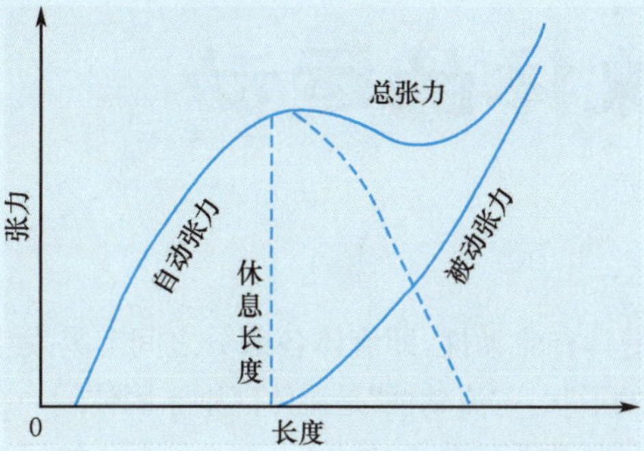

图 2-16　整块骨肉的力学特性

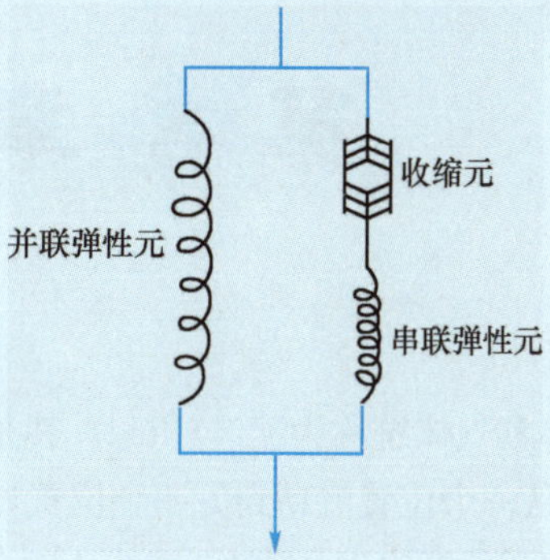

图 2-17　肌肉的三单元模型

整块肌肉可认为是由许多这样的模型混联在一起构成，模型的串联构成肌肉的长度，模型的并联构成肌肉的厚度。因此，可以把肌肉看成由多个模型串联与并联而成。由多个模型串联而成的肌肉，各个收缩元产生相同的收缩力，每个模型受到的外力相等，也等于整个肌肉两端的外力，而肌肉的伸长或缩短的总长度却等于各个模型伸长或缩短之和。由此可见，肌肉长度的增加，对其收缩速度有良好影响，但不影响它的收缩力。在多个模型并联而成的肌肉断面上，各个模型产生同样的变形与相同的收缩速度，而肌肉两端的作用力是各个模型对其两端作用力之和。因此，肌肉生理横断面的增加会导致肌肉收缩力的增加，但不会影响肌肉收缩速度。肌肉的收缩速度与收缩力成反比。

（周　涯　任社华）

第 3 章 流体的运动

液体和气体统称为流体(fluid),其基本特征是具有流动性,即流体各部分之间容易发生相对运动,可以从一个位置流动到另一个位置,没有固定的形状。“流动性”是流体区别于固体的一个主要性质。从力学角度出发,研究流体静止时的规律的学科称为流体静力学(hydrostatics),如阿基米德定律、帕斯卡原理等等。研究流体运动规律及其边界相互作用的学科称为流体动力学(hydrodynamics)。流体动力学是空气动力学、水力学、生物力学等学科的基础,它的应用涉及航空、水利、医药等许多领域。掌握流体运动的规律,有助于理解日常生活中发生在我们身边的流体运动现象,对深入研究人体循环系统、呼吸过程,以及相关的医疗设备是十分必要的。流体动力学在血液方面的应用衍生了一门新学科——血液流变学。

本章将介绍流体动力学的一些基本概念和规律。

第一节 理想流体的稳定流动

一、理想流体

实际流体的流动往往是很复杂的,影响流体流动的因素有多种。为便于讨论,有必要对流体作一些简化。

任何实际流体都是可压缩的,即流体的体积随其所受压强不同而改变。对于液体,可压缩性很小,如水,每增加 1000 个大气压时,体积只改变 5%,水银变化更小。所以,一般情况下液体的压缩性可忽略不计。气体的可压缩性(compressibility)非常明显,用很小的力气就可以推动密闭容器里的活塞。但是气体的流动性非常好,当气体处于可流动的状态时,只要有很小的压强差就可以使气体迅速流动起来,短时间内使气体内部密度趋于均匀。因此,流动的气体也可近似地认为是不可压缩的。

实际流体流动时内部分子之间总存在着内摩擦,造成各处流速不同。例如,河水的流动时河心处流速最大,越靠近河岸流速越小。一些常见的液体,如水和酒精等,它们的内摩擦作用很小,气体的内摩擦作用更小,因此,在讨论这些流体的运动时,内摩擦作用影响不大,一般可忽略不计。

总之,在一些实际问题中,流体的内摩擦力和可压缩性只是影响运动的次要因素,只有流动性才是决定流体运动的主要因素。因此,可以建立理想化的流体模型来代替实际流体进行分析,即不考虑流体的内摩擦力和可压缩性对流体运动的影响。这种没有内摩擦力和绝对不可压缩的流体称为理想流体(ideal fluid)。在求得理想流体的运动规律后,再根据实际情况进行修正,就可得到实际流体的运动规律。

二、稳定流动

研究流体流动的方法有两种:拉格朗日(Lagrange)法和欧拉(Euler)法。拉格朗日法是将流体分割成很多无限小的体积元——流体粒子,求出它们各自的运动轨迹。这是沿用质点组动力学的方法来研究流体的运动。欧拉法是研究流体粒子在空间各点的速度分布随时间变化的规律。通常来说,欧拉法简便易行,是流体力学广泛采用的方法。这里采用欧拉法讨论流体流动规律。

根据欧拉法，在流体流动空间的每一点上都对应于一个流速矢量 $v(x,y,z,t)$ ，它们构成了一个流体速度场，简称流场。流体在流动时，流体粒子的速度随时间和空间而变。为了形象地描述流体的流动情况，对于任一给定时刻，可以在流体流动的区域中划出这样一些曲线，使这些曲线上各点的切线方向和流体粒子在这一点的速度方向相同，这样的曲线称为该时刻的流线(stream line)。

对于复杂的流动，流场中各点的流速随时间而变，因而流线的形状是随时间变化的。若流场中各点的流速都不随时间而变化，即 $v=v(x,y,z)$ ，这样的流动叫做稳定流动或定常流动(steady flow)。如图 3-1 所示，A、B、C 三点处在同一流线上，虽然这三点的速度各不相同，但这三点的速度都不随时间而变化。因此，流体作稳定流动时流线的形状保持不变，流线不相交，这时流线也就成了流体粒子运动的轨迹。

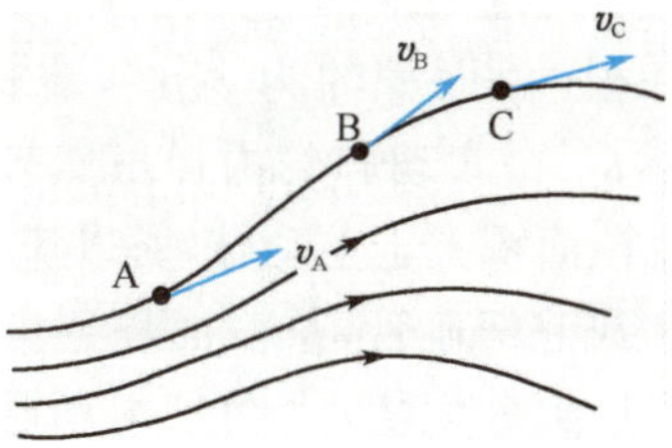

图 3-1　流线

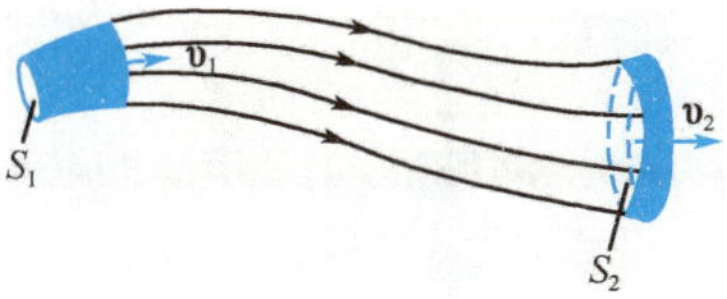

图 3-2　流管

如图 3-2 所示，在流体流动的空间中任取一个小截面 S_1，通过 S_1 周边上各点的流线组成的管子叫做流管(tube of flow)。稳定流动时流管的形状不随时间而改变，流管外面的流体不会流到流管里面，流管里面的流体也不会流到流管外面。整个流体可以看成是由若干流管组成，只要搞清楚流体在流管中的运动规律，也就可以了解整个流体的流动情况。

三、连续性方程

如图 3-2 所示，在稳定流动的流场中任取一段细流管。设流管的任一横截面上各点的物理量是均匀的，截面 S_1 和 S_2 处的流速分别为 v_1 和 v_2，流体密度分别为 ρ_1 和 ρ_2。经过一个很短的时间 Δt ，流入截面 S_1 的流体(图中 S_1 处的阴影部分)质量为

$$m_1=\rho_1(v_1\Delta t)S_1=\rho_1 S_1 v_1\Delta t$$

同时，流出截面 S_2 的流体(即图中 S_2 处的阴影部分)质量为

$$m_2=\rho_2(v_2\Delta t)S_2=\rho_2 S_2 v_2\Delta t$$

根据质量守恒原则和稳定流动的特点，有 $m_1=m_2$ 即

$$\rho_1 S_1 v_1\Delta t=\rho_2 S_2 v_2\Delta t$$

$$\rho_1 S_1 v_1=\rho_2 S_2 v_2 \tag{3-1}$$

式(3-1)对于同一流管中任意两个与流管垂直的横截面都是成立的，故可写成

$$\rho S v=\text{常量} \tag{3-2}$$

式(3-2)表明，稳定流动时，同一流管中任一截面处的流体密度、流速和该截面面积的乘积为常量，该式称为流体作稳定流动时的连续性方程(equation of continuity)。ρSv 是单位时间内通过任一截面 S 的流体质量，称为质量流量(mass flow rate)，因此，连续性方程又称为质量流量守恒定律。质量流量的单位为 $kg \cdot s^{-1}$。

对于不可压缩的流体，则有 $\rho_1=\rho_2$，从式(3-1)和式(3-2)可得出

$$S_1 v_1=S_2 v_2 \tag{3-3}$$

$$Sv=\text{常量} \tag{3-4}$$

笔记栏

式(3-4)表明，不可压缩流体做稳定流动时，同一流管中任一截面处的流速和该截面面积的乘积为常量，该式称为不可压缩流体做稳定流动时的连续性方程。Sv 是单位时间内通过任一截面 S 的流体体积，称为体积流量(volume flow rate)，用 Q 表示，其单位为 $m^3 \cdot s^{-1}$。式(3-4)又叫做体积流量守恒定律。因此，对于不可压缩的流体来说，不仅质量流量守恒，体积流量也是守恒的。

式(3-4)还表明：当不可压缩的流体在流管中做稳定流动时，流速与横截面积成反比。由于通过同一流管中各个截面的流线条数不变，因此流管粗处流速较小，流线较稀疏；流管细处流速较大，流线较密集。可见，流线的疏密反映了流管中流体流速的分布。

常将血液的流动近似看成是不可压缩流体作稳定流动。在人体血液循环中，应用连续性方程可以了解血流速度在各种血管中的变化情形。由于血管的垂直总截面积从主动脉到毛细血管是逐渐增大的，而从毛细血管到静脉又是逐渐减小的，因此由连续性原理可知，从主动脉到毛细血管血流速度逐渐减慢，而从毛细血管到静脉血流速度又逐渐加快。如图 3-3 所示，主动脉只有一根，截面积约为 $3cm^2$，流速最大约为 $30cm \cdot s^{-1}$。大动脉的内径虽然较主动脉小，但其总截面积大于主动脉，所以流速减慢。从小动脉到毛细血管，总截面积逐渐增大，到毛细血管达到最大值，大约是主动脉的 300 倍，故其血流速度仅为主动脉的 1/300，仅为 $1mm \cdot s^{-1}$左右。此后，毛细血管汇合成静脉，从毛细血管到近心脏的腔静脉，其总截面积逐渐减小，血流速度逐渐增加。这里需要说明的是：由于血管有分支，因而截面积指的是同类血管的总截面积；由于血液是黏性液体，血管中同一截面上靠近管壁处和靠近轴心处的流速并不相等，因而流速是指的截面上的平均流速。

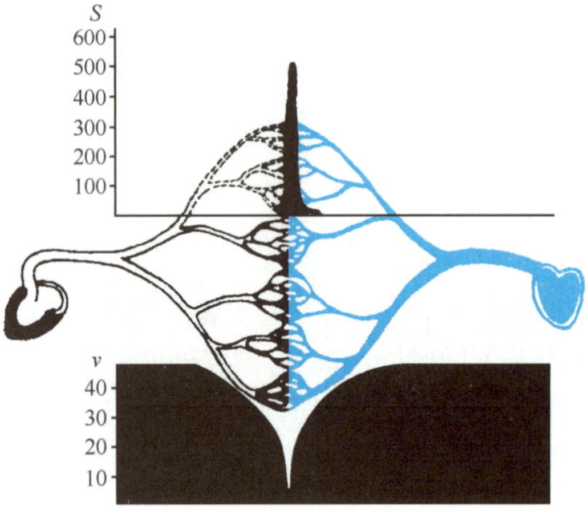

图 3-3　血管中流速截面积之间的关系

第二节　伯努利方程

理想流体在截面不等的流管中作稳定流动时，流体在流管中作加速或减速流动，各个截面之间存在着压力差、速度差和位置差。伯努利在 1738 年推导出了它们之间的关系，得到了理想流体作稳定流动时的基本规律——伯努利方程(Bernoulli equation)。

一、伯努利方程

根据功能原理可以推导出伯努利方程。

如图 3-4 所示，理想流体在一截面不均匀的流管中作稳定流动，任取一条细流管，在流管中任取一段流体 xy 作为研究对象。设流体在 x 处的压强为 p_1，速度为 v_1，距离参考平面的高度为 h_1，截面积为 S_1；流体在 y 处的压强为 p_2，速度为 v_2，高度为 h_2，截面积为 S_2。经过极短时间 Δt 后，此段流体由 xy 移到了 $x'y'$ 位置。现在分析在 Δt 时间内外力对这段流体所做的功以及由此而引起的机械能变化。

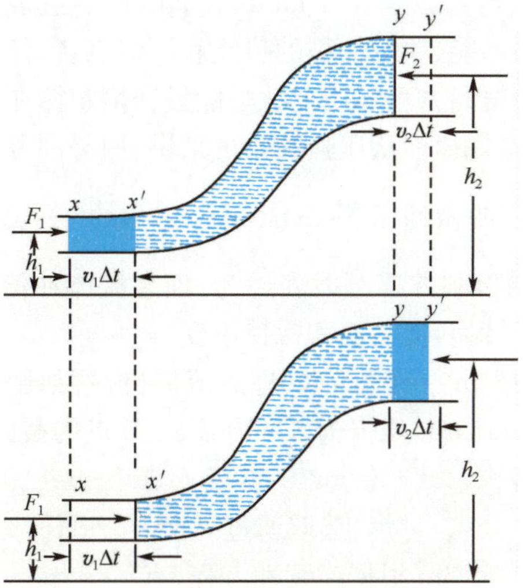

图 3-4 伯努利方程的推导

这段理想流体受到三种力的作用：周围流体通过侧面对流体段的作用力，其合力为零；重力对流体段的作用力，如果把流体段 xy 和地球一起作为考察功能变化的系统，则重力属于内力，做功的结果不会导致系统的能量改变；剩下来的只有周围流体通过 x 端和 y 端对流体段的作用力 F_1 和 F_2，它们做功的结果将引起系统能量的改变。流体段 xy 后面的流体推动它前进，压力 F_1 做正功；流体段 xy 前面的流体阻碍它前进，压力 F_2 做负功。在 Δt 时间内 x 面的位移是 $v_1\Delta t$ ，y 面的位移是 $v_2\Delta t$ 。故当流体从 xy 移到了 $x'y'$ 过程中，两力所做的总功为

$$W = F_1 v_1 \Delta t - F_2 v_2 \Delta t = p_1 S_1 v_1 \Delta t - p_2 S_2 v_2 \Delta t \tag{a}$$

式中：$S_1 v_1 \Delta t$ 、$S_2 v_2 \Delta t$ 分别是 xx'、yy' 段流体的体积。由于是理想流体作稳定流动，所以这两段流体的体积应相等，用 V 表示，质量用 m 表示。上式即可写成

$$W = p_1 V - p_2 V \tag{b}$$

由图 3-4 可以看出，在流动过程中，x' 与 y 之间的那段流体的运动状态没有变化，流体的质量也没有发生变化，因而动能和势能都没有变化。变化的仅仅是 xx' 段的消失和 yy' 段的产生。所以，比较 Δt 时间前后 xy 段流体能量的变化 ΔE，只须考虑此间流入管内的流体 xx' 段和流出管内的流体 yy' 段的机械能的变化。即

$$\Delta E = E_2 - E_1 = \left(\frac{1}{2} m v_2{}^2 + m g h_2\right) - \left(\frac{1}{2} m v_1^2 + m g h_1\right) \tag{c}$$

在理想流体中，内部非保守力做功为零，根据功能原理，外力所做的功等于系统的机械能的增量，即

$$W = \Delta E$$

将式(b)和式(c)带入上式得到

$$p_1 V - p_2 V = \left(\frac{1}{2} m v_2^2 + m g h_2\right) - \left(\frac{1}{2} m v_1^2 + m g h_1\right)$$

移项得

$$p_1 V + \frac{1}{2} m v_1{}^2 + m g h_1 = p_2 V + \frac{1}{2} m v_2{}^2 + m g h_2$$

以 V 除各项得

$$p_1 + \frac{1}{2} \rho v_1{}^2 + \rho g h_1 = p_2 + \frac{1}{2} \rho v_2{}^2 + \rho g h_2 \tag{3-5}$$

式中：$\rho = m/V$ 是流体的密度。

由于 x、y 这两个截面是在流管中任意选取的，因此对于同一流管的任一截面处都有

$$p + \frac{1}{2} \rho v^2 + \rho g h = \text{常量} \tag{3-6}$$

笔记栏

式(3-5)和式(3-6)称为伯努利方程(Bernoulli equation)。它表明理想流体在同一流管中作稳定流动时,流体单位体积的动能、单位体积的势能和压强三者可以相互转换,但其总和是一个常量。从能量的角度来讲,伯努利方程实质上就是能量守恒定律在理想流体运动中的具体表现形式。它是流体动力学的基本规律。从压强的角度来讲,伯努利方程中的三项都具有压强的量纲,其中 $\frac{1}{2}\rho v^2$ 项与流速有关,叫做动压强(dynamical pressure),ρgh 叫做位压强,p 叫做静压强(static pressure)。因此,伯努利方程可以表述为:理想流体在给定流管中作稳定流动时,动压、位压和静压三者可以相互转换,但其总和保持不变。

例题 3-1 设流量为 $0.12\ m^3\cdot s^{-1}$ 的水(理想流体)流过如图 3-5 所示的管子。B 点比 A 点高 2 m,A 点的截面积为 $100\ cm^2$,压强为 2×10^5 Pa。B 点的截面积为 $60\ cm^2$。求 A、B 两点的流速和 B 点的压强。

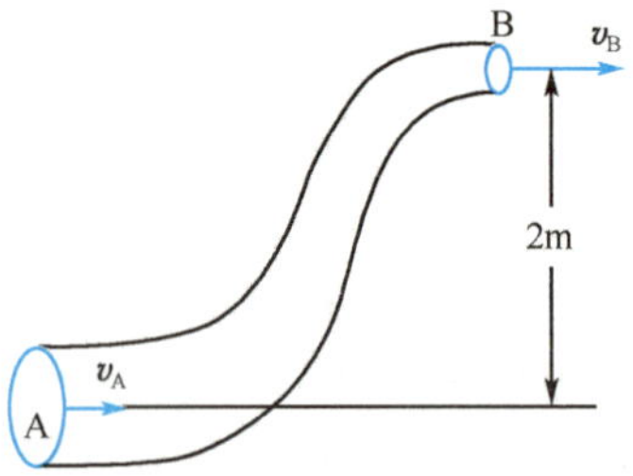

图 3-5 例题 3-1 图示

解:选取通过 A 点的平面作为参考平面,则 $h_A=0$,$h_B=2m$ 根据连续性方程,有

$$S_A v_A = S_B v_B = Q$$

$$v_B=\frac{0.12}{60\times10^{-4}}=20\ m\cdot s^{-1}$$

$$v_A=\frac{0.12}{10^{-2}}=12\ m\cdot s^{-1}$$

又由伯努利方程可得

$$p_B=p_A+\frac{1}{2}\rho v_A^2-\rho g h_B-\frac{1}{2}\rho v_B^2$$

$$p_B=2\times10^5+\frac{1}{2}\times1000\times12^2-2000\times9.8-\frac{1}{2}\times1000\times20^2=5.24\times10^4\ Pa$$

二、伯努利方程的应用

1. 压强和流速的关系

在许多情况下,液体常常是在水平或接近水平的管子中流动,这时候 $h_1=h_2$,式(3-5)变成

$$p_1+\frac{1}{2}\rho v_1^2=p_2+\frac{1}{2}\rho v_2^2 \qquad 或 \qquad p+\frac{1}{2}\rho v^2=常量 \tag{3-7}$$

根据(3-7)式,再结合连续性方程可以得出结论:流体在流管粗处流速小、压强大;在流管细处流速大、压强小。如图 3-6 所示,在管子很狭窄处,当流速很大时,可能出现压强小于大气压(负压),此时狭窄处具有吸入外界液体或气体的作用,这种现象叫做空吸作用(suction)。临床上常用的喷雾器、蒸汽吸入器、雾化吸入器等都是利用空吸作用制成的。

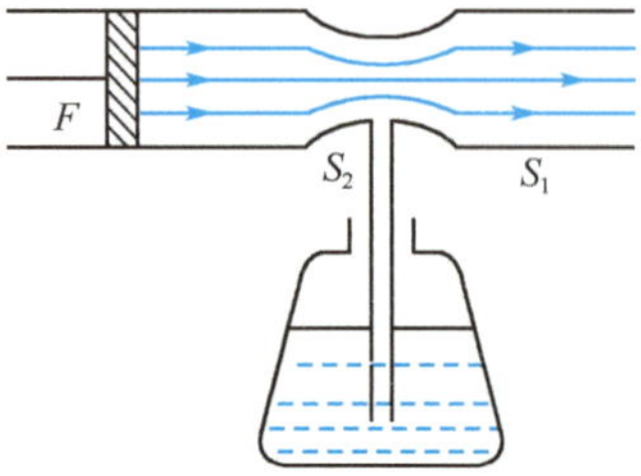

图 3-6 空吸作用图

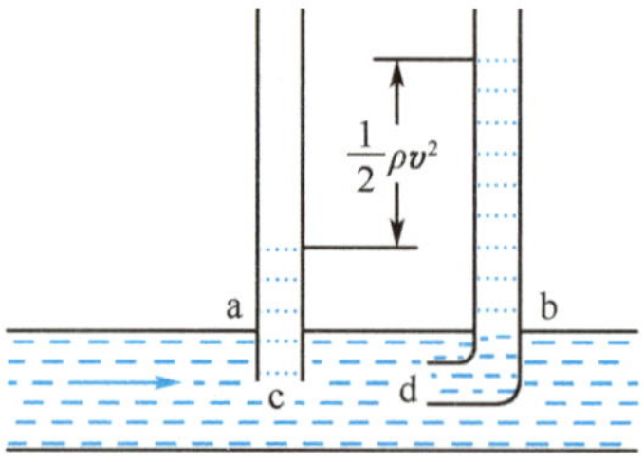

图 3-7 流速计原理

图 3-7 所示是一种测量液体流速的装置。a 是一根直管,直管下端的管口截面与流体流线平行。b 是一根直角弯管,而弯管下端管口截面与流体流线垂直。流体在弯管下端管口 d 处受阻,形成流速为零的“滞止区”。这时两管所测出的压强是不相同的,比较图中 c、d 两处的压强

可得

$$p_c+\frac{1}{2}\rho v^2=p_d+\frac{1}{2}\rho\times 0$$

$$v=\sqrt{\frac{2(p_d-p_c)}{\rho}}=\sqrt{2gh} \tag{3-8}$$

式中：p_d 比 p_c 大 $\frac{1}{2}\rho v^2$，说明流体的动压强在滞止区全部转化成了静压强。v 是流体在 c 处的速度，对于粗细均匀的流管也就是管中各点的流速。实际上只要测出两管液面的高度差 h，便可得到 p_d 与 p_c 的差值，进而求得流速 v。

例题 3-2 如图 3-8 所示是文丘里(Venturi)流量计示意图。它是一段水平管，中间有一逐渐缩小的窄处以保证流体稳定流动。设管道中液体是理想流体，液体的密度为 ρ，管道入口处和窄口处的截面积分别为 S_1 和 S_2，压强分别是 p_1 和 p_2，粗细两处竖直管内的液面高度差为 h。求其流量。

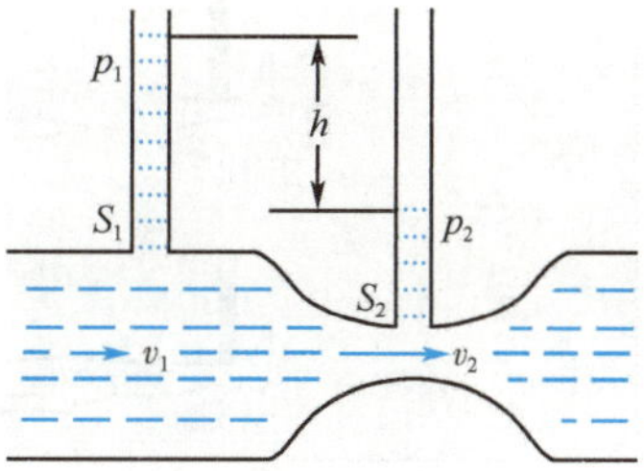

图 3-8 文丘里流量计

解： 由伯努利方程，液体在水平管中有

$$p_1+\frac{1}{2}\rho v_1^2=p_2+\frac{1}{2}\rho v_2^2 \tag{a}$$

再根据连续性方程

$$S_1v_1=S_2v_2 \tag{b}$$

由式(a)和式(b)求解，并将 $p_1-p_2=\rho gh$ 代入得

$$v_1=S_2\sqrt{\frac{2gh}{S_1^2-S_2^2}}$$

液体的流量为

$$Q=S_1v_1=S_1S_2\sqrt{\frac{2gh}{S_1^2-S_2^2}}$$

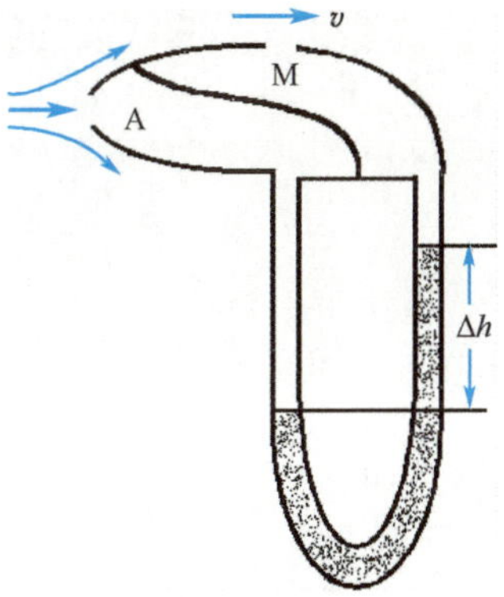

图 3-9 皮托管原理

如图 3-9 所示是一种测量气体流速的装置皮托管。测量时把它放在待测的气体(密度为 ρ)中，使 A 孔正对着气体前进方向，形成“滞止区”，M 孔的孔面平行于流线。A、M 两处的压强差可从 U 形管中液体(密度为 ρ')的高度差 Δh 测得，即

$$p_A-p_M=\frac{1}{2}\rho v^2=\rho' g\Delta h$$

即有

$$v=\sqrt{\frac{2\rho' g\Delta h}{\rho}} \tag{3-9}$$

水平管中压强与流速的关系还有很多实际应用。例如，飞机的机翼、舰船的水翼、飞鸟的翅膀均靠其翼面上下的流速差引起压强差而产生上升力。

2. 压强与高度的关系

如果在各截面高度不同的管中流动的流体，其流速不变或者流速的改变可以忽略，则由伯努利方程可得压强与高度的关系为

$$p_1+\rho gh_1=p_2+\rho gh_2$$

或

$$p+\rho gh=\text{常量} \tag{3-10}$$

上式说明：高处的压强较小，而低处的压强则较大。

笔记栏

可以用式(3-10)来解释体位因素对血压的影响。如图 3-10 所示，人体取平卧位时头部动脉压为 12.7kPa，静脉压为 0.7 kPa；人体取直立位时头部动脉压则变为 6.8 kPa，静脉压变为 −5.2 kPa。减少的 5.9 kPa 则是由于高度改变造成的。同理，对于脚部来说，由平卧位改为直立位时，动脉压由 12.7 kPa 变成 24.3 kPa，静脉压由 0.7 kPa 变成 12.4kPa。增加的 11.7 kPa 也是由于高度改变造成的。因此，测量血压一定要注意体位对测量部位的影响。

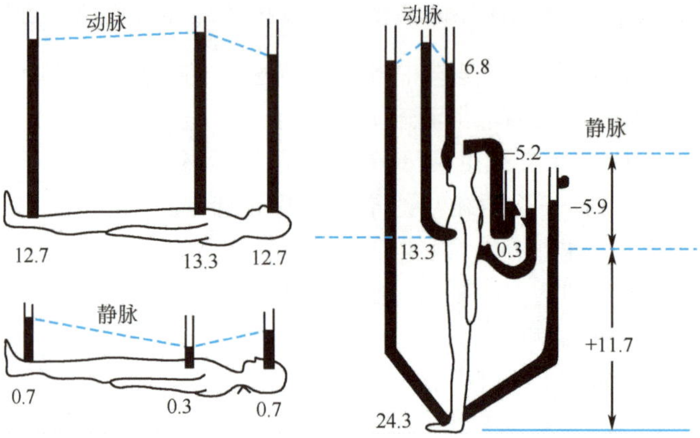

图 3-10 体位对血压的影响(单位：kPa)

第三节 黏性流体的流动

一、层流和湍流

实际流体在流动时总有内摩擦力，表现出黏性或黏滞性。常常把具有内摩擦力的流体叫做黏性流体。黏性流体主要有层流和湍流两种流动形式。

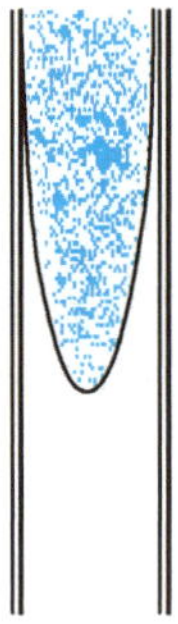

图 3-11 黏性流体的流动

图 3-12 层流示意图

甘油是一种典型的黏性流体。如图 3-11 所示，首先在一支垂直的滴定管中注入无色甘油，其次在上面加上一段着色的甘油，最后打开下端活塞让甘油流出。从记录的甘油流动形态可以看出甘油在滴定管中各处的流速并不完全一样。甘油沿竖直方向分成了许多平行于管轴的圆筒形薄层，且各流层之间有相对滑动，而且中央轴线上速度最大，愈靠近管壁的速度愈慢，与管壁接触的液层附着在管壁上，速度为零。这种管内的流体沿径向方向分成若干层，各层之间作相对滑动、互不干扰而保持稳定的流动状态叫做**层流**或**片流**(laminar flow)。图 3-12 是层流的示意图。流体作层流时，相邻两层之间存在着切向的相互作用力，称为**内摩擦力**(internal friction)或**黏滞力**(viscous force)。内摩擦力是由分子之间相互作用产生的。

笔记栏

当流体流动的速度超过一定数值时，各层之间相互干扰，外层的流体粒子(速度小)不断卷入内层(速度大),形成旋涡,流体将不再保持分层流动,整个流动显得杂乱而不稳定。黏性流体的这种流动叫做湍流(turbulent flow)。流体作湍流时消耗的能量要比层流时多。湍流区别于层流的特点之一是它能发出声音。

二、牛顿黏滞定律

在层流中,层与层之间速度变化的快慢是与相邻两层的内摩擦力的大小有关。如图 3-13 所示,相距 Δx 的两层速度差为 Δv,比值 $\Delta v/\Delta x$ 表示在 Δx 距离内速度的平均变化率。当两层无限接近($\Delta x \to 0$)时,比值 $\Delta v/\Delta x$ 的极限 $\mathrm{d}v/\mathrm{d}x$ 表示垂直于流速方向 x 的速度变化率,称为速度梯度(velocity gradient)。

实验表明:相邻两流层之间内摩擦力 f 的大小与两层的接触面积 S 成正比,与接触处的速度梯度 $\mathrm{d}v/\mathrm{d}x$ 成正比,即

$$f=\eta S\frac{\mathrm{d}v}{\mathrm{d}x} \tag{3-11a}$$

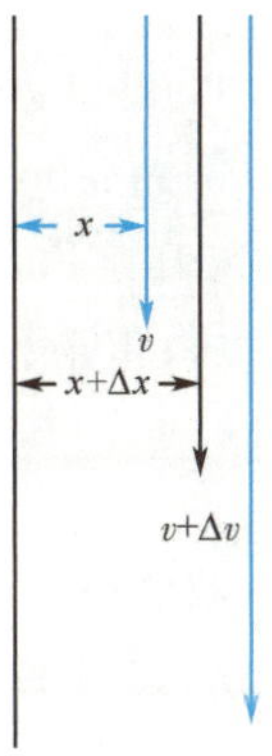

图 3-13　黏滞系数

上式称为牛顿黏滞定律,又称为牛顿层流关系式。式中比例系数 η 叫做流体的黏滞系数(coefficient of viscosity)。在国际单位制中,η 的单位是 Pa·s。η 值的大小表示流体黏性的强弱程度,因而又称为黏度(viscosity)。它取决于流体本身的性质,并和温度有关。对于液体来说,η 值随温度升高而减小。而对气体来说,η 值随温度升高而增大。一般来说,液体的内摩擦力小于固体之间的摩擦力。用机油润滑机械,减少磨损,延长使用寿命,就是利用这一特性。气体的黏性更小,气垫船的使用就是利用了气体的这一特性。表 3-1 列出几种液体的黏滞系数。

表 3-1　一些液体的黏滞系数

液体	温度(℃)	黏度($\times10^{-3}$ Pa·s)	液体	温度(℃)	黏度($\times10^{-3}$ Pa·s)
水	0	1.794	酒精(75%乙醇溶液)	37	0.895
水	37	0.690	酒精(75%乙醇溶液)	100	0.325
水	100	0.284	甘油	0	10 000
水银	0	1.685	甘油	20	1 410
水银	37	1.465	血液	37	2.0～4.0
水银	100	1.240	血浆	37	1.0～1.4
75%乙醇溶液	0	1.843	血清	37	0.9～1.2

用 $\tau=\dfrac{f}{S}$ 表示作用在流层单位面积上的内摩擦力,即切应力。由于速度梯度是在单位时间内的切变 $\dfrac{\mathrm{d}\gamma}{\mathrm{d}t}$,称为切变率,用 $\dot{\gamma}$ 表示。所以,在生物力学中牛顿黏滞定律又常写成

$$\tau=\eta\dot{\gamma} \tag{3-11b}$$

遵循牛顿黏滞定律的流体称为牛顿流体(Newtonian fluid),如水、酒精、血浆等。不遵循牛顿黏滞定律的流体称为非牛顿流体,如血液、泥浆、原油是等。一般来说,只含有相同物质的均匀流体多为牛顿流体,而含有悬浮物的流体多为非牛顿流体。血液含有大量的血细胞,分析血液的黏性,对于某些疾病的诊断具有重要的参考价值,这种方法又称为血液流变学方法。牛顿黏滞定律是研究血液流动及生物材料力学性质的重要基础。

三、雷 诺 数

1883 年，英国科学家雷诺(O. Reynolds)通过大量的实验发现黏性流体的流动形态：层流和湍流，除与流速有关外，还与流体的密度 ρ 、黏滞系数 η 以及管子的半径 r 有关。因此他提出了一个判别流体在圆管内是作层流还是湍流的关系式，即

$$R_e = \frac{\rho v r}{\eta} \tag{3-12}$$

式中，R_e 称为雷诺数(Reynolds number)，它是一个无量纲的量。实验结果表明，当

$R_e < 1000$ 时，流体作层流；

$R_e > 1500$ 时，流体作湍流；

$1500 > R_e > 1000$ 时，流动不稳定(可以由层流变为湍流，或相反)。

例题 3-3 设人的主动脉的内半径为 0.01 m，血液的流速为 $v=0.25\ \mathrm{m\cdot s^{-1}}$，黏滞系数 $\eta=3.0\times10^{-3}\ \mathrm{Pa\cdot s}$，密度为 $\rho=1.05\times10^{3}\ \mathrm{kg\cdot m^{-3}}$。求雷诺数，并判断血液的流动形态。

解：雷诺数为

$$R_e = \frac{1.05\times10^{3}\times0.25\times0.01}{3.0\times10^{-3}} = 875$$

这一数值小于 1000，所以血液在主动脉中作层流。

从式(3-12)可以看出，流体的黏度愈小、密度愈大，愈容易发生湍流，而细的管子不易出现湍流。如果管子是弯曲的，则在较低的 R_e 值也可发生湍流，并且弯曲程度愈大，R_e 的临界值就愈低。所以流体在流动时，凡有急弯或分支的地方，就容易发生湍流。在人体循环系统中，人的心脏、主动脉以及支气管中的某些部位都是容易出现湍流的地方。临床上，医生常根据听诊器听到的湍流声来辨别血流和呼吸是否正常。测量血压时，在听诊器中能听到血液通过被压扁的血管时因产生湍流发出声音。

第四节 黏性流体的流动规律

一、黏性流体的伯努利方程

实际流体在流动时由于存在内摩擦力，流体必须克服内摩擦力做功，使系统的机械能不断减少。如图 3-4 所示的流管，假定黏性流体仍然是不可压缩的，流动是稳定的，在 xy 段流体流到 $x'y'$ 的过程中，单位体积的流体因内摩擦力的存在而引起能量损耗(也就是克服内摩擦力所作的功)，设为 ΔE 。因此，我们对理想流体的伯努利方程进行修正，便可得到黏性流体的流动规律

$$p_1 + \frac{1}{2}\rho v_1^2 + \rho g h_1 = p_2 + \frac{1}{2}\rho v_2^2 + \rho g h_2 + \Delta E \tag{3-13}$$

式(3-13)即为黏性流体做稳定流动时的伯努利方程。损失的机械能变为系统热能的增量。因此，式(3-13)实际上是把热能考虑在内的更广泛的能量守恒定律在黏性流体流动中的特殊表达形式。

应用黏性流体的伯努利方程解决具体问题的关键是确定能量损失 ΔE 。影响 ΔE 的因素很多，一般由实验确定。

当黏性流体在粗细均匀的水平管中流动时，因 $v_1=v_2$，$h_1=h_2$ 上式变为

$$p_1 - p_2 = \Delta E$$

笔记栏

因此，对于黏性流体即使在水平管中流动，管两端也必须有一定的压强差才能使黏性流体作稳定流动。然而，当水在截面相同的明渠中流动时，由于各处压强均为大气压，流速也相同，

由(3-13)式可得 $h_1 - h_2 = \Delta E/\rho g$ 。因此，渠道必须有一定的高度差才能使水在其中作稳定的流动。

二、泊肃叶定律

图 3-14 是黏性流体在水平细管中作层流时情况的示意图。几条竖立直管中的液柱高度表示该处流体的计示压强，它们说明沿着流体流动方向，流体的压强是逐渐降低的且成线性关系(图中虚线)。根据黏性流体的伯努利方程知，要使黏性流体在管内匀速流动，必须要有一个外力来抵消液体的内摩擦力，这个外力来源于管子两端的压强差。实验表明，在粗细均匀的水平细圆管内作层流的黏性流体，其体积流量为

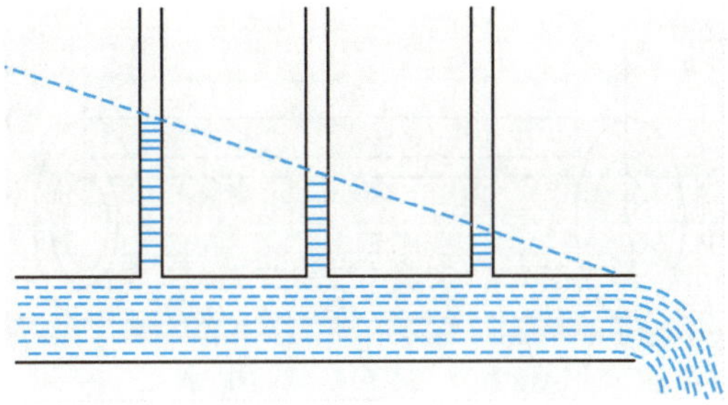

图 3-14 黏性流体在均匀水平管中的流动

$$Q = \frac{\pi R^4 \Delta p}{8\eta L} \tag{3-14}$$

式(3-14)称为泊肃叶定律(Poiseuille law)。式中，R 是管的半径，L 是管的长度，η 是流体的黏度，Δp 是细管两端的压强差。泊肃叶定律的推导如下：

1. 速度分布

如图 3-15 所示，假设流体在长度为 L 、半径为 R 的流管中作分层流动。流体的黏度为 η ，紧靠管壁的流速为零，距离管轴 r 层处的流速为 v 。设流管左端受到的压强为 p_1，右端压强为 p_2，且 $p_1 > p_2$，流体向右流动。

分析管中一个与管同轴，内半径为 r 、长度为 L 的圆柱体，它所受到的推动力是压力差，即

$$\Delta F = \Delta p \pi r^2$$

周围流体作用在该圆柱形流体表面的内摩擦力为

$$f = -\eta 2\pi r L \frac{\mathrm{d}v}{\mathrm{d}r}$$

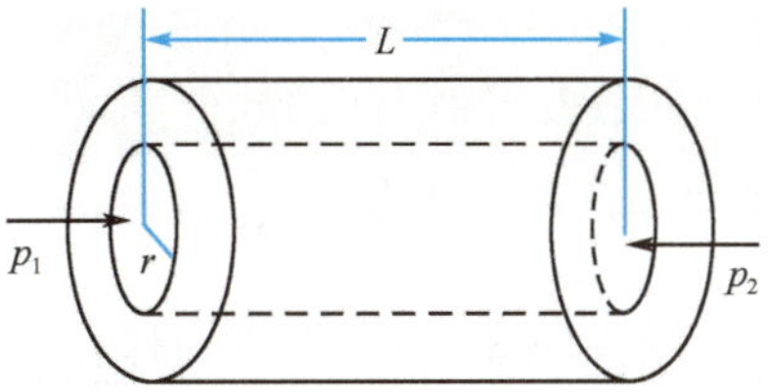

图 3-15 流速的推导

式中：$2\pi r L$ 为圆柱形流体与周围流体相接触的表面积，负号表示 f 随 r 的增大而减小，$\frac{\mathrm{d}v}{\mathrm{d}r}$ 是流体在半径为 r 处的速度梯度。

由于管内流体做分层、稳定的流动，所以以上两力大小相等，即

$$\Delta p \pi r^2 = -\eta 2\pi r L \frac{\mathrm{d}v}{\mathrm{d}r}$$

由上式可得 $\mathrm{d}v = -\frac{\Delta p}{2\eta L} r\,\mathrm{d}r$

对上式积分得到 $v = -\frac{\Delta p}{4\eta L} r^2 + C$

利用 $r = R$ 时，$v = 0$ 的边界条件，求得 $C = \frac{\Delta p}{4\eta L} R^2$ 代入上式得

笔记栏

$$v=\frac{\Delta p}{4\eta L}(R^2-r^2) \tag{3-15}$$

式(3-15)表明流体在粗细均匀的水平细圆管中作稳定流动时，流速随半径的变化关系。从式(3-15)还可以看出，管轴（$r=0$）处流速有最大值 $v=\frac{\Delta p}{4\eta L}R^2$；在管壁处（$r=R$），流速为零。流速 v 沿管径方向呈抛物线分布，这与图 3-11 演示的流速分布情形一致。

2. 体积流量

如图 3-16 所示，在管中取一内径为 r、厚度为 $\mathrm{d}r$ 的管状液层，该液层的截面积为 $2\pi r\mathrm{d}r$，流体通过该液层截面的体积流量为

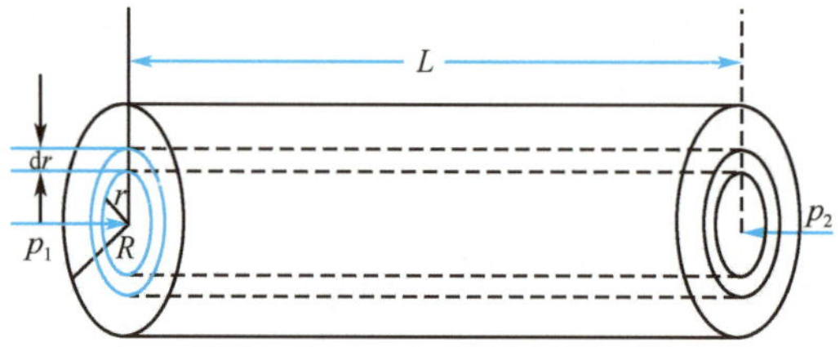

图 3-16 体积流量的推导

$$\mathrm{d}Q=v2\pi r\mathrm{d}r$$

将式(3-15)的 v 值代入得

$$\mathrm{d}Q=\pi\frac{\Delta p}{2\eta L}(R^2-r^2)r\mathrm{d}r$$

通过整个流管截面的体积流量为

$$Q=\pi\frac{\Delta p}{2\eta L}\int_0^R(R^2-r^2)r\mathrm{d}r$$

积分后得

$$Q=\frac{\pi R^4\Delta p}{8\eta L}$$

泊肃叶定律还可以写成如下形式

$$Q=\frac{\Delta p}{R_f} \tag{3-16}$$

式中：$R_f=\frac{8\eta L}{\pi R^4}$，对一定长度和半径的管子以及黏滞系数一定的流体，$R_f$ 是一个定值。式(3-16)的物理意义是：黏性流体在等截面的水平细圆管中稳定流动时，体积流量 Q 与管子两端的压强差 Δp 成正比，与 R_f 成反比。R_f 决定于流体段本身的性质，与电学中的电阻类似，称为流阻(flow resistance)。值得注意的是，流阻与管半径的四次方成反比，半径的微小变化就会对流阻造成很大影响。例如：半径减小 1/2，流阻就要增加到 16 倍。由于血管是可以收缩和舒张的管子，管径的弹性强弱对心脏做功以及血流量的影响都是很大的。

如果流体连续通过几个流管，则总流阻等于各个流管流阻之和，这种情况相当于电学中的串联电阻。同样，当几个流管“并联”时，则总流阻与各个流阻的关系与电阻并联的情形相同。

例题 3-4 成年人主动脉的半径约为 1.3×10^{-2} m，设血流量为 $1.0\times10^{-4}\ \mathrm{m^3\cdot s^{-1}}$，血黏度为 3.0×10^{-3} Pa·s。求在一段 0.2 m 距离内的流阻和压强降落。

解：$R_f=\frac{8\eta L}{\pi R^4}=\frac{8\times3.0\times10^{-3}\times0.2}{3.14\times(1.3\times10^{-2})^4}=5.97\times10^4\,\mathrm{Pa\cdot s\cdot m^{-3}}$

压强降落 $\Delta p=R_fQ=5.97\times10^4\times1.0\times10^{-4}=5.97\,\mathrm{Pa}$

可见在主动脉中，血压的下降是微不足道的。

笔记栏

三、斯托克斯定律

物体在黏性流体中运动时会受到阻力的作用，这是由于物体表面附着了一层流体。此层流体随物体一起运动，因而与周围流层之间存在内摩擦力，因此物体在运动过程中必须克服这一阻力。如果物体是球形的，而且流体相对于球体作层流运动，则根据斯托克斯的计算，球体所受的阻力为

$$f = 6\pi\eta vR \tag{3-17}$$

式(3-17)称为斯托克斯定律(Stokes law)。式中，R 是球体的半径，v 是球体相对于流体的速度，η 是流体的黏滞系数。

设在黏性流体(流体密度为 σ)内有一半径为 R 的小球(球体密度为 ρ)，小球受到三个力的作用：向下的重力 $\frac{4}{3}\pi R^3\rho g$；向上的浮力 $\frac{4}{3}\pi R^3\sigma g$；小球在沉降中受到的向上的阻力 $6\pi\eta vR$。于是小球所受合力为

$$F = \frac{4}{3}\pi R^3\rho g - \frac{4}{3}\pi R^3\sigma g - 6\pi\eta vR$$

小球在此合力作用下加速度下沉，但随着速度 v 的增加，阻力愈来愈大，最后当合力 $F=0$ 时，它将匀速下降。此时有

$$\frac{4}{3}\pi R^3(\rho - \sigma)g = 6\pi\eta vR$$

小球匀速下降的速度为

$$v = \frac{2}{9\eta}R^2(\rho - \sigma)g \tag{3-18}$$

式(3-18)中的速度 v 称为收尾速度(terminal velocity)或沉降速度(sedimentation velocity)。由式(3-18)可知，当小球(空气中的尘粒、黏性液体中的细胞、大分子、胶粒等)在黏性流体中下沉时，沉降速度与颗粒大小的平方、两种物体的密度差以及重力加速度 g 成正比，而与流体的黏滞系数成反比。对于颗粒很小的微粒，我们利用高速离心机来增加有效 g 值，就可以加快它的沉降速度。

式(3-18)也常被用来测定液体的黏滞系数，方法是把一个已知 R 值和 ρ 值的小球放入待测液体中，测出它的沉降速度 v 值，就可计算出液体的黏滞系数 η 值。

习　题　三

3-1 有人认为从连续性方程来看管子愈粗流速愈慢，而从泊肃叶定律来看管子愈粗流速愈快，两者似有矛盾，你认为如何？为什么？

3-2 水在粗细不均匀的水平管中作稳定流动，已知截面 S_1 处的压强为 110 Pa，流速为 0.2 m·s^{-1}，截面 S_2 处的压强为 5 Pa，求 S_2 处的流速(内摩擦作用不计)。

[0.5 m·s^{-1}]

3-3 一稳定的气流水平地流过飞机机翼，上表面气流的速率是 80 m·s^{-1}，下表面气流的速率是 60 m·s^{-1}。如果机翼的表面积为 8.0m^2，速率差对机翼产生的升力为多少？空气的平均密度是 1.25kg·m^{-3}。

[7×10^3N]

3-4 水在截面不同的水平管中作稳定流动，出口处的截面积为管的最细处的 3 倍，若出口处的流速为 2 m·s^{-1}，求最细处的压强。若在此最细处开一小孔，水会不会流出来？

[85.3 kPa]

3-5 在水管的某一点，水的流速为 2 m·s^{-1}，高出大气压的计示压强为 10^4Pa，设水管的另一点的高度比第一点降低了 1 m，如果在第二点处水管的横截面积是第一点的 1/2，求第二

笔记栏

点处的计示压强。(计示压强:实际压强与大气压强的差值)

[13.8 kPa]

3-6 一直立圆柱形容器,高 0.2 m,直径 0.1 m,顶部开启,底部有一面积为 10^{-4} m^2 的小孔,水以每秒 1.4×10^{-4} m^3 的速度由水管自上面放入容器中。问容器内水面可上升的高度。若达到该高度时不再放水,求容器内的水流尽需多少时间。

[0.1 m;11.2 s]

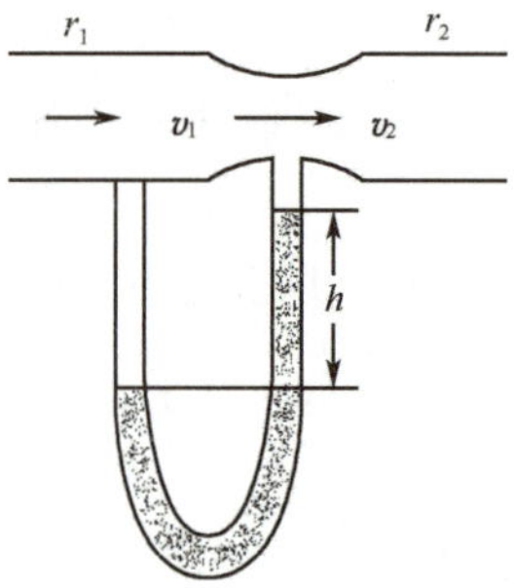

图 3-17 习题 3-7 图示

3-7 如图 3-17 所示,流量为 3000 $cm^3\cdot s^{-1}$ 的排水管水平放置,在截面积为 40 cm^2 及 10 cm^2 两处接一 U 形管,内装水银,试求:

(1)粗细两处的流速。 [0.75 $m\cdot s^{-1}$、3 $m\cdot s^{-1}$]

(2)粗细两处的压强差。 [4 218 Pa]

(3)U 形管中水银柱的高度差。 [3.17 cm]

3-8 一条半径为 3 mm 的小动脉被一硬斑部分阻塞,此狭窄段的有效半径为 2 mm,血流平均速度为 50 $cm\cdot s^{-1}$,试求:

(1)未变窄处的血流平均速度。 [0.22 $m\cdot s^{-1}$]

(2)会不会发生湍流。

(3)狭窄处的血流动压强。 [131.25 Pa]

3-9 20℃的水在半径为 1×10^{-2} m 的水平均匀圆管内流动,如果在管轴处的流速为 0.1 $m\cdot s^{-1}$,则由于黏滞性,水沿管子流动 10 m 后,压强降落了多少?

[40 Pa]

3-10 设某人的心输出量为 0.83×10^{-4} $m^3\cdot s^{-1}$,体循环的总压强差为 12.0 kPa,试求此人体循环的总流阻(即总外周阻力)。

[1.44×10^8 $Pa\cdot s\cdot m^{-3}$]

3-11 皮下注射时,若针头内径减小一半,则手指的推力需要增大到原来的多少倍才能取得注射相同流量的效果?

[16 倍]

3-12 假设排尿时,尿从计示压强为 5.32 kPa 的膀胱经过尿道后由尿道口排出,已知尿道长 4 cm,体积流量为 21 $cm^3\cdot s^{-1}$,尿的黏度为 6.9×10^{-4} $Pa\cdot s$,求尿道的有效直径。

[1.4 mm]

3-13 设血液的黏滞系数为水的 5 倍,如以 72 $cm\cdot s^{-1}$ 的平均流速通过主动脉,试用临界雷诺数为 1000 来计算其产生湍流时的半径。

[0.46 cm]

3-14 一水平动脉管,内半径为 2×10^{-3} m,黏滞系数为 2.084×10^{-3} $Pa\cdot s$ 的血液在动脉管中以 0.03 $m\cdot s^{-1}$ 的平均流速作层流。试求:

(1)流量。 [3.77×10^{-7} $m^3\cdot s^{-1}$]

(2)最大流速。 [0.06 $m\cdot s^{-1}$]

(3)管长为 0.01 m 时血管两端的压强差。 [1.25 Pa]

3-15 在液体中有一空气泡,直径为 1 mm,设液体黏滞系数为 0.15 $Pa\cdot s$,密度为 0.9×10^3 $kg\cdot m^{-3}$,求空气泡在该液体中上升的收尾速度。如果这个气泡在水中上升,收尾速度为多少?

[0.326 $cm\cdot s^{-1}$;54.4 $cm\cdot s^{-1}$]

笔记栏

阅读材料

Ⅰ.血液在循环系统中的流动

血液循环是在非常复杂的血管中进行的。血液虽然可以说是黏性液体，但它和一般均匀液体不同，血液中悬浮着许多比任何大分子都大得多的红细胞、白细胞和血小板。因此，血液是含有多种血细胞的非牛顿液体。血管具有的弹性也和普通弹性体的弹性不同，因为血管的弹性还要受神经系统的控制而发生改变。所以，下面的讨论并不十分严密，我们仅利用流体运动的基本规律来分析血液流动的一般情况。

一、心脏做功

血液循环由心脏做功来维持。为了讨论问题方便，把整个心血管系统简化为如图3-18所示的物理模型。左右两心室相当于两个唧筒，当左心室收缩(即唧筒容积减小)时瓣膜开放，血液从左心室射入主动脉；当左心室舒张时(即唧筒容积增大)瓣膜关闭，停止射血。整个循环系统由体循环和肺循环两部分组成，血流方向如图3-18中箭头所示。左心室供血给体循环，右心室供血给肺循环。根据功能关系，心脏所作的功应等于血液流经心脏前后的能量变化。

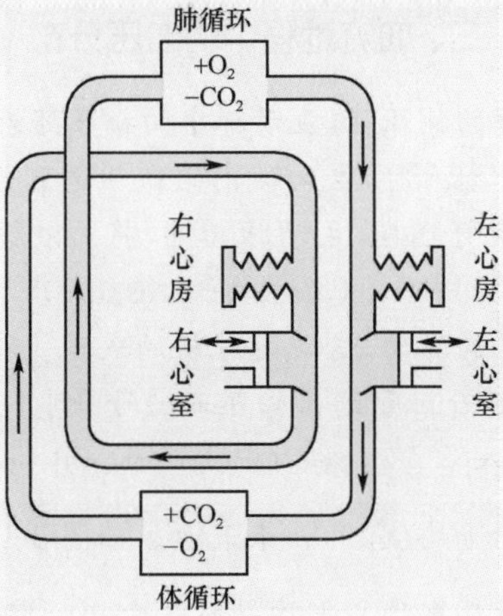

图3-18　心脏做功的物理模型

设单位体积的血液进入左心室的能量为E_{L_1}，离开左心室的能量为E_{L_2}，血液进入心脏时的血流速度和血压都很小可视为零，即$v_1=0$，$p_1=0$；同时忽略血液进出心脏时的高度变化，即$h_1=h_2=h$。则左心室对单位体积血液所作的功应为

$$W_L=E_{L_2}-E_{L_1}=(\frac{1}{2}\rho v_L^2+\rho gh+p_L)-(\frac{1}{2}\rho\times 0^2+\rho gh+0)$$

$$W_L=\frac{1}{2}\rho v_L^2+p_L \tag{3-19}$$

式中：v_L代表血液离开左心室时的血流速度，p_L代表血液离开左心室时的平均压强(即主动脉平均血压)，ρ代表血液的密度。

同理，右心室单位体积血液所做的功W_R与进入右心室单位体积血液的能量E_{R_1}和离开右心室的能量E_{R_2}之间的关系为

$$W_R = E_{R_2} - E_{R_1} = (\frac{1}{2}\rho v_R^2 + \rho gh + p_R) - (\frac{1}{2}\rho \times 0^2 + \rho gh + 0)$$

$$W_R = \frac{1}{2}\rho v_R^2 + p_R \tag{3-20}$$

式中：v_R 代表血液离开右心室时的血流速度，p_R 代表血液离开右心室时的平均压强(即主动脉平均血压)。

心脏对单位体积血液所作的总功应为

$$W = W_L + W_R$$

$$W = p_L + \frac{1}{2}\rho v_L^2 + p_R + \frac{1}{2}\rho v_R^2$$

因肺动脉平均血压大约是主动脉平均血压的 1/6，并且血液离开左、右心室的流速相同，均用 v 表示，上式变形为

$$W = p_L + \frac{1}{6}p_L + \rho v^2$$

$$W = \frac{7}{6}p_L + \rho v^2 \tag{3-21}$$

上式说明，只要测出主动脉的血压和血液的流速，就可求出心脏做功的多少，从而了解心功能的情况。

二、血流过程中的血压分布

血压是血管内血液对管壁的侧压强，主动脉中的血压随着心脏的收缩和舒张周期性变化。当左心室收缩而向主动脉射血时，主动脉中的血压达到最高值，此最高值称为**收缩压**(systolic pressure)。在左心室舒张期，主动脉回缩，将血液逐渐注入分支血管，血压随之下降达到最低值，此最低值称为**舒张压**(diastolic pressure)。血液在血管中流动时的压力是随着心动周期而产生周期性的脉动，这就是脉搏的表现。将收缩压与舒张压之差，称为脉压(pulse pressure)。脉压随着血管远离心脏而减小，到了小动脉几乎消失。为了说明主动脉中血压的平均情况，引入**平均动脉压**(mean arterial pressure)概念。平均动脉压是指一个心动周期中动脉血压的平均值，用 $\overline{p}$ 来表示。如图 3-19 所示，$\overline{p} = 1/T\int_0^T p(t)\mathrm{d}t$，平时常使用舒张压加上 1/3 脉压来估算平均动脉压大小。需要注意的是平均动脉压并不是收缩压和舒张压的平均值。

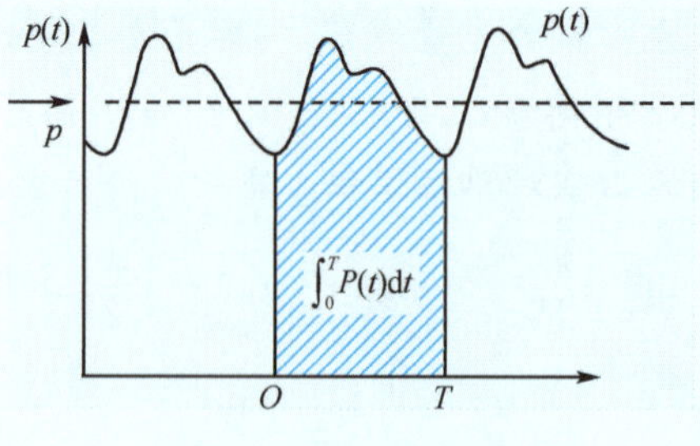

图 3-19 平均动脉压

血压的高低与流量、流阻及血管的柔软程度有关。用生理学上的术语来说，就是与心输出量、外周阻力及血管的顺应性有关。由于血液是黏性流体，有内摩擦力做功消耗机械能，因此，血压在体循环过程中不断下降。实验表明：从左心室出来的血液平均压力约为13.3kPa，而返回右心房时，约为1.33kPa以下；一般细动脉收缩压在9.31kPa左右，舒张压在3.99kPa左右；集合毛细血管血压在2kPa左右；细静脉血压在2kPa左右。如图3-20所示，给出了全部血液循环系统的血压变化曲线。

心脏内的血流情况比在血管中复杂的多，一是它的形态结构较特殊，另外它还受神经系统控制和外周血流的影响。近几年，有人利用核磁共振成像技术，观察心流场的流线及涡旋，由此了解心脏的血流规律，为心脏内血液流动的研究提供一种新的方法。

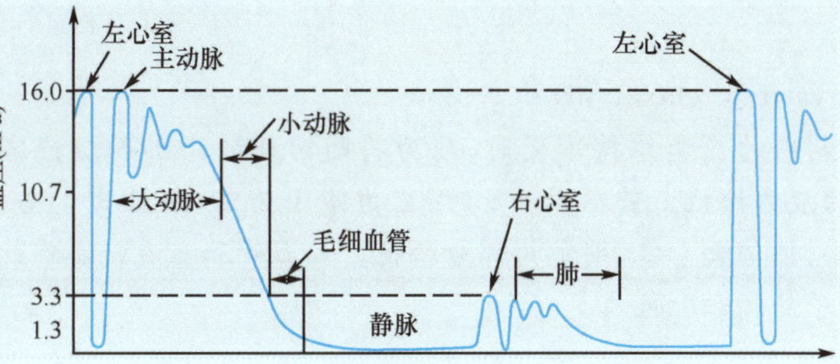

图3-20 血液循环系统的血压变化曲线

Ⅱ. 生物材料的黏弹性

生物材料分天然生物材料和人工合成生物材料两大类。天然生物材料指活体的组织或器官，如心脏、骨骼和血液等。人工合成生物材料是指用化学合成方法制成的人造生物材料，如人工心脏、血管、晶体、关节和血液代用品等。研究生物材料的力学性质，对判断人体器官组织的疾病以及研究制作人工器官组织等具有重要意义。

将物体同时呈现弹性和黏性的性质称为**黏弹性**(viscoelasticity)。具有这种性质的物体称为黏弹性体。例如，沥青是有弹性的固体，但放置时间长了它会“流动”，表现出黏性，所以沥青是一种黏弹性固体。又如，蛋清是一种黏性液体，但是当我们在搅动它以后，它有“回缩”现象，表现出弹性，因而蛋清是一种黏弹性液体。生物材料中的大多数组织、器官都是黏弹体，如呼吸道黏液、唾液、子宫颈黏液、软骨、血液、瓣膜、皮肤和头发等。只不过它们有的黏性较强，有的弹性较强，在程度上有所差别。下面仅对黏弹性材料的基本性质及其力学模型做简要介绍。

一、生物材料的黏弹性

弹性体的特点是其内部任一点、任一时刻的应变完全取决于当地当时的应力，与应变的历史过程无关。而黏弹性体内部任一点任一时刻的应变，不仅取决于当时当地的应力，而且与应变的历史过程有关，即材料是有“记忆”的。黏弹性体应力与应变、应变率的关系极为复杂，下面仅介绍一些基本性质。

1. 滞后(hysteresis)

如图3-21(a)所示，对弹性体，在正比极限范围内，在周期性加载和卸载的过程中，应力与应变始终成正比，应力-应变关系曲线为通过原点的直线。而黏弹性体，在周期性加载和卸载的过程中，应力-应变关系曲线不是直线，而且应力增加时的上升曲线与应力减少时的下降曲线不相重合，因而应变滞后于应力，如图3-21(b)所示，这种现象称为滞后。滞后现

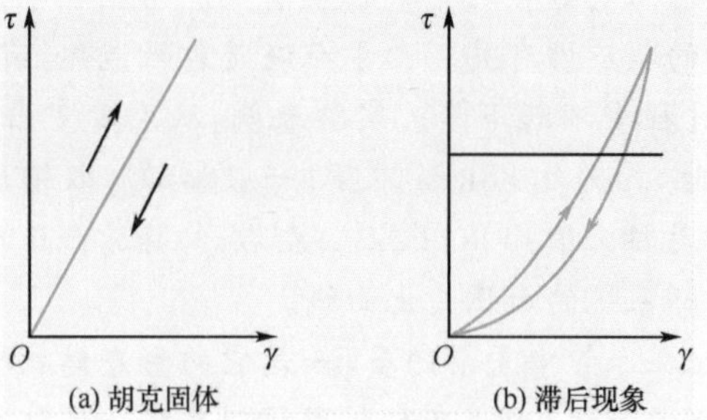

图 3-21 胡克固体和滞后现象

象的原因在于大分子链运动困难以及回缩过程中需克服内摩擦力做功。血液、红细胞等都存在滞后现象。

2. 应力松弛(stress relaxation)

在对黏弹性材料的应变维持不变时，应力将随时间的增加而缓慢减小，如图 3-22 所示，这种现象称为应力松弛。若在 $t \to \infty$时，应力减小为零，则称为完全松弛；若在 $t \to \infty$时，应力虽然减小，但仍大于零，则称为部分松弛。如血管和血液就具有此特性。其原因仍与生物材料的分子结构和黏性有关。

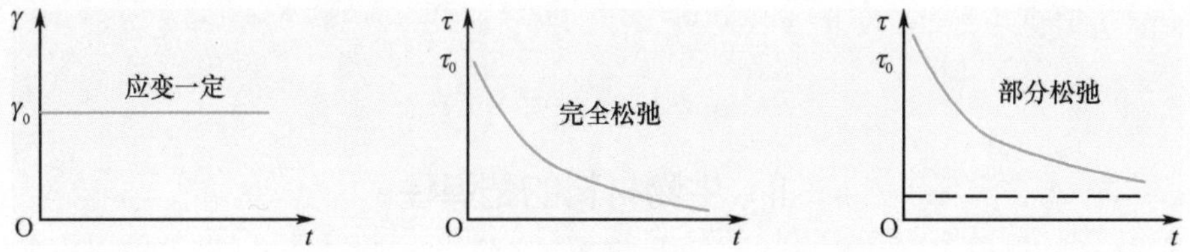

图 3-22 应力松弛

3. 蠕变(creep)

对弹性体，如果应力 τ_0 一定时，应变也保持恒定。而对于黏弹性体，如果维持应力 τ_0 一定，应变将随时间增加而增大，这种现象称为蠕变，如图 3-23(a)所示。当 τ_0 较小时，γ 随 t 到一定值饱和；当 τ_0 较大时，蠕变曲线具有向上倾斜的渐近线，因此生物材料的应变通常由弹性应变 γ_e 、延迟弹性应变 γ_r 和黏性应变 γ_v 三种成份组成，后两种应变决定其蠕变性，如图 3-23(b)所示。如关节软骨就具有这种特点。

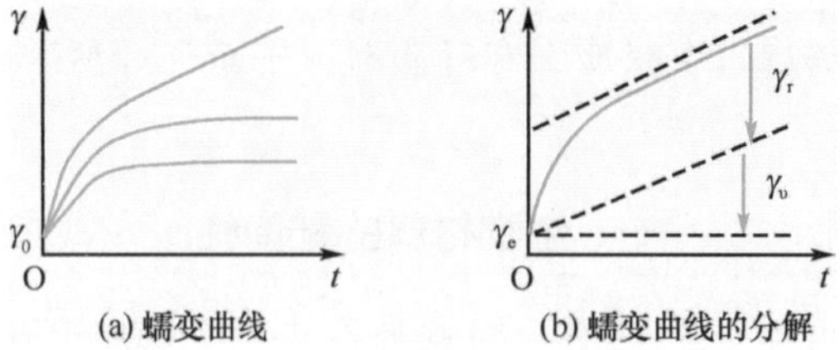

图 3-23 蠕变曲线及其分解

以上是黏弹性材料的基本性质。但对每一种具有黏弹性的生物材料而言，由于分子结构不同，它们各自有自身的特性，有关内容在生物力学中有详细介绍。

二、黏弹性体的力学模型

黏弹性体的力学性质比较复杂，这里仅介绍三种简单的力学模型。这些力学模型是由线性弹簧和阻尼器组成。弹簧服从胡克定律，即切应变 γ 与切应力 τ 成正比，$\gamma=\tau/G$ 其中 G 为剪切模量；阻尼器服从牛顿黏滞定律，即 $\dot{\gamma}=\tau/\eta$ 。

1. Maxwell 模型

Maxwell 模型由弹簧和阻尼器串联组成，如图 3-24 所示，此模型用来表示应力松弛特性。模型中的两个元件有相同的应力，而模型的应变 γ 等于两元件应变 γ_1 与 γ_2 的总和，即 $\gamma=\gamma_1+\gamma_2$ 因而得出

$$\frac{d\gamma}{dt}=\frac{1}{G}\frac{d\tau}{dt}+\frac{\tau}{\eta}$$

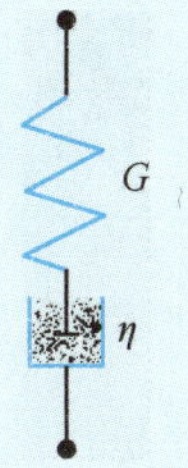

图 3-24　maxwell 模型

若产生的应变 $\gamma=\gamma_0$ 为常量，则 $d\gamma/dt=0$ 代入上式得

$$\frac{d\tau}{dt}=-\frac{G\tau}{\eta}$$

对上式移项、积分并代入初始条件（$t=0$，$\gamma=\gamma_0=\tau/G$）得

$$\tau=\gamma_0 Ge^{-t/\lambda} \tag{3-22}$$

式中：$\lambda=\eta/G$ 称为松弛时间。(3-22)式反映了在应变保持常量的条件下，应力随时间而松弛的效应。

2. Voigt 模型

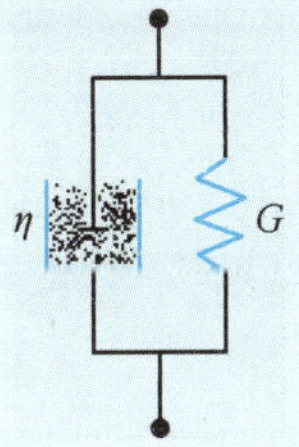

图 3-25　Voigt 模型

Voigt 模型由弹簧和阻尼器两个元件并联组成，如图 3-25 所示，此模型用来表示延迟弹性。由于两个元件有相同的应变，而模型的应力 τ 是两元件的应力 τ_1 与 τ_2 的总和，即 $\tau=\tau_1+\tau_2$，因此有

$$\tau=G\gamma+\eta\frac{d\gamma}{dt}$$

若应力 $\tau=\tau_0$ 为常量，则上式为

$$\tau_0=G\gamma+\eta\frac{d\gamma}{dt}$$

对上式移项、积分并代入初始条件（$t=0$，$\gamma=0$）得

$$\gamma=\frac{\tau_0}{G}(1-e^{-t/\lambda'}) \tag{3-23}$$

式中：$\lambda'=\eta/G$，称为延迟时间。应变是由于阻尼器的黏性而滞后，Voigt 模型直观地反映出延迟弹性变形的时间效应。

3. 四元模型

四元模型由线性弹簧、Viogt 模型和阻尼器串联组成，如图 3-26 所示，此模型用来反映蠕变的时间效应。其特点是该模型中的应变由三部分的应变组成，即为弹性应变、延迟应变和黏性应变的总和。因此有

$$\gamma=\frac{\tau_0}{G}+\frac{\tau_0}{G}(1-e^{-t/\lambda'})+\frac{t}{\eta}\tau_0 \tag{3-24}$$

以上三种力学模型反映了黏弹性材料的基本性质，有助于我们对黏弹性体的理解，但都不能代表正常状态下的实际情况。为了较好地描述黏弹性材料的力学性质，还可用这两种元件以不同形式的组合建立各种模型，这里不再作介绍。

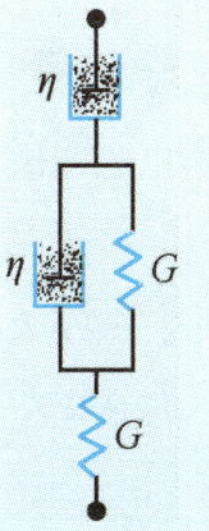

图 3-26　四元模型

对生物材料的黏弹性进行研究是很有意义的。例如，对活体生物材料进行测量，可用于临床诊断某些疾病。另外，在判断人工生物材料性能好坏时，常把黏弹性及其他力学性质作为重要技术指标。

（薛晋惠　申杰奋）

笔记栏

第4章 振动、波动和声波

振动是自然界中广泛存在的一种运动形式。一般地说，任何一个物理量在一定数值附近来回作周期性变化都可以叫振动(vibration)。从广泛意义来说，振动存在于所有的物理现象中。虽然振动的物理本质各不相同，但在很多方面遵循着共同的规律，可以用统一的数学形式来表示。波动(wave motion)是振动的传播过程，也是能量的传播过程，是物质运动的一种重要形式。

本章首先介绍振动和波动的概念、特征及规律，然后介绍声波和超声波的有关性质、规律及在医学中的应用。

第一节 简谐振动

一般的振动是比较复杂的。其中最简单、最基本的振动是简谐振动(simple harmonic vibration)或称谐振动。如弹簧振子、单摆等在忽略空气阻力或摩擦力时所作的振动。另外，任何复杂的振动都可以认为是几个或多个简谐振动的合成。

一、简谐振动方程

如图 4-1 所示，将轻质弹簧左端固定，右端系一个质量为 m 的小球，放置在光滑的水平面上。弹簧不伸长也不缩短时，小球位于平衡位置 O 点不动。取 O 点为坐标原点，水平向右为 S 轴正方向。将小球向左或向右拨动一下，小球就会在 O 点附近来回重复运动，这种运动系统叫做弹簧振子。

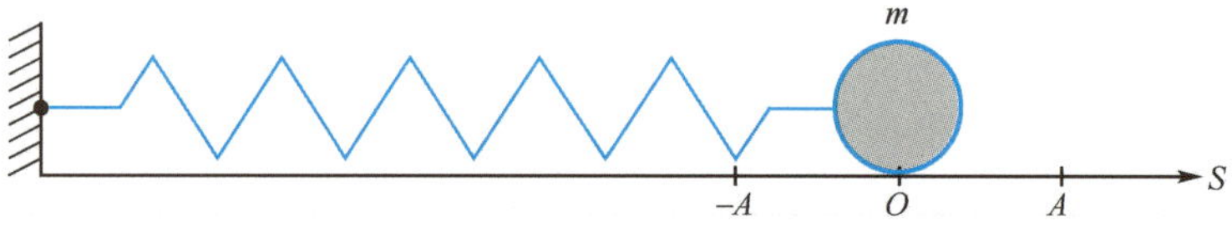

图 4-1 弹簧振子

在忽略弹簧质量、空气及光滑面的阻力的情况下，小球只受到弹性力而运动。根据虎克定律，小球所受到的弹性力 F 与小球的位移 s 成正比，即

$$F=-ks \tag{4-1}$$

式中，比例系数 k 是弹簧的劲度系数，负号表示力 F 与位移 s 的方向相反。小球位于原点 O 的右边时 s 为正，左边时 s 为负。根据牛顿第二定律，小球运动的加速度

$$a=\frac{d^2s}{dt^2}=\frac{F}{m}=-\frac{k}{m}s$$

因为 k 和 m 均为正值，所以比值 $\frac{k}{m}$ 可以用一个量 ω 的平方表示，即令 $\frac{k}{m}=\omega^2$。于是得到

$$a=-\omega^2 s \tag{4-2a}$$

或

$$\frac{d^2s}{dt^2}+\omega^2 s=0 \tag{4-2b}$$

式(4-2)说明,物体在弹性力作用下运动的加速度与位移成正比,但永远反向,这就是简谐振动的基本特征。加速度与位移成正比而方向相反的运动叫做简谐振动。无论哪种物体或质点的运动只要满足式(4-2a)或式(4-2b)的形式,都是简谐振动。

单摆在摆角很小时,摆球所受的回复力 $F=-\frac{mg}{l}s$,式中 m ,l ,s 分别为摆球的质量、摆长、位移。由此得到摆球的加速度

$$a=-\frac{g}{l}s$$

式中:负号表示加速度 a 与位移 s 方向相反,可见它具有简谐振动的特征,它的运动是简谐振动。引起单摆振动的力虽不是弹性力,但就其加速度与位移的关系来看,类似于弹性力。因而常把这种力叫做准弹性力。弹性力和准弹性力都可引起简谐振动。

根据微分方程理论,满足式(4-2b)的解是

$$s=A\cos(\omega t+\varphi) \tag{4-3a}$$

或

$$s=A\sin(\omega t+\varphi') \tag{4-3b}$$

式中,A,φ 和 φ' ($\varphi'=\varphi+\frac{\pi}{2}$)都是积分常数,可由振动的初始条件来决定。

由式(4-3a)或式(4-3b)可见,物体或质点作简谐振动时,位移 s 是时间 t 的余弦或正弦函数,因而,也可以将描述物体运动的变量 s 满足式(4-3a)或式(4-3b)的运动称为简谐振动。式(4-3a)或式(4-3b)叫做简谐振动方程。

根据速度和加速度的定义,作简谐振动的物体在 t 时刻的位移为 s 时,其相应的速度和加速度分别为

$$v=\frac{ds}{dt}=-\omega A\sin(\omega t+\varphi) \tag{4-4}$$

$$a=\frac{d^2s}{dt^2}=-\omega^2A\cos(\omega t+\varphi)=-\omega^2s \tag{4-5}$$

式(4-5)与式(4-2a)相同,这就验证了式(4-3a)或式(4-3b)是式(4-2b)的解。这说明,物体做简谐振动时,速度和加速度随时间周期性变化;简谐振动的加速度和位移成正比,但是方向相反。

二、简谐振动的特征量

结合简谐振动位移方程式(4-3a)来说明简谐振动的各个物理量的意义。

1. 振幅

因为余弦函数或正弦函数的绝对值在 0 和 1 之间变化。根据式(4-3a)或式(4-3b),位移的绝对值不会超过 A ,它说明物体离开平衡位置的最大位移是 A ,量 A 叫做振幅(amplitude)。

2. 周期、频率和角频率

简谐振动的基本性质是它的周期性。物体完成一次全振动需要的时间叫做振动周期(period),常用 T 表示,单位为秒(s)。

如果物体的振动周期为 T ,则物体在任一时刻 t 的位移、速度应与物体在 $t+T$ 时刻的位移、速度完全相同。代入式(4-3a)得

$$\cos(\omega t+\varphi)=\cos[\omega(t+T)+\varphi]$$

因余弦函数的周期为 2π ,因此 $\omega T=2\pi$,即

$$T=\frac{2\pi}{\omega} \tag{4-6}$$

笔记栏

在弹簧振子情形下，$\omega^2=\dfrac{k}{m}$，因而它的周期是

$$T=2\pi\sqrt{\frac{m}{k}} \tag{4-7}$$

物体在单位时间内完成全振动的次数叫做振动的频率(frequency)，它是周期的倒数，用 f 表示，单位为赫兹(Hz)。

$$f=\frac{1}{T}=\frac{\omega}{2\pi}$$

或

$$\omega=2\pi f \tag{4-8}$$

由于 ω 是频率 f 的 2π 倍，具有频率的特性，因而叫做角频率(angular frequency)，其单位为弧度/秒($\mathrm{rad\cdot s^{-1}}$)。在运算时，用角频率 ω 往往比用频率 f 方便得多。

从式(4-7)可知，周期由振动系统本身的性质所决定。频率 f 和角频率 ω 又由 T 决定。因此，频率和角频率也是由系统本身的性质所决定。这种由系统本身性质决定的周期和频率(角频率)叫做固有周期(natural period)和固有频率(natural frequency)(固有角频率)。

3. 位相与初位相

由于物体作简谐振动的位移 $s=A\cos(\omega t+\varphi)$ 和运动速度 $v=-\omega A\sin(\omega t+\varphi)$。因而当振幅 A 和角频率 ω 一定时，位移和速度都决定于量 $(\omega t+\varphi)$，量 $(\omega t+\varphi)$ 叫做位相(phase)或相位，简称相。它是决定振动物体运动状态的量，可以确定物体在某一时刻的位移和运动速度。在一次完全振动的过程中，每一时刻的运动状态不同，主要反映在位相的不同。例如，图 4-1 中弹簧振子的振动，小球在一次完全振动中，当 $\omega t+\varphi=\dfrac{\pi}{2}$ 时，$s=0$，$v=-\omega A$，小球处于平衡位置，并以速度 ωA 向左端运动；当 $\omega t+\varphi=\dfrac{3\pi}{2}$ 时，$s=0$，$v=\omega A$，小球也处于平衡位置，但以速度 ωA 向右端运动。可见，两种不同的位相，反映出两种不同的运动状态。φ 是 $t=0$ 时的位相，叫做初位相(initial phase)。

在简谐振动中，常常要比较两个简谐振动的步调是否一致。这时，起决定作用的是两个简谐振动的位相差。将式(4-4)和式(4-5)变为下面的形式

$$v=\omega A\cos(\omega t+\varphi+\frac{\pi}{2})$$

$$a=\omega^2 A\cos(\omega t+\varphi+\pi)$$

并与位移方程

$$s=A\cos(\omega t+\varphi)$$

进行比较。它们都以相同的频率作周期性的变化，但三者的位相保持一定的差值。加速度 a 的位相比速度 v 超前 $\dfrac{\pi}{2}$；速度 v 比位移 s 超前 $\dfrac{\pi}{2}$。当位移 s 最大时，速度 v 为零，而加速度则是反向最大。另外，在研究简谐振动叠加的结果时，起决定作用的也是两者的位相差。

当一个物体作简谐振动时，它的振幅 A 和初位相 φ 都决定于振动开始时的运动状态。根据式(4-3a)和式(4-4)，可得到 $t=0$ 时的初位移 s_0 和初速度 v_0

$$s_0=A\cos\varphi\text{，}v_0=-\omega A\sin\varphi$$

从以上两式得到

$$A=\sqrt{s_0^2+\frac{v_0^2}{\omega^2}} \tag{4-9}$$

笔记栏

$$\varphi=\tan^{-1}(-\frac{v_0}{\omega s_0}) \tag{4-10}$$

初位移 s_0 和初速度 v_0 叫做振动的起始条件。上面结果表明简谐振动的振幅和初位相由起始条件决定。

三、简谐振动的矢量图示法

给定的简谐振动 $s=A\cos(\omega t+\varphi)$，可以用几何的方法形象地表示出来。如图4-2所示，取一水平 S 轴，在 S 轴上任取一点 O 作为原点，代表平衡位置。自 O 点作一矢量 $\boldsymbol{A}$，叫振幅矢量，使其长度等于振动的振幅 A 。$t=0$ 时，$\boldsymbol{A}$ 与 S 轴所成的角度等于简谐振动的初位相 φ，并从这一位置以大小和角频率 ω 相同的角速度绕原点 O 沿反时针方向等速旋转。经时间 t 后，矢量 $\boldsymbol{A}$ 与 S 轴的夹角为 $(\omega t+\varphi)$，$\boldsymbol{A}$ 的端点在 S 轴上的投影点 P 相对原点 O 的位移是 $s=A\cos(\omega t+\varphi)$ 就代表简谐振动。这种几何表示法又叫做矢量图示法。

由矢量图示法可以看出，振幅矢量转动一周相当于物体振动一个周期。位相 $(\omega t+\varphi)$ 从0到 2π 之间变化的各个值表示物体在一个周期中的不同运动状态。因此，进一步证明了位相是描述物体运动状态的物理量。另外，正是因为 ω 在矢量图示法中表示转动的角速度，所以在振动中 ω 才称为角频率。

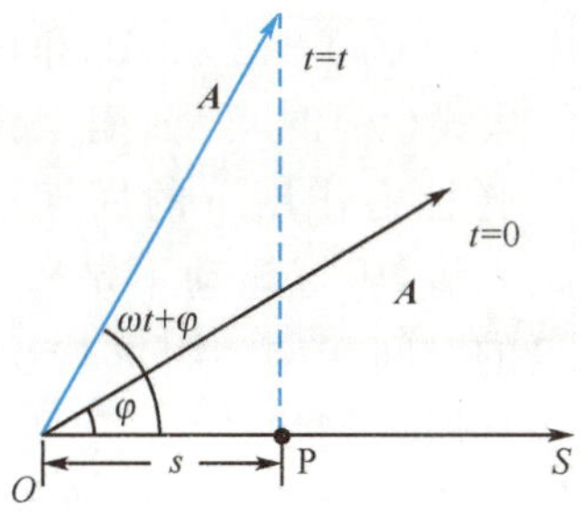

图4-2　简谐振动的矢量图示法

四、简谐振动的能量

任何振动系统开始都必须有外力的作用，使它具有初位移或初速度，物体才能开始振动。因而要使物体振动，物体必须从外界得到一定的机械能——动能和势能，以弹簧振子为例来说明简谐振动的能量。在振动中的任一时刻，系统的动能和势能分别为

$$E_k=\frac{1}{2}mv^2=\frac{1}{2}m\omega^2A^2\sin^2(\omega t+\varphi)$$

$$E_P=\frac{1}{2}ks^2=\frac{1}{2}m\omega^2A^2\cos^2(\omega t+\varphi)$$

弹簧振子所具有的总能量

$$E=E_k+E_P=\frac{1}{2}m\omega^2A^2=\frac{1}{2}kA^2 \tag{4-11}$$

当某一个系统作一定的简谐振动时，m，ω 和 A 都是常量。从以上各式可知，简谐振动的动能和势能虽然在随时间作周期性变化，但是，总能量在振动过程中是一常量，这是符合机械能守恒定律的。式(4-11)说明：简谐振动的总能量与振动频率的平方及振幅的平方成正比。

第二节　阻尼振动、受迫振动和共振

一、阻尼振动

一个作简谐振动的系统，如果没有能量损失，它将以其固有的频率一直等幅振动下去，但这只是一种理想情况。实际上，任何振动系统都不是孤立的。在振动的过程中不可避免的要受到阻力的作用而逐渐损失能量。损失的能量如果得不到补充，振幅就会逐渐减小，最后振动也会停下来。这种振幅随时间不断减小的振动叫做阻尼振动(damped vibration)或减幅振动。通常能量减小的方式有两种：一种是由于摩擦阻力的存在，使振动系统的能量逐渐转变为热能；另一种是由于振动系统引起邻近质点振动，使系统的能量逐渐向四周辐射出去，转变为波动的能量。这里仅讨论由摩擦阻力引起的阻尼振动。

当物体速度不大时，摩擦阻力 R 与速度 v 成正比，即 $R=-\gamma v$，γ 为阻力系数。例如，弹簧

笔记栏

振子处于阻尼振动时，小球所受的合力为弹性力和摩擦阻力的总和。这时，小球的运动加速度为

$$a=\frac{d^2s}{dt^2}=-\frac{k}{m}s-\frac{\gamma}{m}\frac{ds}{dt}$$

令 $\frac{\gamma}{m}=2\beta$，$\frac{k}{m}=\omega_0^2$，上式变为

$$\frac{d^2s}{dt^2}+2\beta\frac{ds}{dt}+\omega_0^2 s=0 \tag{4-12}$$

式(4-12)中：ω_0 为振动系统的固有角频率，β 为阻尼因子。

当阻力较小时，即 $\beta^2<\omega_0^2$，式(4-12)的解为

$$s=A_0 e^{-\beta t}\cos(\omega t+\varphi) \tag{4-13}$$

式中：$\omega=\sqrt{\omega_0^2-\beta^2}$，$A_0$ 和 φ 为积分常数，由起始条件决定。

从式(4-13)可见，阻尼振动的位移与时间的关系是两项的乘积，其中 $\cos(\omega t+\varphi)$ 反映了弹性力作用下的周期性运动；$A_0 e^{-\beta t}$ 反映了阻力使振幅随时间按指数规律衰减。严格来讲，阻尼振动不是周期性的振动，其周期性仅表现在位移相继出现最大值时，其间隔的时间相同。阻尼振动的角频率 ω 也比 ω_0 小些，阻尼越大(即 β 越大)，则 ω 越小，振幅衰减也越快。

阻尼作用较小的情况称为弱阻尼(underdamping)。如果阻尼过大，当达到 $\beta^2>\omega_0^2$ 的情形时，振动系统还来不及完成一次全振动，能量就损失殆尽而停止振动，这种情况称为过阻尼(overdamping)。振动物体刚刚能不作往返振动而很快停下来时的阻尼叫做临界阻尼(critical damping)。

在实际中，获得等幅振动的方法，常常是利用恒定的力(或稳定的能源)使振动中损失的能量能够不断地得到自动补充。用这种方法产生的振动叫做**自持振动**，简称**自振**。如钟摆的振动。生物界中许多过程(如呼吸、心跳等)也是自振现象。在自振中输入能量的作用无周期性，周期性来自自振系统。

二、受迫振动和共振

当系统在外力作用下离开平衡位置后，就能自行振动，不再需要外力的作用。这种不在外力作用下的振动称为自由振动。但有很多情形，需要使物体按周期外力的频率振动。如扬声器纸盆和各种乐器中膜板的振动等。这种振动系统在周期性外力的持续作用下所作的振动叫做**受迫振动**(forced vibration)。

受迫振动开始时的情形非常复杂，但在经过一段时间以后，振动的周期就是外力的周期，振幅达到一定值，振动处于稳定状态后为一等幅振动。设周期性外力为 $F=F_m\cos\omega' t$，其中 F_m 为力幅，ω' 为外力的角频率。则受迫振动的稳态方程为

$$s=A\cos(\omega' t+\varphi) \tag{4-14}$$

其中

$$A=\frac{F_m}{m\sqrt{(\omega_0^2-\omega'^2)^2+4\beta^2\omega'^2}} \tag{4-14a}$$

$$\varphi=\tan^{-1}\frac{-2\beta\omega'}{\omega_0^2-\omega'^2} \tag{4-14b}$$

式中：m 为振动体的质量。可见，稳定状态的受迫振动是一个与外力同频率的简谐振动。

理论和实验均可证明，当周期性外力的角频率接近振动系统的固有角频率时，受迫振动的振幅急剧增大，这种现象叫做**共振**(resonance)。共振角频率 ω_r 为

笔记栏

$$\omega_r=\sqrt{\omega_0^2-2\beta^2} \tag{4-15}$$

代入式(4-14a)，得共振时最大振幅值

$$A_r = \frac{F_m}{2\beta m\sqrt{\omega_0^2 - \beta^2}} \tag{4-16}$$

图 4-3 表示稳定的受迫振动的振幅和外力角频率的关系。可见，β 越大，共振角频率越低，共振振幅也越小；β 越小，共振角频率越接近系统的固有角频率，共振振幅也越大。

共振现象具有很大的重要性和普遍性。例如，声学仪器的设计，医学上核磁共振等都是共振现象的应用。另一方面，由于物体在共振时可以达到很大的振幅，因而，共振现象也可以造成损害，这类共振现象应设法避免。

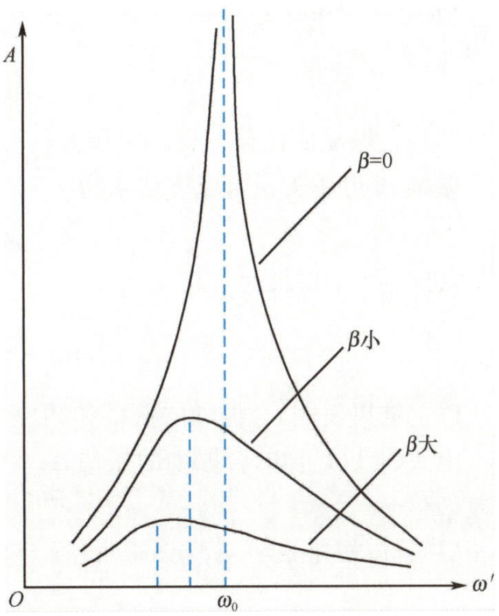

图 4-3 共振曲线

第三节 简谐振动的合成

在实际问题中，常常会遇到振动是由几个振动合成起来的。一般说来，振动的合成是比较复杂的。下面分析几种简单而特殊的情形。

一、两个同方向、同频率的简谐振动的合成

设两个在同一直线上进行的同频率的简谐振动在任一时刻引起的位移分别为

$$s_1 = A_1\cos(\omega t + \varphi_1)\ ;\ s_2 = A_2\cos(\omega t + \varphi_2)$$

式中：A_1，A_2 和 φ_1，φ_2 分别为两个分振动的振幅和初位相，ω 为它们的角频率。由于它们在同一直线上运动，因而它们的合振动的位移应等于两个分振动的位移 s_1 和 s_2 之和，即

$$s = s_1 + s_2$$

合振动的位移 s 可以用矢量图示法很方便地得到。在图 4-4 中，水平线为 S 轴，O 点表示原点。作两个长度分别为 $\boldsymbol{A}_1$，$\boldsymbol{A}_2$ 的振幅矢量，$\boldsymbol{A}_1$ 和 $\boldsymbol{A}_2$ 代表这两个振动。在开始时刻，$\boldsymbol{A}_1$ 与 S 轴夹角为 φ_1，$\boldsymbol{A}_2$ 与 S 轴的夹角为 φ_2。当两个振幅矢量以相同的角速度 ω 沿反时针方向旋转时，由于两矢量 $\boldsymbol{A}_1$，$\boldsymbol{A}_2$ 在 S 轴上的投影 s_1 和 s_2 之和等于两矢量的矢量和 $\boldsymbol{A}$ 在 S 轴上的投影 s，因此，合矢量 $\boldsymbol{A}$ 可以代表两个振动的合振动。

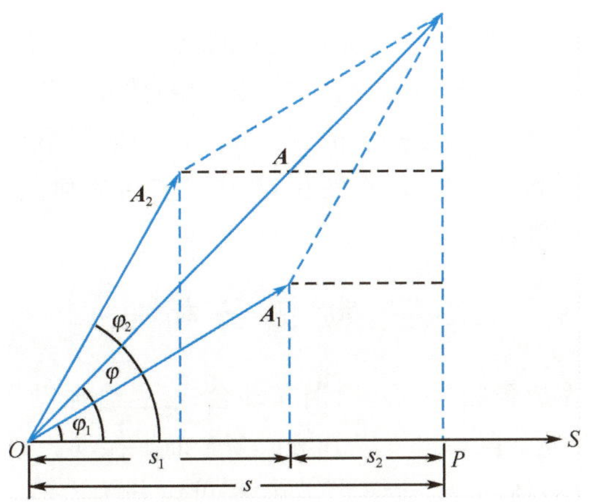

图 4-4 用矢量图示法求合振动

因为两个振幅矢量 $\boldsymbol{A}_1$，$\boldsymbol{A}_2$ 以相同的角速度反时针旋转，它们之间的夹角始终保持不变。所以，合矢量 $\boldsymbol{A}$ 的大小也不变，并以相同的角速度 ω 反时针旋转。因而合矢量 $\boldsymbol{A}$ 在 S 轴上的投影为

$$s = A\cos(\omega t + \varphi)$$

即是合振动的位移方程。由该方程可见，合振动也是一简谐振动，频率与分振动的频率相同。振幅 A 可用矢量合成方法求得

$$A = \sqrt{A_1^2 + A_2^2 + 2A_1A_2\cos(\varphi_2 - \varphi_1)} \tag{4-17}$$

从图 4-4 中可得初位相 φ 为

$$\tan\varphi = \frac{A_1\sin\varphi_1 + A_2\sin\varphi_2}{A_1\cos\varphi_1 + A_2\cos\varphi_2} \tag{4-18}$$

以上结果表明，合振动的振幅和初位相由分振动的振幅和初位相决定。

由式(4-17)可知，合振动的振幅 $\boldsymbol{A}$ 不仅与分振动的振幅有关，而且还决定于两分振动的位相差($\varphi_2 - \varphi_1$)。

(1)若位相差 $\varphi_2 - \varphi_1 = \pm 2k\pi$ ，$k = 0,1,2,\cdots$时，由式(4-17)得

$$A = \sqrt{A_1^2 + A_2^2 + 2A_1A_2} = A_1 + A_2$$

即当两分振动的位相差为 π 的偶数倍时，合振动的振幅为两分振动振幅之和，达到最大值。两分振动同相振动，彼此互相加强。

(2)位相差 $\varphi_2 - \varphi_1 = \pm(2k+1)\pi$ ，$k = 0,1,2\cdots$时，由式(4-17)得

$$A = \sqrt{A_1^2 + A_2^2 - 2A_1A_2} = |A_1 - A_2|$$

即当两分振动位相差为 π 的奇数倍时，合振动的振幅为两分振动振幅之差的绝对值，达到最小值。两分振动反相振动，彼此相互削弱。如果 $A_1 = A_2$，则 $A = 0$，两振动互相抵消，而使质点处于静止状态。

(3)位相差 $\varphi_2 - \varphi_1$ 取其他值时，则合振动振幅介于 $A_1 + A_2$ 和 $|A_1 - A_2|$ 之间。

二、两个同方向、不同频率的简谐振动的合成

如果在同一直线上两个不同频率的简谐振动的位移分别为

$$s_1 = A_1\cos(\omega_1 t + \varphi_1)\ ;\ s_2 = A_2\cos(\omega_2 t + \varphi_2)$$

则它们的位相差 $(\omega_2 t + \varphi_2) - (\omega_1 t + \varphi_1) = (\omega_2 - \omega_1)t + (\varphi_2 - \varphi_1)$ 随时间而变化。用矢量图示法求合振动时，发现矢量图中两分振动的振幅矢量之间的夹角不断改变，合矢量在 S 轴上的投影不再代表简谐振动，而是一个比较复杂的振动。这时，求合振动的最简单方法是用曲线图法，即直接将表示同一时刻的位移相加得出合振动位移曲线。

如果分振动的频率互为倍数关系，则合振动仍为周期性复杂振动，其频率与分振动中最低频率相同，但合振动曲线的形状则因分振动的初位相不同而显著不同。如果两个分振动的频率相差很小，那合振动的振幅随时间周期缓慢变化，产生这种合振动振幅时强时弱的现象，称为拍(beat)。合振幅变化的频率称为拍频(beat frequency)。

三、频 谱 分 析

两个或两个以上的频率成倍数关系的简谐振动合成后，合振动是一个周期性的复杂振动。反过来，一个具有周期性的复杂振动也可以分解成多个简谐振动。数学家傅里叶首先用数学理论证明了这个问题。他指出：任何一个周期性振动都可以分解为若干个简谐振动，这些简谐振动的频率为原来的振动频率的整数倍。用数学形式表示为

$$s = F(\omega t) = A_0 + A_1\cos\omega t + A_2\cos 2\omega t + \cdots\cdots + B_1\sin\omega t + B_2\sin 2\omega t + \cdots\cdots \tag{4-19}$$

笔记栏

式中：包括一个常数项 A_0 和一系列频率成倍数增加的简谐振动。频率高的简谐振动往往

振幅很小，因此，一般只取前几项就够了。

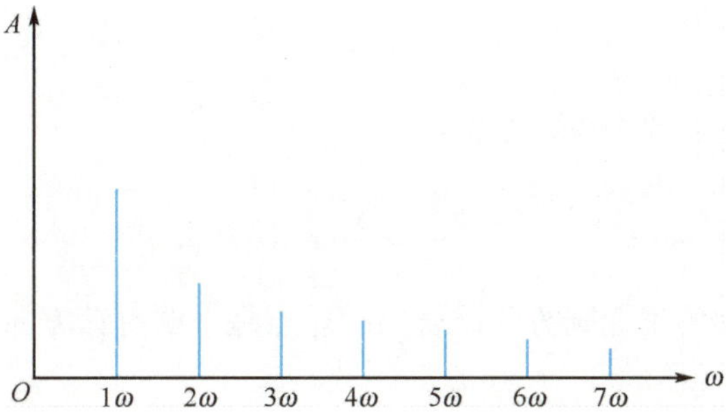

图 4-5 锯齿形振动的频谱

将周期性复杂振动分解成若干个简谐振动，把各个简谐振动的频率和振幅排列成频谱进行分析，这种分析方法叫做**频谱分析**(spectral analysis)。在这种分析中，与原振动频率相同的分振动叫做基频振动，其他频率较高的振动叫做倍频振动或谐频振动。将一个周期性复杂振动所包含的分振动的振幅与频率的关系，以横坐标表示频率，纵坐标表示振幅，并按频率顺序用图表示出来的图称为该振动的**频谱**(frequency spectrum)，图 4-5 就是锯齿形振动的频谱。图中每条线叫做谱线，其长度代表具有相应频率的分振动的振幅值。

频谱分析在科学技术上有广泛的应用。如心电图、脑电图曲线中，某些频率成分的振幅大小在临床上有重要的意义。

四、两个同频率、互相垂直的简谐振动的合成

当振动方向互相垂直的两个简谐振动合成时，合振动质点不在一条直线上运动，而是在一平面内运动。

设两个频率相同的简谐振动分别在相互垂直的 x 轴和 y 轴方向上振动，它们的位移方程分别为

$$x = A_1\cos(\omega t + \varphi_1)\ ;\ y = A_2\cos(\omega t + \varphi_2)$$

在任一时刻 t，合振动质点的位置是 (x, y)。合并两式，消去参数 t，就得到合振动质点运动的轨迹方程

$$\frac{x^2}{A_1^2} + \frac{y^2}{A_2^2} - 2\frac{xy}{A_1A_2}\cos(\varphi_2 - \varphi_1) = \sin^2(\varphi_2 - \varphi_1) \tag{4-20}$$

一般说来，这是一个椭圆方程，椭圆的形状由位相差 $(\varphi_2 - \varphi_1)$ 的值来决定。下面分析几种特殊情形。

(1) $\varphi_2 - \varphi_1 = 0$，即两分振动的位相相同。这时式(4-20)变为

$$\frac{x^2}{A_1^2} + \frac{y^2}{A_2^2} - 2\frac{xy}{A_1A_2} = 0\text{，即 } y = \frac{A_2}{A_1}x$$

这是一条通过坐标原点的直线，直线斜率为 $\frac{A_2}{A_1}$，如图 4-6(a)所示。合振动的位移为

$$s = \sqrt{x^2 + y^2} = \sqrt{A_1^2 + A_2^2}\cos(\omega t + \varphi)$$

可见，合振动仍然是简谐振动，频率与分振动的频率相同，振幅为 $\sqrt{A_1^2 + A_2^2}$。

(2) $\varphi_2 - \varphi_1 = \pi$，即两分振动位相相反。这时式(4-20)变为

$$\frac{x^2}{A_1^2} + \frac{y^2}{A_2^2} + 2\frac{xy}{A_1A_2} = 0\text{，即 } y = -\frac{A_2}{A_1}x$$

这也是一条通过原点的直线，斜率为 $-\frac{A_2}{A_1}$，合振动仍然是简谐振动，频率与分振动的频率相同，如图 4-6(e)所示。

(3) $\varphi_2-\varphi_1=\frac{\pi}{2}$，这时式(4-20)变为

$$\frac{x^2}{A_1^2}+\frac{y^2}{A_2^2}=1$$

这是以坐标轴为主轴的正椭圆方程。合振动质点是以顺时针方向沿椭圆轨道运动，如图 4-6(c)所示。

(4) $\varphi_2-\varphi_1=\frac{3\pi}{2}$，这时式(4-20)仍变为

$$\frac{x^2}{A_1^2}+\frac{y^2}{A_2^2}=1$$

合振动质点的运动轨迹不变，但以反时针方向沿椭圆轨道运动，如图 4-6(g)所示。

在(3)，(4)两种情形中，如果两分振动的振幅相等，即 $A_1=A_2$，则运动轨迹变为圆。

当位相差 $\varphi_2-\varphi_1$ 依次等于 0，$\frac{\pi}{4}$，$\frac{\pi}{2}$，$\frac{3\pi}{4}$，π 时，合振动质点的运动轨迹分别为直线及形状各不相同的椭圆，如图 4-6 所示。图中箭头表示质点的运动方向。

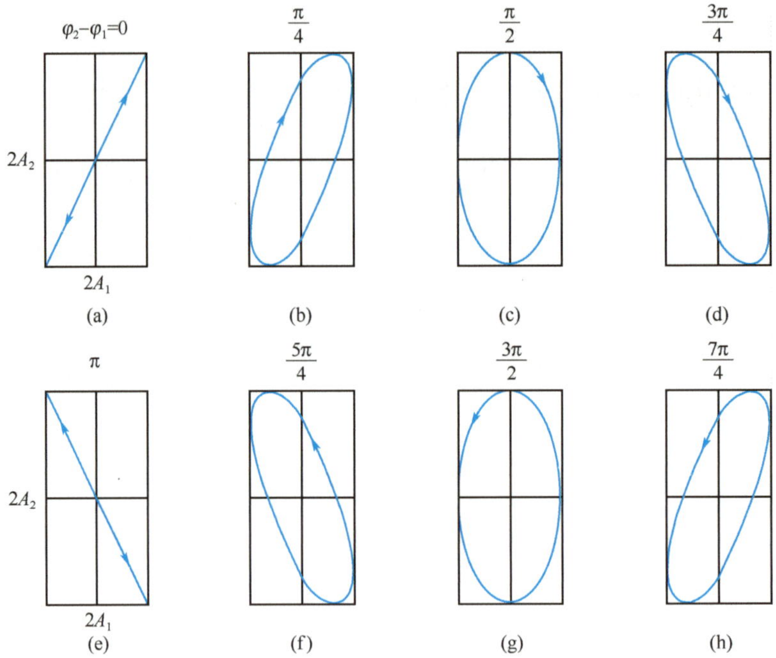

图 4-6　两个同频率、互相垂直的简谐振动的合成

根据上面的讨论可知，任何一个沿直线的简谐振动，匀速圆周运动及某些椭圆运动都可以看做是两个互相垂直的同频率的简谐振动的合成。

如果两个互相垂直的简谐振动的频率不同，但它们的频率之比为整数之比，这时仍可得到稳定而封闭的合振动质点的运动轨迹，这种轨迹图形叫做李萨如图形，它可以用示波器显示出来。利用李萨如图形能够测定振动的频率，这是测频率比较方便和常用的方法。

笔记栏

第四节 简 谐 波

一、机械波的产生

1. 机械波

由弹性力联系着的微粒组成的介质叫做弹性介质(elastic medium)。在弹性介质中，由于各个相邻近质点之间存在着相互作用的弹性力，当某个质点因外界扰动而引起振动时，周围的质点也会跟着振动起来。这样，振动由近及远地传播出去。这种机械振动在弹性介质中的传播过程叫做机械波(mechanical wave)。激发波的振动系统叫做波源(wave source)。因此，机械波的产生，首先要有振动着的物体作为波源，其次要有能够传播这种机械振动的弹性介质。

在波动中，传播的只是振动的状态，介质中的各个质点只是在各自的平衡位置附近振动，并不随波前进。因而，波只是振动形式和能量的传播过程，振动质点不随波移动。如果介质质点振动方向和波的传播方向垂直，形成波峰和波谷，这种波叫做横波(transverse wave)。如果介质质点振动方向和波的传播方向互相平行，形成周期性的密集区和稀疏区，这种波叫做纵波(longitudinal wave)。

由于在气体和液体内部，只有体变弹性，而在固体内既有体变弹性，也有切变弹性。因此，在气体和液体内部只能传播纵波，在固体内既能传播纵波，也能传播横波。

2. 波长、频率及波速的关系

波动在一周期内传播的距离叫做波长(wave length)，用λ 表示。因为相隔一周期后振动状态复原，所以相隔一波长的两点之间的振动状态相同，即振动位相相同。因此，波长也是两个相邻近的振动位相相同点之间的距离。沿波传播的方向，每隔一个波长的距离就出现振动位相相同的点，因此，波长描述了波在空间上的周期性。

单位时间内波传播的距离叫做波速(wave speed)，用 c 表示。它实际上就是一定的振动位相(一定的振动状态)的传播速度。因此，波速又叫做相速(phase velocity)。由于波长是波在一个周期内传播的距离，所以波速

$$c=\frac{\lambda}{T}=\lambda f \tag{4-21}$$

这就是波长、频率及波速间的关系式，它适合于任何种类的波。波长表示波在空间上的周期性，周期和频率表示波在时间上的周期性。波在空间和时间上的周期性，通过上式有机地联系起来了。

波的周期和频率就是波源振动的周期和频率，与传播波的介质无关。波速则决定于介质本身的性质。例如，气体或液体中传播的纵波的波速是

$$c=\sqrt{\frac{K}{\rho}}$$

固体中，纵波和横波的波速分别是

$$c=\sqrt{\frac{E}{\rho}}\ (纵波)$$

$$c=\sqrt{\frac{G}{\rho}}\ (横波)$$

式中：ρ 为介质密度，K 为体变弹性模量，E 为杨氏模量，G 为切变模量。

由上式可见，波速由介质的弹性模量和密度决定，而与波的频率和波长无关，各种频率或各种波长的机械波在一定的介质中的传播速度相同。

笔记栏

二、波面和波线

当波源在弹性介质中振动时，振动将沿各个方向传播。经过一定时间后，波动到达介质中的某些点上，这些质点将以同相开始振动。我们把某一时刻振动到达的各点连成的面叫做波前(wave front)。而振动位相相同的各点连成的面叫波面。在任一时刻，波面的数目是任意多的，而波前只有一个，它是波面的特例，就是波在传播方向上最前面的那个波面。波面的形状决定波的类型，如图 4-7 所示，波面为球面的波叫做球面波(spherical wave)；波面为平面的波叫做平面波(plane wave)。表示波的传播方向的线叫做波线(ray)。在各向同性的介质中波线和波面垂直。球面波的波线是以波源为中心沿半径方向的直线，平面波的波线是与波前垂直的一组平行线。

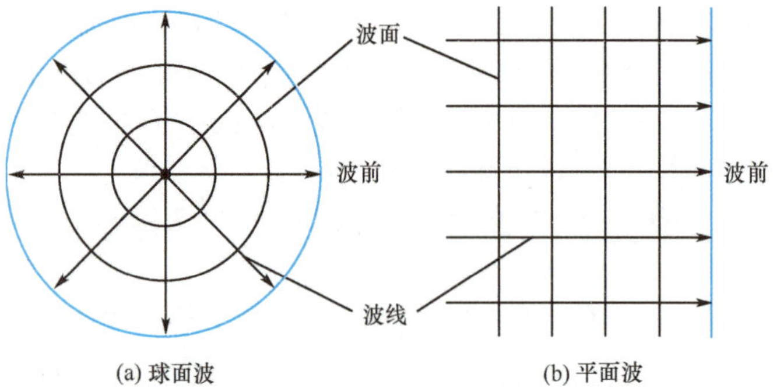

图 4-7 波面与波线

第五节 简谐波的波动方程

在波动中，如果波源作简谐振动，则波所到处的各点也将作简谐振动，振动的周期、频率和波源的周期、频率相同，只是存在着位相差的关系。这种波叫做简谐波(simple harmonic wave)，它是最基本最简单的波。一切复杂的波都可以看成是由简谐波合成的。

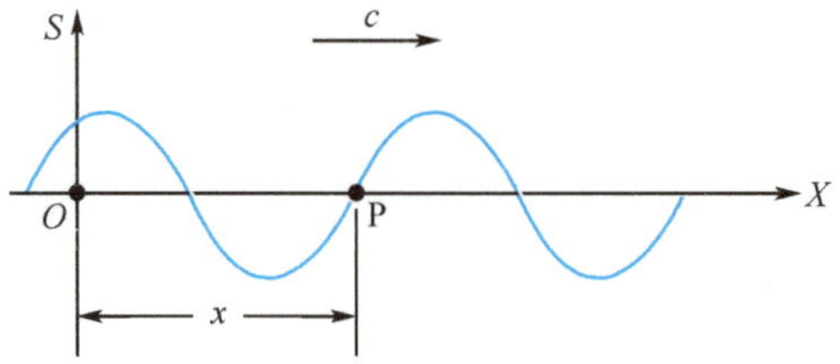

图 4-8 波动方程的推导

如图 4-8 所示，设平面简谐波在均匀介质中沿 OX 轴正方向以波速 c 传播。纵坐标 S 表示波线 OX 上各点的位移，如果我们知道每一时刻波线上每一点的位移 s，就掌握了波的全部运动过程。

设 $x=0$ 处，质点 O 的位移方程为

$$s=A\cos(\omega t+\varphi)$$

并假定在传播过程中，各点振动的振幅不变。P 点为 X 轴上的任一点，它离 O 点的距离为 x。当振动传到 P 点时，P 点将重复 O 点的振动，振幅相同、频率相同，但位相比 O 点落后，即 P 点的振动比 O 点晚一段时间开始。

因为振动从 O 点传到 P 点所需要的时间为 $\frac{x}{c}$。所以，当 O 点振动的时间为 t 时，P 点振动

笔记栏

的时间为 $(t-\frac{x}{c})$ 。因此,P 点在 t 时刻的位移方程为

$$s=A\cos[\omega(t-\frac{x}{c})+\varphi] \tag{4-22}$$

根据 $\omega=2\pi f=\frac{2\pi}{T}$ 和 $c=\lambda f=\frac{\lambda}{T}$,式(4-22)可写成

$$s=A\cos[2\pi(ft-\frac{x}{\lambda})+\varphi]=A\cos[2\pi(\frac{t}{T}-\frac{x}{\lambda})+\varphi] \tag{4-23}$$

式(4-22)和式(4-23)都表示位移 s 是 t 和 x 的函数,叫做平面简谐波的**波动方程**(equation of wave motion)。由此方程可求出波线 OX 上不同质点在不同时刻的位移。为进一步理解波动方程物理意义,我们讨论如下三种情况。①若 x 给定,则该方程表示距 O 点为 x 处的质点在各个不同时刻的位移,即表示该质点的振动位移方程。②若 t 给定,则方程表示给定时刻波线上不同质点的位移,即该时刻波的形状,则该方程变为波形方程。③若 t 和 x 取任意值,则波动方程表示沿波的传播方向上任一位置的质点在任一时刻的位移,反映了波形的传播。

如果平面简谐波沿 OX 轴负方向传播,则 P 点处质点的振动比 O 点处的振动要早开始一段时间 $\frac{x}{c}$,即当 O 点振动 t 秒时,P 点已振动 $(t+\frac{x}{c})$ 秒。所以 P 点的位移方程为

$$\begin{aligned}s&=A\cos[\omega(t+\frac{x}{c})+\varphi]\\&=A\cos[2\pi(ft+\frac{x}{\lambda})+\varphi]\\&=A\cos[2\pi(\frac{t}{T}+\frac{x}{\lambda})+\varphi]\end{aligned} \tag{4-24}$$

例题 4-1 设波动方程为 $s=2\cos\pi(0.5x-200t)$,$\varphi=0$。式中,x 及 s 以厘米计,t 以秒计。试求其振幅、波长、波速、周期及波的传播方向。

解:将波动方程写成标准形式 $s=2\cos\left[2\pi(100t-\frac{x}{4})\right]$,由此式可见,振幅 $A=2$ cm;波长 $\lambda=4$ cm;周期 $T=\frac{1}{f}=\frac{1}{100}=0.01$ s;波速 $c=f\lambda=100\times4=400\ \text{cm}\cdot\text{s}^{-1}$;这是沿 X 轴正方向传播的平面简谐波。

第六节 波的能量

一、波的能量

当振动在介质中传播到某一处时,该处原来不振动的质点开始振动而具有动能,同时该处介质发生弹性形变而具有弹性势能。可见,波的传播过程是能量的传播过程。介质由近及远地一处接着一处开始振动的同时,能量也从一部分介质传到另一部分介质中去。假设一平面简谐纵波以速度 c 在密度为 ρ 的均匀介质中传播,其波动方程为

$$s=A\cos[\omega(t-\frac{x}{c})+\varphi]$$

在介质中,沿波线方向的任一体积为 ΔV 、质量为 $m=\rho(\Delta V)$ 的小体积元的振动速度为 $v=\frac{\mathrm{d}s}{\mathrm{d}t}$,则它的动能为

$$E_k=\frac{1}{2}mv^2=\frac{1}{2}\rho(\Delta V)\omega^2A^2\sin^2[\omega(t-\frac{x}{c})+\varphi] \tag{4-25}$$

笔记栏

小体积元因有相对形变 $\frac{ds}{dx}$，故具有弹性势能

$$E_P=\frac{1}{2}E\left(\frac{ds}{dx}\right)^2(\Delta V)=\frac{1}{2}E(\Delta V)\frac{\omega^2A^2}{c^2}\sin^2\left[\omega\left(t-\frac{x}{c}\right)+\varphi\right]$$

因为纵波的速度 $c=\sqrt{\frac{E}{\rho}}$，代入上式可得

$$E_P=\frac{1}{2}\rho(\Delta V)\omega^2A^2\sin^2\left[\omega\left(t-\frac{x}{c}\right)+\varphi\right] \tag{4-26}$$

式(4-25)和式(4-26)说明，波动时能量也在波动，动能和势能都在作周期性变化，并且在任一时刻动能和势能相等，同时达到最大值或最小值。这与孤立质点振动时能量守恒的情况完全不同。

波动时，任一小体积元 ΔV 的总能量为

$$E_{总}=E_k+E_P=\rho(\Delta V)\omega^2A^2\sin^2\left[\omega\left(t-\frac{x}{c}\right)+\varphi\right] \tag{4-27}$$

式(4-27)说明小体积元的总能量也是在零和最大值之间作周期性的变化。

介质中单位体积的总能量叫做波的能量密度(energy density)，用 ε 表示，即

$$\varepsilon=\frac{E_{总}}{\Delta V}=\rho\omega^2A^2\sin^2\left[\omega\left(t-\frac{x}{c}\right)+\varphi\right] \tag{4-28}$$

能量密度在一个周期内的平均值叫做平均能量密度，用 $\bar{\varepsilon}$ 表示。正弦函数的平方在一个周期内的平均值为 $\frac{1}{2}$，因而，平均能量密度为

$$\bar{\varepsilon}=\frac{1}{2}\rho\omega^2A^2 \tag{4-29}$$

由上述各式可见，波的能量与振幅的平方、频率的平方以及介质的密度成正比。这个结论对横波和纵波都是正确的。

二、波的强度

介质中的能量是以波速 c 随波传播的。为了定量的讨论波动过程中能量的传播，我们引入波的强度(intensity of wave)的概念。在单位时间内通过垂直于波速方向上单位截面积的平均能量叫做波的强度，用 I 表示，它的方向就是能量传播的方向。如图 4-9 所示，在介质中取垂直于波速的面积 S，则在一个周期 T 内通过 S 的能量就等于体积 cTS 中的能量，即 $\bar{\varepsilon}cTS$，则波的强度为

$$I=\frac{\bar{\varepsilon}cTS}{TS}=\bar{\varepsilon}c=\frac{1}{2}\rho c\omega^2A^2 \tag{4-30}$$

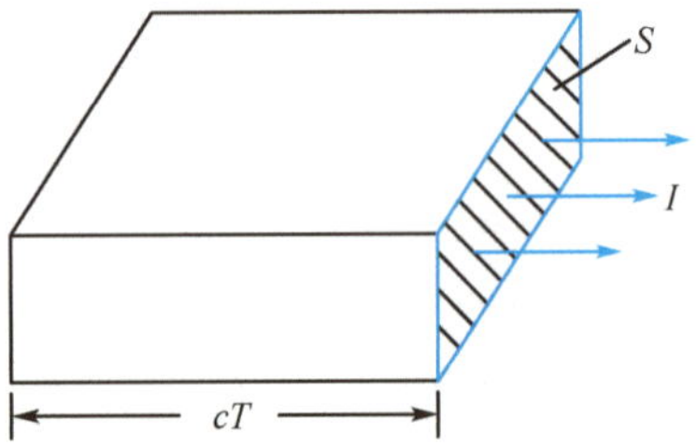

图 4-9 波的强度

单位是 $W\cdot m^{-2}$。上式表明，波的强度与频率的平方、振幅的平方成正比。

三、波的衰减

前面讨论的平面简谐波在均匀介质中传播时，波的振幅是一个常数。即波传播到哪里波的振幅不变、强度不变，这是一种理想情况。实际上，波在传播时由于弹性介质的内摩擦作用等原因，能量总是要损失的，强度随波的传播距离而衰减。

笔记栏

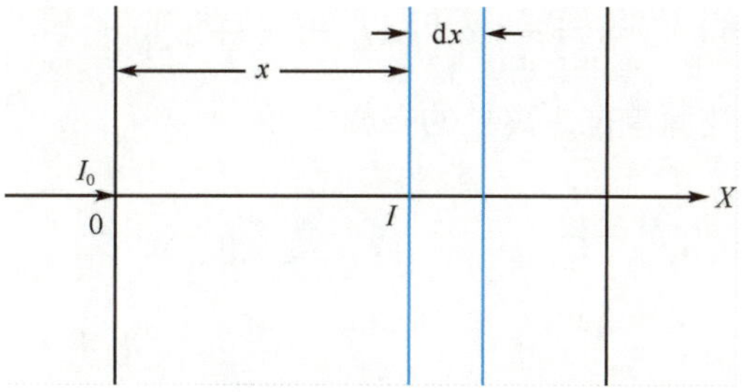

图 4-10 平面波的衰减

1. 平面波的衰减

在图 4-10 中，设平面简谐波沿 X 轴正方向传播。在 $x=0$ 处，波的强度为 I_0，在 x 处波的强度为 I 。波通过厚度为 $\mathrm{d}x$ 时损失的强度为 $-\mathrm{d}I$ ，负号表示波的强度随距离的增加而减小。实验指出

$$-\mathrm{d}I=\mu I\mathrm{d}x$$

式中，比例常数 μ 叫做介质的**吸收系数**(absorption coefficient)，它与介质的性质和波的频率有关。解上面的微分方程并利用 $x=0$ 时，$I=I_0$，可得到

$$I=I_0\mathrm{e}^{-\mu x} \tag{4-31}$$

上式表明，平面波在均匀介质中传播时，强度是按指数规律衰减的。

因为波的强度 I 与振幅的平方成正比，故有

$$A=A_0\mathrm{e}^{-\frac{\mu x}{2}}=A_0\mathrm{e}^{-\beta x}$$

式中，$\beta=\dfrac{\mu}{2}$ 。因此，实际上的平面简谐波在介质中的波动方程应为

$$s=A\cos\left[\omega\left(t-\frac{x}{c}\right)+\varphi\right]=A_0\mathrm{e}^{-\beta x}\cos\left[\omega\left(t-\frac{x}{c}\right)+\varphi\right]$$

2. 球面波的衰减

如果球面波传播时，它的能量即使不被介质吸收，随着波传播距离的增加波面扩大，波的强度也要衰减。下面讨论介质不吸收能量或吸收很少时，球面波的强度与波传播距离 x 的关系。

在图 4-11 中，设距点波源 x_1 和 x_2 处波的强度分别为 I_1 和 I_2，球面波的波面面积为 S_1 和 S_2。由于介质不吸收波($\mu=0$ 或很小)的能量，则在单位时间内通过各个波面的能量应相等，即

$$S_1I_1=S_2I_2$$
$$4\pi x_1^2I_1=4\pi x_2^2I_2$$

或

$$\frac{I_1}{I_2}=\frac{x_2^2}{x_1^2} \tag{4-32}$$

上式表明：球面波的强度与离波源的距离的平方成反比，这个关系叫做**反平方定律**。

由于球面波的强度和波的振幅的平方成正比，因而有

$$\frac{A_1}{A_2}=\frac{x_2}{x_1}$$

即球面波的振幅和传播距离成反比。因此，实际上球面波的波动方程应为

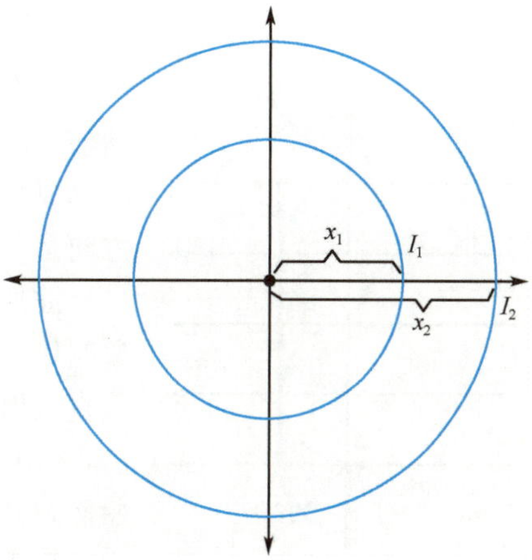

图 4-11 反平方定律

笔记栏

$$s=\frac{A_0}{x}\cos\left[\omega\left(t-\frac{x}{c}\right)+\varphi\right]$$

式中：A_0 是球面波离波源单位距离处的振幅。

第七节 惠更斯原理

一、惠更斯原理

波的起源是波源的振动，波动的传播是介质中各质点之间的相互作用，使得介质中任一质点振动都可以引起邻近各质点的振动。因而，波动中的任一振动质点都可以看成新的波源，只要知道某时刻波前的位置，就可以用几何作图的方法求出下一时刻波前到达的位置，从而确定波传播的方向。这个原理叫做惠更斯原理(Huygens principle)。

惠更斯原理指出：波前上每一点都可以看作新的波源，从这些点发出子波，这些子波的包迹面就是下一时刻的新波前。如图 4-12(a)所示，O 点为球面波的波源。波从波源以波速 c 向四周传播，在 t 时刻，波前是半径为 R_1 的球面 S_1，可根据惠更斯原理求出下一时刻 $t+\Delta t$ 的波前位置。S_1 面上各点都可以看作新的波源，在 Δt 时间内发出半径为 $c\Delta t$ 的半球面子波，这些子波的包迹面 S_2 就是 $t+\Delta t$ 时刻的新波前，其半径为 $R_2=c(t+\Delta t)$。图 4-12(b)表示用同样方法可以求出平面波的新波前。

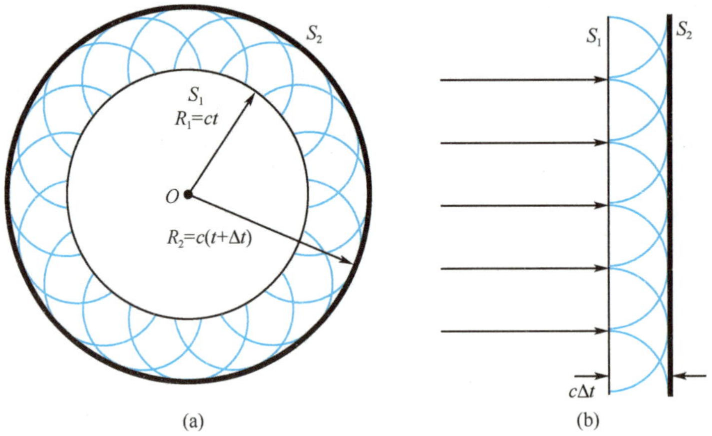

图 4-12 惠更斯原理

二、解释波的衍射

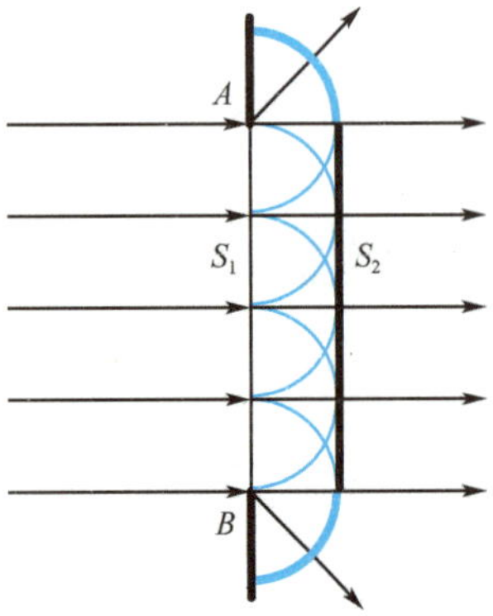

图 4-13 波的衍射

波在均匀而各向同性的介质中传播时，用惠更斯原理求出的波前形状不变。当波在不均匀的介质或各向异性的介质中传播时，同样可以应用惠更斯原理求波前，这时的波前的形状和传播方向都可能发生改变。

波遇到障碍物而改变传播方向并发生绕过障碍物传播的现象叫做波的衍射(diffraction of wave)。如图 4-13 所示，当平面波垂直入射到狭缝 AB 上时，根据惠更斯原理，求得下一时刻的波前，除中间部分仍为平面外，靠近狭缝两边缘部分的波前变成弯曲面，与波前垂直的波线改变了原来的方向。缝越窄，波前的弯曲越显著，波绕过障碍物传播的现象越显著。如果狭缝的宽度 d 小于波长 λ，缝成了单独的振动中心，从它发出的波前为半球形。

笔记栏

由此可见,波长越长,衍射越显著。声波的波长比较长,它可以绕过门窗,因此,站在门窗后面的人仍能听到声音。

根据惠更斯原理还可解释波的反射(reflection)和折射(refraction)。

第八节 波的干涉

一、波的叠加原理

大量事实证明,从几个波源产生的波在同一介质中传播时,无论它们相遇与否,都保持自己原有的特性,即频率不变、波长不变、振动方向不变,各列波都按自己原来传播的方向继续前进,不受其他波的影响;在相遇处,每个质点的位移是各列波单独在该点所产生的位移的矢量和。这种波动传播的独立性和可叠加性叫做波的叠加原理(superposition principle of wave)。例如,听乐队演奏时,各种乐器的声音保持原有的音色,我们能够从中辨别出来。

二、波的干涉

根据波的叠加原理,几列波同时在介质中传播时,它们在相遇处都按原来的方式引起相应的振动,该处质点的振动就是这些振动的合成。如果各列波的频率不同、振动方向不同,则在相遇处引起的合振动是很复杂的。在波的叠加现象中最重要的是两波源的频率相同、振动方向相同、位相相同或位相差恒定的特殊情形,满足这些条件的两列波的叠加,它们的合振动仍然是一简谐振动,振幅的大小由位相差决定。位相相同的地方振幅最大,位相相反的地方振幅最小。这种在两波相遇处有些地方振动加强,而在另一些地方振动削弱或完全抵消的现象,叫做波的干涉(interference of waves)。能产生干涉现象的波叫做相干波(coherent wave),这样的波源叫相干波源(coherent sources)。

如图4-14所示,O_1 和 O_2 是两个相干波源,它们的位移方程分别为

$$s_1 = A_1\cos(\omega t + \varphi_1)$$
$$s_2 = A_2\cos(\omega t + \varphi_2)$$

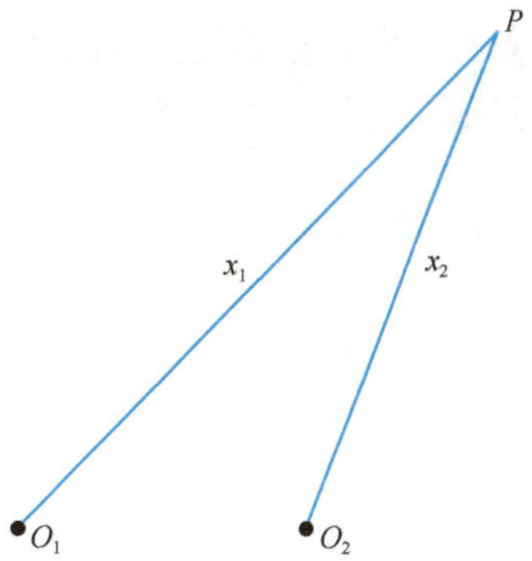

图4-14 波的干涉

从这两个波源发出的相干波在均匀介质中任一点 P 相遇时,$O_1P = x_1$,$O_2P = x_2$。根据波动方程可知,两波在 P 点引起的振动的位移方程分别为

$$s_1 = A_1\cos\left(\omega t + \varphi_1 - \frac{2\pi x_1}{\lambda}\right)$$

$$s_2 = A_2\cos\left(\omega t + \varphi_2 - \frac{2\pi x_2}{\lambda}\right)$$

合振动的振动方程为

$$s = s_1 + s_2 = A\cos(\omega t + \varphi)$$

式中,振幅为

$$A = \sqrt{A_1^2 + A_2^2 + 2A_1A_2\cos\left(\varphi_2 - \varphi_1 - 2\pi\frac{x_2 - x_1}{\lambda}\right)} \tag{4-33}$$

两相干波在空间任意一点 P 所引起的两个振动的位相差为

$$\Delta\varphi = \varphi_2 - \varphi_1 - 2\pi\frac{x_2 - x_1}{\lambda} \tag{4-34}$$

且 $\Delta\varphi$ 有确定值,因而任一点的合振幅 A 也有确定值。由振幅 A 的公式可知,当位相差 $\Delta\varphi = \pm 2k\pi$ ($k = 0, 1, 2, \cdots$)时,即

$$\Delta\varphi=\varphi_2-\varphi_1-2\pi\frac{x_2-x_1}{\lambda}=\pm 2k\pi \tag{4-35}$$

合振动的振幅最大，即 $A_{max}=A_1+A_2$。这时两振动互相加强，叫做相长干涉。

当位相差 $\Delta\varphi=\pm(2k+1)\pi$ ($k=0,1,2,\cdots$)时，即

$$\Delta\varphi=\varphi_2-\varphi_1-2\pi\frac{x_2-x_1}{\lambda}=\pm(2k+1)\pi \tag{4-36}$$

合振动的振幅最小，即 $A_{min}=|A_1-A_2|$ 。当 $A_1=A_2$ 时，$A=0$。这时，两振动互相削弱或抵消，叫做相消干涉。

如果 $\varphi_1=\varphi_2$，即相干波源位相相同，产生相长干涉的条件是

$$\Delta\varphi=2\pi\frac{x_1-x_2}{\lambda}=\pm 2k\pi$$

或

$$x_1-x_2=\pm 2k\frac{\lambda}{2}=\pm k\lambda \tag{4-37}$$

产生相消干涉的条件是

$$\Delta\varphi=2\pi\frac{x_1-x_2}{\lambda}=\pm(2k+1)\pi$$

或

$$x_1-x_2=\pm(2k+1)\frac{\lambda}{2} \tag{4-38}$$

上面各式中的 x_1-x_2 为两波的波程差，用 Δx 表示。由上面的讨论可知，当同相振动的两相干波源发出的波在均匀介质中相遇时，波程差是半波长的偶数倍时，产生相长干涉；波程差是半波长的奇数倍时，产生相消干涉。

在讨论波的干涉时，所说的 P 点是空间中的任一点，即波源 O_1 和 O_2 所发出的波在整个空间传播。只要满足相长干涉条件的点的振幅都最大，满足相消干涉的点的振幅都最小，而这样的点在空间是很多的。因此两相干波在空间传播时，产生的干涉不是在一个点，而是在整个空间形成一定的干涉图样。

三、驻波及半波损失

1. 驻波

驻波(standing waves)是一种特殊的干涉现象。它是由振幅、频率、振动方向均相同而传播方向相反的两波干涉的结果。

设在同一直线上有两列振幅相等的相干波分别沿 x 轴的正、负两个方向同时传播，波动方程为

$$s_1=A\cos(\omega t-\frac{2\pi x}{\lambda})\ ;\ s_2=A\cos(\omega t+\frac{2\pi x}{\lambda})$$

在两波重叠处，各质点的位移为

$$s=s_1+s_2=(2A\cos 2\pi\frac{x}{\lambda})\cos\omega t \tag{4-39}$$

式(4-39)就是驻波方程。方程表明，合成后波线上各点在作振幅为 $\left|2A\cos 2\pi\frac{x}{\lambda}\right|$ 、频率为 ω 的简谐振动。各点的振动频率相同，但振幅值不同。$\left|\cos 2\pi\frac{x}{\lambda}\right|=1$ 的点，两波引起的振动具有相同的位相，叠加后振幅最大，且等于 $2A$ ，振幅最大的各点叫做波腹(antinode)； $\left|\cos 2\pi\frac{x}{\lambda}\right|=0$

笔记栏

的点，两波引起的振动具有相反的位相，叠加后振幅为零，振幅为零的各点叫做波节(node)。可以证明，相邻两波节或相邻两波腹之间的距离等于半波长，而波节与相邻波腹间的距离为四分之一波长。因此，只要测得相邻两波节或相邻两波腹间的距离，就可确定两波的波长。

在同一时刻，相邻两波节之间的各点具有相同的位相，而波节两侧的各点具有相反的位相。由此可见，两波节之间的各点同时沿同一方向达到最大值，又同时沿同一方向通过平衡位置。波节两侧的点，同时沿反方向达到最大值，又同时沿反方向通过平衡位置。

2. 驻波的能量及半波损失

当各质点的位移同时达到最大值时，各质点动能为零，全部能量都是势能。由于波节附近位移对位置的变化率最大，势能最大，波腹处的位移对位置的变化率为零，势能为零。因此，势能集中在波节附近。当各质点同时通过平衡位置时，各质点的相对位移为零，势能为零，全部能量是动能。这时由于波腹处质点的速度最大，动能最大，而在波节处质点的速度为零，动能为零。因此，动能都集中在波腹附近。在介质中各质点振动过程中，动能和势能不断转换。在转换过程中，能量不断地由波节附近集中到波腹附近，再由波腹附近集中到波节附近。由于叠加成驻波的两波的强度数值相等方向相反，因而在振动过程中，没有能量沿某一方向传播，波的强度为零。因此，驻波无传播方向，不传播能量，实质上是介质的一种特殊的振动状态。

驻波的形成通常是在入射波与反射波相干涉的情况下发生的。如图 4-15 所示，细绳的一端 A 系在音叉上，另一端通过滑轮加上重物拉紧细绳，使绳中产生一张力，B 处为一支座，可以移动来改变 AB 间的间距。音叉振动时，在 B 点产生反射波。入射波与反射波干涉后在细绳上产生驻波。波的反射处 B 是一波节。一般情形下，反射处是波节还是波腹，与波的种类和两种介质的有关特性及入射角的大小有关。在机械波垂直入射的条件下，它由介质的密度 ρ 和波速 c 的乘积 ρc 决定，ρc 相对较大的介质叫做波密介质，ρc 小的介质叫做波疏介质。如果波从波疏介质向波密介质射入时，波在两介质界面的反射处形成波节，反之形成波腹。例如，声波从水面反射回空气时，反射处为波节，声波从海水里传播到水面被反射回海水中时，反射处为波腹。

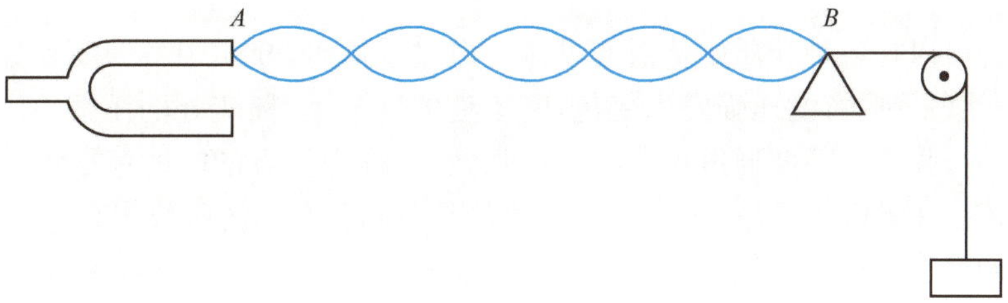

图 4-15　驻波

在分界面处形成波节，表示入射波和反射波在分界面的位相相反，反射时位相突然改变了 π，相当于反射波损失了半个波再反射。因此这种现象叫做半波损失(loss of half wavelength)。机械波在有限大小的物体中传播时，反射波和入射波相叠加会产生各式各样的驻波。物体中可能产生的驻波就是物体在没有外力的条件下可能持续下去的振动。因此，决定物体在一定条件下可能产生的驻波，就能决定物体的固有振动频率，这一点对于声源和超声源是很重要的。下面以琴弦上的驻波为例来说明物体的固有振动频率。

琴弦两端是固定的，这两个固定的端点必然是波节。在琴弦上形成的驻波是比较复杂的，它是由一系列具有不同波长的驻波的合成。这时，驻波的波长必须满足下列关系式

$$L = n\frac{\lambda}{2}$$

或

笔记栏

$$\lambda_n=\frac{2L}{n} \qquad (n=1,2,3,\cdots)$$

式中：L 为琴弦两端间的距离。弦上张力一定时，其波速 c 为一定值，$c=\lambda f$，所对应的频率 f 值为

$$f_n=n\frac{c}{2L} \qquad (n=1,2,3,\cdots)$$

上式表明，琴弦的固有频率不是一个，而是有很多个。作为波源的弦线振动时，其频率是 $\frac{c}{2L}$ 的整数倍。其中 $f_1=\frac{c}{2L}$ 叫做基频，其他频率，如 $f_2=\frac{c}{L}$，$f_3=\frac{3c}{2L}$，…为倍频（又叫做谐频）。

第九节　声　　波

声音是指能够在人的听觉器官上引起感觉的机械振动。对于人耳来说，频率在20～20 000Hz之间的机械振动都能引起声音的感觉。因此，把频率在 20～20 000Hz 之间能引起听觉的机械振动叫做**声振动**（sonic vibration）。声振动的传播过程叫做**声波**（sonic wave）。

频率低于 20 Hz 和频率高于 20 000 Hz 的机械振动与频率在 20～20 000Hz 之间的机械振动在本质上是相同的。因此，在物理学中，把在弹性介质中传播的机械振动都叫做声振动。频率低于 20 Hz 的机械波叫做**次声波**（infrasonic wave），频率高于 20 000 Hz 的机械波叫做**超声波**（ultrasonic wave）。

声波在各种弹性介质中传播的速度与声波的频率无关，只与传播声波的介质的性质和温度有关。不同的介质中声速不同，空气中声速最小，液体中声速比气体中大些，而在固体中声速最大。空气中的声速在 0℃和一个标准大气压下为 331 $m\cdot s^{-1}$，但它要随着温度的升高或降低而改变。温度每升高或降低 1℃，声速就增大或减小 0.6 $m\cdot s^{-1}$，在常温下的声速约为 340 $m\cdot s^{-1}$。

一、声压、声阻和声强

声波是一种可以在各种介质中传播的纵波。声波传播时，介质中各个质点处将时而密集，时而稀疏，从而使各处原有的压强发生变化，密集处的压强大，稀疏处的压强小。在某一时刻，介质中某一点的压强与无声波通过该点时的压强之差，称为该点的**瞬时声压**（sonic pressure），用 p 表示，单位是帕(Pa)，即 $N\cdot m^{-2}$。显然，声压是时间和空间的函数。

设余弦式的声波在均匀的气体或液体中无衰减地沿 X 轴正方向传播，波动方程为

$$s=A\cos[\omega(t-\frac{x}{c})+\varphi]$$

各质点的振动速度

$$\upsilon=\frac{\partial s}{\partial t}=-\omega A\sin[\omega(t-\frac{x}{c})+\varphi]=\upsilon_m\cos[\omega(t-\frac{x}{c})+\varphi+\frac{\pi}{2}]$$

式中：$\upsilon_m=\omega A$ 表示速度幅值。可以证明，声压随时间变化的规律，即声压方程

$$p=\rho c\omega A\cos[\omega(t-\frac{x}{c})+\varphi+\frac{\pi}{2}]=\rho c\upsilon \qquad (4\text{-}40)$$

上式说明，声压和振动速度成正比，位相相同，并从上式可以得到声压幅值 p_m 为

$$p_m=\rho c\omega A \qquad (4\text{-}41)$$

由于声压是周期性变化的物理量，人们习惯说声压的有效值，即

$$p_e=\frac{p_m}{\sqrt{2}}=\frac{\rho c\omega A}{\sqrt{2}} \qquad (4\text{-}42)$$

笔记栏

由上面各式可以看出，声压（幅值、有效值）与声波的振幅、频率、声速及介质密度成正比。因而

超声的声压很大，瞬时值可达一万个大气压以上。

在同一声压下，ρc 越大，介质质点获得的振动速度 v 就越小，反之 v 就越大。因此，将 ρc 叫做介质的**声阻**(acoustic impedance)或声阻抗，用 Z 表示，即

$$Z=\frac{p}{v}=\frac{p_m}{v_m}=\rho c \tag{4-43}$$

它是表示介质声学特性的一个重要物理量。在同样的声压下，声阻大的介质不易激起振动。声阻单位为千克·米$^{-2}$·秒$^{-1}$($kg\cdot m^{-2}\cdot s^{-1}$)。表 4-1 中列出几种常见介质的声速与声阻。

表 4-1　几种介质的声速与声阻

介质	密度 ρ($kg\cdot m^{-3}$)	声速 c($\times10^3 m\cdot s^{-1}$)	声阻 ρc($kg\cdot m^{-2}\cdot s^{-1}$)
空气	1.293 (0℃)	0.331	4.28×10^2
空气	1.205 (20℃)	0.343	4.13×10^2
水	988.2 (20℃)	1.48	1.47×10^6
甘油	1260	1.92	2.42×10^6
脂肪	970	1.40	1.36×10^6
肌肉	1040	1.57	1.63×10^6
密质骨	1700	3.60	6.12×10^6
钢	7800	5.05	39.4×10^6

人们能听见声音，是由于声源的能量通过声波传到人们耳朵里的缘故。单位时间传到人耳的能量越多，声音就越洪亮。因此，经过单位时间，通过垂直于声波传播方向上单位面积的声波能量叫做声波的强度，简称**声强**(sound intensity)，用 I 表示，即

$$I=\frac{1}{2}\rho c\omega^2A^2=\frac{1}{2}Zv_m^2=\frac{1}{2}\frac{p_m^2}{Z}=\frac{p_e^2}{Z} \tag{4-44}$$

式(4-44)就是声强、声压与声阻的关系式。从此式可以看出，声强与声压的平方成正比，与声阻成反比。声强单位为瓦·米$^{-2}$($W\cdot m^{-2}$)。由于测量声压比声强方便，因而临床上常用声压来表示声音的强弱。

例题 4-2　设有 10^7 Hz 的超声波在 20℃的水中产生 0.5 μm 的位移幅值，波速为 1.48×10^3 $m\cdot s^{-1}$。求其声压幅值、声强及质点振动的加速度幅值，并与同样条件下 400 Hz 的声波相比较。

解：该超声波的声压幅值为

$$p_m=\rho c\omega A=1.0\times10^3\times1.48\times10^3\times2\pi\times10^7\times0.5\times10^{-6}=4.65\times10^7\ \text{Pa}$$

它是 400 Hz 的声波幅值的 $\frac{10^7}{400}=2.5\times10^4$ 倍

该超声波的声强为

$$I=\frac{1}{2}\rho c\omega^2A^2=\frac{1}{2}\times1.0\times10^3\times1.48\times10^3\times(2\pi\times10^7)^2\times(0.5\times10^{-6})^2=7.30\times10^8\ \text{W}\cdot\text{m}^{-2}$$

是 400 Hz 声波声强的 6.25×10^8 倍。

该超声波的加速度幅值为

$$a_m=\omega^2A=(2\pi\times10^7)^2\times0.5\times10^{-6}=1.97\times10^9\ \text{m}\cdot\text{s}^{-2}$$

是 400 Hz 声波加速度幅值的 6.25×10^8 倍。

二、声波的反射和透射

声波在传播过程中，遇到两种声阻不同的介质界面时，将发生反射和折射(透射)。在两介质界面处，一部分声波反射回原介质(密度为 ρ_1，波速为 c_1)，另一部分则透过界面进入另一种

笔记栏

介质(密度为ρ_2,波速为c_2)。声波的进行方向遵从反射定律和折射定律。入射声波的声强将分配给反射波和透射波。反射波的强度与入射波的强度之比,叫做声强的反射系数(reflection coefficient),用a_{ir}表示。透射波的强度与入射波的强度之比,叫做声强的透射系数(transmission coefficient),用a_{it}表示。可以证明,在垂直入射的条件下,有

$$a_{ir}=\frac{I_r}{I_i}=\frac{(\rho_2c_2-\rho_1c_1)^2}{(\rho_2c_2+\rho_1c_1)^2}=\frac{(Z_2-Z_1)^2}{(Z_2+Z_1)^2} \tag{4-45}$$

$$a_{it}=\frac{I_t}{I_i}=\frac{4\rho_2c_2\cdot\rho_1c_1}{(\rho_2c_2+\rho_1c_1)^2}=\frac{4Z_2Z_1}{(Z_2+Z_1)^2} \tag{4-46}$$

由以上两式可以看出$\frac{I_r}{I_i}+\frac{I_t}{I_i}=1$,即$I_r+I_t=I_i$。可见入射波的声强在反射波和透射波之间分配,这是与能量守恒的观点相符合的。

从上面的结果可知,当两介质的声阻相差较大时,反射较强,而透射较弱;当声阻相近时,透射较强而反射较弱。空气与一般的液体或固体的声阻相差很大,所以,声波和超声波在空气与液体(或固体)的界面上绝大部分反射回原介质而难于进入另一种介质。例如,在水中游泳的人就不容易听到岸上人的叫声。超声诊断时,为了克服空气和人体间形成的界面的强反射,将探头和人体之间涂上石蜡油作为导声耦合剂,让超声波反射少而透射多。

三、声强级和响度级

根据声强$I=\frac{1}{2}\rho c\omega^2A^2$的公式,可知人耳所感觉到的声音强度变化范围是非常大的。以1000 Hz的声波为例,最低可闻声强为10^{-12} W·m^{-2},最高可忍受的声强为1 W·m^{-2}。最小声强和最高声强相差10^{12}倍。虽然人耳是一个很灵敏的感觉器官,但也无法把这样大范围内的声音由弱到强分辨出10^{12}个等级来。实际上,人耳对频率相同而声强不同的两个声音强弱的主观感觉,近似地与这两个声音声强的比值的对数成正比。于是在技术上常采用对数标度来表示声强的等级,叫做声强级(intensity level of sound),用L表示,单位为贝尔(Bel,简称B)。更常用的单位是贝尔的十分之一,即分贝(decibel,dB)。

如果一个声音的强度为I,根据定义,它的声强级是

$$L=\lg\frac{I}{I_0}\text{(B)}$$

或

$$L=10\lg\frac{I}{I_0}\text{(dB)} \tag{4-47}$$

式中:$I_0=10^{-12}$ W·m^{-2}为规定的标准参考声强。必须指出,声强可以叠加,而声强级不能叠加。例如,两个声强级为40 dB的声音合起来的声强级不是80 dB,而是43 dB。

声强和声强级都是根据声波的能量确定的客观物理量,可用仪器直接测量。人耳对声音强弱的主观感觉叫做响度(loudness),它决定于声波的强度和频率。对于一定频率的声波,必须达到一定的声强,才能被人耳感觉到,能被人耳感觉到的最低声强叫做听阈(threshold of hearing)。听阈的大小与声波的频率有关。把不同频率的听阈连接起来的曲线叫做听阈曲线。从图4-16中的听阈曲线上可以看到,正常人耳最敏感的频率约在1000～5000Hz之间,这与耳的结构有关。随着声强的增大,人耳感觉到的响度也随着增加,当声强超过某一值时,声波将在人耳中引起触痛的压力感,人耳能够忍受的最大声强叫做痛阈(threshold of feeling)。从图4-16可见,各种频率的痛阈几乎相同。将不同频率的痛阈连接起来的曲线叫做痛阈曲线。在痛阈曲线和听阈曲线以及20～20 000Hz之间所包围的区域叫做听觉区域(auditory region)。

不同频率的声音,虽然它们的声强或声强级相同,但感觉到的响度却不一样;感觉到的响度一样时,它们的声强或声强级又不相同。将不同频率的声音产生相同响度的声强或声强级连成

笔记栏

的曲线叫等响曲线(loudness contours)。图4-16中的听阈曲线和痛阈曲线就是最低可闻和最高可忍受的等响曲线。在这两条等响曲线之间的听觉区域内,可以画出许多条等响曲线。

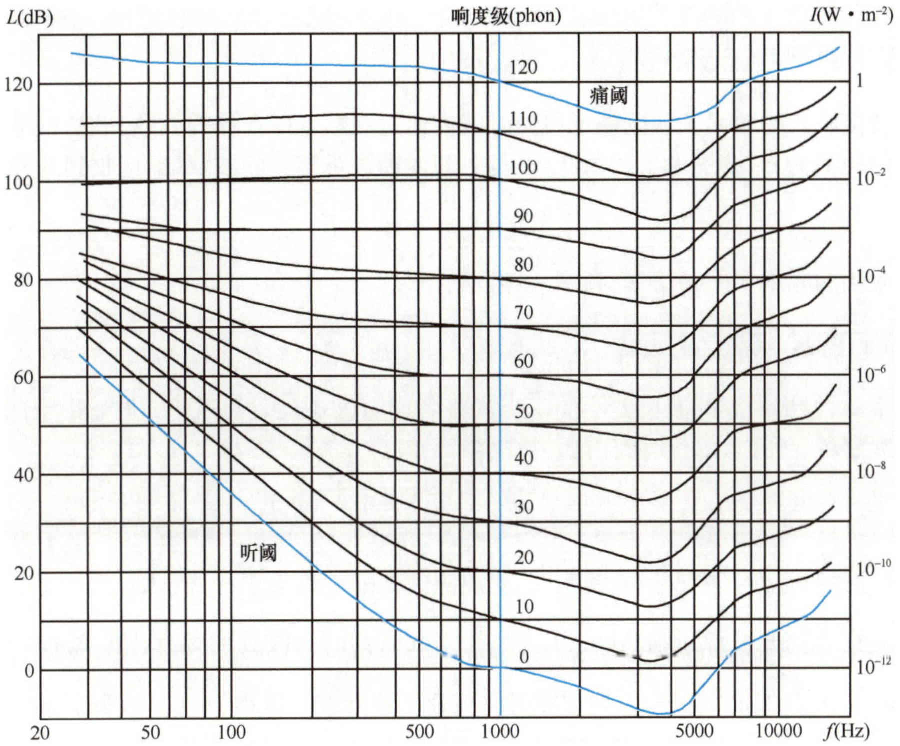

图4-16 纯音的等响曲线

为了能够用数字来比较响度,把不同的响度分为若干等级,这种响度的数量等级叫做响度级(loudness level)。响度级的单位为口方(phon),其值与产生同样响度、频率为1000Hz声音的声强级的分贝值相等。根据定义,频率为1000Hz的纯音的响度级的值与它的声强级的分贝值相同。例如,听阈的响度级为0 phon,痛阈的响度级为120 phon。其他频率的声音的响度级的值与分贝值是不相同的,要确定其他频率声音的响度级,将它的响度与1000Hz声音的响度进行比较,如果响度相同,则它的响度级与同响度的1000Hz的声音的响度级相同。例如,60 Hz的声音,声强级为60 dB,它与1000Hz、响度级为20 phon的声音的响度相同,则它的响度级就是20 phon,而不是60 phon。

由于在同一等响曲线上的各种频率的声音的响度相同,它们属于同一响度级,因而一条等响曲线就是一个响度级。听阈曲线是0 phon响度级,在这个响度级上,1000 Hz的声音的声强级为0 dB,100 Hz的声音的声强级为37 dB。

第十节 多普勒效应

到现在为止,我们只研究了波源和观察者相对于介质静止的情形,观察者接收到的频率就是波源的频率。如果波源或观察者相对于介质运动,或两者都相对介质运动,观察者接收到的频率f'和波源的频率f不同,这种现象叫做多普勒效应(Doppler effect)。例如,一列鸣笛的火车从我们身边开过去时,我们听到笛声的音调是发生变化的,当火车接近时,笛声变高;火车离开时,笛声又变低。

一、波源和观察者在其连线上运动

为了弄清产生多普勒效应的原因,首先讨论波源和观察者在其连线上的运动。以c表示波

笔记栏

在介质中的传播速度，它与波源和观察者的运动无关。以 u 表示波源相对于介质的运动速度，规定波源向着观察者运动时，u 为正，反之为负；以 v 表示观察者相对于介质的速度，观察者向着波源运动时，v 为正，反之为负。

1. 波源和观察者都静止（$u=0$，$v=0$）

观察者接收到的频率 f'，应等于单位时间内通过观察者所在处的波数。这时，单位时间内波所传播的距离为 c，波长为 λ。因此，单位时间内通过观察者的波数（即接收到的频率）f' 为

$$f'=\frac{c}{\lambda}=\frac{c}{cT}=\frac{1}{T}=f$$

观察者接收到的频率 f' 与波源的频率 f 相同。

2. 波源静止，观察者运动（$u=0$，$v\neq0$）

波源不动，发出的波的波长 λ 不变。当观察者向着波源运动（$v>0$）时，相当于波以速度 $c+v$ 通过观察者。所以，单位时间内通过观察者的波数 f' 为

$$f'=\frac{c+v}{\lambda}=\frac{c+v}{cT}=\frac{c+v}{c}f \tag{4-48}$$

观察者向着波源运动时，接收到的频率 f' 比波源的频率 f 增大了 $\frac{v}{c}$ 倍，则 $f'>f$。

如果观察者离开波源运动（$v<0$），由式（4-48）可知，接收到的频率比波源的频率减小了 $\frac{v}{c}$ 倍，则 $f'<f$。如果 $v=-c$，即观察者以波速 c 离开波源运动（$v<0$），观察者与波源相对静止，则 $f'=0$，即观察者接收到的频率为零。

3. 波源运动，观察者静止（$u\neq0$，$v=0$）

首先假定波源向着观察者运动（$u>0$）。因为波速 c 与波源运动无关，所以，在 t 时间内，波源发出的波数为 ft，波源移动的距离 ut，$t=0$ 时发出的波传播的距离为 ct。显然，ft 个波均匀的分布在距离 $ct-ut$ 之内，它们的波长是

$$\lambda'=\frac{ct-ut}{ft}=\frac{c-u}{f}$$

因此，观察者接收到的频率 f' 为

$$f'=\frac{c}{\lambda'}=\frac{c}{c-u}f \tag{4-49}$$

观察者接收到的频率 f' 是波源频率 f 的 $\frac{c}{(c-u)}$ 倍，则 $f'>f$。如果波源朝反方向运动（$u<0$），观察者接收到的频率 f' 是波源频率 f 的 $\frac{c}{(c+u)}$ 倍，则 $f'<f$。

4. 波源和观察者都运动（$u\neq0$，$v\neq0$）

综合上述情况，得到观察者接收到的频率 f' 为

$$f'=\frac{c+v}{c-u}f \tag{4-50}$$

应该注意：上述公式中 u、v 均含符号，即当两者相对运动时，u、v 取正值；相反运动时，u、v 取负值。

二、波源和观察者的运动不在连线上

笔记栏

如果波源和观察者的运动不在其连线上，应将 u 和 v 在连线上的分量代入以上各式进行计

算。例如，波源 u 的方向与连线成 β 角，观察者 υ 的方向与连线成 α 角，则观察者接收到的频率 f' 为

$$f'=\frac{c+\upsilon\cos\alpha}{c-u\cos\beta}f \tag{4-51}$$

式中：u，υ 的正负号的使用情况同式(4-50)。

三、多普勒效应的应用

无论是机械波还是电磁波(如光波)，都存在着多普勒效应。它在声学和光学领域有很多实际应用。如超声血流计就是多普勒效应在临床医学中的实际应用。

在多普勒超声血流计中，如图 4-17 所示，超声波的波源和回波接收器装在同一个很小的探头内，发射超声波进入血液中，并接收从血液反射的回波。

设超声波的入射频率为 f，波长为 λ，在组织内传播的速度为 c。υ 是血流速度，其运动方向与超声波入射方向成 α 角。在这种情形中，血液是接收体，静止的超声探头是波源，根据式(4-51)，血液接收到的频率 f' 为

$$f'=\frac{c+\upsilon\cos\alpha}{c}f$$

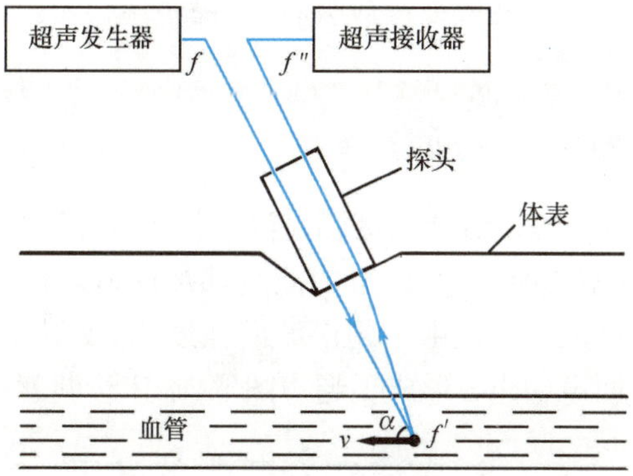

图 4-17　多普勒超声血流计原理图

对反射波而言，血液是波源，而探头是接收体。反射波从血液以频率 f' 发射出来，并射向探头。由于血液本身也在运动。所以静止的探头接收到反射波的频率 f'' 按式(4-51)得到

$$f''=\frac{c}{c-\upsilon\cos\alpha}f'=\frac{c+\upsilon\cos\alpha}{c-\upsilon\cos\alpha}f$$

探头接收的回波频率与发出的超声波频率之差，叫做多普勒频移(Doppler shift)，用 Δf 表示。

$$\Delta f=f''-f=\frac{2\upsilon\cos\alpha}{c-\upsilon\cos\alpha}f$$

通常 $c>>\upsilon$，故 $(c-\upsilon\cos\alpha)$ 中的 $\upsilon\cos\alpha$ 可以略去，上式变为

$$\Delta f=\frac{2\upsilon\cos\alpha}{c}f=\frac{2\upsilon\cos\alpha}{\lambda}$$

或

$$\upsilon=\frac{c\Delta f}{2f\cos\alpha}=\frac{\lambda\Delta f}{2\cos\alpha} \tag{4-52}$$

若用示波器测出 Δf，并根据 f 或 λ 及 α 值，就可计算出血流的速度 υ。用超声血流计测量血流速度，不必切开皮肤，分离血管或在血管中插入导管等，因此具有一定的优越性。

笔记栏

第十一节 超 声 波

一、超声波的特性

超声波是频率高于 20 000 Hz 的机械波，它具有声波的通性，但由于它的频率高、波长短，因而它又具有一系列的特性。

1. 方向性好

高频率的超声波的波长已相当于红外线的波长（760～3000 nm）。所以，超声波具有类似于光波的直线传播的性质，易于聚焦，便于定向发射。

2. 穿透本领大

在同样的振幅和介质的条件下，超声波的强度比声波的强度大得多。超声波在介质中传播时，其强度按式(4-31)的规律衰减。介质的吸收系数 μ 越小，衰减越慢，即超声波对该介质的穿透本领大。在液体和固体中 μ 值较小，穿透能力强，传播距离较远。例如，在金属中能穿透几十厘米的厚度。但在气体中，超声波能量很快被吸收，传播距离很短。因此，超声技术的应用主要是在液体或固体中进行的。

3. 在不同介质的界面处产生反射

根据式(4-45)，两介质声阻的差值越大，反射越强烈，透过界面的超声就越少。当超声波由空气到达水面或由水中进入空气时，99%以上的能量都被反射。在声阻相差不大的情况下，反射的强度只有原来强度的万分之一，但由于超声波的强度高，反射波仍然可以被测出来。在超声诊断中，正是这种回波或回声（echo）形成了超声图像，临床诊断就是应用的这一特点。

二、超声波在介质中的作用

高频大功率超声束通过介质时，还可对介质产生一系列的特殊作用。

1. 热作用

超声波在介质中传播时，将会有一部分能量被介质吸收而转化为热能，引起介质温度升高，叫做热效应或热作用。超声的热效应早已用于临床理疗。由于超声波作为加热的热源具有对深部组织加热和精确地控制加温部位的特点，近年来，它作为加温治疗癌症受到重视。

2. 机械作用

超声波在介质中传播时，特别是在液体中传播时，质点的振动速度和加速度都比声波大得多，因而对传播超声波的介质有强烈的振动和冲击作用，破坏介质的力学结构及杀死液体中的微生物，这种力学效果叫做机械作用。在制药中可用超声波乳化液体。在临床治疗中，用超声将药物雾化后进入人体起到良好的治疗效果。

3. 空化作用

超声波的声压很大，一个强度 10 $W \cdot cm^{-2}$ 的超声波在水中产生的声压幅值可达到 547 kPa，在密集区和稀疏区之间的压强差超过 1013 kPa。液体可以承受巨大的压力，但是支持不住这么大的拉力，特别是在含有杂质和气泡的地方，在这种强大的拉力作用下，液体就会被拉断而出现许多微小的空腔，紧接而来的是正声压，使空腔在迅速闭合的瞬间，产生局部高压、高温和放电现象，这种现象叫做空化作用(cavitation)，常用在清洗、雾化、乳化等方面。

4. 超声波的衰减

超声波和声波在介质中传播时一样，会被介质吸收或散射，随着传播距离的增加，声压或声强亦随着减小，这就是超声波的衰减。衰减规律满足朗伯-比尔定律，$I = I_0 e^{-\mu x}$ 。μ 为介质的吸收系数。吸收系数与介质的性质有关，不同的介质的吸收系数不同。气体的吸收系数很大，衰减很快，超声波不容易穿过气体。液体和固体的吸收系数小，衰减很慢，超声波穿透液体和固体的本领大，超声波常用于液体和固体。在人体中，水、脂肪和软组织的 μ 值比较小，骨骼、空气和肺组织的 μ 值比较大，因而，超声波容易穿过人体中的体液、脂肪和软组织，不易穿过骨骼和肺组织。目前超声波在临床应用的诊断对象主要是软组织。

对同种组织的吸收系数 μ 值随着超声波的频率的增加而增大。在超声波诊断中，重要的是水的吸收问题。超声波在水中传播时，$f < 10$ MHz，水的吸收系数 μ 与超声波的频率 f 的平方的比值几乎不变。水的吸收系数很小，超声波在水中的传播距离很长，可用超声波探测海洋的深度。

在人体组织中，不同组织对不同频率的超声波的 μ 值不同，因而，使用超声波时，应根据组织对象不同，采用适当的频率避免超声波衰减太多。

此外，超声波在介质中的作用还有化学作用、生物作用等。超声波在介质中的作用被广泛应用于超声技术，如清洗、杀菌、制药和治疗等方面。

习　题　四

4-1　请说明下面的说法是对或不对：

(1)所有周期性运动都是谐振动。

(2)所有谐振动都是周期性运动。

(3)谐振动的周期与振幅成正比。

(4)谐振动的能量与振幅的平方成正比。

(5)谐振动的速度方向与位移方向始终一致。

(6)谐振动的速度为零时加速度也等于零。

4-2　一个谐振子在 $t=0$ 时位于离平衡位置 6 cm 处，速度为零，振动周期是 2 s，求谐振动的位移和速度方程。

[$s = 6\cos\pi t$ (cm)；$\upsilon = -6\pi\sin\pi t$ (cm · s^{-1})]

4-3　放置在水平桌面上的弹簧振子，振幅 $A = 2\times10^{-2}$ m，周期 0.5 s。当 $t=0$ 时。

(1)物体在正方向的端点。

(2)物体在负方向的端点。

(3)物体在平衡位置，向正方向运动。

(4)物体在平衡位置，向负方向运动。

(5)物体在 $s = 1.0\times10^{-2}$ m 处，向负方向运动。

(6)物体在 $s = -1.0\times10^{-2}$ m 处，向正方向运动。

求以上各种情况的初位相。

[①0；② π ；③ $-\frac{\pi}{2}$ ；④ $\frac{\pi}{2}$ ；⑤ $\frac{\pi}{3}$ ；⑥ $-\frac{2\pi}{3}$]

4-4　一个 0.5 kg 的物体做周期为 0.5 s 的简谐振动，它的能量为 5 J。求：①振动的振幅；②最大速度和最大加速度。

[0.36 m；4.47 m · s^{-1}；56.2 m · s^{-2}]

4-5　试问：①在简谐振动中，当位移为振幅的一半时，总能量中有多少为动能，多少为势

笔记栏

能？②在多大位移处，总能量的一半是动能，另一半是势能？

[① $E_k = \frac{3E_总}{4}$，$E_P = \frac{E_总}{4}$；② $\pm\frac{\sqrt{2}A}{2}$]

4-6 两质点沿同一直线作同振幅、同频率的简谐振动，在振动过程中，每当它们经过振幅一半的地方相遇，而运动方向相反，求它们的位相差，并用矢量图示法表示。

[$\frac{2\pi}{3}$]

4-7 已知两同方向、同频率的简谐振动的位移方程分别为 $s_1 = 5\cos(10t + 0.75\pi)$ cm，$s_2 = 6\cos(10t + 0.25\pi)$ cm，求：①合振动的振幅及初位相；②若另有一同方向、同频率的简谐振动 $s_3 = 7\cos(10t + \varphi_3)$ cm，则 φ_3 为多少时，$s_1 + s_3$ 的振幅最大？φ_3 为多少时，$s_2 + s_3$ 的振幅最小？

[①7.81×10^{-2} m，84.8°；② $\frac{3\pi}{4}$，$\frac{5\pi}{4}$]

4-8 阴极射线示波器中的电子受到两个互相垂直的电场的作用使其偏转，偏转的结果是在任何时刻 t 的位移由下式给定：

$$x = A\cos\omega t$$

$$y = A\cos(\omega t + \varphi)$$

试描述电子的运动轨迹，并确定①当 $\varphi = 0$；② $\varphi = \frac{\pi}{2}$ 时电子的轨迹方程。

[椭圆；① $y = x$；② $x^2 + y^2 = A^2$]

4-9 波动方程中的坐标原点是否一定要设在波源的位置？设某介质中有一振源作简谐振动并产生平面余弦波，问：①振动的频率与波的频率是否相同？振动的速度与波动的速度数值是否相同？②它们的方向是否相同？

4-10 一沿着很长弦线行进的横波的波动方程由 $s = 6.0\sin(0.02\pi x + 4.0\pi t)$ 给出，其中 s 与 x 的单位为 cm，t 的单位为 s。试求：①振幅；②波长；③频率；④速率；⑤波传播的方向；⑥弦线质点振动的最大横向速率。

[①6.0 cm；②100 cm；③2.0 Hz；④200 cm·s^{-1}；⑤75.4 cm·s^{-1}]

4-11 有一个平面余弦简谐波的波源（$\varphi = 0$），振动频率为 250 Hz，波长为 0.1 m，振幅为 0.02 m。求：①距波源 1.0 m 处的质点振动的位移方程及振动速度表达式；② $t = 0.01$ s 时的波形方程，并作图；③波的传播速度。

[① $s = 0.02\cos(500\pi t \mp 20\pi)$ m；$\upsilon = -10\pi\sin(500\pi t \mp 20\pi)$ m·s^{-1}；
② $s = 0.02\cos(5\pi \mp 20\pi x)$ m；③25 m·s^{-1}]

4-12 波源的振动方程为 $s = 6\times10^{-2}\cos 0.2\pi t$ m，并以 2 m·s^{-1} 的速度把振动传播出去，求：①距波源 6.0 m 处的质点的振动位移方程；②该点与波源的位相差；③该点的振幅与频率；④此波的波长。

[① $s = 6\times10^{-2}\cos(0.2\pi t \mp 0.6\pi)$m；② $\mp 0.6\pi$；
③6×10^{-2} m，0.1 Hz；④20 m]

4-13 设平面横波 1 沿 BP 方向传播，它在 B 点的位移方程为 $s_1 = 2.0\times10^{-3}\cos 2\pi t$，平面横波 2 沿 CP 方向传播，它在 C 点的位移方程为 $s_2 = 2.0\times10^{-3}\cos(2\pi t + \pi)$，两式中的单位是 m，$t$ 的单位是 s。P 处与 B 点相距 0.40 m，与 C 点相距 0.50 m，波速为 0.20 m·s^{-1}，求：①两波传到 P 处时的位相差；②在 P 处合振动的振幅；③如果在 P 处相遇的两横波，振动方向互相垂直，再求合振动的振幅。

[①0；②4.0×10^{-3} m；③2.83×10^{-3} m]

4-14 如图 4-18 所示，两相干波源分别在 P，Q 两点处，初位相均为零，它们相距 $\frac{3\lambda}{2}$。由 P，Q 发出振幅分别为 A_1，A_2 及频率为 f、波长为 λ 的两列相干波。R 为 PQ 连线的延长线上

笔记栏

的一点。求:①由 P,Q 发出的两列波在 R 处的位相差;②两列波在 R 处干涉时的合振幅。

[① 3π;② $|A_1-A_2|$]

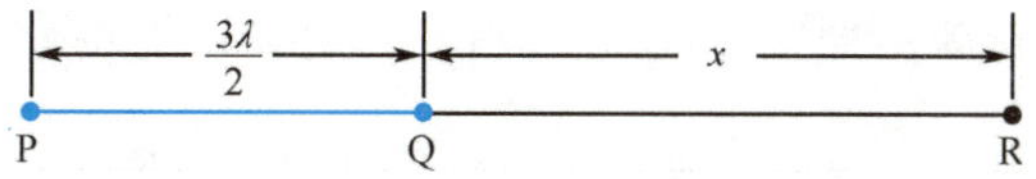

图 4-18 习题 4-14 图示

4-15 病房中 10 个人在低声歌唱,如果每个人发出 30 dB 的声音,问病房中总声强和总声强级各是多少?

[10^{-8} W · m^{-2};40 dB]

4-16 如果两声音声强级的差为①10 dB 时;②20 dB 时,求该两声音强度之比;如果一声音的声强比另一声音的声强大一倍,求两声音的声强级的差。

[10,100;3.01 dB]

4-17 当火车驶近时,观察者觉得它的汽笛的基音比驶去时高一个音(即频率高 $\frac{9}{8}$ 倍)。已知空气中的声速 340 m · s^{-1}。求火车的速度。

[20 m · s^{-1}]

4-18 用多普勒效应研究心脏运动时,以 5 MHz 的超声波直射心壁(即入射方向与心壁运动方向一致),测出接收与发射的频差为 500 Hz,已知超声波速度为 1500 m · s^{-1},试求此时心壁的运动速度。

[7.5×10^{-2} m · s^{-1}]

阅读材料

超声技术及其医学应用

一、超声波的产生与探测

应用超声波进行诊断、治疗和检测,首先要解决的问题是超声波的发射和接收。产生超声波的方法很多,但医学超声设备大多采用电声换能器来实现超声波的发射和接收,而且用得最多的是压电式超声波换能器。这种发生器主要由高频脉冲发生器和压电换能器两部分组成。

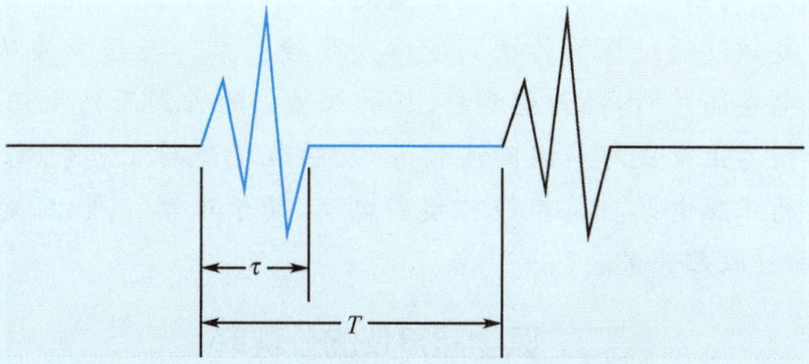

图 4-19 超声脉冲宽度

1. 高频脉冲发生器

高频脉冲发生器用来产生超声频的电振荡系统。高频脉冲发生器发出的是超声频脉冲信号,即是按一定时间间隔重复的发射同样的脉冲信号。如图 4-19 所示,间隔时间 T 为**重复周期**(repeat period),脉冲每秒钟出现的次数为**重复频率**(repeat frequency),即

笔记栏

$$f_P = \frac{1}{T} \tag{4-53}$$

每次脉冲振荡的时间 τ 称为脉冲宽度(pulse width)，通常只有几微秒，在这几微秒内，只有很少的几次振荡。超声脉冲信号频率 $f = \frac{1}{\tau}$，也就是超声的频率。

2. 压电式换能器——探头

它是利用压电材料的正压电效应(piezoelectric effect)和逆压电效应(piezoelectric converse effect)来进行声能和电能交换的装置。

有些各向异性的材料，如石英、陶瓷等，在外部拉力或压力作用下，引起材料内部原来重合的正负电荷中心发生相对位移，在相应的表面上出现符号相反的表面电荷，即在机械能的作用下产生变化的电场。机械能变为电能的效应称为正压电效应(如图 4-20 所示)。反过来，在这些材料的电轴方向上加交变电场时，在电场的作用下，材料将沿电轴方向拉伸或压缩变形，这种电能转变为机械能的效应称为逆压电效应(如图 4-21 所示)。

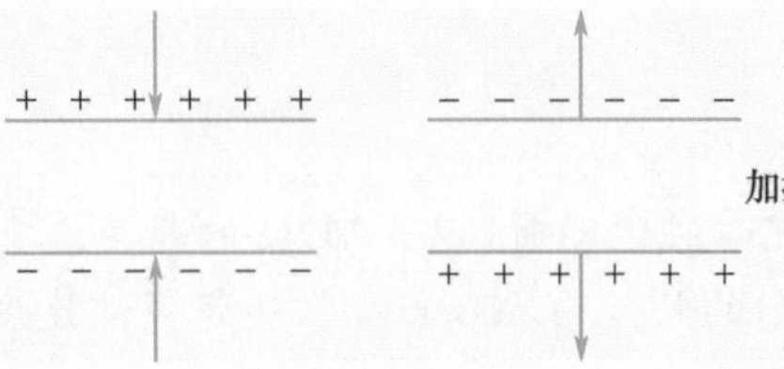

图 4-20　正压电效应

同种材料既有正压电效应，也有逆压电效应。压电材料分为压电单晶体、压电陶瓷和压电高分子聚合材料。在医用超声设备中常用压电单晶体作为换能器的材料。

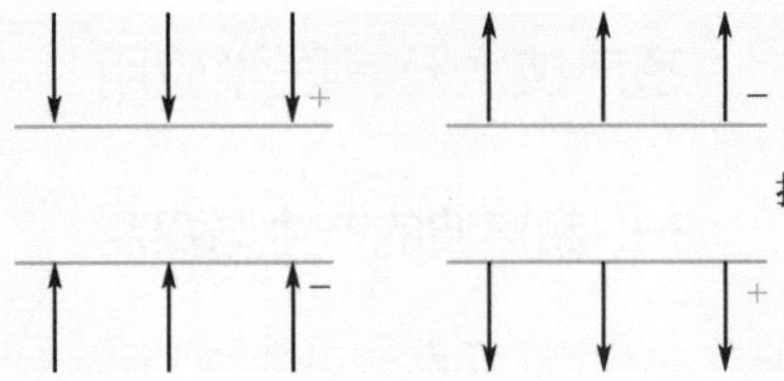

图 4-21　逆压电效应

将高频脉冲发生器产生的高频脉冲信号加在压电单晶片上，压电单晶片就按高频信号发生拉伸和压缩，形成高频的机械振动，这就是超声波的波源。利用压电单晶片的逆压电效应产生超声波。超声波通过探头传播到受诊或受检对象。当超声波从介质界面反射回探头的回波回到压电单晶片时，晶片受到拉、压的机械力的作用而产生正压电效应，晶片两面的正负接到电子仪器上变成超声波回波信号，反映在荧光屏上就能观察到信号的强弱。这就是利用单晶片的正压电效应将声能转换成电能，便于观察。所以，超声波的探头就是换能器，用来发射和接收超声波。

二、医学超声仪的分辨率

任何仪器的应用都存在分辨率，分辨率的高低决定仪器能分辨物体细节的能力。超声仪的分辨率是超声波能辨别两个物体、两种组织或两个目标的能力。通常用超声波能区分开介质内两点之间的距离或病灶的最小直径的倒数来表示超声仪的分辨率。分辨率是衡量超声仪质量好坏的重要标志之一，分辨率越高，图像越清晰。从探头发射的超声波是一束，反射回仪器的超声波也是一束。超声波束有一定的粗细，因而超声的分辨率分为横向分辨率和纵向分辨率。

笔记栏

1. 横向分辨率仪

超声波束区分位于声波束垂直的平面上的两个物体或两个目标的能力称为横向分辨率,又称为方向分辨率或宽度分辨率。

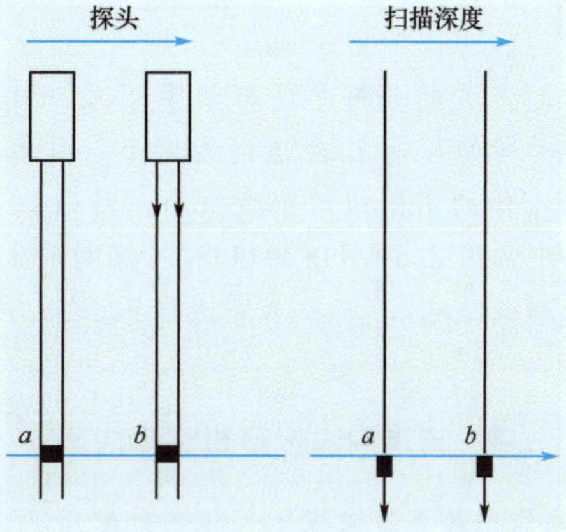

图 4-22 横向分辨率

如图 4-22 所示,在与声波束垂直的平面上有 a,b 两个小物体,当探头横向扫描时,只有 a,b 不同时位于声束中,超声仪才能分辨出是两个小物体。如果位于同一声波束中,就只能形成一个回波信号。因而,形成两个回波信号时,a,b 之间的最小距离 ΔR 是超声横向能分辨的最短距离。它的倒数 $\frac{1}{\Delta R}$ 表示超声波的横向分辨率。由上面的讨论可见,超声波横向能分辨的最小距离 ΔR 等于超声波束的直径。所以,超声波束的直径越小,横向分辨率越高。超声波束是发散的,离探头越远,波束的直径越大,横向分辨率降低。

2. 纵向分辨率

超声波区分位于声波束中的两个物点的能力称为纵向分辨率,又称为距离或深度分辨率。

如图 4-23 所示,位于声波束上的两个物点 a,b 之间的距离为 d。超声波束到达 a 物点时有一个回波,到达 b 物点时有一个回波,这两个物点的回波刚好不重叠时,超声仪对 a,b 两物点刚好能分辨开。超声波从 a 到 b 再返回到 a 时所需要的时间为 $\frac{2d}{c}$,(c 为超声波波速)。

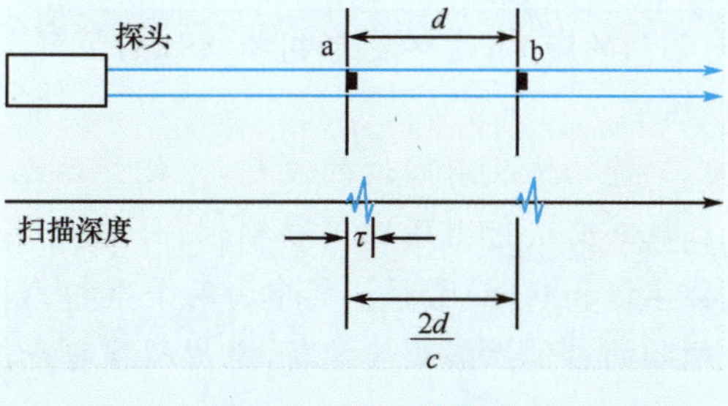

图 4-23 纵向分辨率

由于超声仪都采用脉冲回声技术,发射的超声波为单脉冲信号,发出一个脉冲信号后,探头处于接收回波状态。例如,如果超声仪发射一个脉冲的重复周期为 1 ms,脉冲宽度为 1 μs,则 999 μs 的时间都处于接收回波的时间。当 $\tau > \frac{2d}{c}$ 时,a,b 的回波重叠在一起,这时分辨不出是两个物点。只有当 $\tau \leqslant \frac{2d}{c}$ 时,超声仪能分辨 a,b 两个物点。因此,可以确

笔记栏

定纵向分辨的最小距离为

$$d_{\min}=\frac{c}{2}\tau \tag{4-54}$$

$\frac{1}{d_{\min}}$ 为纵向分辨率。

从理论和实验都表明，超声波的分辨率还与频率 f 成正比，但超声波在介质中传播时，超声波的强度随着频率的增加而降低，穿透能力变小。因此，使用超声仪时，既要有好的分辨率，又要使超声波在人体的不同组织中衰减小。因而要求对不同组织使用不同频率。例如，在一般的软组织中常用 2.5 MHz 的超声波，探测眼球时主要是为了得到高分辨率的超声波，才能分辨清楚细微结构，而不要求穿透很深，这时应用的频率可高些，常用 5 MHz 以上的超声波。

三、超声扫描仪及其医学应用

在医疗诊断中已经普遍应用超声波来探测人体内部的情况，所用的仪器叫做超声扫描仪。它的工作原理是向被检人体内发射超声波，并接收经人体组织作用后产生的回波，检出回波某种参量的变化，然后以某种方式在显示器上显示，或由记录仪记录，供医生诊断分析。因此，这种仪器主要由探头、基本电路和显示器三大部分组成。在这种仪器中可以装配各种不同的探头。探头的形状、扫描方式不同，其应用范围各不相同。例如，线阵式探头主要用于腹部及浅表器官的探查；凸阵式探头可用于腹部、心脏、浅表器官的探查；扇扫式探头主要用于心脏的探查。医学诊断用的有脉冲回声式和多普勒式探头。脉冲回声式探头由同一晶片兼有发射和接收功能。主要有单探头（用于 A 型、M 型）、机械探头、电子探头、术中探头、穿刺探头和腔内探头（有食道、阴道及直肠等探头）。近年还发展了口径小于 2 mm、频率在 30 MHz 以上的血管内探头。根据超声扫描仪的原理和功能又分为不同的类型。如 A 型、B 型、C 型、3D 型、BD 型、F 型、M 型及多普勒超声诊断仪等。目前，医疗中应用最多的是 A 型、B 型、M 型和 D 型。

1. A 型超声扫描仪

超声波束不扫查，只进行一个方向的传播，在显示器上，横轴代表不同组织界面距体表的深度，纵轴代表回波脉冲的幅度和波形。这种制式叫做幅度调制型，简称 A 型(amplitude mode)。由于各回波的反射量主要取决于两种组织的声阻差值，病变组织的声阻与正常组织的声阻不同。因此，病变组织与正常组织的回波强度也就不同，由于脉冲之间的距离正比于反射界面之间的距离，这样就可判断病灶的位置，并根据回波脉冲幅度及形状推测病灶的某种物理性质。

A 型超声图直观性差，只能给出反射回波的波形，不能显示组织的图像，但因价格低，使用方便，特别对液性占位性病变进行测距比较准确，故目前国内仍广泛使用。A 型超声仪又分为单相和双相（或称单迹和双迹）两种。其中由两个单相 A 型仪组合而成的叫 A 型双相扫描仪，它主要用于颅脑的占位性病变的诊断，也称颅脑超声扫描仪。

2. B 型超声扫描仪

超声波束按一个方向扫查（直线或弧线扫查），并与超声波的传播方向组成二维切面，用光点亮度（灰阶）表示回波幅度大小，显示组织或器官的切面图。它属于亮度调制型，所以称 B 型(brightness mode)。

B 型扫描仪是在 A 型的基础上发展起来的，可获得人体各部分的二维图像。利用超声波在不同界面反射而获得不同时间的回波以确定界面不同的距离，这与 A 型相同，但其回波信号加在电子枪阴极或控制栅极上，以控制电子束的强弱，在显示器上显示出明暗不同的一些光点，且扫描电压是加在垂直偏转板上。由于探头对检查部位移动，便在垂直方

笔记栏

向上形成一个纵断层的二维图像，这是与A型大不相同的。

由于与发射脉冲同步的时间扫描电压，即时间基线电压加在垂直偏转板上，故回波信号变成了自上而下分布的光点群，光点之间的距离代表界面之间的距离，光点亮度代表回波信号的强度。当探头沿被探查表面移动时，在显示器上就显示相应部位的切面声像图。

B型超声扫描仪显示的图像，具有真实性强、直观性好、容易掌握、诊断准确等优点，是目前超声仪中应用最广泛的机型。它的种类很多，按照成像速度可分为实时成像和非实时成像；按照使声束移动（扫查）的方法可分为手动式、机械式、复合式和电子式等扫查；按照扫查方式可分为线形（直线）扫查、扇形扫查、梯形扫查、弧形扫查、径向扫查、圆周扫查和复合扫查；按照探头与病人接触方式可分为直接耦合式、水耦合式、体表式和经体腔式。

B型仪可以得到人体内部脏器和病变的断层图，它既可以静态观察，如对肝脾、子宫、腹部肿块、脑部肿物等进行观察和分析，也可作实时的动态观察，如对心脏、胎儿进行观察。超声断层显像是人体内部某一断层的图像，并且这一断层可方便地移动，此技术目前已成为超声技术中最活跃、发展最快的一种技术。

3. M型超声扫描仪

超声波束不扫查，只进行一个方向的传播，在显示器上，以光点亮度反映回波的强弱，垂直方向表示检测深度，水平方向表示时间（心脏的活动时相），它属于亮度调制型。由于它反映心脏一维空间组织结构的运动情况，所以称为M型（motion mode）。它也是在A超基础上发展起来的，适用于观察心脏的运动状况，又有超声心动图之称。

M型兼有A型和B型的某些特点，扫描时它的探头不动，则与A型相似，回波为点，又与B型相当，同属辉度调制，深度扫描电压也加在垂直偏转板上，故图像的垂直方向仍表示探查的深度，但B型探头呈直线扫描时，可得到切面超声图像，而M型探测方法是将探头定在某一探测点，而在水平偏转板上加一慢扫描电压，使整个深度扫描线沿水平方向缓慢移动。所以图像的横向实际代表时间，纵向代表深度，当器官（如心脏）随时间发生位置变化时，即可得到动态的位置时间曲线。因此，M型（动态）超声图对心血管疾病临床诊断具有特殊的意义。

4. 超声多普勒扫描仪

它是利用多普勒效应原理，根据式（4-52）可以计算出血流的速度，即对运动的脏器和血流进行检测的仪器，所以又称D型（Doppler mode）。

多普勒法是利用回波频率的变化来获取人体组织器官的运动和结构信息的方法，它分为连续波多普勒（CW）和脉冲波多普勒（PW）。前者是采用不同的晶片连续地发射和接收超声波的一种多普勒系统，它的特点是不能检测深度、位置，但可测高速血流。后者是采用一个换能器进行窄脉冲地发射和接收超声波的一种多普勒系统，其特点是能确定目标的深度、位置，但可测最高血流速度时受脉冲重复频率（PRF，指每秒内脉冲重复出现的次数）限制。

脉冲多普勒和B型结合，组成双功超声诊断系统。它是采用同一换能器，既能用B型显示脏器的解剖结构，又能用PW测量某一深度、位置的血流信息。应用相控阵探头，可实现PW和B型同时实时显示。

5. 彩色多普勒血流显像仪（简称“彩超”）

是超声诊断中的一项高新技术。它主要由彩色血流图（CFM）和B型超声成像两大部分组成，即在B型图上叠加彩色血流图。它在器官、组织切面显像的基础上同时进行彩色血流显像，能直观地反映器官的形态结构、组织的血流动力学信息。往往这样一个系统包含有M型、B型、D型、CDFI型（彩色多普勒血流图）和CDE型（彩色多普勒能量图）等。通过对彩色血流的颜色、亮度等指标的分析可初步判断血流的方向、速度、血流状态等情况。同时还可以对彩色血流显示部位用频谱多普勒进行血流速度的定量检测，并通过分析频谱的方向、灰阶、形态还可获得血流性质、方向、时相等信息。

彩超多采用脉冲超声多普勒成像系统。仪器设计时用同一个高速相控阵扫描探头在二维平面上扫描,探头接收到的信号在仪器中被分为两路:一路形成二维黑白的B型解剖图像,另一路对扫描全程作多次取样,信号经自相关技术(是检测两个信号间位相差的一种方法)处理获得的血流信息,经频率-色彩编码器转换成彩色显示。在彩色图上,有红(R)、绿(G)、蓝(B)三种基色,其他颜色都由这三种基色混合而成。分别用红色表示流向探头的正向血流,用蓝色表示离开探头的反向血流,用绿色表示方向多变的湍流,用色彩亮度表示血流速度的大小。利用彩超实时二维血流成像技术,既能展现解剖图像,又能显示血流情况,如血流速度、加速度、血流量等多种指标,为心脏病的诊断提供了一种可靠的先进手段。

(曾林泽　秦　鑫)

笔记栏

第5章 分子动理论

宏观物体都是由大量微观粒子(分子或原子)组成的,描述单个微观粒子状态的物理量称为微观量,如大小、质量、速度、能量等。单个粒子的运动具有很大的偶然性,但大量微观粒子的集体表现却存在一定的统计规律。表示大量分子集体特性的量,称为宏观量,如体积、压强、温度等。分子动理论就是从物质的微观结构出发,应用微观粒子运动的力学定律和统计方法,求出微观量的统计平均值,用以解释和揭示物体的宏观现象和宏观规律的本质。分子动理论及其研究方法,对于解释和分析生命现象具有重要的意义。本章将介绍分子动理论的一些基本知识。

第一节 物质微观结构的基本概念

许多物理现象表明,组成宏观物体的分子或原子都处在永不停息的、无规则的运动之中,物体温度愈高,分子无规则运动就越剧烈。于是大量分子的无规则运动被称为分子的**热运动**(thermal motion)。一切热现象都是物体内大量分子热运动的集体表现。

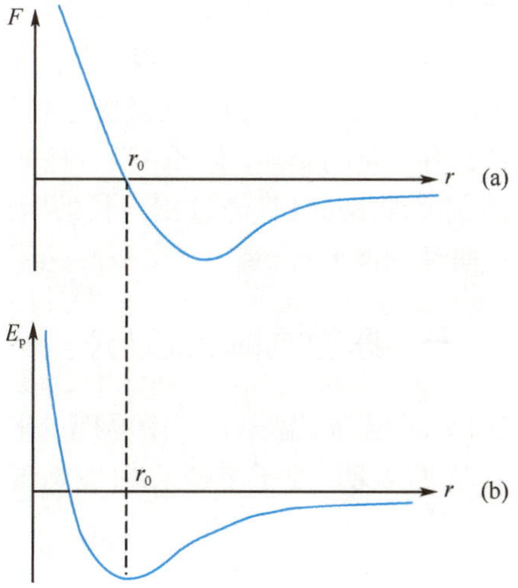

图 5-1 分子力与分子势能

(a)分子力 F 与分子间距离 r 的关系;(b)分子势能 E_P 与分子间距离 r 的关系

固体和液体的分子聚集在一起而不分开,且固体还能保持一定的形状,这说明分子之间存在相互吸引力;而固体和液体又很难压缩,即使气体也不能无限制地压缩,这又说明分子之间还存在强大的斥力。分子间的引力和斥力统称为**分子力**(molecular force)。根据实验和近代理论分析,物体分子间作用力 F 与分子间距离 r 的关系可用半经验公式来近似地表示,即

$$F = \frac{C_1}{r^m} - \frac{C_2}{r^n} \tag{5-1}$$

式中 C_1、C_2、m、n 都是正数,根据实验数据确定。式(5-1)第一项是正的,代表斥力;第二项是负的,代表引力。由于 m 和 n 都比较大,所以分子力随着分子间距离的增加而急剧减小,故称为短程力。短程力只作用于很短的距离,超过有效作用距离后,作用力实际上可以完全忽略。由于 $m > n$,所以斥力的有效作用距离比引力小。分子力 F 与分子间距离 r 的关系如图 5-1(a)

所示。当 $r=r_0$（r_0 的数量级约为 10^{-10}m）时，斥力等于引力，$F=0$，分子处于平衡状态。r_0 称为平衡位置。当 $r<r_0$ 时，斥力大于引力，分子力表现为斥力，且随 r 的减少而急剧增加。当 $r>r_0$时，斥力小于引力，分子力表现为引力，且随 r 的增大而先增大后减小；当 r 大于分子力的有效作用距离（约 10^{-9}m）时，引力很快趋于零。气体分子间的距离一般情况下是相当大的，因此，气体分子间的引力很小，可以忽略不计。

如果把两个分子拉开或靠拢，就必须相应地施加拉力或压力，以克服两分子间的引力或斥力。为改变分子间距离而施加的外力所作的功，转变为分子间相互作用的势能 E_p，它与分子间距离 r 的关系如图 5-1(b)所示。当 $r=r_0$ 时，即 $F=0$，势能 E_p 有最小值 E_{min}，分子处于稳定状态。当 r 偏离 r_0 时，势能增大，分子不稳定，分子力力图使分子回到势能最小的位置。

综上所述，一切物体都是由大量分子组成的；分子总是不停地作无规则的热运动；分子间存在相互作用力，分子热运动是物质的基本属性。这些就是物体微观结构的基本概念。

第二节　理想气体分子动理论

单个分子的运动遵循牛顿力学定律，而大量气体分子整体却遵循统计规律，它是建立在理想气体模型和统计规律的基础上的。在气体中，分子间的距离通常远远大于分子直径，因此，分子的大小和分子力可以忽略不计（分子碰撞的瞬间除外），这种气体称为理想气体。

由大量分子组成的物体或物体系称为热力学系统，与系统相关而又在系统外面的一切称为外界。热力学系统的宏观状态分为平衡态和非平衡态。在不受外界影响的条件下，一个系统的宏观性质不随时间改变的状态称为平衡态（equilibrium state）。平衡态只是一种宏观上的寂静状态，在微观上，分子的热运动是永不停息的，系统的平衡态是一种动态平衡。原来处于非平衡态的气体，最终都会由于分子的热运动和分子间的相互碰撞达到平衡态。如在一密闭容器中的一定质量的气体，只要它与外界没有能量的交换，内部也没有任何形式的能量交换（如化学变化或原子核反应），那么不论气体的原始状态如何，经过相当长的时间后，终将达到各部分具有相同的温度和压强的状态，并且长期维持这一状态不变。

一、理想气体状态方程

处在平衡态的气体可用体积 V、压强 p、温度 T 三个物理量来描述它的状态，称为状态参量（state parameter）（或态参量）。实验表明，处于平衡态的理想气体的状态参量 V、p、T 的关系为：

$$pV=\frac{M}{\mu}RT \tag{5-2}$$

此式称为理想气体的状态方程（equation of state of ideal gas）。式中 $R=8.314\ \mathrm{J\cdot mol^{-1}\cdot K^{-1}}$ 称为摩尔气体常数，与气体的性质无关。μ 是摩尔质量，M 为容器中气体的质量。

理想气体实际上是不存在的，它只是真实气体的近似。但常温常压下，所有的实际气体都能较好地满足式(5-2)。

二、理想气体微观模型

从气体动理论的观点来看，理想气体是最简单的气体，人们在大量实验的基础上，提出了理想气体分子模型的下列假设：

(1) 同种气体分子的大小和质量完全相同。

(2) 分子本身的大小比分子间的平均距离小得多，可以忽略不计。

(3) 分子与分子间或分子与器壁间的碰撞是完全弹性的。

(4) 除碰撞瞬间外，分子间的相互作用力可忽略不计，重力的影响也可忽略不计。因此在

笔记栏

相邻两次碰撞之间，分子做匀速直线运动。

(5) 气体分子的动能，平均来说远比它们在重力场中的势能要大，所以分子的重力势能可以忽略不计。

(6) 平衡态时，在容器内气体分子的运动是完全紊乱的，气体各部分的密度均相同，且任一时刻沿任一方向运动的分子数相等。而且，分子速度按方向分布是均匀地，即

$$\overline{v_x^2}=\overline{v_y^2}=\overline{v_z^2}=\frac{1}{3}\overline{v^2} \tag{5-3}$$

总之理想气体可看作是由大量的、自由的、不断做无规则运动的、大小可忽略不计的弹性小球所组成。

三、理想气体的压强公式

在一个容器中的理想气体分子对容器壁产生的压强，是大量分子作无规则运动时，不断地与容器壁碰撞的结果。就任一分子来说，它碰在器壁的什么地方、给予器壁多大的冲量都是偶然的，碰撞也是断续的。但就整个容器内的气体而言，每一时刻都有大量的分子和器壁碰撞。可以认为，容器内的气体施于器壁的宏观压强就是大量分子碰撞器壁的结果。根据理想气体分子模型，气体分子可视为一个个极小的弹性质点，服从经典的力学规律。运用统计方法，对大量分子的微观量求平均值，可在数量上建立压强和分子运动之间的联系。

设一定质量的理想气体在容器中处于平衡态，单位体积内分子数为n(即分子数密度)，每个分子的质量为m，则该气体的压强为

$$p=\frac{1}{3}mn\overline{v^2}=\frac{2}{3}n\cdot\left(\frac{1}{2}m\overline{v^2}\right) \tag{5-4}$$

式(5-4)中$\overline{v^2}$为大量分子平动速度的平方的平均值，$\frac{1}{2}m\overline{v^2}$表示分子的平均平动动能。由式(5-4)可知，气体的压强p与单位体积内的分子数n和分子的平均平动动能成正比，此式称为理想气体的压强公式。值得注意的是，压强是“大量气体分子”对器壁碰撞而产生的，它反映了器壁所受大量分子碰撞时所给冲力的“统计平均”效果。离开了“大量气体分子”和“统计平均”，压强就失去了意义。

式(5-4)是气体动理论的基本公式之一。它把宏观量压强和微观量分子数密度以及分子平动动能的统计平均值联系起来，从而揭示了压强的微观本质和统计意义。

四、理想气体的能量公式和能量均分原理

1. 理想气体的能量公式

将理想气体的压强公式式(5-4)和理想气体状态方程式(5-2)结合起来可得

$$\frac{1}{2}m\overline{v^2}=\frac{3}{2}\,\frac{1}{n}\,\frac{M}{\mu}\,\frac{RT}{V}$$

式中$n=\frac{N}{V}$，而$N=\frac{M}{\mu}N_A$(N_A为阿伏伽德罗常数，$N_A=6.022\times10^{23}\,\mathrm{mol^{-1}}$)，代入上式得到分子的平均平动动能$\overline{\varepsilon_k}$为

$$\overline{\varepsilon_k}=\frac{1}{2}m\overline{v^2}=\frac{3}{2}\,\frac{R}{N_A}T=\frac{3}{2}kT \tag{5-5}$$

式中$k=R/N_A$称为玻耳兹曼常数(Boltzmann constant)，其值为$k=1.381\times10^{-23}\,\mathrm{J\cdot K^{-1}}$。式(5-5)称为理想气体的**能量公式**，也常称为温度公式。它表明：①处于平衡态时的理想气体，其分子的平均平动动能与气体的温度成正比。温度是表征物体内部大量分子热运动激烈程度的宏观物理量，是大量分子热运动的统计平均表现，具有统计意义。对单个分子而言，说它有多少

笔记栏

温度是没有意义的。这就是温度的微观本质和统计意义。②只要温度 T 相同，不同种类的两种理想气体分子的平均平动动能就相同；反之，当它们的分子平均平动动能相同时，则它们的温度一定相同。

2. 气体分子的自由度

自由度(degree of freedom)是指完全确定一个物体在空间的位置所需要的独立坐标数目。通常以 i 表示分子总的自由度，t 表示平动自由度，r 表示转动自由度，s 表示振动自由度，且 $i=t+r+s$。气体分子的自由度随其结构而异，单原子分子(如氦 He、氖 Ne、氩 Ar 等)只有一个原子，可看成自由质点，所以有 3 个平动自由度。双原子分子(如氢 H_2、氧 O_2、氮 N_2、一氧化碳 CO 等)，两个原子间连线距离保持不变。就像两个质点之间由一根质量不计的刚性细杆相连着(如同哑铃)，确定其质心 o' 的空间位置，需 3 个独立坐标(x,y,z)；确定质点联线的空间方位，需两个独立坐标(如 α,β)，而两质点绕联线的转动没有意义。所以刚性双原子分子有 3 个平动自由度、2 个转动自由度，总共有 5 个自由度。三原子或多原子分子(如二氧化碳 CO_2，水蒸气 H_2O、氨 NH_3 等)，只要各原子不是直线排列的，就可以看成自由刚体，除确定刚性双原子的五个自由度外，还需要有一个确定分子绕通过质心轴转动的角度坐标 θ，因此有三个平动自由度和三个转动自由度，共 6 个自由度。常温下测得的分子自由度与刚性原子基本一致，只有当温度较高时，两个分子之间的距离才发生变化，这时需考虑振动自由度。

3. 能量按自由度均分原理

对于理想气体分子，在平衡态时，由(5-5)式和(5-2)式可得

$$\frac{1}{2}m\overline{v_x^2}=\frac{1}{2}m\overline{v_y^2}=\frac{1}{2}m\overline{v_z^2}=\frac{1}{2}kT \tag{5-6}$$

上式说明：在平衡态下，无论分子做何种运动，分子的每一个自由度都具有相同的平均动能，其大小都是 $\frac{1}{2}kT$。这就是能量按自由度均分原理(equipartition theorem)，亦称能量均分原理。如果某种气体的分子有 t 个平动自由度，r 个转动自由度和 s 个振动自由度，则每个分子平均分配到的平动动能为 $\frac{t}{2}kT$，平均转动动能为 $\frac{r}{2}kT$，平均振动动能为 $\frac{s}{2}kT$，所以，一个分子的平均总动能为 $\overline{\varepsilon_k}=\frac{1}{2}(t+r+s)kT$

通常不考虑分子内原子的振动，只考虑分子的平动自由度 t 和转动自由度 r，分子总的自由度为 $i=t+r$。这样，一个分子的平均总能量为

$$\overline{\varepsilon_k}=\frac{i}{2}kT \tag{5-7}$$

必须指出，能量按自由度均分原理是对大量分子统计平均的结果，对于个别分子来说，在某一瞬时它的各种形式的动能可与平均值有很大的差别，且不一定按自由度均分。但对大量分子整体来说，一个自由度的能量可以转化为另一个自由度的能量，一个自由度的能量多了，在碰撞、传递、转化时变为其他自由度能量的概率就大，因此，在平衡状态时，能量就被自由度平均分配了。

五、理想气体定律的推导

从理想气体的压强公式和能量公式出发，可以导出理想气体的一些实验定律。我们推导阿伏伽德罗定律和道尔顿分压定律。

笔记栏

1. 阿伏伽德罗定律

将理想气体的能量公式(5-5)代入压强公式(5-4),可得

$$p=\frac{2}{3}n\cdot\frac{3}{2}kT=nkT \tag{5-8}$$

式(5-8)称为阿伏伽德罗定律(Avogadro law)。它表明,在相同的温度和压强下,各种气体在相同的体积内所含的分子数相等,即分子数密度相同。

在标准状态下,即 $p=1.013\times10^5\text{Pa}$, $T=273\text{K}$ 时,任何气体在 1m^3 中所含的分子数都等于 $n_0=2.6871\times10^{25}\text{m}^{-3}$ 。这个数称为洛施密特常量。

2. 道尔顿分压定律

设在同一容器中有 n 种彼此不起化学作用的气体,它们的温度相同,每种气体的分子数密度分别为 n_1, n_2,⋯ n_N ,则总的分子数密度为 $n=n_1+n_2+\cdots+n_N$,由式(5-8)得

$$\begin{aligned}p&=nkT=(n_1+n_2+\cdots+n_N)kT=n_1kT+n_2kT+\cdots+n_NkT\\&=p_1+p_2+\cdots+p_N\end{aligned} \tag{5-9}$$

式(5-9)中 $p_1=n_1kT$ 、$p_2=n_2kT$ 、⋯ $p_N=n_NkT$,分别表示第一种,第二种,⋯第N种气体的分压强,式(5-9)称为道尔顿分压定律(Dalton law)。

道尔顿分压定律说明,混合气体的总压强等于各组成气体的分压强之和,而各组成气体的分压强是独立产生的,其大小与其它气体是否存在无关。道尔顿分压定律在很多方面都有应用,下面举两个与人体生命活动密切相关的例子。

(1) 气体的扩散方向。实验表明,混合气体中某气体的扩散方向取决于该气体的分压,且由分压大的地方向分压小的地方扩散。分压相差愈大,其扩散速率愈快。混合气体的总压强只能影响其组成气体的扩散速度而不会影响其扩散方向。例如,在呼吸过程中,肺泡内的氧分压高于毛细血管内的氧分压,因而氧气经肺泡与毛细血管之间的隔膜扩散入毛细血管中,使血液内氧分压增高。肺泡壁上毛细血管内二氧化碳分压高于肺泡内二氧化碳分压,因而二氧化碳经毛细血管与肺泡间的隔膜扩散入肺泡,最后呼出体外。

(2) 大气中的氧分压。大气是一种混合气体,它主要由 N_2、O_2、H_2O 和 CO_2组成。根据道尔顿分压定律,大气压强应等于各气体分压强之和,即

$$p_{大气}=p_{N_2}+p_{O_2}+p_{H_2O}+p_{CO_2}$$

空气中各气体的分压强与大气压强之比等于各气体的容积与总容积之比。例如海平面的大气压强为760mmHg(1.013×10^5Pa),大气中 O_2的容积百分比约为20.7%,则其分压强为

$$p_{O_2}=760\text{mmHg}\times20.7\%=157.4\text{mmHg}=2.1\times10^4\text{Pa}$$

此氧分压值最适宜人体肺部的工作。潜水员在深水下工作时,周围压强大于大气压,为维持正常呼吸,供潜水员呼吸的气体压强也要提高,使体内外压强相等。否则,水对胸腹的压迫会使呼吸困难,甚至不能呼吸。但这时不能使用高压的压缩空气,因为在压缩空气中,氮的分压也提高了,溶解在体液中的氮增多,将引起氮麻醉。另外,在压缩空气中,氧的分压也会提高,不利于人体的中枢神经。当氧分压提高到2个大气压且长时间持续供氧时,会出现痉挛或昏迷,这就是氧中毒。因此,潜水员呼吸时用具有一定百分比(比如30%的氧气)的氦-氧混合气体。氦比氮的麻醉作用小,且氦原子小,扩散速度为氮的2.5倍,能更快排出体外。飞行员飞入高空时,由于空气总压强下降,导致氧分压过低,解决的办法也只是提高氧分压,而不是提高总压强。

例题 5-1 容积为5L的容器,装有质量为10g的氧气和12g的氮气,此混合气体处于平衡态时温度为27℃,求混合气体的压强和分子数密度。

解:由理想气体状态方程可分别计算出氧气和氮气的分压

$$p_{O_2}=\frac{M_{O_2}}{V\mu_{O_2}}\cdot RT=\frac{10\times10^{-3}\times8.314\times300}{5\times10^{-3}\times3.2\times10^{-2}}\approx1.56\times10^5(\text{Pa})$$

笔记栏

$$p_{N_2}=\frac{M_{N_2}}{V\mu_{N_2}}\cdot RT=\frac{12\times10^{-3}\times8.314\times300}{5\times10^{-3}\times2.8\times10^{-2}}\approx2.14\times10^5(\text{Pa})$$

由道尔顿分压定律可得混合气体的总压强为

$$p=p_{O_2}+p_{N_2}=1.56\times10^5+2.14\times10^5=3.70\times10^5(\text{Pa})$$

根据阿伏伽德罗定律 $P=nkT$ 可得混合气体的分子数密度

$$n=\frac{p}{kT}=\frac{3.70\times10^5}{1.38\times10^{-23}\times300}\approx8.9\times10^{25}(\text{m}^{-3})$$

第三节　气体分子速率和能量的统计分布

气体分子处于热动平衡时，由于无规则热运动和频繁碰撞，对单个分子来说，速度大小和方向随机变化不可预知；但就大量分子整体而言，分子热运动速度和能量遵循一定的统计规律。

一、速率分布函数

在平衡状态下，气体分子具有各种不同的速率，为了描述分子按速率分布的情况，我们把从 $0\sim\infty$ 的范围划分为许多相等的区间 $\mathrm{d}v$，$\mathrm{d}v$ 内的分子数 $\mathrm{d}N$，气体分子总数 N。定义分子的速率分布函数为

$$f(v)=\frac{\mathrm{d}N}{N\mathrm{d}v} \tag{5-10}$$

其物理意义为速率 v 附近的单位速率区间内的分子数占总分子数的百分比，$f(v)\sim v$ 曲线叫作气体分子的速率分布曲线，如图 5-2 所示。由图中可见，速率分布曲线从坐标原点出发，经过一极大值后，随速率的增加而渐近于横坐标轴。这说明，气体分子的速率可以取 0 到∞之间的一切数值，速率很大和很小的分子数所占的比率实际上都很小，而具有中等速率的分子数所占的比率却很大。

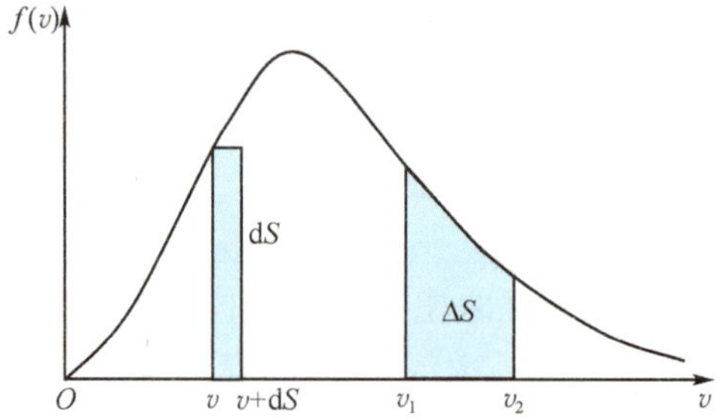

图 5-2　分子速率分布曲线

(1) 速率在 v 附近 $\mathrm{d}v$ 区间内的分子数占总分子数的百分比为 $v\sim v+\mathrm{d}v$ 曲线下的窄条面积，即

$$\frac{\mathrm{d}N}{N}=f(v)\mathrm{d}v \tag{5-11}$$

(2) 速率介于 v_1 与 v_2 之间的分子数占总分子数的比率可用积分求得

$$\frac{\Delta N}{N}=\int_{v_1}^{v_2}f(v)\mathrm{d}v \tag{5-12}$$

(3) 速率分布曲线下的总面积表示速率介于零到无穷大的整个区间内的分子数占总分子数的百分比，或者说整个区间内百分比之和应为 1，即

$$\int_0^{+\infty}f(v)\mathrm{d}v=1 \tag{5-13}$$

笔记栏

此式称为速率分布函数的归一化条件。

二、麦克斯韦速率分布定律

理想气体处于平衡态且无外力场作用时，气体分子按速率分布的分布函数 $f(v)$ 是由麦克斯韦于 1860 年从理论上导出的。

$$f(v)=4\pi\left(\frac{m}{2\pi kT}\right)^{3/2}e^{-\frac{mv^2}{2kT}}v^2 \tag{5-14}$$

上式称为麦克斯韦速率分布函数(Maxwell speed distribution function)，式中 T 为气体的热力学温度；m 为分子的质量；k 为玻尔兹曼常数。

一个分子处于 $v\sim v+dv$ 区间内的概率为

$$\frac{dN}{N}=f(v)dv=4\pi\left(\frac{m}{2\pi kT}\right)^{3/2}e^{-\frac{mv^2}{2kT}}v^2dv \tag{5-15}$$

上式叫做麦克斯韦速率分布律，图 5-3 是根据该式计算出来的 O_2 和 H_2 在不同温度时的分子速率分布曲线。

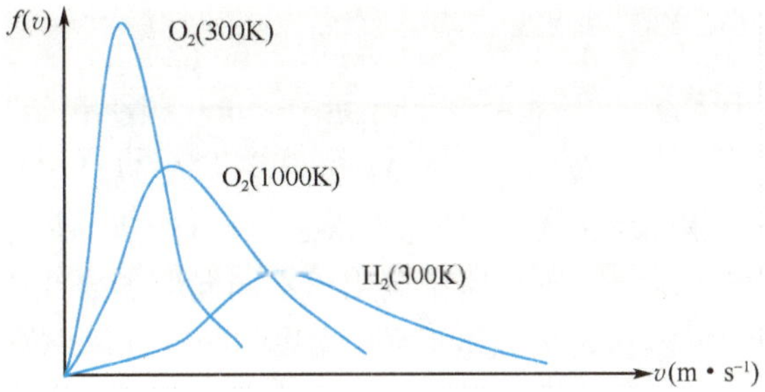

图 5-3 麦克斯韦分子速率分布曲线

如图 5-3，麦克斯韦速率分布曲线的性质：①温度与分子速率：当温度升高时，气体分子的速率普遍增大，速率分布曲线中的最概然速率向量值增大方向迁移，但归一化条件要求曲线下总面积不变，因此，分布曲线宽度增大，高度降低，整个曲线变得较平坦些。②质量与分子速率在相同温度下，对不同种类的气体，分子质量大的，速率分布曲线中的最概然速率向量值减小方向迁移，因总面积不变，所以，分布曲线宽度变窄，高度增大，整个曲线比质量小的显得陡些，即曲线随分子质量变大而左移。

三、气体分子的三种速率

1. 最概然速率

气体分子速率分布曲线极大值对应的速率称为最概然速率(the most probable speed)，用 v_p 表示。其物理意义：对所有的相同速率区间而言，速率在含有 v_p 的那个区间内的分子数占总分子数的百分比最大。按概率表述为，对所有相同的速率区间而言，某一分子的速率取含有 v_p 的那个速率区间内的值的概率最大。

满足麦克斯韦速率分布律的平衡态下气体分子的最概然速率为

$$v_p=\sqrt{\frac{2kT}{m}}=\sqrt{\frac{2RT}{\mu}}\approx 1.41\sqrt{\frac{RT}{\mu}} \tag{5-16}$$

2. 平均速率

大量分子速率的统计平均值称为平均速率(mean speed)。根据求平均值的定义，有

$$\bar{v}=\frac{\sum v_i\Delta N_i}{N}$$

笔记栏

对于连续分布，有

$$\overline{v}=\frac{\int v\mathrm{d}N}{N}=\int v\frac{\mathrm{d}N}{N}=\int_0^{\infty}vf(v)\mathrm{d}v$$

理想气体速率在整个区间内的平均速率为

$$\overline{v}=\sqrt{\frac{8kT}{\pi m}}=\sqrt{\frac{8RT}{\pi M_{\mathrm{mol}}}}\approx 1.60\sqrt{\frac{RT}{M_{\mathrm{mol}}}} \tag{5-17}$$

3. 方均根速率

大量分子速率的平方平均值的平方根称为方均根速率(root-mean-square speed)。

$$\overline{v^2}=\frac{\int_0^{\infty}v^2\mathrm{d}N}{N}=\int_0^{\infty}v^2f(v)\mathrm{d}v$$

对于理想气体分子，有

$$\overline{v^2}=\frac{3kT}{m}$$

$$\sqrt{\overline{v^2}}=\sqrt{\frac{3kT}{m}}=\sqrt{\frac{3RT}{M_{\mathrm{mol}}}}\approx 1.73\sqrt{\frac{RT}{M_{\mathrm{mol}}}} \tag{5-18}$$

以上三种速率中，方均根速率最大，平均速率次之，最概然速率最小，它们的大小次序不因气体的种类而变化，如图 5-4 所示。三种速率应用于不同问题的研究中。例如：方均根速率常用来计算分子的平均平动动能，在讨论气体压强和温度的统计规律中使用。平均速率常用来讨论分子的碰撞，计算分子运动的平均距离等。最概然速率常在讨论分子速率分布时被使用。

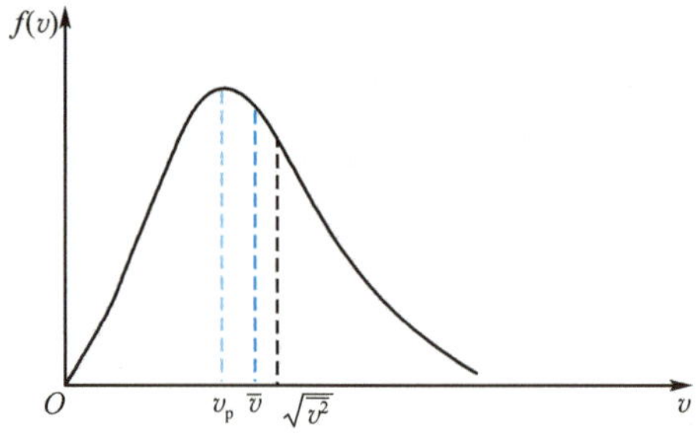

图 5-4 分子速率的三个统计值

例题 5-2 求 0℃时氢分子和氧分子的三种统计速率。已知氢气的摩尔质量为 2.02×10^{-3} kg，氧气的摩尔质量为 3.2×10^{-2}kg。

解：(1)氢分子的三种统计速率分别为

$$v_p=\sqrt{\frac{2RT}{\mu_H}}=\sqrt{\frac{2\times8.314\times(273+0)}{2.02\times10^{-3}}}=1.50\times10^3\mathrm{m\cdot s^{-1}}$$

$$\overline{v}=\sqrt{\frac{8RT}{\pi\mu_H}}=\sqrt{\frac{8\times8.314\times(273+0)}{3.14\times2.02\times10^{-3}}}=1.69\times10^3\mathrm{m\cdot s^{-1}}$$

$$\sqrt{\overline{v^2}}=\sqrt{\frac{3RT}{\mu_H}}=\sqrt{\frac{3\times8.314\times(273+0)}{2.02\times10^{-3}}}=1.84\times10^3\mathrm{m\cdot s^{-1}}$$

(2) 氧分子的三种统计速率分别为

$$v_p=\sqrt{\frac{2RT}{\mu_O}}=\sqrt{\frac{2\times8.314\times(273+0)}{3.2\times10^{-2}}}=3.77\times10^2\mathrm{m\cdot s^{-1}}$$

$$\overline{v}=\sqrt{\frac{8RT}{\pi\mu_O}}=\sqrt{\frac{8\times8.314\times(273+0)}{3.14\times3.22\times10^{-2}}}=4.24\times10^2\mathrm{m\cdot s^{-1}}$$

笔记栏

$$\sqrt{\overline{v^2}}=\sqrt{\frac{3RT}{\mu_O}}=\sqrt{\frac{3\times 8.314\times(273+0)}{3.2\times 10^{-2}}}=4.61\times 10^2 \mathrm{m\cdot s^{-1}}$$

四、玻尔兹曼能量分布定律

麦克斯韦速率分布律反映了在平衡态下，且没有外力场（如重力场、电场等保守力场）作用时气体分子的运动情况。如果分子处在重力场中，或者带电分子处在电场中，分子除了动能之外还具有势能。从麦克斯韦速率分布函数可以看出，指数项中只含有分子的动能部分，而忽略了势能。因此，对一些不可以忽略外力场作用的实际问题，只依靠麦克斯韦速率分布就不能解决。玻尔兹曼把麦克斯韦速率分布函数推广到分子在外力场中运动的情形，总结出分子按能量的分布规律。

对一个系统来说，其中某个分子具有多少能量是偶然的，而构成系统的大量分子，在热平衡时，有多少分子处于能量较高的状态，有多少分子处于能量较低的状态，是服从一定的统计规律的，即**玻耳兹曼能量分布定律**（Boltzmann energy distribution law）：

$$n=n_0e^{-\frac{E_p}{kT}} \tag{5-19}$$

理论和实验证明，上式所表述的规律，是统计物理中适用于任何系统的微观粒子（不考虑相互作用）按能量分布的一个基本定律。玻耳兹曼定律指出，从统计学角度看，粒子处在能量较低状态区间的数目比处在能量较高状态区间的粒子数多，且随着能量的增大，大小相等的状态区间内的粒了数按指数规律迅速地减小。

围绕地球的大气分子在重力场中呈非均匀分布，将大气分子的势能 $E_p=mgh=\frac{\mu}{N_A}gh$ 代入上式，则得气体分子（或粒子）在重力场中的密度公式为

$$n=n_0e^{-\frac{mgh}{kT}}=n_0e^{-\frac{\mu gh}{N_A kT}}$$
$$=n_0e^{-\frac{\mu gh}{RT}} \tag{5-20}$$

式中 n_0 是势能为零处的分子数密度，n 为高度 h 处的分子数密度。很明显，大气分子数密度随海拔高度的增加按指数规律衰减。

由(5-8)式可知，气体的压强与分子数密度成正比（$p=nkT$），故有

$$p=p_0e^{-\frac{\mu gh}{RT}} \tag{5-21}$$

式中 p_0 是海平面的大气压强，p 是海拔高度为 h 处的大气压强。(5-21)式给出了在重力场中大气压强与海拔高度的关系。由此式可知，海拔高度越高，大气压强越低，空气中的氧分压也越低，肺泡内的氧分压也随之下降。由于供氧不足，人体会出现各种症状。例如高山病和航空病，其主要原因是由于大气压强和空气中的氧分压急剧下降，肺内缺氧所引起的，解决的办法是提高氧分压。

玻尔兹曼分布律是一个普遍规律。它不但适用于气体，对稀薄溶液、混浊液体和固体中的少量杂质都适用。

第四节　气体内的输运过程

由例题 5-2 可以看出，气体分子在常温下平均以每秒几百米的速度运动着，这样看来，似乎气体的一切过程都能在瞬间完成。但实际情况并非如此，比如气体的扩散过程就进行得相当缓慢。例如，在距离几米远的地方打开一瓶香水，却要在数秒或更长的时间后才能闻到香味，为什么会出现这种现象呢？原因是气体分子在扩散过程中，不停地与其它分子碰撞，每一次碰撞，分子的速率大小和运动方向都要发生改变，使它只能沿着一条曲折迂回的路径前进，所以香水分子从一个地方扩散到另一个地方要经过较长的时间才能到达。克劳修斯于 1858 年在“关于气

笔记栏

体分子运动的平均自由程”一文中指出，气体分子扩散过程进行得快慢取决于分子间碰撞的频率和两次碰撞之间的平均距离。

一、平均自由程和平均碰撞频率

1. 平均自由程

气体分子在热运动中进行着频繁的碰撞，假如忽略了分子力作用，那么在连续两次碰撞之间分子所通过的自由路程的长短，完全是偶然事件。但对大多数分子而言，在连续两次碰撞之间所通过的自由路程的平均值却是一定的，它由气体系统自身的性质决定。

定义：气体分子在连续两次碰撞之间所经过的平均路程称为分子的平均自由程(mean free path)，用$\bar{\lambda}$表示。一秒钟内分子平均走过的路程是$\bar{v}$，平均碰撞次数是$\bar{z}$，所以

$$\bar{\lambda}=\frac{\bar{v}}{\bar{z}}=\frac{1}{\sqrt{2}\pi d^2 n} \tag{5-22}$$

因为$p=nkT$，上式又可改写成

$$\bar{\lambda}=\frac{kT}{\sqrt{2}\pi d^2 p} \tag{5-23}$$

式(5-23)表明，理想气体的平均自由程$\bar{\lambda}$与温度T成正比，与压强p成反比，而与平均速率$\bar{v}$无关。表5-1列出了在25℃和标准状态下，几种气体分子的有效直径、平均自由程和平均碰撞频率的数值。

表5-1 几种气体分子在25℃、1个大气压下的d、$\bar{\lambda}$、$\bar{z}$值

气体	有效直径d(m)	平均自由程$\bar{\lambda}$(m)	平均碰撞频率$\bar{z}$(s^{-1})
空气	3.70×10^{-10}	6.68×10^{-8}	7.0×10^{9}
H_2	2.73×10^{-10}	12.3×10^{-8}	14.4×10^{9}
He	2.18×10^{-10}	19.0×10^{-8}	6.6×10^{9}
N_2	3.74×10^{-10}	6.50×10^{-8}	7.3×10^{9}
O_2	3.57×10^{-10}	7.14×10^{-8}	6.1×10^{9}
CO_2	4.56×10^{-10}	4.41×10^{-8}	8.6×10^{9}

从表5-1中可以看出，气体分子的平均自由程很小，约为10^{-8}m，平均每隔0.01 μm就要碰撞一次，而碰撞频率却大得惊人，每秒平均碰撞次数近百亿次。分子间的碰撞频率和自由程也是研究输运过程的理论基础。

2. 平均碰撞频率

分子间通过碰撞来实现动量、动能等的交换。气体从非平衡态到平衡态，是通过碰撞来实现的。如容器中气体各处温度不同时，就是通过分子间的碰撞来实现动能的交换，使容器中各处的温度达到相等。

分子间的碰撞实质上是在分子力作用下分子相互间的散射过程。对单个分子来说，单位时间内与多少个分子相碰、相邻两次碰撞之间走过多少直线路程、方向如何，完全是随机的。但在平衡态下，对大量分子而言，每个分子在单位时间内与其他分子碰撞次数的统计平均值，却是一定的，称为平均碰撞频率(mean collision frequency)，用$\bar{z}$表示。

首先对气体系统和分子作一些简化处理。①认为气体分子是刚性球，把两个分子间最小距离的平均值认为是刚性球的有效直径，用d表示，并且分子间的碰撞是完全弹性碰撞；②系统中气体分子的密度不很大，以致发生三个分子碰撞在一起的概率很小，可以忽略，只要考虑两个分子的碰撞过程就够了；③当某个分子与其他分子碰撞时，它们的中心间距为d；④如果分子热

笔记栏

运动的相对速率的平均值为 $\overline{u}$，可以假定这个被我们跟踪的分子以 $\overline{u}$ 运动，而所有与它发生碰撞的分子都静止不动。如图 5-5，以 A 小球的球心运动轨迹为轴线，以分子的有效直径 d 为半径，作一个曲折圆柱体，凡是球心在圆柱体内的分子，即球心到轴线的距离小于 d 的分子都将与分子 A 碰撞，一秒钟内，分子 A 所走的长度为 $\overline{u}$，设气体分子数密度为 n，则长为 $\overline{u}$、半径为 d 的圆柱体中共有分子数 $n\cdot\pi d^2\overline{u}$。因此，分子的平均碰撞频率为

$$\overline{z}=n\pi d^2\overline{u}$$

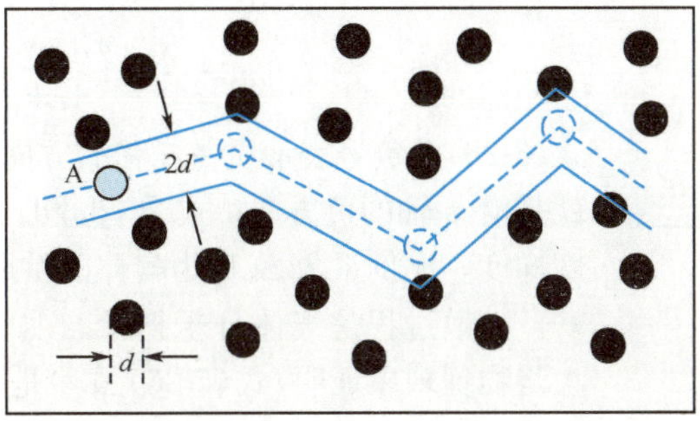

图 5-5 分子的平均碰撞频率

考虑到所有分子实际上都在运动，利用麦克斯韦速率分布定律可以证明平均相对速率 $\overline{u}$ 与平均速率 $\overline{v}$ 的关系是 $\overline{u}=\sqrt{2}\,\overline{v}$，所以

$$\overline{z}=\sqrt{2}\pi d^2 n\overline{v} \tag{5-24}$$

即气体分子的平均碰撞频率与分子的平均速率、分子数密度、分子的有效直径的平方成正比。

二、输运过程

在实际问题中，常常涉及非平衡态下的变化过程。在非平衡态下，气体内部密度、温度、压强、流速等不均匀，由于分子间的频繁碰撞，将发生物质粒子、能量或动量在物体内的迁移现象。系统由非平衡态向平衡态转变的过程，就称为**输运过程**(transport process)。当系统各处密度不均匀时，就会发生扩散过程，使系统各处的密度趋于均匀；当系统各处的温度不均匀时，就会发生热传导过程，使各处的温度趋于均匀；当系统各处的流速不均匀时，就会发生粘性现象，使系统各处的流速趋于一致。这些现象都是典型的输运过程。

1. 热传导

在气体中各处的温度不均匀时，热量就会从温度较高的地方传到温度较低的地方，这种现象称为**热传导**(heat conduction)。假设系统温度沿 x 方向逐渐升高，即在 x 方向存在温度梯度 $\mathrm{d}T/\mathrm{d}x$。在 x_0 处取一截面 $\mathrm{d}S$ 垂直于 x 轴，热量将通过 $\mathrm{d}S$ 面从右侧传到左侧，如图 5-6 中箭头所示。若以 $\mathrm{d}Q$ 表示在 $\mathrm{d}t$ 时间内通过 $\mathrm{d}S$ 面沿 x 轴负方向传递的热量，则

$$\mathrm{d}Q=-K\left(\frac{\mathrm{d}T}{\mathrm{d}x}\right)_{x0}\mathrm{d}S\mathrm{d}t \tag{5-25}$$

式(5-25)中负号表示热量向温度降低的方向传递，与温度梯度的方向相反。式中 $(\mathrm{d}T/\mathrm{d}x)_{x_0}$ 表示在 x_0 处的温度梯度，比例系数 K 称为气体的导热系数或热导率，它与气体的性质和所处的状态有关，其单位是 $\mathrm{W\cdot m^{-1}\cdot K^{-1}}$。

从分子动理论的观点看，热传导现象的实质是由于分子热运动形成的能量的输运。

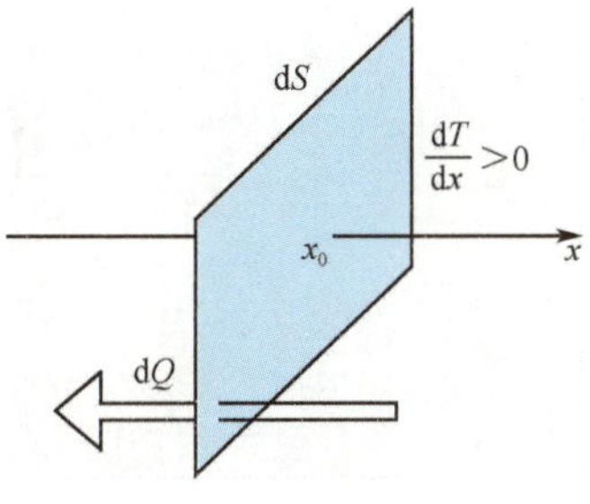

图 5-6 热传导

笔记栏

2. 扩散

气体的扩散(diffusion)是指，在系统内部，当某种成分不均匀时，该成分将从密度大的地方向密度小的地方迁移，从而使整个系统的成分趋于均匀。

假设系统中某种气体沿 x 轴方向的密度逐渐增大，即沿 x 轴方向存在密度梯度 $\mathrm{d}\rho/\mathrm{d}x$ 。我们同样可以在 x_0 处取一垂直于 x 轴的截面 $\mathrm{d}S$，如图 5-7 所示。如果在 $\mathrm{d}t$ 时间内沿 x 轴负方向穿越 $\mathrm{d}S$ 面迁移的气体质量为 $\mathrm{d}m$，根据由实验总结出的宏观规律，$\mathrm{d}m$ 可以表示为

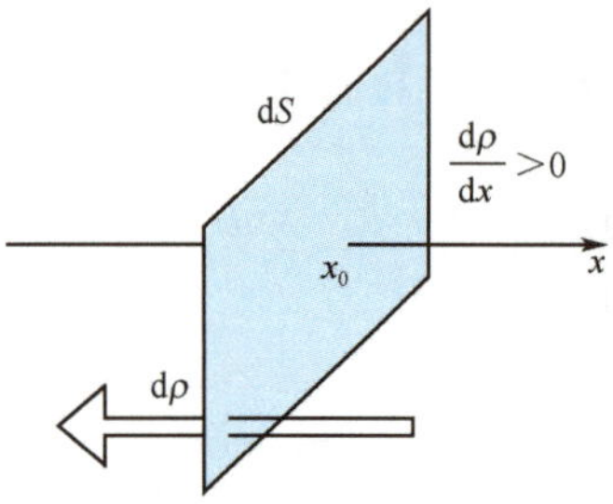

图 5-7 气体的扩散

$$\mathrm{d}m=-D\left(\frac{\mathrm{d}\rho}{\mathrm{d}x}\right)_{x_0}\mathrm{d}S\,\mathrm{d}t \tag{5-26}$$

式(5-26)中负号表示质量迁移的方向是密度减小的方向，在此就是沿 x 轴的负方向。式中 $(\mathrm{d}\rho/\mathrm{d}x)_{x_0}$ 表示在 x_0 处气体的密度梯度。比例系数 D 称为气体的扩散系数。

扩散过程是气体分子携带自身的质量输运的宏观表现。大量物理现象证明，式(5-26)虽然是气体的扩散规律，但无论是那一种形态的物质，它们的分子无时无刻不在运动，当它们互相接触的时候，彼此就要扩散到对方当中去。随着温度的升高，分子无规则运动的速度增大，扩散也加快。

第五节 液体的表面现象

液体分子间的作用力介于固体和气体之间，因此它既不像固体那样有固定的形状，又不似气体可以自由流动。液体内部分子的紊乱热运动，使液体各个方向的物理性质完全相同的，即各向同性。但是在液体的表面，无论是液体与空气之间的自由表面，或是两种不能混合的液体之间的界面，或是液体与固体之间的界面，各个方向的性质都不相同，因而会出现一系列表面现象。一般情况下，我们把液体和气体接触的薄层称为表面层，把液体和固体接触的薄层称为附着层。这一节主要讨论与生命过程密切相关的表面层的张力及其影响。

一、表面张力和表面能

由于表面层的分子受到液体内部分子的引力作用，使液体表面犹如张紧的薄膜，有收缩向内的趋势。例如：荷叶上的水滴、玻璃上的水银滴等皆成球形；轻细物体落在水面上，只见液面略微弯曲但不会下沉。这些现象表明液体表面存在一种使表面收缩的力，称为表面张力(surface tension)。表面张力起源于表面层内分子力的作用，其方向与液面相切。

由分子力和分子间距离的关系可知，分子间斥力的有效作用范围很小，但分子间引力的有效作用范围较大(10^{-10} m～10^{-8} m)。如果以分子为球心，以引力有效距离 r 为半径作一球面(如图 5-8 所示)，则在该球面内所有分子都对球心分子有作用力。这个球叫做分子作用球，球的半径称为分子作用半径。表面层的厚度为分子作用半径。

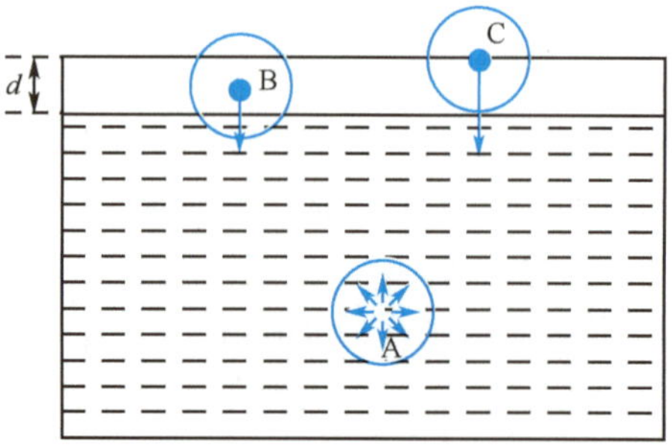

图 5-8 液体分子受力分析

笔记栏

图 5-8 表示了液体中三个分子 A、B 和 C 受周围分子引力作用的情形。因为分子 A 处于液体内部，以分子 A 为中心的分子作用球全部处于液体内部，分子 A 受到的引力是球对称的，合力等于零。可是，处于液面下的表面层中的分子 B 的情形就不同了。以分子 B 为球心的分子作用球总有一部分处于液面之外，在液面上方的气体分子的密度与液体相比是很小的，它们对液体分子的引力作用可以忽略。这样，处于表面层中的液体分子总有一部分引力没有被抵消，因而分子 B 所受的引力作用不再是球对称的，其合力不等于零。位于液面上的分子 C 所受到的引力更大，所以，处于表面层中的液体分子都受到垂直于液面并指向液体内部的引力的作用，这些力分别被一些十分靠近的分子的斥力所平衡，使这些分子暂时停留在表面层内。

由此可见，液体内部的分子如果要到表面层上来，就必须克服引力做功。所以表面层中的分子与液体内部分子相比具有较高的势能。表面层中所有分子势能的总和即为液体的表面能。任何一个系统，当它处于稳定状态时，系统的能量必定是最低的。因此，一个液体系统在稳定状态下应具有最低的表面能。这就要求液体表面层中应包含尽可能少的分子，从而也就要求液体系统应具有尽可能小的表面积。反过来，如果要增加液体表面的面积，就要做功把更多的分子提到液面上来，我们把增加液体单位表面面积所做的功称为该液体的**表面能**(surface energy)，单位是 $\mathrm{J \cdot m^{-2}}$。

设想在液体表面上任画一条直线 MN（如图 5-9），将液面分成两部分，那么这两部分之间必定存在相互的拉力作用，这种相互作用的拉力就是表面张力。实验证明，表面张力的大小 F 与这条设想的表面分界线的长度 L 成正比，即

$$F=\alpha L \tag{5-27}$$

式中比例系数 α 称为表面张力系数，在国际单位制中，表面张力系数的单位是 $\mathrm{N \cdot m^{-1}}$。

也可以用表面能来定义表面张力系数。在图 5-10 中，$ABCD$ 是一个用金属丝制成的矩形框架，在它的两臂上有一根可以自由滑动的金属丝 L。如果将框架在肥皂液中浸一下，框架上将形成一个液膜。由于 L 两侧都有肥皂膜，则 L 不动。当把 L 右侧的肥皂膜刺破，由于液体表面有收缩的趋势，L 将被液膜拉向左侧。这个现象说明，表面张力在液面上处处存在，且与液面相切，并垂直于表面周界线，指向液膜内侧。

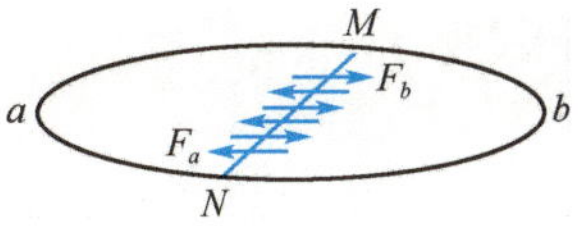

图 5-9　表面张力的大小和方向

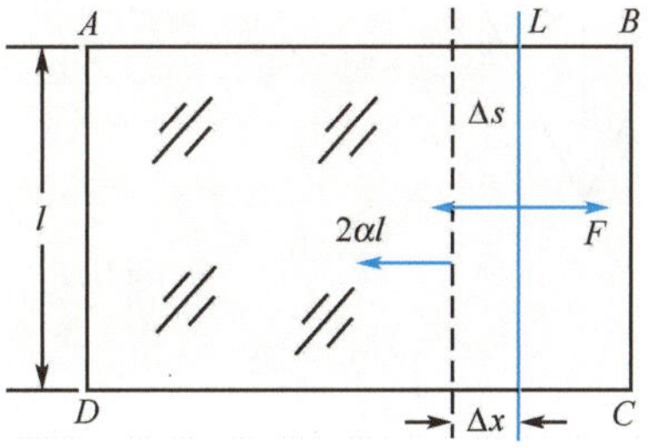

图 5-10　表面张力系数与表面能的关系

设在表面张力作用下金属丝 L 移动的距离为 Δx，表面张力所作的功为 $\Delta A=F\Delta x$，根据式(5-27)，金属丝 L 所受到的表面张力 $\boldsymbol{F}$ 的大小可以表示为：

$$F=2\alpha l$$

式中：l 是金属丝与液体接触部分的长度，液膜收缩的表面积为 $\Delta S=2\Delta x l$，因子 2 是由于框架上所形成的液膜有前、后两个表面层，则表面张力收缩单位表面面积所作的功为

$$\frac{\Delta A}{\Delta S}=\frac{2\alpha l\Delta x}{2l\Delta x}=\alpha(\mathrm{J \cdot m^{-2}}) \tag{5-28}$$

此式说明，表面张力系数在数值上等于液体收缩单位表面面积所作的功。反之，如果要增加液膜的表面积，就需要外力做功以增加液体的表面能，因此，外力所作的功就等于表面能的增量，即

$$\Delta A=\Delta W=\alpha\Delta S \tag{5-29}$$

由此可以得到表面张力系数的另一个定义，即表面张力系数等于增加液体单位表面积时外力所作的功，或等于增加液体单位表面积时液体表面能的增量。

笔记栏

表面张力系数是液体分子力特性的反映。表面张力系数①与液体性质有关，不同液体的表面张力系数不同；②与温度有关，同种液体的表面张力系数随温度升高而减小；③与液体纯度有关；④与所接触物质的化学性质有关。表 5-2 给出了一些液体的表面张力系数。

表 5-2　几种液体与空气接触的表面张力系数

液体	温度(℃)	$\alpha(\mathrm{N\cdot m^{-1}})$	液体	温度(℃)	$\alpha(\mathrm{N\cdot m^{-1}})$
乙醚	20	0.0170	水	0	0.0756
甲醇	20	0.0226	水	20	0.0728
苯	20	0.0288	胆汁	20	0.048
丙酮	20	0.0237	全血	37	0.058
甘油	20	0.0634	尿(正常人)	20	0.066
水银	20	0.4360	尿(黄胆病人)	20	0.055

二、曲面下的附加压强

水中的气泡、液滴、液体与固体接触处的液面都是弯曲的。由于表面张力的存在，当液面弯曲时会造成液面两边的压强不相等，由此形成的压强差称为附加压强(additional pressure)。

下面求解球形液面的附加压强。仿照第二章第四节求解球形弹性腔内外压强差的办法，设凸状球形液面的半径为 R，如图 5-11，考虑球形液面的一部分，面积为ΔS，其周界是半径为 r 的圆周。周界以外的液面作用于所取液面ΔS 的表面张力 $\boldsymbol{F}$，处处与该周界垂直并与球面相切。周界线元 $\mathrm{d}l$ 所受的表面张力为 $\mathrm{d}\boldsymbol{F}=\alpha\mathrm{d}l$，$\mathrm{d}F$ 可分解为竖直分量 $\mathrm{d}F_1$和水平分量 $\mathrm{d}F_2$，分别为

$$\mathrm{d}F_1=\mathrm{d}F\sin\varphi=\alpha\mathrm{d}l\sin\varphi\ ,\ \mathrm{d}F_2=\mathrm{d}F\cos\varphi=\alpha\mathrm{d}l\cos\varphi$$

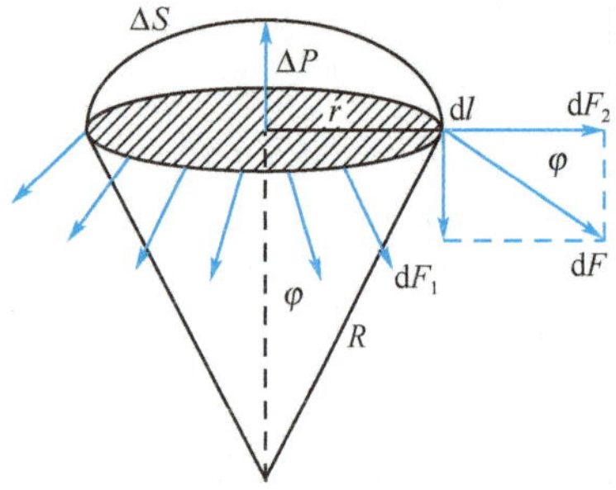

图 5-11　拉普拉斯公式的推导

要求通过整个周界的表面张力，应分别对竖直分力 $\mathrm{d}F_1$和水平分力 $\mathrm{d}F_2$沿整个周界求积分。对水平分力 $\mathrm{d}F_2$叠加的结果互相抵消。而对于竖直分力 $\mathrm{d}F_1$，因各处的方向相同，沿周界叠加就可以求得液面ΔS 所受竖直方向的合力。这个合力的大小为

$$F_1=\oint\mathrm{d}F_1=\oint\alpha\sin\varphi\mathrm{d}l=2\pi r\alpha\sin\varphi$$

因为 $\sin\varphi=\dfrac{r}{R}$，代入上式得

$$F_1=\frac{2\pi r^2\alpha}{R}$$

该力方向向下。再来考虑球形液面内外压强对该球面部分ΔS 的作用，内压强对该球面部分ΔS 的作用力 $p_{内}\Delta S$ 方向向上，而外压强对该球面部分ΔS 的作用力 $p_{外}\Delta S$ 方向向下。根据力的平衡条件：$F_1+p_{外}\Delta S=p_{内}\Delta S$，可得

$$\Delta p=p_{内}-p_{外}=\frac{2\alpha}{R}\tag{5-30}$$

式(5-30)表明，球形液面的附加压强与液体的表面张力系数 α 成正比，与液面的曲率半径 R 成反比，此式称为凸状球形液面的拉普拉斯公式(Laplace formula)。上式同样适用于凹状球形液面，只是 Δp 为负，表明对于凹状液面 $p_{内}<p_{外}$。

现在求解球形液膜的附加压强。图 5-12 是一个球形液膜(如肥皂泡)，液膜具有内外两个表面，由于液膜很薄，可以认为两表面的半径近似相等 $R_1=R_2=R$。分别在膜内、膜中、膜外取三点 A、B、C，根据前面的讨论可知

$$p_A-p_B=\frac{2\alpha}{R}\ ,\ p_B-p_C=\frac{2\alpha}{R}$$

从以上两式消去 p_B，得到球形液膜内外压强差为

$$p_A - p_C = \frac{4\alpha}{R} \tag{5-31}$$

由此可见，球形液膜内的压强与半径成反比。则两个半径不等的同种液泡相通后，会发现大泡越来越大，小泡越来越小，直至小泡完全萎缩或大泡崩碎，如图 5-13 所示。球形液面的附加压强对了解肺泡的物理性质和吸附原理具有重要的意义。

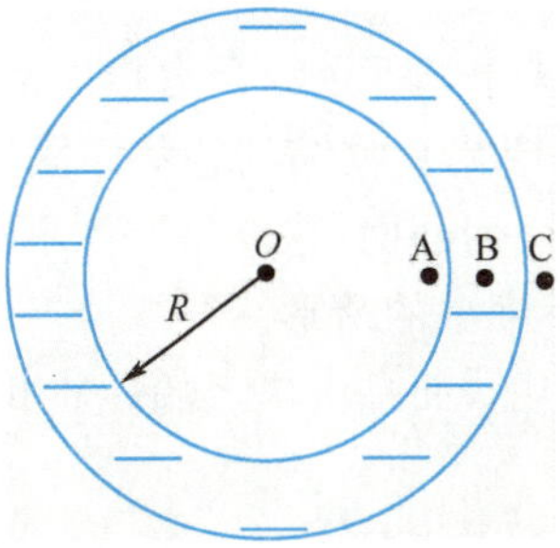

图 5-12 球形液膜内外压强差

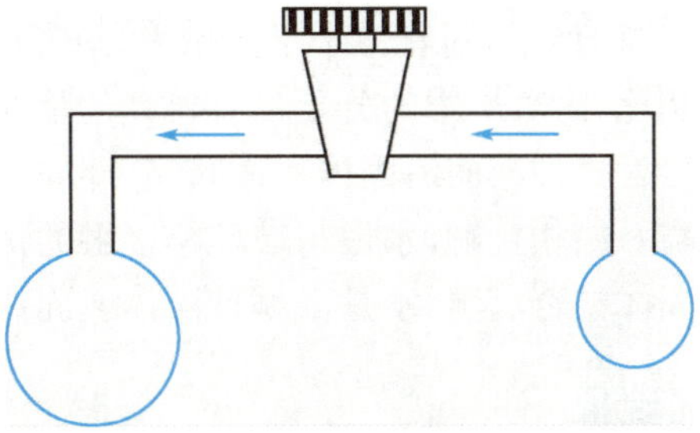
图 5-13 球形液膜附加压强实验

例题 5-3 在内半径为 0.3mm 的毛细管中徐徐注水，在管的下端形成一半径 R 为 3.0mm 的水滴，求管内水柱的高度。(水的表面张力系数为 $73\times10^{-3}\text{N}\cdot\text{m}^{-1}$。)

解：管中液体平衡时，水柱上下两表面的附加压强与水柱高度产生的压强相等，即

$$\frac{2\alpha}{r} + \frac{2\alpha}{R} = \rho g h$$

因而

$$h = \frac{\frac{2\alpha}{r} + \frac{2\alpha}{R}}{\rho g} = \frac{2\alpha}{\rho g}\left(\frac{1}{r} + \frac{1}{R}\right)$$
$$= \frac{2\times73\times10^{-3}}{1000\times9.8}\left(\frac{1}{0.30\times10^{-3}} + \frac{1}{3.0\times10^{-3}}\right)$$
$$= 5.5(\text{cm})$$

三、毛细现象和气体栓塞

1. 润湿和不润湿

当液体与固体接触时，液体与固体接触的一层薄层称为附着层，它会呈现扩展或收缩的现象，液面会发生弯曲，如图 5-14 所示。在液面与固体的接触处，分别作液体表面和固体表面的切面，这两个切面在液体内部的夹角 θ，称为液体与固体的接触角。当 $\theta < \pi/2$ 时，表示液体润湿固体，如图 5-14(a)所示。$\theta = 0$ 时，称液体完全润湿固体。当 $\theta > \pi/2$ 时，表示液体不润湿固体，如图 5-14(b)所示。$\theta = \pi$ 时，称液体完全不润湿固体。

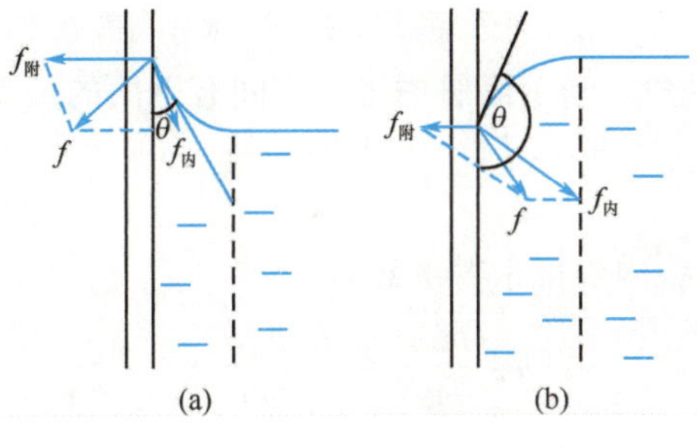

图 5-14 润湿和不润湿

润湿和不润决定于液体与固体性质。如图 5-14 所示，液体内部分子对表面层分子的作用力称为内聚力，固体管壁分子对表面层分子的作用力称为附着力。

如图 5-14(a)所示，附着力大于内聚力，附着层中的液体分子所受的合力指向固体管壁，附着层中液体分子的势能比液体内部分子势能低，液体分子有尽可能挤入附着层的趋势，结果使附着层具有伸展的趋势。这就导致了液体与固体接触处的液面沿固体表面延展，即向上弯曲，液面为凹面，这就是液体润湿固体的情形。纯水与洁净的玻璃相接触，水银与洁净的锌板、铜板或铁板相接触的情形都是润湿的情形。

如图 5-14(b)所示，附着力小于内聚力，附着层中的液体分子所受的合力指向液体，与液体内部的分子相比，附着层中的分子具有较高的能量，使附着层具有收缩的趋势。因而就导致了液体与固体接触处的液面沿固体表面收缩，即向下弯曲，液面为凸面，这就是液体不润湿固体的情形。纯水与石蜡相接触，水银与玻璃相接触的情形都是不润湿的情形。

液体与固体是否润湿，不是由哪种液体或固体单独决定的，而是由二者的性质共同决定的。

2. 毛细现象

内径很细的管子称为毛细管。当把毛细管插入液体时，管子内外的液面会出现高度差。如果液体润湿管壁，管内液面上升；如果液体不润湿管壁，管内液面下降。这种现象称为毛细现象(capillarity)。毛细现象是由于弯曲液面的附加压强所引起的。

以润湿现象为例讨论毛细现象。取内径为 r 的毛细管插入密度为 ρ 的液体中，如果液体能润湿管壁，管内液面为半径是 R 的球面的一部分，接触角 $\theta < \frac{\pi}{2}$，如图 5-15(a)所示。由于凹状液面下附加压强 Δp 的方向向上，管内 B 点的压强小于管外同深度平液面下 A 点的压强，所以管内液体在压强差的作用下上升到某一高度 h，使 B 点和 A 点的压强相等而达到平衡。由图可见

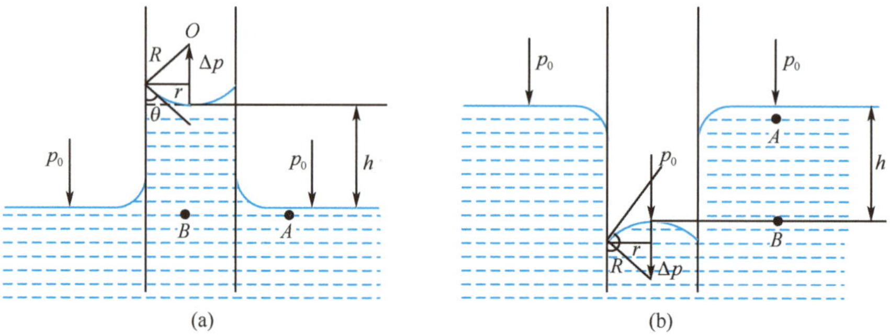

图 5-15　毛细现象

$$p_A = p_B + \rho g h = p_0\ ,\ p_B = p_0 - \Delta p = p_0 - \frac{2\alpha}{R}$$

将两式整理后得

$$\rho g h = \frac{2\alpha}{R}$$

由图 5-15 可以看出，接触角 θ 与毛细管内径 r 之间有下面的关系

$$\cos\theta = \frac{r}{R}$$

将此式代入上式，就得到毛细管内液面上升的高度

$$h = \frac{2\alpha}{\rho g R} = \frac{2\alpha\cos\theta}{\rho g r} \tag{5-32}$$

笔记栏

式(5-32)表明，毛细管内、外液面高度差与液体的表面张力系数成正比，与毛细管的半径成反

比。利用这个关系可以准确测定液体的表面张力系数。

如果液体不润湿毛细管，管内液面要比管外的低，如图 5-15(b)所示，用同样的方法可以证明降低的高度仍然由(5-32)式表示。

毛细现象在日常生活和科技生产中都有着重要作用。棉花和棉布吸水、植物吸收土壤里的水分都是依靠毛细现象。土壤肥沃的重要标志之一是团粒结构的存在，而团粒结构的意义就在于使土壤具有更多的毛细结构。在临床上常用的药棉是一种处理过的脱脂棉，用它来擦拭创面才能吸附创面所分泌的液体。外科用的手术缝合线必须经过蜡处理，因为蜡液对缝合线是润湿液体，蜡处理的结果是可以堵塞缝合线上的毛细管。因为手术缝合后总有一部分缝合线露在体表外面，若缝合线的毛细管不堵塞则将形成体内外的通道，造成细菌感染。

3. 气体栓塞

当润湿液体在细管中流动时，如果管内有气泡，液体的流动将会受到阻碍，气泡越多，阻碍越大，最后气泡多得造成堵塞，使液体无法流动。这种现象称为气体栓塞(air embolism)。

气体栓塞是由于液体中弯曲液面的附加压强引起的。图 5-16(a)所示为均匀毛细管中的一段润湿液柱，中间有一气泡。当气泡两端的压强相等时，气泡两端的液面形成曲率半径相同的凹面，它们的附加压强大小相等，方向相反，毛细管中的液体不能流动。如果在气泡的左端增加压强Δp，如图 5-16(b)所示。使气泡左端的曲率半径变大，右端的曲率半径变小。因而左端弯曲液面产生的附加压强小于右端弯曲液面产生的附加压强。如果两液面的附加压强的差值正好等于Δp，即 $\Delta p = p_{右} - p_{左}$，则系统仍处于平衡状态，毛细管中的液柱仍不能流动。只有当气泡左侧所加的压强Δp 超过某一临界值δ 时，液体才能带着气泡一起流动。当管中有 n 个气泡时，只有当 $\Delta p \geqslant n\delta$ 时，液体才能带着气泡流动，如图 5-16(c)所示。如果外加的压强小于 $n\delta$，液体将无法流动，即形成气体栓塞。

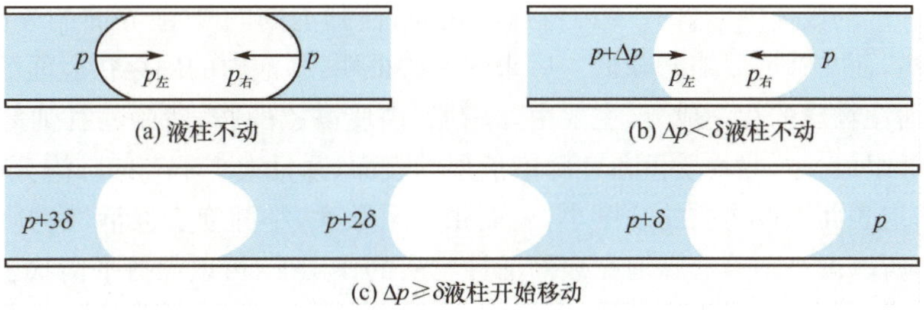

图 5-16 气体栓塞

当血液在血管中流动时，如果血管中有气泡，就要抵抗该处血管的压强，使血液流动缓慢；如果出现了较多的气泡，血管就会堵塞，血液就不能流动。为了防止在微血管中发生栓塞或堵塞输液管，在静脉注射或滴注时，要特别注意输液管中不能存有空气。人的颈静脉压低于大气压，当颈静脉受损而对外开放时，空气可能进入血管。另外，在实施外科手术时，空气也可能进入血管。

人体血液中溶有一定量的气体，其溶解度与压强成正比，如果气压突然降低，气体将析出形成气泡。因此人处在高压环境时，血液中溶解了过多的氮气和氧气，如果突然进入低压环境，则有大量气泡释放出来。在微血管中血液析出气泡过多，会造成血管栓塞现象而危及生命，即出现气体栓塞减压病。所以患者和医务人员从高压氧舱中出来，都必须有适当的缓冲时间，使溶解在血液中的过量气体缓慢释放。

四、表面活性物质与表面吸附

液体的表面张力系数与液体的纯度有关。在纯净的液体中加入杂质能显著改变液体的表

笔记栏

面张力系数,有的杂质能使表面张力系数增大,有的杂质能使表面张力系数减小,我们把能使液体表面张力系数减小的物质称为表面活性物质(surfactant)。水的表面活性物质有肥皂、蛋黄素、有机酸、酚和醛等。表面活性物质的浓度越大,表面张力系数降低得越多。反过来,凡是能使液体表面张力系数增大的物质称为表面非活性物质。常见的水的表面非活性物质有食盐、糖类和淀粉等。

液体中加入表面活性物质后,它的分子将集聚到液体的表面。溶质分子占据液体表面层可以减小表面势能,从而增强了系统的稳定性。因而,表面活性物质的分子将从溶液内部向溶液表面聚集,使表面层内表面活性物质的浓度远大于溶液内部的浓度。这种现象称为表面吸附(surface adsorption)。水面上的油膜就是常见的表面吸附现象。

如果在液体中加进表面非活性物质,则会发现这些物质将尽可能离开液体的表面层,进入液体内部。从而使液体内部表面非活性物质的浓度大于液体表面层,以降低液体的表面能。但即使这样,与原来的液体相比,表面层中由于掺进表面非活性物质的分子,表面张力系数也比原来增加了。

固体表面对气体和液体分子也有吸附现象,能使气体或液体的分子牢固地吸附在固体表面上,以降低固体的表面能。固体的吸附能力与它的表面积和温度有关,表面积越大,吸附能力越强;温度越高,吸附能力越弱。所以在临床上常用粉状的白陶土或活性炭来吸附胃肠道里的细菌、色素以及食物分解出来的毒素等。

表面活性物质在肺呼吸过程中起着重要作用。肺位于胸腔内,支气管在肺内分成很多小支气管,小支气管越分越细,其末端膨胀成囊状气室,每室又分成许多小气囊,叫肺泡(pulmonary)。肺的呼吸就是在肺泡里进行的。成年人大约有3亿多个肺泡,肺泡大小不一,而且有的相互连通。由球形液面的附加压强可知,若各肺泡的表面张力系数相同,则大小不等的肺泡具有不同的压强,将使小肺泡内的气体不断流向大肺泡。但是这种情况在肺内并没有出现,由此分析,肺泡的液体中应含有一种特殊的物质,使肺泡内的气-液界面的表面张力系数在肺泡胀大时增高,而在肺泡萎缩时降低。后来的实验证明,肺泡内的确存在表面活性物质。

肺泡表面活性物质的化学成分,主要由卵磷脂、磷脂酰乙醇胺、磷脂酰甘油等多种磷脂、胆固醇和蛋白质等组成。这些物质覆盖在肺泡液层的表面,并且大小不等的肺泡分布的量是相同的。因此,大肺泡表面活性物质的浓度小,表面张力系数大;小肺泡表面活性物质的浓度大,表面张力系数小,所以大小不等的肺泡在表面活性物质的作用下,可以保持平衡状态。吸气时,肺泡扩张,由于肺泡壁表面活性物质的量不变,因此单位液层上表面活性物质的浓度相对减小,表面张力系数与附加压强相对增加,使肺泡不致过大。呼气时,肺泡缩小,单位面积上表面活性物质的浓度增加,表面张力系数和附加压强减小,使肺泡不致萎缩。

如果没有表面活性物质,则吸气时,随着肺泡的扩张,肺泡的半径增大,附加压强减小,而肺泡的表面张力系数保持不变,这样会使肺泡继续扩张,直到破裂。呼气时,随着肺泡的半径减小,附加压强不断增大,最后将导致肺泡完全萎缩闭合。但是,由于肺泡壁内的表面活性物质的存在,它调节了表面张力系数,因此不会出现上述现象。如因患病缺乏表面活性物质将发生肺不张症。

子宫内胎儿的肺泡被黏液覆盖,附加压强使肺泡完全闭合。临产前,肺泡壁分泌表面活性物质,以降低黏液的表面张力。但新生儿仍需以大声啼哭的强烈动作进行第一次呼吸,以克服肺泡的表面张力而获得生存。如果分泌的表面活性物质少,也可能发生肺不张,造成肺功能障碍而危及生命。

习 题 五

笔记栏

5-1 对于一定质量的气体,当温度不变时,气体的压强随容积减小而增大,当容积不变时、压强随温度升高而增大，从宏观来看，两种变化同样使压强增大，从微观看，它们有什么区别？

5-2　两种理想气体，它们的压强相同，温度相同，但体积不同，问：单位体积内分子数是否相同？单位体积内气体质量是否相同？

5-3　在压强不变的情况下加热理想气体，气体分子的平均碰撞次数和平均自由程随温度如何变化？

5-4　一滴水银掉到地上，分成许多小滴，问需要获得多大的能量？

5-5　如图 5-17 所示，将几根内径相同的玻璃管插入水中，试分析哪个管中可以流出水来，为什么？

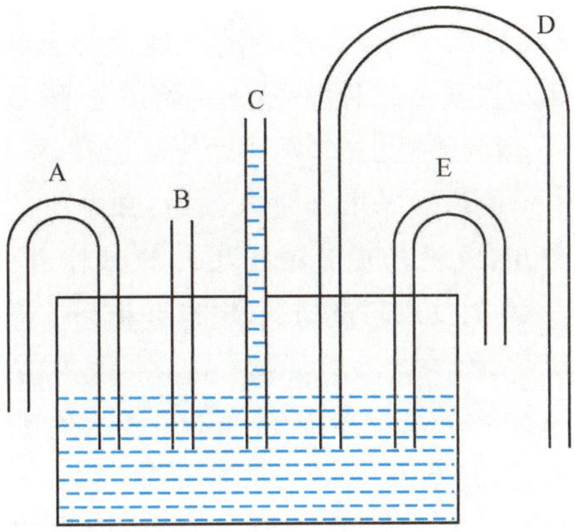

图 5-17　习题 5-5 图

5-6　若室内因生起炉子后，温度从 15℃升高到 27℃，而室内气压不变，求此时室内的气体是原来的百分之几？

[96%]

5-7　计算温度为 300K 时氮气分子（$\mu=2.8\times10^{-2}\mathrm{kg\cdot mol^{-1}}$）的方均根速率、平均速率、最可几速率。

[$5.17\times10^{2}\mathrm{m\cdot s^{-1}}$；$4.77\times10^{2}\ \mathrm{m\cdot s^{-1}}$；$4.20\times10^{2}\ \mathrm{m\cdot s^{-1}}$]

5-8　已知空气在标准状态（0℃和一个大气压）下的摩尔质量为 $\mu=2.89\times10^{-2}\ \mathrm{kg\cdot mol^{-1}}$，分子的有效直径 $d=4\times10^{-2}\mathrm{m}$。求：空气分子的平均自由程 $\bar{\lambda}$ 和平均碰撞频率 $\bar{z}$。

[$5.26\times10^{-8}\mathrm{m}$；$8.50\times10^{9}\mathrm{s^{-1}}$]

5-9　容器内贮有气体，压强为 1.33Pa，温度为 300K。问在单位容积内有多少分子？这些分子的总平动动能是多少？

[$3.21\times10^{20}\mathrm{m^{-3}}$；$2.0\mathrm{J\cdot m^{-3}}$]

5-10　吹一个半径为 2cm 的肥皂泡需作多少功？设肥皂泡的表面张力系数为 $25\times10^{-3}\mathrm{N\cdot m^{-1}}$。

[$2.5\times10^{-4}\mathrm{J}$]

5-11　一 U 形玻璃管的两竖直管的直径分别为 1mm 和 3mm。试求两管内水面的高度差？（水的表而张力系数为 $73\times10^{-3}\mathrm{N\cdot m^{-1}}$）。

[2cm]

5-12　有 8 个半径为 1mm 的小水滴，融合成一个大水滴，问放出多少表面能？设水的表面张力系数是 $7.3\times10^{-2}\mathrm{N\cdot m^{-1}}$。

[$3.67\times10^{-6}\ \mathrm{J}$]

5-13　毛细血管的半径为 $2\times10^{-6}\mathrm{m}$，如果接触角为零，求血液在管中上升的高度（血液的 $\rho=1050\mathrm{kg\cdot m^{-3}}$、$\alpha=5.8\times10^{-2}\mathrm{N\cdot m^{-1}}$）。

[5.64m]

阅读材料

Ⅰ. 生物膜的输运

在生物体中，分子和离子的输运过程更多的是通过生物膜(biomembrane)(细胞膜、组织膜、毛细血管壁等)进行的。这种分子或离子透过生物膜的现象，称为透膜输运。大量证据表明，生物界中的许多生命过程都直接或间接与物质的透膜输运密切相关。如胃黏膜细胞分泌的盐酸透过细胞膜进入胃腔消化食物，营养物质或药物透过肠黏膜被吸收，再由血液输运并透过毛细血管壁进入组织等等，都是物质透过生物膜的输运过程。

目前知道物质透过膜的运动主要有三种方式：一是物质分子从高浓度处向低浓度处的自由扩散，如水分子透过膜或某些代谢物的进出；二是通过消耗能量，将物质从低浓度向高浓度逆向运动的主动输运，如钾离子、糖和氨基酸等不断进入细胞；三是通过细胞膜的变形内折，把物质包围起来吞入细胞中的胞饮作用，或把物质排泄出去的胞排作用。物质透过膜的机制极为复杂，许多问题有待进一步研究。我们仅以扩散为例，定性分析分子透过生物膜的输运现象。

1. 生物膜的通透性

细胞膜或毛细血管壁，一般都具有这样的特点，它只允许某些物质从其一侧渗透到另一侧，而不让另外一些物质通过，这种性质称为膜的通透性(permeability)。具有这种选择通透性的膜称为半透膜(semipermeable membrane)。所有生物膜对物质分子都具有各种不同的选择通透性，因此都是半透膜。生物膜的选择通透性，既能保障细胞对营养物质的摄取、代谢废物的排除和细胞内离子浓度的调节，又能使细胞维持相对稳定的内环境，这对维持细胞的生命活动是极为重要的。一般来说，溶剂分子(如水)能畅行无阻地透过半透膜。单位时间内从生物膜单位面积上透过的物质分子的数量称为该物质的通透率。物质通透率的大小与膜两侧物质的浓度差成正比。

2. 气体的透膜扩散

氧和二氧化碳透过肺泡和毛细血管的输运和交换，是气体通过生物膜扩散的一个最好的例子。在肺泡周围有许多毛细血管，肺泡膜和毛细血管壁的厚度不到 1μm，且能让脂溶性的氧、二氧化碳和氮气等气体分子自由通过。所以肺泡和毛细血管中的气体交换是以扩散形式来完成的。通过呼吸，肺泡中氧的密度高于毛细血管中的氧密度，因此肺泡中的氧气经过肺泡膜和毛细血管壁扩散到血液中，并与血红蛋白(Hb)结合，形成氧合血红蛋白(HbO_2)存在于红细胞内，随着血流循环被送至全身。氧和血红蛋白的结合和解离是可逆的。当到达氧分压较低的组织部位时，血液中的氧合血红蛋白迅速解离释放出氧，透过毛细血管壁扩散到组织中去，以供各组织的需要。同时组织代谢氧化后生成的二氧化碳则由组织扩散到血液中，其中一小部分二氧化碳与血红蛋白结合，大部分溶在血液中并以 $KHCO_3$ 和 $NaHCO_3$ 的形式分别存在于红细胞和血浆中，经血液循环转运到肺部。由于肺泡中二氧化碳的密度低于静脉血管中二氧化碳的密度，所以二氧化碳迅速解离，并通过肺泡膜扩散到肺泡中，经呼吸运动排出体外。

3. 带电粒子的扩散

带电粒子(溶液中的各种离子)的扩散与中性粒子的扩散规律基本上是相同的，差别在于带电粒子扩散的结果将在不同浓度区域累积电荷，产生电场。带电粒子在这个电场中所受到的电场力产生一个与扩散方向相反的漂移运动，最后达到平衡状态，即单位时间内正向扩散的某种带电粒子数与单位时间反向漂移的该种带电粒子数相等，膜两侧的浓度差不再改变。溶液中通常有多种离子，每种离子都应当达到平衡态，但是反抗扩散的是一个公共电场，因此，在平衡时各种离子浓度的比例是受到严格限制的。

人体细胞内K^+浓度比细胞外高，而Na^+浓度则比细胞外低。由于K^+扩散的结果，细胞膜的内侧带负电荷，外侧带正电荷。这个电势差基本上可以阻止K^+的继续扩散，细胞内外K^+的浓度差保持稳定，但却使Na^+从细胞外向细胞内漂移，与Na^+的扩散方向相同，使细胞内的Na^+愈来愈多，不能维持细胞内外Na^+具有一定的浓度差。因此，机体必须有一种途径把Na^+从细胞内运送到细胞外去，正如水泵把水从低处逆着重力的方向运送到高处一样，我们把机体从细胞内运送Na^+到细胞外的机制称为钠泵，其具体运送过程将在生理学中学习。机体中很多过程，包括输运过程，都可以逆着无机界物理、化学过程的方向进行，这种过程称为主动过程。主动过程并不违反自然规律，但它必须消耗能量才能完成。

4. 溶液中的渗透

有一半透膜，它只允许溶剂分子自由通过，溶质分子不能通过。若半透膜两侧溶液浓度不同，可以看到浓度大的一侧溶液逐渐增多并逐渐稀释；而浓度较小的一侧溶液逐渐减少。显然，有溶剂(水)由稀溶液逐渐进入浓溶液，这种溶剂透过半透膜输运的现象叫**渗透**(permeation)。透过膜的溶剂(水)分子，在任一瞬间都是从稀溶液到浓溶液的分子数多于从浓溶液到稀溶液的分子数，其结果就是水进入了浓溶液。假如在浓溶液上加一个外力去压它，只要这个压强够大，也可以使水分子从浓溶液进入稀溶液，这种现象叫反渗透。

若半透膜的一侧是溶液，另一侧是纯水，在溶液上加上一个适当的压强，使它恰好能够阻止渗透发生，这时外加压强在数值上就等于溶液的渗透压。这种情况下，外加压强与溶液的渗透压互相抵消。若认为使水离开溶液的外加压强是正压，那么使水进入溶液的渗透压就相当于负压。只要溶液中有不能透过膜的溶质，就存在渗透压。一切溶液都有渗透压。

渗透压的大小与溶液的温度和浓度有关。实验证明，若溶液的浓度不变，溶液的渗透压与它的绝对温度成正比；若溶液的温度不变，溶液的渗透压与它的浓度成正比。若用π表示渗透压，可用公式表示为

$$\pi = RcT \tag{5-33}$$

式中R是摩尔气体常数，c是溶液摩尔浓度，T是绝对温度。

渗透作用对了解各种各样的生物过程极其重要。无论是植物还是动物的组织都是由包含着复杂溶液的细胞组成。能够通过细胞膜的溶质与不可透过的溶质一起存在于细胞内，在细胞外部的液体也是复杂的溶液，但成分则不同。平衡时，在细胞内外由不可透过的分子和离子产生的总渗透压必须相等，不然渗透压差就会引起水及溶解在水中的可透过物质一起进入或离开细胞，造成细胞水胀或失水。比如，人若喝了大量的水，水进入血液后使其溶质浓度相对于人体组织来说下降了，于是便有更多的水渗透进人体组织。由于渗透压差增加，流入肾脏的水也增加了，肾脏必须排泄出更稀的尿，直到血液浓度恢复至平衡值为止。

当从静脉给病人输入液体时，常常要调整这些液体中不可透过溶质的浓度和渗透压，使之与人体组织中的这两个量达到平衡。这样的溶液叫等渗溶液。如果在不可透过溶质浓度较低的某种溶液中放入一个细胞，便会出现水进人细胞的趋势。如将红血球放人纯水中，便会有水要进入红血球内。由于红血球的细胞壁较坚硬，使之不可能有明显的膨胀，因而水的进入造成其内部压强升高，直至8.08×10^5 Pa(相当于8个大气压)才达到平衡而使水停止进入，但往往在达到此压强前，红血球便破裂了。对于那些体积容易改变的细胞，当把它们放在非等渗溶液中时，便会膨胀或收缩。

Ⅱ. 液晶和生物液晶态

1. 液晶

液晶是介于液体和晶态固体之间的一种各向异性凝聚流体，因为它既不是液体又不是晶体，所以也有人把这种物质状态称为介晶态或介晶相。液晶只能存在于一定的温度范围

笔记栏

内。例如，将苯甲酸胆固醇加热到 $t_1=145$ ℃时，其结晶开始熔解，整体呈现混浊状，进入液晶状态，这时既像液体那样具有流动性，又像晶体那样具有光学上的各向异性。继续加热到 $t_2=179$ ℃时，液晶性质消失，温度高于 t_2 才变为各向同性的普通液体。液晶存在的温度范围的下限 t_1 是固态晶体与液晶的转变温度，称为熔点，上限 t_2 是液晶与各向同性液体的转变温度，称为清亮点。

到目前为止，已经发现或人工合成的液晶材料有5000多种，都是有机物质。从微观结构看，液晶材料的分子形状都是各向异性的，一般总是棒状、板状或圆盘状，并且具有固有电矩，所以有极性。

液晶对各种外界因素(如热、电、磁、光、声、应力、气氛和辐射等)的微小变化都很敏感，并会引起结构上的变化，因而产生热效应、光电效应、磁效应、光生伏特效应、超声效应、应力效应、物理化学效应或辐射效应等。所以，液晶在现代科学技术中会有越来越广泛的应用。

2. 生物液晶态

液晶态物质广泛存在于自然界。据统计约每200种有机化合物中就有一种是液晶分子。生命系统中液晶态结构也普遍存在。液晶态为我们从物理角度理解和阐明生物大分子、细胞结构与功能的关系提供了一个有用的概念。生命过程中的物质的物理状态很大程度就是液晶态。所谓生物膜是指细胞本身及周边以及大多数细胞质内的组成，包括叶绿体、细胞核、线粒体、高尔基体、液体泡和内质网都被一层“轨道”结构的膜所包裹，这种膜统称为生物膜。生物膜的主要成分是类脂化合物，其中磷脂占重要部分。磷脂分子是极性双亲分子，在水和油的界面上可以形成厚度约为一个分子长度的单层膜。在足够浓的水溶液中，两片单层面的疏水面可以合并形成厚度约为两个分子长度的双层膜。双层膜中的烃链有一定的排列有序性。双层膜的疏水作用不太强，不能限制分子在膜中的移动，因此分子双层的行为既像液体又具有晶体有序结构，所以生物膜是呈液晶态的，一般认为是层状的溶质液晶。

液晶是一种介于液相和固相之间的中间相，具有流动性和有序性，其性质表明它是一种极适于生命特征的状态。生命体中的蛋白质、核酸、多糖、脂类等都能够通过自组装而呈现液晶态，其液晶行为与细胞和组织功能的表达有关。关于液晶的分类、表征方法及生命体内的蛋白质、脱氧核糖核酸、多糖、脂类的液晶特性以及液晶态的生物材料与细胞的相互作用等知识还需查阅相关的文献。

（王昌军　王光昶）

笔记栏

第 6 章　热力学基础

热力学(thermodynamics)是研究热现象的物理学分支,主要讨论热力学系统在状态变化过程中有关功、热和能量转化的规律,得到了自然界中所发生的一切过程包括热现象在内必须遵从能量转换和守恒定律以及热力学过程进行的方向和条件的两个结论。这样的结论具有普适性,因为它们都来源于对大量实验事实的科学总结,而没有涉及物质的微观结构和过程,仅从少数宏观参量的变化来推断和解释实验结果。因此热力学的这种研究方法对复杂系统(如生命系统)的分析特别适用,对一切自然科学研究都有重大意义。

本章和前一章是从不同的角度来研究物质热运动规律的,热力学研究得到的物质宏观性质,经分子动理论的分析,才能了解其本质;分子动理论的结论经热力学的分析而得到验证。因此,它们是相辅相成的,彼此联系,两者相互补充。

第一节　热力学第一定律

一、热力学的一些基本概念

1. 热力学系统

在热力学中,常把所研究的对象(由大量微观粒子组成的物体,包括气体、液体和固体)称为热力学系统(thermodynamic system),简称系统。系统以外能够影响系统的所有物体称为系统的外界(surroundings)或环境(environment)。与环境之间既没有能量交换又没有物质交换的系统称为孤立系统(isolated system),严格说来,自然界中并不存在这样的系统,因为任何一个系统都会或多或少地受到外界的影响,所以孤立系统是一个理想模型;与外界只有能量交换而没有物质交换的系统称为封闭系统(closed system),本章主要以封闭气体系统为分析对象;与外界既有能量交换又有物质交换的系统称为开放系统(open system),例如生物体就是一个开放系统,它不断地和环境交换着物质和能量。为简便起见,在热力学分析处理过程中一般不考虑系统整体的机械运动。

2. 准静态过程

前面曾经指出,长度 l、时间 t 和质量 m 是力学中的基本量,速度 v、加速度 a 等是导出量,在讨论由大量作热运动的原子或分子构成的封闭气体系统时,速度 v(动量)只能用来描述各个原子或分子的微观状态,不能描述整个系统的宏观状态。对于一个确定的热力学系统,其宏观状态可以用气体的体积 V、压强 p 和热力学温度 T 来表示,这些物理量称为系统的态参量。如果系统内各点的宏观状态不随时间变化,即系统的各个态参量均匀一致并有确定的值,此时系统所处的状态称为平衡态;反之,则是非平衡态。

任何由态参量所完全确定的函数关系称为系统的态函数,例如处于平衡态的理想气体,态参量 p、V、T 之间服从方程 $pV=\frac{M}{\mu}RT$,这就是一个态函数。如同重力势能函数一样,态函数的一个重要性质是当系统从一个态转变到另一个态时,其值的变化只决定于这一转变的始态和终态,而与所经历的路径无关。对于一定量的处于平衡态的理想气体来说,态参量 p、V、T 中

笔记栏

只有两个量是独立的，给定其中的任意两个参量，第三个参量也就确定了，所以只需给定任意两个参量的数值，就确定一个平衡态。如图 6-1 所示，以 V 为横坐标、p 为纵坐标的 p-V 曲线图上任一点 $A(p_1、V_1)$ 就代表一个平衡态。由于非平衡态无均匀确定的态参量，故不能用图形表示。一个孤立系统。不论其初态如何，经过一定的时间以后，必将达到热力学平衡态，即系统的温度、压强等都达到均匀一致。

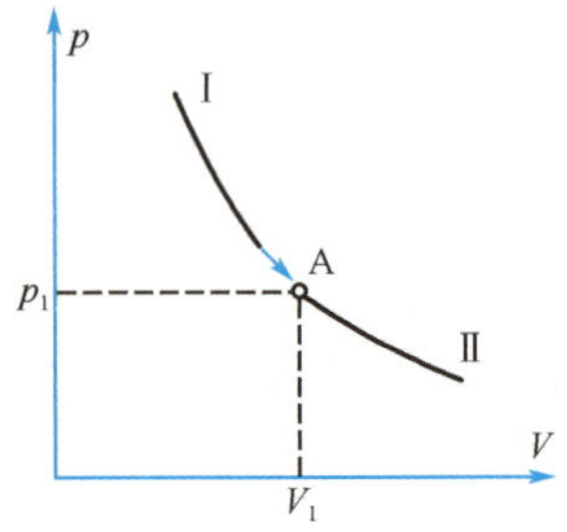

图 6-1 平衡态与准静态过程

当系统与外界发生相互作用时，系统的状态就会发生变化。热力学系统的态随时间的变化称为**热力学过程**(thermodynamic process)，简称过程。如果过程所经历的所有中间状态都无限接近于平衡态，这个过程就称为**准静态过程**(quasi-static process)。图 6-1 中的曲线就代表一准静态过程，应该注意到：平衡和过程是两个相互对立的概念；准静态过程只是一种理想过程，实际上是不可能作到的。但如果使实际过程无限缓慢地进行，进行的速率趋近于零时，这个过程就近似为准静态过程。热力学的研究就是以准静态过程为基础的，若将理想的准静态过程分析清楚了，对于实际的非静态过程的探讨是非常有帮助的。因此，本章讨论的过程，除非特别注明，一般都是指准静态过程。

二、功　热量　内能

1. 功

在力学中，将力在位移方向上的分量与位移大小的乘积定义为力对质点所做的功(work)。功的概念非常广泛，但是无论是哪种类型的功，作功的过程始终与能量转换以及运动形式的变化相联系。接下来，我们讨论热力学系统在状态变化过程中所作的功。

取封闭在气缸中质量一定的气体为研究对象。如图 6-2(a)所示，活塞面积为 S，当气缸内压强为 p 时，气体作用于活塞的力为 $F=p\cdot S$。假设气体作准静态膨胀，活塞移动微小距离 dl，气体体积的增量 $dV=S\cdot dl$，气体所做的功为

$$dW=F\cdot dl=p\cdot S\cdot dl=p\,dV$$

由于这是气体体积发生无限小变化期间所作的功，称为元功。显然，气体膨胀，$dV>0$，$dW>0$，表示系统对外做功；气体被压缩，$dV<0$，$dW<0$，表示外界对系统做功。

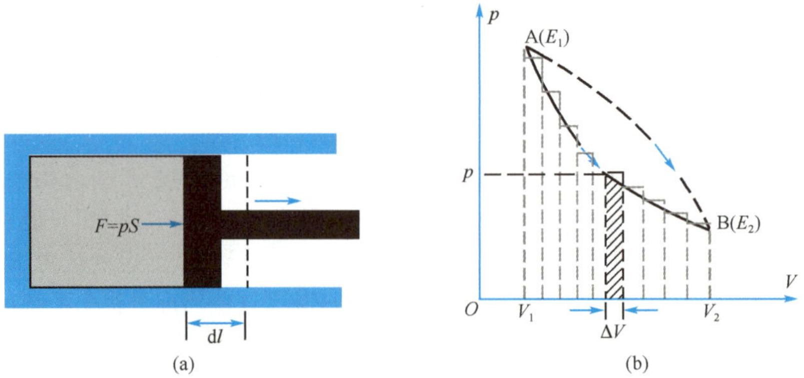

图 6-2 气体膨胀做功

(a)活塞运动；(b)p-V 曲线上的功

当气体由体积为 V_1 的状态 A 变到体积为 V_2 的状态 B 时，这样的准静态变化过程可用 p-V 图上的一条光滑曲线表示，如图 6-2(b)。元功 $p\,dV$ 就是此图上阴影的窄条面积，气体由体状态 A 变到状态 B 所做的总功等于曲线下所有这样的窄条面积的总和，即面积 AV_1V_2BA，用积分

笔记栏

表示这样一个有限的准静态过程，系统对外所做的总功为

$$W = \int \mathrm{d}W = \int_{V_1}^{V_2} p\,\mathrm{d}V \tag{6-1}$$

显然，总功 W 与过程曲线的形状有关，也就是与过程有关，即使初、末状态相同，只要过程路径不同，整个过程中气体所做的功就不同。若气体从状态 A 到状态 B 经历如图 6-2(b)中的虚线路径，那么气体所做的功就等于虚线下面的面积，它比实线下面的面积大些。这表明做功不仅决定于系统的初、末状态，而且与系统所经历的过程有关，功不是态函数，而是一个过程量。

2. 热量

除对系统做功可以改变系统的状态之外，向系统传递能量也可以改变系统的状态，这样的例子非常多。例如将一杯水放在电炉上加热，高温电炉不断地把能量传递给低温的水，使其从低温升到较高温度，水的状态就发生了变化；又如，在一杯水里放进一块冰，冰将吸收水的能量而融化，从而使水和冰的状态都发生改变。定义系统与外界之间由于存在温度差而传递的能量叫做热量(heat)，用符号 Q 表示。

应该注意，一般情况下，在系统与外界之间进行能量传递过程中，系统的温度要发生变化。实际情况也有与之相反的情形，当系统与外界之间发生了能量传递，而系统的温度维持不变，例如：在高温电炉上加热至沸腾的水，继续加热，水温也会维持在沸点而不再升高。在这种情形下，外界还是向系统传递了热量。总之，只要有能量的传递，无论系统的温度是否变化，都可以看成是热量的传递过程。

在国际单位制中，热量 Q 的单位与能量、做功的单位相同，均为焦耳(J)。根据著名的焦耳热功当量实验，做功与传热之间的具有等效关系，1 卡(cal)＝4.18 焦耳(J)。另外提醒一点，热量传递的多少与热量传递的方式(即过程)有关，本章第二节里就有这个问题的解答。大量的实验表明，热量与功一样都是与热力学过程有关的过程量，而不是态函数。

3. 内能

从前面的分析中知道，向系统传递热量 Q 可以使系统的状态发生变化，对系统做功 A 也可使系统的状态改变，而且对于确定的初、末状态，单独向系统传热或对系统做功，其值依过程的不同而不同的。或者，更一般地说，若对系统既传热又做功，那么系统的状态变化就与热量和功有关了。可是，大量的事实表明：对于确定的初、末状态，传热与做功的总和却与路径或过程无关，而是一个确定值。这就启发我们，系统状态的改变可以用这个确定值来给出量化的表示；或者说，系统的状态可以由一个物理量 E 来表征。当系统由初状态改变到末状态时，这个物理量的增量 ΔE 是个确定值，而不管系统从初状态到末状态经历的过程如何。

这与力学中依据保守力做功与路径无关，由此引进了重力势能的概念是一样的。定义这个表征系统状态的物理量 E 叫做系统的内能(internal energy)，因此热力学系统的内能仅是系统状态的单值函数。从分子运动论的观点来说，系统的内能就是系统中所有的分子热运动的能量和分子与分子间相互作用的势能的总和，它包括分子无规则热运动动能、分子间的相互作用势能、化学能、原子能、原子核内的能量等。当然在系统所经历的热力学过程中，并非所有这些能量都变化，比如原子核内的能量在一些过程中并不改变。对于理想气体，由于不考虑分子之间相互作用力，其内能只包含分子热运动动能，因此内能只与温度有关，1 摩尔理想气体的内能为

$$E = \frac{i}{2}RT \tag{6-2}$$

式中：R 是摩尔气体常量，i 表示描述气体分子空间位置所需要的独立坐标数目，即自由度，对于单原子分子 $i=3$，刚性双原子分子 $i=5$。如果用气体动理论方法来研究系统的内能，就要计算分子的动能和势能，为此就要知道系统是由什么样的分子组成、分子间的相互作用力以及分子有哪几种运动等先决条件。但除了理想气体，这个要求是很难满足的，从而限制了使用气体

笔记栏

动理论来研究系统的内能。用热力学方法研究系统的内能，以气体动理论中建立的内能概念为基础，从能量观点出发来研究系统的内能与传热、做功之间的关系，可以不需要知道系统的微观结构。这就是热力学方法的优点。

尽管“做功”与“传热”有等效性，但是本质上仍然存在着差别。“做功”(指机械功)是通过物体作宏观位移来完成的，它的作用之一是将物体的有规则运动转化为系统内部的无规则运动，即机械能转化为内能；“传热”是通过分子之间的相互作用来完成的，它的作用是系统外物体的分子无规则运动与系统内分子无规则运动之间的转换，从而改变系统的内能。功、热量和内能是三个不同的物理量，它们之间有严格的区分，但又有着密切的联系。

三、热力学第一定律

一般情况下，系统状态变化时，做功和传热同时存在。假设一个系统由于与外界交换能量，使它由初状态Ⅰ变为末状态Ⅱ，内能由 E_1变为 E_2，即内能的增量 $\Delta E=(E_1-E_2)$，在这个过程中系统吸收热量 Q，同时对外作功 W，那么根据能量转化和守恒定律，功、热量和内能之间应满足：

$$Q=\Delta E+W \tag{6-3}$$

此式就是热力学第一定律(the first law of thermodynamics)的数学表示(式中各量的单位都用焦耳)。它表明：在任何变化过程中，系统从外界吸收的热量 Q，一部分用来增加系统的内能，一部分用来对外做功。为使式(6-1)适合于一切过程，式中各量符号规定为：系统的内能增加时 ΔE 为正，反之为负；系统对外界做功时 W 为正，外界对系统作功时 W 为负；系统从外界吸取热量时 Q 为正，系统向外界放热时 Q 为负。显然，热力学第一定律是能量守恒和转换定律在涉及热现象宏观过程中的具体表述。例如，将它应用于孤立系统时，系统和环境既没有热量交换($Q=0$)，又不对外做功($W=0$)，由式(6-1)得 $\Delta E=0$。这就是说，孤立系统内部各物体的能量可以互相传递，各种形式的能量也可以互相转化，但它们的总和不变。

对于无限缓慢的准静态变化过程，热力学第一定律可写作

$$\mathrm{d}Q=\mathrm{d}E+\mathrm{d}W \tag{6-4}$$

上式中热量、内能和功三个量的字母前面都有符号“d”，但是意义不同。因为内能 E 是状态函数，热量和功都是“过程量”，所以 $\mathrm{d}E$ 表示内能函数的全微分，而 $\mathrm{d}Q$、$\mathrm{d}A$ 只表示无限小量，即微小热量和元功。

热力学第一定律是在19世纪中叶，确定了热功当量之后，才以科学定律的形式建立起来。如果将系统的内能扩展为一切能量，则热力学第一定律就是能量守恒和转化定律。能量守恒定律是一切自然现象所必须遵从的基本定律。历史上，曾经有人幻想制造一种不需要任何能量的供给而能不断地对外做功的机器，这种机器称为第一类永动机。所有这些企图，经过无数次的尝试都失败了。热力学第一定律指出，作功必须由能量转化而来，不能无中生有地创造能量，这些失败的尝试导致了热力学第一定律的确立。因此，热力学第一定律也可叙述为：第一类永动机是不可能造成的。

虽然从热力学第一定律中看出，热量可以转变为功，功也可以转变为热量，但热量和功的转换不是直接的，而是通过热力学系统来实现的。例如，向系统传热的直接结果是增加系统的内能，再由内能的减少而对外做功；外界对系统做功的直接结果也是增加系统的内能，再由内能的减少而向外界传热。因此，脱离开系统，就无法实现功和热量之间的转换，为叙述简便考虑，通常就说“热转变为功”或“功转变为热”。

第二节　热力学第一定律的应用

笔记栏

热力学第一定律指出了系统在状态变化过程中热量、内能和功之间的相互关系，下面初步

应用它来分析理想气体在几种典型的准静态过程中的能量转换。

一、等体过程

等体过程(isochoric process)又叫等容过程,此过程的特点是系统的体积始终保持不变,在 p-V 图上是一段平行于 p 轴的直线,如图 6-3 所示。因为$\Delta V=0$,亦即 $W=0$,因此,热力学第一定律可写成

$$Q=\Delta E \tag{6-5}$$

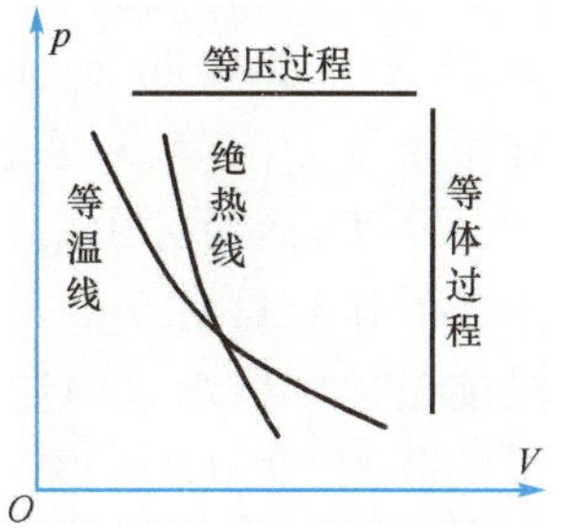

图 6-3　理想气体的等值过程

即系统从外界吸收的热量全部用来增加系统的内能。如果系统在等体过程中放热,则放出的热量等于系统内能的减少。

根据热容量的定义,1 摩尔的气体在等体过程中温度升高 1K 时所吸收的热量称为等体摩尔热容量,记作 C_V。质量为 M,摩尔质量为 μ 的气体,在等体过程中,温度升高(T_2-T_1),吸收的热量为

$$Q=\Delta E=\frac{M}{\mu}C_V(T_2-T_1)=nC_V\Delta T \tag{6-6}$$

由上式看出,气体的性质确定,C_V已知,内能的增量只与温度的增量有关。因此,1mol 理想气体,无论经历给定的还是任意的状态变化过程,只要温度的增量ΔT 相同,内能的增量ΔE 就是定值。这就是说,理想气体内能的改变只与初、末状态温度有关,而与状态变化的具体过程无关。基于这个结论,常用式(6-6)来计算理想气体内能的变化值。

比较式(6-2),对于 1mol 的理想气体,$C_V=iR/2$。

二、等压过程

等压过程(isobaric process)的特点是系统的压强始终保持不变,在 p-V 图上是一段平行于 V 轴的直线,如图 6-3 所示。由于 $dp=0$,在等压过程中,系统对外所做的功为 $W=\int_{V_1}^{V_2}p\,dV=p(V_2-V_1)$,热力学第一定律可写成 $Q=\Delta E+p(V_2-V_1)$,再根据理想气体状态方程进一步改写为

$$Q=\Delta E+nR(T_2-T_1) \tag{6-7}$$

上式在等压过程中,系统吸收的热量一部分用于增加内能,另一部分用来对外做功。

根据热容量的定义,1 摩尔的气体在等压过程中温度升高 1K 时所吸收的热量称为等压摩尔热容量,记作 C_p。质量为 M,摩尔质量为 μ 的气体,在等压过程中,温度升高(T_2-T_1),吸收的热量为

$$Q=\frac{M}{\mu}C_p(T_2-T_1)=nC_p\Delta T \tag{6-8}$$

将上式与式(6-6)一起代入式(6-7),得到

$$C_p=C_V+R \tag{6-9}$$

上式称为迈耶公式,它表明,理想气体的等压摩尔热容等于等体摩尔热容与普适气体常量 R 之和。这是由于在等压条件下,当温度升高 1K 时,1 摩尔的气体除增加内能外,还将多消耗约 8.31 J 的热量转变为因膨胀而对外所做的功。

将式(6-9)变形,等压摩尔热容量 C_p与等体摩尔热容量 C_V的比值,称为比热容比(specific heat ratio),用 γ 表示,写成

$$\gamma=\frac{C_p}{C_V}=\frac{i+2}{i} \tag{6-10}$$

结果是 γ 恒大于 1,并且 C_V、C_p和 γ 始终只与气体分子的自由度 i 有关,而与温度无关。

笔记栏

表 6-1 列出常温下某些气体的摩尔热容量实验值，从中看出：①无论是单原子、双原子还是多原子气体，尽管它们的等压、等体摩尔热容量实验值并不相同，但等压、等体摩尔热容量之差 $C_p - C_V$ 都接近 R。这从一个侧面反映了热力学第一定律的确是包含热现象在内的能量守恒定律。②单、双原子的实验值与理论值比较接近，表明经典的热容理论能近似地反映客观事实；而对分子结构比较复杂的、即三原子以上的气体来说，理论上把三原子以上的分子看作是具有 6 个自由度的刚性分子时，实验值与理论值相差较大。这说明上述理论是能量连续概念下的近似理论，只有用能量不连续分布的量子理论才能较好地解决热容量的问题，此处不作深入讨论。

表 6-1　气体摩尔热容量实验数据与理论计算值比较（C_V、C_p 单位：$J \cdot mol^{-1} \cdot K^{-1}$）

分子	实际气体	C_p	C_V	C_p-C_V	γ	理论值
单原子	氦	20.95	12.61	8.34	1.66	1.67
	氖	25.78	12.47	8.31	1.66	1.67
双原子	氢	28.83	20.44	8.38	1.40	1.40
	一氧化碳	29.00	21.20	7.80	1.37	1.40
	氧	29.61	21.16	8.45	1.40	1.40
多原子	甲烷	35.60	27.20	8.40	1.30	1.33
	乙醇	87.50	79.10	8.40	1.11	1.33

三、等温过程

等温过程(isothermal process)的特点是系统的温度始终保持不变，在 p-V 图上是一条双曲线，该线也称等温线，如图 6-3 所示。因为理想气体的内能只由温度决定，即 $dT=0$，$dE=0$，因此热力学第一定律可写成

$$Q=W$$

此式表明理想气体等温膨胀时，从外界吸收的热量全部转化为系统对外做功；如果是等温压缩，则外界对系统所做的功，全部转化为气体向外界传递的热量。

假设理想气体由初态 $\mathrm{I}(p_1, V_1)$ 经等温过程变到末态 $\mathrm{II}(p_2, V_2)$，则系统对外所作的功为

$$W=\int_{V_1}^{V_2} p\,dV=\frac{M}{\mu}RT\int_{V_1}^{V_2}\frac{dV}{V}=\frac{M}{\mu}RT\ln\frac{V_2}{V_1}=\frac{M}{\mu}RT\ln\frac{p_1}{p_2} \tag{6-11}$$

式中 T 为等温过程中系统的温度。当 $V_2>V_1$ 时，即等温膨胀时，$W>0$，系统对外做正功；反之，当 $V_2<V_1$，即等温压缩时，$W<0$，外界对系统做正功。功的数值就等于 p-V 图上双曲线与横坐标包围的面积。

四、绝热过程

在与外界没有热量交换的条件下，进行的系统状态变化过程就叫做绝热过程(adiabatic process)，这是热力学过程中非常重要的一个过程。实际上，绝对的绝热过程是没有的，但是在有些过程进行中，比如空气中声波传播引起的空气压缩和膨胀、内燃机气缸中受热气体的膨胀等，由于这些过程进行得很迅速，热量来不及与四周交换，也可近似地看成是绝热过程。

绝热过程的特点是系统与外界没有热量交换，即 $Q=0$，因此热力学系统内能的增加应该等于外界对系统所做的功，$\Delta E=-W$。由于气体内能的改变与过程无关，只与温度的改变有关，对于无限小准静态绝热过程，

$$dE=\frac{M}{\mu}C_V dT=nC_V dT=-p\,dV$$

由理想气体状态方程可知，气体的体积、温度变化时压强也要变化，所以在绝热过程中，三个态参量 p、V、T 都同时发生变化。将理想气体状态方程微分，

$$p\mathrm{d}V + V\mathrm{d}p = nR\mathrm{d}T$$

两式联立消去 dT，得

$$(C_V + R)p\mathrm{d}V = -C_V V\mathrm{d}p$$

因 $C_V + R = C_p$，$\gamma = \frac{C_p}{C_V}$，上式分离变量后变为 $\frac{\mathrm{d}p}{p} = -\gamma\frac{\mathrm{d}V}{V}$

等式两端分别进行不定积分，得到

$$pV^{\gamma} = C_1 \tag{6-12}$$

式(6-12)就是理想气体在绝热过程中压强和体积的变化关系，称为泊松(Poisson)公式。同理，利用式(6-12)和状态方程，可得绝热过程中 V 与 T 以及 p 与 T 之间的关系：

$$TV^{\gamma-1} = C_2 \tag{6-13}$$

$$p^{\gamma-1}T^{-\gamma} = C_3 \tag{6-14}$$

上面三个关系式表示的都是同一个绝热过程的方程式，注意三式中的常量 C_1、C_2、C_3 是各不相同的，每一个方程中的常量值由系统的初始状态决定。根据泊松公式画出绝热过程在 p-V 图上所对应的曲线，称为绝热线，如图 6-3 所示。

从图上看出，两条曲线有交点；绝热线比等温线陡些。这可以从两个方面来解释：①数学角度看，绝热线斜率的绝对值大于等温线斜率的绝对值(同学们自己演算)；②物理角度看，从两条曲线的交点往右，在绝热膨胀时压强的降低要比等温膨胀时快些。这是由于等温膨胀时，压强的降低只是由于体积的增加，气体的内能不变；而绝热膨胀时则靠消耗内能作功，压强的降低不仅是由于体积的增加，而且还由于内能减少导致温度下降造成的。

五、人体的能量交换

人体是一个开放系统，它与外界之间不仅有能量交换(散失热量、对外做功)，而且还有物质交换(摄取食物和 O_2 并排出废物)，这个过程称为人体的新陈代谢，简称代谢。正常情况下，维持生长、细胞活动等生命过程的能源主要是食物，食物中贮存的化学能不断转换成人体代谢过程中所需要的各种形式能量，这个过程称为分解代谢过程。若人体在一段时间内可视为封闭系统(没有进食和排泄)，人体的能量转换和守恒也服从热力学第一定律。对于微小的变化过程，式(6-3)可以写为

$$\Delta E = \Delta Q - \Delta W$$

式中：ΔE 应包括人体摄入的食物和体内脂肪的能量变化。通过上式每个量的变化，可以描述人体的总能量平衡。人体无论处于休息或工作，代谢过程都在进行。在这一过程中，内能不断地减少，ΔE 为负；然后，部分分解代谢活动用于身体对外做功 ΔW；另一部分成为散失到体外的热量 ΔQ，所以 ΔQ 也是负的。

生命过程是一个自然过程，与时间相关，上式两边除以过程经历的时间 Δt，它们之间的关系变成

$$\frac{\Delta E}{\Delta t} = \frac{\Delta Q}{\Delta t} - \frac{\Delta W}{\Delta t}$$

式中：$\Delta E/\Delta t$ 称为分解代谢率，$\Delta Q/\Delta t$ 为产热率，$\Delta A/\Delta t$ 为身体对外界所作功的机械功率(输出)。产热率和输出功率原则上都可以直接测出，分解代谢率则只能通过氧的消耗率来间接测定。这是因为食物在分解代谢过程中需要氧，故氧的消耗率决定于分解代谢率。以葡萄糖为例：

$$\underbrace{C_6H_{12}O_6}_{180\text{g}} + \underbrace{6O_2}_{134.4\text{L}} \longrightarrow \underbrace{6CO_2}_{134.4\text{L}} + \underbrace{6H_2O}_{108\text{mL}} + 2.87\times10^6\ \text{J}$$

完全氧化 1 摩尔(180 克)的葡萄糖约需要 134.4 升氧，产热 2.87 兆焦耳，即每升氧产热 21.4 千焦耳，每克葡萄糖产热 15.9 千焦耳。将 1g 食物氧化时所释放出来的能量称为食

笔记栏

物热价，分类为物理热价和生物热价。食物在体外燃烧所释放的热量称为物理热价，在体内氧化所释放的热量为生物热价。物质氧化时，每消耗 1 升氧所产生的热量称为该物质的氧热价，见表 6-2。

表 6-2 常见物质的生物热价和氧热价

名称	生物热价($kJ \cdot g^{-1}$)	氧热价($kJ \cdot L^{-1}$)
糖	17.2	20.9
脂肪	39.7	19.6
蛋白质	18.0	18.8
乙醇	29.7	20.3

人体的分解代谢除了与自身代谢功能和参与代谢的食物种类有关外，还与人体肌肉活动、精神活动以及环境温度等因素有关。表 6-3 显示出不同劳动强度或运动时能量代谢的情况。

表 6-3 人体各种活动的分解代谢率

活动类型	平均耗氧率($L \cdot kg^{-1} \cdot h^{-1}$)	产热率($L \cdot kg^{-1} \cdot h^{-1}$)
睡眠	2.1×10^5	4.51×10^3
轻微活动(听课、慢步)	6.0×10^5	1.29×10^4
中等活动(骑马、长距离步行)	1.2×10^6	2.58×10^4
强运动(游泳、羽毛球)	1.5×10^6	3.22×10^4
超强运动(足球、篮球比赛)	1.8×10^6	3.86×10^4
极限运动	4.2×10^6	9.01×10^4

人体在静卧而不作任何活动，既清醒又极度安静(不从事思考活动)，并且胃肠消化和吸收活动也基本完毕条件下的代谢，称为基础代谢，这时的代谢率称为基础代谢率(basal metabolic rate，BMR)。基础代谢率并非人体的最低代谢率，因为熟睡要比清醒时的代谢率还低 8%～10%。以体重 65kg 计算，基础代谢率的数值为 $2.93 \times 10^5 J \cdot h^{-1}$。应用热力学第一定律，可以测量正常或病理情况下基础代谢率的变化，对于某些疾病的诊断具有重要的意义。例如，甲状腺功能低下时，基础代谢率将比正常标准低 20%～40%，功能亢进时则比正常标准高 25%～80%。此外，人体发热时，体温每升高 1℃，基础代谢率将升高 13%；若体温降低(如低温麻醉中的手术病人)，其基础代谢率较正常人要降低。

第三节 循环过程 卡诺循环

在生产、生活实践中需要持续不断地将热转变为功，而依靠一个单独的变化过程不能够达到这个目的。比如，气缸中的气体作等温膨胀时，从外界吸收的热量可以全部转变为对外做功，但是气缸长度有限，过程不可能无限制地进行下去。为了持续不断的热功转换，需要利用循环过程。这为后来热力学第二定律的发现，为自然科学、工程技术更广泛普遍的应用能量概念和能量守恒指明了方向。

一、循环过程和热机效率

定义：系统经过一系列状态变化后，又回到原来状态的过程叫做**热力学循环过程**(cycle process)，简称循环。在 p-V 图上，循环过程可用一闭合曲线表示，如图 6-4 所示。循环过程顺时针进行时，系统对外作正功，称为正循环；逆时针进行，系统对外界作负功，称为逆循环。

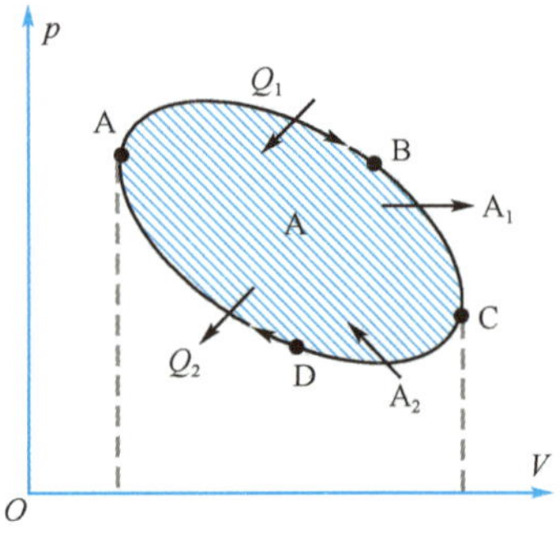

图 6-4 循环过程及净功

在正循环过程 ABC 段，系统从外界吸收热量 Q_1，并对外作正功 W_1，大小等于曲线 ABC 下的面积；在 CDA 段，系统向外界放热 Q_2，并对外界做负功 W_2，大小等于曲线 CDA 下的面积。由于整个循环过程中内能不变，由热力学第一定律可知，系统从外界吸收的热量必然大于放出的热量(取绝对值)，并有 $Q_1-Q_2=W_1-W_2=W$，即循环过程闭合曲线所包围的面积就是系统在一次循环中所做的净功。因此，在每一个正循环过程中系统从高温热源吸收热量，一部分用来对外界作功，另一部分传递给低温热源(释放到外界)，然后重新回到初始状态。这说明热转变为功是不完全的。热机(heat engine)就是工作在正循环过程，利用热来做功的机械系统。

定义：热机对外所做的净功 W 与它所吸收的热量 Q_1 的比值为热机的效率，即

$$\eta=\frac{W}{Q_1}=\frac{Q_1-Q_2}{Q_1}=1-\frac{Q_2}{Q_1} \tag{6-15}$$

实际上 Q_2 不能为零，所以热机的效率永远小于1。

获得低温效果的制冷机也是利用系统的循环过程来工作的，只不过与热机的循环过程完全相反。逆循环结果的代价是外界对系统做净功 W，同时从低温热源吸入热量 Q_2，向高温热源放出热量 Q_1，致使低温热源的温度越来越低，这就是致冷机的原理。

例 6-1 1摩尔氢气经过如图 6-5 所示的循环，其中 $p_2=2p_1, V_2=2V_1$。求在 a→b、b→c、c→d、d→a 等过程中气体吸收的热量和循环效率。

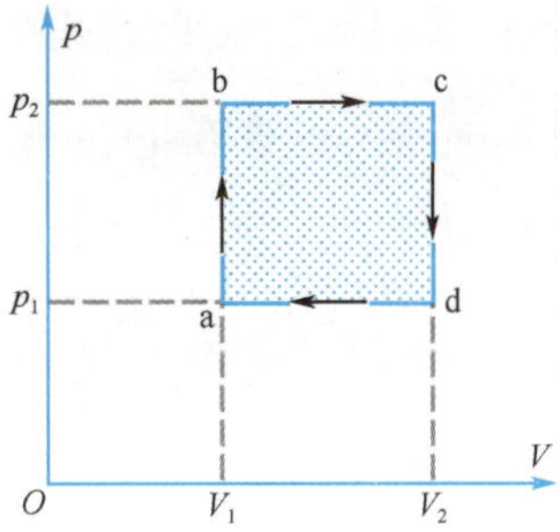

图 6-5

解：由图知，这是正循环，系统所作的净功 W 就是图上阴影部分的面积。

$$W=(p_2-p_1)(V_2-V_1)=p_1V_1$$

①a 点的温度为 T，因为 $p_1V_1=RT_1$。其余各点的温度为

$$T_b=2T, T_c=4T, T_d=2T$$

②等压过程 a→b、等体过程 b→c 吸收的热量

$$Q_{ab}=C_V(T_b-T_a)=C_VT, \quad Q_{bc}=C_p(T_c-T_b)=2C_pT$$

③等体过程 c→d、等压过程 d→a 释放的热量

$$Q_{cd}=C_V(T_d-T_c)=-2C_VT, \quad Q_{da}=C_p(T_a-T_d)=-C_pT$$

④经过一个循环，氢气吸收的总热量

$$Q_1=Q_{ab}+Q_{bc}=(3C_V+2R)T$$

氢气释放的总热量

$$Q_2=|Q_{cd}|+|Q_{da}|=(3C_V+R)T$$

此循环的效率为

$$\eta=\frac{Q_1-Q_2}{Q_1}=\frac{RT}{(3C_V+2R)T}=\frac{8.31}{3\times 12.53+2\times 8.31}=15.3\%$$

这个效率很低。从结果还知道，工作物质不同，等容摩尔热容量不同，循环效率不同；具体的循环过程不同，热机的效率也不同。那么，热机的效率有没有最大值？如何提高热机的效率？

二、卡诺循环及其效率

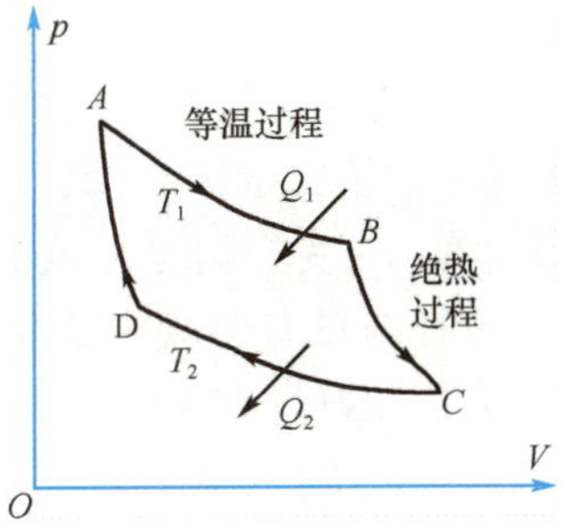

图 6-6 卡诺循环

1824年法国工程师卡诺(L. S. Carnot)对热机最大可能效率问题进行理论研究时提出了一种理想循环，为热力学第二定律的建立起了奠基性的作用。

卡诺循环是由两个等温过程和两个绝热过程组成的，在 p-V 图上是一条闭合曲线，如图 6-6 所示。卡诺循环对工作物质没有规定，为方便分析讨论，以 n 摩尔理想气体为工作物质。在经历一个循环后，系统又回到原来的状态，内能没有改变，系统对外做功与吸收、释放热量之间的关系如下：

笔记栏

$$Q_1 = nRT_1 \ln\frac{V_B}{V_A}, \quad Q_2 = nRT_2 \ln\frac{V_C}{V_D}$$

根据绝热过程方程(6-13)，得

$$\frac{V_B}{V_A} = \frac{V_C}{V_D}$$

将上式代入式(6-15)，得到

$$\frac{Q_2}{Q_1} = \frac{T_2}{T_1}$$

故卡诺热机的效率为

$$\eta = 1 - \frac{Q_2}{Q_1} = 1 - \frac{T_2}{T_1} \tag{6-16}$$

由此可见，卡诺循环的效率只由高温热源和低温热源的温度决定，且 T_1 越大、T_2 越小，效率就越高；卡诺循环的效率总是小于 100%(除非 $T_2 = 0$ K)。为什么是这样的结论呢？

第四节 热力学第二定律

热力学第一定律指出一切热力学过程都满足能量守恒；但是满足能量守恒的过程是否都能够进行呢？不一定！大量的发现表明，自然界自动进行的过程总是有方向性的，而不会向相反的方向进行(如混合后的气体不能自动分离)。为此，在实践的基础上，总结出了一条新的定律。

一、热力学第二定律

继续前面的分析，我们看到工作物质从高温热源吸收热量，经过卡诺循环总要释放出部分热量到低温热源中去，才能回到初始状态。各种循环过程的事实证明，热机不可能只有一个热源，热机要不断地把吸取的热量变为有用的功，就不可避免地要将一部分热量传给低温热源。也就是说，我们无法制成只从一个热源吸热作功，而不放热到冷源、效率达到 100%的循环动作的热机。总结这样的事实，将它叙述为：自然界没有这样一种循环过程，它进行的结果是从单一热源吸取热量，能将其全部转化为功，并且在外界不留下任何其他变化。这就是热力学第二定律(second law of thermodynamics)，由于这一叙述是由开尔文(Kelvin)首先提出来的，通常称为热力学第二定律的开尔文说法。应当说明，物体是能够把它吸入的热量全部转化为功的，只是这时或者没有完成循环过程，或者是留下了其他变化。例如理想气体在等温膨胀时吸入的热量全部转化为功，但它在膨胀后体积增大了，没有回复到原始状态。

热力学第二定律有许多表述方式，除开尔文说法外，克劳修斯(Clausius)在观察热传导现象时发现，热量的传递也有一种特殊的规律，即热量不可能自发地从低温物体传到高温物体。这个表述通常被称为热力学第二定律的克劳修斯说法。正确理解“自发”的意思，不是说不可能把热量从低温物体传到高温物体，而是说这样的传导一定会引起其他变化。如制冷机工作，外界就必须对它作功，使外界消耗能量，这就是其他变化。

不用能量而继续作功的第一类永动机被热力学第一定律否定后，历史上不少人曾试图制造从单一热源吸入热量并全部用来作功的第二类永动机。它由于违反热力学第二定律，因此也是不可能实现的。热力学第二定律的两种说法，表面上看来是各自独立的，其实它们是等效的。因为这两种说法是可以互相推证的(具体叙述略)。总之，热力学第二定律与热力学第一定律一样，不能从更普遍的原理推导出来，它是大量实验事实的概括和总结，它的正确性在于由它推出的一切结论都与事实相符。

二、可逆过程和不可逆过程

笔记栏

为进一步理解热力学第二定律及它与热力学过程的方向性之间关系，首先定义可逆过程和不可逆过程的概念。

如果某个过程 P 使系统从状态 A 变到状态 B，能够用某种方法使系统回到和原来完全一样的状态 A 而不引起外界任何变化，则过程 P 就叫做**可逆过程**(reversible process)；反之，如果不能用任何方法使系统回到状态 A 而不引起其他变化，则过程 P 就叫做**不可逆过程**(irreversible process)。

假如单摆不受空气阻力和其他摩擦力的作用，当它离开某个位置后，经过一个周期又回到原来的位置而周围一切没有变化，因此单摆的摆动可视为是可逆过程。再如无摩擦的准静态过程，其中的每一步都达到了平衡，如果我们控制条件，使它按照与原过程相反的顺序进行，经过原来的所有中间状态，并消除所有的外界影响，则可使无摩擦的准静态过程成为可逆过程。还有这样的许多事例，可以得出不可逆过程的条件：①过程进行得无限缓慢，即为准静态过程；②过程进行中没有摩擦发生，否则就有一定数量的功通过摩擦转变为热。但这样的条件很难实现，严格地说可逆过程只是一种理想过程，在实际中是不存在的，只能实现非常接近可逆过程的过程。因此，自然界中的一切过程只能自发地朝一个方向进行，例如，摩擦过程功可以全部转化为热量，而热量不能再全部转化为功；浓度不同的溶液混合后达到均匀，不会自动地分离成不均匀的各个组分等等。

热力学第二定律的两种说法就是分别挑选了一种典型的不可逆过程来论证各种过程的方向性，指出不仅热传导过程、热功转换过程，而且气体自由膨胀过程、不同浓度溶液混合、生命成长与衰老等自然界的一切自发过程都是不可逆过程，都反映了自然界中与热现象有关的宏观过程具有方向性的相同规律。这样，在理论上对热力学第一、第二定律有了更深入的理解，它们既是热力学基本规律，一切涉及热现象的过程不仅必须满足能量守恒，而且具有方向性和局限性。

三、热力学第二定律的统计意义和适用范围

从前面的研究得到：一切与热现象相关的宏观过程都是不可逆过程，而热现象是与大量分子无规则的热运动相联系的。为了加深认识热力学第二定律的本质，通过对气体自由膨胀的分析，从微观角度来说明它的统计意义。

如图 6-7 所示，用隔板将容器分成体积相等的 A、B 两室，使 A 室充满气体，B 室保持真空。假设只考虑四个分子 a、b、c、d，来观察它们无规则运动的分布情况。把隔板抽掉后，它们将在整个容器内运动，分子在容器中的分布情况见表 6.4。微观态是指哪一个或几个分子在 A 室或 B 室，共有 16 种；每个微观态出现的可能性(或概率)是一样的。每一种宏观态是指各室有几个分子，这样 16 种微观态分属 5 种宏观态，其中，分子在 A、B 两室均匀分布的宏观态(即分子处于无序程度最大的状态)概率最大，4 个分子全退回 A 室的宏观态概率最小。表中 P 是表示相同宏观态对应的微观态个数，称为热力学概率(thermodynamic probability)。

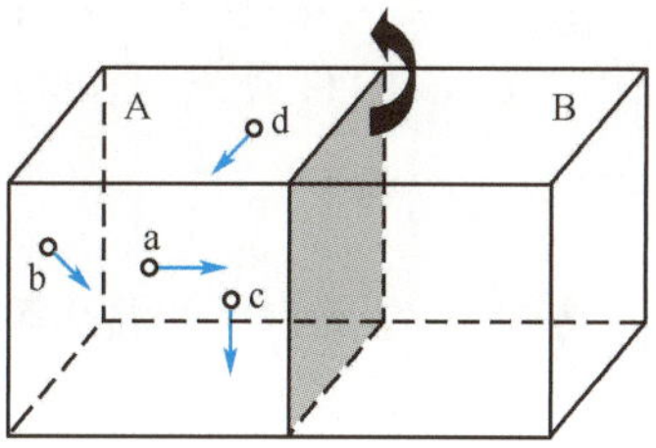

图 6-7　气体自由膨胀

表 6-4　容器内分子位置的可能分布方式

<table>
<tr><td rowspan="2">微观态</td><td>A室</td><td>abcd</td><td>abc</td><td>abd</td><td>acd</td><td>bcd</td><td>ab</td><td>ac</td><td>ad</td><td>cd</td><td>bd</td><td>bc</td><td>a</td><td>b</td><td>c</td><td>d</td><td></td></tr>
<tr><td>B室</td><td></td><td>d</td><td>c</td><td>b</td><td>a</td><td>cd</td><td>bd</td><td>bc</td><td>ab</td><td>ac</td><td>ad</td><td>bcd</td><td>acd</td><td>abd</td><td>abc</td><td>abcd</td></tr>
<tr><td rowspan="2">宏观态</td><td>A室</td><td>4</td><td colspan="4">3</td><td colspan="6">2</td><td colspan="4">1</td><td>0</td></tr>
<tr><td>B室</td><td>0</td><td colspan="4">1</td><td colspan="6">2</td><td colspan="4">3</td><td>4</td></tr>
<tr><td colspan="2">热力学概率P</td><td>1</td><td colspan="4">4</td><td colspan="6">6</td><td colspan="4">4</td><td>1</td></tr>
</table>

可以证明：如果容器中共有 N 个分子，若以分子处在 A 室或 B 室来分类，则共有 2^N 种可能

笔记栏

的分布，而全部 N 个分子都退回到 A 室的宏观态的概率为 $1/2^N$。宏观系统都包含了大量分子，假定容器中有 1 摩尔气体，分子总数 6.02×10^{23}，所以，当气体自由膨胀后，所有这些分子自动地全部退回到 A 室的概率是 $1/6.02\times10^{23}$。这个概率是如此的小，实际上是观察不到的。也就是说，气体自由膨胀的不可逆过程。

由此分析所得的结果具有普遍意义，所有的不可逆过程实质上是一个由热力学概率小的宏观状态向热力学概率大的宏观状态的转变过程，由于相反过程的热力学概率非常小，在外界不发生任何影响的条件下是不可能实现的。热力学第二定律正是指出一切与热现象相关的宏观过程都是不可逆过程，因此，一孤立的热力学系统，其内部发生的过程，总是从无序程度较小（或有序）的状态向无序程度大（或无序）的状态进行，由包含微观状态数目少的宏观状态向包含微观状态数目多的宏观状态进行，这就是热力学第二定律的统计意义和实质。

热力学第二定律的适用范围：①由大量微观粒子组成的宏观体系，否则如前例的气体膨胀时，若只有 1 个分子，就可能出现分子自动退回 A 室的结果；②因为，热力学第二定律是在有限时空范围内所观察到的现象的总结，而孤立系统是指外界施加影响微弱的有限系统。故热力学第二定律只适用于有限范围的孤立系统，不能推广运用到无限的宇宙中去。

第五节　熵与熵增加原理

热力学第一定律导出了状态函数——内能，那第二定律是否也存在一个状态函数来判断过程是否可逆，以进一步对热力学过程的方向性作出定量表述呢？

一、克劳修斯等式

卡诺循环的每个过程都是准静态过程，所以卡诺循环是理想的可逆循环。由此不难说明**卡诺定理**（Carnot theorem）：工作在相同的高温热源 T_1 和低温热源 T_2 之间的一切可逆循环热机，其效率都等于卡诺循环热机的效率；一切不可逆循环的热机，其效率都不可能大于可逆循环热机的效率。因为，不可逆热机的运动部分存在着摩擦引起的能量损失，或者过程进行较快而使平衡条件不能满足，所以任何不可逆热机的效率都只能比可逆热机的效率小。

将式(6-16)移项、整理，得到

$$\frac{Q_1}{T_1}-\frac{Q_2}{T_2}=0$$

如果将 Q_2 也定义为从低温热源 T_2 吸取的热量，则 Q_2 本身为负值，上式写成

$$\frac{Q_1}{T_1}+\frac{Q_2}{T_2}=0 \tag{6-17}$$

式(6-17)中：Q/T 称为热温比，是卡诺循环中两个等温过程中系统所吸收或放出的热量与温度之比。考虑卡诺循环中的两个绝热过程 $Q=0$，从而相应有 $Q/T=0$，因此可以把式(6-17)理解为：在卡诺热机中的工作物质从某个初始状态出发，经历了卡诺循环又回到原来的状态后，热温比 Q/T 在整个循环过程的总和为零。

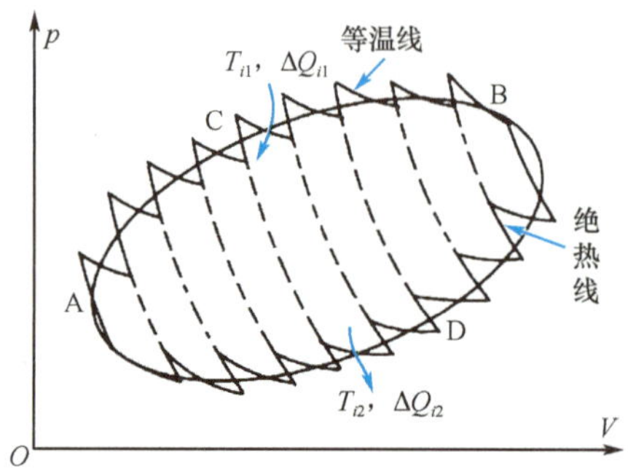

图 6-8　证明克劳修斯等式用图

把这个结论推广到一切可逆循环过程，如图 6-8，对任意可逆循环 ACBDA，可看成是由许多小卡诺循环所组成，这些小卡诺循环都是可逆的，且都是正循环。从图中可以看出任意两个相邻的小卡诺循环的绝热线大部分都是共同的，但进行的方向正好相反，从而效果相互抵消。因此，所有小卡诺循环的总效果就相当于图中锯齿形粗实线路径（即等温线）所表示

的循环过程。根据式(6-17)，对于任意一个可逆小卡诺循环均有

$$\frac{\Delta Q_{i1}}{T_{i1}}+\frac{\Delta Q_{i2}}{T_{i2}}=0$$

对所有小卡诺循环求和，得

$$\sum_{i=1}^{n}\left(\frac{\Delta Q_{i1}}{T_{i1}}+\frac{\Delta Q_{i2}}{T_{i2}}\right)=0$$

如果每个小卡诺循环为无限小，循环的数目 $n\to\infty$，则锯齿形路径就无限趋近于原来的可逆循环过程，上式左侧的求和运算变成积分，这时有

$$\oint\frac{\mathrm{d}Q}{T}=0 \tag{6-18}$$

上式称为克劳修斯等式，它说明，在任何可逆循环过程中，热温比 $\mathrm{d}Q/T$ 的总和等于零。

二、熵的概念

图 6-8 的可逆循环过程也可认为是由 ACB 和 BDA 两个过程组成，将上式改写并注意积分上下限变换，得

$$\oint\frac{\mathrm{d}Q}{T}=\int_{ACB}\frac{\mathrm{d}Q}{T}+\int_{BDA}\frac{\mathrm{d}Q}{T}=\int_{ACB}\frac{\mathrm{d}Q}{T}-\int_{ADB}\frac{\mathrm{d}Q}{T}=0$$

根据积分的定义，再次改写上式，得

$$\int_{ACB}\frac{\mathrm{d}Q}{T}=\int_{ADB}\frac{\mathrm{d}Q}{T}=\int_{A}^{B}\frac{\mathrm{d}Q}{T}$$

由于所选择的循环是任意的，上式表明积分的值与过程无关，只由初、末状态所决定。比照定义内能的思路，于是可以断定存在一个系统状态的单值函数，它等于两个平衡态之间任意可逆过程的热温比 $\mathrm{d}Q/T$ 的积分。这个状态函数称为熵(entropy)，用 S 表示，单位为焦耳每开($\mathrm{J\cdot K^{-1}}$)。

如果 S_A 和 S_B 分别表示系统在状态 A、B 时的熵，那么系统沿任意可逆过程经初状态 A 变到末状态 B 时，熵的增量为

$$\Delta S=S_B-S_A=\int_{A}^{B}\frac{\mathrm{d}Q}{T} \tag{6-19}$$

而对于无限小的可逆过程则有

$$\mathrm{d}S=\frac{\mathrm{d}Q}{T} \tag{6-20}$$

这样，就在数学上建立了熵变和系统的宏观状态参量之间的关系。实际问题中，主要根据式(6-19)来计算两个平衡态之间的熵变。用积分 $\int_{A}^{B}\frac{\mathrm{d}Q}{T}$ 求系统的熵变时，要注意积分对应的必须是一个可逆过程。如果系统实际上是经历一个不可逆过程由初态到达末态，那就需要设计一个连接同样初、末两态的可逆过程来求积分，最后计算出熵变。另外，如果一个系统是由一些分系统组成，则它的熵变等于各分系统熵变的和。

三、熵增加原理与能量退降

自然界中实际的自发过程都是不可逆过程，根据上式，可以通过对系统的熵变ΔS 的计算，来判断其过程能否实现以及过程进行的方向性。

对于任意的不可逆过程，如果它的初态 A 和末态 B 都是平衡态，利用卡诺定理及式(6-19)可以证明：

$$S_B-S_A>\int_{A}^{B}\frac{\mathrm{d}Q}{T} \tag{6-21}$$

笔记栏

也就是说,不可逆过程的熵变大于可逆过程熵的变化。将式(6-19)、(6-21)合并写为

$$S_B - S_A \geqslant \int_A^B \frac{dQ}{T} \tag{6-22}$$

相应地,对于无限小的可逆或不可逆过程

$$dS \geqslant \frac{dQ}{T} \tag{6-23}$$

再假设过程是绝热的,$dQ=0$,则

$$dS \geqslant 0 \tag{6-24}$$

总结起来,在绝热过程中系统的熵永不减少;对于可逆绝热过程,系统的熵不变;对于不可逆绝热过程,系统的熵增加。这个结论称为**熵增加原理**(Principle of entropy increase)。

熵增加原理是热力学第二定律的另一种表述形式,说明了热力学过程进行的方向:不可逆绝热过程总是向着熵增加的方向进行,可逆绝热过程则是沿着等熵路径进行。一个孤立系统中进行的任何过程都是绝热过程,其熵永不减少。如果系统不是绝热的或者不是孤立的,可以把该系统和外界合成一个更大的系统,使这个系统成为绝热系统或孤立系统,则新系统的总熵是不会减少的,仍然符合熵增加原理。

熵增加和不可逆过程的直接后果是什么呢?热力学第一定律告诉我们,在一切热力学过程中能量之间的转换或传递必须遵守能量守恒定律;而热力学第二定律又指出,在热力学过程中有用能(或可资利用的能量)是受到限制的,例如工作在高温热源和低温热源之间、效率为η的热机,在完成一个循环后,它从高温热源吸收的热量 Q_1 并不能全部用来作功,能作功的只是其中的一部分ηQ_1,它必须把$(1-\eta)Q_1$即 Q_2 的能量传递给低温热源。这就是说,从高温热源取出的能量只有一部分被利用,其余部分能量被耗散到周围环境中去,最终变成不可利用的能量。由此可见,在能量的利用上,不可逆过程的后果总是使一定的能量从能够作功的形式变为不能作功的形式,这种现象叫做**能量退降**(degradation of energy)。这种情况在热力学过程中还有许多,从能量守恒的角度来看,系统在初末状态的能量确实没有变;但是从能量转换或传递的角度看,系统既已处于平衡态,能量转换或传递就不会发生了,此时熵达到最大值。可以证明,不能作功的能量大小与不可逆过程引起的熵的增加成正比。

例题 6-2 质量 1kg 温度为 0℃的冰吸热融化成 0℃的水,然后加热变成 10℃的水。试求整个过程的熵变。已知冰的熔解热为 $3.35\times10^5\,J\cdot kg^{-1}$,水的比热为 $4.1868\times10^3\,J\cdot kg^{-1}\cdot K^{-1}$。

解:①0℃的冰融化成 0℃的水看成是可逆等温过程,$T_1=273K$,则

$$\Delta S_1 = \frac{\Delta Q_1}{T_1} = \frac{3.35\times10^5\times1}{273} \approx 1.23\times10^3\,J\cdot K^{-1}$$

②设想系统从温度仅高无穷小的恒温热源吸热,许多这样的热源将 0℃的水变成 10℃的水,此过程可看作可逆等温过程,则

$$\Delta S_2 = \int_{T_1}^{T_2}\frac{dQ}{T} = \int_{T_1}^{T_2}\frac{mc\,dT}{T} = mc\ln\frac{T_2}{T_1}$$
$$= 1kg\times4.1868\times10^3\,J\cdot kg^{-1}\cdot K^{-1}\times0.036 \approx 0.15\times10^3\,J\cdot K^{-1}$$

③总的熵变为

$$\Delta S = \Delta S_1 + \Delta S_2 = 1.38\times10^3\,J\cdot K^{-1}$$

从这个例子看出,冰化成水和水的温度升高的过程都是熵增加的过程。冰是晶体,分子排列比较有序;融化成水后,分子热运动加剧,分子排列的无序程度增加,并且是随温度的增加而增加。因此,熵的大小反映了物质分子运动的无序程度,是物质分子无序程度的量度。

笔记栏

习　题　六

6-1　什么叫内能？它与热量有何不同？下面两种说法是否正确：①物体的温度越高，则热量越多？②物体的温度越高，则内能越大？

6-2　从增加内能的角度看，作功和传热是等效的。如何理解两者在本质上的差异呢？系统可否吸收热量，仅使其内能变化？系统能否吸收热量，而不使其内能变化？

6-3　标准状况下0.016kg氧气，状态变化时吸收热量为334.9J。试求：①等温过程，气体的末态体积；②等体过程，气体的末态压强；③等压过程，内能的变化。

[①$15.0\times10^{-3}$ m^3；②$1.13\times10^5$ Pa；③239J]

6-4　0.04kg氦气温度由17℃上升为27℃。若在升温过程中：①保持体积不变；②保持压强不变；③与外界绝热。试分别计算各个过程中气体的内能变化，吸热和外界做功多少？假设氦气是理想气体，$C_V=3R/2$。

[①1247J，1247J，0；②1247J，2078J，-831J；③1247J，0，1247J]

6-5　卡诺热机工作在1000K和300K的两个热源之间，效率是多少？若①将高温热源温度提高到1100K；②将低温热源温度降低到200K。从理论上讲，热机效率各增加多少？哪种方案更好？

[70%；①2.7%；②10%]

6-6　定量的单原子分子理想气体，从初态A出发，沿图6-9所示直线过程变化到状态B，又经等体、等压过程回到状态A。计算：①过程AB、BC、CA中系统对外所做的功A，内能的增量ΔE及吸收的热量Q各为多少；②整个循环过程系统对外所做的总功及从外界吸收的总热量。

[①$Q_1=950$J，$Q_2=-600$J，$Q_3=-250$J；②$Q=100$J]

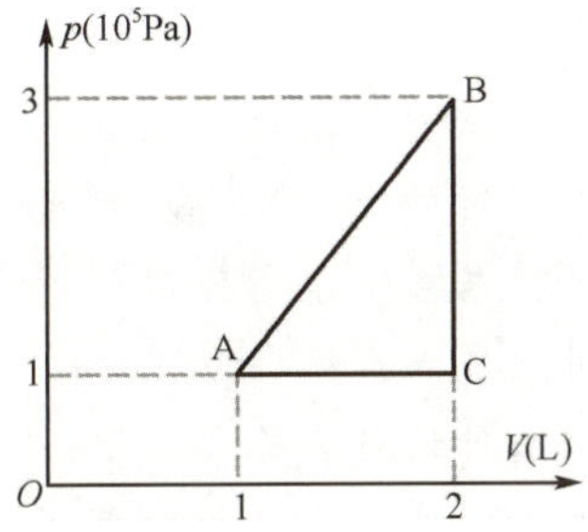

图6-9　习题6图

6-7　试估算自己开会或打排球30分钟所消耗的热量。若此热量是由体内的脂肪提供，需氧化多少脂肪？

6-8　设1mol理想气体，由初态(p_1，V_1，T_1)到末态(p_2，V_2，T_2)，求其熵变。提示：先写出4个过程的熵变表示式。

$$[\Delta S=C_V\ln\frac{T_2}{T_1}+R\ln\frac{V_2}{V_1}]$$

6-9　质量为0.30kg、温度为90℃的水与0.70kg、温度为20℃的水等压混合，系统与外界没有能量传递。试求混合后系统的熵变。

[21 $J\cdot K^{-1}$]

6-10　分别经过①等体；②等压过程将2摩尔的氧气从40℃冷却到0℃。求各过程的熵变为多少？

[$-5.68J\cdot K^{-1}$；$-7.96J\cdot K^{-1}$]

6-11　试求1.00kg温度为0℃的冰吸热变成20℃的水的熵变。已知冰的熔解热为$3.35\times10^5 J\cdot kg^{-1}$，水的比热为$4.186\times10^3 J\cdot kg^{-1}\cdot K^{-1}$。

笔记栏

[1.53×10^3 J·K^{-1}]

6-12 1摩尔的水吸收4.06×10^4J的热量，在1.013×10^5Pa和100℃时蒸发为水蒸气。求熵变的大小。

[109 J·K^{-1}]

阅读材料

热效应的医学应用

热效应(thermal effect)又称为能量效应，是指人体组织或器官吸收热量后，所产生的直接影响和生理变化。在医学上，根据热作用能量的来源，一般有可见光与红外线热效应，超声热效应，射频电磁波热效应，微波热效应和激光热效应。近代物理学理论证实，热本质上是一种量子能量很小的电磁辐射，它被物体吸收后使物质分子热运动的能量增加，但是不引起分子的电离和激发。

热效应的医学应用历史悠久，现代物理学促进了它的发展，使得应用手段与方法不断的完善，并充实了丰富的内容。目前，热效应在临床康复、治疗以及日常健康保健的应用非常广泛，下面简单介绍几种主要的手段和方法。

1. 温热疗法

凡是以各种热源为介体，将热直接传至机体达到治疗作用的方法，称为温热疗法。应用的方法有：石蜡疗法、泥类疗法、地蜡疗法、砂疗、酒醋疗法、热敷灵疗法等等，其特点是：取材广泛，设备简单，操作容易，应用方便，对某些疾病的疗效较高，在各种医疗机构或病人家庭中都能够进行治疗。它的生理和治疗作用主要体现在：加强血液和淋巴循环，改善组织代谢过程等。

2. 光疗法

光疗法是利用日光或人工光线(红外线、紫外线、可见光)防治疾病和促进机体康复的方法，医学上利用红外线作物理治疗居多。水对红外线的吸收很强，红外线在人体表面就被吸收了，波长为1.2微米的红外线透入人体内最深处约3毫米。由于炽热物体或光源发出的红外线有显著的热效应，医用红外线灯又称太阳灯，是一种充气的钨丝灯泡，温度可达3000℃，产生的红外线有较强的穿透能力。当身体组织受到红外线照射时，产生与加热相伴随的效应，引起局部温度升高，同时血管舒张，血流加速，促进组织的代谢，具有消炎、镇痛作用，故对各种神经炎、关节炎、循环障碍等疾病有一定的疗效。

3. 超声波疗法

超声波作用于人体时可产生热效应，有些称为“超声透热疗法”，超声波在体内热的形成，主要是组织吸收声能的结果。除了亦能完成上述两种方法的作用外，近年来发展起来一种高强度聚焦超声(HIFU)也是很好的利用了超声波的热效应的治疗技术。如同用放大镜将日光聚焦于干燥的纸片或织物上，持续足够的时间就可以在焦点处将其烧穿，类似地，以适当的方式将超声波聚焦于人体深部组织目标上时，如果积累的能量足够多，则该处的温度迅速上升到65或73℃以上，以致细胞在瞬间(1秒或更短)发生凝固性坏死。其优点是，焦点周围的组织并不受损害。这种杀灭细胞的方法称为热消融(thermal ablation)。

由于吸收特性的存在，当超声波在媒质中传播时，其部分能量就被媒质吸收并转化为热能形式。计算表明，对于哺乳动物组织，当用频率为1MHz、声强为1W·cm^{-2}(如在超声理疗中)的平面行波照射时，若所产生的热量都留在原处而不散失，持续1秒时间导致的温升约为0.012℃；而当照射声强为3000 W·cm^{-2}(如高强度聚焦超声治疗中)时，则持续1秒时间导致的温升将达36℃。对于人体，实际温度即为73℃，即蛋白质凝固变性的温度。需要指出的是，这种推算并不适用于哺乳动物循环系统中的液体，因其流动会伴随有热量的传递；而且，即使是不流动的介质，这些结论也仅适用于过程的初始阶段，因为随着时间的推移，在某一地点所生的热量会通过热传导而散失。再者，从更严格的意义上说，既然温升是一个物理过程，则其一旦发生，该处组织的吸收衰减系数也必将随之改变，并转而影响其后的温升速率。因此，从对治疗过程和治疗效果的把握出发，超声波临床应用宜多考虑实际情况。

4. 定向能外科治疗技术

定向能外科系统(directed energy surgical systems)是基于临床医学的需求，随着现代技术的发展不断出现的一批新型的物理能量治疗设备。近年发展十分迅速，已逐渐形成一个以非电离辐射物理量为主的新兴物理能量治疗领域，主要包括医用激光、微波、射频电磁波等，这些物理量热效应的特点是：发生在热平衡态附近，在很宽的场强范围($0\sim10^5$ V·m^{-1})都显示出线性响应特征，系统生成的热量正比于场强的平方，效应的本质与其他加热方式无本质区别。也就是说，热效应的能量是外部电磁场在生物系统内部转化的热能，它不会引起被作用的生物组织的分子电离，也影响不到组织的原子—分子结构。在临床医疗上主要是利用各种不同物理因子的能量辐射，产生局部的生物温度效应，达到定向损毁病灶组织的目的。定向能外科治疗技术不仅可以用于普通外科手术，而且可以用于许多专业外科手术，其应用范围几乎覆盖了从细胞组织凋亡到手术切除的所有外科领域，包括美容外科、皮肤外科、心血管介入、妇科、眼科、泌尿外科、脊柱外科、头颈外科、普外、腹腔内镜以及肿瘤治疗等，这里着重介绍肿瘤热疗技术。

现状与前景：癌症严重威胁着现代人类的健康和生命，目前手术切除、放疗与化疗仍然是最主要的治疗手段。面对癌症发生率居高不下的现状，为了提高疗效和生存率，改善患者的生存质量，多年来，科学家和工程技术人员一直在寻求和探索各种能够更有效杀灭或抑制癌细胞又能无创或微创的治疗手段。随着医学的发展和科学的进步，融入大量高新技术对人体正常组织和系统损伤较少的现代肿瘤热疗技术与方法，因此而日益受到重视。现代定向能外科技术的发展，为热疗技术的现代化提供了强大的工程设备基础和技术支撑。在以电离辐射物理量为基础的放射治疗癌症手段之外，又提供了一种以非电离辐射高能物理量为基础的癌症施治手段。肿瘤热疗就是利用非电离辐射物理因子(射频、微波、激光、超声)作用在生物组织中产生的热效应，使之受热升温达到杀灭肿瘤细胞目的的技术和方法。是近些年来迅速发展的定向能治疗技术的重要应用领域。

基础热生物学研究：人类对发热能够抑制和治疗肿瘤的了解，可以追溯到遥远的古代；但真正将其用作为疾病治疗手段则是始于20世纪60年代初。特别是近20年来，发展迅速，在热生物学基础研究、热疗器械研制，以及临床研究与应用方面，取得了许多重要成果。目前，热疗已经成为肿瘤医学中重要的治疗技术与方法之一，在肿瘤治疗中发挥了引人注目的作用。20世纪80年代，国内外学者着重研究的是41.5～43℃的加温模式，而在90年代，39.5～41.5℃的亚高温生物学受到重视，并就低热诱导肿瘤细胞凋亡，热休克蛋白(HSP)的产生、作用、意义、热疗与免疫，热疗与热耐受，热疗对化疗增敏的作用等重要课题进行了大量颇有成效的研究；近些年来在分子水平的热生物学研究方面也获得重要进展。所有这些，都为肿瘤热疗技术的发展和推广应用奠定了重要的基础。

临床应用：我国于20世纪70年代开始进行肿瘤热疗技术的研究与应用，并曾于80年代初在射频透热综合治疗膀胱癌和微波透热综合治疗食道癌方面取得初步成果。之后，随着热疗器械产品的发展，该项技术在国内较大范围获得推广使用，并在协同和综合治疗方

笔记栏

面获得了明显的成效。特别是近些年来，随着高强度聚焦超声肿瘤消融治疗技术的出现；影像引导射频、微波、激光肿瘤消融治疗技术的迅速发展；一批新型常规热疗设备的问世；腹腔热灌注治疗和热化疗、全身热疗的临床应用；又将我国的肿瘤热疗事业推进到了一个新的发展阶段。目前，我国肿瘤热疗临床应用的综合水平已经受到国际肿瘤医学界的重视。

总之，对所有各种体外肿瘤热疗设备而言，所要解决的核心问题都是如何将物理能量定向输送到靶组织，将肿瘤组织加热至有效杀灭温度而又不损伤正常组织。这样欲从体外有效的实现对体内深部肿瘤的治疗，无论采用何种物理因子和技术手段，都需要解决以下共性问题：①将足够的物理能量定向的输送到靶组织，产生有效的杀灭癌细胞的温度；②尽可能不损伤正常组织，不造成体表灼伤或其他意外伤害；③实现在治疗过程中对靶组织温度的测量、监控和对治疗情况的监测。对这些问题的解决程度，也正是衡量热疗设备技术水平的最主要标志。然而，由于不同物理因子产生生物热效应的机制有区别；物理参数与组织特性存在差异；以及活体上存在的组织固有不均一性、成分和结构的错综复杂、存在体液环境等，都对组织产热有影响，解决起来有相当大的难度。

（廖新华　于　勉　梁寒冰）

第7章 静 电 场

静电场是相对于观察者静止的电荷在其周围产生的场，这是学习电磁学的基础。本章将讨论静电场的基本性质与规律，其中包括描述静电场性质的两个基本物理量——电场强度和电势及其相互关系；反映静电场基本规律的场的叠加原理、高斯定理以及场的环路定理等；静电场与电介质的相互作用规律以及静电场的能量等内容。并简介对医学有意义的电偶极子电场分布规律。

第一节 电场和电场强度

一、电荷和库仑定律

自然界中只存在两种电荷：正电荷和负电荷。同种电荷相互排斥，异种电荷相互吸引。电荷的多少用电量来描述，单位为库仑，用符号 C 表示。电子和质子的电荷是基本电荷，电子带负电，质子带正电。根据 1986 年国际科技数据委员会推荐的数值，电量基本单元 $e=1.60217733(49)\times10^{-19}\mathrm{C}$。任何物体的带电量 Q 只能是 e 的整数倍，这种特性称为电荷的量子性。由于宏观物体所带电量远远大于 e，电荷的量子性不容易被观察到。实验表明，在一个不与外界交换电荷的系统中，不管系统中发生什么物理过程，系统电量的代数和始终保持不变，这就是电荷守恒定律(law of conservation of charge)。

当一个带电体的几何线度远小于它到其他带电体的距离时，这个带电体本身不影响其他带电体的电场分布，可以把它抽象成一个几何点。这样的带电体称为点电荷。点电荷是电磁学研究中的一个重要模型，任何带电体都可以视为点电荷的集合体。1875 年，库仑通过实验总结出两个静止点电荷间的作用规律，被称为库仑定律(Coulomb's law)。即：真空中两个静止点电荷之间相互作用力 $\boldsymbol{F}$ 的大小与两个点电荷所带电量 q_1，q_2 乘积成正比，与它们之间距离 r 的平方成反比。作用力的方向沿着它们的连线，同号电荷相斥，异号电荷相吸。表达式为

$$F=k\frac{q_1q_2}{r^2} \tag{7-1}$$

式中 k 是一比例系数，在国际单位制中 $k=\dfrac{1}{4\pi\varepsilon_0}$。其中 ε_0 称真空介电常量或真空电容率，$\varepsilon_0\approx 8.85\times10^{-12}\mathrm{C^2\cdot N^{-1}\cdot m^{-2}}$。库仑定律是静电场的基本定律之一。

二、电 场 强 度

电荷周围空间存在一种特殊物质，这种特殊物质就是电场(electric field)，任何电荷都要在其周围产生电场。电荷之间的相互作用是通过电场实现的，所以库仑力又被称为电场力。激发电场的电荷通称为场源电荷。与观察者相对静止的场源电荷产生的电场称为静电场(electrostatic field)，静电场是稳定电场，不随时间变化。

电场有两种重要属性：①力的性质，即对处在其中的任何电荷都有力的作用；②能的性质，即当电荷在电场中移动时，电场力都要作功，表明电场具有能量。

电场强度是描述电场对电荷作用力强弱的物理量。在电场中引入一试探电荷 q_0，其所带

电荷量足够小，不会影响被探测的电场，同时为精确探测电场空间各点的性质，q_0 的几何尺寸也应尽量地小。由库仑定律可知，q_0 将受到电场力 $\boldsymbol{F}$ 的作用，显然比值 $\boldsymbol{F}/q_0$ 是仅由场源电荷性质所决定，而与试探电荷 q_0 无关的矢量，它反映了该点处电场本身的性质。将这一比值定义为电场强度(electric field intensity)，简称场强，以 $\boldsymbol{E}$ 表示：

$$\boldsymbol{E}=\frac{\boldsymbol{F}}{q_0} \tag{7-2}$$

上式表明电场中某点的电场强度在数值上等于单位电荷在该点所受的电场力，其方向与正电荷在该点所受电场力的方向一致。在 SI 制中 $\boldsymbol{E}$ 的单位是牛顿·库仑$^{-1}$($\mathrm{N\cdot C^{-1}}$)或伏特·米$^{-1}$($\mathrm{V\cdot m^{-1}}$)。

下面介绍几种常见带电体的场强的计算。

1. 单个点电荷产生的电场

真空中一点电荷 q，在与该点电荷距离为 r 处的 P 点的电场强度为

$$\boldsymbol{E}=\frac{\boldsymbol{F}}{q_0}=\frac{1}{4\pi\varepsilon_0}\frac{q}{r^2}\boldsymbol{e}_r \tag{7-3}$$

式中 $\boldsymbol{e}_r$ 是从 q 指向 P 点的单位矢量。当 q 为正时，$\boldsymbol{E}$ 与 $\boldsymbol{e}_r$ 同向；当 q 为负时，$\boldsymbol{E}$ 与 $\boldsymbol{e}_r$ 反向。

2. 多个点电荷构成的点电荷系产生的电场

若空间中存在 n 个点电荷 $q_1,q_2,\cdots,q_n$ 组成点电荷体系，由于电场力服从矢量合成原理，则该点电荷体系在电场中某点 P 产生的总电场强度 $\boldsymbol{E}$ 等于各个点电荷单独存在时在该点产生的电场强度的矢量和，这称为场强叠加原理，即

$$\boldsymbol{E}=\frac{\boldsymbol{F}}{q}=\frac{\boldsymbol{F}_1}{q_1}+\frac{\boldsymbol{F}_2}{q_2}+\cdots+\frac{\boldsymbol{F}_n}{q_n}=\boldsymbol{E}_1+\boldsymbol{E}_2+\cdots+\boldsymbol{E}_n=\sum_{i=1}^{n}\boldsymbol{E}_i \tag{7-4}$$

3. 任意电荷连续分布带电体的电场

任何电荷连续分布的带电体，都可以分割为无穷多个电荷元 $\mathrm{d}q$，每一个电荷元 $\mathrm{d}q$ 均可视为点电荷，这样的带电体系所产生的电场强度，遵从场强叠加原理。如果点 P 相对于电荷元 $\mathrm{d}q$ 的距离为 r，则 $\mathrm{d}q$ 在点 P 产生的电场强度 $\mathrm{d}\boldsymbol{E}$ 应为：

$$\mathrm{d}\boldsymbol{E}=\frac{1}{4\pi\varepsilon_0}\frac{\mathrm{d}q}{r^2}\boldsymbol{e}_r$$

上式中 $\boldsymbol{e}_r$ 是从 $\mathrm{d}q$ 指向 P 点的单位矢量。整个带电体在 P 点产生的电场强度为：

$$\boldsymbol{E}=\int\mathrm{d}\boldsymbol{E}=\frac{1}{4\pi\varepsilon_0}\int\frac{\mathrm{d}q}{r^2}\boldsymbol{e}_r \tag{7-5}$$

例题 7-1 试计算均匀带电圆环中心轴线上任一给定点 P 处的电场强度。设圆环半径为 R，所带电量为 Q，P 点到圆环中心的距离为 x。

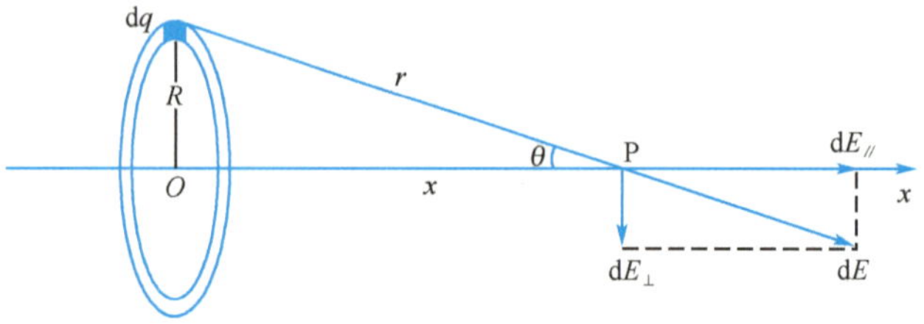

图 7-1 例 7-1 图

解：取圆环的轴线为 x 轴，圆环中心 O 为坐标原点。设 P 点在轴线 Ox 上，且具 O 为 x。将圆环分割为许多极小的线元 $\mathrm{d}l$，其上所带电荷量为 $\mathrm{d}q$。$\mathrm{d}q$ 至点 P 的距离为 r，则 $\mathrm{d}q$ 在点 P

笔记栏

的场强大小 $dE=\frac{1}{4\pi\varepsilon_0}\frac{dq}{r^2}$,方向如图 7-1 所示。根据圆环上电荷分布的对称性,各电荷元在 P 点产生的场强垂直于轴线的分量相互抵消,而平行于轴线的分量之和就是带电圆环在 P 点的总场强,其大小为:

$$E=\int dE\cos\theta=\int\frac{1}{4\pi\varepsilon_0}\frac{\cos\theta}{r^2}dq=\frac{1}{4\pi\varepsilon_0}\frac{\cos\theta}{r^2}\int_0^Q dq=\frac{1}{4\pi\varepsilon_0}\frac{Q}{r^3}x$$

式中 $\cos\theta=\frac{x}{r}$ 。由于 $r^2=x^2+R^2$,故上式又可写成矢量式:

$$\boldsymbol{E}=\frac{1}{4\pi\varepsilon_0}\frac{Qx}{(x^2+R^2)^{\frac{3}{2}}}\boldsymbol{e}_r$$

式中 $\boldsymbol{e}_x$ 为沿 Ox 方向的单位矢量。若 $Q>0$,$\boldsymbol{E}$ 沿 Ox 方向;若 $Q<0$,$\boldsymbol{E}$ 指向环心。

在 $x=0$,即环心处的场强 $\boldsymbol{E}=0$;在 $x\gg R$ 处有 $(x^2+R^2)^{3/2}\approx x^3$,即远离圆环处的场强 $\boldsymbol{E}=\frac{1}{4\pi\varepsilon_0}\frac{Q}{r^2}\boldsymbol{e}_r$,这与点电荷场强公式(7-3)一致。它表明在远离圆环的地方可视圆环为一电荷集中于环心的点电荷。

第二节 高 斯 定 理

一、电场线和电通量

1. 电场线

为了形象直观地表示电场在空间的分布情况,在电场中画一系列假想的曲线,曲线上每一点的切线方向与该点的场强方向相同,这样的曲线称为电场线(electric field line)。

设在电场中任一点有垂直于该点场强的一小面积 ΔS,如果通过该面积的电场线数为 ΔN,则比值 $\frac{\Delta N}{\Delta S}$ 称为该点的电场线数密度,它表示通过垂直于电场方向单位面积的电场线数目。通常在电场中绘制电场线时,使电场中任一点的电场线数密度与该点的场强的大小相等,即 $(E=\frac{\Delta N}{\Delta S})$。于是电场线密集的地方场强大,电场线稀疏的地方场强小。因此,静电场中的电场线具有如下性质:电场线起自正电荷(或来自无穷远处),止于负电荷(或伸向无穷远处),但它不会中途中断,也不会形成闭合曲线;电场线之间不会相交。

2. 电通量

通过电场中任一给定面积的电场线总数称为通过该面积的电通量(electric flux),用 Φ_E 表示。根据对电场线画法的规定,可以分几种情况来讨论通过任意面积的 Φ_E 的计算方法。

在电场强度为 $\boldsymbol{E}$ 的匀强电场中有一平面 S 与场强 $\boldsymbol{E}$ 相垂直,如图 7-2(a)所示,那么穿过平面 S 的电通量(电场线条数)为 $\Phi_E=ES$。

如果在电场强度为 $\boldsymbol{E}$ 的匀强电场中,平面 S 与场强 $\boldsymbol{E}$ 不垂直,S 的法线 $\boldsymbol{n}$ 与 $\boldsymbol{E}$ 成一角度 θ,如图 7-2(b)所示,则通过平面 S 的电通量应等于通过平面 S' 的电通量,平面 S' 是平面 S 在垂直于 $\boldsymbol{E}$ 的方向上的投影面,且 $S'=S\cos\theta$ 。所以,通过 S 的电通量应为 $\Phi_E=ES\cos\theta=\boldsymbol{E}\cdot\boldsymbol{S}$ 。

在非匀强电场中对于一任意曲面 S ,如图 7-2(c)所示,要计算通过该曲面的电通量可以把曲面分割成许多无限小的面积元 dS。dS 足够的小以致可以把它看为平面,并且在其范围内电场强度 $\boldsymbol{E}$ 是均匀的。假定某面积元 dS 的法线 $\boldsymbol{n}$ 的方向与该处场强 $\boldsymbol{E}$ 的方向成 θ 角。在此情况下,通过 dS 的电通量为

笔记栏

$$d\Phi_E = E\cos\theta dS$$

通过整个曲面 S 的电通量可沿曲面积分求得

$$\Phi_E = \int d\Phi_E = \iint_S E\cos\theta dS = \iint_S \boldsymbol{E} \cdot d\boldsymbol{S} \tag{7-6}$$

当 S 为闭合曲面(如球面)时,通过 S 的电通量可表示为

$$\Phi_E = \oiint_S E\cos\theta dS = \oiint_S \boldsymbol{E} \cdot d\boldsymbol{S} \tag{7-7}$$

对于闭合曲面有内、外两个表面,通常规定自曲面内向外的方向为曲面法线的方向。当曲面上面积元的法线方向与场强的方向间的夹角 $\theta<\pi/2$,通过该处的电通量为正值,此时电场线由曲面内穿出;若 $\theta>\pi/2$,则通过该面积元的电通量为负,即电场线进入该曲面内。因此,整个闭合曲面的电通量相当于穿出闭合曲面与进入闭合曲面的电场线的条数之差。

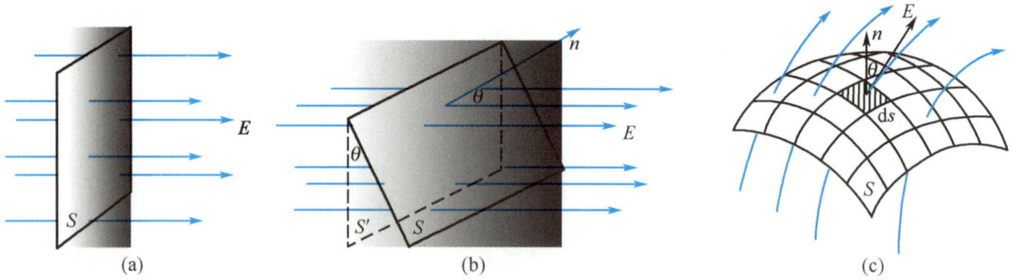

图 7-2 电通量的计算

二、高斯定理

高斯定理(Gauss theorem)是静电场的基本定律之一,其表述如下:通过一个任意闭合曲面 S 的电通量 Φ_E 等于该面所包围的所有电荷的电荷量的代数和除以 ε_0,与闭合曲面外的电荷无关。数学表达式为

$$\Phi_E = \oiint_S \boldsymbol{E} \cdot d\boldsymbol{S} = \frac{1}{\varepsilon_0}\sum_{S内} q_i \tag{7-8}$$

上式中的 $\boldsymbol{E}$ 为闭合曲面上的电场强度,是闭合曲面 S 内、外所有电荷产生的合场强。然而通过 S 的电通量 Φ_E 却只与 S 面内的电荷有关,与 S 面外的电荷无关。习惯上将高斯定理中的闭合曲面 S 称为高斯面。高斯定理可以由库仑定律和场强叠加原理导出。本书只对几种特殊情况加以分析归纳。

1. 通过包围点电荷 q 的任意闭合曲面 S 的电通量为 q/ε_0。

在点电荷 q 激发的电场中,以 q 为球心,r 为半径作球面 S,如图 7-3(a)所示。由点电荷场强公式(7-3)式知,球面 S 上各点的场强大小都相等,即 $E=\frac{1}{4\pi\varepsilon_0}\frac{q}{r^2}$。当 $q>0$ 时,各点场强的方向都沿半径向外,处处与球面正交。球面上任一面积元 dS 的法线单位矢量 $\boldsymbol{n}$ 与 $\boldsymbol{E}$ 的夹角 $\theta=0°$。因此,通过 ds 的电通量 Φ_E 为

$$d\Phi_E = \boldsymbol{E} \cdot d\boldsymbol{S} = E dS = \frac{1}{4\pi\varepsilon_0}\frac{q}{r^2} dS$$

通过整个闭合球面 S 的 Φ_E 为

$$\Phi_E = \oiint_S d\Phi_E = \oiint_S \frac{1}{4\pi\varepsilon_0}\frac{q}{r^2} dS = \frac{1}{4\pi\varepsilon_0}\frac{q}{r^2}\oiint_S dS = \frac{q}{4\pi\varepsilon_0 r^2}4\pi r^2 = \frac{q}{\varepsilon_0}$$

注意,上式所得结果与所取球面的半径 r 无关,这就是说,对于 q 为中心的任意大小的闭合球面来说,通过球面的 Φ_E 的大小都为 q/ε_0。显然,当 $q<0$ 时,可得相同的结果。

笔记栏

仍如图 7-3(a)所示，S' 为包围点电荷 q 的任意闭合曲面，在 S' 与球面 S 之间无其他电荷存在时，由于电场线不会在没有电荷的地方中断，所以通过 S' 面的电场线必定全部通过球面 S 的电场线数目相等。因此，通过包围点电荷 q 的任意闭合曲面 S' 的 Φ_E 也为 q/ε_0。

2. 通过不包围点电荷 q 的任意闭合曲面 S 的电通量 Φ_E 必为零。

如图 7-3(b)所示，点电荷 q 在闭合曲面 S'' 外面时，穿入该曲面的电场线数与穿出该曲面的电场线数相等。因此，通过整个闭合曲面的 Φ_E 为零。

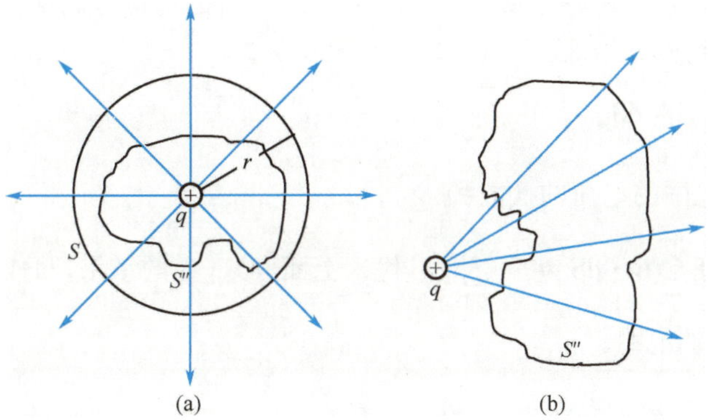

图 7-3 高斯定理的证明

3. 考虑一个点电荷系的总电通量

在场中作一闭合曲面 S，点电荷系中第 1 至第 n 个点电荷在闭合曲面内，自第 $n+1$ 至第 N 个点电荷在闭合曲面外。由场强叠加原理可知，高斯面上任一面积元 dS 处的总场强 $\boldsymbol{E}$ 由各点电荷单独存在时在该处产生的场强 $\boldsymbol{E}_1, \boldsymbol{E}_2, \cdots, \boldsymbol{E}_n$ 的矢量叠加而成，即 $\boldsymbol{E}=\boldsymbol{E}_1+\boldsymbol{E}_2+\cdots+\boldsymbol{E}_n$。

综合上式与式(7-7)，那么总电通量应为

$$\begin{aligned}\Phi_E &= \oint\!\!\!\oint_S \boldsymbol{E}\cdot d\boldsymbol{S} = \oint\!\!\!\oint_S \boldsymbol{E}_1\cdot d\boldsymbol{S} + \oint\!\!\!\oint_S \boldsymbol{E}_2\cdot d\boldsymbol{S} + \cdots + \oint\!\!\!\oint_S \boldsymbol{E}_n\cdot d\boldsymbol{S} \\ &= \sum_{i=1}^{n}\Phi_{Ei} = \sum_{(S内)}\Phi_{Ei} + \sum_{(S外)}\Phi_{Ei} = \sum_{(S内)}\Phi_{Ei} + 0 = \frac{1}{\varepsilon_0}\sum_{i=1}^{n} q_i\end{aligned}$$

由于任何带电体都可以看作是由许多的点电荷组成的，因而上式可以推广到任何带电体所产生的电场。

至此，我们根据库仑定律和场强叠加原理证明了静电场的高斯定理。对高斯定理特作如下说明：①高斯定理揭示了场与场源之间的定量关系，即以积分的形式给出了静电场中场强的分布规律。这一规律显然与闭合曲面的形状、大小无关。②高斯定理揭示了静电场是有源场，电荷就是它的源。③高斯面是一假想的任意曲面，并非客观存在。④虽然高斯定理表达式中的 $\sum_{i=1}^{n} q_i$ 只限于闭合面所包围的电荷的电量，但场强 $\boldsymbol{E}$ 却是由闭合面内、外电荷所产生的总场强。也就是说，闭合面外的电荷对通过闭合面的电通量的贡献虽然等于零，但它可以改变闭合面上电通量的分布。

三、高斯定理的应用

原则上任意带电体所产生的电场都可应用库仑定律和场强叠加原理求得。然而在具体运算过程中可以发现，由此而带来的数学上的难度是相当大的。而在一些特殊情况下，可以利用高斯定理计算场强 $\boldsymbol{E}$。如果能把高斯定理等式左方的积分表达式 $\oint\!\!\!\oint_S \boldsymbol{E}\cdot d\boldsymbol{S}$ 变换成一个包含有

笔记栏

电场强度值E的代数式，则高斯定理式(7-8)可以写成含有E的代数方程，而解此类代数方程求E则是轻而易举的事情。作这样的处理，只有在电荷分布具有某种对称性的特殊带电体时，才有可能。为此，首先要判断所给问题是否能用高斯定理求解；然后，大体上可按如下步骤进行。

(1) 根据已知的场源电荷分布来分析判断该电场强度分布的对称性，如球对称性，柱对称性，面对称性。明确场强$\boldsymbol{E}$的方向和大小分布的特点。

(2) 作合适的高斯面，待求场强的场点应该在此高斯面上。一般使构成高斯面的各面积元$\mathrm{d}S$的法线单位矢量$\boldsymbol{n}$与$\boldsymbol{E}$或平行或垂直。在$\boldsymbol{n}$与$\boldsymbol{E}$平行的那部分高斯面上，$\boldsymbol{E}$的大小各处相等，使得E有可能提到积分号外。

(3) 计算积分$\oint\!\!\oint_S \boldsymbol{E}\cdot\mathrm{d}\boldsymbol{S}$。

(4)算出高斯面包围的电荷的代数和$\sum q_i$。

(5)按照高斯定理$\oint\!\!\oint_S \boldsymbol{E}\cdot\mathrm{d}\boldsymbol{S}=\frac{1}{\varepsilon_0}\sum_{S内} q_i$，代入上面(3)、(4)的结果，写成含有$E$的代数方程，即可求出$E$。下面举例说明。

1. 均匀带电球壳的场强

设有一半径为R并且均匀带电的球壳，它所带的电量为q，求壳内、外各点的场强。

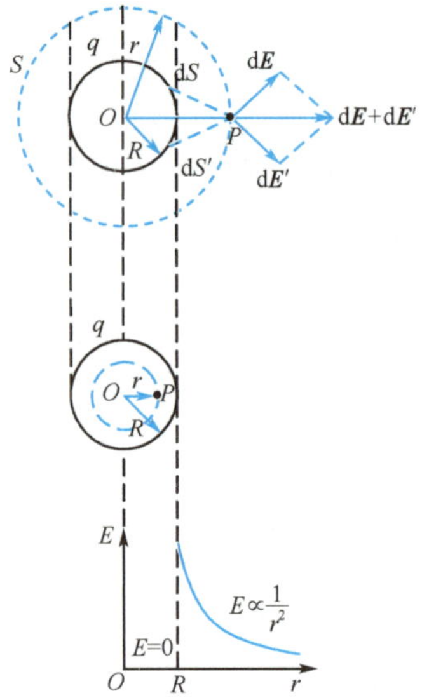

图 7-4 带电球壳的电场

如图 7-4 所示，考察任一场点P。对于带电球壳上的任一面积元$\mathrm{d}S$都存在另一个面积元$\mathrm{d}S'$，两者关于OP连线对称，它们在P点产生的场强$\mathrm{d}\boldsymbol{E}$和$\mathrm{d}\boldsymbol{E}'$也关于$OP$对称，$\mathrm{d}\boldsymbol{E}+\mathrm{d}\boldsymbol{E}'$沿$OP$连线。因此整个带电球壳在$P$点的合场强$\boldsymbol{E}$一定沿$OP$连线，即沿球径方向；并且在半径为$r=OP$，与球壳同心的球面上各点$\boldsymbol{E}$的大小都与$P$点的相等。可见，由于电荷均匀分布在球壳上，此带电体系激发的电场强度分布具有球对称性。这种对称性对球壳内外的场点都是适用的。

根据场强分布的球对称性，取通过点P与球壳同心的球面S为高斯面，则S上各点的场强$\boldsymbol{E}$都与该处面积元法线单位矢量$\boldsymbol{n}$方向一致沿球径向外，且各点$\boldsymbol{E}$的大小相等。因此，通过此高斯面的电通量为

$$\Phi_E=\oint\!\!\oint_S \boldsymbol{E}\cdot\mathrm{d}\boldsymbol{S}=\oint\!\!\oint_S E\mathrm{d}S$$
$$=E\oint\!\!\oint_S \mathrm{d}S=4\pi r^2E$$

式中r为高斯面的半径。

当$r>R$时，$\sum_{S内} q_i=q$，由高斯定理式(7-8)有

$$4\pi r^2E=\frac{q}{\varepsilon_0}$$

所以

$$E=\frac{1}{4\pi\varepsilon_0}\frac{q}{r^2}\quad 或\quad \boldsymbol{E}=\frac{1}{4\pi\varepsilon_0}\frac{q}{r^2}\boldsymbol{e}_r。$$

这表明：均匀带电球壳在外部空间产生的电场，与一个位于球心，并且电荷与它相同的点电荷产生的电场一样。

笔记栏

当$r<R$时，$\sum_{S内} q_i=0$，则$4\pi r^2E=0$。所以$E=0$。

可见，均匀带电球壳内部空间的场强处处为零。均匀带电球壳内外的 E-r 关系曲线如图 7-4 下图所示。

均匀带电球壳内部场强为零，是静电屏蔽的依据。所谓**静电屏蔽**（static electric screening），就是空心导体使在其中的物体不受外界电场的干扰。一般电子仪器都装有金属外壳，就是为了防止外界的电干扰。在电生理研究中常用到屏蔽室，是因为人体的生物电一般都是很微弱的。如脑电只有几十微伏至几百微伏，这样微弱的电信号比通常外界的干扰信号小得多。要测量脑电等电信号，就需要将人置于用金属网做成的屏蔽室内，才能测得正确的结果。金属网都要与大地相连，使金属网与大地一样保持稳定的零电势。

2. 无限大均匀带电平面的场强

设有一电荷面密度为 σ（$\sigma > 0$）的无限大均匀带电平面，求其周围电场的场强。

如图 7-5(a)所示，由于场源电荷在无线大带电平面上均匀分布，因此其电场应均匀对称地分布在平面两侧，即：场强方向与带电平面垂直；距离带电平面等远处的场强大小相等。于是可作一圆柱形高斯面，其侧面与带电平面垂直，两底面平行于带电平面且距带电平面等远。设高斯面的底面积为 ΔS，则此高斯面与带电平面的截面积为 ΔS。

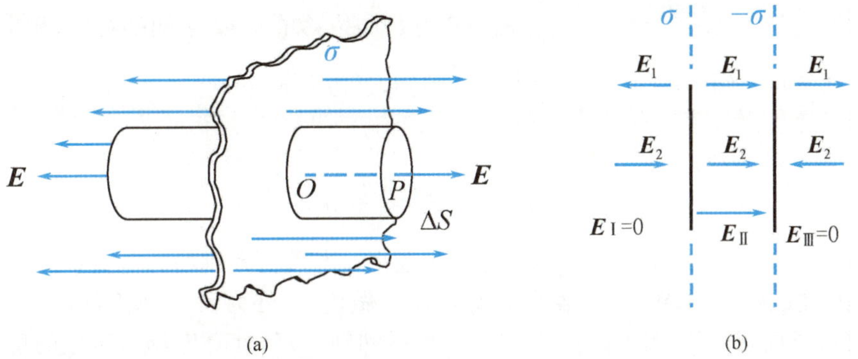

图 7-5 无限大均匀带电平面的电场

高斯面的两底面法线与场强方向相同，$\theta=0°$；侧面法线与场强相互垂直，$\theta=90°$。所以通过两底面的电通量均为 $E\Delta S$，通过其侧面的电通量则等于零。根据高斯定理应有

$$\Phi_E=\oint\!\!\oint_S \boldsymbol{E}\cdot \mathrm{d}\boldsymbol{S}=\oint\!\!\oint_S E\cos\theta\,\mathrm{d}S=2E\Delta S=\frac{1}{\varepsilon_0}\sigma\Delta S$$

故，场强 $E=\dfrac{\sigma}{2\varepsilon_0}$。

可见，无限大均匀带电平面外的电场是垂直于带电平面的均匀电场，与到平面的距离无关。

对于两个均匀带等量异号电荷的无限大平行平面之间的电场(图 7-5b)，利用场强叠加原理由上述结果便可得到

$$E=\frac{\sigma}{2\varepsilon_0}+\frac{\sigma}{2\varepsilon_0}=\frac{\sigma}{\varepsilon_0}$$

在这两个平行带等量异号电荷平面的外部(图 7-5b)，场强为

$$E=\frac{\sigma}{2\varepsilon_0}-\frac{\sigma}{2\varepsilon_0}=0$$

由上述结果可知，两个均匀带等量异号电荷的无限大平行平面之间的电场是均匀电场，大小为 σ/ε_0，方向垂直带电平面，由带正电平面指向带负电平面；两个平行带电平面外部的场强为零。

笔记栏

第三节 电势和电势梯度

一、静电场力做功

电场对处于其中的电荷有作用力，若移动这些电荷，电场力必然做功。设真空中有一任意的点电荷 q，取一试探电荷 q_0 在 q 所激发的电场中经任意曲线 acb 由 a 点移动到 b 点，如图 7-6 所示。

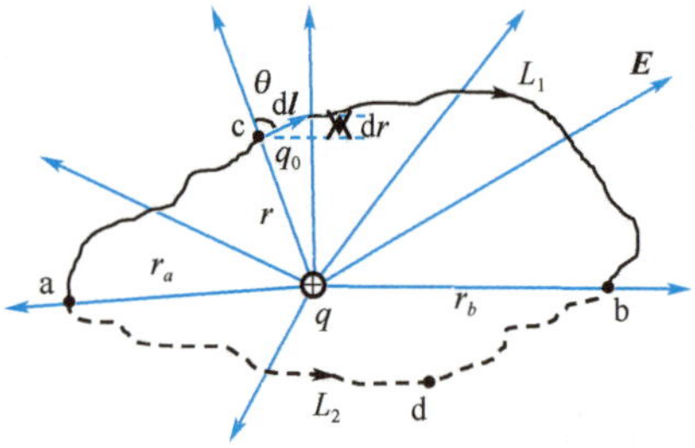

图 7-6 电场力做功

在移动过程中 q_0 受到的静电场力是变化的，故将移动路径分成许多无限小的位移单元，先计算 q_0 移动一段位移单元 $\mathrm{d}\boldsymbol{l}$ 时电场力所做的功 $\mathrm{d}W$，在此段中可视电场力不变，于是有 $\mathrm{d}W=\boldsymbol{F}\cdot\mathrm{d}\boldsymbol{l}=q_0\boldsymbol{E}\cdot\mathrm{d}\boldsymbol{l}$。

那么在从 a 至 b 移动的全过程中，电场力所做的总功为

$$W_{ab}=\int_a^b \mathrm{d}W=\int_a^b q_0\boldsymbol{E}\cdot\mathrm{d}\boldsymbol{l}=q_0\int_a^b E\cos\theta\,\mathrm{d}l$$

式中 θ 为 $\boldsymbol{E}$ 与位移单元 $\mathrm{d}\boldsymbol{l}$ 之间的夹角，用 r 表示 q_0 在运动路径上任意点 c 到的 q 的距离。由图 7-6 可知，近似有 $\cos\theta\mathrm{d}l=\mathrm{d}r$，且 $E=\dfrac{1}{4\pi\varepsilon_0}\dfrac{q}{r^2}$，代入上式得

$$W_{ab}=\frac{1}{4\pi\varepsilon_0}q_0q\int_{r_a}^{r_b}\frac{1}{r^2}\mathrm{d}r=\frac{1}{4\pi\varepsilon_0}q_0q\left(\frac{1}{r_a}-\frac{1}{r_b}\right) \tag{7-9}$$

式中的 r_a、r_b 分别表示试探电荷 q_0 在移动路径的起点 a 与终点 b 到场源电荷 q 的距离。$W_{ab}>0$ 表明电场力对 q_0 做正功；$W_{ab}<0$ 表明电场力对 q_0 做负功（外力反抗电场力而对 q_0 做正功）。如果 q_0 沿另一条曲线 adb（图 7-6 中虚线）从 a 点运动到 b 点，计算电场力所做的功，将得到与上述相同的结果。即点电荷的电场对试探电荷所做的功与路径无关，只与试探电荷所带电荷量以及路径的起点和终点的位置有关。

而由任意带电体形成的静电场，可以看作是 q_1，q_2，…，q_n 等许多点电荷单独存在时产生的电场相叠加的结果。根据场强叠加原理及(7-9)式可得该电场对试探电荷 q_0 所做的功应为

$$W_{ab}=\sum_{i=1}^{n}W_{abi}=\sum_{i=1}^{n}\int_a^b q_0\boldsymbol{E}\cdot\mathrm{d}\boldsymbol{l}=\frac{1}{4\pi\varepsilon_0}\sum_{i=1}^{n}q_0q_i\left(\frac{1}{r_{ai}}-\frac{1}{r_{bi}}\right) \tag{7-10}$$

式中的 r_{ai} 与 r_{bi} 表示试探电荷 q_0 在移动路径的起点 a 与终点 b 到电荷的距离。由于每一个点电荷的电场力所何做的功与路径无关，所以合电场力的功也与路径无关。因此，可得到如下结论：试探电荷在任何静电场中移动时，电场力所做的功，仅与此试探电荷所带电荷量以及路径的起点和终点的位置有关，而与路径无关。这表明静电场力与重力一样是保守力，静电场与重力场一样是保守力场或有势场。

由上面的讨论可知，试探电荷 q_0 在静电场中从同一起点（如图 7-6 中的 a 点）沿不同路径 $L_1(acb)$ 和 $L_2(adb)$ 到达同一终点（如图 7-6 中的 b 点），电场力做功相等，即

$$q_0\int_{a\,(L1)}^{b}\boldsymbol{E}\cdot\mathrm{d}\boldsymbol{l}=q_0\int_{a\,(L2)}^{b}\boldsymbol{E}\cdot\mathrm{d}\boldsymbol{l}$$

经数学整理后，得

$$q_0\left(\int_{a\,(L1)}^{b}\boldsymbol{E}\cdot\mathrm{d}\boldsymbol{l}+\int_{a\,(L2)}^{b}\boldsymbol{E}\cdot\mathrm{d}\boldsymbol{l}\right)=0$$

上式左边表示，q_0 从 a 经 L_1 到 b，再经 L_2 回到起点 a（即经过了一个闭合路径 $L_1+L_2=L$）电场力所做的功。用符号 $\oint_L\boldsymbol{E}\cdot\mathrm{d}\boldsymbol{l}$ 表示 $\int_{a\,(L1)}^{b}\boldsymbol{E}\cdot\mathrm{d}\boldsymbol{l}+\int_{a\,(L2)}^{b}\boldsymbol{E}\cdot\mathrm{d}\boldsymbol{l}$，则得

笔记栏

$$W_{aa}=\oint_L q_0\boldsymbol{E}\cdot\mathrm{d}\boldsymbol{l}=0$$

从前面的分析中可以看出，若将试探电荷 q_0 在静电场中从 a 点出发经任意路径 L 移动，最后回到 a 点，则在此过程中静电力对 q_0 所做的总功应为零。因 $q\neq0$，必有

$$\oint_L \boldsymbol{E}\cdot\mathrm{d}\boldsymbol{l}=0 \tag{7-11}$$

式(7-11)表明，在静电场中场强沿任意闭合路径的线积分等于零。这一结论称为静电场的环路定理(circuital theorem of electrostatic field)。它和电场力作功与路径无关的说法是等效的，是与高斯定理并列的静电场的基本方程之一。高斯定理说明静电场是有源场，环路定理说明静电场是有势场。

二、电 势

1. 电势能

与物体在重力场中具有重力势能一样，在静电场中可以引入静电势能(electric potential energy)的概念，以 A 表示。

电势能可由电场力做功来描述，设一试探电荷 q_0 在静电场中由 a 点移动至 b 点，在此过程中静电力对 q_0 所做的功 A_{ab} 等于电势能的减小量，因此有

$$A_{\mathrm{a}}-A_{\mathrm{b}}=A_{ab}=\int_a^b q_0\,\boldsymbol{E}\cdot\mathrm{d}\boldsymbol{l} \tag{7-12}$$

电势能是相对量，为说明其大小，必须先假定一个参考位置处的电势能为零。对于分布在有限区域的场源电荷，通常规定 q_0 在无限远处的电势能为零，即 $A_\infty=0$，于是试探电荷 q_0 在电场中 a 点所具有的电势能等于 q_0 从 a 点移动至无穷远处时电场力所做的功

$$A_a=\int_a^\infty q_0\,\boldsymbol{E}\cdot\mathrm{d}\boldsymbol{l} \tag{7-13}$$

A_{a} 为正时表明在此过程中电场力做正功，反之表明电场力做负功。

电势能是由试探电荷 q_0 与产生静电场的场源电荷所构成的带电体系所共同具有的，取决于这一系统的电荷间的相对位置，与 q_0 是否移动无关。只是由于我们研究的是场源电荷静止不动的静电场，带电体系的电势能发生变化时，只能是由试探电荷位置移动引起的。

2. 电势

在(7-13)式给出 q_0 在电场中某一点的电势能，其量值是与 q_0 的大小呈正比的，但它们之间的比值 A_{a}/q_0 却只由电场中各点的位置而定，反映了电场在该点的性质。为此引入电势(electric potential)概念，并定义比值 A_{a}/q_0 为点 a 的电势，以 U_{a} 表示

$$U_a=\frac{A_{\mathrm{a}}}{q_0}=\int_a^\infty \boldsymbol{E}\cdot\mathrm{d}\boldsymbol{l}=\int_a^\infty E\cos\theta\,\mathrm{d}l \tag{7-14}$$

上式表明：电场中某点的电势在数值上等于单位正电荷在该点所具有的电势能，也等于把单位正电荷由此点经任意路径移至无限远处时电场力所做的功。

电势是从功和能的角度表征电场性质的物理量，是由场源电荷决定的，与试探电荷的存在与否无关。和电势能一样，电势的量值与电势零点的选择有关，由(7-14)可知电势零点即是电势能为零的点。电势零点选定后，电场中各点的电势就由(7-14)式唯一确定了。电势的单位是V(伏特)，$1\mathrm{V}=1\ \mathrm{J}\cdot\mathrm{C}^{-1}$。

静电场中两点之间电势之差称为电势差(electric potential difference)或电压(voltage)。

$$U_{ab}=U_a-U_b=\int_a^{\infty}\boldsymbol{E}\cdot \mathrm{d}\boldsymbol{l}-\int_b^{\infty}\boldsymbol{E}\cdot \mathrm{d}\boldsymbol{l}=\int_a^b\boldsymbol{E}\cdot \mathrm{d}\boldsymbol{l}=\frac{W_{ab}}{q_0} \tag{7-15}$$

上式表明 a 、b 两点间的电势差就是场强由 a 点到 b 点的线积分，在量值上等于将单位正电荷由 a 移到 b 时电场力所做的功。在静电场力的推动下，正电荷将从电势高处向电势低处运动。电势差与电势不同，它是与参考点位置无关的绝对量。

3. 电势叠加原理

对于任意带电体系，其可视为由许多无限小的带电单元构成，各带电单元单独存在时所产生的场强分别为 $\boldsymbol{E}_1,\boldsymbol{E}_2,\cdots\boldsymbol{E}_n$，由场强叠加原理可知，带电体系所产生的总场强为 $\boldsymbol{E}=\boldsymbol{E}_1+\boldsymbol{E}_2+\cdots\boldsymbol{E}_n$。再根据电势的定义，在此静电场空间中某点 a 的电势

$$U_a=\int_a^{\infty}\boldsymbol{E}\cdot \mathrm{d}\boldsymbol{l}=\int_a^{\infty}(\boldsymbol{E}_1+\boldsymbol{E}_2+\cdots+\boldsymbol{E}_n)\cdot \mathrm{d}\boldsymbol{l}=\sum_{i=1}^{n}\int_a^{\infty}\boldsymbol{E}_i\cdot \mathrm{d}\boldsymbol{l}=\sum_{i=1}^{n}U_{ai} \tag{7-16}$$

即任意带电体系的静电场中某点的电势等于各个带电单元单独存在时的电场在该点电势的代数和，称为**电势叠加原理**(superposition principle electric potential)。电势叠加是标量叠加。

4. 电势的计算

电势的定义式(7-14)建立了场强与电势之间的积分关系，如果已知电场中场强的分布，就可以利用这一关系求出电场中的电势分布，这种方法常称为计算电势的场强积分法。因电场力做功与路径无关，所以计算式(7-14)在积分时，可选取一条便于计算的路径。

(1) 点电荷电场中的电势：对于真空中一个孤立点电荷 q 的电场在距其 r_a 远处的 a 点的电势，利用(7-14)式计算。因为积分路径可以任意选取，今选沿电场线方向进行积分，从而使 $\theta=0$，则 $\cos\theta dl=dr$，同时又由于点电荷的场强大小 $E=\dfrac{q}{4\pi\varepsilon_0 r^2}$，故有

$$U_a=\int_a^{\infty}E\cos\theta\,\mathrm{d}l=\int_{r_a}^{\infty}\frac{q}{4\pi\varepsilon_0 r^2}dr=\frac{q}{4\pi\varepsilon_0}\int_{r_a}^{\infty}\frac{1}{r^2}dr=\frac{q}{4\pi\varepsilon_0 r_a} \tag{7-17}$$

显然，当场源电荷 q 为正时，其周围电场的电势为正；当 q 为负时，其周围电场的电势为负。上式表明，点电荷电场中的电势是以点电荷为中心而呈球形对称分布的。

(2) 点电荷系电场中的电势：对于任意一个点电荷系所产生的电场中某点的电势，可从式(7-16)和(7-17)得到

$$U_a=\sum_{i=1}^{n}\frac{q_i}{4\pi\varepsilon_0 r_{ai}} \tag{7-18}$$

式中的 r_{ai} 是点电荷系中第 i 个点电荷 q_i 到该点的距离。

(3) 电荷连续分布的任意带电体电场中的电势：将任意带电体分割为无穷多个无限小的电荷单元 $\mathrm{d}q$，每个电荷单元 $\mathrm{d}q$ 可视为点电荷，则可利用电势叠加原理计算任意带电体电场中电势的分布，不过应将式(7-18)中的求和换成积分。计算步骤如下：①分割连续带电体，取电荷单元 $\mathrm{d}q=\lambda dl$(线分布，λ 为线密度，dl 为线性微分量)，或 $\mathrm{d}q=\sigma \mathrm{d}S$(面分布，$\sigma$ 为面密度，$\mathrm{d}S$ 为面微分量)，或 $\mathrm{d}q=\rho \mathrm{d}\Omega$(体分布，$\rho$ 为体密度，$\mathrm{d}\Omega$ 为体微分量)；②写出电荷单元 $\mathrm{d}q$ 在研究的电场中某点所产生的电势 $\mathrm{d}U$，因 $\mathrm{d}q$ 视为点电荷，所以 $\mathrm{d}U=\dfrac{\mathrm{d}q}{4\pi\varepsilon_0 r}$，式中 r 为 $\mathrm{d}q$ 到该点的距离；③根据电势叠加原理，带电体在此点所产生的电势为

$$U=\int \mathrm{d}U=\int\frac{\mathrm{d}q}{4\pi\varepsilon_0 r}$$

上式中的积分区域由带电体的电荷分布范围决定。

笔记栏

例题 7-2 两个点电荷 $q_1=+40\times10^{-9}$C 和 $q_2=-70\times10^{-9}$C，相距 $d=10$cm。设点 A 在两

点电荷连线的中点上，点B的位置到 q_1 的距离为 $r_1=8.0\text{cm}$，到 q_2 的距离 $r_2=6.0\text{cm}$。求：①点A的电势；②点B的电势；

解：根据题意，如图所示

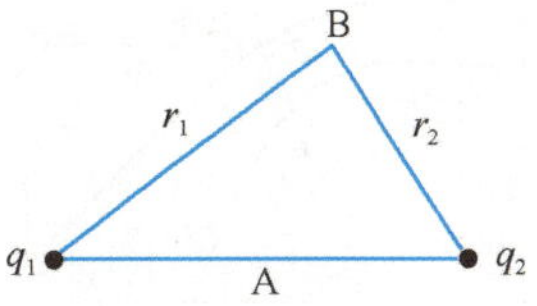

图7-7 例7-2图

① 点A的电势

$$U_A=\frac{q_1}{4\pi\varepsilon_0(d/2)}+\frac{q_2}{4\pi\varepsilon_0(d/2)}=\frac{q_1+q_2}{4\pi\varepsilon_0(d/2)}=-5.4\times10^3\text{V}$$

② 点B的电势

$$U_B=\frac{q_1}{4\pi\varepsilon_0 r_1}+\frac{q_2}{4\pi\varepsilon_0 r_2}=-6.0\times10^3\text{V}$$

例题7-3 一个半径为 R 的圆盘均匀带电，带电圆环的电荷面密度为 σ。求过盘心并垂直于盘面的轴线上与盘心相距 a 的一点的电势。

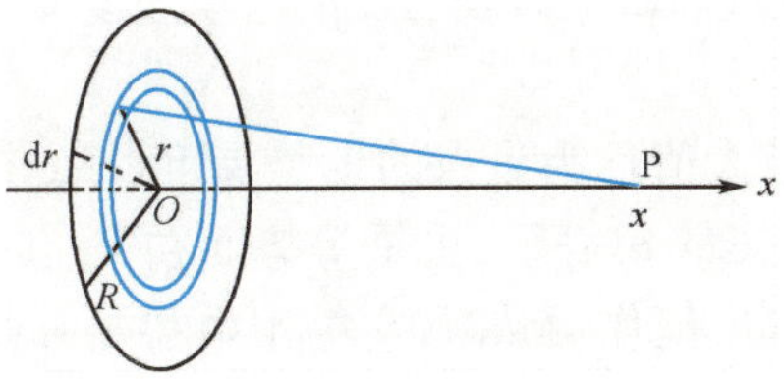

图7-8 例题7-3图

解：以盘心为坐标原点、以过盘心并垂直于盘面的轴线为 x 轴，建立如图所示的坐标系。在 x 轴上任取一点P，点P的坐标为 x。在盘上取半径为 r、宽为 $\mathrm{d}r$ 的同心圆环，该圆环所带电荷在点P所产生的电势可以表示为

$$\mathrm{d}U=\frac{2\pi r\,\mathrm{d}r\sigma}{4\pi\varepsilon_0\ (x^2+r^2)^{1/2}}$$

整个圆盘在P点产生的电势为

$$U=\int\mathrm{d}U=\int_0^R\frac{2\pi r\,\mathrm{d}r\sigma}{4\pi\varepsilon_0\ (x^2+r^2)^{1/2}}=\frac{\sigma}{2\varepsilon_0}(\sqrt{x^2+R^2}-x)$$

三、电势梯度

1. 等势面

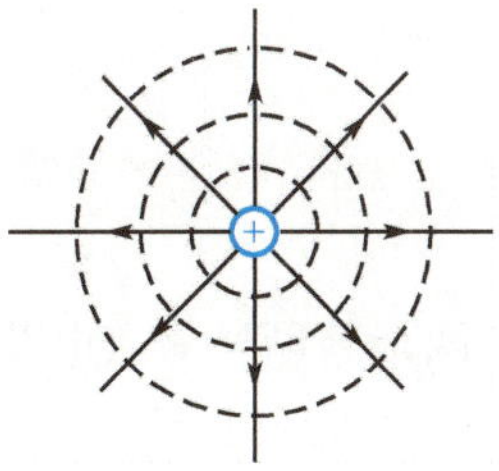
图7-9 点电荷电场的等势面

把静电场中电势相等的点连起来形成的一系列曲面，且规定任何两个相邻曲面间的电势差值都相等，这些曲面称为**等势面**(equipotential surface)。等势面的疏密程度表示了电场的强弱。例如，如图7-9所示，在点电荷产生的电场中，实线表示电场线，虚线表示等势面，等势面是以点电荷为中心的一系列同心球面，且球面间的距离随半径的增大而增大。静电场等势面有两个特点：①在静电场中电荷沿等势面移动，电场力不做功。因为在等势面上任意两点间的电势差$(U_a\text{-}U_b)=0$，故移动电荷 q_0 电场力做的功 $W_{ab}=q_0(U_a\text{-}U_b)=0$。②等势面与电场线相互垂直。因在等势面上任意相距 $\mathrm{d}l$ 的两点间有电势差 $\mathrm{d}U=E\cos\theta\mathrm{d}l=0$，但 $E\neq0$，$\mathrm{d}l\neq0$，则必有 $\theta=\pi/2$，即等势面必与电场线垂直。等势面在实际工作中具有重要意义。这是因为电势比电场强度容易计算，即使在没有计算出电场中各点电势的情况下，也可以用实验方法精确地描绘出等势面。所以在实际工作中往往需要由等势面的分布得知各点的电场强度的大小和方向。

2. 电势梯度

电场强度和电势是从不同角度描述静电场性质的两个物理量，电势的定义式(7-14)给出了电场强度与电势之间的积分关系。现在我们来研究场强与电势之间的微分关系。

在静电场中任取两个相距很近的等势面1和2，如图7-10所示，并在两等势面上分别取两点 P_1 和 P_2，从 P_1 到 P_2 的微小位移矢量为 $\mathrm{d}\boldsymbol{r}$，两点的电势分别为 $U_1=U$ 和 $U_2=U+\mathrm{d}U$，$\mathrm{d}U$ 为电势 U 沿 $\mathrm{d}\boldsymbol{r}$ 方向的增量，因此

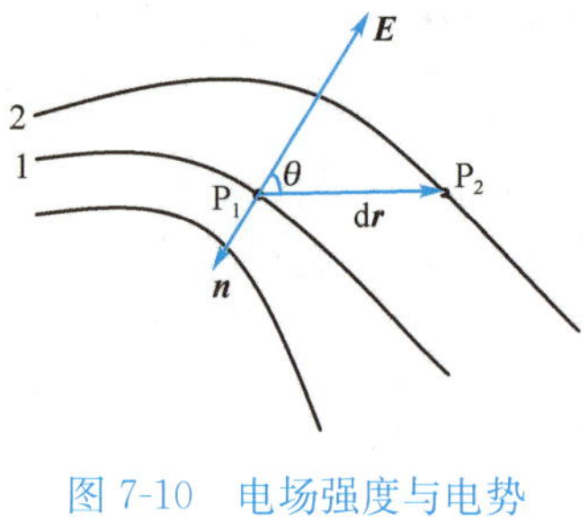

图 7-10 电场强度与电势的微分关系

$$U_1-U_2=-\mathrm{d}U=\boldsymbol{E}\mathrm{d}\boldsymbol{r}=E\mathrm{d}r\cos\theta$$

式中 θ 为 $\boldsymbol{E}$ 与 $\mathrm{d}\boldsymbol{r}$ 之间的夹角。由此式可得

$$E\cos\theta=E_r=-\frac{\mathrm{d}U}{\mathrm{d}r} \tag{7-19}$$

式中 $\mathrm{d}U/\mathrm{d}r$ 为电势在 P_1 点沿 $\mathrm{d}\boldsymbol{r}$ 方向变化率。上式说明，在电场中某点场强沿某方向的分量等于电势沿此方向的空间变化率的负值。

如果改变 P_2 点在等势面上的位置，使 $\mathrm{d}\boldsymbol{r}$ 与 $\boldsymbol{E}$ 的方向相同时 $\theta=0$，此时变化率 $\mathrm{d}U/\mathrm{d}r$ 的绝对值最大，有

$$\boldsymbol{E}=-\frac{\mathrm{d}U}{\mathrm{d}r}$$

因 $\theta=0$，$\mathrm{d}\boldsymbol{r}$ 与 $\boldsymbol{E}$ 的方向相同，$\boldsymbol{E}\cdot\mathrm{d}\boldsymbol{r}=U_1-U_2=-\mathrm{d}U>0$，所以 $\mathrm{d}U<0$，表明在沿电场强度 $\boldsymbol{E}$ 的方向上，电势下降，且下降速率最大。

静电场中沿某一方向电势随距离的变化率最大，则此最大值称为该点的电势梯度(electric potential gradient)，这一方向就是电势梯度的方向，以单位矢量 $\boldsymbol{n}$ 表示(也是等势面在 P_1 点的法线方向)，其方向与该处场强 $\boldsymbol{E}$ 的方向相反。电势梯度矢量记作 $\mathrm{grad}U$，它等于电势沿 $\boldsymbol{n}$ 方向的变化率 $\mathrm{d}U/\mathrm{d}n$。因此，电势梯度与电场强度矢量 $\boldsymbol{E}$ 的关系为

$$E=-\mathrm{grad}U=-\frac{\mathrm{d}U}{\mathrm{d}n}\boldsymbol{n} \tag{7-20}$$

这就是电场强度与电势的微分关系。上式说明：①静电场中，某一点场强的大小等于该点电势沿等势面法线方向的变化率，电势变化越剧烈，场强越大；②负号表示场强方向与电势增加的方向相反，即场强是沿等势面法线指向电势降低的方向。而电势梯度总是沿电势升高的方向；③电势为零的地方，场强不一定为零；场强为零的地方，电势也不一定为零；④可以导出电势的单位为 $\mathrm{V\cdot m^{-1}}$。

第四节 电偶极子与电偶层

一、电偶极子

两个等量异号点电荷 $+q$ 和 $-q$ 相距很近时所组成的电荷系统称为电偶极子(electric dipole)。“相距很近”是指这两个点电荷之间的距离比起要研究的场点到它们的距离是足够小的。从电偶极子的负电荷作一矢径 $\boldsymbol{l}$ 到正电荷，称为电偶极子的轴线(axis)。轴线的长度 l(即正负电荷之间的距离)和电偶极子中一个电荷所带电量 q 的乘积定义为电偶极子的电偶极距(electric dipole moment)，简称电矩，用 $\boldsymbol{p}$ 表示，$\boldsymbol{p}=q\boldsymbol{l}$。

电偶极矩 $\boldsymbol{p}$ 是矢量，它的方向与矢径 $\boldsymbol{l}$ 的方向相同，其大小只取决于电偶极子本身，是用来表示电偶极子整体电性质的重要物理量。

为了讨论电偶极子所产生电场的电势分布，设其电场中取任一点 A 到 $+q$ 和 $-q$ 的距离分别是 r_1 和 r_2，如图 7-11 所示。运用公式(7-17)，可写成两点电荷在 A 点产生的电势分别为：

$$U_+=\frac{1}{4\pi\varepsilon_0}\cdot\frac{q}{r_1} \qquad U_-=-\frac{1}{4\pi\varepsilon_0}\cdot\frac{q}{r_2}$$

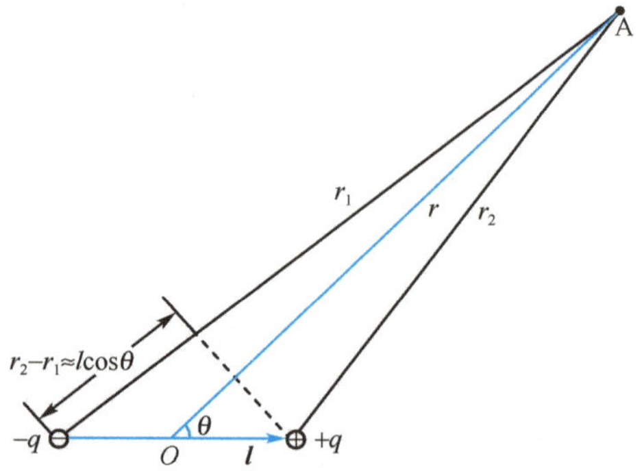

图 7-11 电偶极子电场中的电势

根据电势叠加原理，A 点的电势是

笔记栏

$$U_A=U_++U_-=\frac{q}{4\pi\varepsilon_0}\left(\frac{1}{r_1}-\frac{1}{r_2}\right)=\frac{q}{4\pi\varepsilon_0}\frac{r_2-r_1}{r_1r_2}$$

设 r 为电偶极子轴线中心点到 A 点的距离，θ 是电偶极子中心点到 A 点的矢径与轴线之间的夹角，根据电偶极子的定义得 $r\gg l$，故可近似地认为 $r_1r_2\approx r^2$，$r_2-r_1\approx l\cos\theta$，则

$$U_A=\frac{q}{4\pi\varepsilon_0}\frac{l\cos\theta}{r^2}=\frac{1}{4\pi\varepsilon_0}\frac{p\cos\theta}{r^2} \tag{7-21}$$

由于 A 点是任意选取的，因此上式就是电偶极子所产生的电场电势的表达式。可见在电偶极子的电场中任一点的电势与电矩的大小 p 成正比，与该点到电偶极子轴线中心点的距离 r 的平方成反比，还与该点所处的方位有关。当 $\theta=90°$ 或 $270°$ 时，它的余弦函数值为 0，可见在电偶极子的中垂面上各点的电势均为零，又因余弦函数在一、四两象限为正值，在二、三两象限为负值，所以在包含 $+q$ 的中垂面一侧电势为正，在包含 $+q$ 的中垂面一侧电势为负。

电偶极子电场中场强的一般分布是比较复杂的，现应用电势梯度的概念来求得电偶极子电场中沿轴线延长线上一点的场强。

在轴线延长线上，$\theta=0$，故 $U=\frac{1}{4\pi\varepsilon_0}\cdot\frac{p}{r^2}$，由式(7-20)得

$$E=-\frac{\mathrm{d}U}{\mathrm{d}r}=-\frac{p}{4\pi\varepsilon_0}\frac{d}{\mathrm{d}r}\left(\frac{1}{r^2}\right)=\frac{p}{2\pi\varepsilon_0 r^3}$$

场强 $\boldsymbol{E}$ 的方向与电矩 $\boldsymbol{p}$ 的方向一致。显然，无论从电偶极子电场的电势，还是从场强的分布来看，都反映一个共同的特点，即电偶极子的电场比点电荷的电场衰减得快，两者是完全不同的电场。

将电偶极子放在场强大小为 E 的均匀电场中，当电偶极子轴线 $\boldsymbol{l}$ 与 $\boldsymbol{E}$ 成 θ 角时，如图 7-12 所示，作用于电偶极子正电荷的力为 $+qE$，作用于负电荷的力为 $-qE$，这两个力大小相等，方向相反，但不在同一直线上，所以合力不为零，而合力矩为 $M=qEl\sin\theta=pE\sin\theta$ 。考虑到力矩、电矩都为矢量，上式写成

$$\boldsymbol{M}=\boldsymbol{p}\times\boldsymbol{E}$$

上式表明电偶极子在均匀电场中受到的力矩的大小与电矩 p、场强 E 以及 $\boldsymbol{p}$、$\boldsymbol{E}$ 之间的夹角 θ 有关。力矩的方向可用右手法则来表示，即将右手拇指竖直，其余四指呈半握拳状，若令右手四指由 $\boldsymbol{p}$ 旋转至 $\boldsymbol{E}$(沿小于 180° 的角旋转)，则拇指的指向就表示力矩的方向。在图 7-12 的情况下，力矩的方向垂直纸面向下，力矩要使电偶极子的取向与电场的方向一致。

二、电 偶 层

电偶层(electric double layer)是指相距很近、相互平行且具有等值异号电荷面密度的两个带电表面，这种电荷分布在生物体中经常遇到。如图 7-13 所示，电偶层的两面相距为 δ，各层上电荷面密度分别为 $+\sigma$ 和 $+\sigma$。

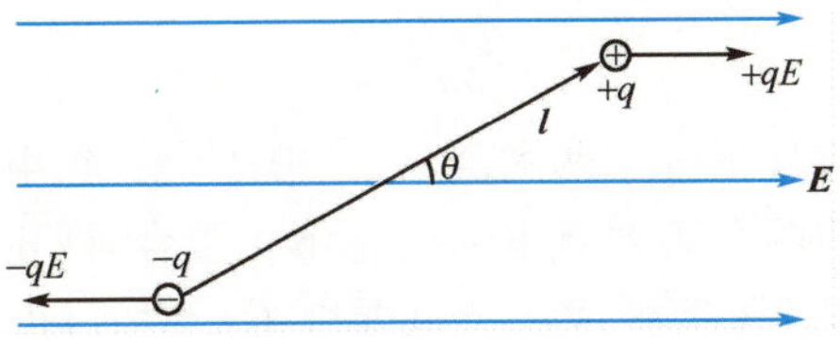

图 7-12 外电场中的电偶极子

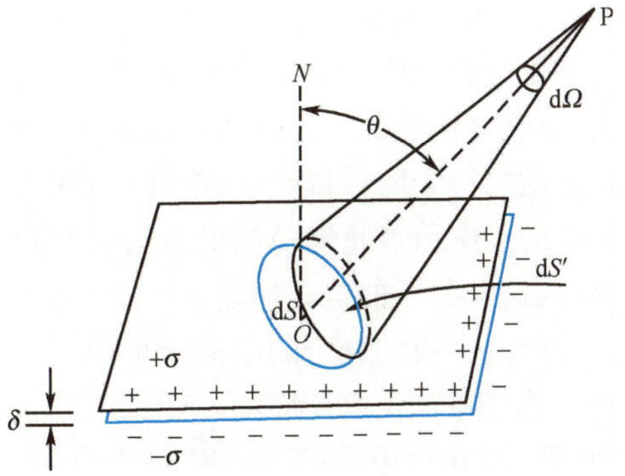

图 7-13 电偶层电势

对于电偶层要求解其所产生的电场中某一点P处的电势可以用电势叠加原理。在电偶层上取一面积元 dS，则该面积元上所带电量为 σdS。由于极小，所以电偶层上这部分 dS 区域可看作是一个电偶极子，相应的电偶极距的大小为 $\sigma dS\delta$，其方向为负电荷指向正电荷的方向，与该面积元的法线方向一致。应用电偶极子的电势表达式(7-21)，可写出 dS 面积元在电偶层的电场中任一点P处的电势为

$$dU=\frac{1}{4\pi\varepsilon_0}\frac{\sigma dS\delta}{r^2}\cos\theta$$

式中 r 为面积元 dS 至P点的距离，即 $r=OP$ 。θ 为面积元的法线 ON 与 r 之间的夹角。把电荷面密度 σ 与电偶层层距 δ 的乘积用 P_S 表示，它表示单位面积电偶层的电偶极矩。可得

$$dU=\frac{1}{4\pi\varepsilon_0}\frac{P_S dS}{r^2}\cos\theta \tag{7-22}$$

由图可以看出，ON 和 OP 分别是面积元 dS 和面积元 dS' 的法线，两者之间的夹角为 θ ，所以 dS 与 dS' 的关系是 $dS'=dS\cos\theta$ 。

根据立体角定义，式(7-22)中 $dS\cos\theta/r^2$ 恰好是面积元 dS 对P点所张立体角 $d\Omega$，故式(7-22)又可写为

$$dU=\frac{1}{4\pi\varepsilon_0}P_S d\Omega$$

整个表面积为 S 的电偶层在P点的电势为

$$U=\int_S dU=\frac{P_S}{4\pi\varepsilon_0}\int_S d\Omega=\frac{P_S}{4\pi\varepsilon_0}\Omega$$

式中 Ω 是电偶层整个表面积 S 对P点所张的立体角。由上式可知，当单位面积的电偶极矩 $P_S=\sigma\delta$ 不变时，电偶层在其周围任一点的电势只决定于电偶层至该点所张的立体角，与电偶层的形状无关。

第五节 静电场中的电介质

一、电介质的极化

电介质(dielectric)就是绝缘体。这类物质在原子结构上的特点是原子核与核外的电子之间的相互作用力大，束缚紧密，以致使电介质内部几乎没有可以自由移动的电荷，在不是很强的外电场作用下不能导电。

电介质中每个分子都是一个复杂的带电系统，有正电荷、负电荷。它们分布在一个线度为 10^{-10}m 数量级的体积内，而不是集中在一点。但是，在考虑这些电荷离分子较远处所产生的电场时，或是考虑一个分子受外电场的作用时，都可以认为其中的正电荷集中于一点，称为正电荷的"重心"；而负电荷也集中于另一点，称为负电荷的"重心"。

对于电介质中的中性分子，由于其正、负电荷的电荷量相等，所以可将一个分子等效为一个由正、负点电荷相隔一定距离所组成的电偶极子，称其为分子的等效电偶极子。在讨论电场中的电介质的行为时，可以认为电介质是由大量的这种微小的电偶极子所组成的。以 q 表示一个分子中的正电荷或负电荷的电荷量的数值，用 l 表示从负电荷"重心"指向正电荷"重心"的矢量距离，则这个分子的电矩应是 $\boldsymbol{p}=q\boldsymbol{l}$。

按照电介质的分子的电荷分布特点，可以把电介质分子分为两大类：一类分子由于负电荷不对称地分布在正电荷周围，结果等效于电偶极子中的两个等效点电荷位置不相重合，即正电荷的"重心"和负电荷的"重心"不重合，正负电荷"重心"可等效成一个电偶极子，例如：HCL、H_2O、CO、SO_2、H_2S、NH_3 等，它们的分子电矩(称为分子的固有极矩)不为零，这类分子称为有极分子(polar molecule)；另一类分子由于负电荷对称地分布在正电荷周围，结果等效于电偶极

笔记栏

子中的两个等效点电荷位置重合，即正负电荷“重心”重合，例如：He、H_2、N_2、CH_4、CO_2等，它们的分子电矩为零，这类分子称为**无极分子**(nonpolar molecule)。没有电场存在时，有极分子的电矩虽然不为零，但由于所有分子都处于无规则的热运动状态中，各个分子电矩的取向杂乱无章，排列无序，没有在哪个方向上占优势如图 7-14(a)，因此无论从电介质整体或从其中任一宏观小体积元来看，其内部分子电矩的矢量和为零；无极分子的电矩根据定义为零。所以，从宏观上看，这两类分子构成的电介质内均有 $\sum \boldsymbol{p}_i = 0$，对外均呈电中性，没有任何带电的表现。

现在我们来讨论静电场对电介质的作用。首先介绍两个概念：第一，**束缚电荷**(bound charge)，即在物体内不能自由移动且不能用传导的方法移走的电荷。第二，**电介质极化**(dielectric polarization)，即在外电场作用下各向同性均匀的电介质表面(垂直于外电场方向的端面)出现束缚电荷的现象。当把无极分子构成的电介质置于电场中，在外电场的作用下两个等效点电荷分别受到方向相反的力的作用，其位置不再重合而错开。分子电矩不再是零，且沿外电场方向排列。结果在垂直于外电场方向的介质端面上出现正、负束缚电荷。这种极化称为**位移极化**(displacement polarization)，如图 7-14 所示。此时 $\sum \boldsymbol{p}_i \neq 0$。

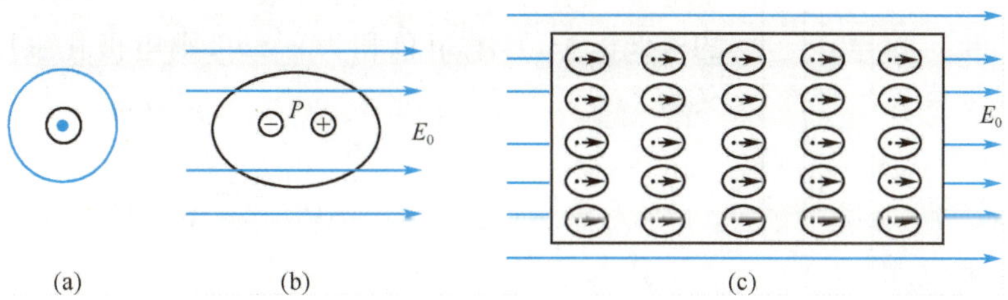

图 7-14 无极分子位移极化示意图

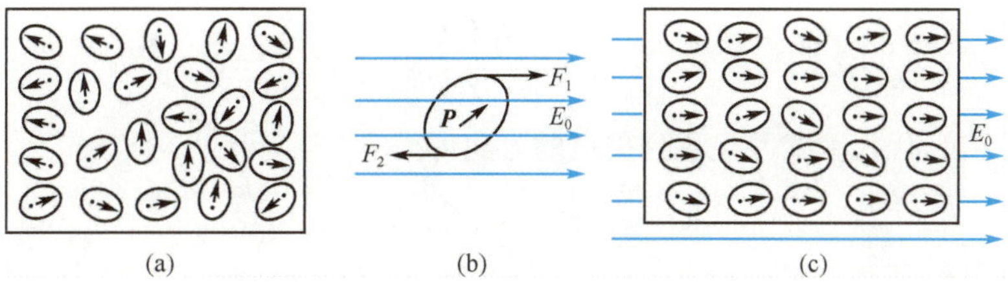

图 7-15 有极分子取向极化示意图

对于有极分子构成的电介质，由于每个分子的固有极矩受外电场力矩的作用，都将会尽可能沿外电场的方向排列。结果在垂直于外电场方向的介质端面上也出现正、负束缚电荷。这种极化称为**取向极化**(orientation polarization)，如图 7-15 所示。此时 $\sum \boldsymbol{p}_i \neq 0$。显然，分子的热运动是阻碍有极分子这种有序排列的，所以温度对取向极化的强弱是有影响的。

从上面关于电介质极化机制的讨论中我们可以看到，当电介质处于极化状态时，取电介质内的任一宏观小体积元 ΔV，其内部分子的电矩矢量和不相互抵消，即 $\sum\limits_{\Delta V内} \boldsymbol{p}_i \neq 0$(对 ΔV 内求和)。当电介质没有被极化时，则 $\sum\limits_{\Delta V内} \boldsymbol{p}_i \equiv 0$。为了定量地描述电介质内各处极化的程度，我们引入一个矢量，它等于单位体积内分子电矩 $\boldsymbol{P}$ 的矢量和，即 $\boldsymbol{P} = \sum\limits_{\Delta V内} \boldsymbol{p}_i / \Delta V$，定义为**极化强度**(polarization intensity)矢量。它是量度电介质极化状态(包括极化的大小和极化的方向)的物理量，单位是 C/m^2。如果在电介质内各点的极化强度大小和方向都相同，就称为极化是均匀的，否则是非均匀的。

实验表明，对于各向同性电介质在不是太大的情况下，$\boldsymbol{P}$ 与 $\varepsilon_0 \boldsymbol{E}$ 方向相同，数量上成简单的正比关系。因此可以写成

笔记栏

$$\boldsymbol{P}=\varepsilon_0\chi_e\boldsymbol{E}$$

其中 χ_e 叫电介质的电极化率(electric susceptibility)，它与 E 无关，是与电介质材料有关的、描述介质特性的物理量，是一个无量纲的量。

二、电介质中的静电场

静电场对电介质作用的结果是出现极化现象。那么，被极化的电介质反过来又对静电场发生什么影响呢？现在以较简单的均匀电介质对静电场的影响为例来讨论。

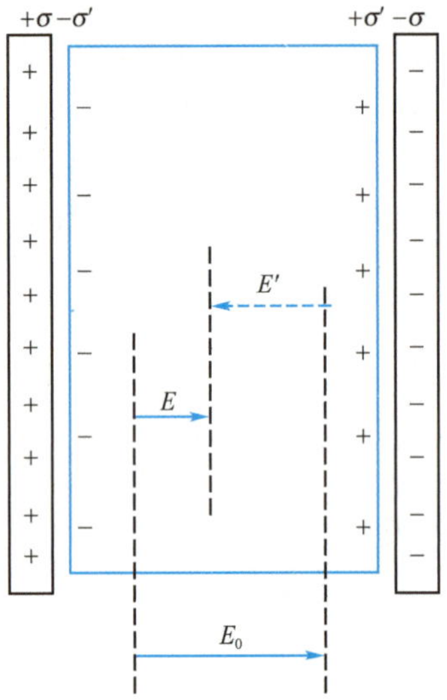

图 7-16 电介质中的场强

当均匀电介质在外电场 $\boldsymbol{E}_0$ 作用下极化时，在垂直于 $\boldsymbol{E}_0$ 方向的两个端面将分别出现均匀分布的正、负束缚电荷层。它们在电介质内部也将产生一个电场，称为极化电场(polarization electric field)，用 $\boldsymbol{E}'$ 表示。于是，在电介质内部的总电场应是这两者的矢量和 $E=E_0+E'$，如图 7-16 所示。在均匀外电场中，这三个矢量相互平行，可写成 $E=E_0-E'$。若图中两平行带电板间距为 d，其间的两层束缚电荷可视为一系列均匀排列的电偶极子，其电矩总和为 $\sigma' Sd$，则电极化强度的大小由定义为

$$P=\frac{\sum p_i}{\Delta V}=\frac{\sigma' Sd}{\Delta V}=\sigma' \tag{7-23}$$

代入上式

$$E=E_0-E'=E_0-\frac{\sigma'}{\varepsilon_0}=E_0-\frac{P}{\varepsilon_0}=E_0-\frac{\chi_e\varepsilon_0 E}{\varepsilon_0}=E_0-\chi_e E$$

因此有

$$E=\frac{1}{1+\chi_e}E_0$$

令 $1+\chi_e=\varepsilon_r$，代入上式并注意到矢量的方向可得

$$E=\frac{1}{\varepsilon_r}E_0 \tag{7-24}$$

式(7-24)表明：同样的场源电荷在各向同性均匀电介质中产生的场强减弱为在真空中产生的场强的 $1/\varepsilon_r$。这一结果正是电介质极化后对原电场产生影响所造成的。需要指出的是，此式虽然仅适用于各向同性的均匀电介质充满整个静电场的情形，但“减弱”的影响对于各种电介质却是普遍存在的。式(7-24)中的比例系数 ε_r 称为相对电容率(relative permittivity)或相对介电常量，它与 χ_e 之间的关系是 $\varepsilon_r=1+\chi_e$。χ_e 和 ε_r 具有同样的物理意义，都是表征电介质在外电场中的极化性质的物理量。其值越大，表明电介质极化越强，对原电场削弱越厉害。它们都是无单位的纯数。在真空中 $\varepsilon_r=1$。对于气体，由于密度小，它的极化对外电场产生的影响很小，其 ε_r 值接近于 1。对于固体和液体，其 ε_r 值比 1 大很多。表 7-1 列出了一些电介质的相对电容率。

表 7-1 某些电介质的相对电容率

电介质	相对电容率(ε_r)	电介质	相对电容率(ε_r)
真空	1	脂肪	5～6
空气(1.013×10^5 Pa，20℃)	1.00059	骨	6～10
纯水(25℃)	78	皮肤	40～50
纯水(80℃)	61	血液	50～60
塑料(20℃)	3～20	肌肉	80～85
纸(20℃)	3.5	神经膜(37℃)	7～8
二氧化钛(20℃)	100		

笔记栏

为了简化，今令 $\varepsilon=\varepsilon_0\varepsilon_r$，将其称为电介质的**介电常数**(dielectric constant)，具有与 ε_r 相同的单位。引入它可使充有电介质的静电场公式得到简化。例如充有均匀电介质的平行板电容器中的场强 $E=\dfrac{1}{\varepsilon_r}\dfrac{\sigma}{\varepsilon_0}=\dfrac{\sigma}{\varepsilon}$ 等。

这里还应指出，电介质的介电常数除与电介质本身的性质有关外，还与温度有关。此外，若电介质不是在静电场中而是在交变电场中时，它的介电常数还与电场的频率有关。

在交变电场的极化下，电介质分子发生受迫振动从而消耗能量，使得电介质温度提高，这种现象称为**介质损耗**(dielectric loss)。人们利用介质损耗来进行高频加热，例如木材烘干机、微波炉等。由于人体组织主要由蛋白质、脂肪糖等组成，都是电介质，且大部分电介质是有极分子，因此外加的高频电场可对深部组织加热，发挥治疗作用，此即为高频电疗的原理。

第六节　静电场的能量

一、电容器及其电容

被介质分隔的两个相距较近且彼此绝缘的导体所组成的系统，称为**电容器**(condenser)。它可以用来储存电荷和电能。组成电容器的两个导体，不管它们的形状如何，都称为极板。最常见的电容器是平板电容器，它由中间隔以电介质的一对相距很近的平行平面极板组成。此外，还有由两个共轴圆柱形极板组成的圆柱形电容器、由两个同心的球壳形极板组成的球形电容器等。

电容器充电后，两极板分别带等量异号的电荷 $+Q$ 和 $-Q$，它们之间形成电势差 U。对给定电容器，它所带电荷 Q 和两极板间电势差 U 的比值定义为电容器的**电容**(capacity)，用 C 表示，即

$$C=\frac{Q}{U} \tag{7-25}$$

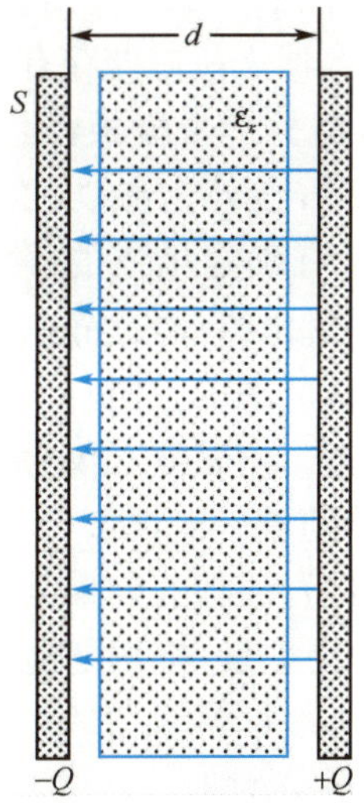

图 7-17　平行板电容器

上式中的 Q 和 U 都取正值，Q 为其中一个极板上的电量。在 SI 中，电容的单位是法拉(F)，1F=1C/V。电容是表示电容器储存电量能力的物理量。实际应用中因法拉这个单位太大，常用微法(μF)和皮法(pF)等单位，$1\mu F=10^{-6}F$，$1pF=10^{-12}F$。

下面计算平板电容器的电容。设两极板的面积为 S，板间距离为 d，两板间充满相对介电常数为 ε_r 的均匀电介质。两极板通常靠得很近，使得两极板的长度远远大于两板间的距离。因此，当两极板分别带上电荷 $+Q$ 和 $-Q$ 后，除极板边缘部分外，可把两板间的电场看成由两块无限大均匀带电平板产生的电场。如图 7-17 所示。

可以证明，两极板间的场强大小为

$$E=\frac{\sigma}{\varepsilon_0\varepsilon_r}=\frac{Q}{\varepsilon S}$$

于是，两极板间的电势差为

$$U=\int_0^d \boldsymbol{E}\cdot d\boldsymbol{l}=Ed=\frac{Qd}{\varepsilon S}$$

由电容的定义式即可得平板电容器的电容为

$$C=\frac{\varepsilon S}{d} \tag{7-26}$$

笔记栏

二、静电场的能量

任何带电体系建立的过程，都必然是外力克服电场力做功的过程。同时，在这一过程中某种外部形式的能量转换为带电体系的能量。因此任何带电系统都具有能量。这种体系因带电而具有的能量叫做电能。

1. 带电电容器储存的电能

静电场的能量等于建立电场时外力克服静电场力做的功。电容器的充放电过程就是将一种符号的电荷从一个极板转移到另一个极板的过程。在这个过程中，外力克服电场力做的功就是电容器储存的能量。

如图 7-18 所示，设在 t 时刻，两极板上的电荷分别为$+q(t)$和$-q(t)$，两极板间的电势差 $U(t)$为 q$(t)/C$。今再把电量 dq 从负极板移到正极板，则外力做功为

$$\mathrm{d}W=U\mathrm{d}q=\frac{1}{C}q\,\mathrm{d}q$$

所以，从两极板不带电到两极板分别带$+Q$ 和$-Q$ 电量时，外力做的总功，亦即电容器储存的电能为

$$A=W=\int_0^Q \mathrm{d}W=\int_0^Q \frac{1}{C}q\,\mathrm{d}q=\frac{1}{2}\frac{Q^2}{C}=\frac{1}{2}CU^2 \tag{7-27}$$

图 7-18　带电电容器储能的计算

2. 静电场的能量

对于平行板电容器，其极板面积为 S，极扳间距离为 d，若不计边缘效应，则其储存的能量为 $A=\frac{1}{2}CU^2$，$C=\frac{\varepsilon S}{d}$，$U=Ed$，所以

$$A=\frac{1}{2}CU^2=\frac{1}{2}\frac{\varepsilon S}{d}(Ed)^2=\frac{1}{2}\varepsilon E^2 Sd \tag{7-28}$$

式中：$Sd=V$ 是表示电容器两极板间的空间体积。式(7-27)和式(7-28)的物理意义是不同的。式(7-27)表明．电容器之所以储存有能量是因为在外力作用下将电荷 Q 从一个极板移至另一个极板，因此电容器能量的携带者是电荷。而式(7-28)却表明，在外力做功的情况，原来没有电场的电容器的两极板之间产生了有确定场强的静电场。因此电容器能量的携带者应当是电场。我们知道，静电场的场强是不变化的，而且静电场总是伴随着电荷而产生，所以在静电场范围内，上述两种观点是等效的，没有区别的。但对于变化的电磁场来说，情况就不同了。电磁波是变化的电场和磁场在空间的传播。电磁波不仅含有电场能量，而且含有磁场能量。由于在电磁波的传播过程中，并没有电荷伴随着传播，所以不能说电磁波能量的携带者是电荷，而只能说电磁波能量的携带者是电场和磁场。因此，如果某一空间具有电场，那么该空间就具有电场能量。电场强度是描述电场性质的物理量，电场的能量应以电场强度来表述。

单位体积电场具有的能量称为电场的能量密度(energy density)，用 η 表示，即

$$\eta=\frac{A}{V}=\frac{1}{2}\varepsilon E^2 \tag{7-29}$$

上式表明，电场的能量密度与场强的平方成正比。场强越大，电场的能量密度也越大。式(7-29)虽然是从平板电容器这个特例中求得的，但可以证明，对任意电场，这个结论也是正确的。

物质与运动是不可分的，凡是物质都在运动，都具有能量。电场具有能量，表明电场确是一种物质。

笔记栏

在非均匀电场中，任一体积单元 dV 中的电场能量为

$$dA = \eta dV = \frac{1}{2}\varepsilon E^2 dV$$

整个电场总的能量为

$$A = \int_V dA = \int_V \eta dV = \int_V \frac{1}{2}\varepsilon E^2 dV$$

式中的积分区域遍及整个电场空间 V。

例题 7-4 两同轴圆柱面长 l、半径分别为 a 和 b($a<b$,且 a、b 都比 l 小得多),两圆柱面间充满介电常数为 ε 的均匀电介质。求:①当这两圆柱面上分别均匀带 $+Q$ 和 $-Q$ 的电量时,两圆柱面间的电场能;②由能量关系推算出此圆柱形电容器的电容。

解:①设两圆柱面沿轴线单位长度所带电量分别为 $+\lambda$ 和 $-\lambda$。由高斯定理,当无电介质时,两圆柱面间距袖线为 r 的点的场强为

$$E_0 = \frac{\lambda}{2\pi\varepsilon_0 r}$$

有电介质时,根据式(7-30)得

$$E = \frac{E_0}{\varepsilon_r} = \frac{\lambda}{2\pi\varepsilon_0\varepsilon_r r} = \frac{\lambda}{2\pi\varepsilon r}$$

电场能量密度

$$\eta = \frac{1}{2}\varepsilon E^2 = \frac{\lambda^2}{8\pi^2\varepsilon r^2}$$

取半径 r,厚度 dr,长 l 的圆柱薄层为体积元 $dV=2\pi rl\,dr$,此体积元中的电场能量,为
两圆柱面间的总电场能量,为

$$A = \int_V \eta dV = \int_a^b \frac{\lambda^2 l}{4\pi\varepsilon}\frac{dr}{r} = \frac{\lambda^2 l}{4\pi\varepsilon}\ln\frac{b}{a}$$

因为 $\lambda = Q/l$,所以

$$A = \frac{Q^2}{4\pi\varepsilon l}\ln\frac{b}{a}$$

②因为电容器中的电场能 $\eta = \frac{1}{2}\frac{Q^2}{c}$,所以

$$\frac{1}{2}\frac{Q^2}{C} = \frac{Q^2}{4\pi\varepsilon l}\ln\frac{b}{a}$$

即得圆柱形电容器的电容为

$$C = \frac{2\pi\varepsilon l}{\ln(b/a)}$$

与前面介绍的结论一致。

习 题 七

7-1 关于试验电荷,以下说法正确的是

(A)试验电荷是电量极小的正电荷;　　(B)试验电荷是体积极小的正电荷;

(C)试验电荷是体积和电量都极小的正电荷;

(D)试验电荷是电量足够小,以至于它不影响产生原电场的电荷分布,从而不影响原电场;同时是体积足够小,以至于它所在的位置真正代表一点的正电荷(这里的足够小都是相对问题而言的)。

[D]

7-2 关于点电荷电场强度的计算公式 $E = qr/(4\pi\varepsilon_0 r^3)$,以下说法正确的是

(A)$r\to 0$ 时,$E\to\infty$;

笔记栏

(B) $r \to 0$ 时，q 不能作为点电荷，公式不适用；

(C) $r \to 0$ 时，q 仍是点电荷，但公式无意义。

(D) $r \to 0$ 时，q 已成为球形电荷，应用球对称电荷分布来计算电场。

[B]

7-3 试验电荷 q_0 在电场中受力为 f，其电场强度的大小为 f/q_0，以下说法正确的是

(A) E 正比于 f；　　(B) E 反比于 q_0；

(C) E 正比于 f 且反比于 q_0；

(D) 电场强度 $\boldsymbol{E}$ 是由产生电场的电荷所决定的，不以试验电荷 q_0 及其受力的大小决定。

[D]

7-4 如果对某一闭合曲面的电通量为 $\oint_S E \cdot dS = 0$，以下说法正确的是

(A) S 面上的 $\boldsymbol{E}$ 必定为零；　　(B) S 面内的电荷必定为零；

(C) 空间电荷的代数和为零；　　(D) S 面内电荷的代数和为零。

[D]

7-5 关于高斯定理的理解，有下面几种说法，其中正确的是

(A) 如高斯面上 $\boldsymbol{E}$ 处处为零，则该面内必无电荷；

(B) 如高斯面内无电荷，则高斯面上 $\boldsymbol{E}$ 处处为零；

(C) 如高斯面 S 上 $\boldsymbol{E}$ 处处不为零，则高斯面 S 内必有电荷；

(D) 如高斯面内有净电荷，则通过高斯面的电通量必不为零；

(E) 高斯定理仅适用于具有高度对称的电场。

[D]

7-6 关于电力线，以下说法正确的是

(A) 电力线上各点的电场强度大小相等；

(B) 电力线是一条曲线，曲线上的每一点的切线方向都与该点的电场强度方向平行；

(C) 开始时处于静止的电荷在电场力的作用下运动的轨迹必与一条电力线重合；

(D) 在无电荷的电场空间，电力线可以相交。

[C]

7-7 以下说法中正确的是

(A) 电场强度相等的地方电势一定相等；　　(B) 带正电的导体上电势一定为正；

(C) 电势梯度绝对值大的地方场强的绝对值也一定大；

(D) 电势为零的导体一定不带电。

[C]

7-8 如图 7-19 所示，在点电荷 $+q$ 的电场中，若取图中 P 点处为电势零点，则 M 点的电势为

(A) $q/(4\pi\varepsilon_0 a)$；(B) $q/(8\pi\varepsilon_0 a)$；(C) $-q/(4\pi\varepsilon_0 a)$；(D) $-q/(8\pi\varepsilon_0 a)$；

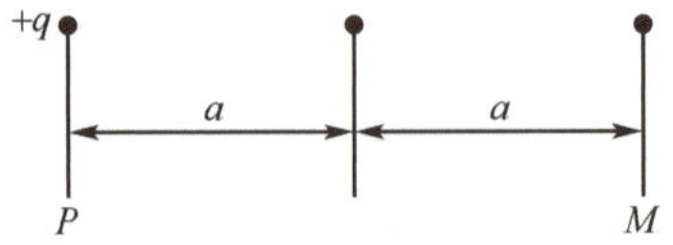

图 7-19　习题 7-8 图

[D]

7-9 以下说法中正确的是

(A) 沿着电力线移动负电荷，负电荷的电势能是增加的；

(B) 场强弱的地方电位一定低，电位高的地方场强一定强；

(C)等势面上各点的场强大小一定相等；

(D)初速度为零的点电荷，仅在电场力作用下，总是从高电位处向低电位运动；

(E)场强处处相同的电场中，各点的电位也处处相同。

[A]

7-10 关于电偶极子的概念，以下说法正确的是

(A)其电荷之间的距离远小于问题所涉及的距离的两个等量异号的点电荷系统；

(B)一个正点电荷和一个负点电荷组成的系统；

(C)两个等量异号电荷组成的系统；

(D)一个正电荷和一个负电荷组成的系统；

(E)两个等量异号的点电荷组成的系统。

[A]

7-11 电极化强度 P

(A)只与外电场有关；　　(B)只与极化电荷产生的电场有关；

(C)与外场和极化电荷产生的电场都有关；

(D)只与介质本身的性质有关系，与电场无关。

[C]

7-12 平行板电容器充电后与电源断开，然后在两极板间插入一导体平板，则电容 C，极板间电压 V，极板空间(不含插入的导体板)电场强度 E 及电场的能量 W 将(↑表示增大，↓表示减小)

(A)C↓，V↑，W↑，E↑；　　(B)C↑，V↓，W↓，E 不变；

(C)C↑，V↑，W↑，E↑；　　(D) C↓，V↓，W↓，E↓。

[B]

7-13 两个点电荷所带电荷之和为 Q，问它们各带电荷为多少时，相互之间的作用力最大？

[两导体各带电荷 $Q/2$]

7-14 一带电细棒弯曲线半径为 R 的半园形，带电均匀，总电量为 Q。求圆心处的电场强度 E。

[$E=Q/(2\pi^2\varepsilon_0 R^2)$ N·C^{-1}，方向沿 x 轴正向]

7-15 若电荷均匀地分布在长为 L 的细棒上，求证：(1)在棒的延长线，且离棒中心为 r 处的电场强度为 $E=\dfrac{1}{\pi\varepsilon_{0r}}\dfrac{Q}{4r^2-L^2}$。(2)在棒的垂直平分线上，离棒为 r 处的电场强度为 $E=\dfrac{1}{2\pi\varepsilon_0 r}\dfrac{Q}{\sqrt{4r^2+L^2}}$。若棒为无限长(即 $L\to\infty$)，试将结果与无限长均匀带电直线的电场强度相比较。

[略]

7-16 一带电细线弯成半径为 R 的圆，电荷线密度为 $\lambda=\lambda_0\sin\varphi$，式中 λ_0 为一常数，φ 为半径 R 与 x 轴所成的夹角，如图 7-20 所示，试求环心 O 处的电场强度。

[$E=-\lambda_0/(8\varepsilon_0 R)$ N·C^{-1}，负号表示电场方向沿 y 轴负向]

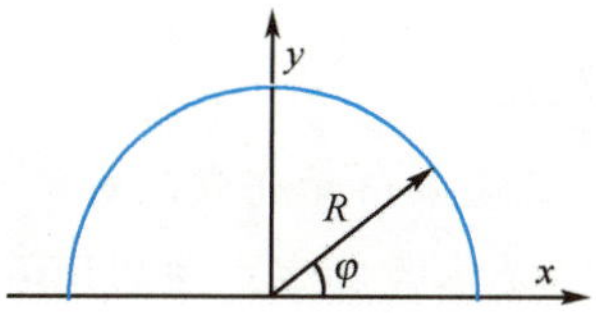

图 7-20　习题 7-16 图

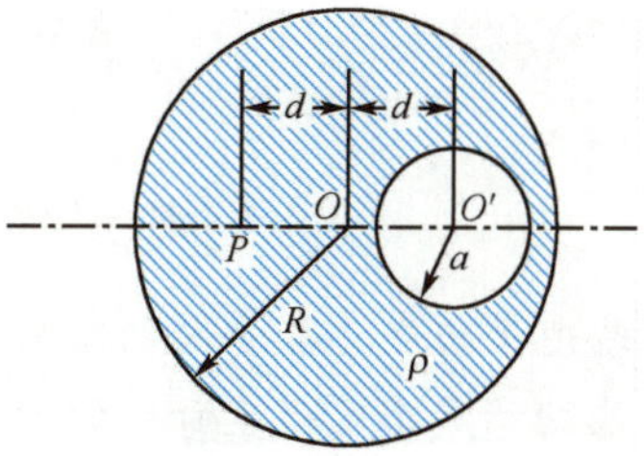

图 7-21　习题 7-18 图

7-17 厚度为 d 的无限大均匀带电平板，带电体密度为 ρ，试用高斯定理求带电平板内外的电场强度。

[板外：$E=\rho d/(2\varepsilon_0)$ (N·C^{-1})，方向垂直板向外；板内：$E=\rho r/\varepsilon_0$ (N·C^{-1})(r 为场点到板中心面的距离)，方向垂直板向外；]

7-18 半径为 R，球心为 O 的一球体内均匀分布着电荷体密度为 ρ 的正电荷，若保持电荷分布不变，在该球体内挖去半径 a 的一个小球体，球心为 O'，两球心间距离 $OO'=d$，如图 7-21 所示，求：①在球形空腔内，球心 O'处的电场强度 $\boldsymbol{E}_0$；②在球体内 P 点处的电场强度 $\boldsymbol{E}$。设 O'、O、P 三点在同一直径上，且 $OP=d$。

[O' 处的 $E_0=\rho d/(3\varepsilon_0)$ (N·C^{-1})，方向向右；P 点处的度 $E_0=\rho(4d^3-a^3)/(12\varepsilon_0 d^2)$ (N·C^{-1})，方向向左]

7-19 电量 q 均匀分布在长为 $2L$ 的细杆上，求在杆外延长线上与杆端距离为 a 的 P 点的电势(设无穷远处为电势零点)。

[$U=q\ln((2l+a)/a)/(8\pi\varepsilon_0 l)$ V]

7-20 一均匀带电的球层，其电荷体密度为ρ，球层内表面半径为 R_1，外表面半径为 R_2，设无穷远处为电势零点，求空腔内任一点的电势。

[$U=(\rho/2\varepsilon_0)(R_1{}^2-R_2{}^2)$ V]

7-21 如图 7-22 所示，有三个点电荷 Q_1，Q_2，Q_3 沿一条直线等间距分布，已知其中任一点电荷所受合力均为零，且 $Q_1=Q_2=Q_3$。求在固定 Q_1，Q_3 的情况下，将 Q_2 从 O 点推到无穷远处外力所做的功。

[$W=Q^2/(8\pi\varepsilon_0 d)$ J]

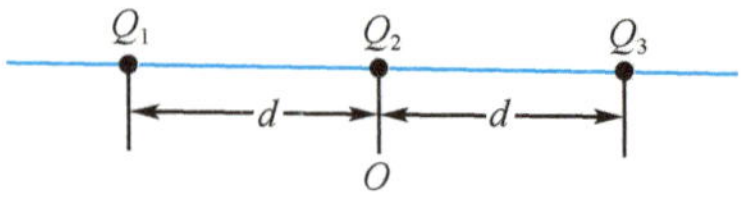

图 7-22 习题 7-21 图

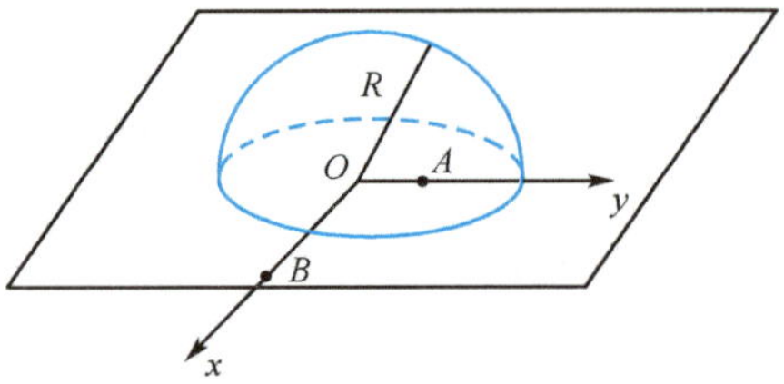

图 7-23 习题 7-22 图

7-22 如图 7-23 所示，在 xOy 平面上倒扣着半径为 R 的半球面，在半球面上电荷均匀分布，其电荷面密度为 σ。A 点的坐标为(0,$R/2$)，B 点的坐标为(3R/2,0)，求电势差 U_{AB}。

[$U_{AB}=\sigma R/6\varepsilon_0$ V]

7-23 如加在柱形电容器的电压加倍，则存储其中的电场能改变多少倍？如电容器内外半径各加倍，而保持电荷量不变，则电场能如何变化？

[4 倍；不变]

7-24 两平行的无限长半径均为 r_0 的圆柱形导线相距为 $d(d>>r_0)$，求单位长度的此两导线间的电容。

[$C_0=\pi\varepsilon_0/\ln(d/r_0)$ F]

阅读材料

电场的生物学效应

生物学与物理学的交叉备受人们的关注，生物学或生命科学研究的对象归根结底是以物理学原理为基础。然而现代生命科学中的很多技术是依靠非常成熟的化学手段实现的，DNA 的革命目前对物理学的影响并不大，其中的原因就像著名的分子基因学家 Paul Berg

和 Maxine Signer 所著《基因》的序言中写道："物理学因其抽象的数学概念而让未受该种训练的生物学家可望而不可及；另一方面，生物学也因其与生命机制的复杂性、新颖性、其有关的专门的词汇没有被物理学家所掌握而使他们不能进入该领域。"因此，使生物学有机地与经典物理揉合为一体，对于两个学科的发展都具有非常重要的意义。而电场的生物学效应就是其中一个非常重要的研究领域。

在空间存在一个因地球与天空云层间产生的电势差，这个电势差形成的电场叫地球的空间电场，它是一个因天气变化而不稳定的电场，但这种电场对生长于地球的植物都会产生较大的影响。

在隔绝大地电场（即静电屏蔽）的状态下，植物的光合作用受阻，生长缓慢，植物体不能完成正常的代谢过程。但自然电场的作用对植物生长并不是最适宜的条件，这已被许多外加电场的实验所证实。在自然界，有些植物可以受环境的诱导而改变其代谢方式，从而使其生物特性发生变化，即生活环境的变化，可以引起基因表达的改变，高压静电场的生物学作用便证明了这一点。

下面，我们简单介绍一下静电场对植物的生物学效应。

一、静电场对种子萌发的生物学效应

1. 静电场作用对种子萌发期特性的影响

发芽率、发芽势、根长、芽长、鲜重、简化活力指数，是种子特性最敏感的指标。试验结果表明：适宜强度的静电场作用下，上述指标均有不同程度的提高，说明适宜剂量的静电处理，对种子萌发有刺激作用，能增加种皮透性，促进种子内部细胞活化，打破休眠状态，发芽率提高，根体积加大，幼苗生长加快、水势加大，加速种子萌发过程储藏物质的分解、转化和再利用，该物质积累加快，使幼苗生长旺盛，能充分调动种子自我调节能力，从而提高了种子生长过程对营养物质的吸收和能量物质的转化利用。

2. 静电场作用对生物膜的影响

(1)静电场作用影响生物膜的电特性。静电力存在于分子的一切极性和带电集团之间，电荷、偶极离子相互作用，能量的高低取决于环境介质、介电常数和电荷的大小。介电质对于离子的包围，降低了离子间的相互作用能量，粒子穿过原子发生能量转移和能量重新分布，在生物体中含有水分子和生物分子发生电离和激发的过程。电场作用在生物膜上，相当于作用在 RC 电路上，由于生物组织的不均匀性引起细胞内外溶液中电流流量不同，从而改变膜上的电荷分布，因此，影响了生物膜的电特性。

(2)静电场作用影响膜电位。静电场对膜的影响是通过细胞膜本身的跨膜电位和外加电场起主要作用的，外电场会诱导膜电位改变，使膜电位提高。这会影响细胞的能量转化和物质输运的一切生理过程，使种子吸水之后离子扩散与电子泵系统运转活跃，从而提高膜主动吸收、转运营养物质的能力，提高代谢水平，为有丝分裂的启动积累更多的物质。

(3)静电场对膜通透性的影响。细胞膜的通透性是细胞和周围环境进行物质交换的特性。生物膜是细胞与胞外交流的场所。干种子吸水萌发时，细胞膜磷脂分子构象由脱水时的六角晶状恢复到水合分子的片层结构，膜相态也由凝胶状态恢复到液晶状态，随之膜的选择半透性功能也迅速恢复。但细胞内外巨大的水势位差易引起膜损伤，故在种子吸水膨胀过程中，细胞膜系统需进行修复和重建。适宜的高压静电处理，可导致种子细胞介质电势增大，离子渗出少，表现为电解质外渗透率降低，膜透性减小，促进膜修复能力的增强。

3. 静电场作用影响酶活性

物理调控因子—电场对生物体中酶的合成起诱导作用。酶活性的变化是一种调节机制，它直接影响一个代谢过程，酶活性的提高对催化中心起重要的影响，也就是起活化作

笔记栏

用。电场作用引起细胞内蛋白质、糖、脂质等极性分子和离子的定向排列，从而引起含金属的酶构象发生变化。酶的激活首先表现为：酶形成一定的构象，具有活性部位形成一个活性中心，所以电场对酶有提前进行激活作用。静电场预处理的种子蛋白质酶活性提高，有利于种子在萌发期对储藏物质的分解作用。

4. 静电场作用对呼吸强度的影响

适宜的静电场处理可使种子呼吸系统被活化，碳水化合物的耗氧呼吸占优势，呼吸强度增强，呼吸能力提高，保证了其它生理活动的进行。静电场预处理的种子淀粉酶活性提高，较高的淀粉酶活性使酵解及有氧代谢速度加快，加速了淀粉的水解。脱氢酶活性在电场处理组中也相对提高，反映了呼吸代谢的提高，种子呼吸旺盛促进了新陈代谢，新细胞快速形成，提高了种子活力，加速了幼苗成长。这都为种子萌发提供了物质和能量的基础，也是种子在静电场处理后发芽率、发芽势提高的内在原因。

二、静电场对植物愈伤组织诱导和增殖的影响

静电场促进植物对 Ca^{2+} 的吸收，这个无处不在的重要信号分子会把静电场的刺激传递给其它信号分子，从而发生信号级联放大。作为第二信使，它与生长素、细胞分裂素协同作用，调节和启动有关基因的表达，合成核酸、蛋白质，为愈伤组织的发生、形成奠定基础。静电处理的叶片提前卷曲，就可能是生长素、细胞分裂素作用的结果，尤其生长素在静电场或微电流作用下定向迁移，是愈伤组织提前发生的重要原因。

从愈伤组织生长过程中元素的吸收上看，静电场处理的培养基中元素的浓度随时间延长而下降且在迅速增殖前期元素浓度下降较快，说明静电场处理的营养吸收率提高，也是处理组增殖率高于对照组的原因之一。静电场处理的愈伤组织呼吸速率明显高，说明其能量代谢旺盛，物质吸收运转活跃，组织处于旺盛的生长状态。

IAA 氧化酶是一种调节内源生长素代谢的氧化酶。静电场处理的愈伤组织中 IAA 氧化酶活性显著低，意味着细胞内源 IAA 水平高，细胞生长加快。静电场在高压条件下产生的电流电位差，刺激了愈伤组织的增殖，膜电位的增加不但使生长素极性运输，促进组织增殖，而且影响膜的通透性及其它分子的极性运输，改善了细胞吸收和运转物质的能力，从而促进了植物生长。

静电处理还促进了细胞的有丝分裂。分析静电处理的小麦、豌豆幼苗的根尖细胞分裂，发现有丝分裂中期指数提高，分裂周期缩短。证实高强度的静电场可使蚕豆、黑麦发生染色体畸变。这些均说明，静电场可以深刻地影响细胞的生命活动，这可能是刺激细胞增殖的直接原因。

三、静电场对植物光合器官和功能的影响

外电场对植物光合器官和功能的变化有显著影响。在静电场作用下，叶片的光合速率及呼吸速率都明显提高，其中光合速率要比呼吸速率增加的幅度大。静电场作用下叶片的叶绿素 a 含量增加，但叶绿素 b 却有所减少；不过，叶绿素总量仍比没有电场处理高。这表明静电场促进叶绿素 a 含量增加比叶绿素 b 的减少量要大得多。

叶片在静电场作用下积累的元素增多，这些元素又是光合合成中不可缺少的调节及营养元素。它们的增长对保证叶片色素合成及光合过程有关酶的合成提供了营养条件。由于营养条件的改善，叶片光合器官的发育也得以促进，这表现为，在静电场作用下，叶片厚度、叶片单位面积的栅栏细胞数，每个细胞中的叶绿体数、叶绿体中的基粒数及基粒中的类囊体片层数均提高，这对维持较高的光合活性提供了良好的结构基础。高等植物细胞生长发育、器官形成绝大部分来自光合作用产物的转化，静电场作用下生产的植物其生长速率、

产量都有所增加，这与静电场作用促进植物光合速率密切相关。

总之，静电场的生物效应越来越受到人们的重视，它在生物学科中的应用也不断的拓宽。随着人们对其作用机制认识的逐步加深，相信此项技术将在生命科学领域中发挥更大的作用。

（刘小利 张建炜）

笔记栏

第8章 直流电

在电场的作用下电荷定向移动形成电流(electric current),电流分为交流电和直流电。电流既是物质的运动,也能传输能量和传递信息。因此,它不仅与工农业生产及人们的日常生活密切相关,而且在生命活动过程中起着十分重要的作用。本章将介绍电流产生的条件和电流密度的基本概念,讨论欧姆定律的微分形式和计算复杂电路的基本方法之一的基尔霍夫定律,分析电容器的充电和放电过程。

第一节 电流密度

一、电流和电流密度

含有大量载流子(可自由移动的带电粒子)的物体称为导体。不同种类的导体,其内部载流子的种类不同。金属导体内的载流子为自由电子,电解质溶液和电离气体中的载流子为正、负离子。一般情况下,导体内部的载流子都要做无规则的热运动,因为热运动速度的方向是十分混乱的,所以不能形成电流。如果导体两端保持一定的电势差,这时导体内部的场强不再为零,导体内部的载流子将在电场力的作用下,定向移动而形成电流。可见,形成电流的两个条件是:①导体内必须有可以自由移动的大量载流子;②导体内必须维持一定的电场,即导体两端要保持一定的电势差。

电流的大小用电流强度(current intensity)描述,用字母 I 表示,定义为:单位时间内通过导体任一横截面的电量。如果在 Δt 时间内通过导体横截面的电量为 Δq,则电流强度为

$$I=\frac{\Delta q}{\Delta t} \tag{8-1}$$

电流强度是标量,电流强度的加减遵从(标量)代数加法。习惯上正电荷流动的方向为电流方向。电流方向不随时间变化的电流称为直流电(direct current)。若导体中电流强度的大小和方向不随时间变化,这种电流称为稳恒电流(steady current)。若电流强度的大小和方向随时间变化,这种电流称为瞬时电流(twinkling current),用 i 来表示

$$i=\lim_{\Delta t\to 0}\frac{\Delta q}{\Delta t}=\frac{\mathrm{d}q}{\mathrm{d}t} \tag{8-2}$$

在 SI 制中,电流强度的基本单位为安培(A),常用单位有毫安(mA)和微安(μA)。

$$1\mathrm{A}=10^3\mathrm{mA}=10^6\mu\mathrm{A}$$

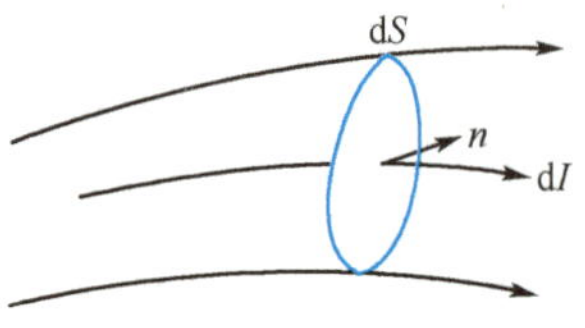

图 8-1 电流密度

电流强度反映的是单位时间内通过整个导体截面的电量,它只能描述导体中通过某一截面的整体电流特征。当电流连续通过不同形状或材料不均的导体(如人体躯干、任意容器中的电解液)时,虽然导体中的电流强度相同,但是不同横截面或截面上不同点的电流分布却不相同。为了确切地描述导体内部各点的电流分布情况,我们还必须引入电流密度(electrical current density)的概念。如图 8-1 所示,在通有电流强度为 I 的导体内某处取一面积元 ΔS,使 ΔS 的法线方向与该处场强 E 的方向相同。若通过 ΔS 的电流强度为 ΔI,则电流密度 J 定义为:垂直通过导体单位横截面积的电流强度,其数值表示为

$$J=\lim_{\Delta S\to 0}\frac{\Delta I}{\Delta S}=\frac{\mathrm{d}I}{\mathrm{d}S} \tag{8-3}$$

电流密度 $\boldsymbol{J}$ 是矢量，它的方向与该点电场强度 $\boldsymbol{E}$ 的方向一致。$\boldsymbol{J}$ 的单位是安培每平方米（$\mathrm{A\cdot m^{-2}}$），它是描述导体中电流分布的基本物理量。

金属导体中的电流是由大量自由电子的定向漂移运动形成的。假如使导体两端维持一定的电势差，导体中的自由电子除了热运动之外，还在电场力的作用下，沿着场强 E 的反方向漂移。自由电子的定向漂移速度（drift velocity）十分缓慢（为 $10^{-4}\,\mathrm{m\cdot s^{-1}}$ 的数量级），自由电子的定向漂移运动是叠加在热运动之上的，电流的传导速度实际上是电场在导体中的传播速度。

下面讨论金属导体中的电流密度。若导体两端维持一定的电势差，导体内的电场强度不再为零。在金属导体中取一微小截面 ΔS，使 ΔS 的法线方向与该点处的场强方向一致。电子定向漂移的平均速度为 $\bar{v}$，导体中单位体积内的电子密度为 n，每个电子所带电量的绝对值为 e，在 Δt 时间内电子定向漂移的距离为 $\Delta l=\bar{v}\Delta t$，于是在 Δt 时间内通过截面 ΔS 的电量为

$$\Delta q=ne\Delta S\Delta l=ne\bar{v}\Delta S\Delta t$$

则通过截面 ΔS 的电流强度为

$$\Delta I=\frac{\Delta q}{\Delta t}=ne\bar{v}\Delta S$$

于是该处的电流密度为

$$J=\frac{\Delta I}{\Delta S}=ne\bar{v} \tag{8-4}$$

式（8-4）表明，金属导体中的电流密度等于导体中电子密度 n、电子所带电量 e 和电子漂移的平均速度 $\bar{v}$ 的乘积。

二、欧姆定律的微分形式

电荷在导体内的定向运动是由于导体内电场强度不为零，若导体内各点的电场强度不同，电荷所受的电场力就不相同，电荷的运动情况也不相同，而电流密度 $\boldsymbol{J}$ 可以用来描述导体中各点电荷的运动情况。可见，电流场中的 $\boldsymbol{J}$ 和 $\boldsymbol{E}$ 有着密切的联系，由欧姆定律可推导它们的关系。

欧姆定律的一般形式为

$$U_1-U_2=IR$$

式中：U_1-U_2 是导体两端的电势差，I 为通过导体的电流强度，R 为导体的电阻。

如图 8-2 所示，在导体内的某一处取一圆柱形体积元，其长度为 $\mathrm{d}l$，截面积为 $\mathrm{d}S$，电阻为 $\mathrm{d}R$，圆柱体的轴线沿着该点处电流密度 $\boldsymbol{J}$ 的方向。由于体积元很小，其中电流密度、场强及导体的电阻率可近似为均匀。若体积元圆柱体两端的电势差为 U_1-U_2，由欧姆定律可知，流过截面 $\mathrm{d}S$ 的电流强度 $\mathrm{d}I$ 为

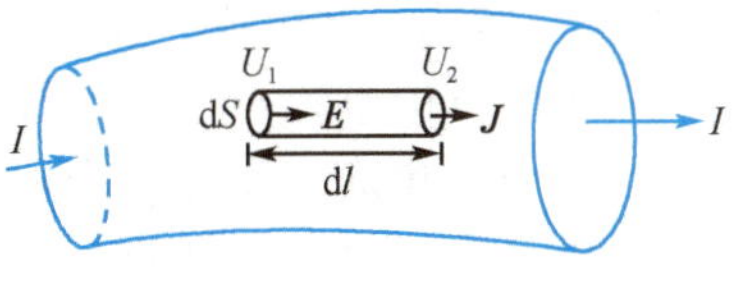

图 8-2　欧姆定律的微分形式

$$\mathrm{d}I=\frac{U_1-U_2}{\mathrm{d}R}=\frac{\mathrm{d}U}{\mathrm{d}R} \tag{8-5}$$

式中：$\mathrm{d}U=U_1-U_2$，表示体积元两端的电势差。

由于导体中的电流密度 $\boldsymbol{J}$ 的方向与该点的场强方向一致，在图 8-2 中场强 $\boldsymbol{E}$ 也是沿着体积元圆柱体轴线方向。由电势的定义有

$$\mathrm{d}U=E\mathrm{d}l$$

代入（8-5）式

$$\mathrm{d}I=\frac{E\mathrm{d}l}{\mathrm{d}R}$$

笔记栏

因为 $dI = J\,dS$，$dR = \rho\dfrac{dl}{dS}$，代入上式，则有

$$\boldsymbol{J} = \frac{\boldsymbol{E}}{\rho} \tag{8-6}$$

这就是欧姆定律的微分形式(differential formulation of Ohm law)，它表明通过导体中任一点的电流密度与该处的电场强度成正比。由于电流密度与导体的性质有关，而与导体的形状大小无关，因此，它揭示了导体中的电场和电流分布之间的函数关系，适用于任何导体以及非稳恒电场。式中 ρ 是导体的电阻率，电阻率 ρ 的倒数 $\sigma = \dfrac{1}{\rho}$ 是导体材料的电导率(electrical conductivity)，单位是西门子每米($S \cdot m^{-1}$)。因此，欧姆定律的微分形式可写成

$$\boldsymbol{J} = \sigma \boldsymbol{E} \tag{8-7}$$

电阻率 ρ 是描述材料电学性质的一个物理量。由于任何导体都有一定的电阻率，造成了输电时的能量自耗，从而限制了技术上所需要的强磁场。$\rho \to \infty$ 的材料叫做绝缘体(isolator)；$\rho \to 0$ 的材料叫做超导体(superconductor)。超导现象是由荷兰科学家卡末林·昂内斯(K·Onnes)在 1911 年研究水银(Hg)的电阻和温度的关系时发现的。当温度降到 4.2K 时，水银的电阻突然降到一个小得不能测量的值，而在这个点以上时，电阻对温度的依赖关系也是很微弱的。他把这种电阻突然降为零而显示出具有超导电性的物质状态定名为超导态；而把电阻发生突变的温度称为超导临界温度或转变温度，用 T_C 表示。超导体的零电阻效应显示其无损耗输运电流的性质，具有巨大的应用潜力。

三、电解质的导电性

生物体的体液都是电解质(electrolyte)溶液。因此，在人体内部的导电过程中，电解质溶液导电占重要地位。电解质溶液中的载流子是正、负离子。在无外电场时，所有的离子都做无规则的热运动，电解质溶液内无电流形成；当有外电场作用时，正、负离子在电场力作用下将分别沿着电场方向和逆着电场方向作定向漂移运动，在电解质溶液中形成电流。如果测定某种电解质溶液的导电性能，则可以得到有关离子的大小、所带电荷量及离子的迁移率，以及母盐、母酸和母碱的离解度等信息。

离子在电解质溶液中作定向运动时，除受到电场力作用外，还要受到周围媒质的阻力。当离子速度不太大时，阻力与离子定向运动速度成正比，阻力的方向与离子定向运动的方向相反。由于正、负离子的质量并不一样，因此正离子的平均漂移速度 $\overline{v}_+$ 和负离子的平均漂移速度 $\overline{v}_-$ 并不相等。若用 Z 表示离子价数，正离子的电量为 Ze，负离子的电量为 $-Ze$；K_+ 和 K_- 分别为正、负离子的摩擦系数，正离子定向漂移时所受阻力为 $K_+\overline{v}_+$，负离子定向漂移时所受阻力为 $K_-\overline{v}_-$。当正、负离子所受阻力增加到与电场力相平衡时，由正、负离子的定向漂移运动方程可得到其定向漂移的速度分别为

$$ZeE - K_+\overline{v}_+ = 0, \qquad \overline{v}_+ = \frac{ZeE}{K_+} = \mu_+ E$$

$$(-ZeE) - K_-\overline{v}_- = 0, \qquad \overline{v}_- = \frac{-ZeE}{K_-} = -\mu_- E$$

式中：$\mu_+ = \dfrac{Ze}{K_+}$ 及 $\mu_- = \dfrac{Ze}{K_-}$ 分别称为正、负离子的迁移率，负号表示负离子定向漂移速度方向与场强方向相反。

由正、负离子定向漂移速度的表达式可知，定向漂移速度的大小和场强成正比。设单位体积电解质溶液中正、负离子数均为 n，则电解质溶液中总的电流密度 J 等于正离子的电流密度 J_+ 与负离子的电流密度 J_- 之和，即

$$J = J_+ + J_- = Zen\overline{v}_+ + (-Zen\overline{v}_-) = Zen\mu_+ E + (-Zen)(-\mu_- E)$$

$$=Zen(\mu_{+}+\mu_{-})E \tag{8-8}$$

式中：$Zen(\mu_{+}+\mu_{-})$ 是和电解质溶液有关的物理量，与式(8-6)比较可知，它是电解质溶液的电导率 σ，即

$$\sigma=Zen(\mu_{+}+\mu_{-}) \tag{8-9}$$

式(8-9)说明，电解质溶液的电导率与单位体积中的离子数、离子所带电量及正、负离子的迁移率之和成正比，并且 $\boldsymbol{J}$ 与 $\boldsymbol{E}$ 成正比，方向一致。

四、含源电路的欧姆定律

在导体中形成恒定电流的条件之一是导体两端必须有一定的电势差或电压，提供此电压的装置是**电源**(power source)。描述电源对外做功能力大小的量是电源的**电动势**(electromotive force)。电源的电动势具有一定的数值，它与外电路的性质以及是否接通无关。电动势是标量，它的单位是伏特(V)，与电势的单位相同。

由电动势和电阻组成的稳恒直流电路中，任何一点的电势都不随时间变化。电路中给定两点之间的电势差等于两点之间的各个分段的电势降落之和。由静电场中的环路定理可知：沿闭合电路绕行一周，各分段电势降落之和为零。

为了研究复杂电路，需先选定电路的绕行方向(可任意选定)和标定各支路的电流方向，即假定电流方向(可任意标定)，再按如下规则来确定电势降落的正、负符号：

(1) 当电阻中电流方向与绕行方向相同时，电阻的电势降落为 $+IR$；相反时，电阻的电势降落为 $-IR$。

(2) 若电动势的方向(电源内部从负极指向正极)与选定的绕行方向相同时，则电源的电势降落为 $-\varepsilon$；相反时，电源的电势降落为 $+\varepsilon$。

(3) 值得注意的是：在同一复杂电路中，若电流方向标定后，不得随意更改。如果求出的电流强度为负值时，表示电流强度的实际方向与标定方向相反。

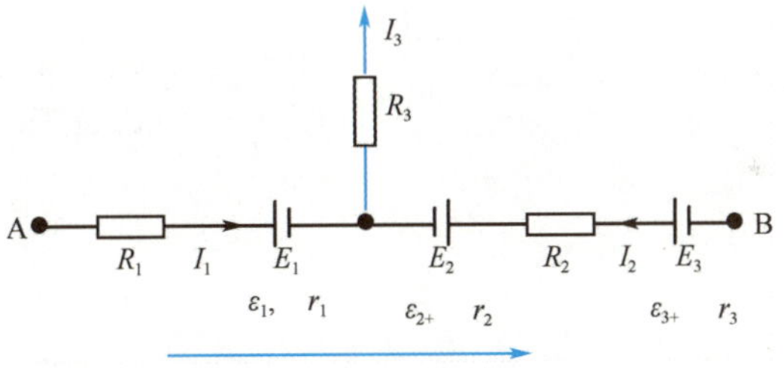

图 8-3　一段含源电路

按照上述规则，可以利用求电势降落的方法来计算一段非闭合的含源电路中任意两点间的电势差。如图 8-3 所示，各已知量在图上标出，选定绕行方向从 A 指向 B，电流的方向如图所示。显然，A、B 两点间电势降落应等于 A、B 两点间的电势差，所以有

$$\begin{aligned}U_{AB}&=U_{A}-U_{B}\\&=I_1R_1+\varepsilon_1+I_1r_1-\varepsilon_2-I_2R_2-I_2r_2+\varepsilon_3-I_2r_3\\&=(\varepsilon_1-\varepsilon_2+\varepsilon_3)+(I_1R_1-I_2R_2+I_1r_1-I_2r_2-I_2r_3)\end{aligned}$$

写成通用式为

$$U_A-U_B=\sum\varepsilon_i+\sum I_iR_i \tag{8-10}$$

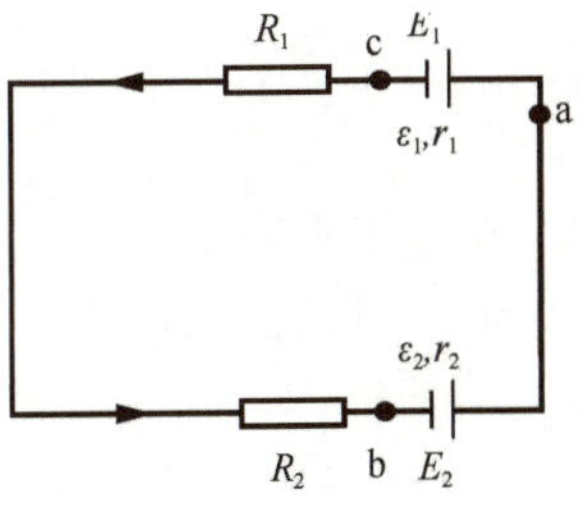

图 8-4　例题 8-1 图示

上式就是一段含源电路的欧姆定律。应用这一公式求一段含源电路两端的电势差时，如果计算出的 U_A-U_B 为正值，表示 A 点的电势高于 B 点的电势；如果 U_A-U_B 为负值，则 A 点的电势低于 B 点的电势。

例题 8-1　在图 8-4 所示的电路中，$\varepsilon_1=4.0\text{V}$，$\varepsilon_2=8.0\text{V}$，$I=0.2\text{A}$，$r_1=0.5\Omega$，$r_2=1\Omega$，试计算①电源 E_2 的端电压 U_{ab}；②电源 E_1 的端电压 U_{ac}。

解：因为 $\varepsilon_2>\varepsilon_1$，故电流方向是逆时针方向如图 8-4 所示。

笔记栏

(1) 由 a 点出发沿电路顺时针绕行到 b 点，则

$$U_{ab}=U_a-U_b=\varepsilon_2-Ir_2$$
$$=8-0.2\times1=7.8\ \text{V}$$

(2) 由 a 点出发沿电路逆时针绕行到 c 点，则

$$U_{ac}=U_a-U_c=\varepsilon_1+Ir_1$$
$$=4+0.2\times0.5=4.1\ \text{V}$$

第二节 基尔霍夫定律

在分析电路时，常常遇到单回路电路和由多回路电路构成的复杂电路，对于单回路电路应用欧姆定律就可以解决；由多回路构成的复杂电路，仅仅应用欧姆定律是不够的，必须利用基尔霍夫定律(Kirchhoff's law)。

电路中的每一分支称为支路(branch path)，复杂电路通常都是由许多支路组成。支路可由一个电路元件或若干个电路元件组成，其特点是：同一支路中各处的电流都相同。如图 8-5 所示的电路，由 ACB、ADB 和 AB 三条支路组成的。复杂电路中三条或三条以上支路的汇合点叫节点(node)，如图 8-5 中的 A，B 都是节点。电路越复杂，包含的支路和节点也越多。电路中任一闭合路径称为回路(loop)，如图 8-5 中的 $ABCA$、$ABDA$ 和 $ADBCA$ 都是回路。

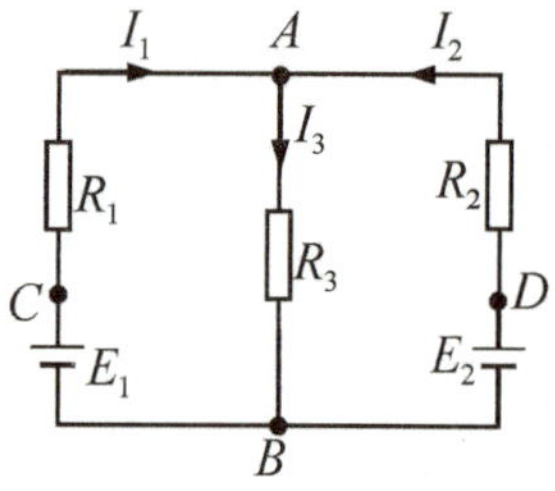

图 8-5 支路和节点

一、基尔霍夫第一定律

基尔霍夫第一定律(Kirchhoff first law)又称为节点电流方程。它是用来确定电路中任一节点处电流之间关系的定律。由电流的连续性原理可知，电路中任何一点都不会有电荷的积累。因此，在任一时刻，流出某节点的电流之和等于流入该节点的电流之和。如图 8-5 所示，对于电路中的节点 A，则有

$$I_1+I_2=I_3$$

或

$$I_1+I_2-I_3=0$$

若令流入节点的电流为正，流出节点的电流为负，则可表述为：汇集于任一节点处电流的代数和为零，这就是基尔霍夫第一定律，其数学表示式为

$$\sum_{k=1}^{h}I_k=0 \tag{8-11}$$

注意：①在复杂电路中，电流的方向往往是难以判定的，因此在列方程时，可以任意假定支路中的电流方向，但在同一支路中不得使用不同的电流方向。当计算结果的电流为正时，则电流的实际方向与假设的方向一致；若计算结果的电流为负时，则电流的实际方向与假设的方向相反；②节点电流方程对电路中每个节点都适用。如果电路中有 N 个节点，即可得 N 个方程，但只有 $N-1$ 个节点电流方程是独立的。

二、基尔霍夫第二定律

基尔霍夫第二定律(Kirchhoff second law)又称为回路电压定律。它是用来确定回路中各段电压之间关系的定律。在一个闭合回路中，从回路中任一点出发，绕回路一周，回到该点时电势降落的代数和为零，这就是基尔霍夫第二定律，其数学表示式为

$$\sum_{j=1}^{n}\varepsilon_j+\sum_{i=1}^{m}I_iR_i=0 \tag{8-12}$$

式中：$\sum_{j=1}^{n}\varepsilon_j$ 为该回路中所有电源电动势降落的代数和，$\sum_{i=1}^{m}I_iR_i$ 为该回路中所有电阻(包括电源内阻)上的电势降落的代数和。

在使用式(8-11)时，必须遵守如下符号规则：

(1) 对于任一闭合回路必须先选定绕行方向和电流方向，当电阻中的电流方向与绕行方向相同时，其电势降落为 $+IR$，相反时为 $-IR$。

(2) 电源电动势的方向(电源内部由负极指向正极)与绕行方向相同时，则电势降落为 $-\varepsilon$，相反时为 $+\varepsilon$。

(3) 电流方向和绕行方向一经选定后，在同一问题中则不得任意变更。

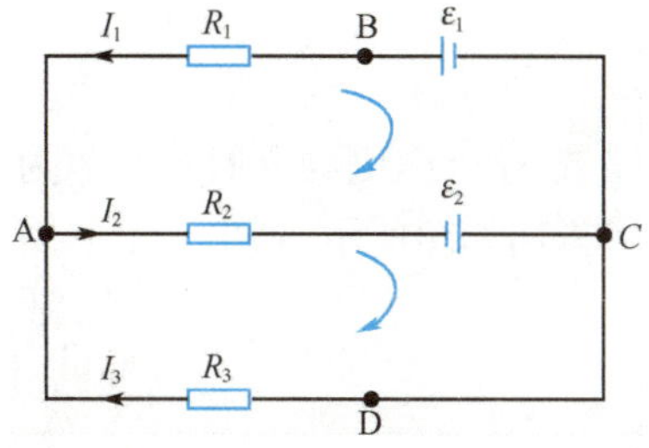

图 8-6 多回路电路

如图 8-6 所示，该电路中共有三个回路，$ABCA$、$ACDA$、$ABCDA$。对于每个回路均可用基尔霍夫第二定律列出一个方程，故可列出三个回路电压方程。设三个回路的绕行方向均为顺时针方向，则三个回路的电压方程分别如下：

对于 $ABCA$ 回路：

$$\varepsilon_1+\varepsilon_2-I_2R_2-I_1R_1=0$$

对于 $ACDA$ 回路：

$$-\varepsilon_2+I_3R_3+I_2R_2=0$$

对于 $ABCDA$ 回路：

$$\varepsilon_1-I_1R_1+I_3R_3=0$$

应当指出，在选取回路列电压方程时，至少应有一段电路是在已选回路中未曾出现过的，这样才能保证列回路电压方程的独立性。在上面三个方程式中只有两个是独立的，因为它们中的任意两个方程式相加减，均可以得到第三个方程式。对于支路数为 M，节点数为 N 的电路，可列出 $M-(N-1)$ 个独立的电压方程。

应用基尔霍夫定律求解复杂电路问题的一般步骤如下：

(1) 假定各支路电流的方向和回路的绕行方向。

(2) 若复杂电路有 N 个节点，则独立的节点电流方程为 $N-1$ 个。

(3) 若复杂电路有 M 个支路，则独立的回路电压方程为 $M-(N-1)$ 个。

(4) 对独立的 $N-1$ 个节点电流方程和独立的 $M-(N-1)$ 个回路电压方程组成的方程组求解。

(5) 根据所得电流的正、负值，判断各支路电流的实际方向。

例题 8-2 如图 8-7 所示电路为惠斯登电桥电路。设电源电动势 ε 为已知，电源内阻忽略不计。求：①通过检流计的电流强度 I_g 与 ε 和各臂电阻的关系；②电桥的平衡条件。

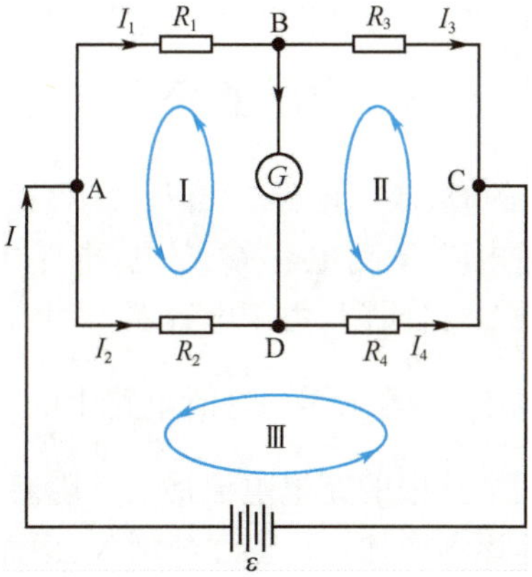

图 8-7 例题 8-2 图示

解：①电流强度 I_g 与 ε 和各臂电阻的关系

假设各支路电流 I_1, I_2, I_3, I_4, I_g 及 I 的方向如图所示。节点数 $N=4$，故可以列出三个节点电流方程。

$$\text{节点 A}: I = I_1 + I_2 \tag{a}$$

$$\text{节点 B}: I_1 = I_3 + I_g \tag{b}$$

$$\text{节点 C}: I_3 + I_4 = I \tag{c}$$

支路数 $M=6$，则独立回路个数为 $M-(N-1)=3$，选图中回路Ⅰ、Ⅱ、Ⅲ为独立回路，标定的绕行方向如图所示，列出 3 个回路电压方程。

$$\text{回路Ⅰ}: -I_1R_1 - I_gR_g + I_2R_2 = 0 \tag{d}$$

$$\text{回路Ⅱ}: -I_3R_3 + I_4R_4 + I_gR_g = 0 \tag{e}$$

$$\text{回路Ⅲ}: -I_2R_2 - I_4R_4 + \varepsilon = 0 \tag{f}$$

解方程组可得各支路电流，在此只写出 I_g 的表达式

$$I_g = \frac{(R_2R_3 - R_1R_4)\varepsilon}{R_1R_3(R_2+R_4) + R_2R_4(R_1+R_3) + R_g(R_1+R_3)(R_2+R_4)}$$

② 电桥平衡条件

由 I_g 的表达式可知，当 $R_2R_3 - R_1R_4 = 0$ 时，$I_g = 0$，即检流计中无电流通过，这种状态称为电桥平衡。此时

$$R_2R_3 = R_1R_4 \quad 或 \quad \frac{R_1}{R_2} = \frac{R_3}{R_4}$$

这就是电桥的平衡条件。若已知式中三个电阻的阻值，可求出未知电阻的阻值，这就是应用惠斯登电桥测量电阻的原理。

第三节 电容器的充电和放电

电路从一个稳定状态（稳态）转变到另外一个稳态的过程称为过渡过程。电路的过渡过程与稳态相比，时间短暂，通常是瞬间进行的，这种瞬间的电路状态称为暂态。暂态过程（transient state process）是由电容器的充、放电来完成的，主要是利用电容器具有储存电荷的本领。若将电容器的两个极板分别与电源的正、负极相连时，电容器被充电，回路中有充电电流出现，电容器两极板将带上等量异号的电荷。随着极板上电荷积累的逐渐增多，极板间的电势差逐渐增大，充电电流逐渐减小。当极板间的电势差等于电源电动势的数值时，充电电流趋于零。此时电容器两极板间储存着电场的能量，这个过程叫做电容器的充电过程（charge process）。如果将已经充电的电容器两极板经过一电阻将其接通，两极板上等量异号电荷将通过该电阻而放电，这个过程叫做电容器的放电过程（discharge process）。显然，电容器放电时，回路中也有变化的瞬时电流出现。电容器的充放电电路由电容 C 和电阻 R 组成，简称为 RC 电路。

一、RC 电路的充电过程

如图 8-8 所示电路为电容器的充、放电电路。当开关 K 扳向“1”时，电动势为 ε 的电源 E 就通过电阻 R 对电容 C 充电，电路中的充电电流为 i_c。在开关 K 刚接通“1”的瞬间，由于电容器 C 上的电荷尚未积累，因此，电容器两端的电压 u_c 等于零。这时电路中的电流 $i_c = \frac{(\varepsilon - u_c)}{R} = \frac{\varepsilon}{R}$，即在这一瞬间电路中的充电电流最大。随着充电时间的增长，电容器上积累的电荷逐渐增加，u_c 也逐渐增大，而充电流 i_c 则随 u_c 的增大而减小。当 $u_c = \varepsilon$ 时，$i_c = 0$，充电过程结束。可见，充电过程中，充电电流由开

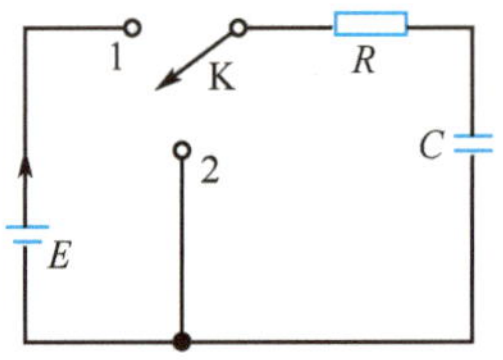

图 8-8 RC 电路

始的最大值 $\frac{\varepsilon}{R}$ 逐渐降到零。而电容器两极板间的电压 u_c 则由开始时的零上升到最大值 ε 。由基尔霍夫定律可知，在任何时刻电容器两极板间的电势差 u_c 、电阻 R 上的电势降落 i_cR 和电动势 ε 三者应满足关系式

$$\varepsilon = i_cR + u_c$$

由于 $u_c = \frac{q}{C}$ ，即 $q = u_cC$ ，将 $i_c = \frac{dq}{dt} = C\frac{du_c}{dt}$ 代入上式，得

$$\varepsilon = RC\frac{du_c}{dt} + u_c$$

此式为充电过程中电容器两极板间电压所满足的微分方程式。利用 $t=0$ 时，$u_c=0$ 的初始条件，解此微分方程式，得

$$u_c = \varepsilon - \varepsilon e^{-\frac{t}{RC}} = \varepsilon(1 - e^{-\frac{t}{RC}}) \tag{8-13}$$

可见在充电过程中电容器 C 两极板间的电压 u_c 按指数规律上升，如图 8-9 所示。而充电电流为

$$i_c = \frac{\varepsilon}{R}e^{-\frac{t}{RC}} \tag{8-14}$$

上式表明，电容器的充电电流 i_c 按指数规律下降，如图 8-10 所示。由以上分析可以看出，电容器充电的快慢由 R 和 C 的大小决定，我们把 R 和 C 的乘积称为 RC 电路的**时间常数**（time constant），用 τ 来表示，即 $\tau = RC$ ，其单位为秒（s）。当 τ 越大，表示充电越慢；反之，充电越快，如图 8-9、图 8-10 所示。

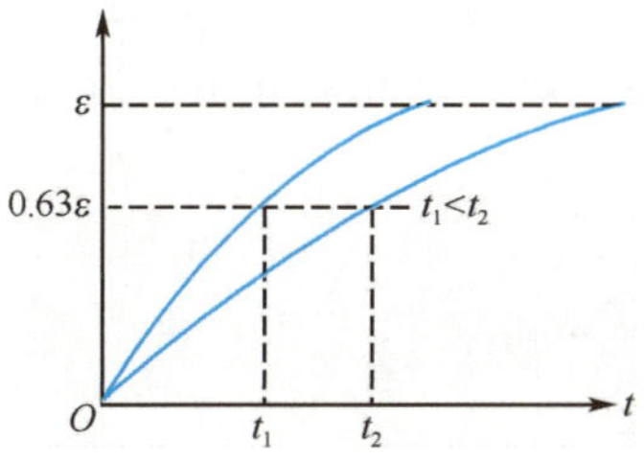

图 8-9 电容器充电时的 u_c 曲线图

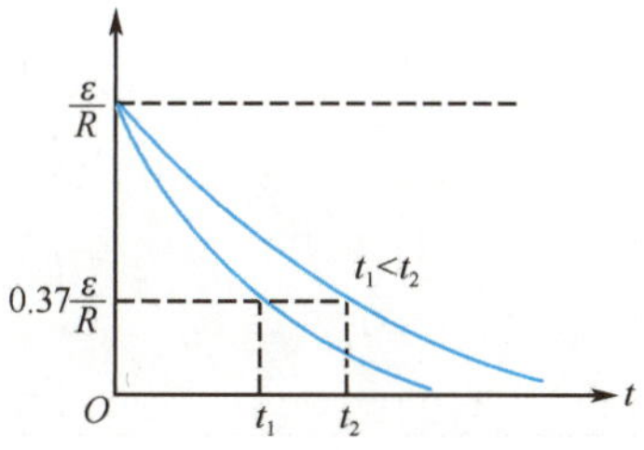

图 8-10 电容器充电时的 i_c 曲线

当 $t = RC = \tau$ 时，有

$$u_c = \varepsilon(1 - e^{-1}) = 0.63\varepsilon$$

$$i_c = \frac{\varepsilon}{R}e^{-1} = 0.37\frac{\varepsilon}{R}$$

由此可见，τ 是当 RC 电路充电时，电容器上的电压从零上升到 ε 的 63%（或充电电流减小至最大充电电流 $\frac{\varepsilon}{R}$ 的 37%）所经历的时间。由式（8-13）可知，当 $t=\infty$ 时，$u_c=\varepsilon$ ，表明只有充电时间足够长时，电容器两端电压 u_c 才能与电源电动势 ε 相等。但实际上，当 $t=3\tau$ 时，$u_c=0.95\varepsilon$ ；当 $t=5\tau$ 时，$u_c=0.993\varepsilon$ 。这时 u_c 与 ε 已基本接近，因此，当 $t=3\tau\sim5\tau$ 的时间，充电过程就已基本结束。电容器充电结束后，$i_c=0$，相当于电路开路，通常所说的电容器具有隔断直流的作用就是指这种状态。

二、RC 电路的放电过程

在图 8-8 的电路中，如果把开关 K 与"2"接通，电容器 C 将通过电阻 R 放电。在开始的瞬间，由于 $u_c=\varepsilon$ ，电路中有最大的放电电流 $i_c=\frac{\varepsilon}{R}$ ，其方向与充电电流相反。在放电过程中，电容器两极板间的电压 u_c 和放电电流 i_c 都将随时间逐渐减小，直至 $u_c=0$，$i_c=0$，放电结束。由

笔记栏

基尔霍夫定律可知

$$u_c = i_c R$$

由于电容器在放电过程中极板上电荷的变化率为负值，则有

$$i_c = -\frac{dq}{dt} = -C\frac{du_c}{dt}$$

代入上式得

$$\frac{du_c}{dt} + \frac{u_c}{RC} = 0$$

这就是 RC 电路放电时的微分方程。利用 $t=0$，$u_c=0$ 的初始条件，解此微分方程式，其解为

$$u_c = \varepsilon e^{-\frac{t}{RC}} \tag{8-15}$$

相应的放电电流 i_c 为

$$i_c = \frac{u_c}{R} = \frac{\varepsilon}{R}e^{-\frac{t}{RC}} \tag{8-16}$$

式(8-15)和式(8-16)描述了 RC 电路放电时电容器极板间的电压 u_c 放电电流 i_c 随时间变化的规律。在 RC 电路放电的过程中，u_c、i_c 衰减的快慢同样取决于时间常数 $\tau=RC$，τ 越大衰减越慢；反之，衰减越快，如图 8-11 所示。当 $t=\tau$ 时，$u_c=0.37\varepsilon$；当放电时间 $t=3\tau \sim 5\tau$ 时，放电基本结束。

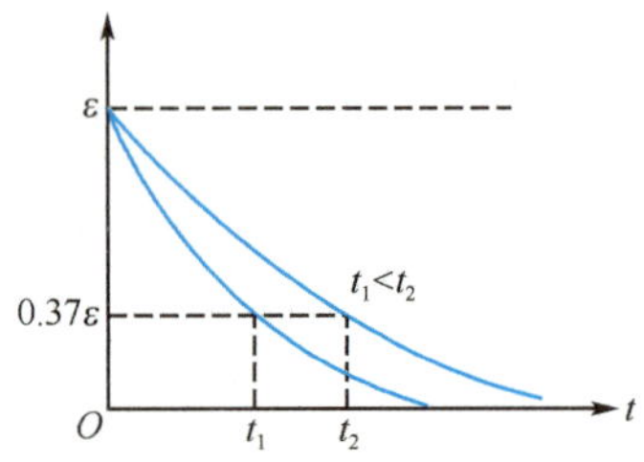

图 8-11　RC 放电曲线

从上面的分析可知，不论是在充电或放电过程中，电容器上的电压都不会发生突变，只能逐渐变化，这就是 RC 电路暂态过程的特性，在医学工程中有着广泛的应用。人体中的电传导经常被模拟为 RC 电路，例如，细胞膜(细胞膜内外的液体都是可以导电的电解液，细胞膜的相对介电常数 $\varepsilon_r \approx 7$)的电特性以及神经传导等。

习　题　八

8-1　两根横截面积不同的铜杆串连在一起，两端加有电压 U。问：①通过两杆的电流是否相同？②两杆的电流密度是否相同？③如果两杆长度相同，它们的电压是否相同？

8-2　三条截面积相同、长度相同的圆柱形导体相互串联在一起，导体的电导率分为 σ_1、σ_2、σ_3，并且 $\sigma_1 > \sigma_2 > \sigma_3$。当三种导体中通过电流时，它们中的电场强度 E_1、E_2、E_3 存在着什么关系？

8-3　在直流电疗时，通过人体的电流为 2.0mA，如果电疗电极的面积为 8cm^2，求通过电极的电流密度的大小。

[$0.25\ \text{mA/cm}^2$]

8-4　设铜导线中的电流密度 $J=2.4\text{A}\cdot\text{m}^{-2}$，铜的自由电子数密度 $n=8.4\times10^{28}\text{m}^{-3}$。试求自由电子的定向漂移速度。

[$1.79\times10^{-10}\text{m}\cdot\text{s}^{-1}$]

8-5　如图 8-12 所示电路中，$\varepsilon_1=2.15\text{V}$，$\varepsilon_2=1.9\text{V}$，$R_1=0.1\Omega$，$R_2=0.2\Omega$，$R=2\Omega$。求：$I_1$、$I_2$ 和 I_3。

($I_1=1.5\text{A}$，$I_2=0.5\text{A}$，$I_3=1\text{A}$)

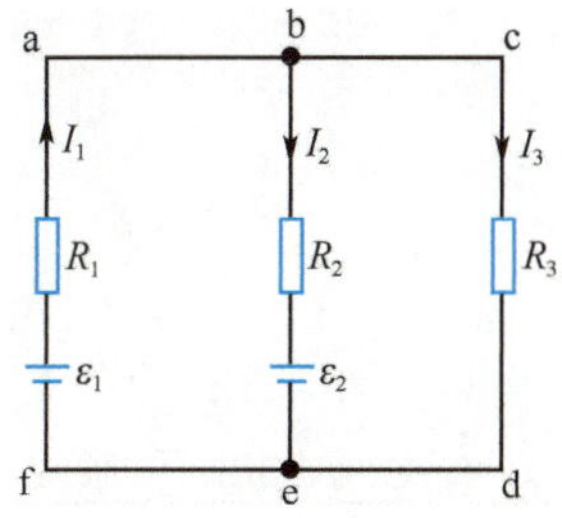

图 8-12 习题 8-5 图

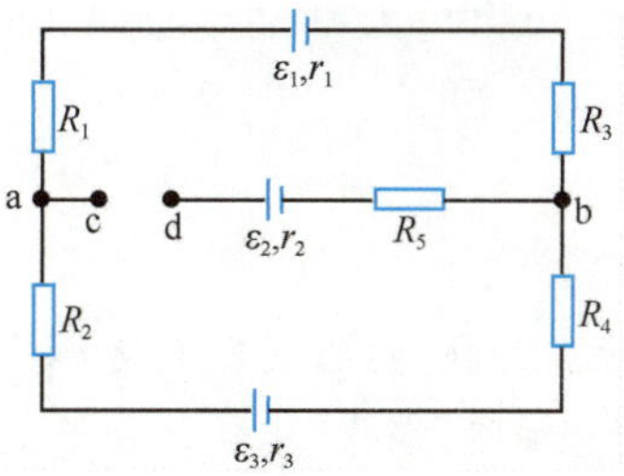

图 8-13 习题 8-6 图

8-6 如图 8-13 所示，已知 $\varepsilon_1=12\text{V}$，$\varepsilon_2=9\text{V}$，$\varepsilon_3=8\text{V}$，$r_1=r_2=r_3=1\Omega$，$R_1=R_2=R_3=R_4=2\Omega$，$R_5=3\Omega$。求：(1)a，b 两点间的电势差；(2)c，d 两点间的电势差；(3)如果 c，d 两点短路，这时通过 R_5 的电流有多大？

[10V；1V；0.5A]

8-7 如图 8-14 所示，$\varepsilon_1=2.0\text{V}$，$\varepsilon_2=4.0\text{V}$，$\varepsilon_3=4.0\text{V}$，$\varepsilon_4=2.0\text{V}$，$r_1=0.1\Omega$，$r_2=0.2\Omega$，$r_3=1\Omega$，$r_4=0$，$R_1=1.9\Omega$，$R_2=4.0\Omega$，$R_3=2.0\Omega$，$R_4=1.8\Omega$。求各支路电流。

[$I_1=-0.5\text{A}$，$I_2=3\text{A}$，$I_3=0.5\text{A}$，$I_4=0$，$I_5=-2.5\text{A}$]

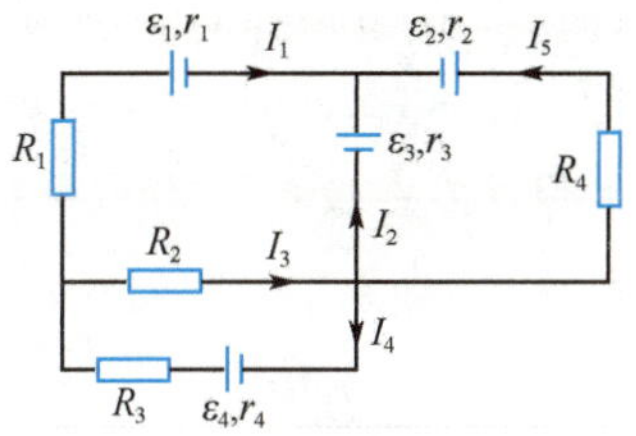

图 8-14 习题 8-7 图

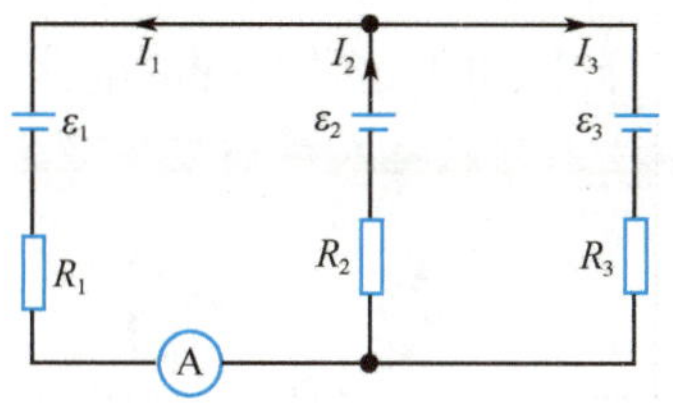

图 8-15 习题 8-8 图

8-8 在图 8-15 所示的电路中，已知 $\varepsilon_2=12\text{V}$，$\varepsilon_3=4\text{V}$，且 ε_1，ε_2，ε_3 的内阻忽略不计，$R_1=2\Omega$，$R_2=4\Omega$，$R_3=6\Omega$，安培计的读数为 0.5A，其内阻可忽略不计，电流方向如图中所示，求电源 ε_1 的电动势是多少？

[6.6V]

8-9 如图 8-16 所示电路中，$R_1=5\Omega$，$R_2=1\Omega$，$R_3=10\Omega$，$R_4=4\Omega$，$R_5=3\Omega$，$\varepsilon_1=10\text{V}$，$\varepsilon_2=2\text{V}$，$r_1=r_2=1\Omega$. 求通过每一支路的电流。

[$I_1=0.65\text{A}$，$I_2=-0.3\text{A}$，$I_3=-0.35\text{A}$]

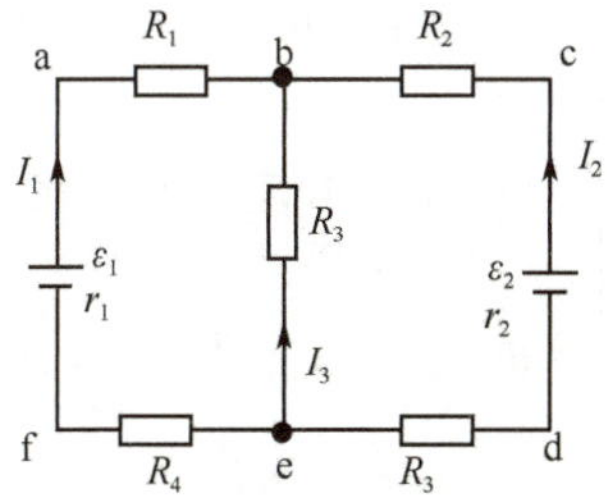

图 8-16 习题 8-9 图

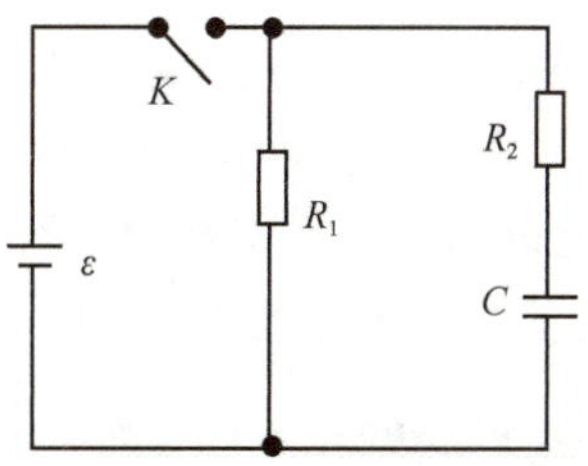

图 8-17 习题 8-10 图

8-10 1kΩ 的电阻器和 1μF 的电容器串联后接到 100V 的电源上。问：①电容器上最后的电荷是多少？②电路接通 2.3ms 时电容器上的电荷是多少？

[10^{-4}C；$9\times10^{-5}\text{C}$]

8-11 如图 8-17 所示的电路。①当 K 键按下时($t=0$)，电源 ε 输出的电流是多少？②当 K 键接通很长时间后电源 ε 输出的电流是多少？

[$\varepsilon\left(\dfrac{1}{R_1}+\dfrac{1}{R_2}\right)$；$\dfrac{\varepsilon}{R_1}$]

阅读材料

Ⅰ.电　泳

人体中的细胞外液(组织液和血浆)中除了有正、负离子外,还有带电或不带电的悬浮粒子,带电粒子有细胞、病毒、球蛋白分子或合成粒子。在电场作用下,带电粒子将发生迁移的现象叫做**电泳**(electrophoresis)。电泳的物理基础是流体导电理论。根据此理论,带电粒子的定向迁移率为

$$\mu=\frac{Ze}{K}=\frac{v}{E} \tag{8-17}$$

式中:K 为与介质特有关的比例系数,Z 为带电粒子所带电量的电荷数,e 为基本单元电量,v 为带电粒子定向迁移速率,E 为导电介质中的电场强度值。此式也可以作为测量载流子迁移速率的基本公式。

由式(8-17)可知,带不同电荷的粒子有不同的迁移速率。通过测定迁移速率可确定微粒的不同带电特性,从而推断其另外的特性(生物学、化学等)的技术叫做**分析电泳术**(analytical electrophoresis)。由于带有不同电量的粒子有不同的迁移率,因而可用该技术将不同的带电微粒分开,用于这种目的的电泳术叫做**制备电泳术**(preparation electrophoresis)。较精细的电泳技术可以把人体血浆中多达40种的蛋白分开。

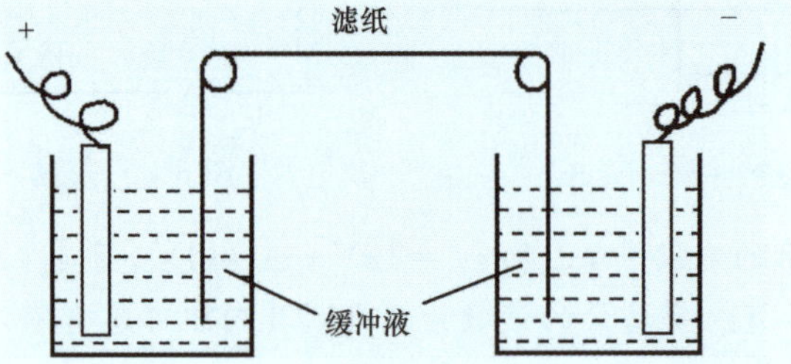

图 8-18　电泳装置示意图

图8-18是一种简单的电泳装置示意图,两个电极分别放在盛有缓冲液的两个容器内,把滤纸条的两端分别浸在缓冲液中,待滤纸全部被缓冲液浸润后将少量待测标本滴在滤纸上,然后将两电极分别与直流电源的正、负电极接通。在电场力的作用下,待测标本中的带电粒子开始泳动,由于不同粒子的迁移速度不同,经过一段时间后,各种的距离就逐渐拉开。最后把滤纸烘干,进行染色,可见若干条鲜明的色带。把色带一一剪下,并把它们分别溶于脱色剂中,再进行比色测定,就可以求出各种粒子成分的浓度和所占比例。图8-19、8-20是正常血清电泳图谱和光密度扫描后的正常血清电泳图谱。

电泳技术已广泛应用于生物医学,从常规医疗诊断到生物医学研究,使用各种类型的

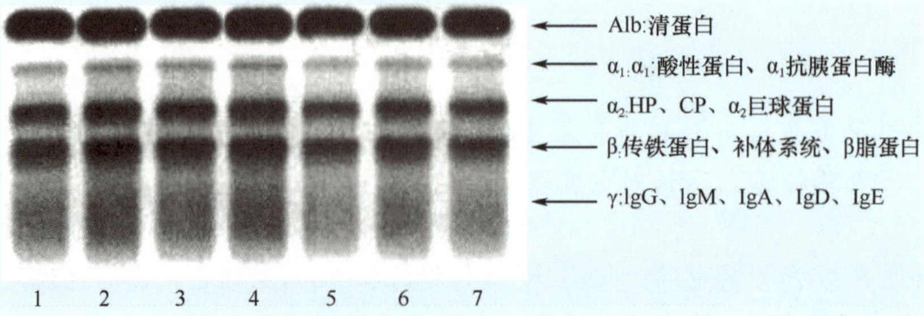

图 8-19　正常血清电泳图谱

笔记栏

电泳技术。根据研究对象的物理限度的不同,有细胞电泳术(细胞水平)和大分子电泳术

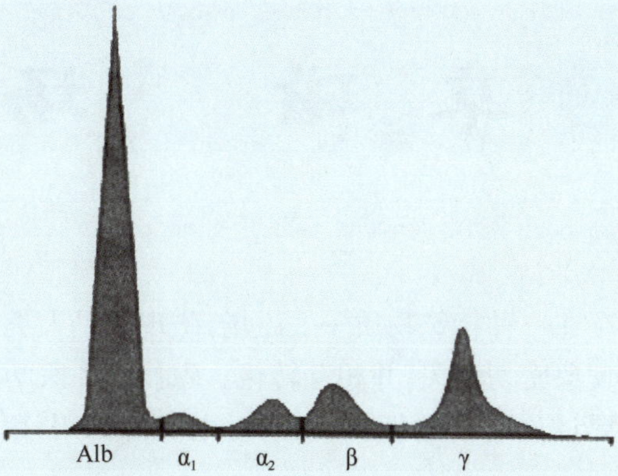

图 8-20 光密度扫描后的正常血清电泳图谱

(分子水平)之分;按支持介质的不同,有自由电泳、纸上电泳、凝胶电泳等不同的分类。电泳技术与同位素技术、免疫学技术、酶学技术相结合,形成了各种各样的分支。电泳技术还可与计算机技术、激光技术相结合,形成自动化程度高、灵敏度高、速度快的自动化激光外差电泳术。

Ⅱ. 电 渗

电渗(electroendosmosis)现象可以用图 8-21 的实验装置观察。在 U 形管底部放入多孔物质(图中箭头所指处),两管注入流面高度相等的水柱,然后分别在两管中加上正、负电极并通以直流电,如图所示。多孔物质可形成毛细管,若该毛细管带负电,则水带正电。在所加电场作用下,右管中带正电的水将通过多孔物质形成的毛细管流向左管。平衡时,两管中将形成与外加电压有关的液面高度差。火棉胶膜、组织膜及羊皮纸等都因含有大量微孔结核,可作为电渗现象中的半透膜。若膜带正电,水带负电,测电渗时将按反方向进行。酸(H^+)可使带负电的微孔壁的负电性减弱,使带正电的微孔壁的正电性增加。碱则具有与酸相反的效应。盐类也能改变微孔壁与液体之间的相对电荷,这是因为微孔壁对盐离子有选择吸收的作用。当微孔壁与流动液体之间的相对电荷改变时,电渗效应的方向也随之改变。

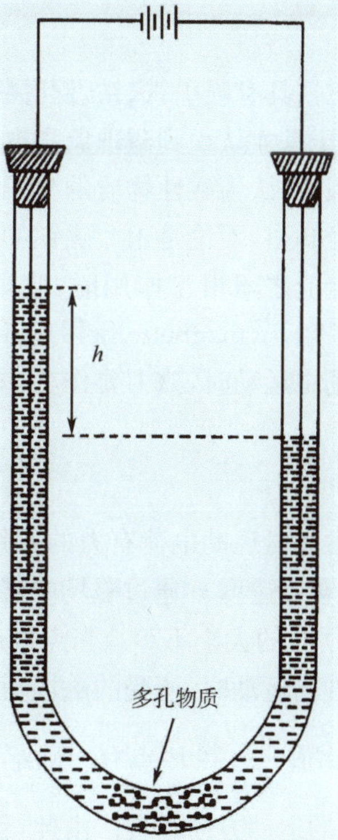

图 8-21 观察电渗现象示意图

(陈海峰 李宜贵)

第9章 磁　场

磁铁和运动电荷周围存在一种特殊物质——磁场，磁现象是人类在生活中最早接触到的自然现象之一。磁现象与电现象密切相关，并相互转化。磁技术在医学上的应用为临床诊断和治疗开辟了新途径。本章主要讨论磁场的性质、磁场对电流的作用，以及电磁感应现象、电磁振荡等。

第一节　磁场 磁感应强度

一、磁　场

磁铁具有吸引铁、钴、镍等物质的性质，即磁性。后来，科学家发现通电导线也会产生磁性现象，于是才认识到磁现象和电荷的运动有密切的联系。1822年安培提出了有关物质磁性的本质假说，认为磁性物质的分子中存在着回路电流——分子电流，这是一切磁现象的来源。现在已经知道，不论是永久磁铁的磁性，还是电流的磁性，都来源于电荷的运动。

电流之间相互作用时，它们并未直接接触，它们之间的作用是通过一种特殊形式的物质——磁场(magnetic field)来传递的。磁场对位于其中的运动电荷有力的作用。当载流导体在磁场中运动时，磁力要作功，即磁场具有能量。

二、磁感应强度

磁场对运动电荷有力的作用，这个力称为磁场力或磁力。在磁场中引入一个正试验电荷q_0，当它以速度v通过磁场中某定点P时，结果发现：①在点P，电荷q_0沿不同方向运动时，所受磁力F的大小不等。当点电荷q_0沿磁场方向或反方向运动时，所受磁场力为零；而当垂直于磁场方向运动时，所受的磁场力最大，用F_m表示。②F_m正比于运动电荷的电量q_0和它的速率v，但比值$\frac{F_m}{q_0v}$在P点有一确定值，由P点位置决定，而与q_0v的值无关。③磁力方向始终与电荷q_0的运动方向垂直。由此，引入一个物理量——磁感应强度(magnetic induction)来描述磁场的强弱和方向，它是一个矢量，用$\boldsymbol{B}$表示，定义它的大小为

$$B=\frac{F_m}{q_0v} \tag{9-1}$$

它的方向由右手螺旋法则确定：如图9-1所示，右手四指由正电荷所受力F_m的方向，经小于180°的角弯曲转向运动速度v的方向，则拇指伸直所指的方向即为该点磁感应强度$\boldsymbol{B}$的方向。

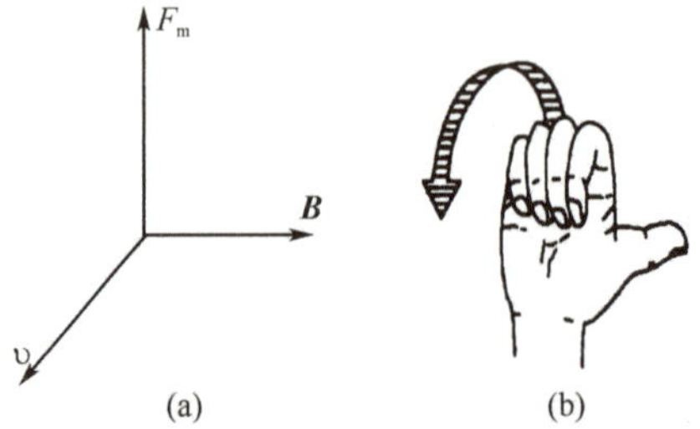

图9-1　确定磁感应强度$\boldsymbol{B}$的方向

在国际单位制中，磁感应强度的单位是 T，$1T=1N\cdot m^{-1}\cdot A^{-1}$。但实际应用中常常使用较小的单位 G，$1G=10^{-4}T$。

为了形象地描绘磁场的分布情况，在磁场中画一系列的曲线，使曲线上每一点的切线方向与该点磁感应强度 $\boldsymbol{B}$ 的方向一致，这样的曲线叫做磁感应线(magnetic induction line)。磁感应线与电场线不同，它是闭合曲线，磁场称为涡旋场。

第二节 磁场对运动电荷和电流的作用

一、洛伦兹力

电荷在磁场中运动会所受到磁场力的作用，这种力称为洛伦兹力(Lorentz force)。当电量为 q 的正电荷的运动速度 $\boldsymbol{v}$ 与磁场平行时，洛伦兹力为零。当其运动速度 $\boldsymbol{v}$ 与磁场方向垂直时，洛伦兹力为最大。因此，当电荷的运动速度 $\boldsymbol{v}$ 与磁感应强度 $\boldsymbol{B}$ 之间成任意角度 θ 时，可将 $\boldsymbol{v}$ 分解为与 $\boldsymbol{B}$ 平行的分量 $v\cos\theta$ 和与 $\boldsymbol{B}$ 垂直的分量 $v\sin\theta$，此时洛伦兹力的大小为

$$F=qvB\sin\theta \tag{9-2}$$

其方向符合右手螺旋法则：右手四指由 $\boldsymbol{v}$ 以小于 180^0 的角度转向 $\boldsymbol{B}$，拇指指向为力的方向。如图 9-2 所示。

由于洛伦兹力的方向总是与运动电荷的的速度方向垂直，因此它对运动电荷不作功，不会改变电荷运动速度的大小，只能改变它的运动方向。

二、霍尔效应

如图 9-3 所示，将通有电流 I 的半导体薄片置于磁感应强度为 $\boldsymbol{B}$ 的均匀磁场中，磁场的方向和电流方向垂直，则在半导体薄片的横向两侧产生一个电势差 U_{ab}，该现象称为霍尔效应(Hall effect)，这个电势差称为霍尔电势差。

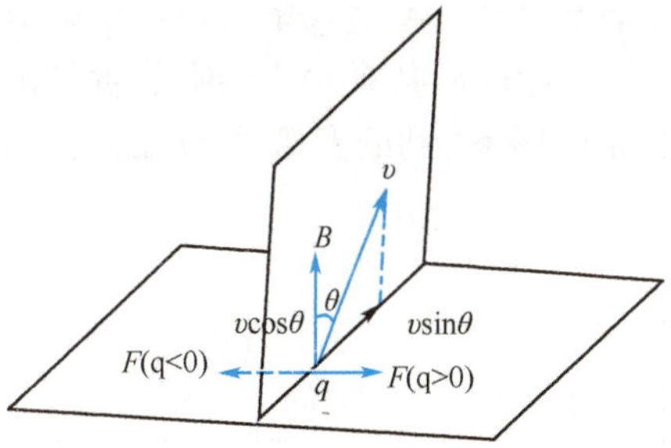

图 9-2 洛伦兹力

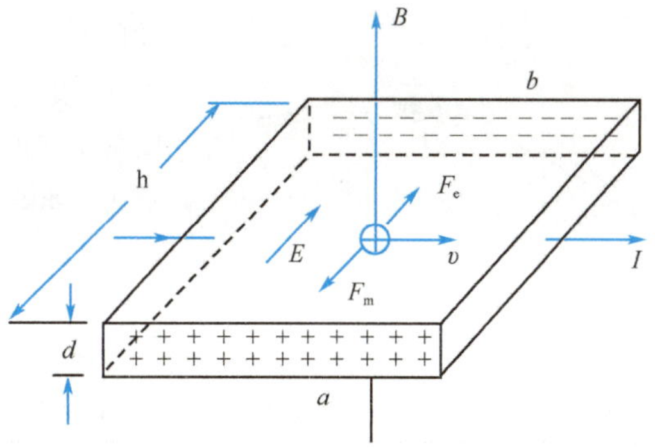

图 9-3 霍尔效应

下面讨论决定霍尔电势差 U_{ab} 的大小及正负的因素。在导体中通有电流 I 时，设半导体板中每个载流子的正电荷为 $+q$，平均定向漂移速度为 v。电荷在均匀磁场 $\boldsymbol{B}$ 中受洛伦兹力的作用而发生偏转，在横向两侧表面分别聚积正、负电荷。随着电荷的积累，在两侧表面间出现了霍尔电场 $\boldsymbol{E}_H$。当电荷受到的电场力 $\boldsymbol{F}_e$ 与洛伦兹力 $\boldsymbol{F}_m$ 达到平衡时，有

$$qE_H=qvB \quad 即 \quad E_H=vB$$

因为霍尔电场 $\boldsymbol{E}_H$ 是均匀的，故两侧表面的霍尔电势差为

$$U_{ab}=E_H\cdot h=vB\cdot h \tag{9-3}$$

若导体中载流子的数密度是 n，由电流强度 $I=JS=nqvhd$ 可得电子的平均漂移速度为

笔记栏

$$v=\frac{I}{qnhd}$$

将上式代入(9-3)式,得霍尔电势差为

$$U_{ab}=\frac{1}{nq}\cdot\frac{IB}{d} \tag{9-4a}$$

对于给定的材料,载流子的数密度 n 和电量 q 有确定的数值,式中的比例系数其中 $\frac{1}{nq}$ 叫做材料的霍尔系数,用 K 表示,则式(9-4a)可写为

$$U_{ab}=K\frac{IB}{d} \tag{9-4b}$$

在金属导体中,自由电子的浓度大,故金属导体的霍尔系数很小,相应的霍尔电势差也就很弱,即霍尔效应不明显。在半导体中,载流子浓度很低,故半导体的霍尔系数比金属导体大得多,即半导体能产生很强的霍尔效应。

此外,上面讨论的是载流子带正电的情况。如果磁场方向和电流方向不变,载流子带负电,则产生的霍尔电势差 U_{ab} 是负的。所以,从霍尔电势差的正负可以判断半导体的类型。

霍尔效应广泛应用于半导体材料的测试和研究上,还可利用霍尔效应做成霍尔元件来测量磁场,测量直流和交流的电流和功率等。

三、磁场对载流导线的作用 磁矩

载流导线中定向运动的电荷所受到的洛伦兹力的合力,就是载流导线在磁场中所受到的力,通常称之为安培力(Ampere force)。

如图 9-4 所示,将载流导线分成无限多个小的载流线元,每个小的载流线元的电流情况可用 Idl 来表征,称为电流元。即在载流导线上沿电流流向取一段长度为 dl 的线元,若线元中通过的恒定电流强度为 I,则我们就把 Idl 表示为矢量 $I\mathrm{d}\boldsymbol{l}$,$I\mathrm{d}\boldsymbol{l}$ 的方向沿着线元中的电流流向。用洛伦兹公式可推出电流元 $I\mathrm{d}\boldsymbol{l}$ 受到的安培力。

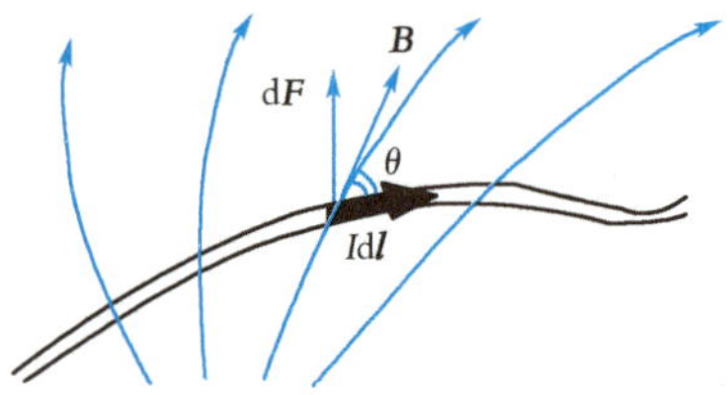

图 9-4 $I\mathrm{d}\boldsymbol{l}$ 的安培力

设载流导线通过的电流为 I,自由电子(电量 q)定向运动的平均速度为 $\boldsymbol{v}$,且 $\boldsymbol{v}$ 与磁场 $\boldsymbol{B}$ 的夹角为 θ,则每一个电子所受的洛伦兹力为 $qvB\sin\theta$ 。若导线中自由电子的数密度为 n,导线的横截面积为 S,则电流元 $I\mathrm{d}\boldsymbol{l}$ 中包含的电子数为 $nS\mathrm{d}\boldsymbol{l}$,因此电流元 $I\mathrm{d}\boldsymbol{l}$ 所受到的安培力 $\mathrm{d}\boldsymbol{F}$ 的大小为

$$\mathrm{d}\boldsymbol{F}=nS\mathrm{d}\boldsymbol{l}\cdot qvB\sin\theta$$

因为 $nqSv=I$,故上式可写成

$$\mathrm{d}\boldsymbol{F}=IB\sin\theta\mathrm{d}\boldsymbol{l} \tag{9-5}$$

上式称为安培定律(Ampere law)。$\mathrm{d}\boldsymbol{F}$ 的方向垂直于 $I\mathrm{d}\boldsymbol{l}$ 和 $\boldsymbol{B}$ 所构成的平面,其指向可由右手螺旋法则判定:用右手四指从 $I\mathrm{d}\boldsymbol{l}$ 经小于 180°角转到 $\boldsymbol{B}$,则大拇指伸直的指向就是 $\mathrm{d}\boldsymbol{F}$ 的方向。任何载流导线都是由连续的无限多个电流元所组成的,因此,根据安培定律,磁场对有限长度 L 的载流导线的作用力 $\boldsymbol{F}$,等于各电流元所受磁场力的矢量叠加,即

$$\boldsymbol{F}=\int_L \mathrm{d}\boldsymbol{F}=\int_L I\mathrm{d}\boldsymbol{l}\times\boldsymbol{B} \tag{9-6}$$

现在我们来求一段长度为 L 的载流直导线在均匀磁场 $\boldsymbol{B}$ 中所受到的安培力。在直导线上任取一电流元 $I\mathrm{d}\boldsymbol{l}$,则 $I\mathrm{d}\boldsymbol{l}$ 与 $\boldsymbol{B}$ 之间的夹角 θ 为恒量。由安培定律可知,电流元所受安培力 $\mathrm{d}\boldsymbol{F}$ 的大小为 $\mathrm{d}F=BI\mathrm{d}l\sin\theta$ 。因而整个载流直导线所受的安培力,等于各电流元所受磁场力之代数和,即

$$F=\int_L \mathrm{d}F=\int_0^L BI\mathrm{d}l\sin\theta=BI\sin\theta\int_0^L \mathrm{d}l=BIl\sin\theta \tag{9-7}$$

笔记栏

当载流直导线和磁场方向平行时，$\theta=0$，故 $F=0$，这时载流直导线不受安培力作用；当载流直导线和磁场方向垂直时，$\theta=\frac{\pi}{2}$，故 $F=ILB$，这时载流直导线受到最大安培力的作用。力的方向由右手螺旋法则决定。

下面以矩形平面载流线圈为例，分析平面载流线圈在均匀磁场中的受力情况。

设边长分别为 l_1 和 l_2 的矩形平面载流线圈 $abcd$，电流强度为 I，置于磁感应强度为 $\boldsymbol{B}$ 的均匀磁场中，线圈的平面和磁场的方向成任意角 θ，如图 9-5 所示。

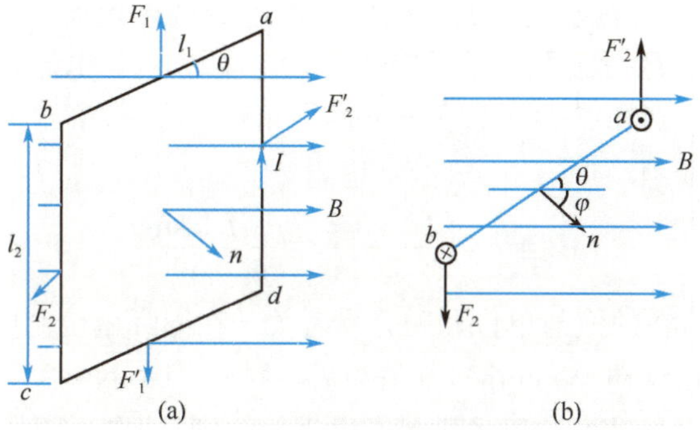

图 9-5 磁场对载流线圈的作用

根据安培定律，矩形载流线圈四个边导线受到的磁场力的大小分别为

导线 ab： $F_1=Il_1B\sin(\pi-\theta)=Il_1B\sin\theta$

导线 cd： $F'_1=Il_1B\sin\theta$

F_1 和 F'_1 大小相等，方向相反，作用于同一直线上，互相抵消，此方向上合力为零。

导线 bc： $F_2=BIl_2$

导线 da： $F'_2=BIl_2$

F_2 和 F'_2 大小相等，方向相反，但不在同一直线上，形成一对力偶，作用在载流线圈上，其力臂为：$l=l_1\cos\theta$，其力矩大小为

$$M=F_2l=F_2l_1\cos\theta=BIl_2l_1\cos\theta$$

式中：$l_1l_2=S$ 为线圈的面积，$\cos\theta=\sin\varphi$。于是有

$$M=BIS\sin\varphi$$

如果线圈有 N 匝，则线圈所受力矩为

$$M=NISB\sin\varphi=P_mB\sin\varphi \tag{9-8}$$

式中，$P_m=NIS$，叫做线圈的**磁矩**(magnetic moment)。磁矩是一个矢量，它的方向就是载流线圈平面的正法线方向(图 9-5)，磁矩的单位是 $A\cdot m^2$(安培·米^2)。磁矩 $\boldsymbol{P}_m$ 仅由载流线圈本身的条件 N，I 和 S 决定，与外磁场和线圈的形状无关，因此，它描述了载流线圈本身的特性。

由上式可知，当线圈的法线方向与磁场方向相同，即 $\varphi=0$ 时，$M=0$，线圈处于平衡状态，这种平衡状态成为稳定平衡状态；当 $\varphi=90°$ 时，$M=NIBS$，此时磁力矩最大，线圈在这一磁力矩的作用下有使 φ 减小的趋势；当 $\varphi=180°$ 时，$M=0$，但由于线圈的法线方向与磁场方向相反，只要线圈转过一微小角度，线圈就会在磁力矩的作用下离开这个位置向 $\varphi=0$ 的方向转动，并最终稳定在 $\varphi=0$ 的稳定平衡状态。常把 $\varphi=180°$ 时，线圈的状态称为非稳定平衡状态。总之，磁矩总是使载流线圈转到它的法线方向与磁场方向一致的稳定平衡位置。

载流线圈在磁场中的表现与电偶极子在电场中的表现非常类似，所以也称它为**磁偶极子**(magnetic dipole)。

第三节 电流的磁场

一、毕奥-萨伐尔定律

将载流导线分成无限多个小的载流线元，每个小的载流线元的电流情况可用电流元 $Id\boldsymbol{l}$ 来表征。电流元 $Id\boldsymbol{l}$ 可作为计算电流磁场的基本单元。1820 年法国物理学家毕奥和萨伐尔由实验总结出电流元所产生的磁感应强度的公式，称为毕奥-萨伐尔定律(Biot-Savart law)，即，电流元 $Id\boldsymbol{l}$ 在真空中给定场点 P 所激发的磁感应强度 $d\boldsymbol{B}$ 的大小，与电流元的大小 Idl 成正比，与电流元的方向和由电流元到场点 P 的位矢 $\boldsymbol{r}$ 间的夹角 θ(小于 π)的正弦成正比，并与电流元到点 P 的距离 r 之平方成反比。即

$$dB = k \times \frac{Idl\sin\theta}{r^2} = \frac{\mu_0}{4\pi}\frac{Idl\sin\theta}{r^2} \tag{9-9}$$

式(9-9)中 k 为比例系数，它的值与单位和磁介质有关。在国际单位制中 $k=\mu_0/4\pi$ ，μ_0 称为真空中的磁导率(permeability of vacuum)，其值为 $\mu_0=4\pi\times10^{-7}\text{N}\cdot\text{A}^{-1}$ 。$d\boldsymbol{B}$ 的方向垂直于 $Id\boldsymbol{l}$ 与 $\boldsymbol{r}$ 所构成的平面，且 $Id\boldsymbol{l}$，$\boldsymbol{r}$ 和 $d\boldsymbol{B}$ 三者满足右手螺旋法则，即右手四指从 $Id\boldsymbol{l}$ 方向经小于 π 的角转向 $\boldsymbol{r}$，伸直拇指所指方向即为 $d\boldsymbol{B}$ 的方向，如图 9-7 所示。

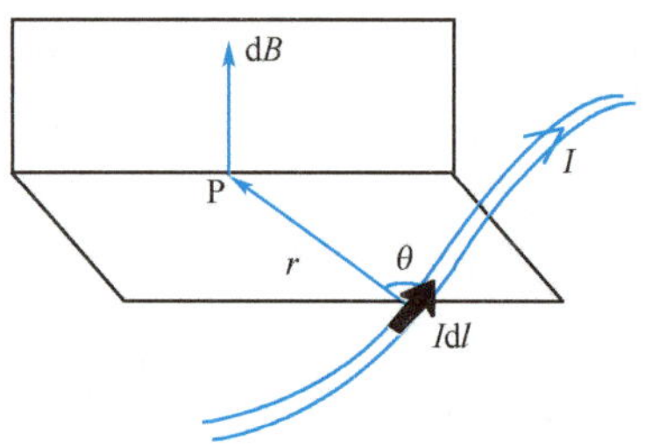

图 9-6 毕奥-萨伐尔定律

实验证明，磁场也服从叠加原理：整个载流导线在空间中某点所激发的磁感应强度 $\boldsymbol{B}$，就是这导线上所有电流元在该点激发的磁感应强度 $d\boldsymbol{B}$ 的叠加(矢量和)，即

$$\boldsymbol{B}=\int_L d\boldsymbol{B}=\frac{\mu_0}{4\pi}\int_L\frac{Id\boldsymbol{l}\times\boldsymbol{r}}{r^3} \tag{9-10}$$

二、毕奥-萨伐尔定律的应用

为了计算任意形状的电流分布产生的磁场，可以把电流分割成无数的电流元 $Id\boldsymbol{l}$，先根据毕奥-萨伐尔定律求每个电流元产生的磁场，然后将它们进行矢量叠加，就可得到任意形状电流产生的磁场。下面我们利用毕奥-萨伐尔定律和叠加原理计算几种简单形式的电流产生的磁场分布。

1. 有限长载流直导线的磁场

如图 9-7，一长度为 L、通有稳恒电流 I 的载流直导线。求在空间任一点 P 所激发的磁感应强度 $\boldsymbol{B}$。设 P 点距离导线为 a。

从载流直导线上任取一个电流元 $Id\boldsymbol{l}$，从它引向场点 P 的位矢为 $\boldsymbol{r}$，令夹角为 α ，于是电流元 $Id\boldsymbol{l}$ 在点 P 激发的磁感应强度 $d\boldsymbol{B}$ 的大小为

$$dB=\frac{\mu_0}{4\pi}\frac{Idl\sin\alpha}{r^2}$$

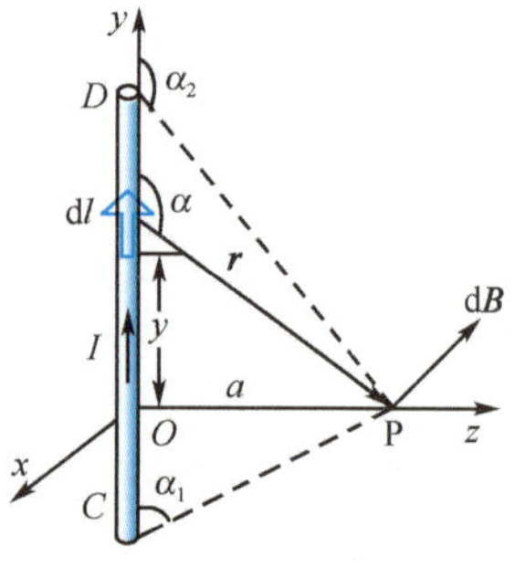

图 9-7 长载流直导线的磁场

电流元 $Id\boldsymbol{l}$ 激发的 $d\boldsymbol{B}$ 方向垂直于电流元 $Id\boldsymbol{l}$ 与位矢 $\boldsymbol{r}$ 所决定的平面，指向向里，因为所有电流元在点 P 的 $d\boldsymbol{B}$ 的方向一致，则总磁感应强度为

$$B=\int_L dB=\int_L\frac{\mu_0}{4\pi}\frac{I\sin\alpha}{r^2}dl$$

要完成上述积分，需要将各变量统一用一个变量表示出来。因为电流元的位置在坐标 y 处，有

$$y=l=a\cot(180^\circ-\alpha)=-a\cot\alpha$$

笔记栏

对上式微分，得

$$dy = dl = \frac{a}{\sin^2\alpha}d\alpha$$

又因为 $r = \frac{a}{\sin(180° - \alpha)} = \frac{a}{\sin\alpha}$ 代入积分式后，从直电流始端沿电流方向积分到末端，即（自变量 α 的上、下限分别为 α_1 和 α_2）得

$$B = \frac{\mu_0 I}{4\pi a}\int_{\alpha_1}^{\alpha_2}\sin\alpha\, d\alpha = \frac{\mu_0 I}{4\pi a}\left[-\cos\alpha\right]_{\alpha_1}^{\alpha_2}$$

故 **B** 的大小为

$$B = \frac{\mu_0 I}{4\pi a}(\cos\alpha_1 - \cos\alpha_2) \tag{9-11}$$

若导线为无限长，$\alpha_1 = 0$，$\alpha_2 = \pi$，并令 $a = r$，则磁感应强度的大小为

$$B = \frac{\mu_0 I}{2\pi r} \tag{9-12}$$

即无限长的直电流在某点所激发的磁感应强度的大小，正比于电流强度，反比于该点与直电流间的垂直距离 r。

2. 圆电流轴线上的磁场

一半径为 R、通有稳恒电流 I 的圆线圈，求在轴线上任一点 P 所激发的磁感应强度 **B**。圆心为 O，设 P 点到圆心的距离为 x。

如图 9-8 分析圆电流上任一电流元在场点 P 的磁感应强度 d**B** 的分布，可以看出磁感应强度 d**B** 的分布具有轴对称性，磁感应强度 **B** 的方向沿轴线方向。电流元 Idl 和位矢 **r** 的方向处处垂直，代入毕奥-萨伐尔定律公式，可得场点 P 的磁感应强度 d**B** 的大小为

$$dB = \frac{\mu_0}{4\pi}\frac{I dl \sin 90°}{r^2} = \frac{\mu_0}{4\pi}\frac{I dl}{r^2}$$

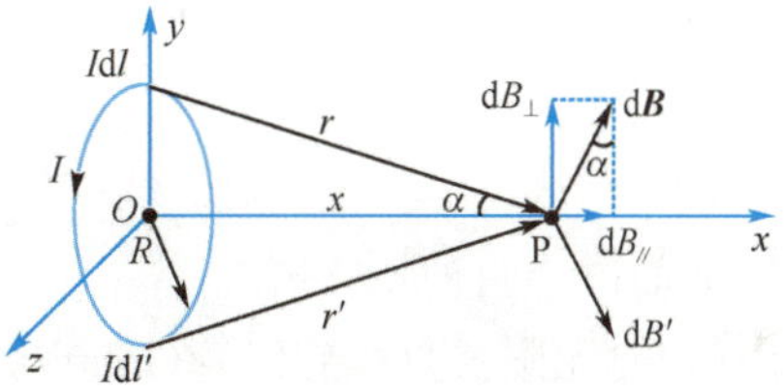

图 9-8 圆电流的磁场

将 d**B** 在坐标系中分解得

$$dB_{//} = dB\sin\alpha = \frac{\mu_0}{4\pi}\frac{I dl}{r^2}\frac{R}{r}, \quad dB_{\perp} = dB\cos\alpha$$

对整个圆线圈叠加有

$$\int_L dB_{\perp} = \int_L dB\cos\alpha = 0$$

$$B = \int_L dB_{//} = \int_0^{2\pi R}\frac{\mu_0}{4\pi}\frac{I dl}{r^2}\frac{R}{r} = \frac{\mu_0}{4\pi}\frac{IR}{r^3}\int_0^{2\pi R}dl = \frac{\mu_0 I R^2}{2(x^2 + R^2)^{3/2}} \tag{9-13}$$

在上式中，令 $x = 0$，即得载流圆线圈中心处的磁感应强度为

$$B = \frac{\mu_0 I}{2R} \tag{9-14}$$

若 $x \gg R$，即在远离圆心处，有

$$B = \frac{\mu_0 I R^2}{2x^3} \tag{9-15}$$

3. 载流长直螺线管的磁场

如图 9-9，长为 L，半径为 R，线圈上单位长度匝数为 n，线圈中电流为 I，求螺线管内轴线上任一点 P 的磁感应强度。

笔记栏

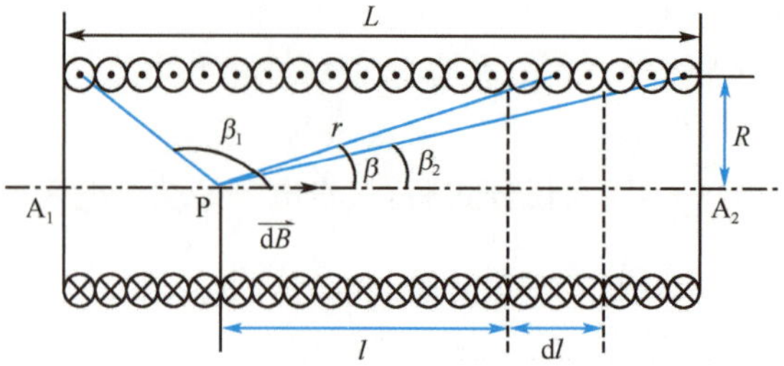

图 9-9　载流长直螺旋线管的磁场

在密绕情形下，螺线管可看作由很多圆形线圈紧密排列而成。在距 P 点为 l 的地方，取长为 dl 的元段，其上有 ndl 匝线圈，相当于 d$I=nI$dl 的圆电流。利用上例的结果，dI 在 P 点产生的磁感应强度大小为(方向见图)。

$$dB=\frac{\mu_0 R^2 nI\,dl}{2\,(R^2+l^2)^{3/2}}$$

各个元段在 P 点产生的磁感应强度方向相同，整个螺旋线管在 P 点产生的磁感应强度为

$$B=\int_{A_1}^{A_2} dB=\int_{A_1}^{A_2}\frac{\mu_0 R^2 nI\,dl}{2\,(R^2+l^2)^{3/2}}$$

由图中 $l=R\cot\beta$；微分有 $dl=-R\csc^2\beta d\beta$，另有 $R^2+l^2=R^2\csc^2\beta$，可得

$$B=\frac{\mu_0 nI}{2}\int_{\beta_1}^{\beta_2}(-\sin\beta)\,d\beta$$

即

$$B=\frac{\mu_0 nI}{2}(\cos\beta_2-\cos\beta_1) \tag{9-16}$$

下面讨论两种特殊情况：

(1)对无限长直螺旋线管($L\gg R$)，$\beta_1\to\pi$，$\beta_2\to 0$，故有

$$B=\mu_0 nI \tag{9-17}$$

式(9-17)表明，长直螺旋管内部的磁感应强度是均匀的，其大小与单位长度上匝数 n 和通过的电流 I 成正比，其方向也遵从右手螺旋法则。

(2)在端口处，$\beta_1=\frac{\pi}{2}$，$\beta_2=0$，故有

$$B=\frac{1}{2}\mu_0 nI \tag{9-18}$$

即端口处的磁感应强度为内部的一半。

三、安培环路定理

安培环路定理(Ampere circuital theorem)是电磁场理论的基本方程之一，其表述如下：在稳恒电流的磁场中，磁感应强度 $\boldsymbol{B}$ 沿任何闭合回路的线积分，等于这闭合回路包围的所有电流代数和的 μ_0 倍。即

$$\oint_L \boldsymbol{B}\cdot d\boldsymbol{l}=\oint_L B\cos\theta dl=\mu_0\sum I \tag{9-19}$$

式中的 $\boldsymbol{B}$ 是所有电流产生的磁感应强度的矢量和，而 ΣI 只是包围在回路内的电流的代数和。电流符号规定为：当穿过回路的电流方向与回路绕行方向符合右手螺旋法则时，I 取正；反之，I 取负。例如，图 9-10 中，三条载流导线在空间中激发磁场，磁感应强度 $\boldsymbol{B}$ 沿闭合回路 L 的线积分为

笔记栏

$$\oint_L \boldsymbol{B}\cdot \mathrm{d}\boldsymbol{l}=\oint_L B\cos\theta \mathrm{d}l=\mu_0(I_2-I_3)$$

虽然电流 I_1 对磁感应强度 $\boldsymbol{B}$ 也有贡献，但它不包含在闭合回路 L 之内。

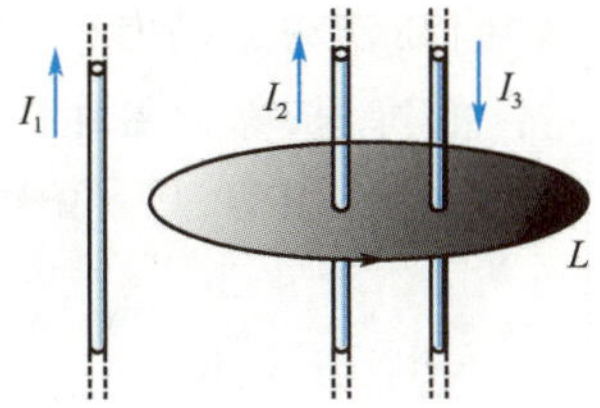

图 9-10 安培环路定理

例题 9-1 求长直载流螺线管内的磁场。

解:设有一长度为 L，由 N 匝线圈均匀密绕的无限长直螺线管，其中通以电流 I，如图 9-11 所示。

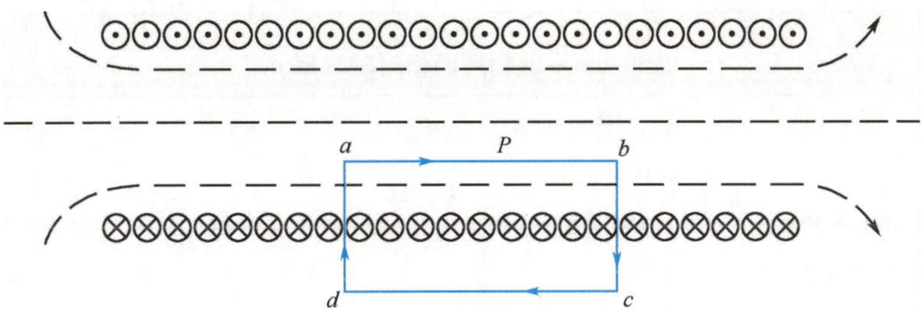

图 9-11 长直载流螺旋线管的磁场

磁场分布的特点是：由于螺线管相当长，所以管内中央部分的磁场是均匀的，方向与管轴平行。在管的外侧磁场很弱，可忽略不计。在远离螺线管两端的中部区域，选取矩形闭合曲线 $abcda$，其中 ab、cd 与管轴平行，$\boldsymbol{B}$ 沿环路的线积分为

$$\oint_{abcda} \boldsymbol{B}\cdot \mathrm{d}\boldsymbol{l}=\int_a^b \boldsymbol{B}\cdot \mathrm{d}\boldsymbol{l}+\int_b^c \boldsymbol{B}\cdot \mathrm{d}\boldsymbol{l}+\int_c^d \boldsymbol{B}\cdot \mathrm{d}\boldsymbol{l}+\int_d^a \boldsymbol{B}\cdot \mathrm{d}\boldsymbol{l}$$

由于管外磁场为零，因此 $\int_c^d \boldsymbol{B}\cdot \mathrm{d}\boldsymbol{l}=0$；又因为 $\boldsymbol{B}$ 与 bc 和 da 段垂直，故 $\int_b^c \boldsymbol{B}\cdot \mathrm{d}\boldsymbol{l}=0$，$\int_d^a \boldsymbol{B}\cdot \mathrm{d}\boldsymbol{l}=0$，故有

$$\oint_{abcda} \boldsymbol{B}\cdot \mathrm{d}\boldsymbol{l}=\int_a^b \boldsymbol{B}\cdot \mathrm{d}\boldsymbol{l}=\boldsymbol{B}\,\overline{ab}$$

由于螺线管上每单位长度有 $N/L=n$ 匝线圈，通过每匝线圈的电流强度为 I，闭合曲线围绕的电流强度为 $\overline{ab}\,nI$，应用安培环路定理可得

$$\oint_{abcda} \boldsymbol{B}\cdot \mathrm{d}\boldsymbol{l}=B\,\overline{ab}=\mu_0\,\overline{ab}nI$$

$$B=\mu_0 nI$$

上式与用毕奥-萨伐尔定律得到的结果(9-17)相同，而方法简单得多，所以在有些情况下利用安培环路定理求电流的磁感应强度比用毕奥-萨伐尔定律简便。

第四节 磁 介 质

前面所讨论了运动电荷和电流在真空(或空气)中产生的磁场及基本规律，实际上，磁场中还会存在各种物质，它们在磁场的作用下将被磁化而产生附加磁场，对原磁场产生影响，这些物

笔记栏

质称为磁介质(magnetic substance)。

一、介质中的磁场

磁场中的各种物质都叫磁介质,它们都要与磁场发生相互作用,并对磁场产生一定影响。原来没有磁性的物体在磁场中获得磁性的过程,称为磁化(magnetization)。用 $\boldsymbol{B}_0$ 表示真空中的磁场,用 $\boldsymbol{B}'$ 表示介质被磁化后产生的磁场,用 $\boldsymbol{B}$ 表示介质中的总磁场。它们满足矢量叠加关系:

$$\boldsymbol{B}=\boldsymbol{B}_0+\boldsymbol{B}' \tag{9-20}$$

不同的磁介质在磁场中磁化的程度也不一样,我们用比值 $\boldsymbol{B}/\boldsymbol{B}_0$ 来表征介质的磁化的程度

$$\mu_r=\frac{B}{B_0} \text{ 或 } B=\mu_r B_0 \tag{9-21}$$

μ_r 为介质的相对磁导率(relative permeability),它是一个无量纲的量,其大小由磁介质的性质决定。磁介质被磁化后,磁介质中的磁感应强度是真空中磁感应强度的 μ_r 倍。真空中 $\mu_r=1$。绝大部分物质的 μ_r 值都非常接近 1。表 9-1 列出了一些物质的相对磁导率。

表 9-1 一些物质的相对磁导率 μ_r

分类	物质	μ_r	分类	物质	μ_r
顺磁质	铝	$1+2.1\times10^{-5}$	抗磁质	水	$1-8.8\times10^{-6}$
	氧(标准状况)	$1+1.8\times10^{-6}$		氢(标准状况)	$1-2.1\times10^{-7}$
	空气(标准状况)	$1+3.6\times10^{-7}$	铁磁质	铸钢	500~2200
	铂	$1+2.9\times10^{-4}$		硅钢	7000(最大值)
抗磁质	锑	$1-7.0\times10^{-5}$		纯铁(99.95%)	1800(最大值)
	铜	$1-9.4\times10^{-6}$		坡莫合金	100 000(最大值)

在充满相对磁导率为 μ_r 的均匀磁介质中,毕奥-萨伐尔定律可表示为

$$\mathrm{d}B=\mu_r\mathrm{d}B_0=\frac{\mu_r\mu_0}{4\pi}\cdot\frac{I\mathrm{d}l\sin\theta}{r^2}$$

或

$$\mathrm{d}B=\frac{\mu}{4\pi}\cdot\frac{I\mathrm{d}l\sin\theta}{r^2} \tag{9-22}$$

式中 $\mu=\mu_r\mu_0$,称为介质的绝对磁导率,简称磁导率(permeability)。它与 μ_0 有相同的单位。由上式可以看出,当起磁电流 I 为已知时,介质中磁感应强度与介质有关。如果将上式改写为

$$\mathrm{d}\left(\frac{B}{\mu}\right)=\frac{1}{4\pi}\cdot\frac{I\mathrm{d}l\sin\theta}{r^2}$$

令 $\dfrac{\boldsymbol{B}}{\mu}=\boldsymbol{H}$,$\boldsymbol{H}$ 也是矢量,称为磁场强度(magnetic field intensity),则上式变为

$$\mathrm{d}H=\frac{1}{4\pi}\cdot\frac{I\mathrm{d}l\sin\theta}{r^2} \tag{9-23}$$

上式说明,当起磁电流 I 给定后,介质中各处的磁场就确定了。$\boldsymbol{H}$ 与介质的种类无关。在各向同性的介质中,$\boldsymbol{H}$ 的方向与 $\boldsymbol{B}$ 的方向相同。用 $\boldsymbol{H}$ 来处理有介质存在时的磁场,会使问题变得简单得多。

二、顺磁质、抗磁质和铁磁质

按照磁介质在磁场中被磁化程度的不同,可将磁介质分为顺磁质、抗磁质和铁磁质三类。

笔记栏

(1)顺磁质(paramagnetic substance):相对磁导率 μ_r 为略大于 1 的常数的磁介质称为顺磁

质。顺磁质处于外磁场中时，表现出十分微弱的磁性，B'与 $\boldsymbol{B}_0$ 同向，对外磁场有微弱的加强作用。顺磁质所具有的磁性称为顺磁性。绝大部分物质属于顺磁质，如氧、锰、铂等。

(2)抗磁质(diamagnetic substance)：相对磁导率 μ_r 为略小于 1 的常数的磁介质称为抗磁质。抗磁质在外磁场中也表现出十分微弱的磁性，B'与 $\boldsymbol{B}_0$ 反向，对外磁场有微弱的抵消作用。抗磁质所具有的磁性称为抗磁性。铜、铋、水及惰性气体等属于抗磁质。

(3)铁磁质(ferromagnetic substance)：相对磁导率 $\mu_r \gg 1$ 的磁介质称为铁磁质。$\boldsymbol{\mu}_r$ 的数量级可达 $10^2 \sim 10^5$，其不是常数，而随 $\boldsymbol{B}_0$ 变化。铁磁质在外磁场中能产生很强的与外磁场方向相同的附加磁场，电工技术上常常利用它来产生强大的磁场。铁磁质所具有的磁性称为铁磁性。铁、钴、镍及某些合金均是铁磁质。

构成生物体的各种生物大分子也都具有磁性。绝大多数生物大分子是各向异性的抗磁质，少数为顺磁质(如含 Fe 的血红蛋白、肌红蛋白和铁蛋白，生物体中的自由基等)，只有极少数呈现铁磁性。外加磁场对生物磁性有一定影响，这可能对一些生物功能和生命现象发生作用。

第五节 电磁感应定律

一、磁 通 量

在研究电场时，曾引入了电通量的概念，类似地，现在研究磁场时引入磁通量(magnetic flux)的概念。在磁场中垂直通过某一给定曲面的磁感应线的总数称为通过该曲面的磁通量，用 Φ_m 表示。如图 9-12 所示，在磁场中设想一个面积元 d$\boldsymbol{S}$，并用单位矢量 $\boldsymbol{n}$ 表示它的法线方向，$\boldsymbol{n}$ 与该处 $\boldsymbol{B}$ 矢量之间的夹角为 θ，则穿过 d$\boldsymbol{S}$ 的磁通量为

$$\mathrm{d}\Phi_m = \boldsymbol{B} \cdot \mathrm{d}\boldsymbol{S} = B\cos\theta\,\mathrm{d}S \tag{9-24}$$

在磁场中穿过一面积为 S 的有限曲面的磁通量 Φ_m 由积分求得

$$\Phi_m = \int_s \mathrm{d}\Phi_m = \int_s \boldsymbol{B} \cdot \mathrm{d}\boldsymbol{S} = \int_s B\cos\theta\,\mathrm{d}S \tag{9-25}$$

在国际单位制中，磁通量的单位是 Wb。

对一个闭合曲面，统一规定为：面上任一点的法线方向 $\boldsymbol{n}$ 垂直于该点处的面积元而指向向外。这样，从闭合曲面穿出来的磁通量为正，穿入闭合曲面的为负。

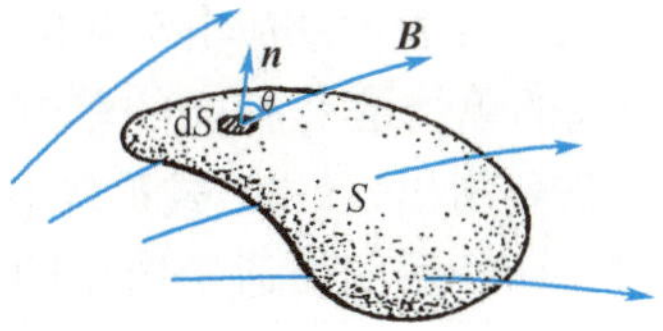

图 9-12 磁通量

在磁场中任意取一个闭合曲面(如图 9-12)，由于每一条磁感应线都是闭合线，因此有几条磁感应线进入闭合曲面，必然有相同条数的磁感应线穿出闭合曲面。所以，通过任何闭合曲面的总磁通量必为零，即

$$\oint_S \boldsymbol{B} \cdot \mathrm{d}\boldsymbol{S} = \oint_S B\cos\theta\mathrm{d}S = 0 \tag{9-26}$$

上式称为磁场的高斯定理。它反映磁场是涡旋场这一重要特性。

二、电磁感应与自感现象

1. 电磁感应

既然电流可以产生磁场，那么磁场是否也能产生电流呢？实验表明，当穿过一个闭合导体回路所包围面积的磁通量发生变化时，回路中就会出现电流，这个现象称为电磁感应(electromagnetic induction)，所产生的电流称为感应电流(induction current)。回路中出现感应电流，说明回路中存在电动势，这种由电磁感应产生的电动势叫做感应电动势(induction electromotive force)，其方向与感应电流方向一致。

笔记栏

感应电流的方向由楞次定律(Lenz law)决定。楞次指出：回路中感应电流的流向，总是使感应电流激发的穿过该回路的磁通量反抗回路中原磁通量的变化。

2. 自感现象

在任何情况下，通过回路所包围面积的磁通量发生变化时，回路中就产生感应电动势。如果回路中通有电流，则该电流会产生磁通量通过回路本身。若回路中的电流发生变化，引起的磁通量变化同样会产生感应电动势。这种由回路自身电流变化而在回路中产生感应电动势的现象叫做自感现象(self-induced phenomena)。所产生的感应电动势叫做自感电动势(self-induced emf)，通常可用 ε_L 来表示。

设闭合回路中的电流强度为 I，根据毕奥-萨伐尔定律，空间任意一点的磁感强度 $\boldsymbol{B}$ 的大小都和回路中的电流强度 I 成正比，因此穿过该回路所包围面积内的磁通量 Φ_m 也和 I 成正比，即

$$\Phi_m = LI \tag{9-27}$$

比例系数 L 叫做回路的自感系数(coefficient of self-inductance)，简称自感。自感系数 L 的单位为 H，称为亨利。从上式可见，某回路的自感系数 L 在数值上等于这回路中的电流强度为 1 安培时，穿过这回路所包围面积的磁通量。

自感系数与回路电流的大小无关，决定线圈回路自感系数的因素是：线圈回路的几何形状、大小及周围介质的磁导率。

三、电磁感应定律

法拉第研究了感应电动势与磁通量变化率之间的关系，得到了法拉第电磁感应定律(Faraday law of electromagnetic induction)：不论任何原因，当穿过闭合导体回路所包围面积的磁通量 Φ_m 发生变化时，在回路中都会出现感应电动势 ε_i，而且感应电动势的大小总是与磁通量对时间 t 的变化率 $\frac{\mathrm{d}\Phi_m}{\mathrm{d}t}$ 成正比。即

$$\varepsilon_i = -\frac{\mathrm{d}\Phi_m}{\mathrm{d}t} \tag{9-28}$$

式中的负号表示感应电动势的方向总是抵抗磁通量的变化。在国际单位制中，ε_i 的单位是伏特，Φ_m 的单位是韦伯，t 的单位是秒。

需要指出，(9-28)式是针对单匝回路而言的，如果导体回路是由 N 匝线圈绕制而成的，且穿过每匝线圈的磁通量均相同，都为 Φ_m，则公式中的磁通量 Φ_m 就应该用磁链(magnetic flux linkage) $\Psi_m = N\Phi_m$ 来表示，因此，对 N 匝线圈的感应电动势的计算，应该用下面的公式

$$\varepsilon_i = -N\frac{\mathrm{d}\Phi_m}{\mathrm{d}t} = -\frac{\mathrm{d}(N\Phi_m)}{\mathrm{d}t} = -\frac{\mathrm{d}\Psi_m}{\mathrm{d}t} \tag{9-29}$$

根据法拉第电磁感应定律，也可计算回路的自感电动势为

$$\varepsilon_L = -\frac{\mathrm{d}\Phi_m}{\mathrm{d}t} = -\frac{\mathrm{d}(LI)}{\mathrm{d}t} = -\left(L\frac{\mathrm{d}I}{\mathrm{d}t} + I\frac{\mathrm{d}L}{\mathrm{d}t}\right) \tag{9-30}$$

若回路的形状和磁介质保持不变，则 L 为常量，$\frac{\mathrm{d}L}{\mathrm{d}t}=0$，则上式可写成

$$\varepsilon_L = -L\frac{\mathrm{d}I}{\mathrm{d}t} \tag{9-31}$$

式中负号表示自感电动势是反抗回路中电流变化的。

四、动生电动势

笔记栏

根据法拉第电磁感应定律：只要穿过回路的磁通量发生了变化，在回路中就会有感应电动势产生。根据磁通量的定义式，不难看出引起磁通量变化的原因有两条：

(1) 磁场的分布不随时间变化，但回路相对于磁场有运动，即构成磁通量 Φ_m 的 θ、S 在变化，而 $\boldsymbol{B}$ 不变。在这种情况下，由磁通量 Φ_m 变化而产生的感应电动势，称为动生电动势(motional electromotive force)。

(2) 回路在磁场中虽无相对运动，回路的位置、形状和大小不变，但是磁场在空间的分布是随时间变化的，即构成磁通量 Φ_m 的 θ、S 不变，$\boldsymbol{B}$ 的大小在变化。因为这一原因产生的感应电动势称为感生电动势(induced electromotive force)。

下面讨论动生电动势。根据电动势的定义

$$\varepsilon_i=\int_{-}^{+}\frac{\boldsymbol{F}_{非}}{q}\cdot d\boldsymbol{l}=\int_{-}^{+}\boldsymbol{E}_{非}\cdot d\boldsymbol{l} \tag{9-32}$$

现在以均匀磁场中的矩形导体回路上运动着的直导线 ab 作为研究对象，如图 9-13。当它在磁感应强度为 $\boldsymbol{B}$ 的均匀磁场中以速度 $\boldsymbol{v}$ 运动时，导线内部的自由电子也同样在磁场中运动，因此，要受到洛伦兹力作用，即

$$\boldsymbol{F}_m=-e\boldsymbol{v}\times\boldsymbol{B}=-e(\boldsymbol{v}\times\boldsymbol{B}) \tag{9-33}$$

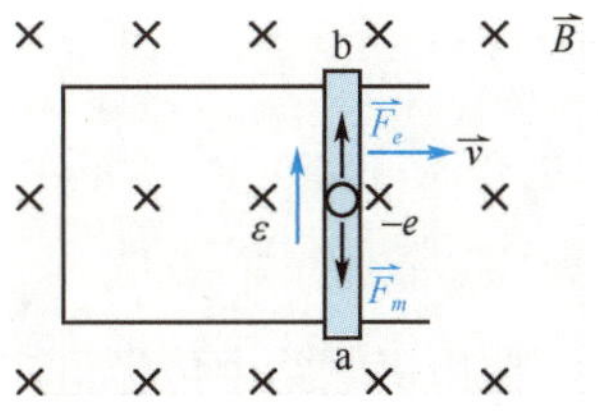

图 9-13 动生电动势

在洛仑兹力 F_m 作用下电子沿导线向 a 端运动，使 a 端和 b 端出现了等量异种电荷，在直导线 ab 上产生自上而下的静电场 $\boldsymbol{E}$。当作用在自由电子上的静电力 $\boldsymbol{F}_e=-e\boldsymbol{E}$ 和洛仑兹力 $\boldsymbol{F}_m$ 大小相等时，导体棒中的电动势达到稳定值。

显然，形成动生电动势的非静电力为洛伦兹力 $\boldsymbol{F}_m=-e(\boldsymbol{v}\times\mathrm{B})$。所以动生电动势中的非静电性场强 $\boldsymbol{E}_{非}$ 就是

$$\boldsymbol{E}_{非}=\frac{\boldsymbol{F}_m}{-e}=\boldsymbol{v}\times\boldsymbol{B} \tag{9-34}$$

根据电动势的定义式，在磁场中运动导体的动生电动势又可以表示为

$$\varepsilon_i=\int_a^b(\boldsymbol{v}\times\boldsymbol{B})\cdot d\boldsymbol{l} \tag{9-35}$$

此式不仅揭示了产生动生电动势的根本原因，而且也提供了计算动生电动势的又一种方法。

如果是直导线在均匀磁场中垂直于磁场 $\boldsymbol{B}$ 方向运动，且 $\boldsymbol{B}$、$\boldsymbol{v}$ 与直导线 ab 段三者满足相互垂直的条件，则由(9-35)式可得

$$\varepsilon_i=Blv \tag{9-36}$$

五、感生电动势 涡旋电场

从电动势的角度出发，可将回路中的感应电动势划分为两类，即动生电动势和感生电动势。形成动生电动势的非静电力是洛伦兹力，那么，形成感生电动势的非静电力又是什么呢？

通过实验观察会发现，只要空间的磁场发生变化，回路中就会有感应电流。显然，该空间既无库仑力，也无洛伦兹力，究竟是什么非静电力使导体回路中的电子运动起来的呢？为了解释感生电动势的起源，麦克斯韦提出假设：变化的磁场会在其周围空间激发一种电场，该电场称之为感生电场，又叫涡旋电场(curl electric field)，用 $\boldsymbol{E}_{旋}$ 来表示。回路内作定向运动的自由电荷所受的非静电力，就是变化磁场激发的涡旋电场力。

麦克斯韦进一步认为，不管有无导体回路存在，变化的磁场所激发的涡旋电场总是客观存在的。即空间有两种形式的电场：由电荷激发的静电场和由变化磁场激发的涡旋电场。涡旋电场和静电场的共同之处是它们对电荷都有力的作用，因而它们都可引用电场强度这一物理量来描述。

在涡旋电场中，回路的感生电动势就是涡旋电场力移动单位正电荷所做的功，即

$$\varepsilon_i=\oint_L\boldsymbol{E}_{旋}\cdot d\boldsymbol{l}=\oint_L E_{旋}\,dl\cos\theta \tag{9-37a}$$

笔记栏

再考虑到法拉第电磁感应定律，得：

$$\varepsilon_i=-\frac{\mathrm{d}\Phi_m}{\mathrm{d}t}=-\frac{\mathrm{d}}{\mathrm{d}t}\int_S \boldsymbol{B}\cdot\mathrm{d}\boldsymbol{S}=-\int_S\frac{\partial\boldsymbol{B}}{\partial t}\cdot\mathrm{d}\boldsymbol{S} \tag{9-37b}$$

联立(9-37a)、(9-37b)两式得：

$$\oint_L \boldsymbol{E}_{旋}\cdot\mathrm{d}\boldsymbol{l}=-\int_S\frac{\partial\boldsymbol{B}}{\partial t}\cdot\mathrm{d}\boldsymbol{S} \tag{9-38}$$

式(9-38)是电磁学的基本方程之一，它反映了变化的磁场能够激发电场。而对静电场：$\oint_L \boldsymbol{E}\cdot\mathrm{d}\boldsymbol{l}=0$，因此涡旋电场与静电场不同之处是：涡旋电场的环流不为零。而静电场的环流为零。

第六节　电磁振荡和电磁波

一、位移电流

在稳恒电路中传导电流是处处连续的。如果在单回路电路中，接入电容器，情况就不同了。在电容器充放电的过程中，对整个电路来说，传导电流是不连续的。安培环路定理在非稳恒磁场中出现了矛盾的情况，必须加以修正。为了解决电流的不连续问题，并在非稳恒电流产生的磁场中使安培环路定理也能成立，麦克斯韦提出了位移电流的概念。

以平行板电容器的充电为例。设任一时刻两极板上分别有正、负电荷 q，其面电荷密度为 σ，它们都随时间而变化。设电容器每一极板的面积为 S，电路中的充电电流为 i_c，则通过导体部分的传导电流强度为

$$i_c=\frac{\mathrm{d}q}{\mathrm{d}t}=\frac{\mathrm{d}(S\sigma)}{\mathrm{d}t}=S\frac{\mathrm{d}\sigma}{\mathrm{d}t} \tag{9-39}$$

传导电流密度为

$$\boldsymbol{j}_c=\frac{i_c}{S}=\frac{\mathrm{d}\sigma}{\mathrm{d}t} \tag{9-40}$$

在两极板间的真空或电解质内，传导电流为零，电流不连续，但在电容器充放电过程中，j_c 随时间变化，两极板间的电位移矢量的大小 $D=\sigma$ 和电位移通量 $\Phi_D=DS=\sigma S$ 也都随时间而变化，分别代入上面两式有

$$i_c=\frac{\mathrm{d}q}{\mathrm{d}t}=\frac{\mathrm{d}\Phi_D}{\mathrm{d}t} \tag{9-41}$$

和

$$\boldsymbol{j}_c=\frac{\mathrm{d}\sigma}{\mathrm{d}t}=\frac{\partial\boldsymbol{D}}{\partial t} \tag{9-42}$$

当电容器充电时，场强增加，$\frac{\partial\boldsymbol{D}}{\partial t}$ 与 $\boldsymbol{D}$ 的方向一致，也与导体中电流的方向一致；放电时，场强减弱，$\frac{\partial\boldsymbol{D}}{\partial t}$ 与 $\boldsymbol{D}$ 的方向相反，但与导体中电流方向一致。而 $\frac{\mathrm{d}\Phi_D}{\mathrm{d}t}$，无论充电或放电时，在数值上都等于导体中的电流强度。因此，如果把传导电流和真空或电介质中的 $\frac{\partial\boldsymbol{D}}{\partial t}$ 都考虑在内，那么上述电路中的电流就能保持连续。因此，麦克斯韦把 $\frac{\partial\boldsymbol{D}}{\partial t}$ 叫做位移电流(displacement current)。用 i_D 和 $\boldsymbol{j}_D$ 分别表示位移电流强度和位移电流密度，则有

$$i_D=\frac{\mathrm{d}\Phi_D}{\mathrm{d}t}=S\frac{\mathrm{d}\sigma}{\mathrm{d}t}=S\varepsilon\frac{\mathrm{d}E}{\mathrm{d}t} \tag{9-43}$$

$$\boldsymbol{j}_D=\frac{\partial\boldsymbol{D}}{\partial t}=\varepsilon\frac{\mathrm{d}\boldsymbol{E}}{\mathrm{d}t} \tag{9-44}$$

笔记栏

(9-43)式说明通过电场中某截面的位移电流等于通过该截面的电位移通量 Φ_D 的时间变化率。(9-44)式说明电场中某点的位移电流密度等于该点电位移的时间变化率。

麦克斯韦的位移电流假设已由其所导出的许多结论和实验结果而得到证实。麦克斯韦认为：位移电流和传导电流一样，都能激发磁场，该磁场和与它等值的传导电流所激发的磁场完全相同。这样，在整个电路中，传导电流中断的地方就由位移电流来接替，而且它们的数值相等，方向一致。对于普遍的情况，麦克斯韦认为传导电流和位移电流都可能存在。于是，他推广了电流的概念，将二者之和称为全电流，用 i_t 表示为

$$i_t = i_c + i_D \tag{9-45}$$

相应地，全电流密度 $\boldsymbol{j}_t$ 为

$$\boldsymbol{j}_t = \boldsymbol{j}_c + \boldsymbol{j}_D \tag{9-46}$$

对于任何回路，全电流是处处连续的。运用全电流的概念，可以自然地将安培环路定律推广到非稳恒磁场中去，从而，也就解决了电容器充放电过程中电流的连续性问题。应当指出，传导电流和位移电流唯一的共同点是：它们都能产生磁场；但存在本质上的区别：①传导电流意味着电荷的运动，而位移电流意味着电场的变化，即电位移矢量对时间的变化率；②传导电流通过导体时，放出焦耳热，而位移电流通过真空或电介质时，并不放出焦耳热。

二、麦克斯韦方程组

用 $\boldsymbol{E}^{(1)}$、$\boldsymbol{D}^{(1)}$ 表示自由电荷激发的电场，$\boldsymbol{E}^{(2)}$ 表示变化磁场激发的电场，$\boldsymbol{B}^{(1)}$ 表示稳恒电流激发的磁场，$\boldsymbol{B}^2$ 表示变化电场激发的磁场。我们可以将静电场和稳恒磁场的基本规律，总结归纳成以下四条基本定理：

静电场的高斯定理：$\oint_S \boldsymbol{D}^{(1)} \cdot d\boldsymbol{S} = \sum_i q_{0i}$

静电场的环路定理：$\oint_L \boldsymbol{E}^{(1)} \cdot d\boldsymbol{l} = 0$

稳恒磁场的高斯定理：$\oint_S \boldsymbol{B}^{(1)} \cdot d\boldsymbol{S} = 0$

磁场的安培环路定理：$\oint_L \boldsymbol{H}^{(1)} \cdot d\boldsymbol{l} = \sum_i I_i$

上述这些定理都是孤立地给出了静电场和稳恒磁场的规律，对变化电场和变化磁场并不适用。麦克斯韦在前人成就的基础上，结合自己提出的涡旋电场和位移电流的概念，建立了系统完整的电磁场理论，这个理论的基本内容是电场和磁场的相互影响。麦克斯韦认为：①变化的电场和变化的磁场彼此不是孤立的，它们永远密切地联系在一起，相互激发，组成一个统一的电磁场的整体。②变化的磁场可以在空间激发变化的涡旋电场，而变化的电场也可以在空间激发变化的涡旋磁场。因此，电磁场可以在没有自由电荷和传导电流的空间单独存在。于是归纳总结起来就得到电磁场的基本规律。

$$\oint_S \boldsymbol{D} \cdot d\boldsymbol{S} = \sum_i q_{0i} \tag{9-47}$$

$$\oint_S \boldsymbol{B} \cdot d\boldsymbol{S} = 0 \tag{9-48}$$

$$\oint_L \boldsymbol{H} \cdot d\boldsymbol{l} = \sum_i \boldsymbol{I}_{ci} + \int_S \frac{\partial \boldsymbol{D}}{\partial t} \cdot d\boldsymbol{S} \tag{9-49}$$

$$\oint_L \boldsymbol{E} \cdot d\boldsymbol{l} = -\int_S \frac{\partial \boldsymbol{B}}{\partial t} \cdot d\boldsymbol{S} \tag{9-50}$$

上述四个方程式称为麦克斯韦方程组(Maxwell equations)的积分形式，以数学形式概括了电磁场的基本性质和规律。

笔记栏

麦克斯韦方程是宏观电磁场理论的基本方程，在具体应用这些方程时，还要考虑到介质特性对电磁场的影响，即

$$\boldsymbol{D}=\varepsilon\boldsymbol{E} \tag{9-51}$$

$$\boldsymbol{B}=\mu\boldsymbol{H} \tag{9-52}$$

以及欧姆定律的微分形式

$$\boldsymbol{j}=\sigma\boldsymbol{E} \tag{9-53}$$

在麦克斯韦方程组中，电场和磁场已经成为一个不可分割的整体。该方程组系统而完整地概括了电磁场的基本规律，并预言了电磁波的存在。

三、电磁振荡

根据麦克斯韦电磁场理论，变化的电磁场可以相互激发，但是如何产生变化的电磁场呢？我们以 LC 振荡电路为例来阐述。由一个无电阻的自感线圈 L 和一个电容器 C 所组成的回路叫 LC 振荡电路。当已充电的电容器 C 和自感线圈 L 接通瞬时，电容器上的电荷为最大值，电场能为最大值，而线圈中磁场能为零。之后，在静电力作用下，电容器开始放电。电容器上电荷逐渐减少，电流逐渐增大。在这过程中，电流要克服线圈自感电动势而作功，因此电场能逐渐减少，转化为储藏于线圈中的磁场能，使磁场能逐渐增加。

当放电完毕时，电容器上电荷为零，电流达到最大值，电场能为零，电容器上全部电场能变成储藏在线圈中的磁场能，磁场能达到最大值。但这时由于线圈的自感作用，电路中的电流并不立刻消失，而要沿原来的方向继续流动。电流继续流动的结果，电容器被反向充电，电容器上电荷逐渐增大，电流逐渐减少，同时电场能逐渐增大，磁场能逐渐减少。最后电流变为零，而电容器上电荷又重新达到最大值，但这时电容器两板所带电荷的符号与原先相反。于是，磁场能又全部转变为电场能。

在这以后，电容器又开始放电，重复与上述相反的过程。这样周而复始，电路中就产生了周期性变化的电流，这种电荷和电流随时间作周期性变化的现象就是电磁振荡（electromagnetic oscillation）。LC 振荡电路中电容器上的电量和回路中的电流以及电磁振荡的固有振荡频率分别为

$$q=q_0\cos(\omega t+\varphi) \tag{9-54}$$

$$i=\frac{\mathrm{d}q}{\mathrm{d}t}=-q_0\omega\sin(\omega t+\varphi)=-I_0\sin(\omega t+\varphi) \tag{9-55}$$

$$\nu=\frac{1}{2\pi}\sqrt{\frac{1}{LC}} \tag{9-56}$$

实际上，LC 回路的直流电阻不可能为零，振荡电流将越来越小，直至为零，形成阻尼振荡。为维持长时间的特佳振荡，必须补充能量。LC 电路可以产生电磁振荡，电磁振荡能够发射电磁波。但在普通振荡电路中，振荡的频率很低，且电场和磁场几乎分别集中于电容器和自感线圈内，不利于电磁波的辐射。要增大振荡电路的辐射，必须提高振荡频率。减小电容和电感值、开放电路是提高振荡频率的主要途径。电磁振荡使变化的电场和磁场交替产生，这种交替变化的电场和磁场由近及远地在空间的传播即形成电磁波（electromagnetic wave）。

平面电磁波的基本性质：①电磁波的频率与波源的振荡频率相同。②电磁波是横波，它的电矢量 $\boldsymbol{E}$ 和磁矢量 $\boldsymbol{B}$ 相互垂直，其都垂直于传播方向。③电矢量 $\boldsymbol{E}$ 和磁矢量 $\boldsymbol{B}$ 的振动同相位。④电矢量 $\boldsymbol{E}$ 和磁矢量 $\boldsymbol{B}$ 的振幅有确定的比值。⑤电磁波的传播速度为 $v=\dfrac{1}{\sqrt{\varepsilon\mu}}$。

在真空中

$$v=c=\frac{1}{\sqrt{\varepsilon_0\mu_0}} \tag{9-57}$$

即在真空中以光速传播。

正弦电磁波的波动方程为

$$\boldsymbol{E}=\boldsymbol{E}_m\sin\omega\left(t-\frac{x}{c}\right)$$

$$\boldsymbol{B}=\boldsymbol{B}_m\sin\omega\left(t-\frac{x}{c}\right)$$

式中：$\boldsymbol{E}$ 和 $\boldsymbol{B}$ 分别是电场矢量和磁场矢量，$\boldsymbol{E}_m$ 和 $\boldsymbol{B}_m$ 分别是它们的幅值，x 是距波源的距离。

麦克斯韦在总结前人工作的基础上，提出了著名的电磁场理论，指出变化电场和变化磁场形成了统一的电磁场，预言电磁场能够以波动的形式在空间传播，称为电磁波；并且算出电磁波在真空中传播的速度等于光速，从而断定光在本质上就是一种电磁波。后来，赫兹用振荡电路产生了电磁波，使麦克斯韦的学说得到了实验证明，为电学和光学奠定了统一的基础。因此，麦克斯韦的经典电磁场理论是人类对电磁规律的历史性总结。可以这么说，麦克斯韦的电磁场理论，乃是19世纪物理学发展的最辉煌成就，在物理学发展史上是一个重要的里程碑。

习 题 九

9-1 讨论库仑定律与毕奥-萨伐尔定律的类似与不同。

9-2 一长直导线有50A电流，离导线5.0cm处有一电子以速度$1.0\times10^7\,\text{m}\cdot\text{s}^{-1}$运动。求下列情况下作用在电子上的洛伦兹力：

(1)设电子的速度平行于导线；

(2)设电子的速度垂直于导线并指向导线；

(3)设电子的速度垂直于导线和电子构成的平面。

[3.2×10^{-16}N，3.2×10^{-16}N，0]

9-3 通有电流1.5A、长为30cm的直导线被放置在磁感应强度为8×10^{-2}T的匀强磁场中，磁场方向与导线成30^0角，求导线所受的作用力。

[1.8×10^{-2}N]

9-4 一个半径为0.2m，阻值200Ω的圆形电流回路连着12V的电压，回路中心的磁感应强度是多少？

[1.9×10^{-7} T]

9-5 高压输电线在地面上空25m处，通过电流为1.8×10^3A。

(1)求在地面上由这电流所产生的磁感应强度多大？

(2)在上述地区，地磁场为0.6×10^{-3}T，问输电线产生的磁场与地磁场相比如何？

[1.4×10^{-5}T，0.24]

9-6 一个无限长的直导线通有$I=15$A的电流，把它放在$B=0.05$T的外磁场中，并使导线与外磁场正交，试求合磁场为零的点至导线的距离。

[6.0×10^{-5} m]

9-7 在图9-14中求：

(1)如图(a)所示，半圆c处的磁感应强度是多少？

(2)如图(b)所示，总电流分成两个相等的分电流时，圆心c处的磁感应强度是多少？

[(1) $\dfrac{\mu_0 I}{4a}$；(2)0]

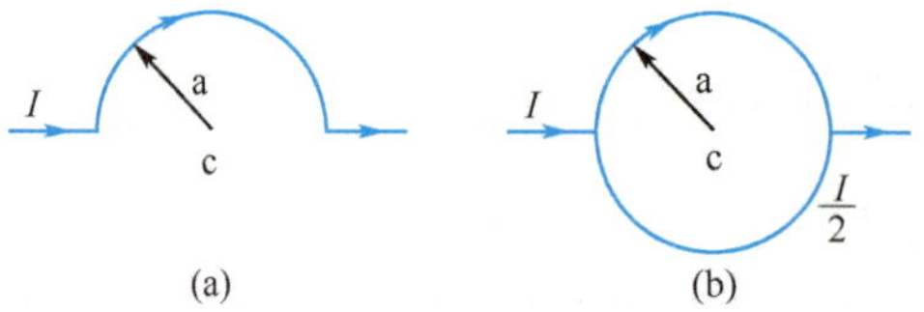

图 9-14 习题 9-7 图

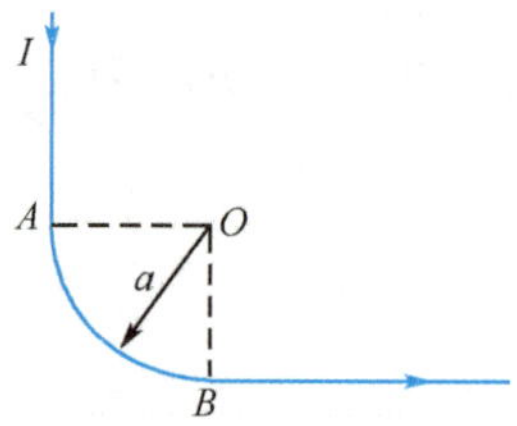

图 9-15 习题 9-8 图

9-8 如图 9-15 所示，一根载有电流 I 的导线由三部分组成，AB 部分为四分之一圆周，圆心为 O，半径为 a，导线其余部分伸向无限远，求 O 点的磁感应强度。

[$\frac{\mu_0 I}{2\pi a}(1+\frac{\pi}{4})$]

9-9 如图 9-16 所示，环绕两根通过电流为 I 的导线有四种环路，问每种情况下 $\oint B\cos\theta dl$ 等于多少？

[①0；② $2\mu_0 I$ ；③ $\mu_0 I$ ；④ $-\mu_0 I$]

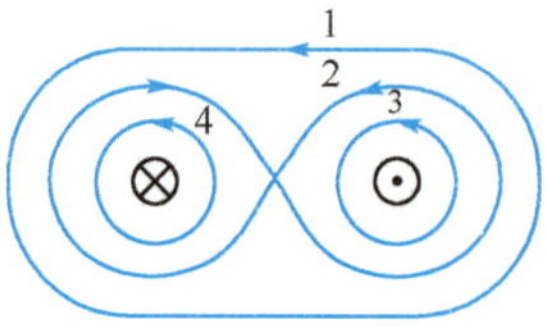

图 9-16 习题 9-9 图

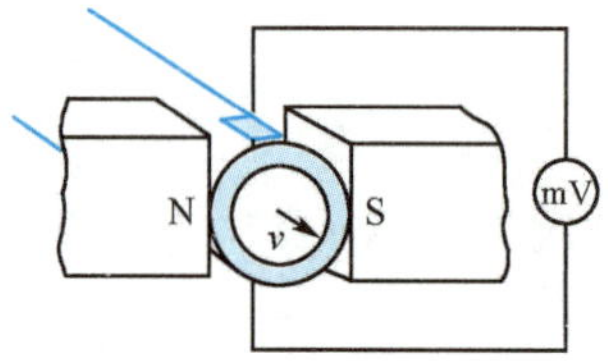

图 9-17 习题 9-10 图

9-10 霍尔效应可用来测量血流的速度。在动脉血管两侧分别安装电极并加以磁场，如图 9-17 所示。设血管直径为 2.0mm，磁场为 0.080T，毫伏表测出血管上下两端的电压为 0.10mV，血管的流速为多大？

[0.796m · s^{-1}]

9-11 一铜片厚度 d=2.0mm，放在 B=3.0T 的匀强电场中，已知磁场方向与铜片表面垂直，铜的载流子密度 $n=8.4\times10^{22}$ cm^{-3}，当铜片中通有与磁场方向垂直的电流 I =200A 时，求铜片两端的霍尔电势为多少？

[2.2×10^{-5}V]

9-12 电流元 Idl 在空间某点产生的磁感应强度与哪些因素有关？其方向如何确定？

9-13 试设想一矩形回路并利用安培环路定律导出长直螺线管内的磁场为 $B=\mu_0 nI$。

9-14 一螺线管长 l=10cm，匝数 N=200，电流 I=100mA。求：①管内为真空时的磁感应强度；②管内充满相对磁导率 μ_r=4200 的磁介质时的磁感应强度。

[① 2.51×10^{-4}T，②1.05 T]

9-15 磁介质可分为哪三种，它们都具有什么特点？

9-16 将一条形磁铁推向一闭合线圈，线圈中产生感应电动势。问在磁铁与线圈相对位置不变的情况下，迅速推向线圈和缓慢推向线圈所产生的感应电动势是否相同？为什么？

9-17 一正方形线圈由外皮绝缘的细导线绕成，共绕 200 匝，每边长 150mm，放在 B=4.0T 的外磁场中，当导线中通有 I=8.0A 的电流时，求：①线圈磁矩的大小；②作用在线圈上的力矩的最大值。

[①36A · m^2，②144N · m]

9-18 一闭合圆形线圈在匀强磁场中运动，在下列情况下是否会产生感应电流？为什么？

(1)线圈沿磁场方向平移；

(2)线圈沿垂直于磁场方向平移；

笔记栏

(3)线圈以自身的直径为轴转动,轴与磁场方向平行;

(4)线圈以自身的直径为轴转动,轴与磁场方向垂直。

9-19 如图9-18所示,一刚性导体回路处在$B=0.50\text{T}$的匀强磁场中,回路平面与磁场垂直,ab段长$l=0.50\text{m}$,拉动ab使其以$v=4.0\text{m}\cdot\text{s}^{-1}$的速度向右匀速运动,电阻$R=0.50\Omega$,略去摩擦阻力及导体的电阻。求:①$ab$内的非静电场场强$E_K$;②$ab$内动生电动势的大小和方向;③感应电流消耗在电阻R上的功率;④拉力所做功的功率;⑤作用在ab上的拉力;⑥1s内拉力所做的功。

[①2.0v/m;②1V,逆时针方向;③2.0W;④2.0W;⑤0.50N;⑥2.0N·m]

9-20 如图9-19所示的电路,已知$\varepsilon=10\text{V}$,$R_1=10\Omega$,$R_2=5\Omega$,$L=10\text{H}$,求在以下情况时,电路中的电流I_1、I_2和I_3各为多少?

(1)当电键K接通的瞬时; [$I_1=I_2=\frac{2}{3}\text{A},I_3=0$]

(2)电键K接通足够长时间,使电流达到稳定值; [$I_1=I_3=1\text{A},I_2=0$]

(3)电流达到稳定值后再断开电键K的瞬时; [$I_1=0,I_3=1\text{A},I_2=-1\text{A}$]

(4)电流达到稳定值后再断开电键K足够长时间; [$I_1=I_2=I_3=0$]

(5)电流达到稳定值后再断开电键K之后2s。[$I_1=0,I_3=0.37\text{A};I_2=-0.37\text{A}$]

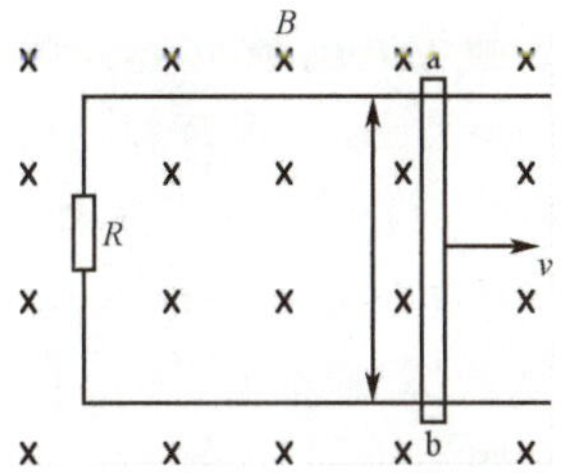

图9-18 习题9-19图

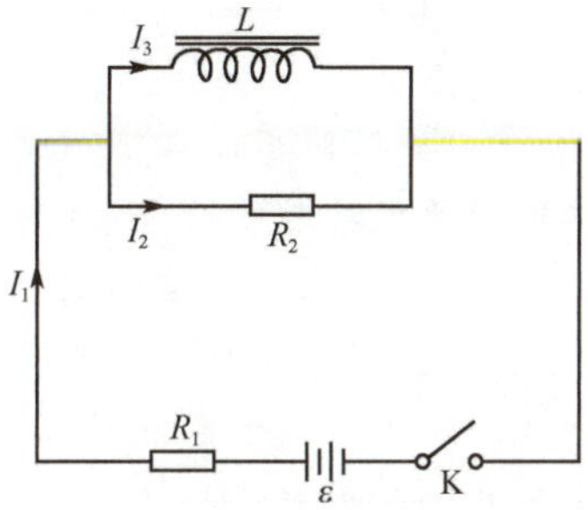

图9-19 习题9-20图

9-21 通过一线圈回路的磁场与线圈平面垂直。若磁通量按$\Phi=-(6t^2+7t+1)\times10^{-3}$ Wb变化,求:①当$t=2\text{s}$时,回路中的感应电动势;②当回路的电阻$R=10\Omega$时,通过回路的电流强度。

[31mV,3.1mA]

9-22 1996年2月一航天飞机用长19.7km的金属缆线吊着一个绳系卫星以$8\text{km}\cdot\text{s}^{-1}$的速度横扫地磁场。缆线上产生的电压峰值为3500V。试由此估算此系统飞越处的地磁场的B值。

[$2.2\times10^{-5}\text{T}$]

9-23 一长直螺线管,管内充满磁导率为μ的磁介质。设螺线管的长为l,截面积为S,线圈匝数为N。证明其自感系数$L=\mu n^2V$(式中V为螺线管的体积,n为单位长度的螺线管匝数)。

9-24 什么是位移电流?比较位移电流与传导电流之间的相似和差异之处。

9-25 证明平行板电容器中的位移电流可以表示为$i_D=C\frac{\text{d}U}{\text{d}t}$,式中$C$是电容器的电容,$U$是两极板间的电势差。

9-26 麦克斯韦方程组包含哪几个电磁场的基本定理?指出各方程的物理意义。

9-27 简述平面电磁波的基本性质。

阅读材料

Ⅰ. 生物电阻抗

电阻抗是交流电路中的一个基本概念，简称阻抗。阻抗包括电阻和电抗两部分，不论电阻和电抗，单位都是欧姆(Ω)。电抗又可分为由电容而引起的容抗和由电感而引起的感抗两类。生物体内含有电阻率不相同的各种物质，几乎到处存在着不可忽视的电容，而感抗都是可以忽略的，因此可以认为，生物体内的阻抗是由电阻和容抗两部分构成的。

在 R、C 串、并联的情况下，阻抗 Z 与电阻 R 和容抗 $Z_c=1/(\omega C)$ 之间的关系分别为

$$Z=\sqrt{R^2+\frac{1}{(\omega C)^2}},\ Z=\frac{R}{\sqrt{1+(\omega CR)^2}}$$

式中 ω 为施加于生物体上的交流电的频率。

电阻抗的倒数是电导纳，简称导纳，用符号 Y 表示，即 $Y=\frac{1}{Z}$，单位为西门子(S)。导纳也是研究生物体功能情况常用的概念。

下面我们以人体内物质构成为例，采用模型化的办法，建立各种等效电路，近似分析人体阻抗的特点。

首先，分析一个细胞的阻抗。由于细胞膜的存在，细胞具有膜电容。膜电容的容抗与施加于细胞膜上的交流电的频率有关，频率低则容抗大，因此，可认为频率较低的交流电是不能通过细胞内部的，电流主要通过细胞外液，频率高时，膜电容的容抗较小，因而频率高的交流电能够通过细胞内部，而且交流电的频率越高，通过细胞内部的电流也越强。

细胞的这种阻抗特点可用图 9-20 所示的细胞等效电路来表示，图中 C 表示细胞的膜电容，R_i 表示细胞内液的电阻，R_e 表示细胞外液的电阻。

其次，我们再来分析人体内局部组织的阻抗等效电路。因为对人体的组织或器官进行电测量时，都有通电电极的存在，当电极与体内物质接触时会产生电化学过程，这一过程可导致双重层电容 C_w 的建立，其容抗是总阻抗中的一部分。另外，由于通电会使体内局部组织中的体液电解，因此体液的阻抗也发生了变化，用 R_w 表示。C_w 和 R_w 所代表的阻抗常称为瓦尔堡(Warburg)阻抗。如果用 R 表示电极附近的纯电阻，三者综合考虑，则电极附近的等效电路可用图 9-21 来表示。

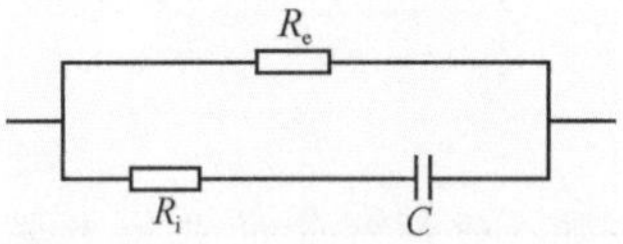

图 9-20 细胞的等效电路

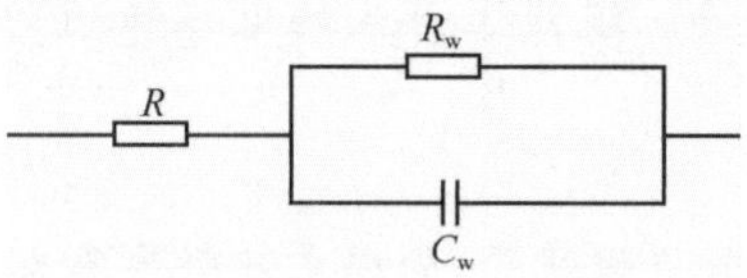

图 9-21 与电解过程有关的电极附近的阻抗

了解这些概念之后，就可以比较全面地分析体内局部组织总阻抗的等效电路，图 9-22 就是这种等效电路中的一例。图中 E_A、E_B 代表电极 A、B 附近出现的极化电动势；C_0 代表两电极与体内电介质所构成的电容，C_{1A}、C_{1B} 分别代表两电极处的双重层电容；R_1 代表体内物质的纯电阻，R_{2A}、R_{2B} 分别代表两电极附近与电解过程有关的纯电阻；R_{WA}、C_{WA}、R_{WB}、C_{WB} 分别代表两电极附近的瓦尔堡阻抗。当 E_A、E_B 和 C_0 可以忽略时，则图 9-22 中的等效电路便可简化为图 9-23(a)所示的等效电路。很明显，当电极间通以高频交流电时 $Z_c=1/(\omega C)$ 便很小，可忽略不计，相当于电容的高频短路。在这种情况下，阻抗 Z 近似等于电阻 R_1。图 9-23(b)给出了等效电路的阻抗与频率之间的这种关系。也就是说，这时可把体内物质的阻抗看成是由纯电阻构成的。

笔记栏

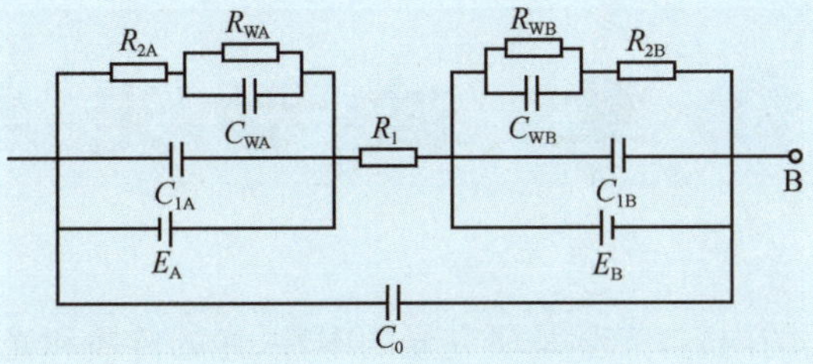

图 9-22 包括电极在内的局部组织阻抗的等效电路

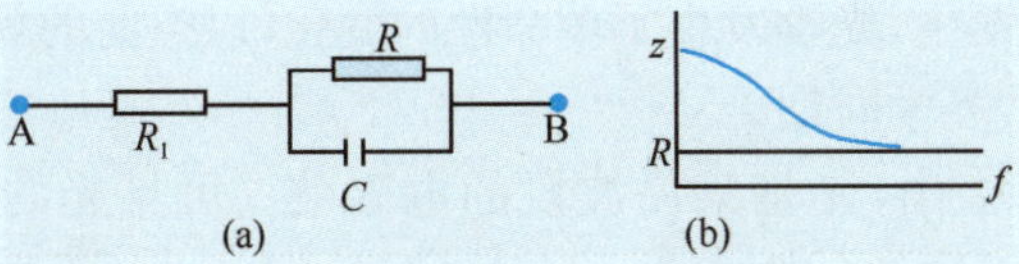

图 9-23 局部组织阻抗的等效电路的简化电路(a)在图 9-22 基础上简化了的等效电路 (b)等效电路的阻抗-频率曲线

Ⅱ. 生物医学电磁传感器

用电磁感应原理制成的传感器种类很多,这里主要介绍**电磁流量计**(electromagnetic flowmeter,EMF),它是一种测量血液流动速度的仪器,原理如图 9-24 所示。

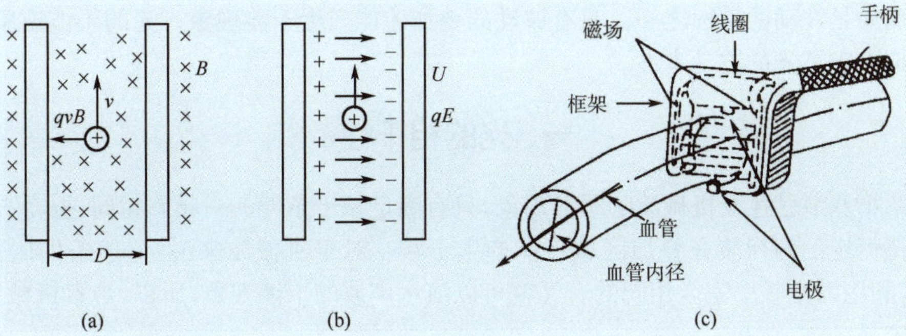

图 9-24 电磁流量计

设血液中的带电粒子以速度 v 在直径为 D 的血管中运动,它的流向与外加磁场 B 互相垂直。血液中带正电 q 的粒子受到一个大小为 qvB 的洛伦兹力,方向向左。带负电的粒子,则受到向右的洛伦兹力。这样正负粒子分别积聚在两侧的管壁上,其间形成电势差 U 和电场 E,平衡时

$$qvB = Eq$$

假设正负电荷均匀分布在管内的两侧,其间的电场可以看成是均匀电场,则有

$$E = U/D$$

故得

$$U = DvB$$

即在血管相对两壁,得到和血流速度成正比的得电势 U。这种流速计主要供心脏和动脉手术中测量血流速度时使用。

(方 涌)

笔记栏

第10章 波动光学

本章和下一章是光学的内容，光学是研究光的本性、光的传播和光与物质相互作用的学科。光学的发展史可以追溯到远古时代，经过漫长的时期，到17世纪中叶，基本上奠定了几何光学的基础；到19世纪初，初步形成了波动光学体系；20世纪初，建立了量子光学的框架；20世纪中期，特别是1960年激光的诞生，光学发生了革命性的变化，以空前的规模飞速发展，并派生了许多崭新的学科，进入了现代光学时期。

光是什么？麦克斯韦指出，光是某一波段的电磁波。可见光的波长范围约为400～760 nm，不同波长的光给人以不同颜色的感觉。光的波动性寓于光的干涉、衍射、偏振等现象之中，以光的波动性为基础，研究光的传播规律的学科，称为波动光学。爱因斯坦又指出，光是由光量子(光子)组成的，即光的量子性(将在第12章讨论)。本章主要讨论光的干涉、衍射、偏振等现象，阐明其波动性质和基本规律，这些性质和规律不仅在理论上具有重要意义，而且在现代科学技术中有着广泛应用。

第一节 光的干涉

干涉现象是波动的特性之一。只有波动的叠加才能产生干涉现象。光的干涉现象的出现，无可置辩地肯定了光的波动本性。

一、光的相干性

第4章第八节已述及机械波的干涉现象，只有满足相干条件——频率相同、振动方向相同、位相差保持恒定的两列波在叠加区域才能产生干涉。对于机械波来说，上述条件比较容易满足。例如，利用两个频率完全相同的音叉就可以演示声波的干涉现象，所以，观察机械波的干涉现象比较容易。

但是对于光波，普通光源很难满足相干条件，这是由于光源发光本质的复杂性所决定的。普通光源发出的光是由大量原子或分子随机辐射的一系列有限长度的波列所组成的，其振动方向和初相位以及频率是彼此独立、随机分布的。另一方面，分子或原子的发光是间歇的，即发出一波列(持续时间约10^{-8}秒，长度约为3米)之后，要间歇若干时间，再发出另一波列。因此，两光源发出的光在空间任一点叠加时，只能观察到一个平均光强度，而观察不到明显、稳定的干涉现象。所以，由大量波列组成的光束，不能保持固定的振动方向和初相位。不仅来自两个独立光源的光波不能相互干涉，即使同一光源不同部分发出的光波也不可能产生干涉现象。

要实现光的干涉，必须满足光的相干条件：

(1) 频率相同的两光波在相遇点有相同的振动方向和恒定的相位差。这是产生光的干涉的必要条件，满足本条件的光称为相干光(coherent light)，能发出相干光的光源称为相干光源(coherent source)。但是只满足此条件还不一定就能获得干涉现象；为确保产生明显的干涉现象，还须满足以下两个补充条件：

(2) 两光波在相遇点所产生的振动的振幅相差不悬殊。否则，将观察不到明显的干涉条纹。

(3) 两光波在相遇点的光程差不能太大。否则一光波的波列已通过，而另一光波的相应波列尚未到达，则两波列之间没有重叠，不能产生干涉现象。能够产生干涉现象的最大光程差称为**相干长度**(coherent length),相干长度等于一个波列的长度。光源的单色性越好,波列的长度就越长,相干长度也就越大,光源的相干性就越好。激光具有很高的单色性,其相干长度比普通单色光源的相干长度大得多,它是目前最好的相干光源。

要从普通光源上获得相干光,必须将同一光源发出的光波,在同一波阵面上分成两列(或多列)光波,经过不同路径在空间任一点叠加时,必定满足频率相同、振动方向相同、位相差保持恒定的条件,就能够产生明显、稳定的干涉现象。通常有两种方法获得相干光,一种是分波阵面法,如杨氏双缝实验等;另一种是分振幅法,如薄膜干涉等。

二、光程和光程差

在分析光波的叠加时,参与叠加的光波的相位差是一个十分重要的参数。为了方便地比较和计算光经过不同介质时引起的相位差,需要引入光程和光程差的概念。

光在介质中传播的速度与介质的折射率有关,而光波的频率不变。因此,在相同时间内光在不同介质中传播的几何路程不相等。设单色光在真空和介质中传播的速度分别为 c 和 v,则介质的折射率

$$n=\frac{c}{v} \tag{10-1}$$

设在 t 秒内,光在真空中传播的路程为 L,在介质(折射率为 n)中传播的几何路程为 x,则有 $t=\frac{L}{c}=\frac{x}{v}$,再考虑到式(10-1)后得

$$L=nx \tag{10-2}$$

上式中 $L=nx$,即折射率和几何路程的乘积,叫做**光程**(optical path)。可见,引入光程以后,将光在介质中传播的几何路程变换为真空中的路程,在分析光波传播到空间任一点的相位或相位变化时更为简捷。光程之差称为**光程差**。

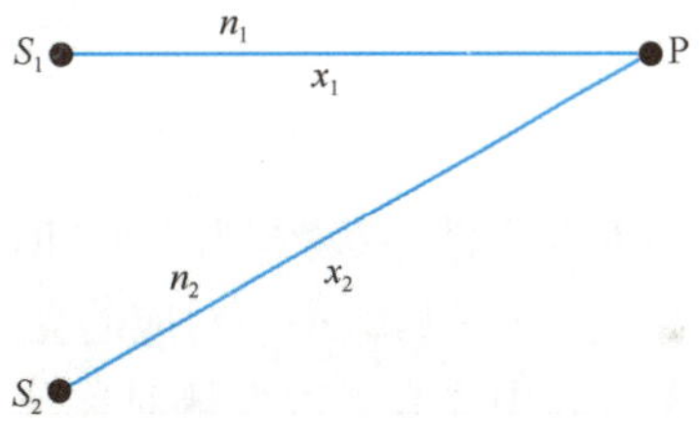

图 10-1 光程和光程差

光程差和相位差有什么关系呢? 第4章第八节已述及两列相干波在某点的相位差和波程差的关系,类似地,如图10-1,从光源 S_1、S_2 发出的两列相干光波分别经过折射率为 n_1、n_2 的介质,路程分别为 x_1、x_2 后相遇在P点,它们的光程差和相位差的关系为

$$\Delta\varphi=2\pi\frac{n_2x_2-n_1x_1}{\lambda}-\varphi_{02}+\varphi_{01}=2\pi\frac{\delta}{\lambda}-\varphi_{02}+\varphi_{01} \tag{10-3}$$

式中 φ_{01}、φ_{02} 分别是两列光波的初相位,$\delta=n_2x_2-n_1x_1$ 是两列光波的光程差。

三、杨 氏 实 验

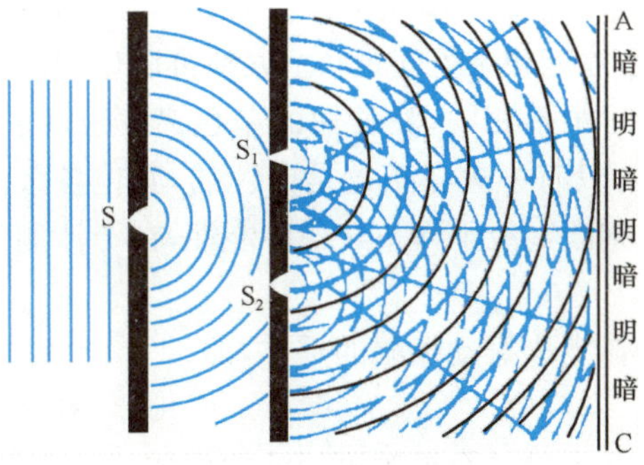

图 10-2 杨氏实验

1801年,托马斯·杨(Thomas Young,英国物理学家、医生)以极简单的装置和巧妙的构思首先实现了光的干涉,并用光的波动性解释了干涉现象。杨氏实验不仅是许多其它光的干涉装置的原型,在理论上还可以从中提取许多重要的概念和启发,无论从经典光学还是现代光学的角度来看,它都具有十分重要的意义。杨氏实验的原理如图10-2所示,在普通单色光源前放一狭缝S,作为单色点光源;S前又放有与S平行而且等距离的两条平行狭缝 S_1 和 S_2。根据惠更斯原理,S_1、S_2 形成两个新的相干光源,由 S_1 和 S_2 发出的光波在空间相遇,产生干涉现象,在屏幕AC上形成如图10-3(a)

笔记栏

所示的稳定的明暗相间的干涉条纹。图 10-3(b)是与干涉条纹对应的光强度关于方向角 θ 分布的曲线。历史上，杨氏实验是导致光的波动理论被普遍承认的一个决定性实验。

下面分析杨氏双缝干涉条纹。设光源是波长为 λ 的单色光，两缝处的光波同相振动，如图 10-4 所示，设 S_1、S_2间的距离为 d，其中点为 M，从 M 到屏幕 AC 的距离为 D，且 $D \gg d$。在屏幕上任意取一点 P，P 与 S_1和 S_2间的距离分别为 r_1和 r_2，P 到屏幕的中心点 O 的距离为 x；显然，MO 是 S_1S_2的中垂线，θ 为 PM 与 MO 之间的夹角。通常情况下，观察到干涉条纹时，θ 很小，满足：$\sin\theta \approx \tan\theta$ 。因此，由 S_1、S_2所发出的光波到 P 点的光程差为

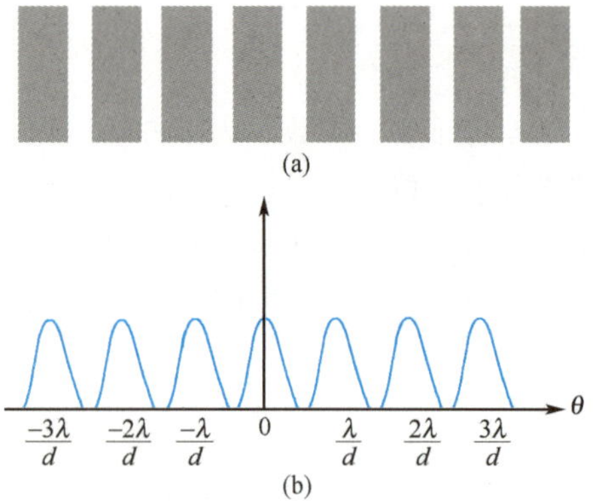

图 10-3　杨氏双缝干涉条纹

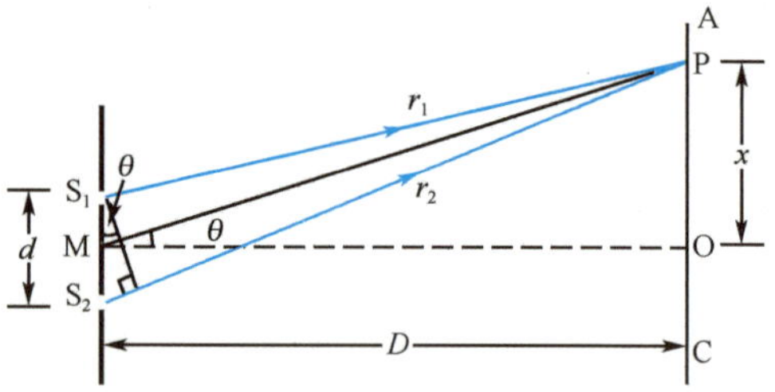

图 10-4　干涉条纹推导

$$\delta = r_2 - r_1 \approx d\sin\theta \approx d\tan\theta \approx d\frac{x}{D}$$

则两光波在 P 点加强(光强为极大)，即 P 点处出现亮条纹的条件是

$$\delta = d\sin\theta = \pm k\lambda \text{，或 } x = \pm k\frac{D}{d}\lambda \text{，}\quad k = 0,1,2,\cdots\cdots \qquad (10\text{-}4)$$

式中 k 为干涉的级数，当 $k=0$ 时，$x=0$，即在 O 点处出现亮条纹，称为中央亮条纹或称零级亮条纹。与 $k=1,2,\cdots\cdots$对应的亮条纹分别称为第一级，第二级，……亮条纹。式中的正、负号表示条纹在中央亮条纹两侧对称分布。

两光波在 P 点互相削弱(光强为极小)，即 P 点处出现暗条纹的条件是

$$\delta = d\sin\theta = \pm(2k-1)\frac{\lambda}{2} \text{，或 } x = \pm(2k-1)\frac{D}{d}\frac{\lambda}{2} \text{，} k=1,\ 2,\ 3,\cdots\cdots \qquad (10\text{-}5)$$

与 $k=1,2,3,\cdots\cdots$对应的暗条纹分别称为第一级，第二级，第三级，……暗条纹。

明暗条纹关于中央亮纹对称分布，由式(10-4)和式(10-5)可算出相邻亮条纹或暗条纹间的距离，即条纹间距为

$$\Delta x = \frac{D}{d}\lambda \qquad (10\text{-}6)$$

式(10-6)表明：① Δx 与 k 无关，因此干涉条纹是等间距分布的。②由于光波波长 λ 很短，两缝间距 d 必须足够小，从两缝到屏的距离 D 必须足够大，才能使条纹间距 Δx 大到可以用肉眼分辨清楚。③用不同波长的单色光源作实验时，条纹的间距不相同，波长短的单色光，条纹间距小；波长长的单色光，条纹间距大。如果用白光做实验，只有中央亮条纹是白色的，其他各级都是由紫到红的彩色条纹。白光干涉的这一特点提供了判断零级干涉条纹的可能性，在干涉测量中常用到它。

光波传播方向上任一点的光强度 I 通常被定义为该点光振动振幅的平方，即

$$I = A^2 \qquad (10\text{-}7)$$

在图 10-4 中，由 S_1和 S_2发出的两列光波到达光屏 P 点处的合振动可用波的叠加原理求得。P 点的合振幅的平方为

笔记栏

$$A^2 = A_1^2 + A_2^2 + 2A_1A_2\cos\Delta\varphi \qquad (10\text{-}8)$$

式(10-8)中 $\Delta\varphi=2\pi(S_2P-S_1P)/\lambda=2\pi\delta/\lambda$ 是两列光波在 P 点的相位差，δ 是光程差。

由式(10-7)和式(10-8)，可得 P 点的光强度

$$I=I_1+I_2+2\sqrt{I_1I_2}\cos\Delta\varphi \tag{10-9}$$

式中 I_1、I_2 分别是两列光波单独在 P 点的光强度。当相位差 $\Delta\varphi=2k\pi$（$k=0,1,2,3\cdots\cdots$）时，P 点的光强度得到最大值

$$I_{max}=I_1+I_2+2\sqrt{I_1I_2}$$

当相位差 $\Delta\varphi=(2k+1)\pi$，（$k=0,1,2,3\cdots\cdots$）时，P 点的光强度得到最小值

$$I_{min}=I_1+I_2-2\sqrt{I_1I_2}$$

若相位差介于两者之间，则 P 点光强度在两极值之间，由式(10-9)决定。

若两光波单独在 P 点产生的光强度相等，即 $I_1=I_2$，则两光波叠加后在 P 点的光强度

$$I=2I_1+2I_1\cos\Delta\varphi=2I_1(1+\cos\Delta\varphi)=4I_1\cos^2\frac{\Delta\varphi}{2} \tag{10-10}$$

式(10-10)表明，此时干涉条纹的光强度随相位差一半的余弦平方而变化，最大值为单独一列光波在该点光强度的 4 倍，而最小值为零。

例题 10-1 如图 10-5 所示，在杨氏双缝实验中，若用 He-Ne 激光(波长为 632.8 nm)直接照射双缝，双缝间距为 0.50 mm，缝和屏幕的相距 2.0 m。①问条纹间距是入射光波长的多少倍？②若以折射率 $n=1.3164$，厚度 $l=0.011$ mm 的透明薄膜遮住其中的一缝，问在原来的中央亮纹处，将变为亮条纹还是暗纹？是第几级条纹？

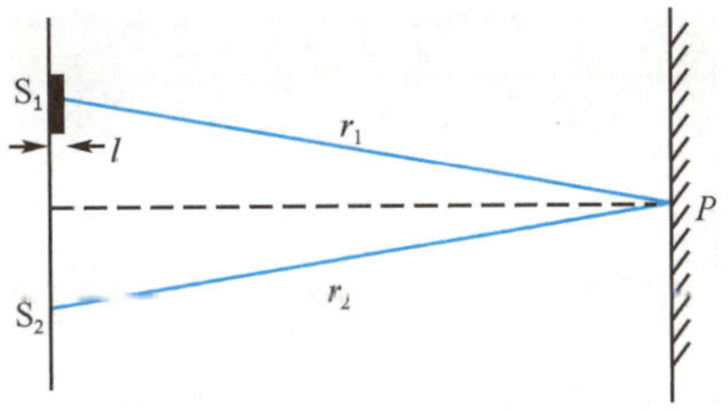

图 10-5 例题 10-1 图

解：(1) 由公式(10-6)，$\Delta x=\dfrac{D}{d}\lambda$，得

$$\frac{\Delta x}{\lambda}=\frac{D}{d}=\frac{2.0}{0.5\times10^{-3}}=4000\text{ 倍}$$

(2) 未遮薄膜时，中央亮纹处的光程差为 $\delta=r_1-r_2=0$；遮上薄膜后，光程差为

$$\delta=r_1-l+nl-r_2=(n-1)l$$

比较此处的光程差与入射光波长的比值，可判断此处是亮条纹还是暗纹，是第几级条纹。

$$\frac{\delta}{\lambda/2}=\frac{(n-1)l}{\lambda/2}=\frac{(1.3164-1)\times0.011\times10^{-3}}{6.328\times10^{-7}/2}=11=2\times6-1$$

上式表明，此处的光程差是入射光半波长的奇数(2×6−1)倍，因此原来的中央亮纹处将变为暗条纹，是第 6 级暗条纹。

四、劳埃德镜实验

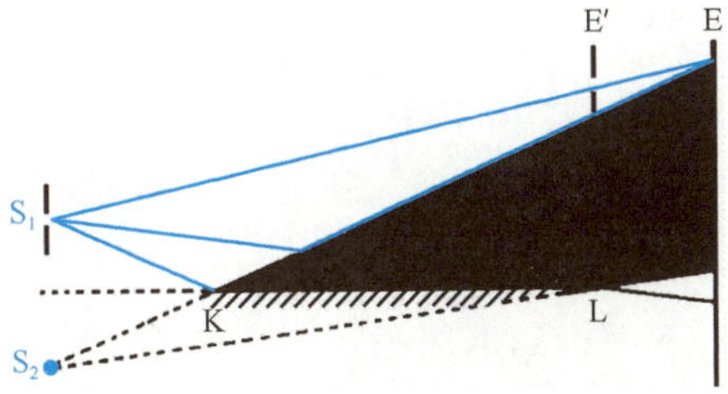

图 10-6 劳埃德镜实验

劳埃德(H. Lloyd，1800～1881)提出了一种更简单的观察干涉现象的装置，即劳埃德镜，如图 10-6 所示。KL 为一块背面涂黑的玻璃片(劳埃德镜)。从狭缝 S_1 射出的光，一部分直接射到屏幕 E 上，另一部分经玻璃面 KL 反射后到达屏幕上，反射光可看成是由虚光源 S_2 发出的。这也是来自同一光源的两束光，因此 S_1、S_2 构成一对相干光源，能在相干光叠加区域(阴影区域)的屏幕 E 上观察到明暗相间的干涉条纹。

若把屏幕移到和镜端相接触的位置 E′L 上时，在屏幕和镜面的接触处 L，从光程来看，$S_1L=S_2L$，可以预料 L 处应为亮纹，实际上该处是暗纹。这表明，直接射到屏幕上的光与由镜面反射出来的光在 L 处的相位相反，即相位差为 π。由于直接射到屏幕上的光不可能有这个变化，所以只能认为光从空气射向玻璃发生反射时，反射光发生了大小为 π 的相位突变。因此可以得出这样一个结论：光从光疏媒质（折射率小）向光密媒质（折射率大）表面入射时，反射光的位相改变 π，它相当于光多（或少）传播半个波长的距离，这种现象称为**半波损失**。

劳埃德镜实验不仅显示了光的干涉现象，证实了光的波动性，而且更重要的是它证明了光由光疏介质射向光密介质表面发生反射时，反射光会发生半波损失。其干涉图样仍为明暗相间的干涉条纹，除 L 处为暗纹外，其他干涉条纹只分布在 L 点的一侧，而杨氏双缝干涉条纹是对称地分布在零级亮纹的两侧。

五、薄膜干涉

在日常生活中，我们可以观察到太阳光照在肥皂膜、水面的油膜以及其他薄膜上会出现彩色花纹，这就是**薄膜干涉**现象。薄膜干涉属于分振幅干涉，光波照射透明薄膜时，在膜的前后两个表面都有部分光被反射，这些反射光来自于同一光源，只是经历了不同的路径而有恒定的相位差，因此它们是相干光，在相遇时将会产生干涉现象。

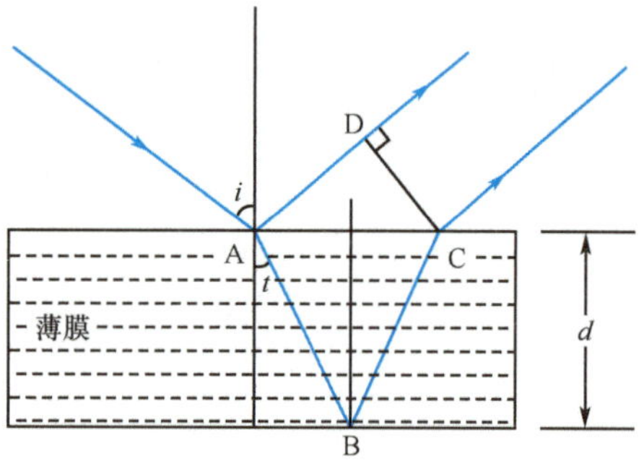

图 10-7 薄膜干涉

如图 10-7 所示，薄膜厚度为 d，折射率为 n_2，膜周围的介质的折射率为 n_1。设 $n_2>n_1$。入射光到达膜的前表面时，一部分被反射，由于 $n_2>n_1$，这部分反射光有半波损失；另一部分进入薄膜，在膜的后表面被反射回来再经前表面折射而出，穿越薄膜的反射光要比直接反射的光多走一段光程。前后表面反射的两束反射光的光程差为

$$\delta=n_2(AB+BC)-n_1AD-\lambda/2$$

由图 10-7，运用折射定律和几何学知识可得：$AB=BC=d/\cos t$，又

$$n_1AD=n_1AC\sin i=(2d\tan t)n_2\sin t=2n_2d\ \sin^2 t/\cos t=2n_2d(1-\cos^2 t)/\cos t$$

而

$$n_2\cos t=\sqrt{n_2^2-n_2^2\ \sin^2 t}=\sqrt{n_2^2-n_1^2\ \sin^2 i}$$

最后整理得

$$\delta=2d\sqrt{n_2^2-n_1^2\ \sin^2 i}-\lambda/2$$

两束反射光在相遇点是亮（互相加强）还是暗（互相削弱）的条件是

$$\delta=2d\sqrt{n_2^2-n_1^2\sin^2 i}-\lambda/2=\begin{cases}k\lambda & （亮）\\ (2k+1)\dfrac{\lambda}{2} & （暗）\end{cases}\quad (k=0,\ 1,\ 2,\ 3,\cdots)\qquad (10\text{-}11)$$

在薄膜干涉的实际应用中，采用最多的是正入射方式，即 $i=0$。由式(10-11)知，此时两反射光互相加强（亮）或互相削弱（暗）的条件是

$$n_2d=\begin{cases}(2k+1)\dfrac{\lambda}{4} & （亮）\\ 2k\dfrac{\lambda}{4} & （暗）\end{cases}\quad (k=0,1,2,3,\cdots)\qquad (10\text{-}12)$$

由式(10-12)知，正入射方式下，当薄膜的光学厚度（n_2d）等于四分之一波长（$\lambda/4$）的整数倍时，反射光强将出现极值；是极小值（反射光互相削弱），还是极大值（反射光互相加强）有赖于薄膜外的介质。当薄膜折射率小于膜外介质的折射率时，虽然前表面的反射没有半波损失，但

笔记栏

后表面的反射却有半波损失，因此削弱和加强的条件仍然适用。如果薄膜的折射率介于前后介质的折射率之间，则加强和削弱的条件就要对调一下。

例题 10-2 为提高成像质量，照相机的透镜上可镀一层增透膜（也称为减反射膜），以减少表面的反射，使更多的光进入透镜。常用的镀膜物质是氟化镁（MgF_2），其折射率 $n=1.38$。如果要使可见光谱中 $\lambda=550$ nm 的光有最小反射，问膜的最小厚度应是多少？

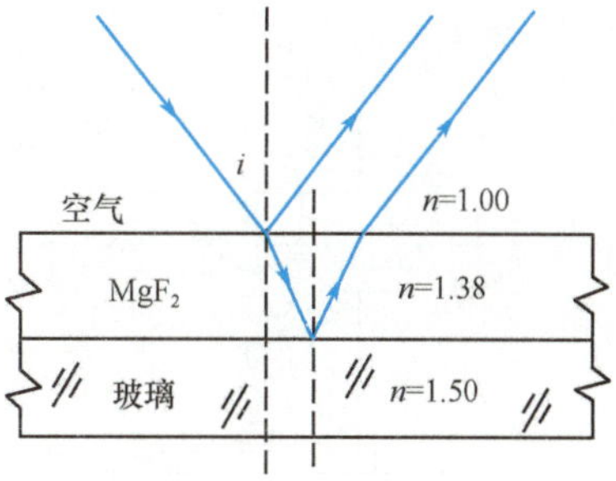

图 10-8 例题 10-2 图

解： 光线入射照相机镜头，可视为正入射，（图 10-8 中入射角接近于零）。由于两次反射都有半波损失，因此两反射光波互相削弱的条件是

$$nd=(2k+1)\frac{\lambda}{4}$$

当 $k=0$ 时，得膜的最小厚度，即

$$d=\frac{\lambda}{4n}=\frac{550}{4\times 1.38}=99.6\ \text{nm}$$

由于被削弱的波长是可见光谱中的黄绿色部分，其他颜色仍有部分被反射，因此镀膜后的透镜表面为蓝紫色。

以上讨论的干涉条件是针对单色光而言。如果光源是白光，则某一种色光加强时，其他色光将有不同程度的削弱。如果薄膜厚度不均匀，反射光颜色随厚度变化。吹肥皂泡时看见的颜色变化，正是由薄膜厚度变化所引起的。

薄膜干涉是薄膜光学的基础，薄膜光学在现代光学工程中有十分重要的应用。

第二节 光的衍射

光的衍射是光的波动性的又一重要特征。光波绕过障碍物的边缘传播的现象叫做**光的衍射**（diffraction of light）。衍射后所形成的明暗相间的图样称为衍射图样。衍射系统由光源、衍射屏（障碍物）和接收屏幕（观察屏）组成，通常按它们相互间距离的大小，将衍射现象分为两类：一类是**菲涅耳衍射**（Fresnel diffraction），即光源和接收屏幕（或二者之一）与衍射屏之间的距离是有限远的一类衍射；另一类是**夫琅禾费衍射**（Fraunhofer diffraction），即光源和接收屏幕与衍射屏之间的距离都是无限远的一类衍射。下面的讨论只限于夫琅禾费衍射。在观察光的夫琅禾费衍射图样时，通常用一块会聚透镜放在衍射屏前，把点光源发出的光变成平行光，另一块会聚透镜放在衍射屏后，使经过衍射屏后的衍射光在透镜的焦平面上成像。这样既可增加衍射图样的强度，又可保持衍射的性质不变，更便于观察。

一、单缝衍射

单缝衍射的实验装置如图 10-9 所示。光源 S 放在透镜 L_1 的焦点上，观察屏 E 放在透镜 L_2 的焦平面上。当平行光垂直照射到狭缝 K 上时，在屏幕 E 上将出现明暗相间的衍射图样。

当光源 S 是单色光源时，其衍射图样是一组与狭缝平行的明暗相间的条纹，正对狭缝的是中央亮纹，两侧对称分布着各级明暗条纹。条纹的分布是不均匀的，中央亮纹光强最大亦最宽，其他亮纹的光强迅速下降且随着级数的增大逐渐减小，如图 10-10 所示。图中的曲线表示光强的分布，光强的极大值和极小值与各级明暗条纹的中心相对应。

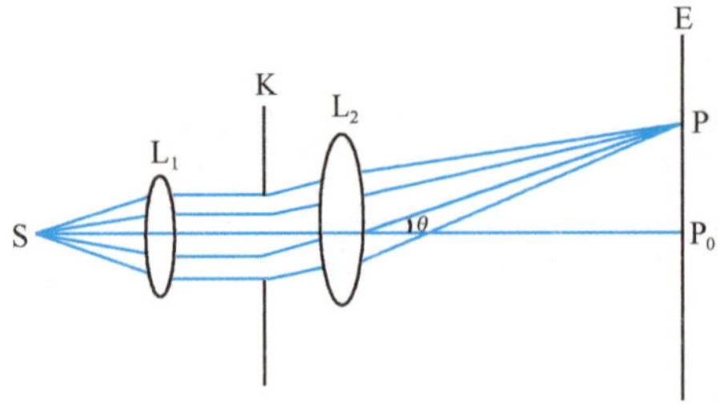

图 10-9 单缝衍射

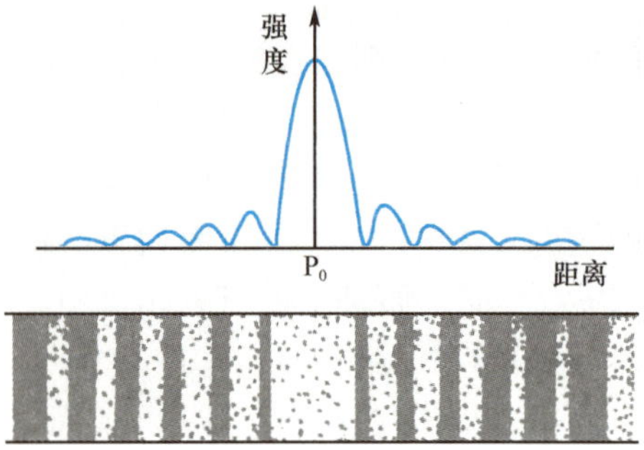

图 10-10 单缝衍射图样

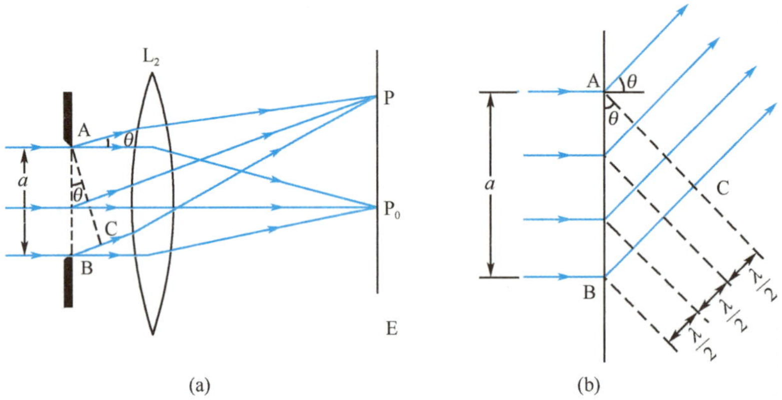

图 10-11 单缝衍射条纹的形成

下面用半波带法分析单缝衍射。如图 10-11(a)所示，设单缝的宽度为 a，入射光的波长为 λ。根据惠更斯原理，当平行光正入射到狭缝上时，位于狭缝所在处的波阵面 AB 上的每一点都是一个新的波源，向各个方向发射子波，狭缝后面空间任意一点的光振动，都是这些子波传到该点的振动的相干叠加，其加强或减弱的情况，决定于这些子波到达该点时的光程差。假设衍射角为 θ 的一束平行光，经过透镜 L_2 聚焦在屏幕 E 上的 P 点，从 A 点作 AC 垂直于 BC，通过单狭缝的两边缘光线之间的光程差为

$$BC = a\sin\theta$$

P 点的明暗程度完全决定于光程差 BC 的量值。当衍射角 $\theta=0$ 时，各衍射光沿原方向传播，光程差 $BC=0$，通过透镜后聚焦在屏幕的中心 P_0，这就是中央亮纹的中心位置，该处光强最大。因此，中央亮纹的中心位置是

$$\theta = 0 \qquad \text{(中央亮纹中心)} \qquad (10\text{-}13)$$

随着衍射角 θ 的增大，同一方向的平行衍射光到达光屏时的位相就不完全一样。如果这个光程差 BC 刚好等于入射光的半波长的整数倍，可作一些平行于 AC 的平面，使两相邻平面之间的距离都等于 $\lambda/2$，这些平面将把单缝处的波阵面 AB 分为整数个面积相等的部分，每一个部分称为一个半波带，如图 10-11(b)所示。由于各个半波带的面积相等，因而各个半波带发出的子波在 P 点所引起的光振幅接近相等，而相邻两半波带上的任何两个对应点发出的子波在 P 点的光程差都是 $\lambda/2$，即相位差为 π。因此相邻两半波带发出的子波，在 P 点合成时将互相抵消。这样如果 BC 等于半波长的偶数倍时，单缝处的波阵面 AB 可分为偶数个半波带，则由于一对相邻的半波带发出的光都分别在 P 点相互抵消，所以合振幅为零，P 点应是暗条纹的中心。因此，暗条纹（光强极小值）的条件是

$$a\sin\theta = \pm 2k\frac{\lambda}{2}\text{，} k=1,2,3,\cdots\cdots \text{(暗纹中心)} \qquad (10\text{-}14)$$

笔记栏

式中 k 为衍射的级数，下同。如果 BC 等于半波长的奇数倍，单缝处的波阵面 AB 可分为奇数

个半波带，则一对对相邻的半波带发出的光分别在P点相互抵消后，还剩一个半波带发出的光到达P点合成，这时P点应为亮条纹的中心。因此，亮条纹(光强极大值)的条件是

$$a\sin\theta = \pm(2k+1)\frac{\lambda}{2},\ k=1,2,3,\cdots\cdots(\text{亮纹中心}) \tag{10-15}$$

显然，衍射角θ越大，半波带面积越小，亮纹光强就越小，即衍射级次越高的亮纹，其光强越小。对于任意其它的衍射角θ，BC一般不能恰好等于半波长的整数倍，AB亦不能分成整数个半波带，此时，衍射光束形成介于最明和最暗之间的中间区域。

通过上面的分析，可以发现单缝衍射花样具有如下特点：

(1) 各级衍射亮条纹的光强不相等，中央亮纹的光强最大，其他级次的亮纹的光强远小于中央亮纹的光强，并随着衍射级数k的增大而很快地减小。

(2) 亮条纹到透镜中心所张的角度称为角宽度。在θ角较小时，由式(10-14)可得屏上各级暗纹到中心的角宽度为

$$\Delta\theta \approx \sin\theta = k\frac{\lambda}{a}$$

中央亮纹是以$k=\pm1$的暗纹为界线的，故中央亮纹的角宽度为

$$\Delta\theta_0 = 2\frac{\lambda}{a} \tag{10-16}$$

而其他亮纹是以其相邻的两暗纹$(k+1,k)$为界线的，故其他亮纹的角宽度为

$$\Delta\theta = (k+1)\frac{\lambda}{a} - k\frac{\lambda}{a} = \frac{\lambda}{a}$$

由此可见，中央亮纹的角宽度是其他亮纹角宽度的2倍。

(3) 缝宽a对衍射花样的影响。由上知，中央亮纹的半角宽度为

$$\Delta\theta = \frac{\lambda}{a} \tag{10-17}$$

上式称为**衍射反比律**。它揭示出，中央亮纹的半角宽度与波长成正比，与缝宽成反比。缝越窄，衍射越显著；缝越宽，衍射越不明显。当$a \gg \lambda$时，$\Delta\theta \to 0$，各级衍射条纹亦向中央靠拢，密集得无法分辨，只能观察到一条亮条纹，这条亮纹相应于从单缝射出的光经直线传播后由透镜L_2所成的像。由此可见，当$\lambda \ll a$时，衍射现象可忽略，光表现出直线传播现象；反之，波长λ愈大或缝宽a愈小，衍射现象就愈显著。所以，从理论高度上看，可将几何光学作为波动光学在$\lambda \ll a$情况下的近似。

若以白光照射，中央亮纹将是白色的，而其两侧则呈现出一系列由紫到红的彩色条纹。

二、圆孔衍射

在图10-9所示的单缝衍射装置中，如果用一直径为D的小圆孔代替狭缝，那么在光屏上就可得到如图10-12所示的圆孔衍射的图样。图样的中央是一明亮的圆斑，周围是一组明暗相间的同心圆环。由第一暗环包围的中央亮斑称为**爱里斑**(Airy pattern)。

图10-12 圆孔衍射图样

理论计算表明，爱里斑的光强占整个衍射光强的约84%，其半角宽度(第一暗环对通过圆孔中心的法线的夹角)为

$$\theta \approx \sin\theta = 1.22\frac{\lambda}{D} \tag{10-18}$$

若透镜L_2的焦距为f，则屏上爱里斑的半径为

$$r \approx f\tan\theta \approx f\sin\theta = 1.22f\frac{\lambda}{D} \tag{10-19}$$

笔记栏

由此可见，圆孔愈小或波长愈长，所得爱里斑也愈大，衍射现象愈明显。

比较一下圆孔衍射的中央亮纹（爱里斑）的半角宽度和单缝衍射的中央亮纹的半角宽度，由式（10-18）和式（10-16）可知，除了一个反映几何形状不同的因数 1.22 外，在定性方面是一致的。即当波长 λ 远远小于障碍物（此处是缝宽 a 和圆孔 D）时，衍射现象可忽略；反之，波长 λ 愈大或障碍物（此处是缝宽 a 和圆孔 D）愈小，衍射现象就愈显著。

圆孔衍射对大多数光学仪器具有普遍意义，因为许多光学仪器的通光孔是圆形的，由此而产生的衍射图样将直接影响光学仪器的成像质量和分辨能力。在光学仪器的生产过程中，常用圆孔衍射现象来检验透镜的质量。

例题 10-3 估算眼睛瞳孔的爱里斑的大小。

解：人的瞳孔基本上是圆孔，直径 D 在 2 mm ～8 mm 之间调节。取波长 $\lambda=0.55\ \mu m$，$D=2$ mm，由式（10-18）可知爱里斑的半角宽度为

$$\theta=1.22\frac{\lambda}{D}=1.22\times\frac{0.55\times10^{-3}}{2}=3.4\times10^{-4}\ \text{rad}\approx1'$$

人眼基本上是球形，新生婴儿眼球的直径约为 16 mm，成年人眼球的直径约为 24 mm。我们取 $f\approx20$ mm，由式（10-19）可估算出视网膜上爱里斑的直径为

$$d\approx2f\tan\theta\approx2f\theta=2\times20\times10^{3}\times3.4\times10^{-4}=13.6\ \mu m$$

在 1 mm^2 的视网膜面元中，可以布满约 540 个爱里斑。

三、光栅衍射

广义地说，任何具有空间周期性的衍射屏都可以叫做**衍射光栅**（diffraction grating）。狭义而言，平行、等宽、等间隔的多狭缝即为衍射光栅。光栅有两种，一种是用于透射光衍射的透射光栅，另一种是用于反射光衍射的反射光栅，它们在结构上的共同特征是由一系列衍射单元重复排列而成。在一块很平的玻璃片上，用金刚石刀尖或电子束刻出一系列等宽等距的平行刻痕，刻痕处因漫反射而不易透光，相当于不透光的部分，未刻过的地方相当于透光的狭缝，这样就做成了透射光栅。实用的光栅每毫米内有几十条、上千条甚至上万条刻痕，由此可见，刻划光栅是一件很难的技术，原刻的光栅是非常贵重的，实验室中通常使用的是复制的光栅。现在也经常利用全息摄影法来制造光栅，即在全息底板上记录一组等宽、等间隔的平行干涉条纹。光栅是现代光学仪器中的重要光学元件。

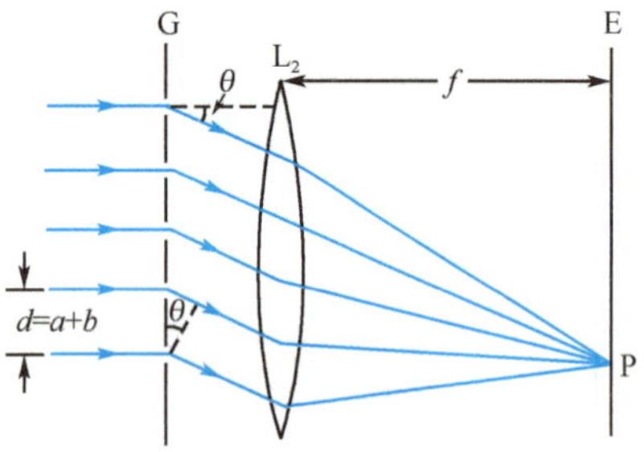

图 10-13 光栅衍射

图 10-13 是光栅衍射的原理示意图，设缝的宽度为 a、两缝间不透光部分的宽度为 b，两者之和，即 $d=a+b$ 称为**光栅常数**（grating constant）。当平行光垂直照射到光栅 G 上时，光栅上的每一条狭缝都将在屏幕 E 的同一位置上产生单缝衍射的图样，又由于各条狭缝都处在同一波阵面上，所以各条狭缝的衍射光也将在屏幕 E 上相干叠加，结果在屏幕 E 上形成了光栅的衍射图样。光栅衍射图样是单缝衍射和多缝干涉的总效果。

在衍射角为任意角 θ 的方向上，从任意相邻两狭缝相对应点发出的光到达 P 点的光程差都是 $d\sin\theta$。由波的叠加规律可知，当 θ 满足

$$d\sin\theta=\pm k\lambda,\quad(k=0,1,2,\cdots)\tag{10-20}$$

时，通过所有的缝发出的光到达 P 点时都是同相的，它们将彼此加强，形成亮条纹。式（10-20）称为**光栅方程**（grating equation）。式中 k 表示亮条纹的级数，$k=0$ 的亮条纹称为中央亮条纹（或零级像），$k=1,2,\cdots$时分别称为第一级亮条纹（像）、第二级亮条纹（像）……。只有在满足光栅方程的那些特殊方向上，通过各缝发出的光才能彼此都加强。因此，光栅各级亮条纹细窄而明亮。

笔记栏

由光栅方程可以看出，光栅常数愈小，各级亮条纹的衍射角就愈大，即各级亮条纹分得愈开。对光栅常数一定的光栅，入射光波长愈大，各级亮条纹的衍射角也愈大。如果是白光入射，则除中央亮条纹外，其他各级亮条纹都按波长不同各自分开，形成光栅光谱（grating spectrum）。通过光栅光谱可以了解原子、分子的内部结构，还可以了解物质由哪些元素组成及每种元素所占的百分比，因此光栅已成为光谱分析仪器的核心部件。

若 θ 角同时满足光栅方程式(10-20)和单缝衍射暗纹的条件式(10-14)，则在光栅衍射图样上便缺少这一级亮条纹，这一现象称为光栅的缺级现象。所缺的级数 k，可由式(10-20)和式(10-14)推得，即

$$d\sin\theta = \pm k\lambda \ , \ a\sin\theta = \pm k'\lambda$$

整理得

$$k = \pm\frac{d}{a}k', \quad k' = 1,2,3,\cdots\cdots \tag{10-21}$$

例如当 $d/a=3$ 时，则缺级的亮条纹级数为±3，±6，±9……。

例题 10-4 有一光栅，它每毫米包含有 400 条狭缝，其透光与不透光部分之比为 1∶2。如果用波长为 600 nm 的黄光照明，那么可以观察到哪些衍射亮纹？

解：由题意知，$d = a + b = \frac{1}{400}\ \text{mm} = 2.5\times10^3\ \text{nm}$

由光栅方程式(10-20)：$d\sin\theta = \pm k\lambda$，得

$$\sin\theta = \pm k\frac{\lambda}{d} = \pm k\frac{600}{2.5\times10^3} = \pm k\times0.24$$

当 $k=0,1,2,3,4$ 时，则对应的衍射角 $\theta = 0°, \pm14°, \pm29°, \pm46°, \pm74°$；而当 $k=5$ 时，$\sin\theta=1.2$，已无意义。因此，由光栅方程推知，可能观察到的衍射亮纹是：0，±1，±2，±3，±4 级。另外，还要考虑光栅的缺级现象。

又由题意知，$a/b=1/2$，故有 $d/a=3$。于是由式(10-21)知，缺级的亮条纹级数为±3，±6……。

综合起来考虑，能够观察到的衍射亮纹是：0，±1，±2，±4 级。

第三节 光的偏振

干涉和衍射现象证实了光的波动性，但不能说明光波是纵波还是横波。而光的偏振现象则证实了光的横波性质。

一、自然光和偏振光

光波是一种电磁波，电磁波的电场强度矢量 $\boldsymbol{E}$ 和磁场强度矢量 $\boldsymbol{H}$ 的振动方向都垂直于波的传播方向 $\boldsymbol{v}$，并且它们之间也互相垂直，因此光波是横波，具有偏振特性。历史上，马吕斯(E. L. Malus)早在 1809 年就在实验上发现了光的偏振现象。在光波的电矢量 $\boldsymbol{E}$ 和磁矢量 $\boldsymbol{H}$ 中，能引起感光作用和生理作用的主要是电矢量 $\boldsymbol{E}$，所以一般把电矢量 $\boldsymbol{E}$ 称为光矢量，把电矢量 $\boldsymbol{E}$ 的振动称为光振动，并以它的振动方向代表光的振动方向。

普通光源发出的光波是由大量互不相干的间歇波列组成的。虽然每个波列具有确定的振动方向，但是，由这些波列组成的光束在振动方向上随时间作无规则变化。在任何时刻，若光矢量在垂直于光传播方向的平面内可以取所有可能的方向，且没有哪一个方向比其他方向更占优势，也就是说，在所有可能的方向上的光矢量的振动次数和振幅的时间平均值相等，这样的光称为自然光(natural light)，如图 10-14(a)所示。普通光源发出的光都是自然光。任何一个方向的光振动矢量均可分解为两个相互垂直的分量，因此，可以认为自然光是由两组振动方向相互

笔记栏

垂直、强度相等(各等于自然光强度的一半)的光波组成,如图 10-14(b)所示。必须注意,自然光中各光矢量之间无固定的相位关系,因而任何两个光矢量不能合成为一个单独的光矢量。通常,用图 10-14(c)所示来表示自然光。

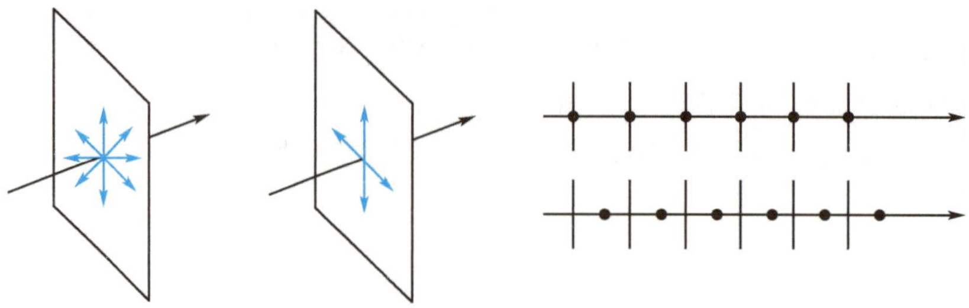

图 10-14 自然光的图示法

如果利用某种方法,将自然光中光振动矢量相互垂直的两组光波分开,就能得到光振动方向完全限于某一平面的光波。这种光振动矢量只在某一平面内沿某一确定方向振动的光,称为平面偏振光(plane polarized light),亦称为线偏振光(linear polarized light),简称偏振光,如图 10-15(a)(b)所示。偏振光的振动方向和光的传播方向构成的平面称为偏振光的振动面,与振动面垂直而且包含有传播方向的平面称为偏振面。

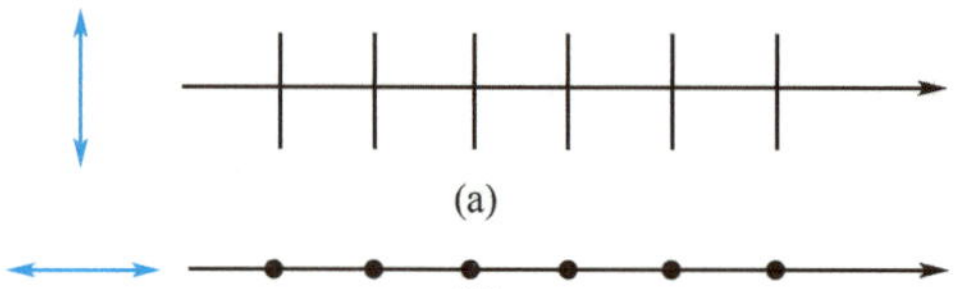

图 10-15 偏振光的图示法

除了平面偏振光外,还有一种偏振光,它的光矢量随时间作有规律的变化,光矢量的末端在垂直于传播方向的平面上的轨迹呈现出椭圆或圆,这样的光称为椭圆偏振光(elliptical polarization light)或圆偏振光(circular polarization light)。

介于线偏振光和自然光之间还有一种部分偏振光(partial polarization light),它的光矢量在某一确定方向上最强,其它方向上较弱,如图 10-16(a)(b)所示。

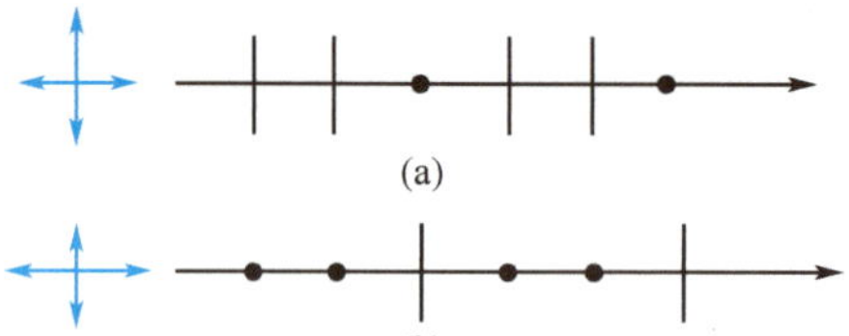

图 10-16 部分偏振光的图示法

二、马吕斯定律

自然光通过某些装置后会变成偏振光。能够把自然光变成偏振光的装置叫做起偏器(polarizer)。起偏器的作用像一个滤板,它只让光波中沿某一特定方向振动的成分通过,因此通过起偏器后的光波即成为在该特定方向振动的偏振光。

人眼不能分辨光波的振动方向,无法辨别自然光和偏振光。用于检测光波是否偏振并确定其振动方向的装置称为检偏器(analyser)。由起偏器和检偏器的作用可知,起偏器可作为检偏器使用,同样地,检偏器也可作为起偏器使用。

在图10-17中，用两块圆片P和A分别表示起偏器和检偏器。假设光波在通过起偏器和检偏器时，只有那些在片中平行线的方向上振动的光矢量才能通过，这个方向称为起偏器(或检偏器)的透射轴(XX)。在图10-17(a)中，自然光通过P(P的透射轴在水平方向)后，变成水平方向振动的偏振光；因为A和P的透射轴是一致的，所以自然光通过P后变成的偏振光也能通过A，在A后面的视场变得明亮。如果把A绕光波传播方向旋转，A后面的视场会由明变暗；当旋转90°时，即A的透射轴方向和P的透射轴方向相互垂直，如图10-17(b)所示，则通过P后的偏振光不能通过A，A后面的视场将完全变暗，这种现象称为消光。

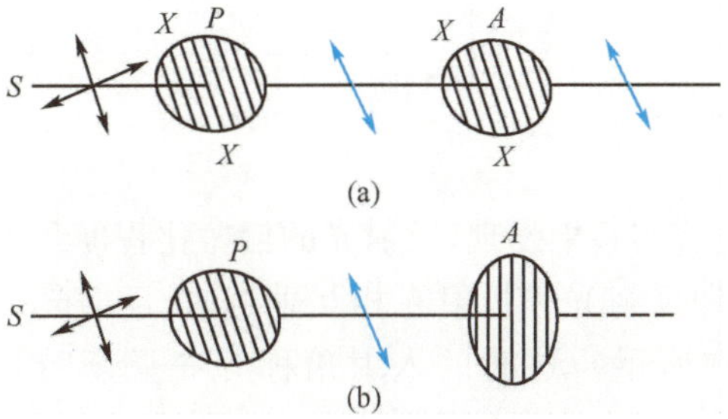

图10-17 起偏和检偏

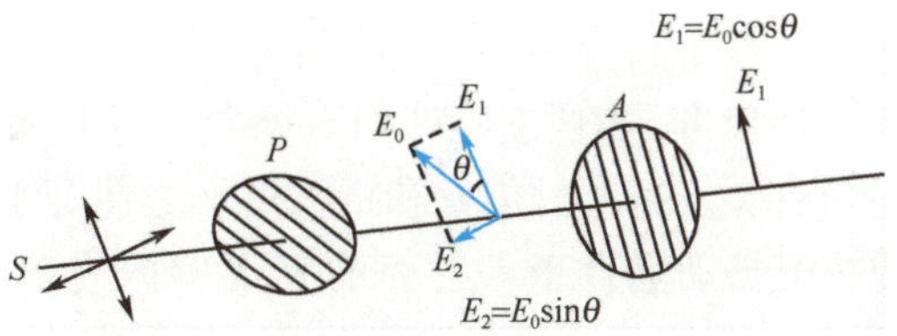

图10-18 马吕斯定律

如果检偏器A和起偏器P的透射轴既不互相平行，也不互相垂直，而是成一个角度θ，如图10-18所示，那么只有部分光波可以通过A。假设通过P后的平面偏振光的振幅为E_0，我们可以将它分解为沿A透射轴方向和垂直于这个方向的两个分量E_1和E_2。显然，只有分量E_1才能通过检偏器A。在不考虑反射和吸收的情况下，E_1的量值是：$E_1=E_0\cos\theta$。因此，通过A的偏振光的强度I和通过前的强度I_0有如下的关系：

$$\frac{I}{I_0}=\frac{E_1^2}{E_0^2}=\frac{E_0^2\cos^2\theta}{E_0^2}=\cos^2\theta$$

由此得

$$I=I_0\cos^2\theta \tag{10-22}$$

这一公式称为**马吕斯定律**。它指出，通过检偏器的偏振光的强度与检偏器的透射轴的方向有关，如果透射轴方向与入射光振动方向之间的角度为θ，则通过它的光强与$\cos^2\theta$成正比。

由式(10-22)可见，当$\theta=0°$或$180°$时，$I=I_0$，光强最大；当$\theta=90°$或$270°$时，$I=0$，没有光从检偏器射出，这就是两个消光位置；当θ为其他值时，光强I介于0和I_0之间。

当用检偏器检验部分偏振光时，透射光的强度随其透射轴的方向而变，设透射光强度的极大值和极小值分别为I_{max}和I_{min}，则两者相差越大，就说明该部分偏振光的偏振程度越高，通常用**偏振度**(degree of polarization)P来描述部分偏振光的偏振程度，它的定义为

$$P=\frac{I_{max}-I_{min}}{I_{max}+I_{min}} \tag{10-23}$$

显然，对于自然光有$I_{max}=I_{min}$，$P=0$；对于线偏振光$I_{min}=0$，$P=1$，即线偏振光是偏振度最大的光，故线偏振光亦称为全偏振光。

三、布儒斯特定律

有许多方法可以从自然光中产生偏振光。自然光在两种各向同性介质的分界面发生反射和折射时，反射光和折射光一般都是部分偏振光。在反射光中垂直于入射面的光振动强于平行入射面的光振动，而在折射光中，平行入射面的光振动强于垂直入射面的光振动，如图10-19所示。

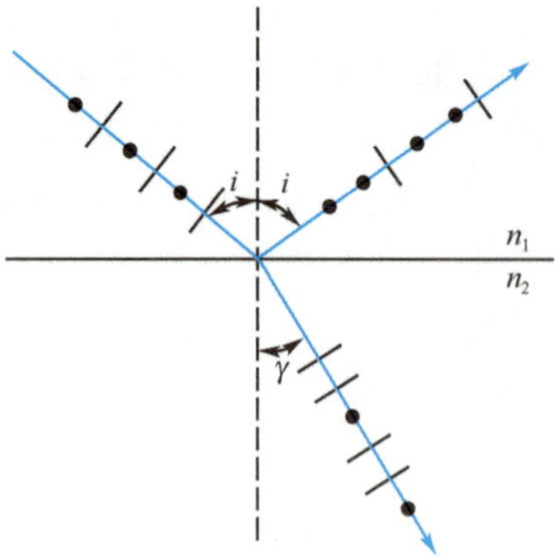

图 10-19 反射光和折射光的偏振

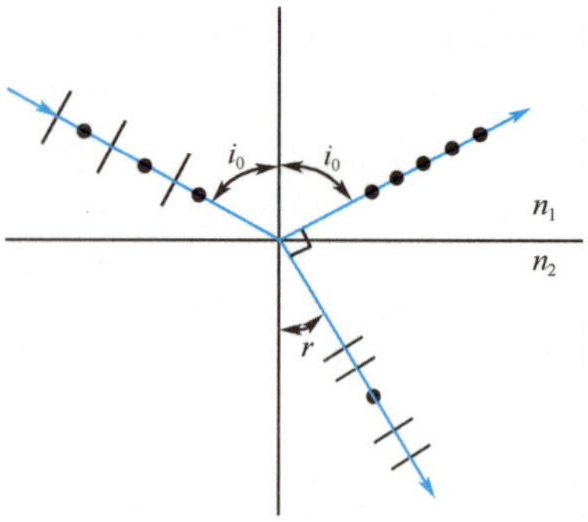

图 10-20 布儒斯特角

1812 年，布儒斯特(D, Brewster 1781～1868)首先从实验中发现，反射光的偏振化程度和入射角有关。当入射角 i_0 和折射角 γ 之和等于 90° 时，即反射光和折射光相互垂直时，反射光即成为光振动垂直于入射面的完全偏振光(如图 10-20 所示)，这时的入射角称为**布儒斯特角**(Brewster angle)或起偏角。根据折射定律有

$$n_1 \sin i_0 = n_2 \sin\gamma = n_2 \cos i_0$$

即

$$\tan i_0 = \frac{n_2}{n_1} \tag{10-24}$$

式(10-24)称为**布儒斯特定律**。当自然光以布儒斯特角入射到介质表面时，其反射光为平面偏振光(光振动垂直于入射面)，折射光是部分偏振光。入射光中平行于入射面的光振动全部被折射，垂直于入射面的光振动也大部分被折射，而反射的仅是其中的一部分。因此，反射光虽然是完全偏振的，但光强较弱；而折射光虽然是部分偏振的，光强却很强。

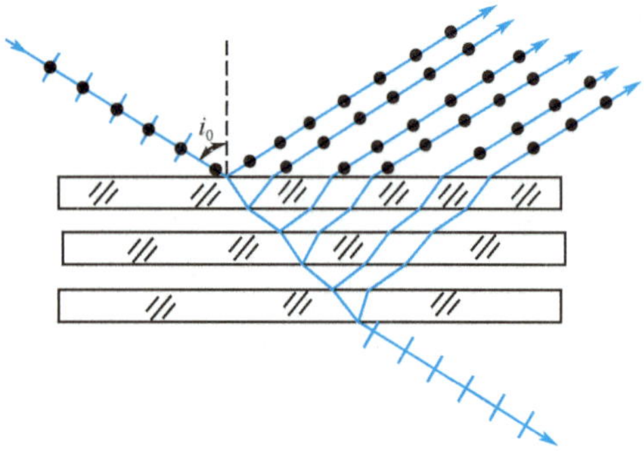

图 10-21 玻璃片堆

实际应用中，常用玻璃片堆作起偏器。以布儒斯特角入射玻璃片时，反射光是完全偏振光，但光强较弱，仅占入射自然光总能量的约 7%。且改变了光的传播方向，在应用上不方便。常常利用折射光，虽然折射光是部分偏振光，但如果让自然光以布儒斯特角入射且连续通过许多相互平行的玻璃片堆，如图 10-21 所示，光线经过多个界面的反射和折射，折射光的偏振程度越来越高。当玻璃片足够多时，最后的折射光变成完全偏振光，折射光的振动面就是折射面。因此，玻璃片堆可以用作起偏器或检偏器。

四、光的双折射

当一束光线在各向同性介质(如玻璃、水等)的表面折射时，折射光线只有一束，而且遵守折射定律。但是，当一束光在各向异性介质(如方解石晶体)的表面折射时，折射光线将分为两束，且沿不同方向传播，这种现象叫做光的**双折射**(double refraction 或 birefringence)。例如，当我们透过透明的方解石晶体($CaCO_3$)观察书上的字迹时，可以看到字迹的双重像，如图 10-22 所示。

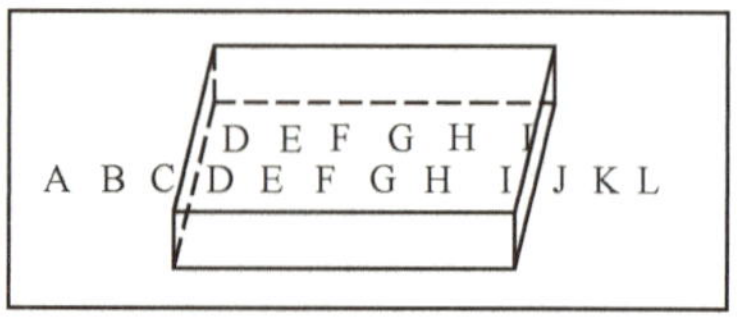

图 10-22 双折射现象

在双折射产生的两束折射光中，一束折射光总是遵守折射定律，这束折射光称为**寻常光**

(ordinary ray),简称 o 光。另一束折射光则不遵守折射定律,它不一定在入射面内,而且对不同的入射角 i,$\sin i/\sin\gamma$ 的量值也不是常量,这束折射光称为**非常光**(extraordinary ray),简称 e 光。在入射角 $i=0$ 时,o 光沿原方向传播,e 光一般不沿原方向传播。此时如果把晶体绕光的入射方向慢慢转动,o 光始终不动,e 光则随着晶体的转动而转动,如图 10-23 所示。

在方解石晶体内存在一个特殊方向,光沿着这个特殊方向传播时,不发生双折射,这个特殊方向称为晶体的光轴(optical axis)。光轴仅标志双折射晶体的一个特定方向,任何平行于这个方向的直线都是晶体的**光轴**。只有一个光轴的晶体称为**单轴晶体**(uniaxial crystal)。有两个光轴的晶体称为**双轴晶体**(biaxial crystal)。方解石、石英、红宝石、冰等是单轴晶体。云母、硫黄、蓝宝石等是双轴晶体。本节的讨论仅限于单轴晶体。

在晶体中任一已知光线与光轴所组成的平面称为该光线的**主平面**(main plane)。o 光和 e 光都是偏振光,但是它们的振动方向不同。o 光的振动方向垂直于 o 光的主平面;e 光的振动方向在 e 光的主平面内。当晶体光轴在入射面内时,o 光和 e 光的主平面重合,o 光和 e 光的振动方向互相垂直。一般情况下,o 光的主平面与 e 光的主平面有一个不大的夹角,因而,o 光和 e 光的振动方向不完全垂直。

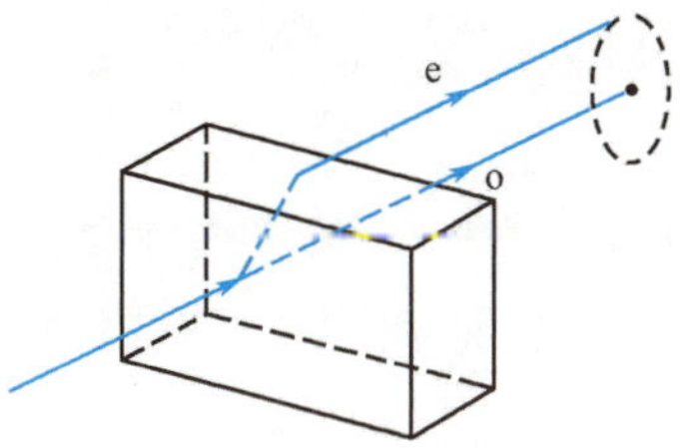

图 10-23　o 光和 e 光

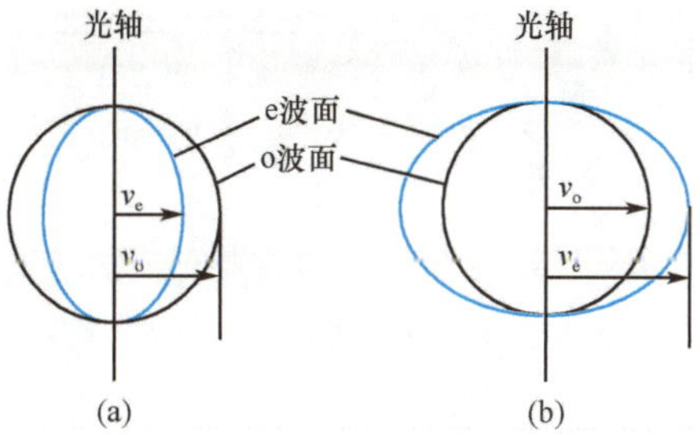

图 10-24　单轴正晶体和负晶体中的子波波阵面

(a) 正晶体;(b) 负晶体

双折射现象可以用惠更斯原理来说明。在晶体内部,o 光在各个方向上折射率相等,传播速度也相等;e 光在各个方向上的折射率不相等,传播速度也不相等。因此在晶体中,子波源发出的 o 光的波阵面是球面,e 光的波阵面是旋转椭球面,如图 10-24 所示。由于 o 光和 e 光沿光轴方向具有相同的传播速度,因此任何时刻 o 光和 e 光的两个波阵面在光轴上都是相切的。换言之,在光轴方向上,o 光和 e 光具有相同的传播速度和折射率。然而在垂直于光轴的方向上,o 光和 e 光的传播速度相差最大。若 o 光的传播速度用 v_o表示,折射率用 n_o表示。e 光在垂直于光轴方向上的传播速度用 v_e表示,折射率用 n_e表示,真空中的光速用 c 表示,则有 $n_o=c/v_o$,$n_e=c/v_e$,n_o和 n_e称为晶体的主折射率。在有些晶体中,$v_o>v_e$,即 $n_o<n_e$,这类晶体称为**正晶体**(positive crystal),如石英和冰等。在另外一些晶体中,$v_o<v_e$,即 $n_o>n_e$,这类晶体称为**负晶体**(negative crystal),如方解石和红宝石等。

当自然光入射到晶体上时,波阵面上的每一点都可以作为子波源向晶体内发出球面子波和椭球面子波,作所有各点所发子波的包络面,即得晶体中 o 光的波面和 e 光的波面。从入射点引向相应子波波阵面与光波波面的切点的连线,就是晶体中 o 光、e 光的传播方向。图 10-25 分别作出了三种不同情况下单轴负晶体中 o 光和 e 光的传播方向。从图中(a)、(b)可以看出 o 光、e 光折射后沿不同方向传播,产生了双折射。在(c)图中,尽管 o 光、e 光的传播方向没有改变,但两者的波面并不重合,它们一快一慢沿同一方向传播,到达同一位置时,两者间有一定的相位差,仍然是有双折射的。

五、二向色性和偏振片

有些晶体不仅能产生双折射,而且对寻常光(o 光)和非常光(e 光)具有不同的吸收本领(选择吸收),这种特性称为**二向色性**(dichroism)。例如电气石晶体,它对 o 光有强烈的吸收作用,

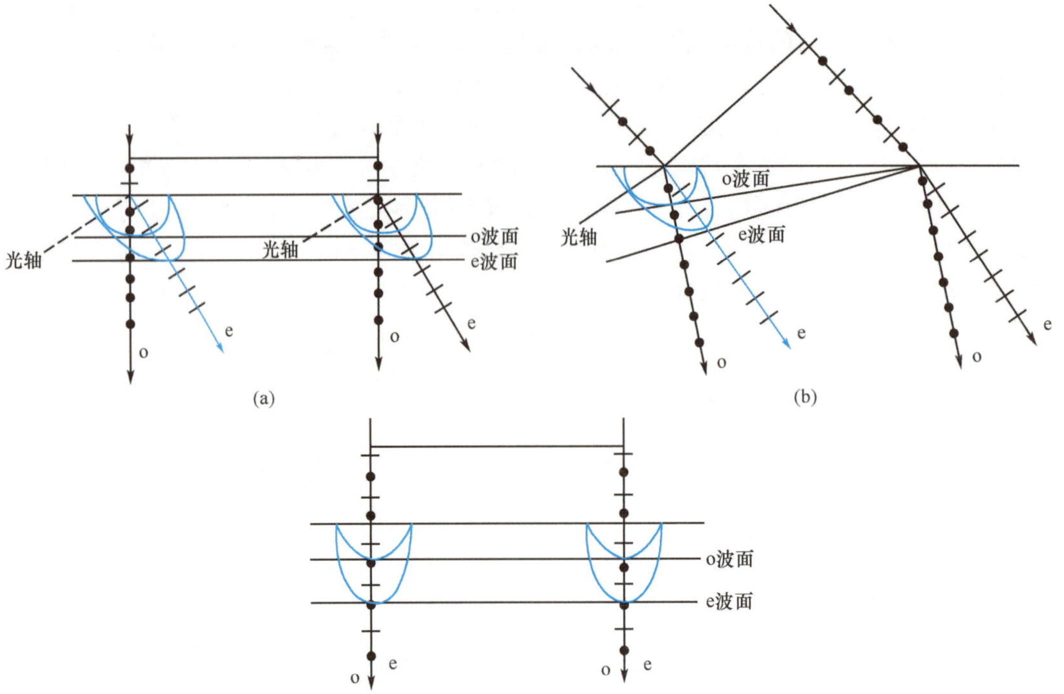

图 10-25 双折射的惠更斯波阵面

(a)光线垂直入射时的双折射现象(b)光线倾斜入射时的双折射现象(c)正入射时晶体的双折射现象(晶体光轴与表面平行)

而对 e 光则吸收很少。一般在 1 mm 厚的电气石晶体内几乎就能把 o 光全部吸收掉,而 e 光只略微被吸收。自然光通过这样的晶体片后,就变成了偏振光。因此电气石晶体也可用作起偏器或检偏器。除电气石晶体外还有一些有机化合物晶体,如碘化硫酸奎宁等亦具有二向色性。用具有二向色性的晶体可以制成起偏器和检偏器。

实际应用中,广泛使用的起偏器是人造偏振片,它是用人工方法制成的具有二向色性的晶片。最常用的偏振片是 H 偏振片,它是先把聚乙烯醇薄膜加热,沿一定方向拉伸 3~4 倍,然后浸入含碘的溶液中,取出烘干后而制成的。在制作过程中进行拉伸时,聚乙烯醇的长形碳氢化合物分子会沿拉伸方向规则地排列起来;浸入含碘溶液后,碘原子就会附着在沿直线排列的长链分子上,形成一条条能导电的碘分子链。由于电子可以沿着碘分子链运动,因此偏振片将强烈地吸收沿碘分子链方向的电场。所以,电振动矢量平行于拉伸方向的偏振光将被吸收,不能通过偏振片。只有电振动矢量垂直于拉伸方向的偏振光才能透过。此外,常用的偏振片还有 K 偏振片。它是将聚乙烯醇薄膜放在高温炉中,通以氯化氢作为催化剂,除去聚乙烯醇分子中若干个水分子,形成聚合乙烯的细长分子,再单方向拉伸而成。

作为起偏器和检偏器,偏振片虽然还有一些缺点,例如还不能使自然光 100%的偏振化,对不同波长能量的吸收具有选择性。但是由于偏振片的制造工艺简单,而且面积可以做得很大,重量又轻,价格又低廉,所以在实验和日常生活中应用很广。

六、物质的旋光性

阿喇果(D. Arage)于 1811 年首先发现,一束平面偏振光沿石英晶体的光轴方向入射时,虽不发生双折射,但它的振动面将沿光轴旋转,直至离开晶体为止。后来在许多其他晶体如氯酸钠($NaClO_3$)和溴酸钠($NaBrO_3$)等以及某些液体如松节油、糖的水溶液和酒石酸溶液等中也发现了这种现象。这种偏振光通过物质时振动面发生旋转的现象称为**旋光现象**(optical activity)。能使偏振光的振动面旋转的性质,称为旋光性。具有旋光性的物质称为旋光物质。

笔记栏

实验表明,偏振光振动面旋转的角度 ψ 与下列因素有关:

(1) 对于石英或液态化合物,当所用光源为单色平面偏振光,旋光物质使振动面旋转的角度 ψ 与平面偏振光通过的旋光物质的厚度 L 成正比,即

$$\psi=\alpha L \tag{10-25}$$

式中比例常数 α 叫旋光率(specific rotation)。

(2) 对溶液而言,振动面旋转的角度 ψ 除与旋光物质的厚度 L 成正比外,还与溶液中旋光物质的浓度 c 成正比,即

$$\psi=\alpha\, cL \tag{10-26}$$

旋光率与物质的种类及光的波长有关。不同物质的旋光率不同;对于同一种物质,旋光率 α 的值与偏振光的波长有关,即对给定长度的旋光物质,不同波长的偏振光将旋转不同的角度,这种现象称为旋光色散。一般来说,旋光率随波长的增加而减小,但也有反常情况。温度对旋光率的影响一般是不太大的。对大多数物质来说,温度每增加一度,旋光率只减小约千分之一左右。固体物质的旋光率 α 在数值上等于单位长度的旋光物质所引起的偏振光的振动面的旋转角度;溶液的旋光率 α 在数值上等于单位长度的单位浓度的溶液所引起的偏振光的振动面旋转的角度。旋光率一般用 $[\alpha]_\lambda^t$ 表示,t 指温度,λ 指偏振光的波长。因此,式(10-26)也可写为

$$\psi=[\alpha]_\lambda^t\frac{c}{100}L \tag{10-27}$$

式中浓度 c 以 100 ml 溶液中溶质的克数为单位,L 以分米为单位,$[\alpha]_\lambda^t$ 单位为($^\circ\cdot dm^{-1}\cdot g^{-1}\cdot cm^3$)。方程式(10-27)常用于测定旋光性溶液的浓度。所用仪器叫偏振计(polarimeter),它测定旋光物质浓度的方法迅速可靠,在药物分析及检验中广泛采用。许多化合物,如樟脑、可卡因、尼古丁及各种糖类都用这种方法测定。测定糖溶液浓度的偏振计叫做糖量计。

偏振光的振动面在旋光物质中的旋转有左旋和右旋之分。观察者迎着光线看去,若振动面沿反时针方向旋转,称为左旋(laevo-rotatory),这种物质叫做左旋物质,其旋光率为负值;若振动面沿顺时针方向旋转,称为右旋(dextro-rotatory),这种物质叫做右旋物质,其旋光率为正值。光的振动面究竟是左旋还是右旋,与旋光物质的结构有关。石英和许多有机物质都具有左右旋两种旋光异构体。某些药物也有左右旋之分,且左旋药和右旋药疗效不同。一些生物物质如不同的氨基酸和 DNA 等也有左右旋的不同等等。

菲涅耳对物质的旋光性作了唯象解释,他指出,如果假定一束线偏振光在旋光晶体中沿光轴传播时,分解成了左旋和右旋圆偏振光,它们的传播速度略有不同,或者说它们的折射率不同,经过旋光晶片后产生了附加的相位差,从而使出射的合成线偏振光的振动面有了一定角度的旋转。

如果旋光物质对特定波长的入射光有吸收,而且对左旋和右旋圆偏振光的吸收能力不同,那么在这种情况下不仅左旋和右旋圆偏振光的传播速度不同,而且振幅也不同。于是,随着时间的推移,左右旋圆偏振光的合成光振动矢量的末端,将循着一个椭圆的轨迹移动,这就是说,由速度不同、振幅也不相同的左右旋圆偏振光叠加所产生的不再是线偏振光,而是椭圆偏振光,这种现象称为圆二色性。

在研究分子的内旋转、分子的相互作用以及微细立体结构方面,旋光法和圆二色性法有着其他方法不可替代的作用。

习 题 十

10-1 在杨氏双缝实验中,如果把一条缝挡住,屏上的条纹分布将如何变化?如果光源 S 到两狭缝 S_1 和 S_2 的距离不等,例如 $SS_1>SS_2$,屏上的条纹分布又将如何变化?

10-2 在日常生活中,为什么挡住光线容易,而挡住声音难?

笔记栏

10-3 在观察单缝衍射时,(1)如果单缝垂直于它后面的透镜的光轴向上或向下移动,屏上衍射图样是否改变?为什么?(2)若将光源S垂直于光轴向上或向下移动,屏上的衍射图样是否改变?为什么?

10-4 在杨氏实验中,两缝相距0.3 mm,屏距缝0.5 m,一束光通过双缝后在屏上产生间隔为1 mm的干涉条纹,问该光波的波长是多少?

[600 nm]

10-5 在杨氏双缝实验中,已知双缝间的距离为0.60 mm,缝和屏幕相距1.50 m,若测得相邻明条纹间的距离为1.50 mm。(1)求入射光的波长。(2)若以折射率$n=1.30$,厚度$l=0.01$ mm的透明薄膜遮住其中的一缝,问原来的中央明纹处,将变为明条纹还是暗条纹?是第几级?(见图10-5 例题10-1)

[600 nm;暗纹,第五级]

10-6 波长500 nm的光波垂直入射一层厚度$d=1\ \mu m$的薄膜。膜的折射率为1.375。问:(1)光在膜中的波长是多少?(2)在膜内$2d$距离含多少波长?(3)若膜两侧都是空气,在膜面上反射的光波与经膜底面反射后重出膜面的光波的相差为多少?

[363.63 nm;5.5;10π或12π]

10-7 用一层透明物质涂在玻璃上,使其对波长520 nm的光增透(反射最少)。若玻璃的折射率为1.50,透明物质折射率为1.30,求涂层最小厚度。

[100 nm]

10-8 钠光(589 nm)通过单缝后在1 m处的屏上产生衍射条纹,若两个±1级暗纹之间的距离为2 mm,求单缝宽度。

[0.589 mm]

10-9 一单色光垂直入射一单缝,其衍射的第三级亮纹的位置恰与波长为600 nm的单色光入射该缝时衍射的第二级亮纹位置重合,试求该单色光的波长。

[428.6 nm]

10-10 用波长为500 nm的单色光,垂直照射到一宽度为0.5 mm的单缝上,在缝后置一焦距为0.8 m的凸透镜,试求屏上中央亮纹和其他亮纹的宽度。

[1.6×10^{-3} m;8.0×10^{-4} m]

10-11 一束单色平行光垂直入射到每毫米500条缝的光栅上,所成二级象与原入射方向成30°角,求入射光的波长。

[500 nm]

10-12 用589 nm的钠光,正入射每毫米500条缝的光栅,最多能看到几级亮条纹?

[3级]

10-13 一光栅宽2.0 cm,共有7000条狭缝,其透光与不透光部分之比为1∶1。如以绿光550 nm正入射,问可以观察到哪些亮条纹?

[0,±1,±3,±5级]

10-14 两块偏振片的透射轴互成90°角,在它们之间插入另一偏振片,使它的透射轴与第一片的透射轴夹角为θ角。射向第一偏振片的自然光强度为I_0,求当(1)$\theta=45°$;(2)$\theta=30°$时,通过三块偏振片后的光强。

[$I_0/8$;$3I_0/32$]

10-15 两块偏振片的透射轴互相垂直,在它们之间插入两块偏振片,使相邻两片偏振片透射轴都夹30°角。如果入射的自然光强度为I_0,求通过所有偏振片后光的强度。

[$0.21I_0$]

10-16 平行平面玻璃板放置在空气中,空气折射率近似为1,玻璃折射率$n=1.50$。试问当自然光以布儒斯特角入射到玻璃的上表面时,折射角是多少?当折射光在下表面反射时,其

笔记栏

反射光是否是偏振光？

[33.7°；是偏振光]

10-17 利用布儒斯特定律，可测定不同媒质的折射率。今在空气中测得某媒质的偏振角为57°，那么这一媒质的折射率为多少？

[1.54]

10-18 将蔗糖溶液装于25 cm长的管中，偏振光通过时振动面转了40°，已知糖的旋光率$[\alpha]=52.5°\ cm^3\cdot g^{-1}\cdot dm^{-1}$，求糖溶液的浓度。

[$0.3g\cdot cm^{-3}$]

阅读材料

Ⅰ. 偏振光技术的应用

一、偏振光的干涉

阿喇果和菲涅耳曾用两块起偏器在杨氏实验装置上做过偏振光的干涉实验，结果表明，两束相位差恒定的平面偏振光叠加时，如果振动面相互垂直，则形成椭圆偏振光；如果振动面相互平行，则出现明暗相间的干涉现象。自然光通过双折射物质后，所产生的o光和e光是不相干的。因为在自然光中，不同振动面上的光振动是由光源中不同原子和分子所产生的，相互之间没有联系，也没有恒定的相位差，所以不能产生干涉现象。但是由同一单色偏振光通过双折射物质后，所产生的o光和e光却是可能相干的。它们的振动方向互相垂直，振动频率相同，相位差恒定，只要设法将它们的振动方向引到同一方向上来，就能满足相干条件，从而实现偏振光的干涉。

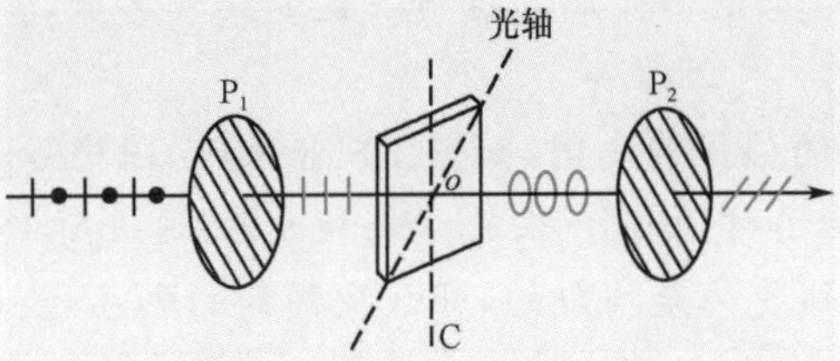

图10-26 偏振光的干涉装置示意图

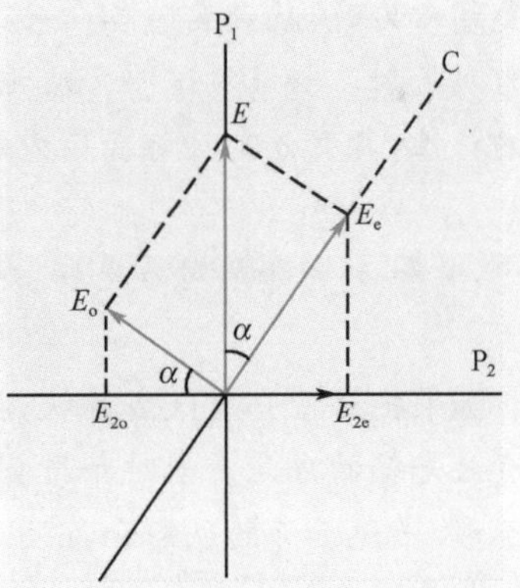

图10-27 偏振光干涉的振幅矢量图

图10-26是观察偏振光干涉的装置示意图。P_1和P_2是两块透射轴方向互相垂直的平行偏振片（即正交的偏振片）。C是一与P_1、P_2平行的单轴晶片。其厚度为d，主折射率为n_o和n_e，光轴平行于晶面且与P_1的透射轴方向成α角。单色自然光垂直入射偏振片P_1，通过P_1后成为偏振光，通过晶片C后，分解为o光和e光合成椭圆或圆偏振光。这两束光射入P_2时，只有沿P_2的透射轴方向的光振动才能通过。通过P_1、C和P_2的光振动的振幅矢量如图10-27所示。图中P_1、P_2分别表示两偏振片的透射轴方向，C表示晶片的光轴方向，E为通过P_1的偏振光的振幅。在忽略吸收和其它损耗的情况下，通过晶片C后的o光和e光的振幅为

$$E_o = E\sin\alpha, \qquad E_e = E\cos\alpha$$

通过 P_2 后的两束光的振幅则为

$$E_{2o} = E_o\cos\alpha = E\sin\alpha\cos\alpha, \qquad E_{2e} = E_e\sin\alpha = E\sin\alpha\cos\alpha$$

即 $E_{2o}=E_{2e}$，这两束光的总相位差为

$$\Delta\varphi = \frac{2\pi}{\lambda}(n_o - n_e)d + \pi \tag{10-28}$$

式(10-28)中，第一项是通过晶片 C 时产生的相位差。第二项是通过 P_2 时产生的附加相位差。从振幅矢量图上可见 E_{2o} 和 E_{2e} 方向相反，因而附加相位差为 π。如果 P_1 和 P_2 的透射轴方向平行，就没有这个附加的相位差。

通过 P_2 后的这两束光是由同一偏振光分解而来，振动频率相同，振动方向相同，相位差恒定，所以它们是相干的，因此从偏振片 P_2 射出时发生干涉。当用单色自然光入射，如果晶片厚度均匀，干涉加强时，P_2 后面的视场最亮；干涉减弱时视场最暗，并无干涉条纹。如果晶片厚度不均匀时，各处干涉情况不同，则视场中将出现干涉条纹。当白光入射时，如果晶片厚度一定时，视场将出现一定的色彩。如果晶片各处厚度不同，则视场中将出现彩色条纹。

偏振光干涉时出现彩色的现象称为显色偏振或**色偏振**。色偏振是检定双折射现象的极灵敏的方法。当两主折射率差 $n_o - n_e$ 很小时，用直接观察 o 光和 e 光的方法很难确定双折射的发生。但是，将具有微弱的各向异性物质做成薄片放在正交的两偏振片之间，通过视场是否变亮或显示出色彩就可鉴定。偏光显微镜就是根据以上原理制成的。

二、偏振光的应用

1. 光弹性效应

塑料、玻璃、环氧树脂等非晶体在通常情况下是各向同性而不产生双折射的。但当它们受到应力时，就会变为各向异性而显示出双折射性质，这种现象称为**光弹性效应**，亦称为应力双折射。如果对这些介质施加的是压力或张力，它们就显示出负单轴晶体或正单轴晶体的特性，其有效光轴都在应力的方向上，所引起的双折射与应力成正比，即

$$n_o - n_e = kp \tag{10-29}$$

式中，n_o 和 n_e 为介质对 o 光和 e 光的主折射率，k 是由介质的性质决定的比例系数，p 为应力。

如果把这些介质做成片状，插在两块正交的偏振片之间，如图 10-28 所示，图中 oo′ 表示有效光轴的方向。当对介质 C 施加压力或张力时，C 所产生的 o 光和 e 光，通过 P_2 将产生干涉，出现干涉的色彩和条纹。如果形变物体受力是均匀的，那么观察到的彩色是相同的。如果形变物体受力是不均匀的，那么不同地方出现的颜色也就不同。如果应力分布相当复杂，那就会呈现出五彩缤纷的复杂图案。利用这个方法来研究物体应力的分布，已形成一门专门的学科——光测弹性学，它为工程设计解决了极其复杂的应力分析问题。

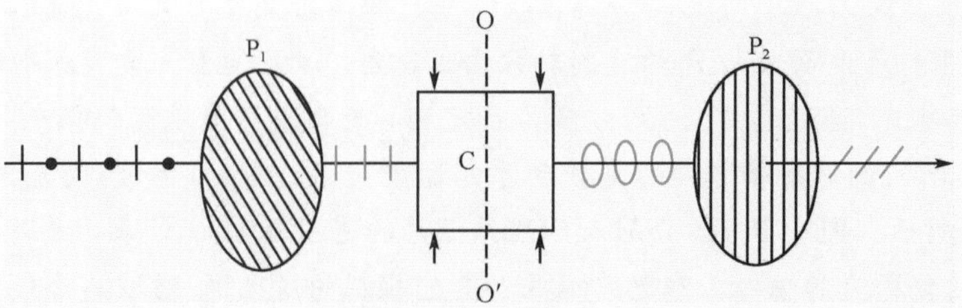

图 10-28 光弹性效应装置示意图

2. 电光效应

在外加电场的作用下，可以使某些各向同性的透明介质如玻璃、石蜡、水、硝基苯($C_6H_5NO_2$)等变为各向异性，从而使光产生双折射，这种现象称为电光效应。它是由克尔(J. Kerr)于1875年发现的，也称为克尔效应，又称为电致双折射。观察克尔效应的实验装置如图10-29所示，P_1、P_2是两块正交的偏振片，M是贮有某种液体如硝基苯液体的小盒，称为克尔盒，盒的两端有平行的玻璃窗，盒内封有一对平行板电极C、C′。当电源未接通时，视场是暗的。当电源接通时，克尔盒中的液体在电场的作用下，使进入其中的偏振光产生双折射，视场由暗转明。

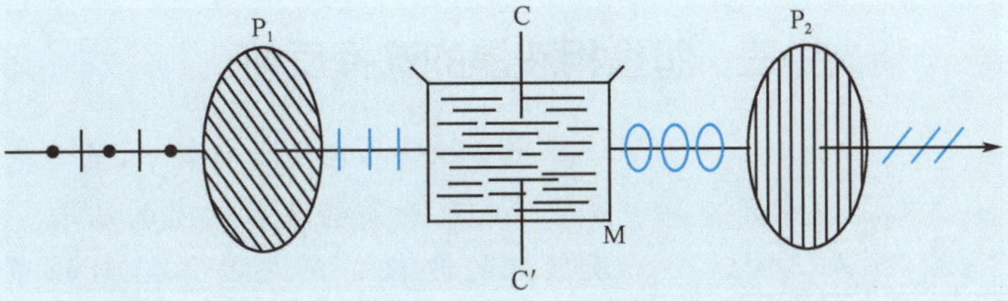

图10-29　克尔效应实验装置示意图

实验表明，折射率差 $n_o - n_e$ 与电场强度 E 的平方成正比，即

$$n_o - n_e = kE^2 \tag{10-30}$$

式中的比例常数 k，称为克尔常数，视液体的种类而定。

克尔效应的起因在于那些液体或气体的分子在光学上的各向异性。克尔效应最重要的特点是几乎没有延迟时间，它随着电场的产生与消失很快地产生与消失。利用它可以制成弛豫时间极短(10^{-9}s)的断续器或调制器，如高速光闸和电光调制器等。目前已广泛用于高速摄影、电影、电视和激光通迅等许多领域。

Ⅱ.液晶的光学特性

一、液晶的分类和结构

液晶是液态晶体的简称，它是介于结晶态与液态之间的一种物质态。它既具有晶体的各向异性，又具有液体的流动性。根据形成的条件和组成，液晶可分为热致液晶和溶致液晶两大类。热致液晶是加热液晶物质时形成的各向异性熔体，它只能在一定的温度范围内存在。溶致液晶是由符合一定结构要求的化合物与溶剂组成的液晶体系。根据分子排列方式的不同，热致液晶又可分为近晶相(或称层状相)、向列相(或称丝状相)和胆甾相(或称螺旋状相)三种。

向列相液晶是由长径比很大的棒状分子组成，分子质心没有长程有序，分子不排列成层，它能上下、左右、前后滑动，只在分子长轴方向上保持相互平行或近于平行。

近晶相液晶是由棒状或条状分子组成，分子排列成层，层内分子长轴相互平行，其方向可以垂直于层面或与层面成倾斜排列，分子质心位置在层内无序，可以自由平移。分子可以前后、左右滑动，但不能在上下层之间移动。

胆甾相液晶的分子呈扁平形状，排列成层，层内分子相互平行。分子长轴平行于层平面，不同层的分子长轴方向稍有变化，沿层的法线方向排列成螺旋状结构。当不同层的分子长轴排列沿螺旋方向经历360°的变化后，又回到初始取向，这个周期性的层间距称为胆甾相液晶的螺距。

二、液晶的双折射现象

液晶具有晶体的各向异性，当光线射入液晶后也会产生双折射现象。双折射现象实质上表示液晶中各个方向上的介电常数以及折射率是不同的。通常用符号 $\varepsilon_{/\!/}$ 和 $\varepsilon_{\perp}$ 分别表示沿液晶分子长轴方向和垂直于长轴方向上的介电常数，并且把 $\varepsilon_{/\!/}>\varepsilon_{\perp}$ 的液晶称为正性液晶，或 P 型液晶；而把 $\varepsilon_{/\!/}<\varepsilon_{\perp}$ 的液晶称为负性液晶，或 N 型液晶。

多数液晶只有一个光轴方向，在液晶中光沿光轴方向传播时不发生双折射。一般向列相液晶和近晶相液晶的光轴沿分子长轴方向，胆甾相液晶的光轴垂直于层面。

三、胆甾相液晶的选择反射

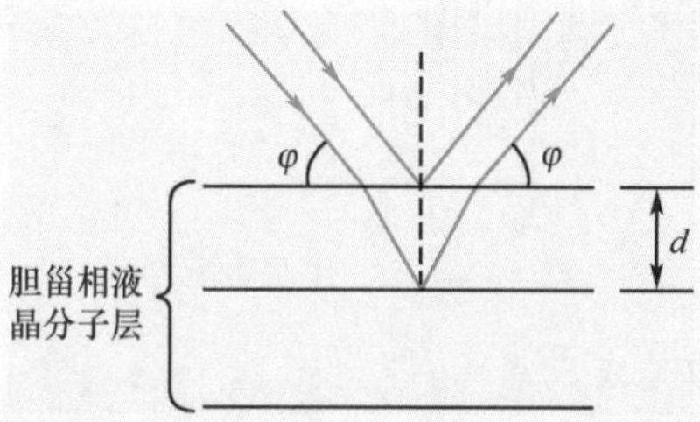

图 10-30 胆甾液晶的选择反射

胆甾相液晶在白光照射下，呈现美丽的色彩，这是它选择反射某些波长的光的结果。实验表明，其反射光的波长 λ 满足晶体衍射的布拉格（W. H. Bragg）公式，即

$$\lambda = 2nd\sin\varphi \qquad (10\text{-}31)$$

式中 n 是平均折射率，d 是胆甾相液晶的螺距，φ 是入射光与液晶表面间的夹角（图 10-30）。此式表明，沿不同角度可以观察到不同颜色的光。当温度变化时，胆甾相液晶的螺距会发生敏锐的变化，因而反射光的颜色也随之发生变化。胆甾相液晶的这种特性被广泛用于液晶温度计和各种测量温度变化的显示装置上。

四、液晶的电光效应

在电场作用下，液晶的光学特性发生变化，称为电光效应。下面介绍两种电光效应。

1.电控双折射效应

在玻璃表面涂上二氧化锡（SnO_2）薄膜就形成透明电极。将液晶注入透明电极之间，形成厚度约为 10 μm 的薄膜，称为液晶盒。液晶分子长轴方向与电极表面垂直时称为垂面排列，平行表面时称为沿面排列。将垂面排列的液晶盒放在两正交的偏振片之间。未加电场时，通过偏振片 P_1 的光在液晶内沿光轴方向传播，不发生双折射，由于两偏振片正交，所以装置不透明。加电场并超过某一数值（阈值）时，电场使液晶分子轴方向倾斜，使在液晶中传播的光发生双折射，装置由不透明变为透明。光轴的倾斜随电场的变化而变化，因而两双折射光束间的相位差也随之变化。当入射光为复色光时，出射光的颜色也随之变化。

2.动态散射

把向列相液晶注入带有透明电极的液晶盒内，未加电场时，液晶盒透明，加电场并超过某一数值（阈值）时，液晶盒由透明变为不透明，这种现象称为动态散射，这是因为盒内离子和液晶分子在电场作用下互相碰撞，使液晶分子产生紊乱运动，使折射率随时发生变化，因而使光发生强烈散射的结果。去掉电场后，则恢复透明状态，但是如果在向列相液晶中混以适当的胆甾相液晶，则散射现象可以保存一些时间，这种情况称为存储的动态散射。动态散射在液晶显示技术中有广泛的应用。

笔记栏

存在于生物体内的液晶称为生物液晶。生物液晶就其形成方式而言，都是溶致液晶。在人体的某些组织和器官如神经髓鞘、肾上腺皮质、卵巢、胆囊胆汁及细胞膜等中，都存在着液晶态的物质。对生物组织中的液晶物质的研究已成为现今生物物理研究中一个引人注目的内容。

（李宾中　于　毅）

笔记栏

第11章 几何光学

波动光学的研究表明，当研究对像的尺寸远远大于光的波长时，衍射现象可忽略，光表现出直线传播的现象。在上述条件(即 $a \gg \lambda$)下，以光的直线传播为基础，研究光在透明介质中的传播规律的光学分支，称为几何光学。几何光学的理论基础是由实验得到的三个基本定律：光的直线传播定律、光的反射和折射定律、光的独立传播定律。它是光学仪器设计的理论根据。虽然几何光学的研究结果具有近似意义，但在近轴光线的条件下，理论结果与实际情况符合得很好；加之，它的方法简单，尤其是和矩阵光学结合起来，在激光技术和现代传输变换光学中获得了广泛的应用。本章重点讨论球面折射成像、透镜成像、眼睛的光学系统及几种医学上常用的光学仪器。

第一节 球面折射

单球面是仅次于平面的简单光学系统，也是组成大多数光学系统的基本光学元件。研究光经由球面的反射和折射，是一般光学系统成像的基础。

一、单球面折射

当两种不同折射率的透明媒质的分界面为球面的一部分时，光在该分界面上所产生的折射现象称为单球面折射(refraction at a simple spherical surface)。单球面折射的规律是研究透镜、眼睛等光学系统的基础。

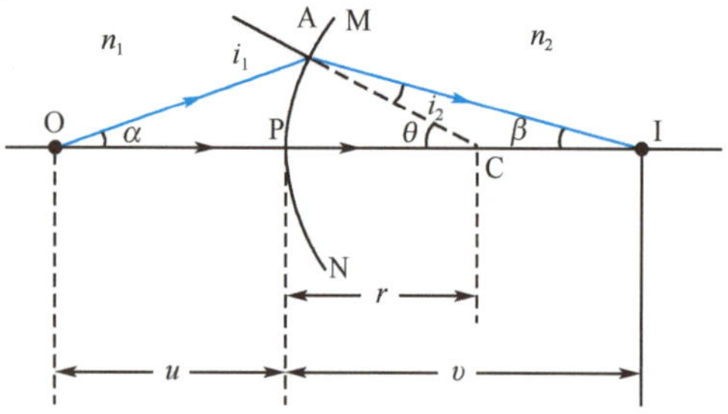

图 11-1 单球面折射

图 11-1 是两种均匀透明媒质，其折射率分别为 n_1 和 n_2，NM 为球面的一部分(作折射面)，C 为球面的曲率中心，r 为曲率半径，通过曲率中心 C 的直线 OCI 为折射面的主光轴，并且假设 $n_1 < n_2$，球面与主光轴的交点为折射面的顶点 P。设一物点 O 位于主光轴上，它到折射面顶点 P 的距离 $OP = u$ 叫物距；物点 O 经折射面后成像于主光轴上的 I 点，从折射面顶点 P 到像点 I 的距离 $PI = v$ 叫像距。下面只讨论与主光轴成微小角度 α 的那些光线，并且 α 足够小，以使 $\alpha \approx \sin\alpha \approx \tan\alpha$ 成立，满足上述条件的光线叫近轴光线(paraxial rays)。

下面研究单球面折射成像的规律。考虑主光轴上的物点 O 发出的两束光线，一条沿主光轴进行，经球面折射后不改变方向；另一条光线 OA 经球面折射后与主光轴交于点 I。则入射光线 OA 和折射线 AI 应满足折射定律，即

$$n_1 \sin i_1 = n_2 \sin i_2 \quad 或 \quad n_1 \cdot i_1 = n_2 \cdot i_2 \tag{a}$$

由图可知

$$i_1 = \alpha + \theta, \ i_2 = \theta - \beta$$

将 i_1、i_2 的表达式代入(a)，整理得

$$n_1 \cdot \alpha + n_2 \cdot \beta = (n_2 - n_1)\theta \tag{b}$$

由于 α、β、θ 均很小，则

$$\alpha \approx \tan\alpha = \frac{h}{u+\delta}, \qquad \beta \approx \tan\beta = \frac{h}{v-\delta}, \qquad \theta \approx \tan\theta = \frac{h}{r-\delta}$$

由于 δ 很小，可忽略不计，将上式代入(b)，并消去 h 后，则有

$$\frac{n_1}{u} + \frac{n_2}{v} = \frac{n_2 - n_1}{r} \tag{11-1}$$

式(11-1)称为**单球面折射公式**。它适用于一切凸、凹球面，在应用此公式时须遵守如下符号规则：①凡是实物、实像到折射面顶点的距离均取正值；虚物、虚像到折射面顶点的距离均取负值；②凸球面对着入射光线则 r 为正，反之为负。

应该指出的是：单球面折射公式(11-1)是在近轴光线的条件下推得的，对非近轴光线(也叫远轴光线)不适用。此外，本章后面所有基于单球面折射公式(11-1)推导出来的公式都只适用于近轴光线。

由式(11-1)可知，等式右端是只与折射球面特性参数(n_1、n_2、r)有关的常量，光学中定义该常量为折射球面的**光焦度**(dioptric strength)，用 ϕ 表示：

$$\phi = \frac{n_2 - n_1}{r} \tag{11-2}$$

它表征折射球面的光学特性。当物距 u 给定时，对应不同的光焦度 ϕ，将有不同的像距 v 与之对应，因此光焦度 ϕ 表征了球面的折射本领。

当规定 r 以米为单位时，ϕ 的单位则为屈光度(diopter，D)，以 D 表示。例如 $n_2 = 1.5$，$n_1 = 1.0$，$r = 10$ cm 的单球面，其焦度等于 5 屈光度，记为 5 D。

当点光源位于主光轴上某点 F_1 处时，如果该点发出的光线经单球面折射后变为平行光线，即 $v = \infty$，则点 F_1 称为该折射面的**第一焦点**(first focus)，从第一焦点到折射面顶点的距离**叫第一焦距**(first focal length)，以 f_1 表示。将 $v = \infty$ 代入式(11-1)得

$$f_1 = \frac{n_1}{n_2 - n_1} r \tag{11-3}$$

如果平行于主光轴的光线经单球面折射后成像于主光轴上某一点 F_2，则点 F_2 称为折射面的第二焦点，从点 F_2 到折射面顶点的距离叫第二焦距，以 f_2 表示。将 $u = \infty$ 代入式(11-1)得

$$f_2 = \frac{n_2}{n_2 - n_1} r \tag{11-4}$$

当 f_1、f_2 为正时，F_1、F_2 是实焦点，折射面有会聚作用；当 f_1、f_2 为负时，F_1、F_2 是虚焦点，折射面有发散作用。

由式(11-3)和式(11-4)可知，折射面的两个焦距有下列关系：

$$\frac{f_1}{f_2} = \frac{n_1}{n_2} \tag{11-5}$$

由式(11-2)和式(11-5)可得到折射面的两个焦距与焦度之间有如下关系

$$\phi = \frac{n_1}{f_1} = \frac{n_2}{f_2} \tag{11-6}$$

式(11-6)表明，对同一折射面，尽管其两侧的焦距不相等，但其焦度相等。

如果用折射面的两个焦距 f_1、f_2 来表示单球面折射公式，则可用 $r/(n_2 - n_1)$ 乘以式(11-1)的两端，再考虑到式(11-3)和式(11-4)，整理得

$$\frac{f_1}{u} + \frac{f_2}{v} = 1 \tag{11-7}$$

此式称为单球面折射成像的**高斯公式**(Gaussian formula)。

例题 11-1 圆柱形玻璃棒($n = 1.5$)的一端为半径是 2 cm 的凸球面。①求当棒置于空气中时，在棒的轴线上距离棒端外 8 cm 处的物点所成像的位置。②若将此棒放入水($n = 1.33$)

中时，物距不变，像距应是多少？（设棒足够长）

解：①当棒置于空气中时，$n_1=1.0$，$n_2=1.5$，$r=2$ cm，$u=8$ cm；根据公式(11-1)得

$$\frac{1}{8}+\frac{1.5}{v}=\frac{1.5-1.0}{2}$$

解得

$$v=12\ \text{cm}$$

所成像在棒内轴线上离顶点 12 cm 处，为实像。

②当棒置于水中时，$n_1=1.33$，$n_2=1.5$，$r=2$ cm，$u=8$ cm；根据公式(11-1)得

$$\frac{1.33}{8}+\frac{1.5}{v}=\frac{1.5-1.33}{2}$$

解得

$$v=-18.5\ \text{cm}$$

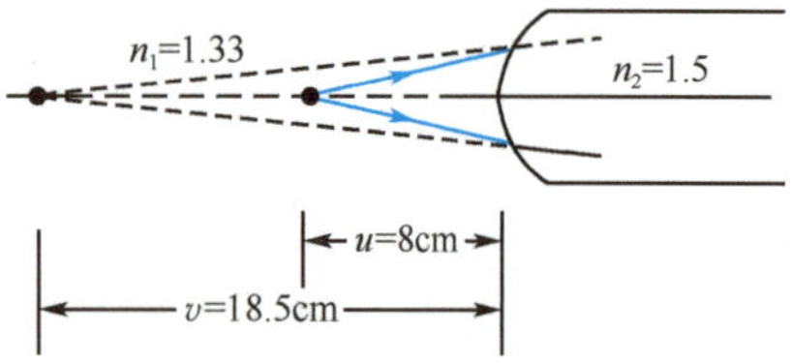

图 11-2　例题 11-1 图示

可见，像点在棒外轴线上离顶点 18.5 cm 处，形成一虚像。成像过程如图 11-2 所示。

例题 11-2　从几何光学的角度来看，人眼可简化为高尔斯特兰简化眼模型。这种模型将人眼成像归结成一个曲率半径为 5.7 mm、媒质折射率为 1.333 的单球面折射。①试求这种简化眼的焦点位置和焦度；②若已知某物在膜后 24.02 mm 处视网膜上成像，求该物应放在何处。

解：①已知 $n_1=1.0$，$n_2=1.333$，$r=5.7$ mm，于是有

$$f_1=\frac{n_1}{n_2-n_1}r=\frac{1.0}{1.333-1.0}\times 5.7=17.12\ \text{mm}$$

$$f_2=\frac{n_2}{n_2-n_1}r=\frac{1.333}{1.333-1.0}\times 5.7=22.82\ \text{mm}$$

$$\phi=\frac{n_2-n_1}{r}=\frac{1.333-1.0}{5.7\times 10^{-3}}=58.42\ \text{D}$$

②已知 $v=24.02$ mm，应用高斯公式得

$$\frac{f_1}{u}+\frac{f_2}{v}=1$$

即

$$\frac{17.12}{u}+\frac{22.82}{24.02}=1$$

解之得

$$u=342.4\ \text{mm}$$

二、共轴球面系统

由曲率中心在同一直线上的两个或两个以上的折射球面组成的光学系统，称为**共轴球面系统**(coaxial spherical system)，简称共轴系统，曲率中心所在的直线称为系统的主光轴。共轴球面系统是最简单的一种球面组合系统，也是一般复杂光学系统的基本组元。

光通过共轴球面系统的成像，决定于入射光依次在每一个折射面上折射的结果。在成像过程中，前一个折射面所成的像，即为相邻的后一个折射面的物。因此，可应用单球面折射公式，采用逐次成像法，直到求出最后一个折射面的成像为止。此像即为光通过共轴球面系统所成的像。

例题 11-3　玻璃球($n=1.5$)的半径为 10 cm，一点光源放在球前 40 cm 处。求近轴光线通过玻璃球后所成的像。

笔记栏

解：对第一折射面来说，$n_1=1.0$，$n_2=1.5$，$r=10$ cm，$u_1=40$ cm，代入式(11-1)得

$$\frac{1.0}{40}+\frac{1.5}{v_1}=\frac{1.5-1.0}{10}$$

解得

$$v_1=60\ \text{cm}$$

如果没有第二折射面，I_1应在 P_1后面 60 cm 处。由于 I_1在第二折射面之后，因此，I_1对于第二折射面是一虚物，则 $u_2=-(60-20)=-40$ cm。对第二折射面来说，$n_1=1.5$，$n_2=1.0$，$r=-10$ cm，代入式(11-1)，得

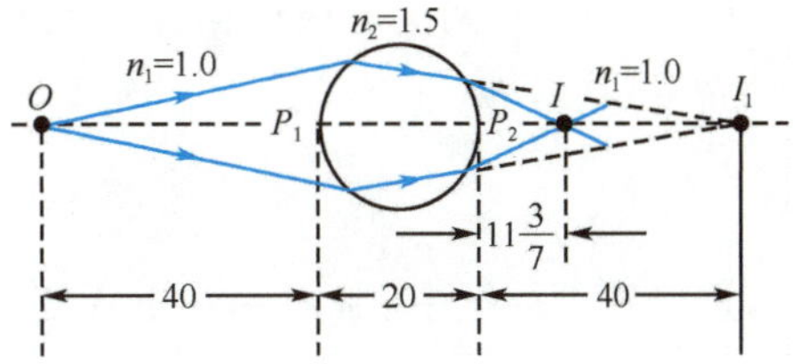

图 11-3 例题 11-3 图示

$$\frac{1.5}{-40}+\frac{1}{v_2}=\frac{1.0-1.5}{-10}$$

解得

$$v_2=11.4\ \text{cm}$$

因此，最后成像在玻璃球后面 11.4 cm 处。整个系统成像过程如图 11-3 所示。

第二节 透 镜

透镜(Lens)是光学仪器中的重要基本元件，它是由两个折射面组成的共轴系统，两折射面之间是均匀的透明物质。常见的透镜的两个折射面是球面、透明物质是玻璃。透镜的两个折射面在其主光轴上的间隔称为透镜的厚度，若透镜的厚度与其两个折射球面的曲率半径相比不能忽略，则称为厚透镜；若可略去不计，则称为薄透镜。构成透镜的两个折射面的形状有球面、柱面、椭球面等，并且这些透镜所成的像都具有像差。

一、薄透镜成像公式

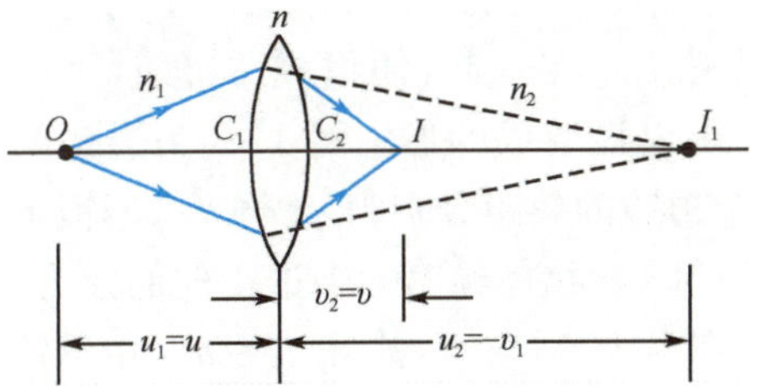

图 11-4 薄透镜成像

设折射率为 n 的薄透镜放置在媒质中，薄透镜左方的媒质的折射率为 n_1，而右方的媒质的折射率为 n_2；薄透镜的两个折射面的曲率半径分别为 r_1、r_2。一物点 O 置于主光轴上，经透镜折射后成像于 I 处，如图 11-4 所示。以 u_1、v_1和 u_2、v_2分别表示第一折射面和第二折射面的物距和像距。以 u、v 分别表示薄透镜的物距和像距。由于是薄透镜，则有 $u_1=u$，$v_1=-u_2$，$v_2=v$。对第一、第二折射面分别运用单球面折射公式(11-1)，得到：

$$\frac{n_1}{u}+\frac{n}{v_1}=\frac{n-n_1}{r_1},\qquad \frac{n}{-v_1}+\frac{n_2}{v}=\frac{n_2-n}{r_2}$$

将上述两式相加后，整理得

$$\frac{n_1}{u}+\frac{n_2}{v}=\frac{n-n_1}{r_1}+\frac{n_2-n}{r_2} \tag{11-8}$$

实际应用透镜时，经常遇到的情况是透镜置于同一种媒质中，即 $n_1=n_2=n_0$，此时，式(11-8)化简为

$$\frac{1}{u}+\frac{1}{v}=\frac{n-n_0}{n_0}\left(\frac{1}{r_1}-\frac{1}{r_2}\right) \tag{11-8a}$$

如果薄透镜周围的媒质为空气，即 $n_0=1$，则式(11-8)进一步化简为

$$\frac{1}{u}+\frac{1}{v}=(n-1)\left(\frac{1}{r_1}-\frac{1}{r_2}\right) \tag{11-8b}$$

式(11-8)、式(11-8a)和式(11-8b)称为**薄透镜的成像公式**。公式中 u、v、r_1、r_2 的正、负号仍然遵守式(11-1)中的符号法则。因此,它们适用于各种形状的凸、凹透镜。

类似于折射面有两个焦点,透镜也有两个焦点。当薄透镜两侧的媒质折射率不同时,由式(11-8)可以证明,两个焦距不相等。当薄透镜前后的媒质相同时,由式(11-8a)可以证明,两个焦距相等,其值为

$$f=\left[\frac{n-n_0}{n_0}\left(\frac{1}{r_1}-\frac{1}{r_2}\right)\right]^{-1} \tag{11-9}$$

当薄透镜置于空气中,则 $n_0=1$,上式变为

$$f=\left[(n-1)\left(\frac{1}{r_1}-\frac{1}{r_2}\right)\right]^{-1} \tag{11-9a}$$

将 f 之值代入薄透镜公式(11-8a),得

$$\frac{1}{u}+\frac{1}{v}=\frac{1}{f} \tag{11-10}$$

上式称为**薄透镜公式的高斯形式**。

薄透镜的焦距越短,它对光线的会聚或发散本领越强,所以人们用焦距的倒数 $1/f$ 表示透镜对光线的会聚或发散本领,称为透镜的**焦度**,即 $\phi=1/f$。当焦距以米为单位时,焦度的单位为屈光度。会聚透镜的焦度为正,发散透镜的焦度为负。在配制眼镜时常以度为单位,它们之间的关系是 1 屈光度等于 100 度。

二、薄透镜组合

由两个或两个以上薄透镜组成的共轴系统,叫做薄透镜组合,简称透镜组。物体通过透镜组后所成像的位置,可应用薄透镜公式,采用逐次成像法求出,即先求第一个透镜所成的像,将此像作为第二个透镜的物,求出第二个透镜所成的像,依次类推,直至求出最后一个透镜所成的像,便是物体经过透镜组后所成的像。

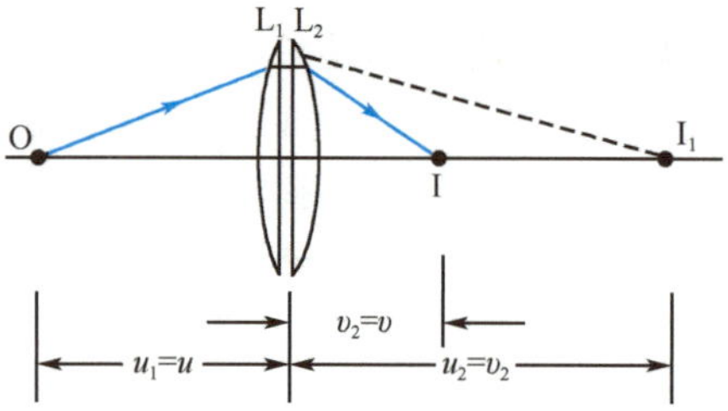

图 11-5 薄透镜的组合

薄透镜的组合有多种方式,其中最简单的情形是两个薄透镜紧密贴合在一起,便组成透镜组,可以用薄透镜公式来求出最后成的像。图 11-5 为透镜组成像过程,设两个透镜的焦距分别为 f_1 与 f_2,透镜组的物距为 u,像距为 v。物体经第一个透镜成的像为 I_1,相应的物距和像距为 u_1 与 v_1,并且 $u_1=u$。由透镜公式(11-10)得

$$\frac{1}{u}+\frac{1}{v_1}=\frac{1}{f_1}$$

对于第二个透镜,$u_2=-v_1$,$v_2=v$,则由透镜公式(11-10)得

$$-\frac{1}{v_1}+\frac{1}{v}=\frac{1}{f_2}$$

两式相加,得

$$\frac{1}{u}+\frac{1}{v}=\frac{1}{f_1}+\frac{1}{f_2} \tag{11-11}$$

当 $v=\infty$ 时,对应的 u 值即为透镜组的等效焦距 f,则

$$\frac{1}{f}=\frac{1}{f_1}+\frac{1}{f_2} \tag{11-12}$$

或

$$\phi=\phi_1+\phi_2 \tag{11-12a}$$

笔记栏

式中 $\phi_1=1/f_1$,$\phi_2=1/f_2$,$\phi=1/f$ 分别表示第一透镜、第二透镜和透镜组的焦度。上述两式表

明，紧密接触的透镜组的等效焦距的倒数等于组成它的各透镜焦距的倒数之和，或透镜组的焦度等于组成它的各透镜焦度之和。

式(11-12a)常被用来测量透镜的焦度。例如，要测定一近视眼镜片(凹透镜)的焦度，用已知焦度的凸透镜与它紧密接触，使组合后的焦度为零，即光线通过透镜组后既不发散也不会聚。此时有

$$\phi_1-\phi_2=0 \quad 或 \quad \phi_1=-\phi_2$$

即两透镜的焦度数值相等，符号相反。

例题 11-4 凸透镜 L_1 和凹透镜 L_2 的焦距分别为 20 cm 和 40 cm，L_2 在 L_1 右边 40 cm 处。在透镜 L_1 左边 30 cm 处放置一物体 PQ，求经透镜组后所成的像。

解： 1. 作图法

根据题意将两个透镜和它们的焦距以及物体的位置按比例标在图 11-6(a)上。

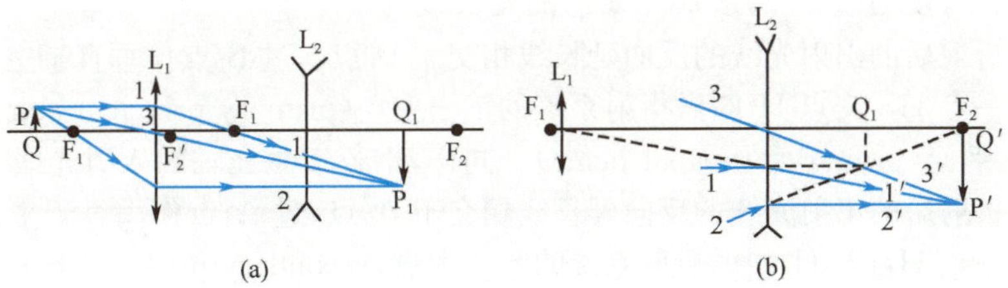

图 11-6 例题 11-4 图

如果透镜 L_2 不存在，物体 PQ 经透镜 L_1 在 Q_1 点形成一实像 P_1Q_1，虽然此象不会形成，但 P_1Q_1 还是作为透镜 L_2 的虚物，并在 Q′点形成最后的实像 P′Q′，如图 11-6(b)。

2. 计算法

对透镜 L_1 运用透镜成像公式(11-10)，得

$$\frac{1}{30}+\frac{1}{v_1}=\frac{1}{20}$$

解之得

$$v_1=60\ \text{cm} \qquad (实像)$$

透镜 L_2 的成像：由两透镜的位置关系可知，$u_2=-(60-40)=-20$ cm(虚物)，$f_2=-40$ cm，$v_2=v$，将这些数据代入透镜公式(11-10)，得

$$-\frac{1}{20}+\frac{1}{v}=-\frac{1}{40}$$

解之得

$$v=40\ \text{cm} \qquad (实像)$$

三、厚 透 镜

与薄透镜相比，厚透镜也是由两个折射球面构成的共轴球面系统，但厚透镜的厚度(两折射面在主光轴上的间距)不能忽略。因此，求解厚透镜的成像比求解薄透镜成像要复杂一些。原则上，可以采用逐次成像法求出厚透镜的成像，但比较繁琐。而利用厚透镜的三对基点，可大大简化其成像问题的求解，并有助于了解整个共轴系统的特点。这三对基点是：两焦点、两主点和两节点；适用于所有共轴球面系统。

1. 两焦点

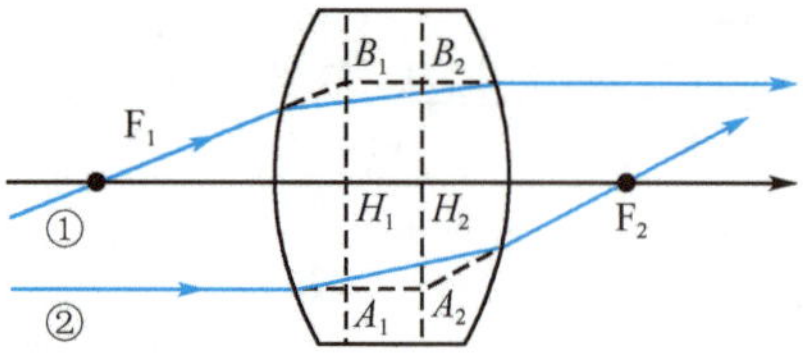

图 11-7 两焦点和两主点

将点光源放在主光轴上某一点 F_1，若它发出一束光线经整个折射系统后成为平行于主光轴的平行光束，如图 11-7 中的光线①，则这一点叫做厚透镜的**第一主焦点**(primary principal focus)。若平行于主光轴的光线经整个系统折射后交于主光轴上一点 F_2，则这一点叫做厚透镜的**第二主焦点**(secondary principal focus)，如图 11-7 中的光线②。

2. 两主点

在图 11-7 中，使通过 F_1 的入射光线①的延长线与经过整个系统折射后的出射光线的反向延长线相交于 B_1 点。过 B_1 点作垂直于主光轴的平面且交于主光轴上一点 H_1，交点 H_1 叫做折射系统的**第一主点**(primary principal point)，平面 $B_1H_1A_1$ 叫做**第一主平面**(primary principal plane)。同样，平行于主光轴的入射光线②的延长线与经过整个系统折射后的出射光线的反向延长线相交于 A_2 点，过 A_2 点作垂直于主光轴的平面且交于主光轴上一点 H_2，点 H_2 叫做折射系统的**第二主点**(secondary principal point)，平面 $B_2H_2A_2$ 叫做**第二主平面**(secondary principal plane)。

在图 11-7 中，无论光线在折射系统中经过怎么样的曲折路径，在效果上只等于在相应的主平面上发生一次折射。因此，把第一主焦点 F_1 到第一主点 H_1 的距离叫做第一焦距 f_1，物点到第一主平面的距离叫做物距。第二主焦点 F_2 到第二主点 H_2 的距离叫做第二焦距 f_2，像到第二主平面的距离叫做像距。

3. 两节点

在厚透镜的主光轴上可以找到两点 N_1 和 N_2，如图 11-8 所示。N_1 和 N_2 的性质类似于薄透镜的光心，光线通过它们时不改变方向，只有平移，即以任何角度向 N_1 点入射的光线都以相同的角度从 N_2 射出。N_1 和 N_2 分别叫做厚透镜的**第一节点**(primary nodal point)和**第二节点**(secondary nodal point)。

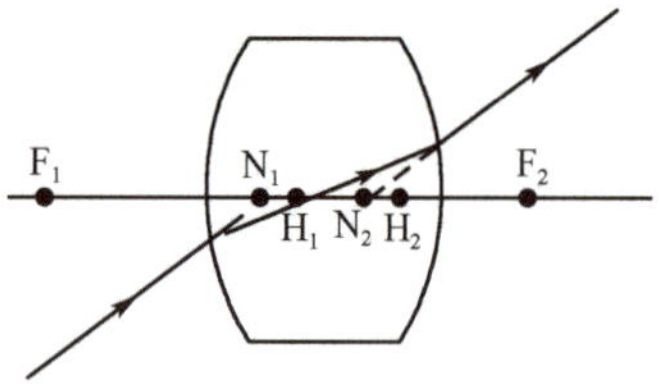

图 11-8 两节点

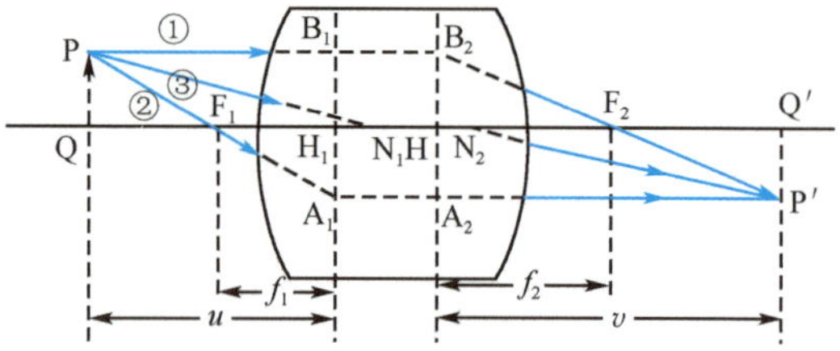

图 11-9 用作图法求像

只要知道厚透镜的三对基点在折射系统中的位置，则可利用下列三条光线中的任意两条就能求出经折射系统后所成的像，如图 11-9 所示，这三条光线是：

(1) 平行于主光轴的光线①在第一主平面折射后通过第二主焦点 F_2。

(2) 通过第一主焦点 F_1 的光线②在第一主平面折射后平行于主光轴射出。

(3) 通过第一节点 N_1 的光线③从第二节点 N_2 平行于入射方向射出。

各基点的位置决定于折射系统的具体条件。值得指出的是，如果厚透镜置于同一种媒质(如空气)中，则 $f = f_1 = f_2$，且 N_1 与 H_1 重合，N_2 与 H_2 重合。在这种情况下，物距 u、像距 v、焦距 f 之间的关系相同于薄透镜成像公式的高斯形式：

$$\frac{1}{u}+\frac{1}{v}=\frac{1}{f}$$

注意:式中 u、v 和 f 都是从相应的主平面算起。

四、柱面透镜

如果构成透镜的两个折射面不是球面的一部分,而是圆柱面的一部分,这种透镜叫做柱面透镜(cylindrical lens)。柱面透镜的两个折射面可以都是圆柱面,也可以一个折射面为圆柱面,另一折射面是平面;它与透镜一样,柱面透镜也有凸的和凹的两种,如图 11-10 所示。

如果折射面在各个方向子午面上的曲率半径不相同,这种折射面为非对称折射面,由这种折射面组成的共轴系统称为非对称折射系统。非对称折射系统对光线在各个子午面上的折射本领不同,因此,主光轴上点光源发出的光束经此系统折射后不能形成一清晰的点像。柱面透镜的成像,如图 11-11 所示。

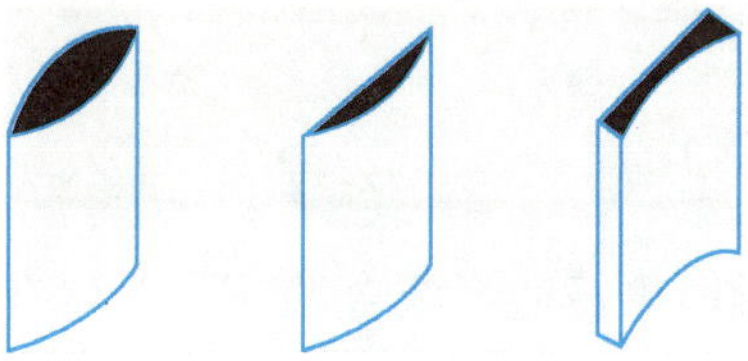

图 11-10 柱面透镜

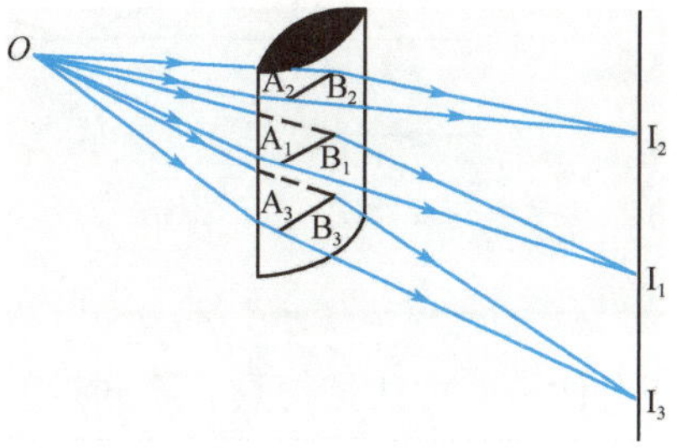

图 11-11 柱面透镜成像

柱面透镜在水平子午面上的焦度最大且为正值,对光线起会聚作用,在垂直子午面上的焦度为零,光线经垂直子午面折射后,折射光的方向与入射光的方向一致且重合。利用柱面透镜的这一特点可以纠正任何子午面上焦度不足的缺陷。

五、透镜的像差

人们使用透镜的目的之一,是希望得到与原物体在几何形状上相似、色彩一致而清晰的像。然而,由于各种原因,理想成像的条件在实际中难于满足,物体经透镜后所成的像偏离了理想成像,这种现象叫做透镜的像差(aberration)。产生像差的原因较多,像差的种类也较多,此处只简单讨论球面像差和色像差。

1. 球面像差

当光轴上的一物点发出的光束经透镜折射后不能会聚于光轴上一点,这种现象叫做球面像差(spherical aberration),简称球差,如图 11-12(a)所示。产生球差的原因是由于物点发出的光束中的远轴光线和近轴光线都进入了透镜,而通过透镜边缘部分的远轴光线比通过透镜中央部分的近轴光线偏折得多些,于是,通过透镜的远轴光线与近轴光线不能会聚于同一点,点物体或点光源不能生成点像,而是一亮斑 I'。

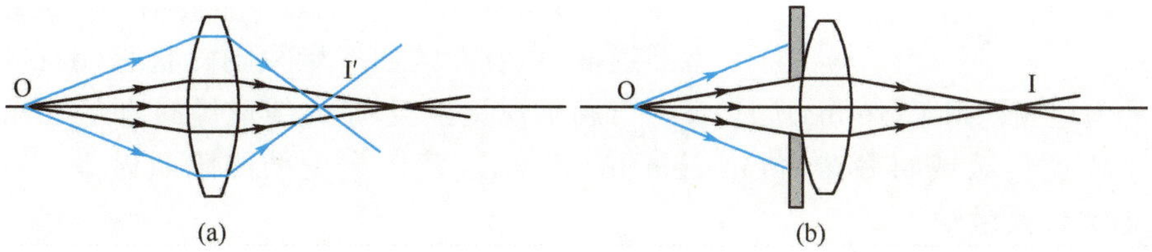

图 11-12 球面像差及其校正

校正球面像差的最简单方法是在透镜前放置一光阑,以限制远轴光线射入透镜,只让近轴光线通过透镜中央部分而生成一清晰的像,如图 11-12(b)所示。校正球面像差的另一种办法是

笔记栏

在会聚透镜之后放置一发散透镜,因为发散透镜对远轴光线的发散作用强于对近轴光线的发散作用。这样组成的透镜组虽然降低了焦度,却减小了球差。实际上,在磨制透镜时,常将强会聚透镜与弱发散透镜组合磨成一个透镜,以减小球面像差。

2. 色像差

任何光学材料,对于不同颜色的光,其折射率不同。因此,白光或复色光通过透镜折射后,不同波长的光偏折程度不同。于是,不同颜色的光通过透镜后所成的像,不论大小和位置都可能不同,这种现象叫做色像差(chromatic aberration),如图 11-13(a)所示。由于色像差的存在,使得白光通过透镜后所成的像的边缘出现各种颜色。

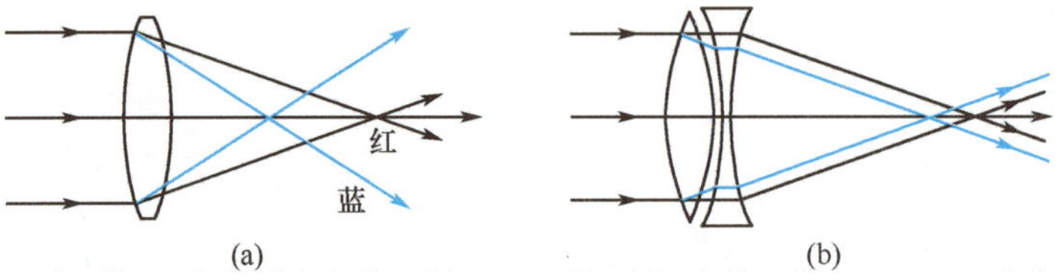

图 11-13 色像差及其校正

校正色像差的方法是把具有不同折射率的凸透镜和凹透镜适当配合,如图 11-13(b)所示,使得一个透镜的色像差被另一透镜所抵消。例如冕牌玻璃的色散能力较火石玻璃弱,因此,如果在冕牌玻璃的凸透镜上胶粘一块火石玻璃凹透镜,使得通过凸透镜所产生的色散大部分被凹透镜所抵消,从而得到消色散透镜。

第三节 眼 睛

人眼是一个非常理想的光学系统,它能把远、近不同的物体清晰地成像在视网膜上。本节介绍眼的光学系统。

一、眼的光学结构

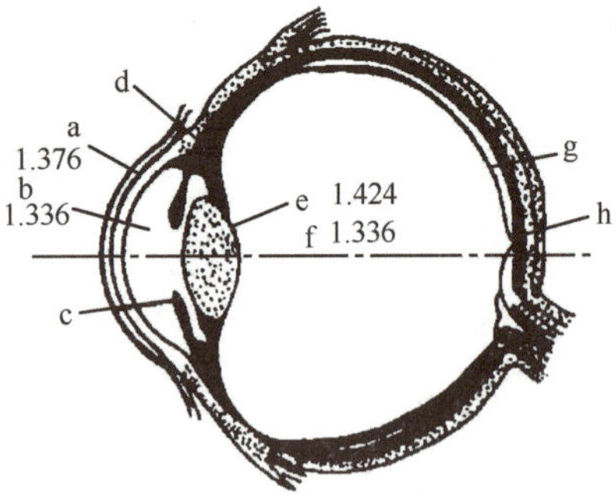

图 11-14 眼球剖面

图 11-14 是眼的水平剖面。眼球被一层坚韧的膜包着,眼的前表面是一层凸出透明的膜叫做角膜(cornea)(a),它的折射率约为 1.376,其余部分是白色的不透明膜,叫巩膜(sclera)。外界的光线由角膜进入眼内。角膜后面是虹膜(iris)(c),虹膜中央有一圆孔称为瞳孔(pupil),瞳孔的大小由肌肉(d)的收缩使之改变,用以调节进入眼内的光能量,同时还有光阑的作用,减小像差,以便在视网膜上得到清晰的像。虹膜之后是晶状体(crystalline lens)(e),它是透明而富有弹性的组织,形如双凸透镜,其表面的曲率半径随睫状肌(d)的收缩而变化。眼球的内层叫视网膜(retina)(g),其上布满了视觉神经,是光线成像的地方。网膜上正对瞳孔处的小块黄色区域叫做黄斑(macula lutea)(h),黄斑中央的凹陷叫做中央凹(central fovea),它对光线最敏感。

在角膜、虹膜与晶状体之间充满了透明房水(aqueous humor)(b)。晶状体与视网膜之间充满了另一透明液体叫做玻璃体(vitreous body)(f)。眼内各种折射媒质的折射率与界面的曲率半径见表 11-1。

表 11-1 古氏平均眼常数

			折射率	在光轴上位置(mm)	曲率半径(mm)
角膜		前面	1.376	0	7.7
		后面		0.5	6.8
		房水	1.336		
		玻璃体	1.336		
晶状体	皮质	前面	1.386	3.6	10.0
		后面		7.2	−6.0
	体核	前面	1.406	4.15	7.9
		后面		6.57	−5.8
三对基点		第一主点(H_1)		1.348	
		第二主点(H_2)		1.602	
		第一节点(N_1)		7.08	
		第二节点(N_2)		7.33	
		第一焦点(F_1)		−15.70	
		第二焦点(F_2)		24.38	

从几何光学的观点来看，人眼是由多种媒质组成的复杂的共轴球面系统，这个系统能使物体在网膜上成清晰的像。根据古氏(Gullstrand)的计算，表征这一系统光学性质常数的量如表11-1所列的平均值。具有表中所列常数的简化眼称为古氏平均眼，如图 11-15。

光线进入眼球时，最大的折射发生在空气与角膜的交界面上，因为这两种媒质折射率的差值较眼内任何相邻两种媒质折射率的差值大。晶状体的折射本领只有角膜的四分之一，因为它的折射率与周围媒质的折射率相差不大。

生理学上常常把眼睛进一步简化为一个单球面折射系统，称为简约眼，如图 11-16 所示。凸球面代表角膜，它的曲率半径 $r=5$ mm，媒质折射率为 1.33，由此可以得出 $f_1=15$ mm，$f_2=20$ mm。

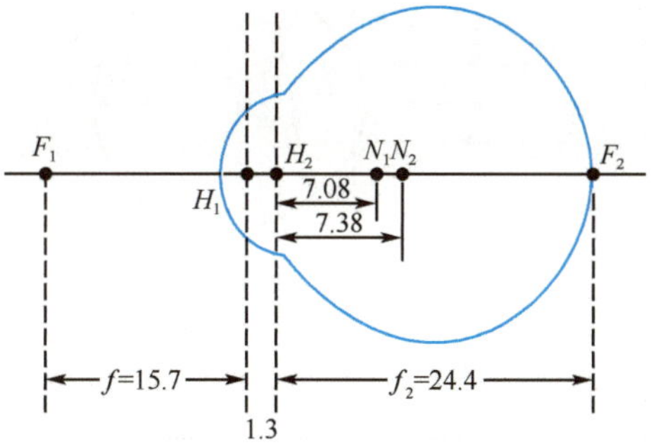

图 11-15 古氏平均眼

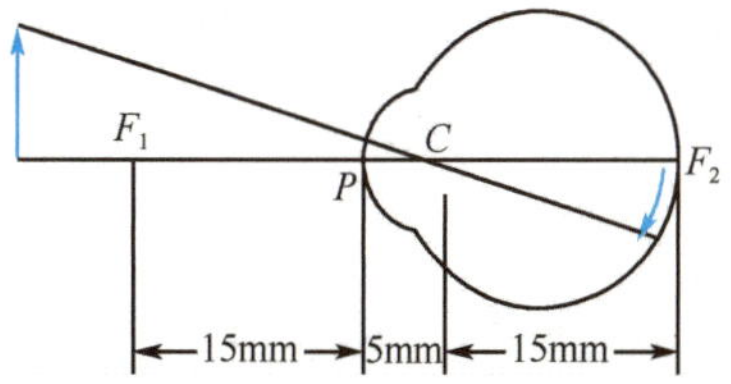

图 11-16 简约眼

二、眼的调节

眼睛不同于任何光学折射系统，眼的焦度能在一定范围内自动改变，才能将远近不同物体成像在视网膜上，眼睛能改变焦度的这种本领叫做眼的调节(accommodation)。眼的调节是通过睫状肌的收缩改变晶状体表面的曲率半径来实现的，但这种调节有一定限度。当被观察物体在无限远时，睫状肌松弛，眼不调节，此时晶状体曲率半径最大，其焦度最小，大约为 58.64 D。观察近处物体时，晶状体曲率半径减小(睫状肌收缩)，以增大眼的焦度，最大可达到 70.57 D。由此可见，在观察不同距离的物体时，眼的光学常数不相同。表 11-1 给出了眼不调节时的数据。

眼睛不调节时能看清的物点到眼睛之间的距离叫做远点(far point),正常视力的人,其远点在无穷远处,即平行光进入眼睛后刚好会聚于视网膜上。近视眼的远点为有限距离。若物体逐渐向眼睛移近,晶状体的曲率半径随之减小,眼睛的焦度增大,使得进入眼睛的光线不能在网膜上成清晰的像。眼睛最大调节(晶状体曲率半径最小)时能看清的物体与眼睛之间的距离称为近点(near point)。视力正常的人,近点约为 10~12 厘米。远视眼的近点则远得多。

在观察近距离物体时,眼睛需要高度调节而容易产生疲劳。日常工作中,在适当照度下,最适宜而不易引起眼睛过度疲劳的距离为 25 厘米。这一距离称为视力正常人的明视距离(visual distance)。

三、眼的分辨本领

从物体两端入射到眼中节点的光线所夹的角度叫做视角(visual angle)。视角决定物体在网膜上成像的大小,视角越大,成像也越大,眼睛越能看清物体细节。实验指出,视力正常的眼睛能分辨两物点的视角为 1 分,与之对应,在明视距离处眼睛能分辨两物点之间的最短距离约为 0.1 mm。眼睛能分辨两物点间最小距离的能力叫做眼的分辨本领,其大小与分辨的最小视角有关,分辨的最小视角越小,眼的分辨本领越大。因此,常用眼睛分辨的最小视角的倒数表示其分辨本领,叫做视力(visual acuity)。

$$\text{视力} = \frac{1}{\text{能分辨的最小视角}}$$

应用上式计算视力时,最小视角应以分为单位。例如,最小视角为 1 分,相应的视力为 1.0。

四、眼的屈光不正及其矫正

眼睛不调节时,若平行光进入眼内经折射后刚好在视网膜上形成一清晰的像,如图 11-17 所示。这种屈光正常的眼睛称为正视眼(emmetropia)。否则称为非正视眼,它包括近视眼、远视眼和散光眼三种。

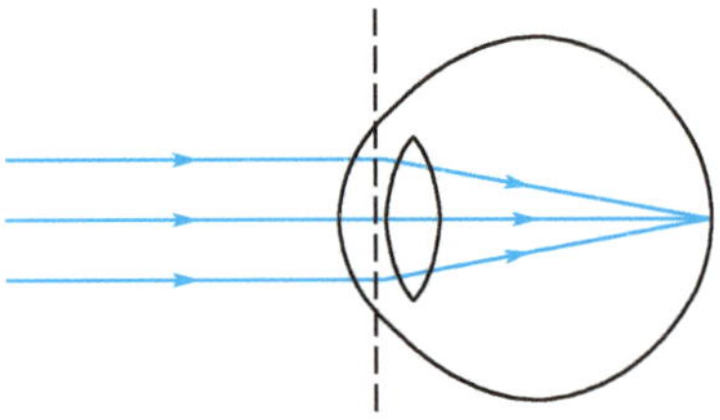

图 11-17　正视眼

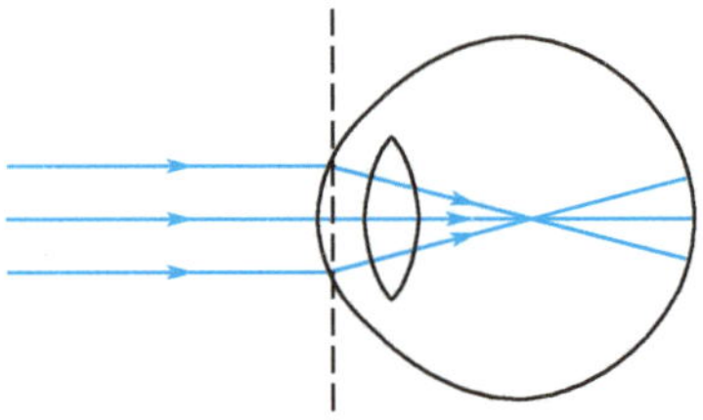

图 11-18　近视眼

1. 近视眼

眼睛不调节时,平行光进入眼内经折射后会聚于视网膜前面,在网膜上成像模糊不清,则称为近视眼(myopia),如图 11-18 所示。近视眼看不清远处的物体,必须将物体移近到眼前某一位置才能看清。可见,近视眼的远点不是无限远而在较近处,其远点较正视眼要近些。近视的原因可能是角膜或晶状体的折射面曲率半径太小,对光线的偏折太强,或者眼球的前后直径太长。

近视眼的矫正方法是配戴一副适当焦度的凹透镜,使光线进入眼睛之前经凹透镜适当发散,再经眼睛折射后恰好在视网膜上形成清晰的像,如图 11-19。具体地说,近视眼所配戴的凹透镜要使光线所成虚像在近视眼的远点处,这样近视眼在不调节时就能看清远处的物体。

笔记栏

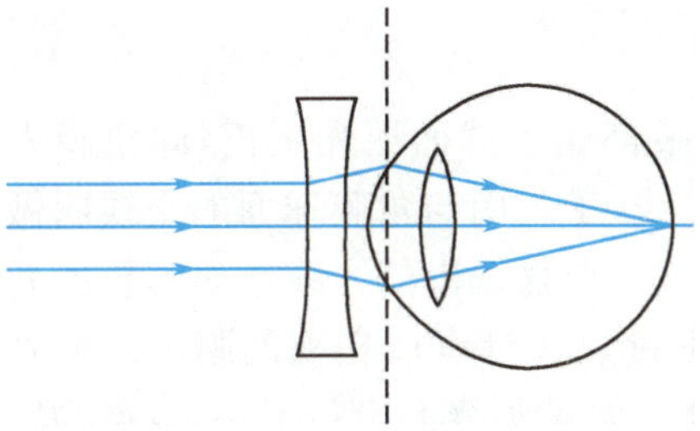

图 11-19　近视眼的矫正

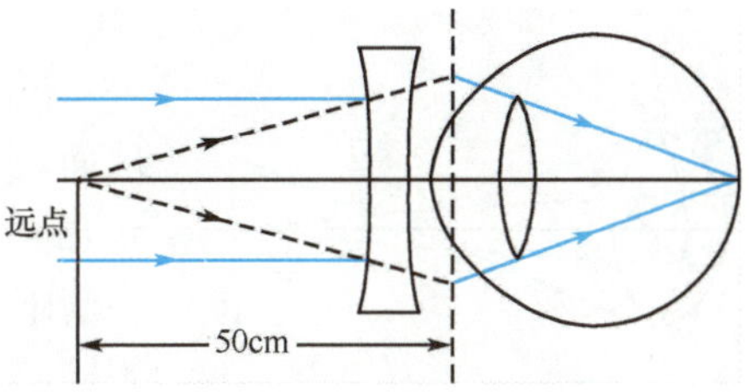

图 11-20　例题 11-5 图

例题 11-5　一近视眼的远点在眼前 50 厘米处。今欲使其看清无限远的物体，则应配戴多少度的眼镜？

解:配戴的眼镜必须使无限远的物体应在眼前 50 厘米处成一虚像，如图 11-20。设眼镜的焦距为 f，$u=\infty$，v=-0.5 m，代入薄透镜公式，得

$$\frac{1}{\infty}+\frac{1}{-0.5}=\frac{1}{f}$$

解得　$\phi=1/f=-1/0.5=-2\ \text{D}=-200$ 度。

2. 远视眼

眼睛不调节时，来自远处的平行光射入眼内经折射后会聚于视网膜的后面，因此，在网膜上得不到清晰的像，如图 11-21(a)。此类眼睛叫做**远视眼**(hypermetropia)。远视眼在不调节时既看不清远处物体，也看不清较近的物体。虽然通过调节可以看清远处物体，但近处物体仍然看不清。所以，远视眼的近点比正视眼要远些。

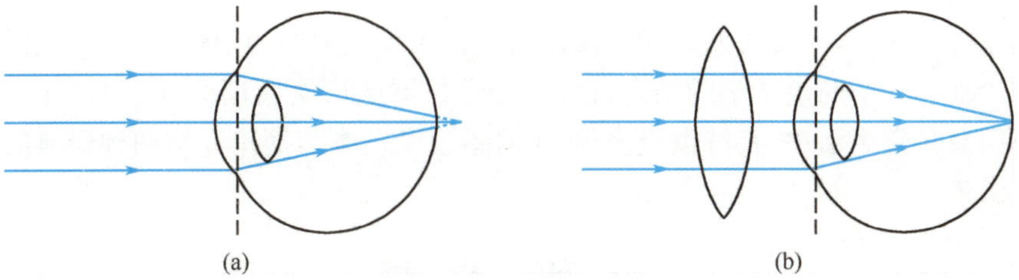

图 11-21　远视眼及其矫正

远视的原因可能是角膜或晶状体折射面的曲率半径太大，焦度过小；或者是眼球前后直径太短，将物体的像成在视网膜之后。

远视眼矫正的方法是配戴一副适当焦度的凸透镜，让平行光线进入眼睛之前先经凸透镜适当会聚，再经眼睛折射后会聚于视网膜上，如图 11-21(b)。由于远视眼的近点较正视眼远些，因此，远视眼在看眼前较近的物体时，所选择的凸透镜必须将此物体的虚像成在远视眼的近点处。

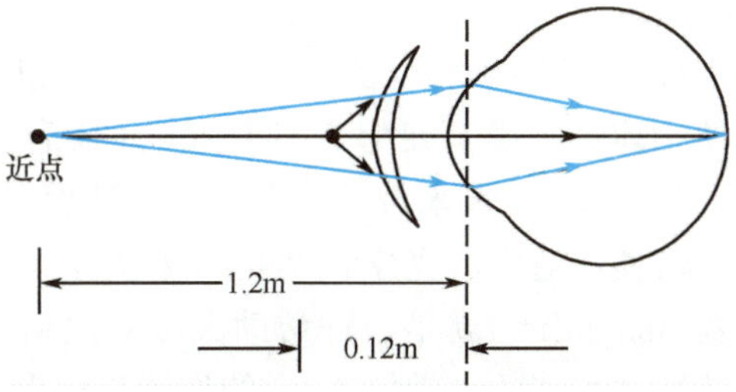

图 11-22　例题 11-6 图

例题 11-6　一远视眼的近点在 1.2 m 处，要看清眼前 12 cm 处的物体，问应配戴怎样的眼镜？

解:所配戴的眼镜应使眼前 12 cm 处的物体在眼前 1.2 m 处成一虚像，如图 11-22。对于透镜：$u=0.12$ m，$v=-1.2$ m，代入薄透镜公式，得

$$\phi=\frac{1}{f}=\frac{1}{0.12}+\frac{1}{-1.2}=7.5\text{D}$$

即配戴焦度为 7.5 D 的凸透镜。

笔记栏

3. 散光眼

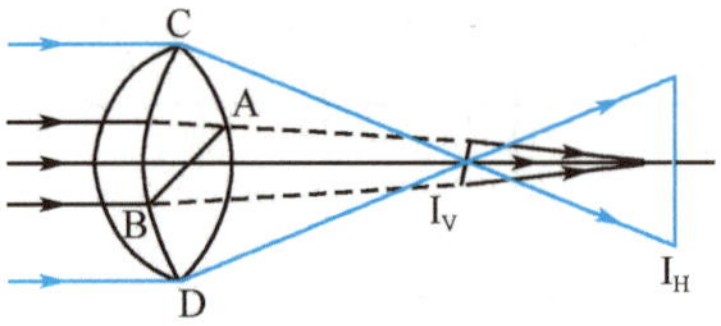

图 11-23 散光眼成像

近视眼和远视眼都属于球面屈光不正，即角膜表面是球面，它的任何子午线(子午面与角膜球面的交线叫做子午线)的半径相等。所以，点物发出的光线经角膜折射后形成一清晰的点像，只不过点像没有成在视网膜上。散光眼则不同，其角膜的各个方向子午线的半径不相等，点物发出的光线经角膜折射后不能形成一清晰的点像，即散光眼(astigmatism)为非对称折射系统。图 11-23 表示散光眼的角膜及其成像。散光眼的眼球纵向子午线半径最短，横向子午线的半径最长，其他方向子午线半径介于二者之间。当来自远处物体的平行光线经角膜折射后纵向子午面内的光线会聚于 I_V处，得到一条竖直的线条状的像；横向子午面内的光线会聚于 I_H处，得到一条水平的线条状的像；其他方向子午面内光线会聚于 I_V和 I_H之间，在这之间，不同位置可以得到大小不同的椭圆或者圆形的像。由此可见，散光眼对任何位置的点物均不能产生点像。因此，有散光眼的人常把一点物看成一条很短的线条，这就使他看物体时感到模糊不清。

散光眼的矫正方法是配戴适当焦度的柱面透镜，以矫正屈光不正常的子午面的焦度。

第四节 医用光学仪器

人类的眼睛尽管具有高度的准确性、极高的灵敏性、精密的分辨能力和高度的适应性等，但仍有很大的局限性，不能完全满足人类活动的需要。例如，对太远或太近或太小的物体都看不见或看不清；对物体的大小、远近和形状难以作出数量上的比较或计量；对红外光和紫外光都不产生光的感觉等。于是，人类便发展光学仪器以弥补人眼视觉的局限性，满足人类活动的需要。由于激光的出现和光学与电子学的结合，目前，光学仪器已广泛应用于几乎所有的科技领域和许多工业部门及日常生活中，其种类繁多，技术日益复杂。本节简单介绍两种经典的光学仪器：放大镜和显微镜。

一、放 大 镜

为了看清楚微小物体或物体的细节，需要把物体移近眼睛，以增大物体对人眼的视角，使物体在视网膜上成一较大的像。但是，眼睛的调节有限，物体离眼睛太近反而看不清物体，而且也不可能将物体无限制地移近眼睛。因此，要看清微小物体或其细节，既要使物体对眼睛有足够大的视角，又要有合适的距离。显然，对人眼来说，这两个要求是相互矛盾的。不过若使用适当的光学仪器可以解决这个矛盾。放大镜(magnifier)就是一种帮助人眼观察清楚微小物体或物体细节的光学仪器，它的作用是增大视角。一块会聚透镜就是一个简单的放大镜。使用放大镜时，常常将物体放在放大镜的焦点附近且靠近透镜一侧，使光线经放大镜折射后变成平行光再进入眼内，此时眼睛不需要调节便能在视网膜上得到清晰的像。

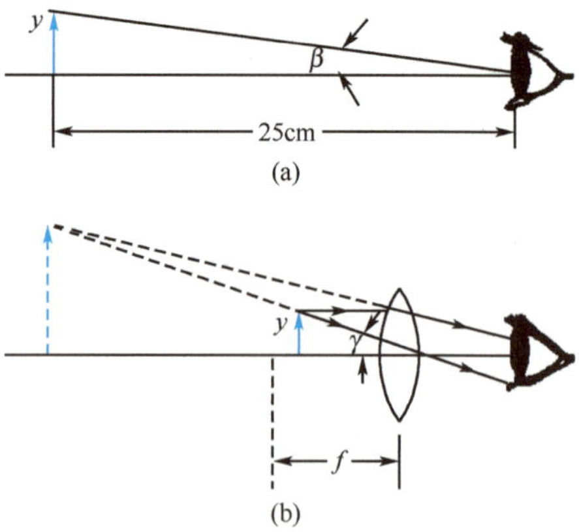

图 11-24 放大镜原理

在图 11-24(a)中，物体放在明视距离处，用眼睛直接观察时的视角为 β；利用放大镜观察同一物体时的视角为 γ，如图 11-24(b)。通常将这两个视角的比值 γ/β 来衡量放大镜放大视角的

能力，叫做角放大率(angular magnification) α，即

$$\alpha=\frac{\gamma}{\beta} \tag{11-13}$$

由于物体线度 y 很小，故 γ、β 视角均很小，则

$$\beta \approx \tan\beta=\frac{y}{25}, \quad \gamma \approx \tan\gamma=\frac{y}{f}$$

将上述两式代入(11-13)中，得

$$\alpha=\left(\frac{y}{f}\right)\Big/\left(\frac{y}{25}\right)=\frac{25}{f} \tag{11-14}$$

式中 f 为放大镜的焦距。此式表明，放大镜的角放大率与它的焦距成反比，即放大镜焦距越小，角放大率越大。

二、光学显微镜

如上所述，放大镜的角放大率越大，则放大镜焦距越小；那么使用放大镜时，被观察的实物距眼睛的距离也越小。例如，50×的放大镜，其焦距为 0.5 cm，这样短的工作距离在实际使用中很不方便，甚至是不允许的。而且放大镜的放大率也不够大(几倍到几十倍)，欲得到更大的放大倍率要靠显微镜。

1. 显微镜的光学原理

显微镜(microscope)是生物学和医学中广泛使用的仪器。普通光学显微镜由两组会聚透镜组成，其光学系统如图 11-25。L_1 代表焦距较短的透镜组，称为物镜(objective)，L_2 代表另一组焦距较长的透镜组，称为目镜(eyepiece)。实际的物镜和目镜分别由多个薄透镜组成，其目的在于减小各种像差，尽可能使它们所成的像清晰，便于观察。将被观察的物体 y 放在物镜的第一焦点附近(外侧)，于是，物体 y 在目镜的第一焦点(靠近目镜一侧)成一放大的实像 y'。目镜的作用与放大镜的作用相同，目的是使眼睛能靠近实像 y'，以增大视角。

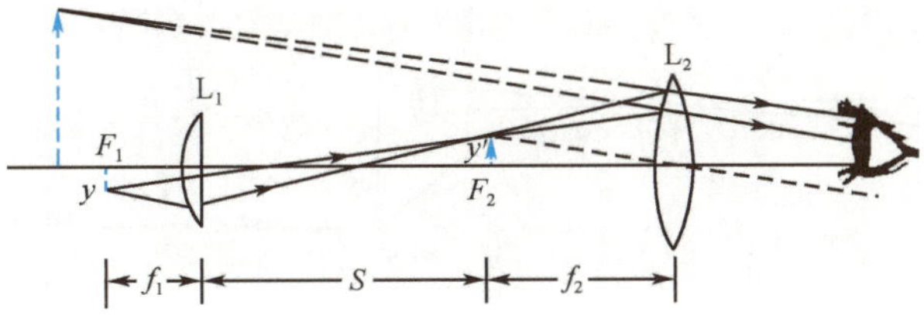

图 11-25 光学显微镜的光路图

根据光学仪器角放大率的定义，显微镜的放大率 M 为

$$M=\frac{\tan\gamma}{\tan\beta}$$

由图可知，$\tan\gamma=\dfrac{y'}{f_2}$ (f_2 为目镜焦距)，$\tan\beta=\dfrac{y}{25}$，代入上式得

$$M=\frac{y'}{f_2}\cdot\frac{25}{y}=\frac{y'}{y}\cdot\frac{25}{f_2}$$

式中 y'/y 叫做物镜的线放大率 m；$25/f_2$ 是目镜的角放大率 α，代入上式得

$$M=m\alpha \tag{11-15}$$

即显微镜的放大率等于物镜的线放大率与目镜的角放大率的乘积。实际使用的显微镜附有可以调换的放大率不同的物镜和目镜，适当配合可获得不同大小的放大率。

由于被观察物体放在靠近物镜的第一焦点，所以物镜的线放大率 y'/y 可近似地等于 s/f_1，s 是像 y' 到物镜的距离，即物镜的像距，因此显微镜的放大率又可写成

笔记栏

$$M=\frac{s}{f_1}\cdot\frac{25}{f_2}=\frac{25s}{f_1f_2} \tag{11-16}$$

由于物镜和目镜的焦距 f_1、f_2 与物镜的像距 s 相比较很小，式中 s 可以近似看成镜筒长度，因此显微镜的放大率与所用物镜和目镜的焦距成反比。

2. 光学系统的分辨本领

利用光学系统观察物体时，根据几何光学原理，光线直线传播，只要消除了各种像差，则每一物点都对应一个像点，因而，物面上无论怎样微小的细节都可在像面上详尽无遗地反映出来。但是，由于衍射现象的存在，要详尽无遗地反映出来物面的细节是不可能的。实际上，每个物点所成的像都是一个有一定大小的衍射光斑，而不是一个几何点。若两物点靠得太近，它们的像（衍射光斑）彼此重叠，变得模糊不清。因此，衍射现象限制了光学系统分辨物体细节的能力。光学系统能分辨开两物点的最短距离称为分辨极限，它的倒数叫做光学系统的**分辨本领**（resolving power）。

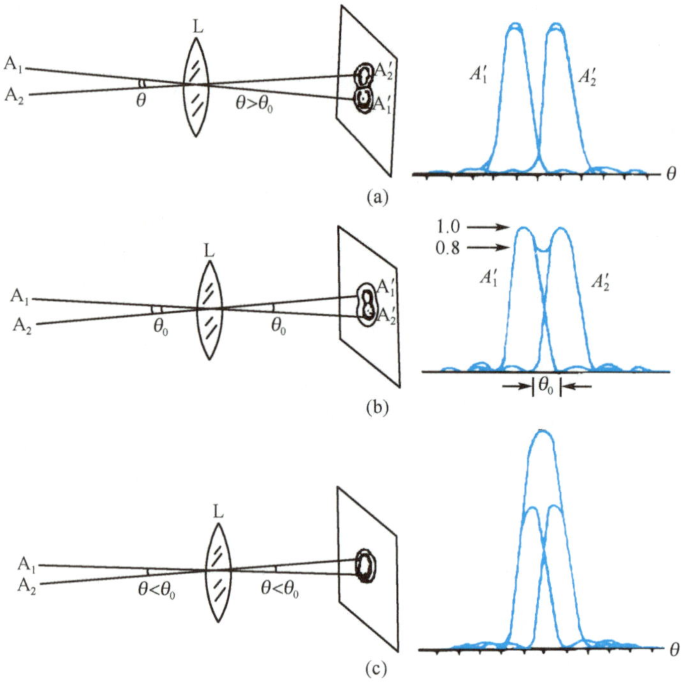

图 11-26 光学系统的分辨本领

设光学系统的通光口径为圆形光阑，由光的衍射知识（第 10 章第二节）知道，在夫琅禾费圆孔衍射的情况下，两物点 A_1 和 A_2 发出的光线经光学系统 L 后在光屏上所成的像实际上是两个衍射图样 A'_1 和 A'_2，每个衍射图样的中央是一明亮的圆斑（爱里斑），周围是一组明暗相间的同心圆环。设两个衍射图样的中央亮斑中心（爱里斑圆心）的间距为 d、单个中央亮斑（爱里斑）的半径为 r_0。若物点 A_1 和 A_2 相距较远，则相应的两个像 A'_1 和 A'_2 亦相距较远，当 $d>r_0$ 时，一个爱里斑的圆心必在另一爱里斑半径之外，并且在它们光强度的合成曲线中，两最大光强之间有一极小光强，此时，很容易分辨出两个物点所成的像，如图 11-26(a)所示。当物点 A_1 和 A_2 太靠近时，则相应的两个像 A'_1 和 A'_2 亦相距较近，当 $d<r_0$ 时，一个爱里斑的圆心必在另一爱里斑半径之内，此时，从合成的衍射图样中或合成的光强度曲线中均无法分辨出有两个像斑，即光学系统不能分辨出相应的两个物点，如图 11-26(c)所示。那么，如何判定两物点所成像恰能被分辨呢？通常采用**瑞利判据**（Rayleigh's criterion）作为两个像恰能被分辨的标准，即：在两物点所成的两个像（衍射图样）之间，当一个衍射图样的中央亮斑中心（爱里斑圆心）刚好落在另一个衍射图样的中央亮斑的边缘（爱里斑圆周，即一级暗纹）上时，即 $d=r_0$，就算两个像刚刚能

笔记栏

被分辨。此时，相应的两物点之间的距离就是光学系统所能分辨的两物点间的最短距离，而两物点对光学系统主光轴的夹角 θ_0 则是光学系统的最小分辨角，如图 11-26(b)所示。计算表明，满足瑞利判据时，其总光强分布曲线中两最大光强之间的凹处的强度约为每一最大光强的 80%，一般人眼是刚刚能够分辨这种光强差别的。

若光学系统的圆形通光孔径为 D，则由第 10 章第二节的圆孔衍射可知，爱里斑的半角宽度为

$$\theta = \frac{1.22}{D}\lambda$$

在瑞利判据下，θ 就是两衍射图样中心对光学系统主光轴的夹角，它与光学系统的最小分辨角 θ_0 是相等的，即 $\theta_0 = \theta$，因而刚好被分辨开两物点的角距离

$$\theta_0 = \theta = \frac{1.22}{D}\lambda$$

此式表明，对于无限远的物点，通过圆形通光孔成像的光学系统，其通光孔径越大，能分辨开的两物点的角距离越小，分辨本领越大；所用光波的波长越短，分辨本领亦越大。

3. 显微镜的分辨本领

使用显微镜的目的是为了清楚地观察物体的细节。如果只提高显微镜的放大率而不能相应地看到物体细节，那么这种放大率的提高就像将一张照片过分放大一样，毫无意义。也就是说，由于光的衍射，如果物体的细节之间的距离小于某一极限值时，显微镜是无法分辨的。因此，显微镜能分辨最短距离的能力称为它的分辨本领或分辨力。

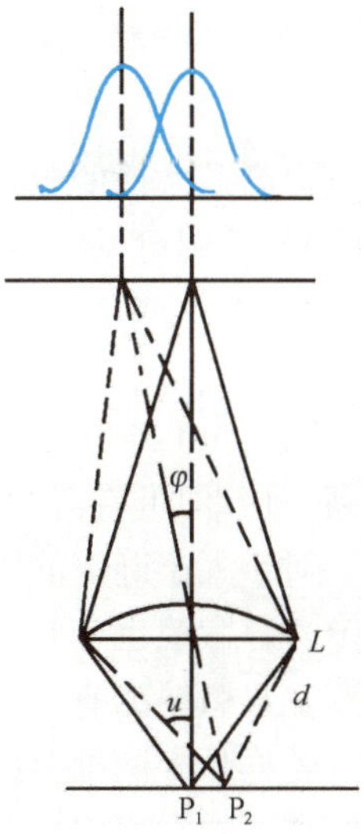

图 11-27　物镜的分辨本领

被观察的标本可以看成由许多物点组成，每一个物点发出的光波进入显微镜时，只有部分波阵面进入镜筒，因此要产生圆孔衍射。各物点在物镜的像平面上所成的像不是理想的点像，而是有一定大小的亮斑，这些亮斑在物镜的像平面上构成了标本的像。从目镜中看到的细节是来自物镜的像，因此，只有物镜能分辨的细节，经目镜放大视角后，人眼才能分辨。由瑞利判据可知，当一物点的衍射亮斑中心恰好与另一物点的衍射图样中的第一极小重合时，两物点之间的距离正好处于物镜可分辨的极限距离。图 11-27 中 P_1 与 P_2 之间的距离刚好满足瑞利判据的条件。

根据显微镜使用的具体情况，阿贝指出：物镜所能分辨两点之间的最短距离为

$$Z = \frac{1.22\lambda}{2n\sin u} \tag{11-17}$$

式中 λ 是光波的波长，n 为物镜与标本之间媒质的折射率，u 为物点发出的光线对物镜边缘所成锥角的一半。$n\sin u$ 叫做物镜的数值孔径(numerical aperture，$N \cdot A$)，可简记为 NA，因此，上式可写成

$$Z = \frac{0.61}{NA}\lambda \tag{11-18}$$

可见物镜的数值孔径越大、照射光的波长越短，显微镜能分辨的最短距离越小，越能看清物体的细节，显微镜的分辨本领也越强。因此，常用显微镜能分辨的最短距离的倒数 $1/Z$ 表示它的分辨本领的大小。

正确认识显微镜的分辨本领和放大率两个概念的含义是很重要的。显微镜的放大率是物镜线放大率与目镜角放率的乘积，而分辨本领只决定于物镜特性。目镜只能放大物镜所分辨的细节，不能提高显微镜的分辨本领。因此只使用高倍目镜来提高显微镜的放大率对分辨本领的提高没有帮助。例如，一个 40×(NA 0.65)的物镜配上一个 20×的目镜与用 100×(NA 1.30)

笔记栏

的物镜配上 8×的目镜，它们的放大率虽然都是 800×，但后者的分辨本领比前者高一倍，因而可看到更多更清楚的物体细节。

提高显微镜的分辨本领的一种方法是增大物镜的数值孔径，如利用油浸物镜来增大 n 和 u 值。显微镜在通常使用情况下，物镜和标本之间的媒质是空气，这种物镜称为干物镜，如图 11-28(a)。它的数值孔径 $n\sin u$ 值最大只能达到 0.95 左右，这是因为自 P 点发出的光束到达盖玻片 DD 与空气界面时，部分光线被全反射而不能进入物镜，于是进入物镜的光束锥角较小。如果在物镜与盖玻片之间滴入折射率较大的液体，如松柏油，物镜的数值孔径 $n\sin u$ 可增大到 1.5 左右。这就是所谓的油浸物镜，如图 11-28(b)。油浸物镜避免了全反射，同时也增强了像的亮度。

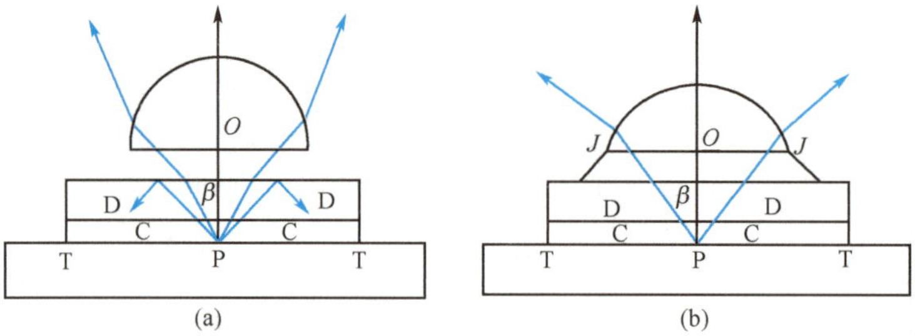

图 11-28　干物镜和油浸物镜

提高显微镜的分辨本领的另一种方法是减小照射光的波长。例如，用 NA 1.5 的高级油浸物镜时，若用可见光照射(平均波长为 550 nm)，显微镜能分辨的最短距离为

$$Z=\frac{1.22\times 550}{2\times 1.5}=223.7\ \text{nm}$$

比 223.7 nm 再小的细节就看不清楚了。若改用波长为 275 nm 的紫外光照明，可使分辨本领提高一倍，即可看清楚小到 112 nm 的细节。

对于大小确定的细节，应根据照射光的波长选用具有相应数值孔径的物镜(由公式(11-18)决定)，显微镜也应有相应的放大率才能看清物体的细节。此时的放大率叫做显微镜的有效放大率。显微镜的有效放大率与数值孔径之间的关系讨论如下。

若样品中两细节的距离(或一个细节的大小)为 Z'，要能分辨两细节，则显微镜能分辨的最短距离不能大于 Z'，只能等于 Z'，即有

$$Z'=\frac{0.61\lambda}{NA}$$

相应地，所选用的物镜数值孔径应满足

$$NA=\frac{0.61\lambda}{Z'}$$

才能保证相距 Z' 的两细节经物镜所成的两个像不致合二为一。此外，还应将这个物镜能分辨的距离 Z' 放大(如 M 倍)，使显微镜最后所成的虚像(像大 MZ')对人眼所张视角为 1 分或大于 1 分，这样眼睛才能分辨出两细节。设虚像成在明视距离处，视角取 1 分(2.9×10^{-4}弧度)，于是

$$2.9\times10^{-4}=\frac{M\cdot Z'}{25}=\frac{M}{25}\,\frac{0.61\lambda}{NA}$$

用可见光 $\lambda=550\text{nm}=5.5\times10^{-5}\text{cm}$ 照射时，由上式得

$$M=216NA$$

由此可见，有效放大率至少要有 $216NA$ 时才能看清物镜所分辨的细节，但视角用 1 分，观察时眼睛容易疲劳，通常使视角在 2 分至 4 分之间，这时有效放大率约在 $500NA$ ～1 000NA 之间，再大则无意义。由于数值孔径(NA)的最大理论值为 1.5，因此，普通光学显微镜的有效放大率最大可达 1500 倍。

笔记栏

习题十一

11-1 直径为 8 cm 的玻璃棒(n=1.5)长 20 cm,两端是半径为 4 cm 的半球面。若一束近轴平行光线沿棒轴方向入射,求像的位置。

[−16 cm]

11-2 一圆球形透明体能将无穷远处射来的近轴平行光线会聚于第二折射面的顶点,求此透明体的折射率。

[2]

11-3 人眼的角膜可看作是曲率半径为 7.8 mm 的单球面,它的物方空间是空气,像方空间是折射率为 1.33 的液体。如果瞳孔看起来好像在角膜后 3.6 mm 处,直径为 4 mm,求瞳孔在眼中的实际位置。

[4.16 mm]

11-4 折射率为 1.5 的平凸透镜,在空气中的焦距为 50 cm。求凸面的曲率半径。

[25 cm]

11-5 折射率为 1.6 的凸凹薄透镜,凸面和凹面的曲率半径分别为 0.7 m 和 0.5 m,求在空气中的焦距。

[−2.92 m]

11-6 把焦距为 20 cm 的凸透镜与焦距为 40 cm 的凹透镜紧密贴合,求贴合后的焦度。

[2.5 D]

11-7 折射率为 1.5 的透镜,一面是平面,另一面是半径为 0.20 m 的凹面,将此透镜水平放置,凹面一方充满水。求整个系统的焦距。

[−1.2 m]

11-8 折射率为 1.5 的玻璃薄透镜焦度为 5 D,将它浸入某种液体中焦度变为−1 D。求此液体的折射率。

[1.7]

11-9 一近视眼患者的远点为 2 m,他看远处物体时应配戴多少度何种眼镜?

[−0.5 D]

11-10 远视眼戴 2 D 的眼镜看书时须把书拿到眼前 40 cm 处,此人应配戴何种眼镜才适合?

[3.5 D]

11-11 显微镜目镜的焦距为 2.5 cm,物镜的焦距为 1.6 cm,物镜和目镜相距 22.1 cm,最后成像于无穷远处。问:

(1) 标本应放在物镜前什么地方? [1.74 cm]

(2) 物镜的线放大率是多少? [11 倍]

(3) 显微镜的总放大倍数是多少? [110 倍]

11-12 用数值孔径为 0.75 的显微镜去观察 0.3 μm 的细节能否看清?若改用数值孔径为 1.2 的物镜去观察又如何?设所用光波波长为 600 nm。

11-13 人眼可分辨的最短距离为 0.1 mm,欲观察 0.25 μm 的细节,对显微镜的要求是什么?(所用光波的波长为 600 nm)

[*NA* 1.5;400 倍]

笔记栏

阅读材料

Ⅰ.纤　　镜

纤镜(fiber scope)又称纤维内窥镜,它是由透明度很好的玻璃或其它透明材料拉成很细的透明纤维,并在其外表面涂一层折射率比纤维还小的物质,并由很多根这样的纤维丝组合在一起便构成纤镜。当光束以不大的入射角 i 从纤维的一端入射到玻璃纤维的侧壁,若入射角 i 大于全反射的临界角,则光束在侧壁处产生全反射,此全反射在玻璃纤维内反复产生,沿着纤维向前传播而不向外泄漏,并将光束传播到纤维的另一端,如图 11-29 所示。设玻璃纤维的折射率为 n_1,涂层物质的折射率 n_2,当光束从空气入射到纤维端面时,不至于向侧面泄漏的最大投射角 i 由下式确定

$$\sin i=\sqrt{n_1^2-n_2^2}$$

式中 $\sin i$ 叫做光学玻璃纤维的数值孔径(N·A)

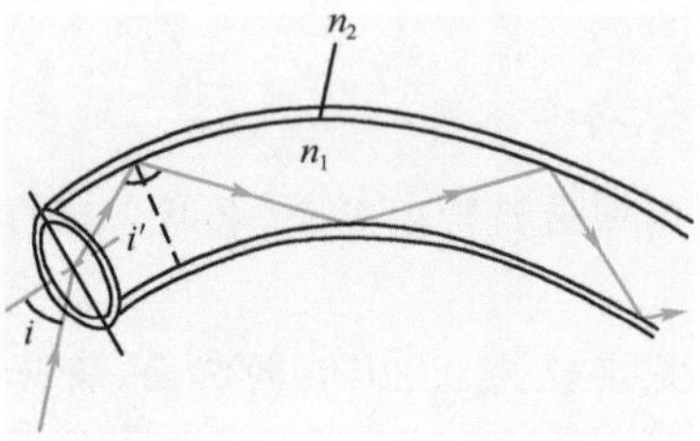

图 11-29　光学纤维导光原理

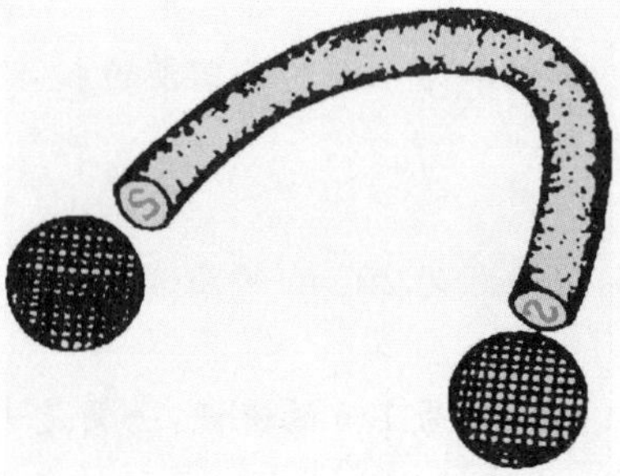
图 11-30　光学纤维导像示意图

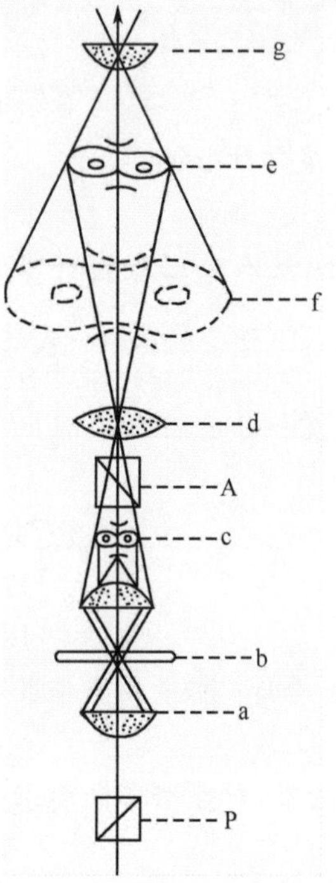

图 11-31　偏光显微镜成像原理

由于很细的玻璃纤维变得柔软可弯曲,并且具有一定的机械强度。纤镜由数万根玻璃纤维丝捆缚成一束。它有两个作用:一是利用它将外部的强光导入人体器官内;二是通过它把器官内壁的图像导出体外,以便医生观察和摄影。为此纤维束的两端必须粘结牢固,并且两端的纤维丝排列须完全对应,以免图像错乱,保证导出的图像正确清晰,如图 11-30。纤维束除两端粘结牢固外,中间部分不加以粘结,使整个纤维束显得非常柔软,以便在使用时能够沿着体内各管腔弯曲插入,减少病人痛苦。

Ⅱ.特殊显微镜

1. 偏光显微镜

某些具有双折射现象和旋光性的透明物质,其结构特性可应用偏光显微镜来观察细节。

偏光显微镜的结构原理如图 11-31。P 和 A 是两个尼科尔棱镜(或其他偏振片),分别作为起偏器和检偏器。起偏器 P 位于载物台下面且固定不动;检偏器 A 位于镜筒内目镜 g 与物镜之间,有小手柄伸出筒外便于操作,使检偏器 A 绕筒轴旋转(但也有检偏器固定而起偏器绕筒轴旋转)。聚光镜 a 的作用是将起偏器 P 射出的光线经它会聚后有足够的亮度照射标本 b。伯特兰透镜 d 用来放大初级像 c(物镜所成的像),并生成次级像 e。载物台是一个中心有圆孔的圆盘,分为上下两层,上层可以沿显微镜轴线旋转,在上面刻有一根其线作为标准,下

层固定不动，其边缘刻有角度数字，以便指出上层旋转的角度。偏光显微镜的其他部分与普通光学显微镜完全相同。

在使用偏光显微镜时，常常使起偏器和检偏器的透射轴相互垂直，此时显微镜中的视场呈黑暗(光强度为零)。若用偏光显微镜观察具有双折射现象的各向异性标本时，将标本置于载物台的圆孔处，旋转载物台的上层，每旋转 45°，标本的像由最亮到最暗变化一次，其原理可用图 11-32(a)来说明。

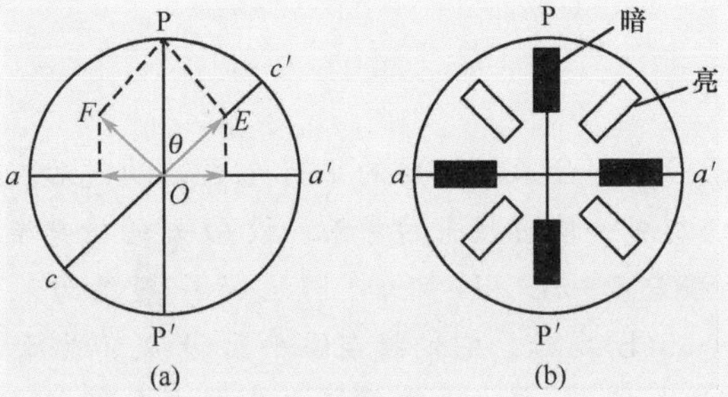

图 11-32 像的亮度变化

设 PP' 为起偏器 P 的振动面，aa' 为检偏器 A 的振动面。标本中的寻常光和非寻常光的振动方向分别与 PP' 和 aa' 重合时，通过起偏器的平面偏振光将毫无阻碍地通过标本，但是，此方向振动的偏振光不能通过检偏器(因为这个方向的振动面垂直于检偏器的振动面 aa')，则视场为黑暗。当标本中的某一振动方向 cc' 与 PP' 成一锐角 θ 时，来自起偏器 P 的平面偏振光(其振幅为 OP)通过标本后变为两束振动面相互垂直的偏振光，其振幅分别用 OE 和 OF 表示。它们都能部分地通过检偏器，即在检偏器的振动面 aa' 方向有偏振光的分量通过，因而在视场内可看到标本的像，当夹角为 45°时，像为最亮，载物台每转动一周就会出现四明四暗的现象，如图 11-32(b)所示。

如果设法增加标本中各向同性细节和各向异性细节之间的对比度，则更能突出标本的特征。例如在研究神经纤维的变性时，偏振光则能显示出在自然光下观察不到的神经纤维结构。若神经纤维组织被切断一小时半的时间，用偏光显微镜就能观察到变性过程；但用自然光则需要三天，在如此长的时间内神经纤维已完全变性。偏光显微镜还可显示出在不同媒质中活细胞的内含物和结构细节，而这些用自然光显微镜却无法观察到，或因染色等而受到破坏。偏振光还可用来研究随意肌、神经纤维、横纹肌、头发、指甲、淀粉粒和胆固醇粒等的双折射性质以及分析细胞的分裂机制。齿和肾的磨片在普通光学显微镜下观察不到它们的区别。但在偏光显微镜下检查则有强烈的颜色对比。偏振光还可以将正常细胞和肿瘤细胞分辨开。由上述可知，偏光可以显示出一些自然光不能看见的物质结构，因此，偏光显微镜在生物学和医学中应用十分广泛。

2. 相差显微镜

普通显微镜观察标本时可看到颜色和亮度不同的图像，这是因为标本经过染色固定后各部分对光波的吸收不同。对于一个完全透明而未经染色的标本(例如细胞)，由于各部分对光波的吸收大致相同，在普通显微镜下看不到图像。此现象并不能说明光波通过标本不同部分时不受影响或所受影响相同。实际上，由于标本不同组织结构的折射率不同，光波通过时的光程有差别。因此，通过标本不同部位的光波，其相位不一样。人眼对光波振幅的差别可以察觉，但对光波相位的差别却不能察觉。如果能把相位差别转变为振幅差别，则人眼便可以识别，相差显微镜便是用于这一目的。

相差显微镜的工作原理如图 11-33(a)所示。波长为 λ 的平行光入射到标本上，如果标本中某处 O 的线度与波长 λ 可比拟，则部分光波将被 O 衍射，衍射光波(虚线表示)经物镜

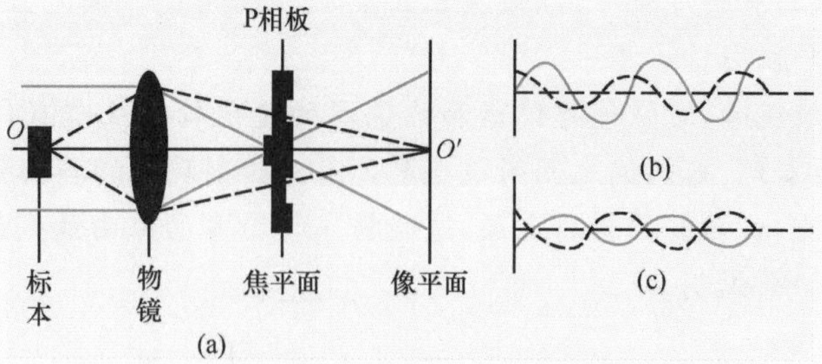

图 11-33 相差显微镜原理

后在其像平面上成像，而另一部分未经衍射的平行光通过物镜后在其焦平面上会聚，然后又发散并落在像平面上，形成一均匀照亮的背景。设 O 处的折身率为 n，厚度为 L，则直射光和衍射光之间有一光程差 $\delta=nL-L=(n-1)L$，δ 一般约为 $\lambda/4$。直射光与衍射光的振幅与相位关系如图 11-33(b)所示。它们将在像平面 O' 处产生干涉，为了加强干涉效果，在物镜的焦平面上加一块相位板，在这块相位板中直射光和衍射光走过的光程不一样，目的是使它们的光程差由原来的 $\lambda/4$ 增加到 $\lambda/2$。同时，在直射光经过的部分（中心区）还镀上一层金属薄膜，使直射光通过金属薄膜后振幅减弱一半，图 11-33(c)中的虚线表示直射光和衍射光在 O' 处相遇时的振幅和相位的关系。它们相互干涉的结果得到一暗像。在标本的其他点，由于折射率不同，则光程差不同，像的明暗程度也不同。由此，可把相位差转变为振幅差。

3. 激光扫描共焦显微镜

激光扫描共焦显微镜(LSCM)是 20 世纪 80 年代发展起来的新型显微细胞仪，它利用共焦光路，以激光作为扫描光源，逐点逐行逐面快速实时扫描样品并获得不同层面的实时图像。激光扫描共焦显微镜系列仪器成为了生物医学研究领域中不可缺少的有力手段。

$\text{INSIGHT}_{\text{PLUS}}$—$\text{IQ}^{\text{TM}}$型是激光扫描共焦显微镜之一，是能直接观察样品图像的快速实时扫描显微镜。它主要由显微镜、光度计和计算机图像处理系统组成。在图 11-34 中，观察装置有目镜、冷 CCD 摄录机和 35 毫米照相机；在目镜下方的接收光路中使用空间滤波器（可变缝隙），严格限制某点的光信号进入接收器（光电倍增管或 CCD），排除杂散光的干扰，从而提高激光扫描共焦显微镜的分辨率；在目镜和物镜之间，经光源发出的激光由光束整形镜调控，通过光束整形镜的激光束入射到双面反射扫描镜上，双面反射扫描镜的移动由微量计调节。双面反射扫描镜是激光扫描共焦显微镜的重要部件之一，通过微量计移动它，可大大提高扫描速度，最多能获得每秒 120 幅的图像。激光扫描共焦显微镜的光路图如图 11-35 所示。

激光扫描共焦显微镜的扫描激光与荧光搜集共用一个物镜，物镜的焦点即为扫描激光的焦点，同时也是实时成像的物点。激光扫描共焦显微镜一次调焦后将扫描限制在样品的一个平面内，调焦深度不一样时，就可以获得不同深度层次的图像。这些图像信息再经计算机处理系统进行三维重新组合，就能显示出细胞样品的三维立体结构图像，获得细胞内各部分之间的定量关系，以及各种结构的线度。

激光扫描共焦显微镜能拍摄到细胞内瞬间变化的真实彩色图像，并具有众多的图像分析功能，这些功能均通过计算机进行控制。其功能包括数据档案库；文字储存、复制、删除和转移；图像尺寸、形态、数量、面积的测量和分析；图像中荧光含量的分布等。

由于激光扫描共焦显微镜的扫描速度可达每秒 120 幅画面，因而能拍摄到细胞瞬间变化的图像。还可设定参数，按任意的时间间隔在任意区间扫描，并且在扫描过程中可进行调整和记录出时间标记，得到实时动态数据图像。显微图像也可用目镜直接观察，或者用

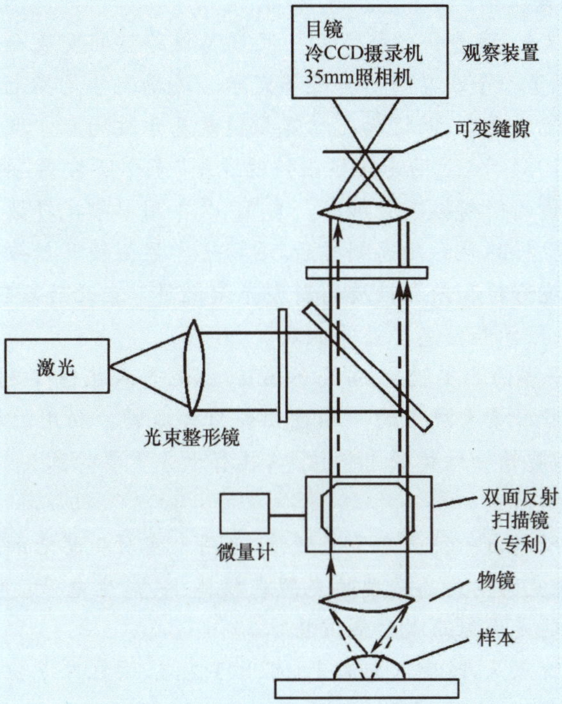

图 11-34 激光扫描共焦显微镜结构图

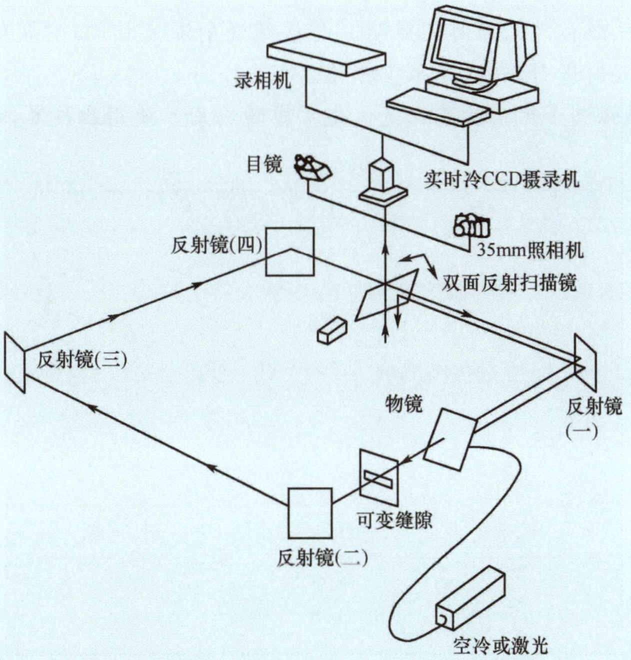

图 11-35 激光扫描共焦显微镜光路图之一

ZEISS,NIKON 和 OLYMPUS 显微镜观察。激光扫描共焦显微镜可直接观察活细胞,对其每一断层或一系列某瞬间细胞的形态结构的变化进行实时拍摄,获得动态变化的实时彩色图像,再用计算机系统作快速记录和分析,并进行三维重组等,使得对细胞的超微结构及其功能的研究达到更理想的境界。

激光扫描共焦显微镜广泛用于细胞生物学、分子生物学、生物化学、免疫学、遗传学、神经生理学和医学等各个研究领域。

笔记栏

4. 近场光学显微镜

20 世纪 80 年代以来，随着科学技术向小尺度与低维空间发展及扫描探针显微技术的发展，在光学领域出现了一个新学科——近场光学。近场光学是指光探测器与样品间距均小于光波长条件下的光学现象；而近场光学显微镜是基于近场光学理论的一种新型超高空间分辨率光学仪器。1984 年，近场光学显微镜的原型"光学听诊器"的发明，标志着人类第一次突破了光学显微镜的衍射极限分辨率。自 1992 年用单模光纤做成光学探针以及利用切变力进行探针针尖至样品表面距离测控后，近场光学显微镜开始被作为一种用于观察和研究亚波长物质的外观形貌和内在性质的新型光学仪器。在此后短短几年内，它被广泛应用于物理、化学、生物、医学和信息产业等领域。

1994 年，美国太平洋西北实验室的 X. Sunney Xie 等人报道了利用近场光学显微镜，研究近几年才发现的叶绿素系统中的一些独立蛋白合成物。利用近场光学显微镜研究细胞的精细结构，获取细胞精细结构的光学信息，具有十分重要的意义。

5. 多光子显微镜

大阪大学不久前研制出一种多光子显微镜，可用来实时观察活细胞。多光子显微镜的运转原理是，将时间和空间均为高密度的光照在物体上，产生电子。电子通常吸收两个或更多个光子。由于其荧光反射而观察到该物体。

此显微镜的一个特点是，改变入射激光，可用可见光、近红外或紫外显微镜。因为多光子只在激光聚焦区被吸收，从而可用近红外光观察细胞深处。在活体中，近红外的透过率较高。由于使用了飞秒近红外脉冲激光，物体被实时观察，多光子显微镜使用高速扫描微透镜阵列。

由于这些特点，物体只需短时间照明。与连续发射激光相比，它获得多光子吸收的几率较高，观察可以实时进行，对活体很少损伤。

通过激光刺激强制产生生物变化是优先考虑的应用。使用此技术，可用激光对细胞进行遥控。

（李宾中）

第12章 相对论基础

前面，我们学习的经典力学是建立在绝对时空观基础上的，它适用于宏观物体的低速运动。实验表明，经典力学在高速情况下失效了。高速物体的运动要用相对论来讨论。但是在低速运动情况下，经典力学是相对论力学很好的近似。

爱因斯坦(A. Einstein)创立的相对论，分为狭义相对论(special relativity)和广义相对论(general relativity)，以崭新的时空观取代了经典力学的绝对时空观，揭示了物体做高速运动所遵循的规律、物质质量与能量的内在联系、惯性力加速场与引力场的等价性等，为宇宙、微观粒子、原子能等研究领域提供了新的理论方法。本章主要介绍狭义相对论，简要介绍广义相对论。

第一节 伽利略变换

一、牛顿力学的绝对时空观和相对性原理

经典力学认为时间总是均匀地流逝着，而空间总是像空洞的框架独立地延伸着，时、空的变化相互独立，它们与物体的运动形式无关，这种时空被称为绝对时间和绝对空间。绝对时空观在狭义相对论提出以前被广泛采用。按照这种绝对时空观，在不同的参考系中有完全相同的时间流逝，任意一个参考系中时空的大小都可以用固定不变的普通的尺子来测量。

对于任何一个惯性参考系，牛顿力学定律都成立，即对于不同的惯性系(inertial frame)，力学基本定律的形式都是相同的。所以在任何惯性系统中观察，同一力学现象将按同样的形式发生和演变。即力学规律在所在惯性系中都是相同的，各个惯性系统都是等价的，不存在特殊的绝对的惯性系。这个结论称为伽利略相对性原理。

二、伽利略变换和力学相对性原理

1. 伽利略变换(Galilean transformation)

假设有两个作为匀速直线运动的惯性参考系，分别用直角坐标系 $S(o,x,y,z,t)$ 和 $S'(o',x',y',z',t')$ 表示，二者的坐标轴分别平行，且 x 轴和 x' 轴重合在一起，坐标系 S' 相对于 S 以速度 u 沿 x 轴同方向运动。如图 12-1 所示。

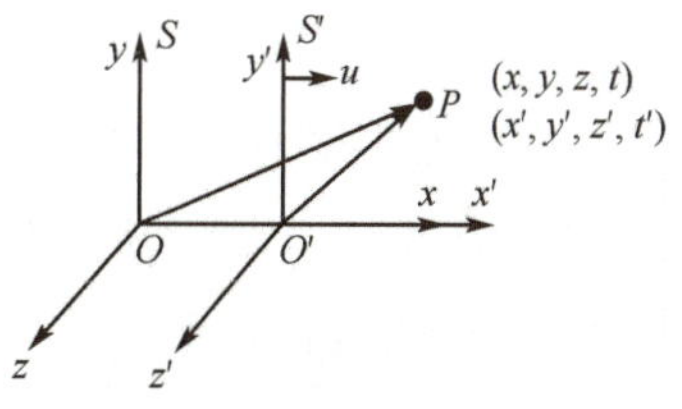

图 12-1 事件的时空坐标

为了测量时间，设想在 S 和 S' 系中各处各有自己的时钟，所有的时钟的结构完全相同，在同一参考系中所有的时钟都是校准好而且是同步的，它们分别指示时刻 t 和 t'，假定 $t=t'=0$ 时，两个参考系的坐标原点 O 和 O' 彼此重合。从两个参考系中同时观察同一质点 P 的运动情况。设在任一时刻 t，P 点的坐标分别为 (x,y,z) 和 (x',y',z')。由于时间量度的绝对性和空间量度的绝对性，从中可以得到

$$\begin{cases} x'=x-ut \\ y'=y \\ z'=z \\ t'=t \end{cases} \tag{12-1}$$

此坐标变换称为伽利略变换。它给出了同一时空点在惯性系 S 和 S' 中的时空坐标之间的关系。它的逆变换是：

$$\begin{cases} x = x' + ut \\ y = y' \\ z = z' \\ t = t' \end{cases} \tag{12-2}$$

所谓“同样的尺和钟”，是指那两架钟曾经在同一惯性参照系中的同一地点校准过。

2. 经典力学的时空观和速度合成公式

(1) 设有二事件 P_1、P_2，A 测得发生的时刻为 t_1、t_2，A' 测得发生的时刻为 t'_1、t'_2，由(12-1)的第四式得

$$t'_1 = t_1\ ,\ t'_2 = t_2$$

因而
$$t'_2 - t'_1 = t_2 - t_1$$

表示二事件的时间间隔是相等的，与观察者运动速度无关；或者说，时间间隔对互相作匀速直线运动的参照系相等，也可以说成“时间间隔的测量是绝对的”。

(2) 设有一棒，在 S' 系中静止，沿 x' 轴放置，A' 量得它两端的坐标分别为 x'_1、x'_2，于是得棒长

$$l' = x'_2 - x'_1$$

在 A 看来，要量这根棒长，应该在同一时刻 t 量棒两端的坐标 x_1 和 x_2，然后求其差值，可得棒长

$$l = x_2 - x_1$$

由(12-1)的第一式：$x'_1 = x_1 - ut\ ,\ x'_2 = x_2 - ut$ ；

故
$$l' = x'_2 - x'_1 = x_2 - x_1 = l$$

表示在作匀速直线运动的两个参照系中，测量同一物体的长度相同，即“空间测量也是绝对的”，与观察者的速度无关。

(3) 在图(12-1)中，设 P 点以速度 v'_x 对 S' 系沿 x' 轴正向运动，由(12-2)式知 P 对 S 系的速度为：

$$v_x = \frac{\mathrm{d}x}{\mathrm{d}t} = \frac{\mathrm{d}(x' + ut')}{\mathrm{d}t'} = \frac{\mathrm{d}x'}{\mathrm{d}t'} + u = v'_x + u$$

同理可得 v'_y 、v'_z ，然后写成矢量形式，得：

$$\boldsymbol{v} = \boldsymbol{v}' + \boldsymbol{u}$$

此式称为速度合成公式。$\boldsymbol{v}$ 是质点 P 对 S 的速度，即绝对速度，$\boldsymbol{v}'$ 是质点 P 对 S' 的绝对速度；$\boldsymbol{u}$ 是 S' 对 S 的速度，即牵连速度。

3. 力学相对性原理

将式(12-1)的前三式对时间求导，考虑到 $t = t'$ ，可得速度和加速度的相应表达式

$$\begin{cases} v'_x = v_x - u \\ v'_y = v_y \\ v'_z = v_z \end{cases} \quad 和 \quad \begin{cases} a'_x = a_x \\ a'_y = a_y \\ a'_z = a_z \end{cases}$$

上式表明质点对 S 和 S' 两个惯性参照系加速度相等，把加速度写成矢量形式，可得 $\boldsymbol{a} = \boldsymbol{a}'$。

经典力学认为物体的质量 m 与参照系无关，在 S 和 S' 系中测量质量，结果相同，即“质量也是绝对的”。实践证明，物体间相互作用的力如重力、压力和摩擦力等对 S 、S' 系完全相同。由于 S 是一个惯性参照系，牛顿第二定律 $\boldsymbol{F} = m\boldsymbol{a}$ 对 S 成立；因 $\boldsymbol{a} = \boldsymbol{a}'$，所以 $\boldsymbol{F} = m\boldsymbol{a}$，即牛顿第二定律对 S' 也成立，S' 系必为一惯性参照系。即对于惯性参照系作匀速直线运动的任意参照

笔记栏

系也都是惯性参照系。换句话说，力学定律在所有的惯性参照系中都相同，也就是说，在任何惯性参照系内做任何力学实验都不能判定该参照系相对于其他惯性参照系是否运动，也就无法测定其速度，这个结论称为力学相对性原理。

第二节 狭义相对论基本原理

一、迈克耳孙-莫雷实验

从伽利略变换来看，在一个惯性系中各向同性传播的电磁波，速度大小均为 c，而在所有相对于该参照系运动的其他惯性系中，电磁波沿各个方向的传播速度不同，电磁波的传播速度不具备各向同性的性质。电磁波的传播显然不满足相对性原理，在其中电磁波传播各相同性的参照系具有特殊的意义，它可以被认为是绝对静止的，称为绝对惯性系，其他惯性系相对于它都是绝对运动的。绝对惯性系又叫做以太系。人们认为光波的传播需要的介质就是以太，光波就是电磁振动在以太中的传播。以太充满整个空间，在以太参考系中，光波的传播是各向同性的。以太不会被地球所带动，地球相对于以太的运动速度就是地球的绝对速度。

19 世纪后期，摆在物理学家面前的问题就是用电磁学的或光学的实验方法找出这一绝对惯性系，或者说测出我们的地球参考系相对以太参考系的绝对速度有多大。当时用电磁学或光学的方法探测和观测绝对惯性系的实验中，最精确的即是著名的迈克耳孙-莫雷实验。

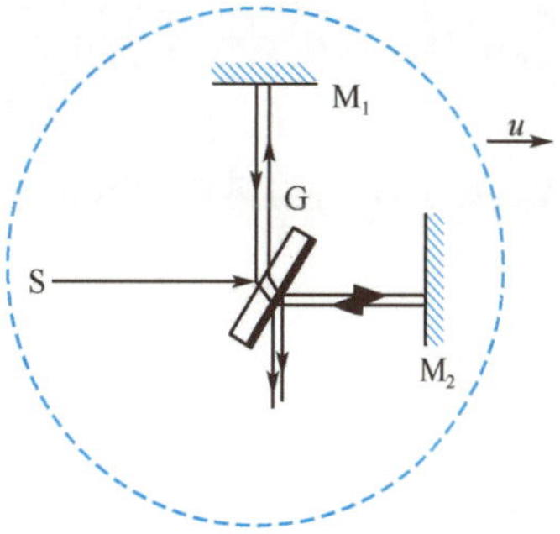

图 12-2 迈克耳孙-莫雷实验原理

1881 年迈克耳孙-莫雷根据干涉原理自己设计制作的迈克耳孙干涉仪做了如图 12-2 所示的实验。干涉仪放在地球上，设太阳对以太静止；地球相对太阳的速度为 $\boldsymbol{u}$。实验时，先将干涉仪一支光臂沿地球绕太阳运动的方向，另外一支光臂与地球运动方向垂直。然后把整个仪器转 90°，使其另一支光臂沿地球运动方向。计算结果表明，如果以太确实存在，则地球相对于以太的运动将对光速产生影响，从而使仪器转过 90°所引起的干涉条纹的移动为

$$\Delta N=\frac{2lu^2}{\lambda c^2}$$

尽管 u^2/c^2 很小，但是光臂的长度 l 与光波长 λ 的比值却可以很大。在 1881 年迈克耳孙的第一次实验中，$l\approx 1.2m$ ，$\lambda=590nm$ ，预期应观测到的 ΔN 为 0.04 条，但他并没有观测到条纹的移动。1887 年，迈克耳孙和莫雷使用了一套改进了的系统重复了这个实验。同时用多次反射的方法，使光臂的有效长度增至 11m 左右。他们预期仪器转过 90°时，应观测到的条纹移动数 ΔN 为 0.4 条，这是可观测的最小值的 20 至 40 倍，但是他们再一次没有观测到条纹的移动。从那以后，这个实验在不同的条件下被很多人重复过，然而始终没有观测到条纹的移动。

迈克耳孙-莫雷实验的零结果(null-experiment)表明，在地球运动方向和垂直于此方向的光速完全一样，测不到想象的以太对光速的影响，似乎地球相对于以太的运动并不存在，或者说以太本身就不存在该零结果实验否定了以太的存在。物理学家做了许多努力来解释迈克耳孙-莫雷实验的否定结果，但无论如何解释都得出伽利略变换、相对性原理和麦克斯韦电磁理论三者不和谐。爱因斯坦坚信麦克斯韦电磁理论是正确的，相对性原理是适用于力学和电磁学的普遍原理，从而抛弃了伽利略变换。

1905 年，爱因斯坦另辟蹊径，通过对时间空间本性及电磁理论的深刻思考，提出了两个重要的假设，创立了狭义相对论，很容易的解释了迈克耳孙-莫雷实验的否定结果。长期以来，迈克耳孙-莫雷实验一直被认为是狭义相对论的主要实验支柱之一。

笔记栏

二、狭义相对论的基本原理

只有在物体的运动速度远小于光速 c 的条件下，经典力学规律才与实际相符合，可见光速是一个极为重要的基本常数。从 1676 年鲁默起，两三百年间，很多科学家设计了各种实验来测定它，结果日愈精密。爱因斯坦对迈克耳孙-莫雷实验和其他一些新的实验事实进行了深刻的分析研究，于 1905 年 9 月在《物理年鉴》发表了《论运动物体的电动力学》一文，首次提出了狭义相对论的两个基本假设。

1. 相对性原理

物理定律在一切惯性系中都取相同形式。例如一点光源在 S 系中发出一个球面光波前，对 S' 系而言，点光源发出的光波前仍然是球面的。

2. 光速不变原理

对互相作匀速直线运动的所有参照系而言，光在真空中传播速率都是相同的，它与光源、光的接受者的运动无关。即电磁波在真空中传播速率对所有惯性系都是光速 c。

相对论的相对性原理和光速不变原理是相对论的两条基本原理。由此，创立了狭义相对论，很容易地解释了迈克耳孙-莫雷实验的否定结果。爱因斯坦根据这两条狭义相对论的基本假设，建立了新的时空观并得到相应的变换，这就是洛伦兹变换。

三、洛伦兹变换

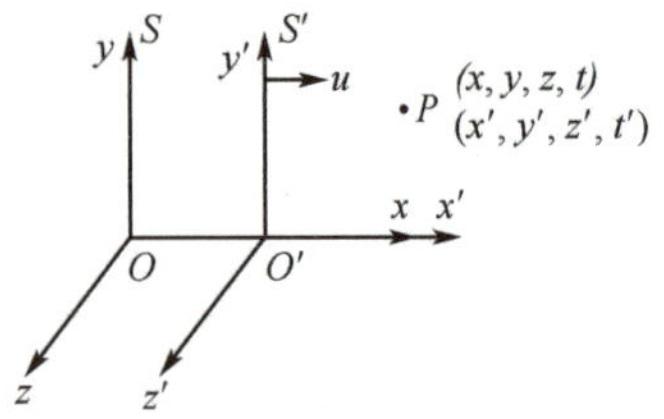

图 12-3 事件在 S、S'系中的坐标

洛伦兹变换(Lorentz transformation)是狭义相对论中联系任意两个惯性参照系之间时空坐标的变换，它对高、低速物体的运动兼容，是狭义相对论中具有基础地位的关系式。

设一个事件在两个惯性系 S 和 S' 中的时空坐标分别为 (x,y,z,t) 和 (x',y',z',t')，如图 12-3 所示。根据狭义相对性原理，这两个惯性系是完全等价的，假设时间和空间都是均匀的，S 和 S' 之间时空坐标的变换是线性变换。从 S 系到 S' 系时、空坐标的洛伦兹变换为

$$\begin{cases} x'=\dfrac{x-ut}{\sqrt{1-u^2/c^2}}=\gamma(x-ut) \\ y'=y \\ z'=z \\ t'=\dfrac{t-\dfrac{u}{c^2}x}{\sqrt{1-u^2/c^2}}=\gamma\left(t-\dfrac{u}{c^2}x\right) \end{cases} \tag{12-3}$$

式(12-3)中 $\gamma=\dfrac{1}{\sqrt{1-u^2/c^2}}$。由此可见，在洛伦兹变换下，空间坐标和时间坐标是紧密联系的，时空相互依赖不可分割，这是与伽利略变换根本不同的。在低速情况下，$u \ll c$，$\gamma=\dfrac{1}{\sqrt{1-u^2/c^2}}\to 1$ 洛伦兹变换则过渡为伽利略变换，这就是说，经典的伽利略变换是洛伦兹变换在低速情况下的近似。洛伦兹变换的逆变化为

$$\begin{cases} x=\dfrac{x'+ut'}{\sqrt{1-u^2/c^2}}=\gamma(x'+ut') \\ y'=y \\ z'=z \\ t=\dfrac{t'+\dfrac{u}{c^2}x'}{\sqrt{1-u^2/c^2}}=\gamma\left(t'+\dfrac{u}{c^2}x'\right) \end{cases} \tag{12-4}$$

质点在惯性系 s' 和 s 中的速度 (v'_x, v'_y, v'_z) 和 (v_x, v_y, v_z) 之间的相对变化为

$$\begin{cases} v'_x=\dfrac{v_x-u}{1-\dfrac{u}{c^2}v_x} \\ v_y{}'=\dfrac{v_y}{1-\dfrac{u}{c^2}v_x}\sqrt{1-u^2/c^2} \\ v_z{}'=\dfrac{v_z}{1-\dfrac{u}{c^2}v_x}\sqrt{1-u^2/c^2} \end{cases} \tag{12-5}$$

其逆变化为

$$\begin{cases} v_x=\dfrac{v'_x+u}{1+\dfrac{u}{c^2}v_x{}'} \\ v_y=\dfrac{v'_y}{1+\dfrac{u}{c^2}v'_x}\sqrt{1-u^2/c^2} \\ v_z=\dfrac{v'_z}{1+\dfrac{u}{c^2}v'_x}\sqrt{1-u^2/c^2} \end{cases} \tag{12-6}$$

由速度的相对论变化式(12-5)可以看出，洛伦兹变换保证了光速 c 的不变性；无论是在真空中还是在介质中，无论用什么办法都不可能使一个信号的传播速度大于光速 c。在相对论范围内，光速 c 是一切运动速度的极值。迄今为止人们尚未发现任何超过光速 c 的运动。在 $u \ll c$ 的低速情况下，$\gamma \to 1$，速度相对论变换式过渡为伽利略速度变换式。

例题 12-1 一个宇宙飞船以 $0.90c$ 的速率飞离地球，并沿飞船飞行的方向发射一枚导弹，导弹相对于飞船的速率也是 $0.90c$ 。问导弹相对于地球的速率是多少？

解：取地球为 S 系，飞船为 S' 系，于是 $v'_x=0.90c$ 和 $u=0.90c$，如果用非相对性的速度相加公式，得到导弹相对于地球的速率是 $1.90c$ ，但正确的相对性的结果应使用式(12-6)来求，即

$$v_x=\frac{v'_x+u}{1+\dfrac{u}{c^2}v_x}=\frac{0.90c+0.90c}{1+0.90^2/c^2}=0.994c$$

第三节 狭义相对论的时空观

经典时空观认为，时空的度量不因参考系而改变，时空的测量是绝对的；相对论认为时空的度量是相对的，时空测量结果因惯性参考系的选取而改变，它是狭义相对论时空观的具体体现。初学时会使我们感到新奇，但它们是真理，是符合客观事实的，狭义相对论的同时的相对性、时间膨胀和长度收缩等均可通过洛伦兹变换直接得出。

笔记栏

一、同时的相对性

狭义相对论带来了关于时空观念的根本变革，这些新的时空观都体现在洛伦兹变换中，时空的许多新的特性都与同时性的概念有关。这里所说的“同时”是异地两事件的“同时”，按照狭义相对论，同时性是相对的，在一个惯性系看来两个异地事件是同时发生的，而在另一个惯性系看来它们不是同时发生的。

要比较异地的两个事件是否同时，则需要事先校准同步异地的两只钟（两只完好的相同性能的钟）。在洛伦兹变换中的时刻 t 都是校准的钟所指示的时间，并且在惯性系中每一个空间点均有一只校对好的钟。

对于时间和时间间隔的测量都包含同时性的概念。当一个人说他是早上七点钟醒来的，这其中包含两个事件，即他醒来和时钟指在七字上是同时的。在图 12-1 所示的惯性系 S 和 S' 系中，假设在 S 系中有两个事件在不同的地点 x_1 和 x_2 处，在同一时刻 t 同时发生，即两事件的时空坐标分别为 (x_1,t) 和 (x_2,t)。据洛伦兹变换式(12-3)，在 S' 系中，这两个事件发生的时间分别为 $t'_1=\gamma(t-\frac{u}{c^2}x_1)$ 和 $t'_2=\gamma(t-\frac{u}{c^2}x_2)$。也就是说，观测者在 S' 系中看来，这两个事件发生的时间是不同的，其时间间隔为

$$t'_2-t'_1=\gamma(t-\frac{u}{c^2}x_2)-\gamma(t-\frac{u}{c^2}x_1)=\gamma u\,\frac{x_1-x_2}{c^2} \tag{12-7}$$

可见，只有两个事件同时在同一地点发生时，即当 $x_1-x_2=0$ 时，总有 $t'_2-t'_1=0$，同时性才有绝对意义。在一般情况下，对于一个观测者是同时发生的两个事件，而对于另一个观测者就不一定是同时发生了，可见同时性并不是一个绝对的概念，两个事件是否同时，决定于参照系。同时性的相对性否定了各个惯性系具有统一时间的可能性，也否定了牛顿的绝对时空观。

二、时间的相对性

为了导出在不同坐标系中时间间隔的定量关系，在如图 12-1 所示的惯性参照系 S 和 S' 中，坐标系 S' 以速度 $\boldsymbol{u}$ 相对于 S 沿 x 轴正方向运动，我们考察在 S' 系中的同一地点 x'_0 处发生的两个事件，其时间间隔为 $\tau_0=t'_2-t'_1$。根据洛伦兹变换的逆变换公式(12-4)，可以得到 S 系中的观察者所记录的上述两个事件发生的时刻分别为 $t_1=\gamma(t'_1+\frac{u}{c^2})x'_0$ 和 $t_2=\gamma(t'_2+\frac{u}{c^2})x'_0$，其时间间隔为

$$\tau=t_2-t_1=\gamma(t'_2-t'_1)=\gamma\tau_0=\frac{1}{\sqrt{1-u^2/c^2}}\tau_0>\tau_0 \tag{12-8}$$

τ_0 是 S' 系中观测者所测得的时间间隔，这个 S' 系相对于发生事件的那个点 x'_0 是静止的；而 τ 是 S 系中的观测者记录的时间间隔，相对于 S 系来说，发生事件的那个点是在运动的，即在 S 系中的观测者看到的事件发生在空间的两个不同位置上。由此可以得出结论，从惯性系 S 中的观测者来看，运动着的物体发生的过程所费的时间变长了，变为静止时间间隔的 γ 倍，这就是所谓的**时间膨胀**，也称为**时间延缓**或运动时间变慢。通常把某一参考系中同一地点发生的两个事件之间的间隔，称为固有时或原时，式(12-8)中的 τ_0 就是固有时。$\gamma=\frac{1}{\sqrt{1-u^2/c^2}}$ 称为时间膨胀因子，又称为速度因素或质量增加因子。γ 值的大小体现了相对论效应的显著程度。

可见，时间间隔不是不变的，而是与参考系的运动有关的变量。时间膨胀的来源是光速不变的原理，由于运动是相对的，运动的时钟变慢也是相对的。运动时钟变慢的问题与同时的相对性概念是联系在一起的，它是时空的一种属性，并不涉及时钟的任何机械原因和原子内部的

任何过程。动钟变慢是时间节奏变慢，不仅动钟变慢，而且一切涉及时间的过程都是因运动而变慢。一切物理、化学过程，以至生命过程都因运动而延缓，而且延缓是相对的。

例题 12-2　μ 子是 1936 年由安德森(C. D. Anderson)等人在宇宙射线中发现的。μ 子是不稳定的粒子，它能自发的衰变为一个电子和两个中微子。对 μ 子静止的坐标系而言，μ 子自发衰变的平均寿命为 $2.15\times10^{-6}s$ 。假设来自太空的宇宙射线，在离地面 6000m 的高空所产生的 μ 子，以相对于地球 $0.995c$ 的速率垂直向地面飞来。

试问：(1)在地面上看来，μ 子的平均寿命应为多少？

(2) 它能否在衰变前到达地面？

解：(1) 设地面参考系为 S ，μ 子参考系为 S' ，据题意 S' 系相对于 S 系的运动速率 $u=-0.995c$ ，μ 子在 S' 系中的平均寿命即为固有时 $\tau_0=2.15\times10^{-6}s$ ，根据时间膨胀公式(12-7)，对于地面来说，μ 子的平均寿命为

$$\tau=\gamma\tau_0=\frac{\tau_0}{\sqrt{1-u^2/c^2}}=\frac{2.15\times10^{-6}}{\sqrt{1-\frac{(-0.995c)^2}{c^2}}}=2.15\times10^{-5}(s)$$

(2) μ 子在时间 τ 内运动的距离为

$$s=u\tau=0.995c\times2.15\times10^{-5}=6418(\mathrm{m})$$

而 μ 子在产生时离地面只有 6000m，所以它在衰变前可以到达地面。

三、长度的相对性

恰如两个事件的时间间隔与参照系有关一样，两点之间的距离也和参照系有关。当待测物体相对于观测者静止时，一个物体的长度就是所测物体两个端点位置间的距离。但是，当待测物体相对于观测者运动时，一个物体的长度就必须是同时记录物体两个端点位置间的距离。

在图 12-4 中，在 S' 系中假设有一根棒沿 x' 轴静止放置，$l_0=|x'_2-x'_1|$ 称为棒的固有长度。在 S 系中的观测者看来，棒沿 x 轴以速度 $\boldsymbol{u}$ 运动，为了测量棒的长度 l，观测者必须在同一时刻 t 测量棒两端的坐标 x_1 和 x_2，可得到棒的长度 $l=|x_2-x_1|$ ，由洛伦兹变换式(12-3)可知 $x'_1=\gamma(x_1-ut)$ ，$x'_2=\gamma(x_2-ut)$ 则

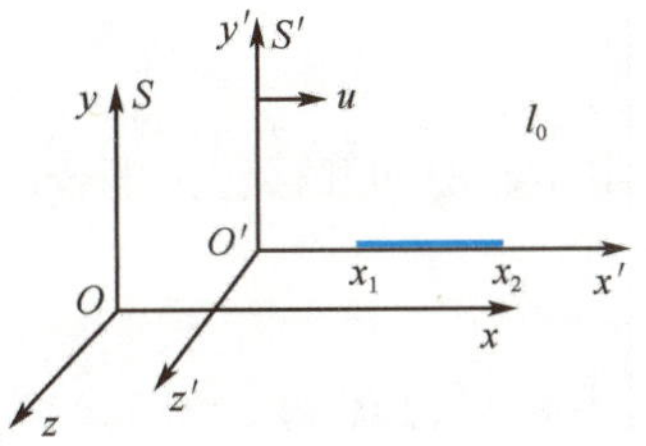

图 12-4　长度的收缩

$$l_0=|x'_2-x'_1|=\gamma|x_2-x_1|=\gamma l$$

所以

$$l=\frac{1}{\gamma}l_0=\sqrt{1-u^2/c^2}\,l_0<l_0 \tag{12-9}$$

可见，在惯性系 S 中的观测者看来，运动着的物体，在运动方向上的长度缩短了，变为固有长度的 $1/\gamma$ ，这就称为洛伦兹收缩或长度收缩。$1/\gamma$ 称为长度收缩因子。

洛伦兹收缩也是一种时空属性，并不是运动引起物质之间相互作用而产生的实在收缩，洛伦兹收缩完全是相对的。例如，有两个人分别坐在两列相向而行的火车上，每人手里拿着一根相同的米尺，尺身沿火车行驶方向，则两个人都将“看到”(指同时测量米尺两端的位置)对方手上的米尺缩短了相同的长度；而当他们测量自己手中拿着的米尺时，米尺并没有缩短。

四、光多普勒效应

在图 12-1 所示的惯性系 S 和 S' 中，若在 S' 系原点的某一闪烁光源先后发出的两个光信号为事件 (o,o) 和 (t',o) 。在 S 系中的观测者看来，它们是事件 (o,o) 和 (t,x) ，根据洛伦兹变化的逆变化式(12-4)

笔记栏

$$t=\gamma(t'+\frac{u}{c^2}x')=\gamma t'$$

在 S 系的原点收到第二个信号的时刻是

$$t_1=t+x/c=t+ut/c=(1+\beta)t=(1+\beta)\gamma t',\beta=\frac{u}{c}$$

两个光信号之间的时差为

$$\Delta t=(1+\beta)\gamma\Delta t'$$

时间间隔可以用周期表达为

$$T=(1+\beta)\gamma T'$$

发射频率 v_e 和观测频率 v_0 的关系为

$$v_0=\frac{1}{(1+\beta)\gamma}v_e=\sqrt{\frac{1-\beta}{1+\beta}}v_e \tag{12-10}$$

(12-10)式表明，光源远离时，观察到的频率会减小，即退行时存在红移。

若 S' 系以 u 沿 x 轴向 S 系运动，用同样的方法可以推得：

$$v_0=\sqrt{\frac{1+\beta}{1-\beta}}v_e \tag{12-11}$$

式(12-11)表明，光源靠近时，观察到的频率会增大，即趋近时存在紫移。光是一种周期性的移动过程，所以对于任何光源，以上公式都是成立的。

五、退行红移和膨胀宇宙

用波长来表达，退行红移是

$$c=\lambda v\ ,\ \lambda_0=\sqrt{\frac{1+\beta}{1-\beta}}\lambda_e$$

或

$$\frac{\lambda_o-\lambda_e}{\lambda_e}=\sqrt{\frac{1+\beta}{1-\beta}}-1\approx\beta$$

宇宙学起源的红移包括多普勒效应和背景引力的影响，哈勃发现

$$\frac{\lambda_o-\lambda_e}{\lambda_e}=H_0\frac{L}{C} \tag{12-12}$$

此式就是哈勃定律，把用多普勒红移以及上述近似代入有

$$u=H_0L$$

相隔越远的星体以越大的速度 $\boldsymbol{u}$ 分离，构成了一幅膨胀宇宙的图象。理论证明哈勃定律式(12-12)只是近似，类星体红移很大，虽然很多天文学家相信其速度和距离有类似的关系，但以上结果用了太多的近似。

第四节　相对论动力学简介

牛顿第二定律对在伽俐略变换过程中是不变的，但显然不符合相对论的基本要求。在相对论中，动力学的一系列概念都面临着重新定义的问题。定义新物理概念的重要原则是满足对应原理，即当 $v\ll c$ 时，新定义的物理量必须趋于经典物理学中的相应量，尽量保持基本守恒定律继续成立。

一、动量和质量

在相对论情形下，仍然把一个质点的动量 p 定义为一个与其速度 $\boldsymbol{v}$ 同方向的矢量，即

$$p=mv \tag{12-13}$$

笔记栏

上式中动量与速度的比例系数 m 仍定义为该质点的质量，不过数量上 p 与 v 不一定成正比，而质量 m 是速度的函数，m 只取决于速度的大小 v ，而与它的方向无关，即

$$m=m(v) \tag{12-14}$$

根据质量动量守恒定律，由洛伦兹变换，可得出

$$m=\frac{m}{\sqrt{1-v^2/c^2}}=\gamma m_0 \tag{12-15}$$

这就是相对论中非常重要的质速公式，式中 m_0 是物体相对于参考系静止时的质量，称为**静止质量**。m 是物体相对参考系以速度 v 运动时的质量，称为**相对论质量**。可以看到，当物体运动速度接近光速时，物体质量将趋于无穷大，因而任何实物的速度都不可能超过光速。例如经加速后以 $0.90c$ 运动的粒子其质量已经改变为其静止质量的 2.3 倍。

以光速运动的粒子，如光子、中微子等，由式(12-15)可知其静止质量 m_0 为零。当 $v\ll c$ 时，由(12-15)式得 $m\approx m_0$，这就是经典力学中所讨论的情况；实际上在一般宏观物体所能达到的速度范围内，正是属于这种情况。

物体运动得越快，质量越大；速度 v 趋近光速 c 时，质量 m 趋于无穷大。这就是说物体的速度愈接近光速，它的质量就愈大，因而就愈难加速，当物体的速度趋近于光速时，质量和动量一起趋于无穷大。如果 v 超过 c，质速公式(12-15)将给出虚质量，这在物理上是没有意义的，也是不可能的。这符合相对论"光速是极限速度"的论断。

应当强调的是，这里相对论的质量只是以公式(12-15)为定义引出的辅助量，它并不是物体惯性大小的量度。

根据式(12-13)，动量的完整表达式为

$$\boldsymbol{p}=m\boldsymbol{v}=\frac{\mathrm{m}_0\boldsymbol{v}}{\sqrt{1-\mathrm{v}^2/\mathrm{c}^2}}=\gamma\mathrm{m}_0\boldsymbol{v} \tag{12-16}$$

可证明，相对论的动量表达式(12-16)满足爱因斯坦狭义相对论原理。此外，还可看出当质点运动的速率 $v\ll c$ 时，相对论的动量表达式与经典力学中的相同。

二、力与动能

在经典力学中，一质点做直线运动时，力与速度的运动方程为

$$\boldsymbol{F}=m\boldsymbol{a}=\frac{\mathrm{d}(m\boldsymbol{v})}{\mathrm{d}t} \tag{12-17}$$

质量 m 是常量，上式可等价为 $\boldsymbol{F}=\dfrac{\mathrm{d}\boldsymbol{p}}{\mathrm{d}t}$ ，动量对时间变化率。但在相对论中，动量 $\boldsymbol{p}$ 和质量 m 都随质点速率 v 而变化，因而也都随时间 t 而变化，式 $\boldsymbol{F}=\dfrac{\mathrm{d}\boldsymbol{p}}{\mathrm{d}t}$ 与式 $\boldsymbol{F}=m\boldsymbol{a}$ 不再等价，即直接用加速度表示牛顿第二定律不再成立了。但经典力学对力的定义即式(12-17)可以直接推广到相对论的情形下，即

$$\boldsymbol{F}=\frac{\mathrm{d}\boldsymbol{p}}{\mathrm{d}t}=\frac{\mathrm{d}}{\mathrm{d}t}\left(\frac{m_0\boldsymbol{v}}{\sqrt{1-v^2/c^2}}\right) \tag{12-18}$$

此式是相对论力学的基本方程，是牛顿第二定律在相对论情形下的推广。在 $v\ll c$ 时，可还原为经典力学中的牛顿第二定律 $\boldsymbol{F}=m\boldsymbol{a}$。

在相对论情形下，仍保留功能关系在经典力学中的形式，即质点的动能 E_k 等于外力使该质点由静止到运动过程中外力所做的功

$$E_k=\int_0^t\boldsymbol{F}\cdot\mathrm{d}\boldsymbol{r}=\int_0^t\frac{\mathrm{d}}{\mathrm{d}t}(m\boldsymbol{v})\cdot\mathrm{d}\boldsymbol{r}$$

$$=\int_0^v\mathrm{d}(\mathrm{m}\boldsymbol{v})\cdot\boldsymbol{v}$$

笔记栏

$$=\int_0^v \boldsymbol{v}\cdot \mathrm{d}\left(\frac{m_0}{\sqrt{1-\boldsymbol{v}^2/c^2}}\cdot \boldsymbol{v}\right)$$

$$=m_0c^2\left(\frac{1}{\sqrt{1-\boldsymbol{v}^2/c^2}}-1\right)$$

即

$$E_k=mc^2-m_0c^2=\Delta m\cdot c^2 \tag{12-19}$$

此式就是相对论中静止质量为 m_0 的物体，以速率 v 运动时的动能公式。在相对论中，质点的动能等于因运动引起质点的质量的增量 $\Delta m=m-m_0$ 乘以光速的平方 c^2。

相对论的动能公式，与经典力学的动能公式在形式上有很大的差异。然而，在 $v\ll c$ 的极限情况下，由

$$\frac{1}{\sqrt{1-v^2/c^2}}=\left(1-\frac{v^2}{c^2}\right)^{-\frac{1}{2}}\approx 1+\frac{1}{2}\frac{v^2}{c^2}$$

可得

$$E_k\approx\frac{1}{2}m_0v^2$$

即经典力学的动能表达式是相对论动能表达式的低速近似，而对于高速的情况，$(1-v^2/c^2)^{-\frac{1}{2}}$ 展开式的高次项不能忽略。

三、质能关系

爱因斯坦将公式(12-19)中的 m_0c^2 这一恒量，解释为质点因静止质量 m_0 而具有的能量，称为**静质能** E_0，即

$$E_0=m_0c^2 \tag{12-20}$$

在式(12-19)中，mc^2 在数值上等于质点的动能 E_k 和静质能 m_0c^2 之和。爱因斯坦把它称为质点的总能量，用 E 来表示，即

$$E=mc^2=\frac{m_0c^2}{\sqrt{1-v^2/c^2}}=\gamma m_0c \tag{12-21}$$

这是相对论的质能关系，这一关系的重要意义在于把粒子的质量和它的能量直接联系起来了。也就是说，一定的能量对应于一定的质量。把质量守恒和能量守恒这两条相互独立的自然规律在相对论意义下由质能关系完全统一起来了。按照相对论的概念相互作用的几个粒子的能量守恒关系式可表示为

$$\sum E_i=\sum m_ic^2=\text{常量}$$

由上式可以直接得出质量守恒关系式

$$\sum m_i=\text{常量}$$

应该强调，在相互作用过程中，系统的相对论质量 $\sum m_i$ 是守恒的，但其静质量 $\sum m_{oi}$ 并不守恒。在科学上，所谓的质量守恒实际上只是涉及粒子的静质量，只是相对论质量守恒在粒子能量很小的情况下的近似。如果一个系统的质量发生了变化，那么能量也必定会发生相应的变化，质能变化的关系为

$$\Delta E=\Delta mc^2 \tag{12-22}$$

利用质能关系，科学家门找到了释放原子能的方法和途径，使人类跨入了利用原子能的新时代，这也是爱因斯坦相对论的伟大成就之一。

四、能量和动量的关系

由相对论的能量和质量的定义式

$$E=\frac{m_0c^2}{\sqrt{1-v^2/c^2}},\quad P=\frac{m_0v}{\sqrt{1-v^2/c^2}}$$

笔记栏

可以直接得到

$$E^2=p^2c^2+m_0^2c^4 \text{ 或 } E=\sqrt{p^2c^2+m_0^2c^4} \tag{12-23}$$

此式是相对论的能量-动量关系式，由上述定义式还可以得到

$$v=\frac{c^2p}{E} \tag{12-24}$$

相对论的能量-动量关系式(12-23)指出存在“无质量”粒子的可能性，这些微观粒子具有动量和能量，但是它们没有静质量即 $m_0=0$，因而也没有静能。这时式(12-23)可化为

$$E=cp \tag{12-25}$$

将式(12-25)代入式(12-24)，我们可以得出结论：一个静质量为零的粒子，在任何惯性系中都只能以光速运动，永远不会停止。迄今为止认为，光子是物理学中的主要静止质量为零的粒子。

例题 12-3　静止质量为 m_{01} 速度为 v 的粒子，与静止质量为 m_{02} 的静止粒子碰撞，碰后组成复合粒子，求复合粒子的速度 u 和静质量 M。

解： 在高速空间，无论是非弹性碰撞、弹性碰撞或完全弹性碰撞都要遵守动量守恒和能量守恒定律。以 $m_{01}+m_{02}$ 为系统

动量守恒：

$$\frac{m_{01}}{\sqrt{1-v^2/c^2}}v=\frac{M}{\sqrt{1-u^2/c^2}}u$$

能量守恒：

$$\frac{m_{01}c^2}{\sqrt{1-v^2/c^2}}+m_{02}c^2=\frac{Mc^2}{\sqrt{1-u^2/c^2}}$$

由以上两式可求得

$$u=\frac{m_{01}v}{m_{01}+m_{02}\sqrt{1-v^2/c^2}}$$

$$M=\sqrt{m_{01}^2+m_{02}^2+\frac{2m_{01}m_{02}}{\sqrt{1-v^2/c^2}}}$$

第五节　广义相对论简介

广义相对论是爱因斯坦在 1915 年以几何语言建立而成的引力理论，统合了牛顿的万有引力定律和狭义相对论，将引力描述成因时空中的物质和能量而弯曲的时空，以取代传统认为引力是一种力的看法。广义相对论是近代引力场理论，在理论上具有重大的意义。本节将简要介绍广义相对论的基本原理和有关结论。

一、等效原理

1. 惯性质量和引力质量

出现在牛顿第二定律中的质量，是物体惯性大小的量度，叫做惯性质量。出现在万有引力定律中的质量，是物体在引力场中所受引力大小的量度，叫做引力质量。两者的概念是不相同的。

如惯性质量用 m 表示，引力质量用 m' 表示。将某物体放置在引力场中，物体所受到的引力就是它改变其运动状态的外力，所以有

$$\boldsymbol{F}_{引}=-G\frac{Mm'}{r^2}\boldsymbol{r}_0=m'\boldsymbol{g}=\mathrm{m}\boldsymbol{a} \tag{12-26}$$

$\boldsymbol{g}=-G\dfrac{M}{r^2}\boldsymbol{r}_0$ 是引力场强度，$\boldsymbol{r}_0$ 是产生引力场的质点 M 到场点的单位矢量。实验测定物

笔记栏

体的加速度

$$a = g \tag{12-27}$$

与物体的质量无关。由式(12-26)还可以得到

$$m = m' \tag{12-28}$$

式(12-27)说明物体在引力场中某点的加速度与该处的引力场强相等。式(12-28)说明，同一物体的惯性质量和引力质量相等。反应此同等性的一个实验事实，是伽利略的自由落体实验，爱因斯坦将惯性质量和引力质量相等的这一事实推广为等效原理。

2. 等效原理

是在处于均匀的、恒定的引力场影响下的惯性系内所发生的物理现象，可以和一个不受引力场影响的、但以恒定加速度运动的非惯性系内的物理现象完全相同。爱因斯坦设计了一个理想的电梯，在电梯里装有各种仪器，还有一个物理学家在安心地进行各种实验，不论外面发生了什么事情，在这个电梯里面什么也看不到。当电梯相对于地球静止时，实验将看到电梯里的一切落体都以重力加速度 $\boldsymbol{g}$ 落向地板，这表明电梯里的物体受到了地球引力的作用。如果让电梯也做自由下落运动，由于惯性质量和引力质量相等，实验者将发现，电梯里所有的物体，苹果、羽毛和实验者自己都可自由停留在空间而不“下落”，即处于完全失重状态。这时电梯里的物体不再表现出受任何引力作用的迹象。也就是说该物理学家观测任何物体的任何力学现象都不能看到任何引力作用的迹象。

爱因斯坦接着对此作了进一步的引伸，他认为，在上述电梯里的实验者，不仅通过任何力学现象看不到引力的迹象，而且通过其他任何物理实验也看不到引力的迹象。就是说，在这种电梯的参考系中，引力全部被消除。电梯中的物理学家不能通过自己电梯中的物理现象，来判断他电梯之外是不是有一个类似于地球的引力作用源，他也不能测出自己的电梯是否有加速度。这样的电梯，即一个在引力作用下自由下落的参照系叫做局域惯性系。

爱因斯坦把这个关于引力的假设称为等效原理。他写到：在一个局域惯性系中，重力效应消失了；在这样一个参考系中，所有物理定律和一个在太空中远离任何引力物体的真正惯性系中的完全一样。也就是说，在一个太空中加速的参考系中，将会出现表观的引力；在这样的参考系中，物理定律就和该参考系静止于一个引力物体附近一样。等效原理可以简单表述为：对一切物理过程，匀加速运动的参照系与引力场局域等效，惯性力和引力局域等效。

二、广义相对性原理

狭义相对论指出了一切惯性系都是等价的，但惯性系和非惯性系却是不等效的。在广义相对论中，由于惯性质量和引力质量等价，惯性系和非惯性系之间的差别可以看作是有无引力场的差别，一个作加速运动的非惯性系可与有引力作用的惯性系等效。选择一个在引力场中自由下落的加速参考系，可以将引力消除而成为局域惯性系。据此，爱因斯坦把相对性原理推广到一切惯性系和非惯性系。他提出，所有的参考系都是平权的。即无论是惯性系还是非惯性系，物理定律的表达形式都是相同的，这一原理称为广义相对性原理。

等效原理、广义相对性原理是爱因斯坦广义相对论的基本原理。在此基础上，爱因斯坦采用了黎曼(Rimann)几何来描述具有引力场的时间和空间，写出了正确的引力场方程，进而精确的解释了水星近日点的反常旋进，预言了光线的引力偏折、引力红移和引力辐射等一系列新的效应，并对宇宙结构进行了开创性的研究。

三、引力场的时空特性

1. 光线弯曲

广义相对论由等效原理得到一个重要的结论，光线在引力场中弯曲。设在地球引力场中有一自由下落的升降机，从升降机左端的 A 点水平向右射出一束光，因自由下落的升降机与局域性系等价，升降机中的观测者看到的光线和在惯性系中的情形一样，即以光速 c 沿直线传播到升降机的右端 B 点。然而从地面参考系中看，在光线从 A 点传播到 B 点的过程中，升降机在引力场中自由下落了一段距离，地面上观测者看到的光线传播路径为一抛物线，如图 12-5 所示。可见，在引力场中光线将发生弯曲。

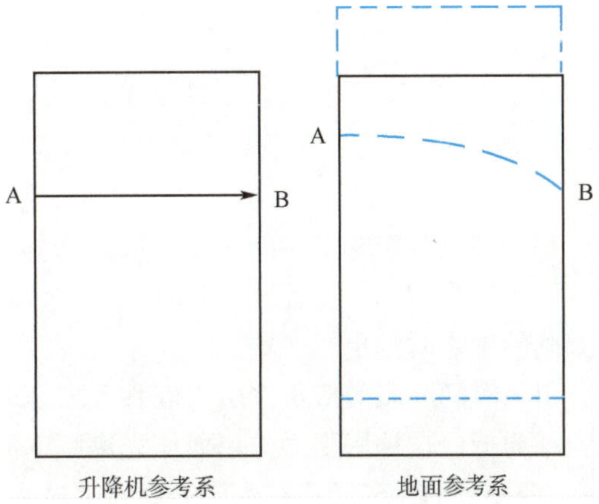

图 12-5 光线在引力场中弯曲

似乎用牛顿万有引力定律也可解释光线在引力场中的弯曲现象：光子有质量，要受到引力作用，产生指向引力场的加速度，进而使光的运动方向发生了偏折。但对于偏向角的计算，如光线经过太阳表面时，广义相对论的预言值比万有引力的计算值大 2 倍。许多天文观测证明，广义相对论的预言值与实验的测量值符合的很好。

2. 空间弯曲

在经典牛顿力学中，认为时间和空间的测量与参考系无关，空间两点间的距离如线元 $\mathrm{d}l$ 为一不变量，即 $\mathrm{d}l^2=\mathrm{d}x^2+\mathrm{d}y^2+\mathrm{d}z^2=$恒量。而在狭义相对论中，认为时间和空间的测量与参考系有关，三维空间和一维时间构成了一个四维的时空整体。在四维空间的 S 系和 S' 系中，可用洛伦兹变换证明

$$c^2\mathrm{d}t^2-(\mathrm{d}x^2+\mathrm{d}y^2+\mathrm{d}z^2)=c^2\mathrm{d}t'^2-(\mathrm{d}x'^2+\mathrm{d}y'^2+\mathrm{d}z'^2)=\text{恒量}$$

此式称为闵科夫斯基(H. Minkowski)公式。牛顿力学的三维空间和狭义相对论的四维空间都是平直的欧几里德(Euclid)空间。光线在这样的空间里做直线传播，可以认为是由惯性系的平直空间特定决定的。

等效原理指出：在局域惯性系中，光在真空中的传播速度仍是 c。引力场可以用加速度不同的无数多个局域惯性系来取代。因此，光在真空中的引力场中弯曲不会改变光的传播速度。光在引力场中弯曲，同样是由引力的时空特性决定的。引力场中的时空是四维弯曲的时空，即引力场使空间产生弯曲，或者说质量使空间产生弯曲。

引力来源于空间的弯曲，如太阳的质量使其周围空间产生了弯曲，这种弯曲将影响光和行星的运动。光和行星在弯曲空间的运动要遵循“最短路径”这一原理，如自由粒子在惯性系中做直线运动的路径最短一样，从而形成了现在的运动方式。爱因斯坦认为：太阳对光和行星没有任何力的作用，只是太阳使空间发生了弯曲，而光和行星只是沿这一弯曲空间中的“最短”路径运动而已。

3. 引力时间膨胀效应

如图 12-6 所示，自由空间(即惯性空间)是平直空间。光在平直空间中做直线传播，由 A 到 B 用的时间为 $\Delta t_0=\overline{AB}/c$ 。引力场空间是弯曲空间，光在弯曲中做曲线传播，由 A 到 B 用的时间为 $\Delta t=\widehat{AB}/c$。因$\widehat{AB}>\overline{AB}$ ，所以 $\Delta t>\Delta t_0$。这就是引力引起的时间膨胀效应(又称时间弯

笔记栏

曲）。引力时间膨胀是引力空间弯曲的必然结果。

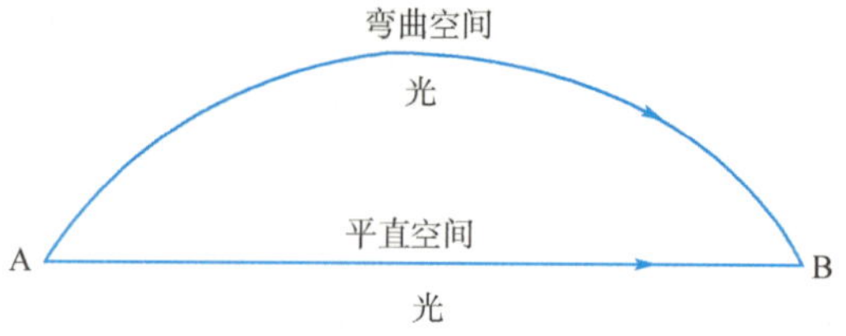

图 12-6 引力时间膨胀

物体的质量引起了空间弯曲，越靠近物体的地方空间弯曲的越厉害，时间膨胀效应就越明显。以太阳为例，靠近太阳的空间弯曲比远离太阳的空间弯曲更厉害，则靠近太阳的钟将比远离太阳的钟走时的更慢一些。

引力时间膨胀效应可用引力红移现象证明。由于引力效应，在太阳表面上的原子发出的光的频率要低。这种因引力作用而使光谱频率向红光方向移动的现象，称为**引力红移**。实验已经测定，钾原子的发光频率在太阳表面比地球表面减小了 2×10^{-6} Hz，与理论预言值符合得很好。

四、引力坍缩与黑洞

维持恒星处于平衡状态有两种力：一种是引力（引力使恒星收缩）；另一种是星体内部热核反应产生的压力（抵抗引力引起的收缩）。当二者平衡时，可形成稳定的恒星，太阳就是处于这一阶段的热星。

当恒星内部的核能用尽后，该恒星将逐渐演变成一颗冷星。当恒星从普通的热星变为冷星的过程中，压力不足以抗衡引力引起的收缩而导致星体坍缩，这一现象叫做引力坍缩。坍缩的星体成为了一颗致密星，致密星大致分为白矮星、中子星和黑洞三类。

“黑洞”很容易让人想象成一个“大黑窟窿”，其实不然。所谓的“黑洞”，就是这样一种天体：它的引力场特别强，就包括光也不能逃脱出来。根据广义相对论，引力场使时空发生弯曲。当恒星的体积很大时，它的引力场对时空几乎没有什么影响，从恒星表面上某点发出的光可以朝任何方向沿直线射出。而恒星的体积越小，它对周围的时空弯曲作用就越大，从某些角度发出的光就会沿弯曲空间返回到恒星表面。等恒星的半径小到一特定值（天文学上叫史瓦西半径）时，就连垂直表面发射的光都被捕获回了，这时，恒星就变成了黑洞。“黑”，是指它就像宇宙中的无底洞，任何物质一旦掉进去，“似乎”就再不能逃出。实际上黑洞真正是“隐形”的天体。

黑洞是怎样形成的呢？其实，跟白矮星和中子星一样，当一颗恒星衰老时，它的热核反应已经耗尽了中心的氢燃料，由中心产生的能量已经不多了。这样，再也没有足够的力量来承担起它外壳巨大的重量。所以在外壳的重压之下开始了坍缩，直到最后形成体积小、密度大的星体，重新有能力与外壳的重压平衡。一些质量小的恒星主要演化成了白矮星，质量比较大的恒星则有可能形成了中子星。而根据科学家的计算，中子星的总质量不能大于太阳质量的三倍。如果超过了这个值，那么将再没有力能与自身重力相抗衡，从而引发另一次大坍缩。物质将不可阻挡地向着中心点进军，直到成为一个体积趋近于零、密度趋向无穷大的“点”。而当它的半径一旦收缩到一定程度，巨

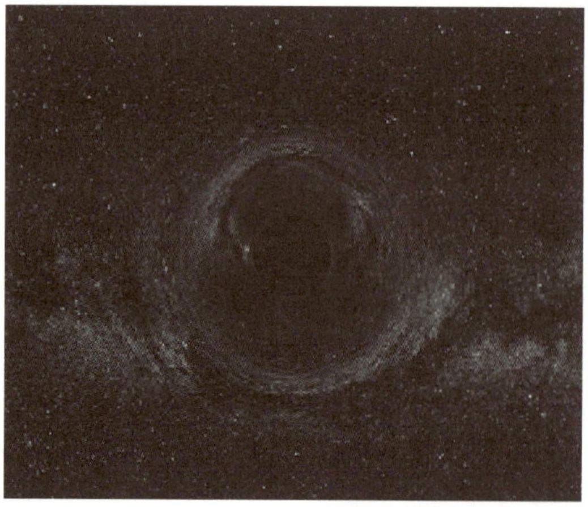

图 12-7 黑洞模拟图

大的引力就使得即使是光也无法向外射出了，从而切断了该恒星与外界的一切联系——“黑洞”诞生了。与别的天体相比较，“黑洞”显得太特殊了。如黑洞有“隐身术”，人们无法直接观察到它。黑洞又是究竟如何把自己隐藏起来的呢？答案就是因为弯曲的空间，我们都知道，光是沿直线传播的，这是一个最基本的常识。可根据广义相对论，空间会在引力场作用下产生弯曲，而光沿任意两点间的最短距离传播，走的已经不是直线，而是曲线了。形象的理解为，好像光本来是要走直线的，但强大的引力把它拉的偏离了原来的方向走的是最短距离的曲线。如图 12-7 所示是 600 千米的距离观看到的十倍太阳质量的黑洞模拟图。

习 题 十 二

12-1 洛伦兹变化与伽利略变化的本质差别是什么？二者有何关系？

12-2 站台两侧各有一列火车以相同的速度南北对开，站台上的人看火车上的钟走的一样快吗？两火车上的人彼此看对方的钟呢？

12-3 试证明：①如果两个事件在某惯性系中是同一地点发生的，则对一切惯性系来说这两个事件的时间间隔，只有在此惯性系中最短。②如果两个事件在某惯性系中是同时发生的，则对一切惯性关系来说这两个事件的空间间隔，只有在此惯性系中最短。

12-4 一短跑选手，在地球在以 10s 的时间跑完了 100m。在飞行速度为 0.98c，飞行方向与跑动方向相反的飞船中的观测中看来，这选手跑了多长时间和多长距离？

[50.25s；1.48×10^{10}m]

12-5 两艘宇宙飞船 A 和 B 沿一直线作相向运动，一个地球上的观测者测得飞船 A 的速度大小为 0.75c，而 B 的速度大小为 0.85c，求 B 相对于 A 的速度。

[−0.98c]

12-6 一观测者测出运动着的米尺的长度为 0.5m，问此米尺以多大的速度接近观测者？

[0.87c 或 $2.61\times10^{8}\,\mathrm{m\cdot s^{-1}}$]

12-7 静质量为 0.511*Mev* 的电子，具有其 5 倍于它的静能的总能量，求它的动量和速率。

[2.50*Mev*/*c*；0.98*c*]

12-8 粒子的静止质量为 m_0，当其动能等于其静能时，其质量和动量各为多少？

[$2m_0$；$\sqrt{3}m_0c$]

12-9 根据天文观测和推算，宇宙正在膨胀，太空中的天体都远离我们而去。假定地球上观察到一颗脉冲星(发出周期无线电波的星)的脉冲周期为 0.50s，且这颗星正沿观察方向以速度 0.8*c* 离我们而去，问这颗星的固有周期为多少？

[0.1666 s]

12-10 6000m 的高空大气层中产生了一个 π 介子以速度 $v=0.998c$ 飞向地球，假定该 π 介子在其自身静止系中的寿命等于其平均寿命 2×10^{-6}s。试分别从下面两个角度，即地球上的观测者和 π 介子静止系中观测者来判断 π 介子能否到达地球。(能，能)

12-11 μ 子静止质量是电子静止质量的 207 倍，静止时的平均寿命 $\tau_0=2\times10^{-6}$s，若它在实验室参考系中的平均寿命 $\tau=7\times10^{-6}$s，试问其质量是电子静止质量的多少倍？

[725 倍]

12-12 一物体的速度使其质量增加了 10%，试问此物体在运动方向上缩短了百分之几？

[9.1%]

阅读材料

引 力 波

一、引 力 波

根据牛顿的引力理论(统治了物理学界200多年),由两个质点组成做周期性运动的动力学系统的运动轨迹是一个封闭的椭圆,太阳系中行星轨道就是属于这种情况。当考虑到太阳的质量四极矩以及受到其他天体的摄动时,行星绕太阳运动的轨道就不再封闭,而椭圆轨道的近日点会以一定的角速度进动。离太阳越近的行星轨道,进动的角速度越大。1859年Leverrier首先发现,水星轨道近日点的进动,在扣除了以上因素外,还会有每百年38s的剩余进动无法用牛顿力学解释。Newcomb进行了精度较高的观测后得出,这个剩余进动为每百年43s。而爱因斯坦在1916年他早期发表的广义相对论的论文中就给出了行星在近日点进动的广义相对论的计算值,这个值与Leverrier和Newcomb的观测值相符合,这是广义相对论第一个成功例证。爱因斯坦还预言了引力波的存在,并指出了引力波是一种圆柱波。在地球范围内极其微弱,探测十分困难。但帮迪和皮拉尼从理论上真正证明引力波的存在,并说明它是在真空中以光速 c 传播的一种穿透性极强的横波,携带能量以及与波源体有关的信息。

在爱因斯坦的广义相对论中,引力被认为是时空弯曲的一种效应。这种弯曲是因为质量的存在而导致的。通常而言,在一个给定的体积内,包含的质量越大,在这个体积边界处所导致的时空曲率越大。当有质量的物体在时空当中运动时,曲率变化可反应这些物体的位置变化。在某些特定环境下,加速物体能够对这个曲率产生变化,并且能够以波的形式向外以光速传播,这种传播现象被称为引力波(gravitational wave)。

二、宇宙引力波源

那么在宇宙当中,什么样的天体才能够撼动而产生可以探测到的引力波呢?对于地面上的探测器,研究认为下面几种情况可以:

(1) 旋进或者合并的致密星双星系统。比如中子星或黑洞的双星系统。

(2) 快速旋转的致密天体。可能的候选体包括非对称的中子星之类。

(3) 随机的引力波背景。非常类似于我们通常熟知的宇宙背景辐射,这一类背景引力波,也常叫做原初引力波,它是早期宇宙暴涨时的遗迹。

(4) 超新星或者伽马射线暴爆发。恒星爆发时的非对称性动力学性质也能产生引力波。

(5) 超大质量黑洞。在星系的中心,我们知道会有超大质量黑洞的存在。因星系在演化的过程当中会彼此合并,所以在某些星系中间会有两个黑洞。这两个双黑洞在绕转和最终合并的同时,也会产生很强的引力波。

三、引力波的探测历史

在过去的六十多年里,有许多物理学家、天文学家为了证明引力波的存在做出了无数努力。其中要数引力波存在的间接实验证据——脉冲双星PSR1913+16最著名。1974年,美国麻省大学的物理学家泰勒(Joseph Taylor)教授和赫尔斯(Russell Hulse)利用美国的308米射电望远镜,发现了由两颗质量大致与太阳质量相当的中子星组成的相互旋绕的双星系统。因为两颗中子星的其中一颗是脉冲星,用它的精确的周期性射电脉冲信号,可以无比精准地得出两颗致密星体在绕其质心公转时它们轨道的半长轴和周期。根据广义相对论知,当两个致密星体近距离彼此旋绕时,该体系会产生引力辐射。辐射出的引力波带走能量,所以系统总能量会逐渐减少,轨道半径和周期也会变短。

在之后的30年里泰勒和他的同行对PSR1913+16进行了持续观测,观测结果精确地按广义相对论所预测的那样:周期每年减少76.5微秒,半长轴每年缩短3.5m。甚至广义相对论还可预言这个双星系统将在3亿年后合并。这是人类第一次得到引力波存在的间接证据,是对广义相对论引力理论的一项重要验证。因此泰勒和赫尔斯荣获1993年诺贝尔物理学奖。

在实验方面,第一个对直接探测引力波做伟大尝试的人是韦伯(Joseph Weber)。早在20世纪50年代,他充满远见地认识到,探测引力波并不是没有可能。从1957年到1959年,韦伯全身心设计引力波探测方案。最终,韦伯选择了一根长2m,直径0.5m,主体重1.4t的圆柱形铝棒,其侧面指向引力波传来的方向。该类型探测器,被行业内称为共振棒探测器:当引力波到来时,会交错挤压和拉伸铝棒的两端,当引力波频率和铝棒的设计频率一致时,会引起铝棒共振,而贴在铝棒表面的晶片会产生相应的电压信号。但共振棒探测器有很明显的局限性,如它的共振频率是确定的。虽然可通过改变共振棒的长度来调整共振频率,但对于同一个探测器,只能探测其对应频率的引力波信号,如果与引力波信号的频率不一致,那该探测器就无能为力了。此外,共振棒探测器还有一个严重的局限性:就是引力波会产生时空畸变,探测器做的越长,引力波在该长度上的作用产生的变化量就越大,而韦伯的共振棒探测器只有2m。虽然共振棒探测器最后没能找到引力波,但韦伯开创了引力波实验科学的先河,在他之后,很多年轻且富有才华的物理学家投身于研究引力波的实验科学。

在韦伯设计共振棒的同时期,有部分物理学家认识到了共振棒的局限性,然后就有人提出了基于迈克尔逊干涉仪原理的引力波激光干涉仪的探测方案。它是由麻省理工学院的韦斯(Rainer Weiss)和马里布休斯实验室的佛瓦德(Robert Forward)在20世纪70年代建成。到了20世纪70年代后期,这些干涉仪已成为共振棒探测器的重要替代者。激光干涉仪相对于共振棒的优势是显而易见的:第一,激光干涉仪可探测一定频率范围的引力波信号;第二,激光干涉仪的臂长可以做的很长。

在过去的近10年时间里,一个全新的天文学领域逐渐出现——那就是引力波天文学。和传统天文学使用天文望远镜对宇宙进行观测不同,而引力波探测器使用的是激光和反射器,研究人员让激光在两块呈直角方位的反射镜之间来回反射,并观察两束光波在叠加时所呈现的干涉条纹的特征。这正是位于美国的"激光干涉引力波天文台"(LIGO)所采用的方法。从2002年到2010年之间的运行过程中,LIGO设施验证了其设计概念的可行性。在随后经历了长达5年的关闭升级,直到2015年9月。升级后的该设施被重新启用,称作"先进LIGO"。而就在2016年2月11日,美国国家科学基金和欧洲引力天文台召开了对外新闻发布会正式宣布,科学家第一次直接观测到了来自遥远宇宙的剧变事件所产生的时空涟漪——引力波。这一探测证实了爱因斯坦广义相对论的一个重要预言。

四、引力波的成功探测

有史以来人类建造的最先进的引力波观测设施——"先进LIGO",从本质而言,"先进LIGO"系统采用的探测手法是相当简单而直接的,它利用引力波辐射的本性和它最重要的性质之一。引力波会造成空间的压缩或拉伸,其强度和频率取决于形成这种引力波的天文事件所具有的特征,比如两个相互绕转天体各自的质量、它们之间的间距以及这一系统离地球的距离。"先进LIGO"设施包括两条互相垂直的长臂,长度

笔记栏

均为 4km。将一束激光用分光镜分成夹角为 90°的两束光，然后两束激光分别被 4km 外的反射镜反射回来并发生干涉。并这样的反射可来回进行多次，从而大大增加了激光运行路径的长度。由于两束激光频率和波长完全一致，正常情况下，这两束激光应该是完全相同的，但如果存在引力波的作用，则会对这两束光的波长、频率产生影响，进而导致两束激光在叠加的干涉条纹上会出现改变。科学家们根据这样的改变将能够判断出两个绕转天体的质量、它们之间的距离及这一系统到地球之间的距离等丰富的信息。

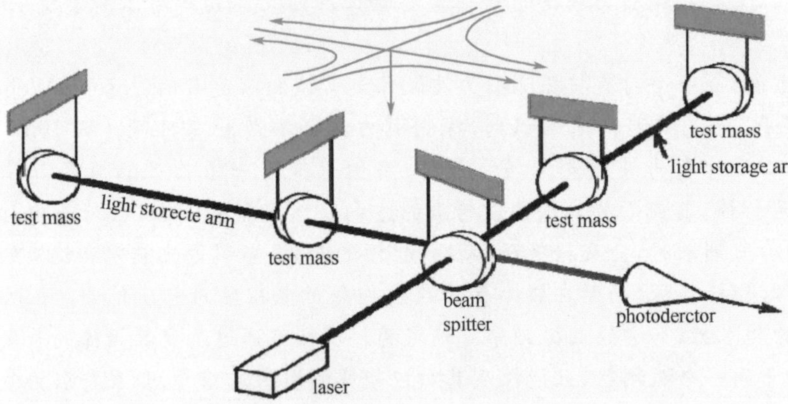

图 12-8 LIGO 设施工作原理图

"先进 LIGO"包括两处设施，于世界协调时间 2015 年 9 月 14 日 9:51(北京时间当天下午 17:51)，由分别位于美国东南部路易斯安那州列文斯顿(Livingston, Louisiana)和美国西北部华盛顿州汉福德(Hanford, Washington)的激光干涉引力波天文台(先进 LIGO)的一对探测器都探测到了引力波信号，数据来自两个"先进 LIGO"探测器。本次重大发现被物理评论快讯(Physical Review Letters)期刊接受发表。

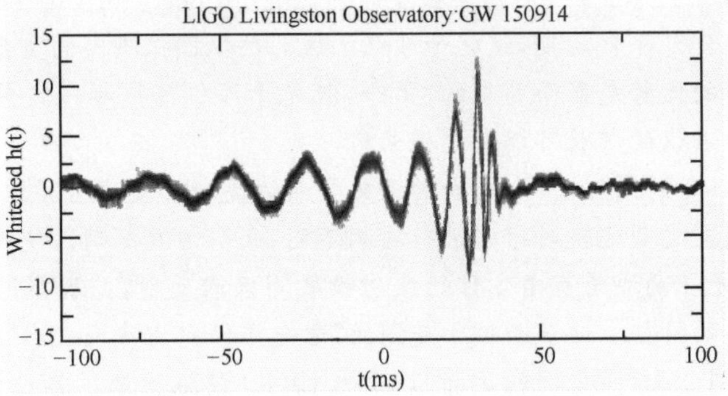

图 12-9 位于路易安那州列文斯(Livingston)的 LIGO 探测到的引力波信号

图 12-9 和图 12-10 是分别位于美国 Livingston 和 Hanford 的"先进 LIGO"探测器分别探测到的引力波信号。两个探测器之间的距离为 3000km，相当于光速传播 10 毫秒的距离。这一引力波首先到达 Livingston 探测器，之后 7 毫秒到达 Hanford 探测器，这意味着引力波源位于南半球天区。另外，根据这一观测信号，LIGO 科学家算出了事件是发生在 13 亿年前，两个分别为 29 倍和 36 倍太阳质量的黑洞，在不到 1 秒的时间内将大概 3 个太阳质量的物质转化为了引力波，其峰值功率输出大概相当于可见宇宙总功率的 50 倍。LIGO 合作组在人类历史上首次成功的直接探测了引力波的存在，这是对爱因斯坦广义相对论的全新检验。

笔记栏

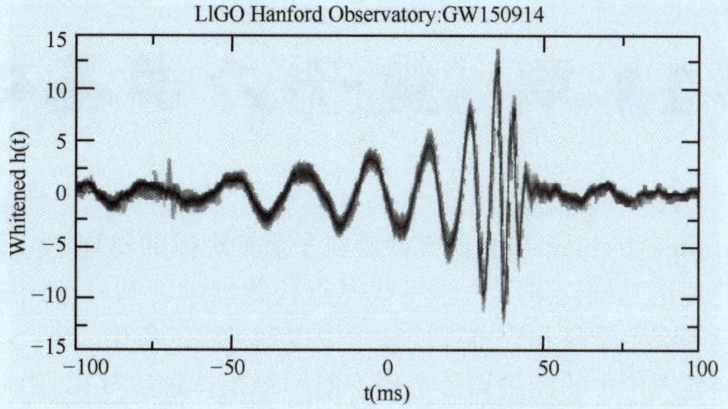

图 12-10　位于华盛顿州汉福德(Hanford)的 LIGO 探测到的引力波信号

五、天文学上的意义

在物理学中，引力波是指时空弯曲中的涟漪，从辐射源向外以波的形式传播，这种波以引力辐射的形式传输能量。引力波有两个比较独特且非常重要的性质。第一，不需要任何物质存在于引力波源周围，即这时就不会有电磁辐射产生。第二，引力波能够几乎不受阻挡的穿过行进途中的天体，即引力波能够不受阻碍的穿过。这两个特征表明引力波携带有更多的天文现象的信息。引力波的成功探测让我们给天文带来了新的认识，引力波会为我们带来前所未有的发现。

（计晶晶　陈　霞）

第13章 量子力学基础

量子力学(Quantum Mechanics)是研究微观粒子运动规律的物理学分支,它与相对论一起构成了现代物理学的理论基础。量子力学不仅是近代物理学的基础理论之一,而且在现代化学、材料科学、生物学等有关学科和许多现代技术中得到了广泛应用。

在19世纪末,经典理论中的能量均分定理不能解释黑体辐射规律,由此出现了所谓的“紫外灾难”。直到1900年德国物理学家普朗克提出能量子概念才得以解决,并由此标志了量子理论的诞生。此后,经过爱因斯坦、玻尔、德布罗意、玻恩、海森伯、薛定谔等众多物理学大师的努力,到20世纪30年代建立起一套完整的量子力学理论。

本章先介绍量子概念以及粒子的波粒二象性,接着介绍微观粒子的基本运动方程——薛定谔方程,并分析势阱和势垒中粒子运动的基本特征,然后用量子理论分析电子在氢原子中的运动规律和电子在多电子原子中的排列,最后介绍原子光谱和分子光谱及应用。

第一节 热 辐 射

实验证明,任何物体,只要温度 $T>0$ K,都将以电磁波的形式向外辐射能量。在常温下,由于辐射出的总能量较少,难以觉察它的存在;但随着温度的升高,辐射出的总能量会增加,例如在高温物体附近我们能够明显地感觉到红外辐射;如果温度继续升高,物体还会发光,例如白炽灯的灯丝,熔炉中赤热的钢水。这些事实说明,随着温度的升高,辐射的电磁波集中在越来越短的波长范围内。这种辐射能量按波长(或频率)的分布随温度而不同的电磁辐射称为**热辐射(heat radiation)**。

热辐射的能量与物体的温度 T 和波长 λ 有关。设物体温度为 T 时,在单位时间内从物体单位表面积辐射的波长在 $\lambda\to\lambda+\mathrm{d}\lambda$ 间隔内的电磁波能量为 $\mathrm{d}E$,实验表明 $\mathrm{d}E$ 和 $\mathrm{d}\lambda$ 成正比,比例系数定义为物体的辐射本领 $M(\lambda,T)$,即

$$M(\lambda,T)=\frac{\mathrm{d}E(\lambda,T)}{\mathrm{d}\lambda} \tag{13-1}$$

又称为单色辐射**出射度**。辐射本领随波长和温度而变。在理论上,辐射波长的覆盖范围为 $0\to\infty$,那么在单位时间内从物体单位表面积辐射的全波段电磁波的总能量为

$$E(T)=\int\mathrm{d}E(\lambda,T)=\int_0^\infty M(\lambda,T)\mathrm{d}\lambda \tag{13-2}$$

称为总辐射本领,或辐射出射度。总辐射本领与温度有关。此外实验还表明,无论是 $M(\lambda,T)$ 还是 $E(T)$,都与物体本身的性质和表面状态有关。

物体在热辐射的同时也会吸收照射到其表面的电磁波能量,若在每个波段内从物体表面辐射的电磁波能量与物体所吸收的电磁波能量相等,则称物体和辐射处于一定温度下的热平衡状态,此时的热辐射称为平衡热辐射,此后物体不会变得更热或者更冷。下面讨论的都是平衡热辐射。

一、基尔霍夫辐射定律

在温度为 T 时,物体吸收的波长在 $\lambda\to\lambda+\mathrm{d}\lambda$ 间隔内的电磁波能量占全部入射的该波长间隔内的能量的比值,定义为物体的吸收本领 $a(\lambda,T)$,又称为光谱吸收比。实验表明,辐射能力越强,其吸收本领也越强。在理论上,**基尔霍夫辐射定律**指出:在同一温度下,不同材料的辐射

本领 $M_i(\lambda,T)$ 与吸收本领 $a_i(\lambda,T)$ 的比值是一个确定的值，与材料无关，即

$$\frac{M_1(\lambda,T)}{a_1(\lambda,T)}=\frac{M_2(\lambda,T)}{a_2(\lambda,T)}=\cdots=\frac{M_i(\lambda,T)}{a_i(\lambda,T)}=\cdots=M_0(\lambda,T)$$

式中 $M_0(\lambda,T)$ 是一个普适函数。能够完全吸收照射到它表面的各种波段电磁波能量的物体称为黑体（blackbody），其吸收本领 $a(\lambda,T)=1$。于是黑体的辐射本领即为 $M_0(\lambda,T)$，只与温度和波长有关，与材料无关。黑体辐射是研究热辐射的重要理论模型。

二、黑体辐射

理想的黑体在自然界中并不存在，通常认为最黑的烟煤，其吸收本领也只有 99%。实验中，用不透明材料制成的带有小孔的空腔物体作为黑体的经典实验模型。如图 13-1 所示，从小孔射入空腔的电磁波在空腔内壁上经过多次吸收和反射，很难再从小孔出射。因此，空腔上的小孔实际上能够完全吸收各种波长的入射电磁波能量而成为一个黑体。加热空腔至不同温度，小孔就相当于不同温度下的黑体。黑体因为本身被加热而产生的电磁辐射称为黑体辐射（blackbody radiation）。

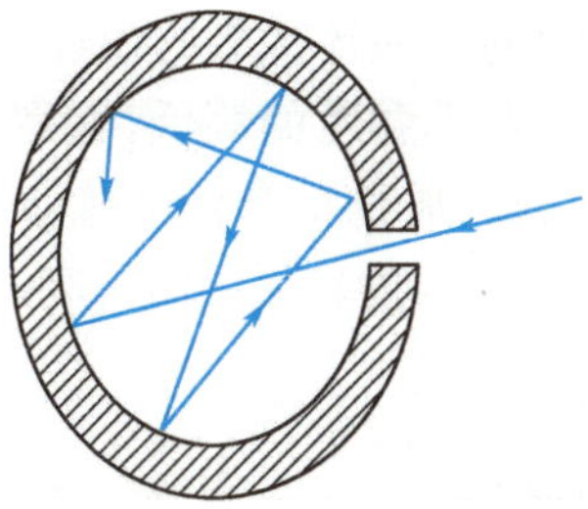

图 13-1　黑体的空腔模型图

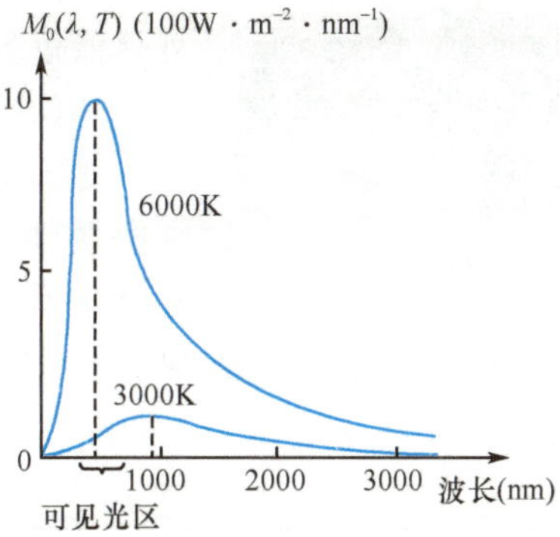

图 13-2　黑体辐射的光谱示意图

分析在不同温度下黑体发出的电磁波能量按波长的分布，可研究黑体辐射的规律，如图 13-2 所示。在 6000 K 的温度下，谱线的峰值分布在可见光范围内；在 3000 K 的温度下，总的辐射本领明显减小，并且峰值趋向长波段。

这些实验结果总结为两条关于黑体热辐射的基本定律。

1. 斯特藩-玻耳兹曼定律（Stefan-Boltzmann law）

黑体总的辐射本领 $E_0(T)$ 与热力学温度 T 的四次方成正比，即

$$E_0(T)=\sigma T^4 \tag{13-3}$$

式(13-3)中：$\sigma=5.670\times10^{-8}\ \text{W}\cdot\text{m}^{-2}\cdot\text{K}^{-4}$ 为斯特藩-玻耳兹曼常量。而 $E_0(T)$ 也就是图 13-2 所示的每条曲线下的面积。

2. 维恩位移定律（Wien displacement law）

在任何温度下，黑体辐射本领的峰值波长 λ_m 与热力学温度 T 成反比，即

$$\lambda_m T=b \tag{13-4}$$

式(13-4)中：$b=2.897\times10^{-3}\ \text{m}\cdot\text{K}$ 是维恩常量。当温度下降时，峰值波长 λ_m 向长波方向移动。

例 13-1　太阳表面温度。根据太阳所发射的光谱强度峰值位置处在 500 nm 附近的事实估算太阳表面的温度和总的辐射本领。

解：由维恩位移定律式(13-4)，得

$$T=\frac{b}{\lambda_m}=\frac{2.897\times10^{-3}}{500\times10^{-9}}\text{K}\approx6000\ \text{K}$$

笔记栏

由斯特藩-玻耳兹曼定律式(13-3)，得

$$E_0(T)=\sigma T^4=5.670\times10^{-8}\times(6000)^4\ \mathrm{W/m^2}=7.35\times10^7\ \mathrm{W/m^2}$$

例 13-2 人体辐射的峰值波长。人体近似为一个黑体，试估算在正常体温下人体辐射的峰值波长。人体皮肤温度约为 34℃。

解：由维恩位移定律式(13-4)，得

$$\lambda_m=\frac{b}{T}=\frac{2.897\times10^{-3}}{34+273}=9.4\times10^{-6}\ \mathrm{m}$$

峰值波长处于红外波段。

红外热像仪是热辐射规律在现代科学技术上的一个重要应用，在工程和医学等众多领域内广泛使用，其工作原理就是根据斯特藩-玻耳兹曼定律，当温度变化时，能量的总辐射本领与温度的四次方成正比，当温度有较小的变化时，会引起总辐射本领的很大变化。

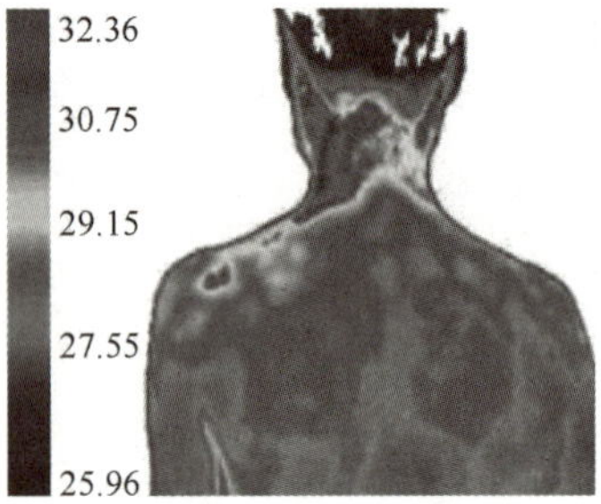

图 13-3 人体红外热像图

红外热像仪利用光学成像物镜接受被测目标的红外辐射能量，并将其聚焦到红外探测器的光敏元件上，把辐射的光信号转换成电信号，而信号处理系统再将电信号放大并转换为可视的图像信号，从而在显示器上获得热像图。通俗地讲红外热像仪就是将物体发出的不可见红外能量转变为可见的图像。热像图上面的不同颜色代表被测物体的不同温度。

在医学上，热像图显示的是人体体表的温度分布，通常用亮暗灰度或暖色和冷色来表示温度的高低，如图 13-3 所示。在临床诊断上，热像图对炎症、肿瘤等疾病的确诊有很重要的提示作用或诊断意义。例如癌细胞由于增殖快，血管丰富，体表温度较周围组织高，由这个差异即可作诊断。

三、普朗克能量子假设

19 世纪 90 年代，在得出一系列黑体辐射的实验规律之后，物理学家们希望能够从理论上导出黑体的辐射本领 $M_0(\lambda,T)$ 的表达式。1896 年维恩根据经典热力学理论和麦克斯韦分布律得到维恩公式。维恩公式在波长较短的范围内与实验数据符合得很好，但在长波段有较大偏差，其曲线如图 13-4 所示。

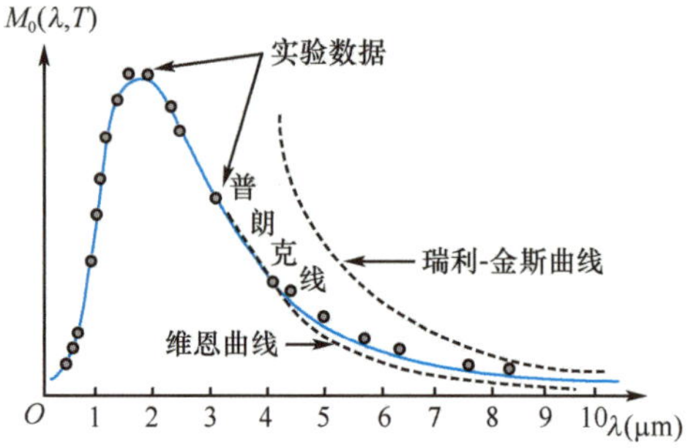

图 13-4 黑体辐射的理论和实验结果的比较(1600K)

1900 年瑞利(Lord Rayleigh，1842—1919)根据经典电磁学理论和能量均分定理得到一个公式，该公式在 1905 年被金斯(J. H. Jeans)修正后被命名为瑞利-金斯公式。与维恩公式相反，瑞利-金斯公式在短波区域有较大偏差，如图 13-4 所示。可以看到，当 $\lambda\to0$ 时，M_0 将趋近于无限大，即短波辐射将拥有非常强的能量，这就是所谓的“紫外灾难”。

这两个公式与实验数据的偏离，代表了研究热辐射的经典理论和实验之间存在着不可调和的矛盾。这个矛盾在 1900 年由普朗克(Max Planck，1858—1947)得到的黑体辐射公式完美的解决了。普朗克黑体辐射公式为：

$$M_0(\lambda,T)=\frac{2\pi hc^2\lambda^{-5}}{e^{hc/kT\lambda}-1}\qquad(13\text{-}5)$$

式(13-5)中 h 是普朗克常量(Planck constant)，$h=6.626\times10^{-34}\ \mathrm{J\cdot s}$。普朗克公式在全部波段范围内与实验结果完全符合，如图 13-4 所示。可以证明，瑞利-金斯公式和维恩公式分别

是普朗克公式在长波极限和短波极限的结果；而且从普朗克公式也可以导出当时已被实验证实的斯特藩-玻耳兹曼定律和维恩位移定律。

式(13-5)最初是普朗克通过数学的方法凑出来的。但是作为一名理论物理学家，他并不满足于找到一个经验公式。普朗克在热力学分析的基础上，认为空腔黑体的热平衡状态是组成腔壁的谐振子和空腔内辐射交换能量而达到的。为了使理论和实验能够符合，普朗克大胆地提出能量量子化假设：谐振子吸收或者辐射时能量是不连续的，而是一份一份的，即只能是某个基本能量单元的整数倍，这一基本能量单元称为能量子(energy quantum)，它与频率成正比，即

$$\varepsilon_0 = h\nu \tag{13-6}$$

式(13-6)中 ν 是谐振子的频率。基于能量子假设，普朗克用统计的方法从理论上推导出了黑体辐射公式。

由于在经典物理中无法理解能量的不连续性概念，普朗克的能量子假设在提出时并没有引起很多人的注意，包括普朗克本人还想继续寻找一种经典的方式去引入 h，但没有成功。首先注意到能量子概念重要性的是爱因斯坦，1905 年爱因斯坦在能量子的基础上进一步提出了光量子的概念，显示了能量子概念的重要性。由于能量量子化这一革命性概念的提出，普朗克获得了 1918 年诺贝尔物理学奖。

四、人与热辐射环境

太阳是一个巨大的能源，它提供的光和热是地球上所有生物的生长发育所必不可少的。由例题 13-1 可知，太阳的表面温度约为 6000 K，峰值波长在 500 nm 附近。但是到达地球表面的太阳光，由于大气层的吸收，其电磁波谱发生了变化，峰值波长移至 550 nm 附近，并且小于 280 nm的紫外线几乎全部被臭氧层所吸收。于是，在太阳光中只有很少量的紫外线，约为 3%～4%，可见光约为 40%，其余都是红外线，这就是地球表面的热辐射环境。

处于上述热辐射环境中的人类，其眼睛只能感受 400 ～ 760 nm 波段内的光波，这就是可见光。而且人眼最敏感的波长亦为 550 nm，这就是人类为了适应热辐射环境进化而来的。

波长小于 400 nm 的电磁波称为紫外线。处于 280 ～ 400 nm 波段的紫外线对人的皮肤有生理作用，若紫外线强烈作用于皮肤，可发生光照性皮炎，皮肤上会出现红斑、水疱、水肿等，还会造成皮肤老化，严重的可引起皮肤癌。此外紫外线对人眼亦有损害，可引起电光性眼炎、白内障等眼疾。另外，紫外线被物质吸收后能引起分子和原子电离或激发，产生化学反应而引起生物效应。例如皮肤中的去氢胆固醇分子受紫外线(最佳波长 280 nm)照射后变成维生素 D_3，促进骨骼的钙化，起到预防佝偻病的作用。处于 200 ～ 280 nm 波段的紫外线有杀菌作用，它能穿透细胞膜，损伤核酸(DNA)，使细胞失去繁殖能力，达到快速杀菌的效果。太阳光中小于 280 nm的紫外线大部分被臭氧层吸收不能到达地球表面，臭氧层保护了地球上的生物免受短波紫外线的损害。

波长大于 760 nm 的电磁波称为红外线。红外线被物质吸收后会使分子或原子的热运动加剧，产生热效应。在医学上，可以利用红外线的热效应进行理疗。在红外线照射下，组织温度升高，血流加快，物质代谢增强，组织细胞活力及再生能力提高，对治疗慢性炎症、加快伤口痊愈等有帮助。应当注意，由于眼球含有较多的液体，对红外线吸收较强，所以如果红外线直接照射眼睛，可能引起白内障。

目前，众多人工辐射光源在不同的领域发挥作用，常见的如照明用日光灯、白炽灯，功能用灭蝇灯、紫外线杀菌灯等等，在方便人类的工作与生活的同时，也应该注意环境辐射污染的危害及其防护措施。

笔记栏

第二节 光的量子性

普朗克的量子论不彻底，他认为辐射能量在传播过程中是连续的，只是原子在发射和吸收这些能量时是量子化的。1905 年，爱因斯坦在能量子的概念上进行了大胆的假设和发展，开创性地提出了光量子的概念，并用光量子理论解释了光电效应。

一、光电效应

光电效应(photoelectric effect)是大量电子在光照下逸出金属表面的现象，其实验结果无法用经典物理来解释。后来采用爱因斯坦的光子概念得以完满解释。

光电效应的实验装置如图 13-5 所示。当光照在阴极金属板 P 的表面时，金属表面会放出电子，称为光电子。光电子在电场的作用下向阳极 C 运动形成电流，称为光电流。实验结果归纳如下：

1. 饱和电流(saturated current)

实验数据表明，当一定强度的单色光照射阴极 P 时，加速电压 $U=\varphi_C-\varphi_P$ 越大，光电流越大；但是当加速电压增加到一定量值时，光电流将趋于稳定，达到饱和值 I_H；如果照射光的频率保持不变，增加照射光的强度，则饱和电流增大，说明从 P 极板逸出的光电子数增加了。该结果表明，单位时间内受光照射的金属释放的电子数与入射光强成正比。光电流 I 和两极间电压 U 的关系如图 13-6 所示。

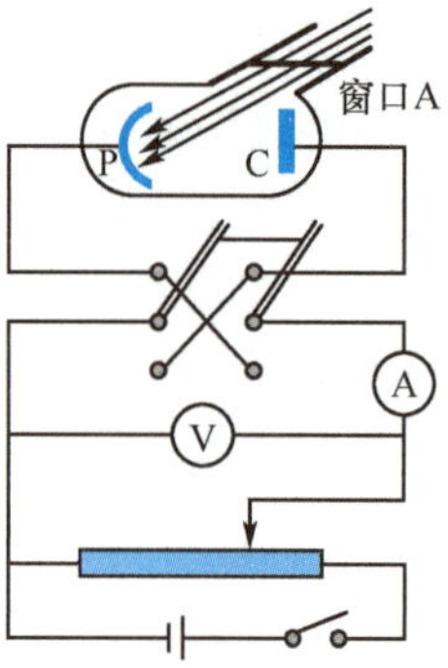

图 13-5 光电效应实验图

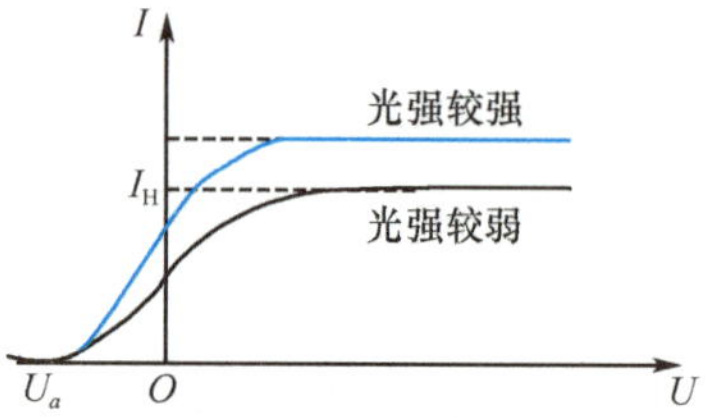

图 13-6 光电效应的伏安特性

2. 截止电压与最大初动能

实验数据表明，当加速电压 U 减小到零并逐渐成负时，光电流才减小为零。此时的外加反向电势差 U_a 称为截止电压(cutoff voltage)。该结果说明从阴极 P 上释放出的电子具有初动能的上限。根据能量守恒定律可得电子的最大初动能为

$$\frac{1}{2}mv_m^2=eU_a \tag{13-7}$$

式中：m，e 为电子的质量和电量，v_m 是光电子逸出金属表面时的最大初速度。如图 13-6 所示，截止电压 U_a 与照射光强无关，故最大初动能亦与光强无关。

3. 截止频率(cutoff frequency)

实验数据表明，对于不同的阴极金属，截止电压 U_a 与入射光频率 ν 之间均具有线性关系，且 $U_a-\nu$ 直线的斜率相同，如图 13-7 所示，图中的 ν_0 代表直线与横轴的交点。

笔记栏

由图 13-7 不难看出，当频率 $\nu=\nu_0$ 时，截止电压 U_a 为零，则光电子的最大初动能 $\frac{1}{2}mv_m^2=0$，即电子的动能全部用来克服金属表面对其的束缚，逸出金属表面后动能为零。

如果入射光的频率 $\nu<\nu_0$，于是 $\frac{1}{2}mv_m^2<0$，即电子不具有足够的动能以逸出金属表面。故 ν_0 称为光电效应的**截止频率**(cutoff frequency)，相应的波长值称为**截止波长**(cutoff wavelength)，亦称红限波长(red-limit wavelength)。由图 13-7 可知，不同的金属有不同的截至频率 ν_0。因此要使某种金属产生光电效应，入射光的频率必须大于该金属的截至频率 ν_0；若入射光的频率小于 ν_0，则无论光强有多大都不会有光电子逸出。

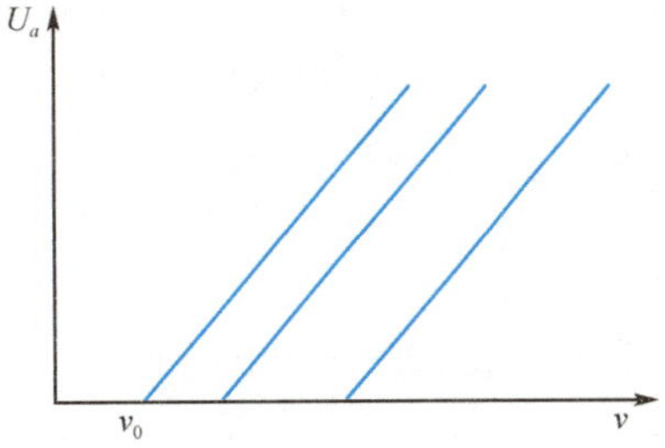

图 13-7　不同金属的截止电压与频率的关系

4. 弛豫时间

实验数据表明，从入射光开始照射直到金属释放出光电子，无论光的强度如何，几乎都是瞬时的，弛豫时间不超过 10^{-9} s 。

二、爱因斯坦的光子理论

光的波动理论与光电效应的实验事实存在尖锐的矛盾。

1. 初动能与光强有关

按照波动理论，金属中的电子在入射光的电场作用下做受迫振动，振幅的大小取决于入射光的振幅。于是电子从入射光波中吸收能量而逸出金属表面时，所具有的初动能应该与光的振幅，即光强有关：入射光强越大，光电子的初动能就越大。但实验事实却是光电子的初动能与入射光强无关，只与入射光的频率成线性关系。

2. 不存在截止频率

按照波动理论，不论频率如何，只要入射光强足够大，总可以连续供给电子以足够的能量，从而逸出金属表面，截止频率应该是不存在的。但实验事实是每种金属都存在截至频率，如果入射光的频率小于截至频率，则无论光强有多大，都不会产生光电效应。

3. 弛豫时间的长短取决于光强

按照波动理论，电子从入射光中吸收能量，只要积累到一定的量值就可以逸出金属表面，也就是说从光照射到光电子的逸出应该有一段弛豫时间。入射光越弱，弛豫时间相应的就越长。但实验中，只要频率合适，无论光强多弱，几乎在光照的同时即可观察到光电效应。

由此可见，光的波动理论无法解释光电效应。

爱因斯坦认为，光是一束以光速 c 运动的粒子流，这些粒子称为光量子，1926 年由刘易斯(G. N. Lewis)定名为**光子**(photon)。每一光子的能量为

$$E=h\nu \tag{13-8}$$

不同频率的光子具有不同的能量。频率为 ν 的单色光的能流密度 $S=Nh\nu$，与光子的个数 N 成正比。

爱因斯坦认为，当光照射金属板 P 时，金属中的自由电子吸收一个光子而获得能量 $h\nu$ 。由能量守恒定律可知，电子吸收的能量一部分用来克服金属表面对电子的束缚，剩下的就是电子逸出表面后的初动能，即

笔记栏

$$h\nu = \frac{1}{2}mv_m^2 + A_0 = eU_a + A_0 \tag{13-9}$$

式(13-9)称为**爱因斯坦光电效应方程**(Einstein photoelectric effect equation),式中 A_0 为**逸出功**(work function),是被束缚在金属中的电子脱离束缚所需要的最少能量。

由爱因斯坦光电效应方程可知,只有当 $h\nu > A_0$ 时,电子才能有足够的能量逸出金属表面,所以存在截止频率 ν_0,即

$$\nu_0 = \frac{A_0}{h} \tag{13-10}$$

于是 $A_0 = h\nu_0$,代入上式可得

$$\frac{1}{2}mv_m^2 = h(\nu - \nu_0) \tag{13-11}$$

表明光电子的最大初动能与光强无关,只取决于入射光的频率。表 13-1 列出了几种金属和半导体的截至频率及逸出功。

表 13-1 几种金属的逸出功和截至频率

金属/半导体	铯 Cs	铷 Rb	钾 K	钠 Na	锑 Sb	钙 Ca	锌 Zn	硅 Si	锗 Ge
截至频率(10^{14} Hz)	4.69	5.15	5.43	5.53	5.68	6.55	8.06	9.90	11.01
逸出功(eV)	1.94	2.13	2.25	2.29	2.35	2.71	3.34	4.10	4.56

在单色光的情况下,所有光子能量相同,都是 $h\nu$,增大光强意味着光子数目的增加,因而产生的光电子的数目就会增多,饱和光电流自然就会增大,于是饱和光电流与入射光强成正比。

发生光电效应时,由于光子只与一个电子作用,凡是能捕获到光子的电子都能立刻离开金属表面,无需时间积累,故光电子的逸出与光照之间不存在时间延迟。

此外,根据式(13-9),可求出图 13-7 中 $U_a - \nu$ 直线的斜率为 h/e,是一个普适常量,自然与金属材料的种类没有关系。

爱因斯坦的光子理论成功的解释了光电效应,从而进一步证实了光子概念的正确性。爱因斯坦也因在光电效应的规律方面的发现而获得 1921 年诺贝尔物理学奖。

三、光子的质量和动量

考虑到光子的静质量 $m_0 = 0$,于是相对论能量与动量关系式 $E^2 = p^2c^2 + m_0^2c^4$ 变为 $E^2 = p^2c^2$,则光子的动量为

$$p = \frac{E}{c} = \frac{h\nu}{c}$$

即光子与辐射的波长 λ 之间满足关系式:

$$p = \frac{h}{\lambda} \tag{13-12}$$

例 13-3 波长为 450 nm 的单色光照射到金属钠的表面上,钠的逸出功为 $A_0 = 2.29$ eV. 求:①入射光子的能量和动量;②光电子逸出钠表面时的动能;③若光子的能量为 2.40 eV,其波长为多少?

解:① $E = h\nu = \dfrac{hc}{\lambda} = \dfrac{6.63\times10^{-34}\times3\times10^{8}}{450\times10^{-9}}\text{J} = 4.42\times10^{-19}\text{ J} = 2.76\text{ eV}$

$$p = \frac{h}{\lambda} = \frac{E}{c} = \frac{4.42\times10^{-19}}{3\times10^{8}}\text{kg}\cdot\text{s}\cdot\text{m}^{-1} = 1.47\times10^{-27}\text{kg}\cdot\text{s}\cdot\text{m}^{-1}$$

②电子的初动能为

$$E_k = E - A_0 = (2.76 - 2.29)\text{eV} = 0.47\text{eV}$$

$$③\ \lambda=\frac{hc}{E}=\frac{6.63\times10^{-34}\times3\times10^{8}}{2.40\times1.6\times10^{-19}}\text{m}=5.18\times10^{-7}\text{m}=518\ \text{nm}$$

四、康普顿效应

20 世纪早期物理学家们做了很多实验来支持爱因斯坦的光子理论。1923 年，美国物理学家康普顿（A. H. Compton，1892—1962）研究 X 射线经物质的散射时发现，在散射光谱中除了有与入射波长 λ_0 相同的射线外，还有 $\lambda>\lambda_0$ 的波长，这种改变波长的散射称为康普顿效应（Compton effect），或称康普顿散射（Compton scattering）。同时实验数据表明，对于同一种散射物质，波长的改变量 $\Delta\lambda=\lambda-\lambda_0$ 随散射角的增加而增大；而在同一散射角下，对于所有的散射物质，波长的改变量 $\Delta\lambda$ 都相同。

按照波动理论，介质中的电子在入射光场的作用下产生受迫振动而向各方向发出次波，这些次波的叠加形成散射光。因为受迫振动的频率与入射光频率相同，所以散射光的频率与入射光频率相同，这就是瑞利散射（Rayleigh scattering）。但是在康普顿实验中，出现了新的波长成分，且 $\lambda>\lambda_0$，波动理论无法给予合理的解释。

散射光中的新波长大于原波长，意味着一部分光子的能量损失了。对于这项发现，康普顿认为可以用光子理论将其解释成为光子与电子发生了碰撞。

散射物质中的原子核对外层电子的束缚较弱，对内层电子的束缚较强。如果光子与内层电子碰撞，也就是与点阵离子发生弹性碰撞，相较于光子的速度，点阵离子可视为静止，由于其质量远大于光子的动质量，碰撞之后光子能量保持不变，这就是散射线中的 λ_0 成分。

散射线中的 λ 成分为光子与外层电子发生弹性碰撞的结果。康普顿应用能量守恒和动量守恒定律成功的解释了与实验结果相符的散射情况。由于外层电子受原子核的束缚较弱，故可视为自由电子，又由于电子做无规则运动的能量远小于光子的能量，故电子又可视为是静止的。于是康普顿效应的理论模型为一个光子与一个静止的自由电子的弹性碰撞。

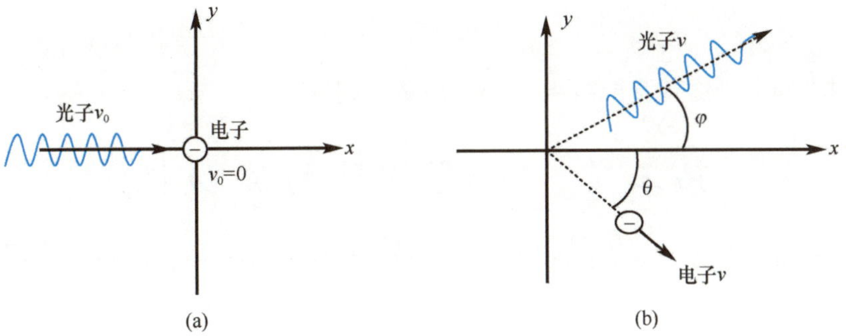

图 13-8　康普顿效应中光子与电子的碰撞

(a)碰前；(b)碰后

如图 13-8 所示，在碰撞之前，光子的能量和动量分别为 $h\nu_0=\frac{hc}{\lambda_0}$ 和 $\frac{h}{\lambda_0}$，静止电子的动量为零，能量为 m_ec^2；在碰撞之后，光子的散射角为 φ，光子的能量和动量分别变为 $\frac{hc}{\lambda}$ 和 $\frac{h}{\lambda}$，散射电子的反冲角为 θ，其动量为 mv，能量为 mc^2，m 为电子的动质量（相对论质量）且

$$m=\frac{m_e}{\sqrt{1-\frac{v^2}{c^2}}}$$

应用能量守恒定律可得

$$\frac{hc}{\lambda_0}+m_ec^2=\frac{hc}{\lambda}+mc^2 \tag{13-13}$$

笔记栏

再利用 x、y 方向的动量守恒定律可得

$$\frac{h}{\lambda_0}=\frac{h}{\lambda}\cos\varphi+mv\cos\theta$$

$$\theta=\frac{h}{\lambda}\sin\varphi-mv\sin\theta \tag{13-14}$$

于是可以得到波长增量与散射角 φ 的关系为

$$\Delta\lambda=\lambda-\lambda_0=\frac{h}{m_e c}(1-\cos\varphi) \tag{13-15}$$

式(13-15)中 $\frac{h}{m_e c}$ 具有长度的量纲，是一个常量，称为自由电子的康普顿波长(Compton wavelength)，用 λ_c 表示：

$$\lambda_c=\frac{h}{m_e c}=2.43\times10^{-3}\text{nm}=2.43\times10^{-12}\text{m}$$

上式表明，波长的改变量 $\Delta\lambda$ 只由散射角 φ 决定，与散射物质的种类和入射 X 射线的波长无关，而且理论计算出来的 $\Delta\lambda$ 与实验符合得非常好。

康普顿效应不仅进一步证实了光子假设的正确性，而且也证实了微观粒子亦遵从能量守恒定律和动量守恒定律。康普顿因对康普顿效应的一系列实验及其理论解释而获得 1927 年诺贝尔物理学奖。

例 13-4 波长 $\lambda_0=0.03$ nm 的 X 射线与静止的自由电子碰撞。在与入射方向成60°角的方向上观察时，散射 X 射线的波长为多大？

解：将 $\varphi=60^\circ$ 代入式(13-15)得

$$\Delta\lambda=\lambda-\lambda_0=\lambda_c(1-\cos 60^\circ)=\frac{1}{2}\lambda_c=\frac{1}{2}\times0.0024\ \text{nm}=0.0012\ \text{nm}$$

故散射波长为

$$\lambda=\lambda_0+\frac{1}{2}\lambda_c=0.03+0.0012\ \text{nm}=0.0312\ \text{nm}$$

此外在该散射方向上仍然有波长 $\lambda_0=0.03$ nm 的散射线。

第三节 微观粒子的波动性

光电效应和康普顿效应表明光是粒子，但是经典的杨氏双缝干涉实验和麦克斯韦的电磁学理论则揭示了光是波。研究表明，光既是波又是粒子，光具有波粒二象性(wave-particle duality)。由光子的动量公式 $p=\frac{h}{\lambda}$ 和光子的能量公式 $E=\frac{hc}{\lambda}=h\nu$ 不难看出，普朗克常量 h 将光的粒子性和波动性联系了起来。

一、德布罗意物质波的假设

1923 年，法国物理学家德布罗意(L. V. de Broglie，1892—1987)推广了光的波粒二象性的概念。德布罗意提出，同光子的情况一样，实物粒子(静质量 $m_0\neq0$ 的粒子)也具有波的性质。对于一个动量为 $p=mv$、能量为 $E=mc^2$ 的粒子，其频率与波长分别为

$$\nu=\frac{E}{h}=\frac{mc^2}{h},\ \lambda=\frac{h}{p}=\frac{h}{mv} \tag{13-16}$$

式(13-16)称为德布罗意公式(de Broglie formula)。这种和实物粒子相联系的波称为德布罗意波(de Broglie wave)或物质波(matter wave)。

笔记栏

例 13-5 一个小球的波长。计算一个质量为 0.2 kg 的球以 15 m·s^{-1} 的速度运动时的波

长为多少?

解: 由德布罗意关系式(13-16)可得

$$\lambda = \frac{h}{p} = \frac{h}{mv} = \frac{6.63 \times 10^{-34}}{0.2 \times 15}\,\mathrm{m} = 2.2 \times 10^{-34}\ \mathrm{m}$$

这是一个极短的波长。可见,对于宏观尺寸的物体,其波长都太短无法测量,其波动性可以忽略。但是对于很小的基本粒子如电子,情况就大不一样了。

例 13-6　电子的波长。计算通过 100 V 电势差而被加速的电子的波长为多少?

解: 电子获得的动能等于势能的减少,即 $\frac{1}{2}mv^2 = eU$,于是

$$v = \sqrt{\frac{2eU}{m}} = \sqrt{\frac{2 \times 1.6 \times 10^{-19} \times 100}{9.1 \times 10^{-31}}} = 5.9 \times 10^{6}\ \mathrm{m \cdot s^{-1}}$$

于是

$$\lambda = \frac{h}{mv} = \frac{6.63 \times 10^{-34}}{9.1 \times 10^{-31} \times 5.9 \times 10^{6}}\,\mathrm{m} = 1.2 \times 10^{-10}\ \mathrm{m}$$

从这个例子我们可以看到,对于基本粒子如电子,由于质量 m 很小,其德布罗意波长约为 10^{-10} m 的量级,可以利用天然的衍射光栅(如晶体)来观察电子波的衍射现象。

1927 年,戴维孙(D. J. Davission)和革末(L. A. Germer)利用金属晶体表面散射电子,获得了电子衍射现象。同年,汤姆孙(G. P. Thomson)做了电子束透过多晶薄膜的衍射实验,如图 13-9(a)所示;1961 年,约恩孙(C. Jönsson)做了电子的单缝、双缝、三缝等实验,如图 13-9(b)所示。这些实验使电子的波动性得到更为直观的证明。之后陆续成功的实验验证了质子、中子、分子等其他粒子也具有波动性。因此,波粒二象性不仅适用于光也适用于实物粒子,波动性是物质粒子普遍具有的固有属性。德布罗意因发现电子的波动性获得 1929 年诺贝尔物理学奖。

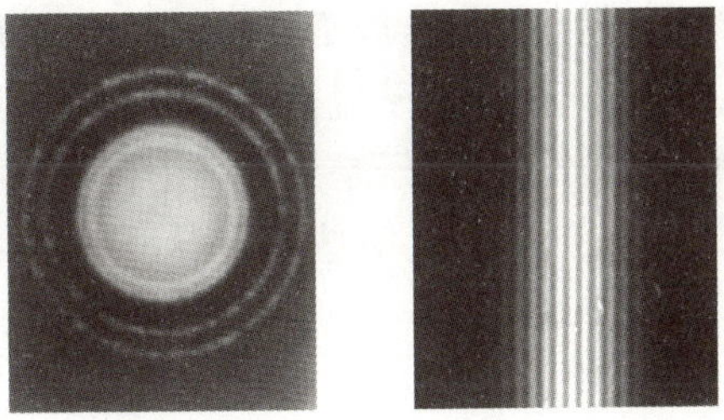

(a)　(b)

图 13-9　电子波动性的实验验证

(a) 透过多晶薄膜的衍射;(b) 通过双缝的衍射图样

二、电子显微镜

微观粒子的波动性在现代科学实验与生产技术中已有很多重要的应用,其中最直接的一个例子就是电子显微镜(electron microscope)。我们知道,使用波长较短的光波来照明可以提高光学成像仪器的分辨率。可见光的波长范围使得普通的光学显微镜的分辨率很难进一步提高,而电子的德布罗意波长与电子的动量成反比,于是可以通过提高加速电压产生高速电子束,其电子波的波长就会比可见光波长小几个数量级。例如,当加速电压 $U = 50$ kV 时,电子波的波长 $\lambda \approx 0.005$ nm ,约为可见光波长的十万分之一,因此较光学显微镜而言,电子显微镜的分辨率得到显著提高。1932 年,德国的鲁斯卡(E. Ruska)研制出第一台透射式电子显微镜,其成像方式与光学显微镜类似,只不过是用电磁场对电子束实现聚焦。1986 年,鲁斯卡与扫描隧穿显微镜的发明者宾尼希(G. Binning)和罗雷尔(H. Rohrer)分享 1986 年的诺贝尔物理学奖。目前电子显微镜的分辨率已达 0.045 nm。电子显微镜是微结构分析的有力工具,在工业、医学、生物、新材料开发等方面有重要应用。

三、德布罗意波的统计解释

在经典物理中,粒子和波是两个不同的研究对象。经典粒子,可视为质点,其运动遵从牛顿运动定律,只要知道了初始条件(初位置和初速度),其在任意时刻的位置和速度就完全确定下

笔记栏

来，并可以由此得到唯一确定的运动轨迹。经典的波，具有波长和频率，其显著特征是能够产生干涉和衍射现象。

先看经典的波（如声波）的双缝干涉实验。如图 13-10 所示，一声源发出声波，声波通过开在隔音板上的两条狭缝传到板后的一个接收器。如果只开缝 1，声强分布如曲线 I_1 所示；如果只开缝 2，声强分布如曲线 I_2 所示；如果双缝全部打开，声强分布 $I_{12} \neq I_1 + I_2$，而是出现了干涉现象。

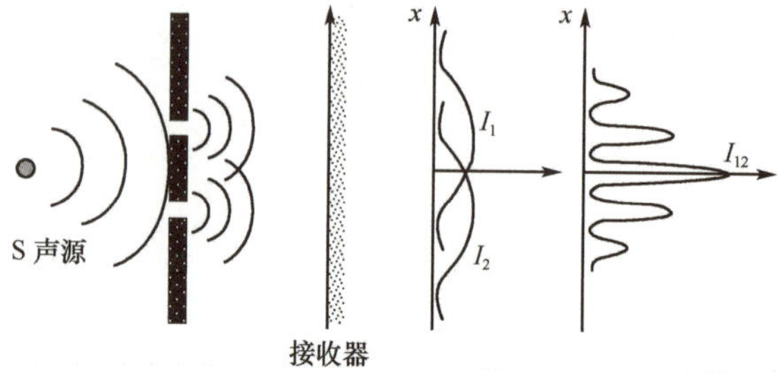

图 13-10 声波的双缝干涉实验示意图

再看电子的双缝干涉实验，如图 13-11 所示。如果只开缝 1 或缝 2，感光底板上得到的都只是单缝衍射图样 P_1 或 P_2；如果双缝全部打开，得到的将是双缝干涉图样 P_{12}，与声波的情况类似。如果入射的电子流很微弱，使电子几乎是一个一个的通过狭缝，仍然获得了和前面完全相同的结果。尽管电子是一个一个打在底板上，但只要时间足够长，底板上的感光点子越来越多，有些地方点子密集，有些地方点子稀疏，甚至没有点子出现，但最后底板上会形成清晰的双缝干涉条纹。

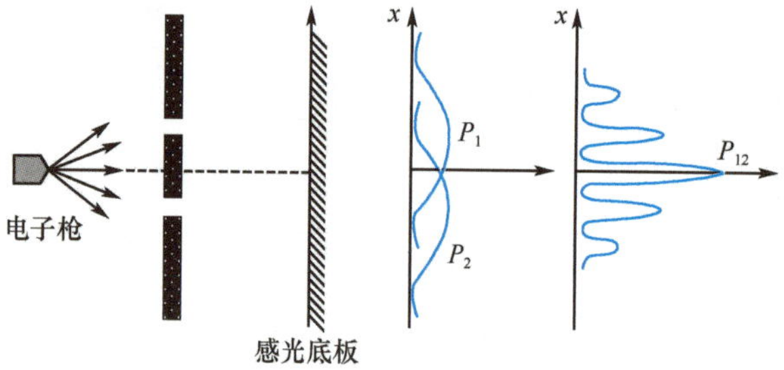

图 13-11 电子波的双缝干涉实验示意图

这一实验表明，电子通过双缝打在接收屏上，其位置由电子到达屏上各处的概率大小决定。在接收屏上，干涉强度大的地方，电子密集，电子到达该处的概率很大；反之，干涉强度小的地方，电子稀疏，电子到达该处的概率很小。

由此，我们可以从统计的角度理解粒子的波粒二象性，即粒子在某处出现的概率与该粒子的德布罗意波在该处的强度（幅度的平方）成正比。因此，德布罗意波是**概率波**（probability wave），也就是说，它不代表某个实在的物理量在空间的传播，它只是描述粒子在空间出现的概率分布。这种关于德布罗意波的实质的解释最早是玻恩（Max Born，1882－1970）在 1926 年提出的。玻恩也因此获得 1954 年诺贝尔物理学奖。

四、不确定关系

经典力学中，宏观粒子（视为质点）在任何时刻都有完全确定的位置、动量、能量等。与此不同，微观粒子具有明显的波动性，以致它的某些成对物理量不可能同时具有确定的量值。例如位置坐标和动量、能量和时间等，其中一个量确定得越准确，则另一个量的不确定程度就越大。

笔记栏

德国物理学家海森伯（W. K. Heisenberg，1901－1976）由量子力学导出：如果一个粒子的位置坐标具有一个不确定量 Δx，则同一时刻相应坐标的动量也有一个不确定量 Δp_x，Δx 与 Δp_x 的乘积总是大于一定的数值 $\frac{\hbar}{2}$，即有

$$\Delta x \Delta p_x \geqslant \frac{\hbar}{2} \tag{13-17}$$

上式称为海森伯坐标与动量的**不确定关系**(uncertainty relation)，式中 $\hbar=\frac{h}{2\pi}$，称为约化普朗克常量。同样，微观粒子的坐标 y 和相应的动量分量 p_y，坐标 z 和相应的动量分量 p_z，它们的不确定量之间的乘积也满足相同的规律，即

$$\Delta y \Delta p_y \geqslant \frac{\hbar}{2}, \qquad \Delta z \Delta p_z \geqslant \frac{\hbar}{2}$$

这些式子表明微观粒子的坐标和动量不可能同时具有确定的量值。这一规律直接源于微观粒子的波粒二象性，可以借助电子单缝衍射实验来说明。

如图 13-12 所示，设单缝宽度为 Δx，一束电子沿 y 轴方向射向狭缝。电子可以从缝上任何一点通过单缝，因此电子在通过单缝时，沿 x 方向其位置的不确定量就是缝宽 Δx。由于电子具有波动性，屏上呈现出和光通过单缝时相似的电子单缝衍射图样。显然，电子在通过狭缝后偏离了原来的运动方向，也就是说，沿 x 方向的动量 p_x 不再为零。先考虑到达单缝衍射中央明纹区域的那些电子。设 φ 为中央明纹旁第一级暗纹的衍射角，于是一个能够落在中央明纹区域内的电子，通过狭缝后在 x 方向上动量的分量 p_x 的取值范围是：$0 \leqslant p_x \leqslant p\sin\varphi$，即一个电子通过狭缝后在 x 方向上动量的不确定量为 $\Delta p_x = p\sin\varphi$。根据单缝衍射的规律，一级暗纹的衍射角满足 $\sin\varphi = \lambda/\Delta x$，再由德布罗意关系式 $p=\frac{h}{\lambda}$，可得

$$\Delta p_x = p\sin\varphi = \frac{h}{\lambda}\cdot\frac{\lambda}{\Delta x} = \frac{h}{\Delta x}$$

即

$$\Delta x \Delta p_x \geqslant h$$

式中大于号是在考虑到还有一些电子落在中央明纹以外区域的情况后加上的。以上只是做粗略估算，严格推导所得关系式为式(13-17)。不确定关系表明，微观粒子的位置坐标和同一方向的动量不可能同时具有确定值。减少 Δx，将使 Δp_x 增大，即位置确定越准确，动量确定就越不准确，反之亦然，这些和实验结果是一致的。如做单缝衍射实验时，缝越窄，电子在接收屏上分布的范围就越宽；缝越宽，分布的范围就越窄—这就是我们非常熟悉的衍射反比定律。因此，对于具有波粒二象性的微观粒子，不可能用某一时刻的位置和动量来描述其运动状态，经典力学规律也不再适用。

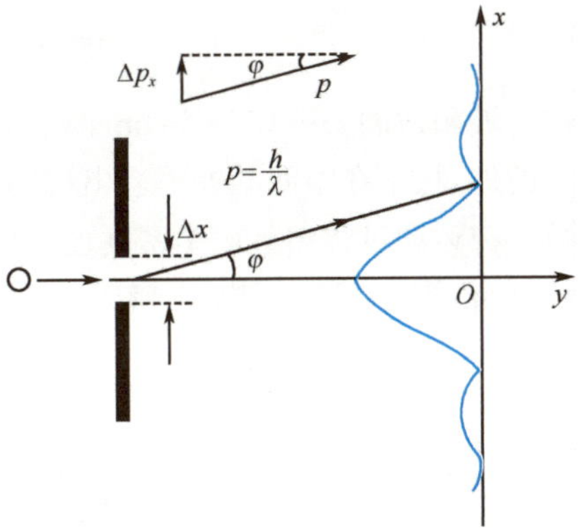

图 13-12 电子的单缝衍射实验

例 13-7 原子的线度约为 10^{-10} m，求原子中电子速度的不确定量，试讨论原子中的电子能否看成经典力学中的粒子。

解： 原子中电子的位置不确定量 $\Delta x = 10^{-10}$ m，由不确定关系式(13-17)，电子速度的不确定量为

$$\Delta v_x = \frac{\Delta p_x}{m} \geqslant \frac{\hbar}{2m\Delta x} = \frac{6.63\times10^{-34}}{4\times3.14\times9.1\times10^{-31}\times10^{-10}}\text{m/s} = 5.8\times10^5\,\text{m}\cdot\text{s}^{-1}$$

不确定关系不仅存在于坐标和动量之间，也存在于能量和时间之间。如果微观系统处于某一状态的时间为 Δt，则其能量有一个不确定量 ΔE，由量子力学可导出二者之间有如下关系：

笔记栏

$$\Delta E \Delta t \geqslant \frac{\hbar}{2} \tag{13-18}$$

上式称为能量和时间的不确定关系。将其应用于原子系统，可以讨论原子各受激态能级宽度 ΔE 和该能级平均寿命 Δt 之间的关系。

不确定关系是微观客体具有波粒二象性的必然结果，是物理学中一个重要的基本规律，在微观世界的各个领域中有很广泛的应用。由于通常都是用来作数量级估算，有时也写成 $\Delta x \Delta p_x \geqslant \hbar$ 或 $\Delta x \Delta p_x \geqslant h$ 等形式。

海森伯是矩阵力学(量子力学的一种描述形式)的主要创立人，由于这一重大贡献，他获得了 1932 年诺贝尔物理学奖。

第四节　薛定谔方程

对于微观粒子，由于其固有的波粒二象性，我们无法同时确定其坐标和动量，因此微观粒子的运动是不确定的，也就无法用经典物理中的物理量来描述其运动状态。

一、波　函　数

在量子力学中，微观粒子的运动状态用与之联系的德布罗意波的波函数 Ψ 来进行描述。一般情况下，波函数 $\Psi = \Psi(x,y,z,t)$ 是时间和空间的复函数。德布罗意波是概率波，波在空间某点的强度与粒子在该点出现的概率成正比。于是玻恩假设，在某一时刻 t、在空间某一位置 (x,y,z) 附近单位体积内，粒子出现的概率等于波函数与其复共轭的乘积，即

$$P(x,y,z,t) = |\Psi(x,y,z,t)|^2 = \Psi\Psi^* \tag{13-19}$$

称为粒子的**概率密度**(probability density)，而波函数 Ψ 也被称为概率幅(probability amplitude)。于是，在 (x,y,z) 点附近 $\mathrm{d}V = \mathrm{d}x\mathrm{d}y\mathrm{d}z$ 区域内，粒子出现的概率为 $P\mathrm{d}V = |\Psi|^2\mathrm{d}V = \Psi\Psi^*\mathrm{d}V$。由于在波函数存在的整个空间内必定能够找到该粒子，故在全空间粒子各处出现的概率总和为 1，有

$$\int_{全空间} |\Psi(\boldsymbol{r})|^2 \mathrm{d}V = \iiint |\Psi(\boldsymbol{r})|^2 \mathrm{d}x\mathrm{d}y\mathrm{d}z = 1 \tag{13-20}$$

这称为波函数的**归一化条件**(normalizing condition)。

此外，粒子在空间某处附近出现的概率密度不可能同时具有多个值，也不可能为无限大，当然粒子在运动过程中其概率密度也不可能发生突变，呈跳跃分布。所以，作为有物理意义的波函数 Ψ 必须是单值、有限和连续的。这就是波函数的**标准条件**(standard condition)。

二、薛定谔方程的建立

1926 年奥地利物理学家薛定谔(Erwin Schrödinger，1887—1961)提出一个波动方程，即薛定谔方程(Schrödinger equation)来确定低速微观粒子的波函数 Ψ。

同牛顿运动定律一样，我们不能从更基本的原理得到薛定谔方程，基本方程的正确性都是基于与物理实验的结论相符合。下面我们从一个最简单的例子来引入薛定谔方程，但这不是严格的推导。

沿 x 方向传播的单色平面简谐波的波函数为

$$y(x,t) = A\cos(\omega t - kx)$$

式中 A 为振幅，ω 为角频率，k 为波数。上式可以改写成复数形式，有

$$y(x,t) = A\mathrm{e}^{-\mathrm{i}(\omega t - kx)}$$

它的实部即为平面简谐波的波函数，式中 $\mathrm{i} = \sqrt{-1}$。用复数表示波函数，可以大大简化波函数的线性运算过程，如加、减、乘、微分、积分等，最后将结果取实部即可。

笔记栏

对于一个能量为 E、动量为 p、沿 x 方向运动的自由粒子，不考虑相对论效应，根据德布罗意关系有 $\omega=2\pi\nu=\dfrac{E}{\hbar}$，$k=\dfrac{2\pi}{\lambda}=\dfrac{p}{\hbar}$，若 E 和 p 是常量，则粒子的德布罗意波可视为沿 x 方向传播的单色平面波，其波函数为

$$\Psi(x,t)=A\mathrm{e}^{-\frac{\mathrm{i}}{\hbar}(Et-px)}$$

将上述波函数对时间 t 求一阶导数，得

$$\frac{\partial\Psi}{\partial t}=-\frac{\mathrm{i}}{\hbar}E\Psi \tag{13-21}$$

将波函数对空间变量 x 求二阶导数，得

$$\frac{\partial\Psi}{\partial x}=\frac{i}{\hbar}p\Psi,\qquad \frac{\partial^2\Psi}{\partial x^2}=-\frac{p^2}{\hbar^2}\Psi$$

对于质量为 m 的自由粒子，能量即为动能，$E=\dfrac{1}{2m}p^2$，于是由式(13-21)可得

$$\mathrm{i}\hbar\frac{\partial\Psi}{\partial t}=-\frac{\hbar^2}{2m}\frac{\partial^2\Psi}{\partial x^2} \tag{13-22}$$

上式为一维自由粒子的薛定谔方程。

若粒子处在势能为 $U(x,t)$ 的力场中，则粒子的总能量为动能和势能之和，即

$$E=\frac{1}{2m}p^2+U$$

则式(13-22)变为

$$\mathrm{i}\hbar\frac{\partial\Psi}{\partial t}=-\frac{\hbar^2}{2m}\frac{\partial^2\Psi}{\partial x^2}+U\Psi \tag{13-23}$$

此为一维非自由粒子的薛定谔方程，其解即为在此力场中运动的粒子的波函数。

如果力场的势能是恒定的，不随时间变化，只是空间的函数，$U=U(x)$，在这种情形下，粒子的波函数可表示为

$$\Psi(x,t)=\psi(x)\mathrm{e}^{-\frac{i}{\hbar}Et}$$

代入式(13-23)可知波函数的空间部分 $\psi(x)$ 应满足方程为

$$-\frac{\hbar^2}{2m}\frac{\partial^2\psi}{\partial x^2}+U\psi=E\psi \tag{13-24}$$

称为**一维定态薛定谔方程**(one-dimension stationary Schrödinger equation)，其解 $\psi(x)$ 称为粒子的定态波函数。

可将式(13-24)推广至粒子在三维空间的运动，即定态波函数 $\psi(x,y,z)$ 满足

$$-\frac{\hbar^2}{2m}\left(\frac{\partial^2}{\partial x^2}+\frac{\partial^2}{\partial y^2}+\frac{\partial^2}{\partial z^2}\right)\psi+U\psi=E\psi \tag{13-25}$$

引入拉普拉斯算符 $\nabla^2=\dfrac{\partial^2}{\partial x^2}+\dfrac{\partial^2}{\partial y^2}+\dfrac{\partial^2}{\partial z^2}$，上式可简化为

$$-\frac{\hbar^2}{2m}\nabla^2\psi+U\psi=E\psi \tag{13-26}$$

薛定谔提出用波动方程即薛定谔方程来描述微观粒子的运动状态，奠定了波动力学的基础，由此他和狄拉克共享了1933年的诺贝尔物理学奖。

下面我们将利用一维定态薛定谔方程分析粒子在两类典型的一维恒定势场中的运动特征。

三、薛定谔方程的应用

1. 一维无限深方势阱

金属中的电子在构成金属骨架的晶体点阵之间自由的运动，但不能自发地挣脱出金属表

笔记栏

面，这表明当金属内的电子运动到表面上时，它的动能远小于表面处的势能，因而受到阻挡。因此，对金属中的自由电子的运动可作简化处理，即认为：如果没有外界影响（如外电场、光照等），电子好似被无限高的势能"壁"禁锢于金属内，并在一维势场的作用下运动着，这个抽象出来的计算模型，称为**一维无限深方势阱**（potential well）。此外，质子处于原子核中的势能曲线也是势阱。

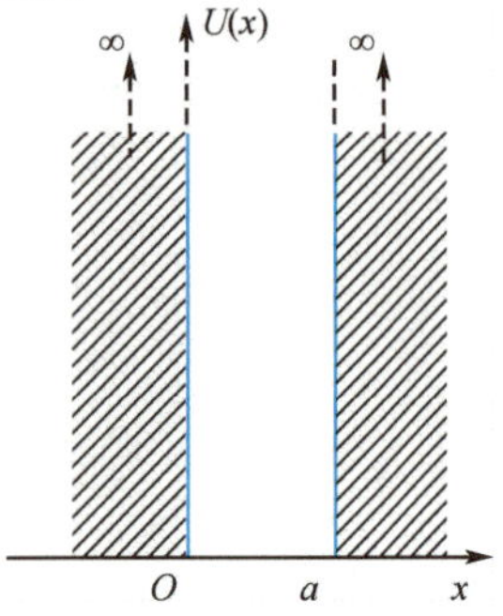

图 13-13　一维无限深方势阱

如图 13-13 所示的一维无限深方势阱，一个质量为 m 的粒子被限制在 $x=0\sim a$ 的区域内作自由运动，并且它与壁的碰撞是完全弹性的，粒子的势能可写为

$$U(x)=\begin{cases}0, & 0<x<a\\ \infty, & x\leqslant 0 \text{ 或 } x\geqslant a\end{cases}$$

代入式（13-24），得

$$\psi(x)=0\ ,\ x\leqslant 0 \text{ 或 } x\geqslant a$$

$$-\frac{\hbar^2}{2m}\frac{\partial^2\psi}{\partial x^2}=E\psi\ ,\ 0<x<a$$

在 $x\leqslant 0$ 和 $x\geqslant a$ 区域内，$\psi(x)=0$，表明在势阱之外，粒子出现的概率为零。

在 $0<x<a$ 区域内，令 $k=\sqrt{\dfrac{2mE}{\hbar^2}}$，于是有

$$\frac{\partial^2\psi}{\partial x^2}=-k^2\psi \tag{13-27}$$

考虑到在边界处波函数必须要连续，$\psi(0)=\psi(a)=0$，于是可以由边界条件求得在无限深方势阱内粒子能量的可能值为

$$E=n^2\frac{\hbar^2}{8ma^2},\quad n=1,2,3,\cdots \tag{13-28}$$

式（13-28）中 n 为**量子数**（quantum number）。上式表明粒子的能量是量子化的，只能取一系列离散的值，称为**能级**（energy level）。能量最低值即基态能量为 $E_1=\dfrac{h^2}{8ma^2}$，也称为**零点能**（zero-point energy），其他状态的能量都是零点能的整数倍。

对应不同的量子数 n，也就是对应于不同的能级，利用波函数的归一化条件可得粒子的定态波函数为

$$\psi_n=\sqrt{\frac{2}{a}}\sin\left(\frac{n\pi}{a}x\right)\quad(0<x<a) \tag{13-29}$$

根据式（13-29），可以求出不同状态的粒子在势阱中分布的定态波函数 ψ_n 和概率密度 $|\psi_n|^2$，如图 13-14 所示。

一维无限深方势阱中粒子的概率分布有以下特点：

（1）粒子在阱中各处出现的概率密度不均匀，而且随着粒子能量的不同而发生变化，这与经典粒子的运动完全不同。概率密度 $|\psi_n(x)|^2$ 为极大值的 x 称为最概然位置，$|\psi_n(x)|^2=0$ 的 x 称为节点位置。这与两端固定的弦振动类似。根据驻波条件：

$$a=n\frac{\lambda}{2},\quad n=1,2,3,\cdots$$

即

$$\lambda=\frac{2a}{n},\quad n=1,2,3,\cdots$$

也就是说，弦线上的驻波波长是不连续的，只能取一些离散的值。再结合德布罗意公式可得

$$p=\frac{h}{\lambda_n}=\frac{nh}{2a}\ ,\ E=\frac{p^2}{2m}=n^2\frac{h^2}{8ma^2}$$

笔记栏

得到了式(13-28)，也就是把粒子的能量量子化与有限空间中的驻波的波长的不连续性联系了起来，这种直观的物理图像有助于人们比较自然的理解束缚粒子的能量是量子化的。

(2) 基态 E_1 有一个最概然位置，激发态 E_2 有两个最概然位置，激发态 E_n 应有 n 个最概然位置。随着 n 的增加，概率密度的最概然位置个数增加，不难想象，当 $n\to\infty$时，最概然位置的个数为无穷多，也就意味着势阱中处处都是最概然位置，概率密度曲线成为一条直线，这就回到经典情况，粒子的概率密度在势阱中各处相等。

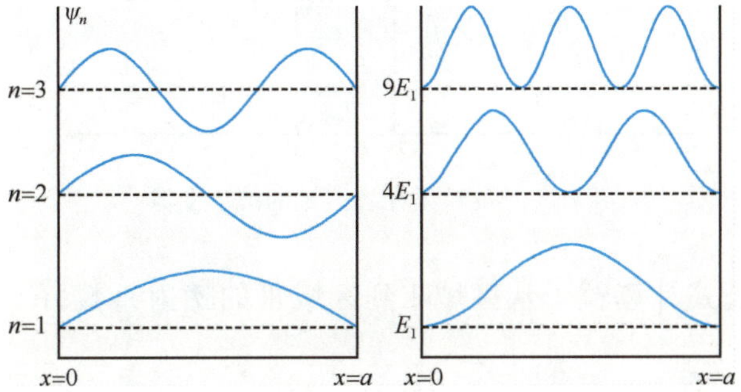

图 13-14　一维无限深方势阱中粒子较低能量的几条波函数和概率密度分布曲线

2. 势垒和隧道效应

如图 13-15 所示，势能分布为

$$U(x)=\begin{cases}0, & x<0 \text{ 或 } x>a\\ U_0, & 0\leqslant x\leqslant a\end{cases}$$

称为**一维方势垒**(potential barrier)。假设入射粒子的能量为 E，按照经典力学的观点，若 $E<U_0$，粒子不能进入势垒即Ⅱ区，而是被反弹回去；若 $E>U_0$，粒子能够越过势垒进入Ⅲ区。但是量子力学则给出完全不同的结论。考虑到粒子的波动性，类似于入射机械波在界面的情形，波的一部分能量被反射，一部分能量被透射，即粒子有被势垒反射的可能性，也有越过势垒的可能性。

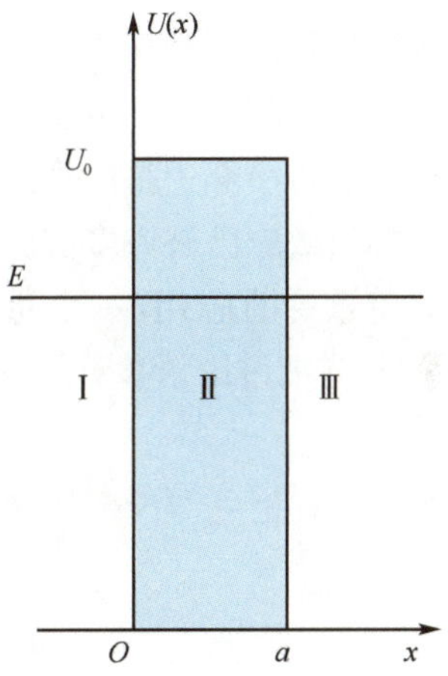

图 13-15　一维方势垒

写出三个区域内的定态薛定谔方程：

$$\frac{\partial^2\psi}{\partial x^2}=-\frac{2m}{\hbar^2}E\psi=-k^2\psi\quad(x<0,\ x>a)$$

$$\frac{\partial^2\psi_{\rm II}}{\partial x^2}=\frac{2m}{\hbar^2}(U_0-E)\psi_{\rm II}=k_2^2\psi_{\rm II}\quad(0<x<a)$$

上述两式的通解为

$$\psi=A\mathrm{e}^{-\mathrm{i}kx}+B\mathrm{e}^{\mathrm{i}kx}\tag{13-30}$$

$$\psi_{\rm II}=A_2\mathrm{e}^{-k_2x}+B_2\mathrm{e}^{k_2x}\tag{13-31}$$

A，B，A_2，B_2均为积分常数，其值由连续性条件和归一化条件决定。

式(13-30)中 A、B 分别代表沿 x 正向、负向传播的波函数的振幅。在区域Ⅰ$(x<0)$，既有入射波又有反射波，入射波的振幅可取 1；而在区域Ⅲ$(x>a)$只有透射波存在，于是粒子在这两个区域内的波函数分别为

$$\psi_{\rm I}=\mathrm{e}^{-\mathrm{i}kx}+B_1\mathrm{e}^{\mathrm{i}kx}$$

$$\psi_{\rm III}=A_3\mathrm{e}^{-\mathrm{i}kx}$$

式中 B_1 为区域Ⅰ中反射波的振幅，由于入射波的振幅取为 1，故反射系数 $R=|B_1|^2$；A_3为区域Ⅲ中透射波的振幅，透射系数 $T=|A_3|^2$。

笔记栏

区域Ⅱ中的 ψ_{II} 不具有波函数的性质，但 $\psi_{\text{II}} \neq 0$，表明粒子在势阱内出现的概率亦不为零。图 13-16 给出了波函数在各区域的分布示意图。

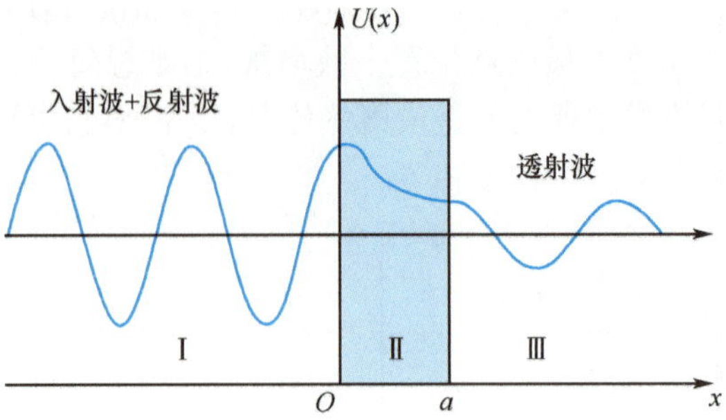

图 13-16 粒子在各区域的波动图像

可以通过上面的公式计算粒子从区域Ⅰ到区域Ⅲ的**透射系数**(transmission coefficient) T 为

$$T = |A_3|^2 \approx \frac{16E(U_0 - E)}{U_0^2} e^{-\frac{2a}{\hbar}\sqrt{2m(U_0-E)}} \tag{13-32}$$

又称为穿透概率，式中 a 是势垒宽度。在一般情况下，$T \neq 0$，也就是说粒子有一定的概率能穿透势垒区域Ⅱ进入区域Ⅲ。势垒宽度 a 越大，粒子穿越的概率 T 就越小；而粒子的能量 E 越大则穿越的概率 T 就越大。

粒子的能量 E 虽不足以穿越势垒，但势垒中似乎有一个“隧道”，能使少量粒子穿过势垒而进入区域Ⅲ。这种现象称为**势垒穿透**(barrier penetration)亦称隧道效应(tunnel effect)，它是粒子波动性的反映。由于 $T \propto e^{-a\sqrt{m}}$，所以对于宏观的尺度，势垒穿透发生的概率很小，很难观测得到。势垒穿透是微观尺度的量子力学行为。

隧道效应已被许多实验所证实，并在半导体器件、超导器件、物质表面探测等现代科技领域中有着重要的应用，一个重要的例子就是扫描隧穿显微镜(scanning tunneling microscope, STM)，详细讨论请参看阅读材料。

第五节 氢原子理论

一、氢原子光谱的规律

在 19 世纪末期，光谱学有较大的发展。光谱是光的频率(波长)成分和强度分布的关系图，它能够提供发光物质内部的很多信息。而原子光谱就成为研究原子内部结构的一种重要途径。

1889 年，瑞典物理学家里德伯(J. R. Rydberg)在巴耳末工作的基础上提出一个描述氢原子光谱规律的普遍公式：

$$\sigma = \frac{1}{\lambda} = R\left(\frac{1}{m^2} - \frac{1}{n^2}\right), \quad m = 1,2,3,\cdots, \quad n = m+1, m+2, m+3, \cdots \tag{13-33}$$

这就是**里德伯方程**，式中 R 称为里德伯常量(Rydberg constant)，是一个经验数值，一般取 $R = 1.097 \times 10^7\ \text{m}^{-1}$。不同的 m 值对应氢原子光谱中不同的谱线系。在同一谱线系中，不同的 n 对应不同的谱线。如：

$m = 1$ 时，$n = 2,3,4,\cdots$，谱线处于紫外波段，称为莱曼(Lyman)系；

$m = 2$ 时，$n = 3,4,5,\cdots$，谱线处于可见光波段，称为巴耳末(Balmer)系；

$m = 3$ 时，$n = 4,5,6,\cdots$，谱线处于红外波段，称为帕邢(F. Paschen)系；

$m = 4$ 时，$n = 5,6,7,\cdots$，谱线处于红外波段，称为布拉开(F. Brackett)系；

$m = 5$ 时，$n = 6,7,8,\cdots$，谱线处于红外波段，称为普丰德(H. A. Pfund)系。

图 13-17 所示为氢原子光谱中上述 5 个主要的谱线系。

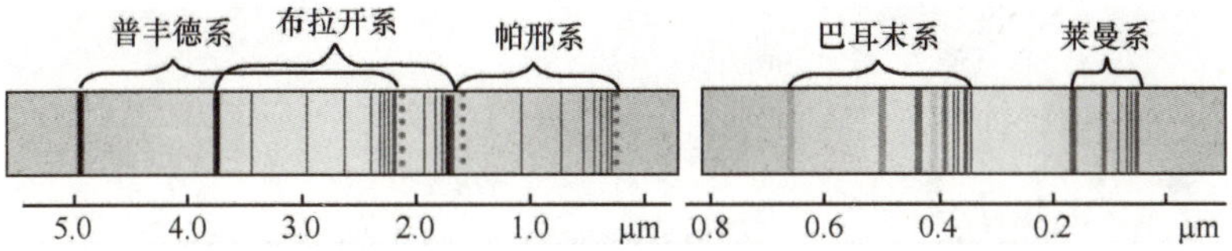

图 13-17　氢原子光谱

二、玻尔理论

1. 卢瑟福的原子行星模型

氢光谱的规律性反映出氢原子的内部结构信息。1904 年，汤姆孙(J. J. Thomson，1857—1940)提出原子的“葡萄干布丁”模型：原子中的正电荷均匀分布在整个原子球体内，而电子则嵌在其中。该模型在解释元素周期性方面取得了一定的成功。1911 年，卢瑟福在 α 粒子散射实验的基础上提出了原子的行星模型(也称为有核模型)，他认为：占原子质量 99.9%以上的正电荷集中在原子中心很小的体积内，称为原子核，电子围绕原子核旋转。该模型被后来的盖革-马斯顿实验(1913)和查德维克实验(1920)所证实，但是行星模型最大的问题是稳定性问题。根据行星模型，氢原子由一个原子核和一个核外电子组成。而按照经典电动力学理论，绕核作加速运动的电子会发射电磁波而辐射能量，从而使电子运动半径不断变小，最后电子将掉到核上与之中和，整个原子崩溃。但实际的原子非常稳定。其次，电子旋转频率连续变化，其辐射的光谱应是连续变化的带状光谱，但实验观察到的却是离散的线状谱线。

2. 玻尔的氢原子理论

丹麦物理学家玻尔(N. H. David Bohr，1885—1962)在研究卢瑟福行星模型的基础上，结合光谱知识，并吸取了普朗克和爱因斯坦的量子概念，于 1913 年提出了氢原子结构的玻尔理论。该理论以三条基本假设为基础。

(1) 定态条件。玻尔假设：电子只能沿某些分立的轨道围绕原子核转动，每一个轨道对应着特定的能量值，电子在这些轨道上运动时不对外辐射能量，这就是玻尔的定态条件。原子相应的状态称为**定态**(stationary state)。

(2) 频率条件。玻尔假设：当原子的能量发生变化，从一个定态跃迁(transition)到另一个定态时，会发出或吸收光子。光子所携带的能量满足：

$$h\nu = E_n - E_m \tag{13-34}$$

这里的 E_n、E_m 分别代表两个定态的能量，$E_n > E_m$，这就是玻尔的**频率条件**(Bohr frequency condition)。

(3) 角动量量子化条件。玻尔假设：电子的轨道角动量 L 应等于 $\dfrac{h}{2\pi}$ 的整数倍，即

$$L = m_e v r_n = n\frac{h}{2\pi},\quad n = 1, 2, 3, \cdots \tag{13-35}$$

式中 m_e 是电子的质量，r_n 对应电子的第 n 个可能的轨道，n 称为量子数，这就是玻尔的角动量量子化条件。

如图 13-18 所示，质量为 m_e 的电子沿半径为 r_n 的轨道绕核做圆周运动，电子与原子核的库仑吸引力提供电子受到的向心力，即

$$\frac{m_e v^2}{r_n} = \frac{1}{4\pi\varepsilon_0}\frac{e^2}{r_n^2} \tag{13-36}$$

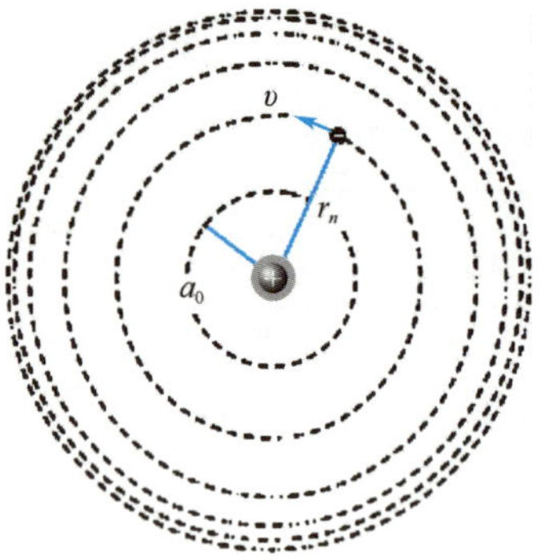

图 13-18 氢原子中电子的轨道运动

考虑到式(13-35)，$m_e v^2 = \frac{n^2h^2}{4\pi^2 m_e r_n^2}$，于是电子定态轨道的半径 r_n 满足

$$r_n = \frac{\varepsilon_0 h^2}{\pi m_e e^2} n^2, \quad n = 1,2,3,\cdots \tag{13-37}$$

令 $n=1$ 得到氢原子的最小轨道半径为

$$r_1 = \frac{\varepsilon_0 h^2}{\pi m_e e^2} \approx 0.529 \times 10^{-10}\ \text{m}$$

称为玻尔半径(Bohr radius)，常用 a_0 表示。现在我们常用其来表征原子的大小，即原子的尺度为 10^{-10} m 数量级。

电子在某个定态轨道上运动时，原子系统的总能量等于电子的动能和系统电势能的总和，即

$$E_n = \frac{1}{2} m_e v^2 - \frac{1}{4\pi\varepsilon_0}\frac{e^2}{r_n}$$

将式(13-35)和式(13-36)代入上式，得

$$E_n = -\frac{e^4 m_e}{8\varepsilon_0^2 h^2} \cdot \frac{1}{n^2}, \quad n = 1,2,3,\cdots \tag{13-38}$$

表明氢原子的定态能量是量子化的，称为能级。当 $n=1$ 时得氢原子的最低能量为

$$E_1 = -\frac{e^4 m_e}{8\varepsilon_0^2 h^2} = -2.17 \times 10^{-18}\text{J} = -13.6\ \text{eV} \tag{13-39}$$

即为使氢原子电离所需的最小能量——电离能。将 E_1 代入式(13-38)可得

$$E_n = \frac{E_1}{n^2}, \quad n = 1,2,3,\cdots \tag{13-40}$$

原子处于能量最低能级的状态称为基态(ground state)，能量高于基态的状态都称为激发态(excited state)。

根据玻尔的频率条件，从能量较高的激发态跃迁到能量较低的激发态或基态，辐射出光子，频率满足 $\nu = \frac{E_n - E_m}{h}$，写成波数形式为

$$\frac{1}{\lambda} = \frac{1}{hc}(E_n - E_m) = \frac{e^4 m_e}{8\varepsilon_0^2 h^3 c}\left(\frac{1}{m^2} - \frac{1}{n^2}\right) \tag{13-41}$$

其中 m 和 n 分别为低能级和高能级的量子数。上式与里德伯方程的形式完全相同，比较可知 $R = \frac{e^4 m_e}{8\varepsilon_0^2 h^3 c}$，这就是里德伯常量的理论计算公式，计算值为 $R = 1.097\ 373\ 1534 \times 10^7\ \text{m}^{-1}$，与经验值符合得相当好。

根据玻尔理论，氢原子的发射光谱是氢原子从能级较高的激发态跃迁到能级较低的激发态或基态时产生的谱线。赖曼系对应原子从各高能态向基态跃迁时产生的谱线；巴耳末系对应原子从各高能态向第一激发态 ($n=2$) 跃迁时产生的谱线；其他各线系的形成可依次类推。图 13-19 为根据玻尔理论画出的氢原子的能级与谱线系的关系图。

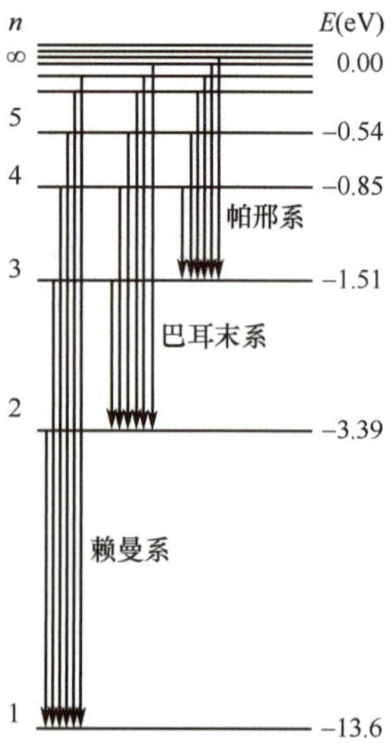

图 13-19 氢原子的能级跃迁及谱线系

玻尔理论在氢原子及类氢离子上获得了很大的成功，但是在其他原子上并没有得到令人满意的结果。此外，玻尔理论把遵循牛顿力学的经典粒子人为的赋予了量子化的特征，使得整个理论存在逻辑上的缺陷。因此，玻尔理论只是经典物理向量子物理发展的一个

笔记栏

过渡理论。但是玻尔提出的一些最核心的概念，包括原子定态能量的量子化，量子跃迁，频率条件等，至今仍然是正确的，并在后来建立的量子力学中被保留了下来。

应该明确，玻尔理论中那些看起来很直观的电子轨道并不真实存在。由于微观粒子坐标与动量的不确定性，电子轨道的概念在提出几年后就被放弃了。依据量子力学的观点，电子在原子中以“电子云”形态绕核运动，没有确定的轨道，但是有一系列由主量子数表征的稳定状态。

玻尔由于在原子结构理论方面的贡献获得 1922 年的诺贝尔物理学奖。

三、氢原子的量子力学描述

一般而言，薛定谔方程可严格求解的情形很少，大多数情形只能做近似的分析。氢原子是最简单的系统，原子核只有一个质子，核外只有一个电子，且电子质量远小于核的质量，并可以认为核是静止的。利用薛定谔方程可以对氢原子作精确求解。这些结果在说明复杂原子的壳层结构和分子的结构与功能时，都起着重要作用。

电子在核的库仑力作用下运动，其势能函数为

$$U=-\frac{1}{4\pi\varepsilon_0}\frac{e^2}{r}$$

r 为电子到核的距离。该势能函数是定态的，故只需求解定态薛定谔方程：

$$-\frac{\hbar^2}{2m_e}\nabla^2\psi-\frac{1}{4\pi\varepsilon_0}\frac{e^2}{r}\psi=E\psi$$

由于势能是 r 的函数，具有球对称性，故可在球坐标系中进行分析。由于求解过程仍然很复杂，下面只给出重要的结论。

在能量 $E<0$ 的情况下，由于波函数必须满足连续、单值和有限的标准条件，可得出氢原子的波函数由四个量子数决定。

1. 主量子数 n

氢原子的总能量只能取一系列离散的值，即

$$E_n=-\frac{e^4 m_e}{8\varepsilon_0^2 h^2}\cdot\frac{1}{n^2},\quad n=1,2,3,\cdots \tag{13-42}$$

这种现象叫能量量子化。上式和玻尔理论的结果完全一致。式中 n 为主量子数(principal quantum number)。

2. 角量子数 l

电子在氢原子中具有确定的角动量，同样只能取一系列离散的值，这种现象叫角动量量子化。电子的角动量(即氢原子系统的角动量)为：

$$L=\sqrt{l(l+1)}\hbar,\quad l=0,1,2,\cdots,n-1 \tag{13-43}$$

式中 l 为角量子数(angular quantum number)。在主量子数为某一确定的 n 值时，电子有 n 个不同的角动量，即电子可以处于 n 种不同的运动状态。

3. 磁量子数 m

角动量是矢量。当存在外磁场且外磁场沿 z 方向时，角动量在空间中的取向不是任意的，它沿 z 方向的分量 L_z 只能取一系列离散的值，这种现象叫空间量子化。角动量的 z 分量 L_z 为：

$$L_z=m\hbar,\quad m=0,\pm1,\pm2,\cdots,\pm l \tag{13-44}$$

式中 m 为磁量子数(magnetic quantum number)，它决定了电子轨道角动量在外磁场中的取向。对于同一个角量子数，电子的角动量在空间取向有 $2l+1$ 个，即角动量相同的电子，可以分

笔记栏

别处于 $2l+1$ 种不同的运动状态。

4. 自旋角量子数 s

电子除了绕核运动之外，还存在自旋(spin)。电子的自旋是微观粒子的一种内禀性质，不能简单的理解为是一种机械运动。电子自旋在施特恩(O. Stern)和格拉赫(W. Gerlach)的实验中得到证实。依照轨道角动量及其分量的量子化条件，与自旋运动所对应的电子的自旋角动量为

$$L_s=\sqrt{s(s+1)}\hbar \tag{13-45}$$

式中 s 为自旋量子数(spin quantum number)。根据光谱资料的分析，电子的自旋角量子数 $s=\frac{1}{2}$。

自旋角动量在 z 方向的分量 L_{sz} 为

$$L_{sz}=m_s\hbar,\quad m_s=-s,-s+1,\cdots,s$$

式中 m_s 为自旋磁量子数(spin magnetic quantum number)。由于电子的 $s=\frac{1}{2}$，所以 m_s 只能取 $-\frac{1}{2}$ 和 $\frac{1}{2}$ 两个值，即对应于每一组确定的 (n,l,m)，电子可能有两种不同的自旋状态。

综上所述，根据量子力学理论，氢原子中电子的运动状态将由四个量子数 (n,l,m,m_s) 共同确定。主量子数 n 决定了电子的能量，角量子数 l 决定了电子绕核运动的角动量，磁量子数 m 决定了电子绕核运动角动量在空间的取向，电子的自旋量子数 s 只有一个值 $s=\frac{1}{2}$，自旋磁量子数 m_s 有两个取值 $-\frac{1}{2}$ 和 $\frac{1}{2}$，决定了自旋角动量在空间的取向。

不同的运动状态有不同的一组量子数。当给定主量子数 n 时，l 有 n 个值，而对于每一个 l，m 有个 $2l+1$ 可能值，而电子的 m_s 有 2 个可能值。因此，对应于一个确定的能级 E_n，系统有许多不同的状态，这表明氢原子的能级是简并的。同一能级的各种状态称为简并态(degenerate state)。与一个主量子数 n 所对应的氢原子的状态数为

$$\sum_{l=0}^{n-1}2(2l+1)=2n^2 \tag{13-46}$$

第六节 原子壳层结构

1869 年门捷列夫建立了元素周期表，即把元素按照原子量的大小排列起来。到 20 世纪初，随着周期表的不断完善，人们发现元素排列呈周期性是原子内部电子的周期性排列的结果。

一、多电子原子的近似处理

一个原子序数为 Z 的原子，核外有 Z 个电子，每个电子除了受到核的引力外，还受到其他电子的斥力。因此核外电子的电势能是原子核的库仑引力势能和其他电子的库仑斥力势能之和。对于多电子原子，用薛定谔方程严格求解很困难，会遇到繁杂的数学问题，因此只能采用近似方法来解决。下面给出原子中电子排列遵循的两个基本原理。

1. 泡利不相容原理(Pauli exclusion principle)

在一个原子内不可能有两个或两个以上的电子具有完全相同的四个量子数 (n,l,m,m_s)，或者可以表述为，原子中的每一个状态只能容纳一个电子。

2. 能量最小原理(principle of least energy)

原子最稳定的状态就是能量最低的状态，因此核外电子都有占据最低能级的趋向。

对于氢原子，最低能级的主量子数 $n=1$，由式(13-46)可知电子只有 2 个可能的运动状态。而对于多电子原子，核外电子数 $Z>2$，根据泡利不相容原理，这 Z 个电子不可能都处于 $n=1$ 的能级。一般来说，核外 Z 个电子是按能量的大小从低到高依次填充各个能级。

二、原子的壳层结构

为了说明原子中电子的排列规律，根据主量子数 n 的不同，在原子内引入壳层的概念。具有相同 n 值，即处于同一能级的电子处于同一壳层。通常用 K、L、M、N、O、P 等符号标记 $n=$ 1、2、3、4、5、6 的各个壳层。在同一壳层中，根据角量子数 l 的不同，又引入支壳层，具有相同 l 值的电子处于同一支壳层。通常用 s、p、d、f、g、h、…等符号来标记 $l=0,1,2,\cdots,n-1$ 的支壳层。利用 l 的符号并结合 n 值，可以把原子中电子的状态表示为 2p、3s、4d 等。例如 3d 表示电子处于 $n=3$，$l=2$ 的状态。表 13-2 给出各壳层和各支壳层可能容纳的电子数。

表 13-2 各壳层和各支壳层可能容纳的电子数

壳层 n	1	2		3			4				5					6					
壳层符号	K	L		M			N				O					P					
支壳层 l	0	0	1	0	1	2	0	1	2	3	0	1	2	3	4	0	1	2	3	4	5
电子态	1s	2s	2p	3s	3p	3d	4s	4p	4d	4f	5s	5p	5d	5f	5g	6s	6p	6d	6f	6g	6h
支壳层可容纳电子数 $2(2l+1)$	2	2	6	2	6	10	2	6	10	14	2	6	10	14	18	2	6	10	14	18	22
壳层可容纳电子数 $2n^2$	2	8		18			32				50					72					

根据大量原子光谱的数据，各个电子态的能量值与主量子数 n 和角量子数 l 有关，满足经验性公式：$E_{n,l}\propto(n+0.7l)$。于是可以将各个支壳层按照能量从小到大的顺序进行排列，如下：

1s 2s 2p 3s 3p 4s 3d 4p 5s 4d 5p 6s 4f 5d 6p 7s 5f …

原子处于正常状态时，能量最低的能级首先被电子填满，然后电子依次向未被占据的较低能级填充，直到所有核外电子分别填入可能占据的最低能级为止。

第七节 原子光谱与分子光谱

一、原子光谱

原子光谱(atomic spectrum)是一些线状光谱，它提供了原子内部结构的丰富信息。当原子的状态发生变化时，原子将发射或吸收特定频率的电磁波。

1. 发射光谱

原子从能量较高的激发态跃迁到能量较低的激发态或基态，将发射光子，于是大量原子同时发射的单色光形成一系列分离的谱线，这种光谱称为明线光谱或发射光谱(emission spectrum)。频率分布在可见光附近的称为光学光谱，是原子在外壳层能级之间跃迁而形成的。对于不同元素的原子，其壳层的能级结构不同，价电子跃迁所产生的光谱线分布也不同，所以每种元素都有自己特定的发射光谱。而频率更高的 X 射线光谱(X-ray spectrum)，则是内壳层电子

笔记栏

在不同壳层间的跃迁所形成。原子的内壳层一般都已被电子填满，但是可以利用外界的能量（如高能电子束、质子束等）将内壳层的电子轰出原子，从而在内壳层中留下一个“空位”，这时外壳层的电子就有可能跃迁到这一空位处而发射一个频率较高的光子。不同元素的X射线频率亦不相同，而实验表明谱线只与元素的原子序数 Z 有关，于是X射线光谱可作为原子的标识，因而又称为标识X射线，将在14章中详细讨论。

2. 吸收光谱

原子受到光照射时，如果入射光的波长在一定范围内是连续的，原子将从入射光中吸收特定频率的光子而跃迁到某一能量较高的激发态，其结果将使得入射光的光谱中出现暗线，这种光谱叫暗线光谱或吸收光谱（absorption spectrum）。

同一元素吸收光谱中的暗线与发射光谱中的明线频率相同，因为这是原子在某一对能级间的跃迁所形成，前者是吸收光子，而后者是发射光子。不过，吸收光谱中的暗线数目通常比发射光谱中的明线数目要少一些，这是因为原子通常处于基态，所以在吸收过程中只发生从基态到激发态的跃迁，而没有各个激发态之间的跃迁。

3. 原子光谱分析

每种元素都有自己独特的谱线，通过分析光谱线的位置、数目和强度可以测定物质的元素成分及含量，这就是光谱分析的原理。光谱分析法具有很高的灵敏度，而且采集方便，通常只需要极少的样品。医学中应用较多的分析方法是把生物样品汽化成气态来产生明线光谱。或者通过获取样品蒸汽的吸收光谱来鉴定样品中是否含有某些金属元素。例如，检查有无铅中毒时，可以用患者的血或尿作为样品进行检测。

二、分子光谱

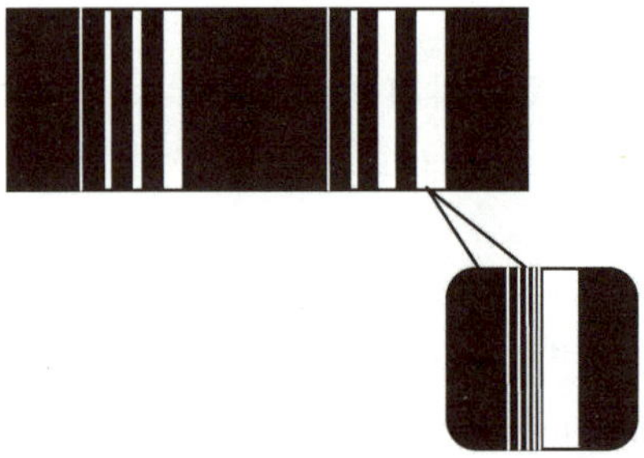

图 13-20 分子光谱的示意图及局部放大

分子光谱（molecular spectrum）的形状与原子光谱不一样，它包含有若干个光谱带，而每一光谱带中包含有许多光谱线，这些谱线在谱带的一端分布密集，在另一端分布稀疏，仿佛连成一片，所以分子光谱又称为带状光谱。图13-20为分子光谱的示意图。图中有两个光谱带系，每个光谱带系由四个光谱带构成，而每个光谱带又是由若干条谱线构成。

分子光谱的复杂性，反映了分子内部运动状态的复杂性，而复杂的运动状态是与分子的结构分不开的。

（一）分子能级

分子由两个或更多的原子组成，其运动状态远比单个原子复杂。分子内部的运动不仅有电子的运动，还有分子的振动和分子的转动。因此分子的能量就与这三个运动有关。分子中的每一种运动都遵循一定的量子条件，能量都是量子化的，都具有相应的分子能级。分子在能级之间跃迁，产生能够反映分子内部结构信息的特征性的分子光谱。

1. 分子的转动能级

分子作为一个整体可以绕过自己质心的轴转动。若将双原子分子视为刚性分子，其转动能量 $E_r=\frac{1}{2}J\omega^2=\frac{L^2}{2J}$，其中 J 为分子对轴的转动惯量，ω 为转动角速度，$L=J\omega$ 为角动量。由于分子的角动量是量子化的，$L=\sqrt{j(j+1)}\,\hbar$，故分子的转动能量为

笔记栏

$$E_r=\frac{1}{2J}j(j+1)\hbar^2,\quad j=0,1,2,\cdots$$

式中 j 是转动量子数。由上式可看出，j 越大，转动能级间距离越大，能级越分离。实际上，分子不是刚性的，转动时的离心力使得原子间距离增大，导致 J 增加。

分子转动的能量 E_r 是一系列不连续的离散值，称为分子转动能级（molecular rotation energy level）。当分子转动状态发生改变时，即分子从某一转动能级跃迁到另一转动能级，分子将发射或吸收一个特定频率的光子，频率 $\nu_r=\Delta E_r/h$ ，ΔE_r 为跃迁的转动能级的能量差，其值约 0.005 ～ 0.0250 eV，所以 ν_r 处在远红外区。这种光谱称为分子的转动光谱（rotation spectrum）。由于 ΔE_r 很小，分子的转动光谱谱线很密集。对于分辨率较低的分光仪不能分辨这些密集的谱线而得到连续分布的带状谱。

辐射理论指出，转动的分子要有电矩才能有辐射，所以对称的非极性分子如 H_2、CO_2、CH_4 等都没有转动光谱，这一点已被实验证实。

2. 分子的振动能级

构成分子的原子不停地在其平衡位置附近作振动，原子的振动实际上是原子核带动周围电子的振动。以双原子分子的振动为例，其振动能量为

$$E_v=\left(v+\frac{1}{2}\right)\hbar\omega_v=\left(v+\frac{1}{2}\right)h\nu$$

式中 v 为振动量子数，ν 为振动频率。从上式可看出振动能级是等距离的。但双原子分子实际不是简谐振子，实际能级不是等距离的，v 越大，能级距离越小，能级越密集。

分子振动的能量 E_v 是一系列不连续的离散值，称为分子振动能级（molecular vibration energy level）。当分子的振动状态发生改变时，即分子从一个振动能级跃迁到另一个振动能级，分子将发射或吸收一个特定频率的光子，频率 $\nu_v=\Delta E_v/h$ ，ΔE_v 为跃迁的振动能级的能量差，其值一般在 0.025 ～1 eV 之间，所以 ν_v 处在近红外区和中红外区。这种光谱称为分子的振动光谱（vibration spectrum）。

3. 分子的电子能级

分子中有两个或两个以上的原子核，核周围内层电子受核的引力作用强，其运动情况与单原子中的电子类似，但外层电子则被所有原子所共有，约束在分子范围内运动。分子中电子的运动遵循一定的量子条件，形成不同的量子状态，每一状态具有一定的能量 E_e ，形成电子能级。当分子中电子的运动状态发生改变时，即分子从一个电子能级跃迁到另一个电子能级，分子将发射或吸收一个特定频率的光子，频率 $\nu_e=\Delta E_e/h$ ，ΔE_e 为两个电子能级的能量差。对于分子中的外层电子，ΔE_e 的值一般在 1 ～20 eV 之间，所以 ν_e 处在紫外区及可见光区。这种光谱称为分子的电子光谱（electron spectrum）。

分子上述三个运动的能量差别很大，其原因主要在于原子核的质量远大于电子的质量，所以分子转动的频率远小于分子振动的频率，又都远小于分子中电子跃迁的频率。

分子上述三个运动相互影响，但关联并不十分密切，我们可近似认为分子定态的总能量 E 为三部分能量的总和，即

$$E=E_e+E_v+E_r$$

其能级结构如图 13-21 所示。

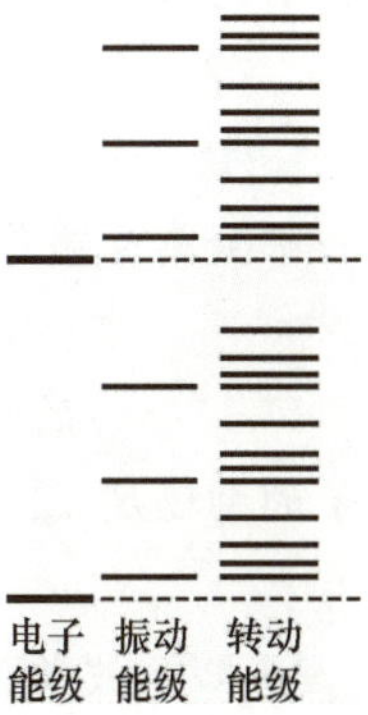

图 13-21 分子能级的示意图

当分子的状态发生变化时，$\Delta E=\Delta E_e+\Delta E_v+\Delta E_r$ ，分子在各个能级之间跃迁而形成分子光谱，所吸收或发射的光子频率 ν 为

$$\nu=\frac{\Delta E_e}{h}+\frac{\Delta E_v}{h}+\frac{\Delta E_r}{h}=\nu_e+\nu_v+\nu_r$$

笔记栏

分子光谱非常丰富,可分为纯转动光谱,振动—转动光谱带和电子光谱带。分子的纯转动光谱是由同一振动能级上不同转动能级之间的跃迁产生,分布在远红外波段;振动—转动光谱带是由同一电子能级、不同振动能级上的各个转动能级之间的跃迁产生,分布在近红外波段;电子光谱带是由不同电子能级上的各个振动能级和转动能级之间的跃迁产生,构成复杂的光谱带系,波长可跨越可见光和紫外波段。

对于上述三个能量差值,一般说来 $\Delta E_e > \Delta E_v > \Delta E_r$,于是分子光谱中, ΔE_e 决定光谱带系所在的区域, ΔE_v 决定每个带系内的光谱带个数,而 ΔE_r 决定光谱带的精细结构。

(二) 分子光谱分析

分子光谱提供了分子内部丰富的信息,通过分子光谱分析可确定分子的各种参数,诸如分子的转动惯量、分子的键长和键强度以及分子离解能等许多性质,从而研究分子的结构特征。

其中,**紫外可见吸收光谱**(ultraviolet & visible absorption spectrum,UV-VIS)是电子光谱,在定性分析方面的应用主要依靠化合物光谱特征,如吸收峰的数目、位置、强度、形状等与标准光谱比较,可以确定某些基团的存在。例如在 260 nm 有弱吸收带且具有振动引起的精细光谱时,证明有苯环存在。此外,它可以广泛应用于无机物和有机物的分析,具有较好的分析精确度,且分析速度快。

而**红外吸收光谱**(infrared absorption spectrum,IR)是分子振动—转动光谱,由于谱带复杂而精细,所能提供的结构信息更丰富,因此它在有机化学、生物化学以及高分子材料鉴定及研究中应用非常广泛。

习 题 十 三

13-1 既然人体要向外发出热辐射,为什么我们在黑暗的环境中却看不到呢?

13-2 试分析霓虹灯和白炽灯发的光都是热辐射吗?

13-3 在光电效应实验中,如果将入射光强度增加一倍,会对实验数据造成怎样的影响?如果将入射光频率增加一倍,情况又会怎样?

13-4 能够用可见光来观察康普顿效应吗?

13-5 如果一个电子和一个质子具有相同的动能,哪一个粒子的德布罗意波长较大?如果是一个速度较慢的电子和一个速度较快的电子,则哪一个的波长较大?

13-6 有完全静止的粒子存在吗?

13-7 波函数为什么要满足归一化条件?

13-8 原子光谱和分子光谱各有什么特点?

13-9 宇宙大爆炸遗留在空间的各向同性的、均匀的背景热辐射相当于 3 K 黑体辐射,求此辐射光谱的峰值波长是多少?

[$\lambda_p = 9.67 \times 10^{-4}$ m]

13-10 铝的逸出功是 4.2 eV,钡的逸出功是 2.5 eV,分别计算铝和钡的截止频率,并分析哪一种金属能够作为可见光范围内的光电管的阴极材料?

[$\nu_{01} = 1.01 \times 10^{15}$ Hz ; $\nu_{02} = 0.603 \times 10^{15}$ Hz ;钡]

13-11 钾的截止频率为 0.462×10^{15} Hz ,今以波长为 450 nm 的光照射,求:①钾放出的光电子的初速度;②截止电压;③钾的红限波长。

[$v = 5.47 \times 10^5$ m · s^{-1} ; $U_0 = 0.85$ eV ; $\lambda = 0.649 \times 10^{-6}$ m]

13-12 波长为 $\lambda_0 = 22 \times 10^{-12}$ m 的 X 光被石墨散射,在散射角 $\theta = 90^\circ$ 处观测,试求(1)康普顿散射的波长改变量;(2)入射光子能量向电子转移的百分比.

笔记栏

[$\Delta\lambda = 2.43 \times 10^{-12}$ m ; $\eta = 9.9\%$]

13-13　在康普顿效应中，入射X射线光子的能量为0.60 MeV，若散射光子的波长为入射光子的1.3倍，试求反冲电子的动能。

［$E_e = 0.14$ MeV］

13-14　不考虑相对论效应，波长为0.1 nm的电子的动能是多少？

［2.42×10^{-17}J $=151$ eV］

13-15　求温度为27℃时的中子(即热中子)的德布罗意波长。

［$\lambda = 0.146$ nm］

13-16　如果一电子位置的不确定量为1.0×10^{-11}m，那么它速度的不确定量是多少？(选不确定关系$\Delta p \cdot \Delta x \geqslant h$)

［$\Delta v_x = 7.28\times10^7$m/s］

13-17　已知光子的波长为$\lambda = 500$ nm，如果此波长的精确度$\Delta\lambda/\lambda = 10^{-6}$，那么该光子位置的不确定量是多少？(选不确定关系$\Delta p \cdot \Delta x \geqslant h$)

［$\Delta x \geqslant 0.5$ m］

13-18　利用玻尔的氢原子理论，求：①当电子由量子数$n_h = 4$的轨道跃迁到$n_l = 2$的轨道上时，对外辐射的光波长为多少？②若该电子从$n_l = 2$的轨道跃迁到自由状态，外界需要提供多少能量？

［①485 nm；②3.4 eV］

13-19　处于基态的氢原子被外来单色光激发后发出的光仅有三条谱线，问外来光的频率为多少？

［$\nu = 2.92\times10^{15}$Hz］

13-20　粒子在一维矩形无限深势阱中运动，其波函数为：$\psi_n(x) = \sqrt{2/a}\sin(n\pi x/a)$ $(0 < x < a)$，若粒子处于$n = 2$的状态，它在$0 \sim a/4$区间内的概率是多少？

［提示：$\int \sin^2 x \mathrm{d}x = \frac{1}{2}x - \frac{1}{4}\sin 2x + C$］

［$P = 0.25$］

13-21　已知一维无限深方势阱中粒子运动的波函数为$\psi_n(x) = A\sin(n\pi x/a)$ $(n = 1, 2, 3, \cdots)$，式中a为势阱宽度。求该波函数的归一化形式。

［$\psi_n(x) = \sqrt{2/a}\sin(n\pi x/a)$　$(n = 1, 2, 3, \cdots)$］

阅读材料

Ⅰ. 扫描隧穿显微镜

在1981年，宾尼希(G. Binning)和罗雷尔(H. Rohrer)利用电子的隧道效应研制成了扫描遂穿显微镜(Scanning tunneling microscope，STM)，并由此获得了1986年的诺贝尔物理学奖。

STM的针尖和样品是导体(或半导体)，导体中的电子由于隧道效应有可能逸出金属表面，在导体外表面附近形成电子云(electron cloud)，电子云的分布形式与晶体的结构和表面性质有关。当针尖和样品之间的间距a较大时，两表面的电子云彼此分开；当间距a很小时，电子云发生重叠，此时若在两导体间加一微弱电压，电子就会通过电子云形成微弱的隧道电流。隧道电流对间距a异常敏感。利用隧道电流的这种灵敏特性，当极细的针尖在样品表面附近扫描时，调节间距以维持电流不变，就能够探测到样品表面的原子结构。图13-22为STM工作示意图。这种显微镜的水平分辨率和垂直分辨率可达0.04nm和0.01nm量级。

笔记栏

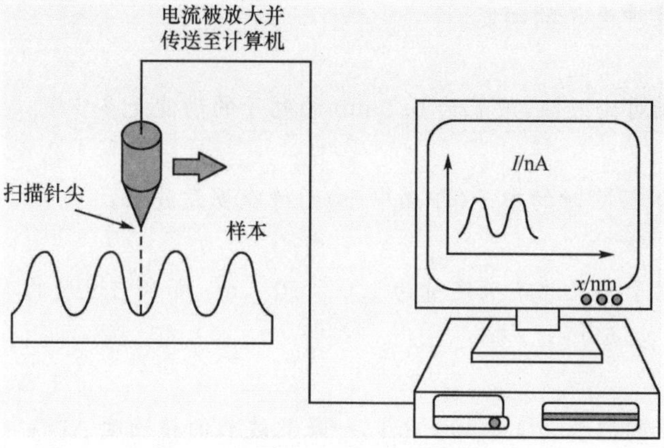

图 13-22 STM的工作示意图

利用STM的探针,还可以实现对单个原子的操纵,图13-23是IBM公司的科学家们制作的量子围栏。他们利用STM在铜表面放置了48个铁原子,围成一个圆形的围栏。量子围栏是一个势阱,中间的那些波纹就是铜表面电子在势阱中的波动图景—驻波。

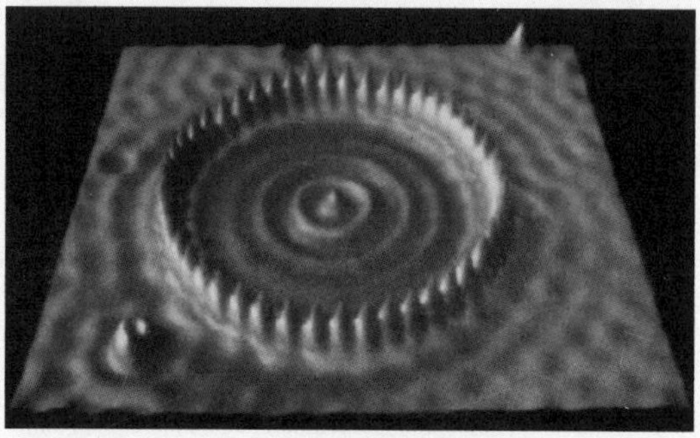

图 13-23 量子围栏

Ⅱ. 量子生物学简介

量子生物学(quantum biology)是运用量子力学的理论、概念和方法研究生命物质和生命过程的一门学科,又称量子生物物理学。主要研究生物分子间的相互作用力和作用方式,生物分子的电子结构与反应活性,生物大分子的空间结构与功能,特异作用与识别机制等,涉及分子生物学的全部内容。

量子力学的创立和发展,吸引着物理学家和化学家,促使他们用以分析具有生物学意义的分子的电子结构,并把结果和生物学活性联系起来。例如,1938年施密特(R. F. Schmidt)就已开始对致癌芳香烃类化合物进行研究,试图说明致癌活性与分子的电子结构之间的关系。后来经过法国的普尔曼夫妇等人的工作,现已成为量子生物学的一个重要组成部分。

1944年,薛定谔发表了《生命是什么》一书。在这本书中,薛定谔用热力学和量子力学理论解释了生命的本质,引进了生命物质是"非周期性晶体"、遗传密码、"量子跃迁"式突变、生命靠负熵维持等概念。后来沃森(J. Watson)与克里克(F. Crick)在读了薛定谔的书之后,花了18个月的时间建立了DNA(脱氧核糖核酸)的双螺旋结构模型,从而导致分子生物学的发展,他们二人也获得了1962年的诺贝尔生理学医学奖。分子的相互作用必然涉及其外围电子的行为,而能够精确描述电子行为的手段就是量子力学。因此量子生物学是分子生物学深入发展的必然趋势,是量子力学与分子生物学发展到一定阶段之后相互结合的产物。

量子生物学的研究方法基本上就是用量子力学的方法来处理一个微观系统的全部计算过程。量子力学把分子中的原子核看成是一个骨架，外层电子则在这一骨架附近运动。用一个波函数来描述电子的运动，并且这个波函数应满足量子力学中的基本方程，即薛定谔方程。然后利用得出的各种参量，说明所研究对象的结构、能量状态及变化，进而解释其生物学活性及生命过程。

量子生物学还是一门十分年轻的学科，它的发展不仅需要电子计算机的协助和计算方法的改进，还需要与实验结果密切配合。到目前为止，量子生物学还只限于对较小分子的研究，特别是药物的作用。对于复杂生物学问题的探讨，还有待深入。

（聂　娅）

笔记栏

第14章 X射线

德国物理学家伦琴在1895年研究稀薄气体放电现象时发现了X射线，由于当时不知道这种射线的本质，所以把它称为X射线，为了纪念伦琴的发现，X射线又称为伦琴射线。后来经过科学家对X射线的研究，特别是1912年，劳厄通过晶体衍射实验证实X射线是一种波长很短的电磁波，并测出了它的波长，其波长在0.001～10nm之间，从而证明了X射线是和普通的可见光一样的电磁波，只是波长更短。X射线的发现对物理学的理论研究和应用技术都有重大的意义，为此，伦琴成为第一个获得诺贝尔物理学奖的物理学家(1901年)。X射线很快被应用于医学诊断上，之后又被应用于肿瘤的放疗。由于X射线在医学上的应用有着极为重要的价值，本章主要介绍X射线的发生，X射线的性质，X射线谱，物质对X射线的吸收规律以及X射线在医学上的应用。

第一节 X射线的发生

一、X射线发生装置

1. X射线发生的基本条件

当高速运动的电子轰击到能阻碍它的物体上时，一部分电子的动能会转化为光能，产生X射线。因此，产生X射线的基本条件是必须有高速运动的电子流和用来阻止电子流的障碍物——靶。

2. X射线发生装置

根据X射线发生的基本条件，人们设计出X射线发生装置，其中主要包括三个部分：X射线管、低压电源和高压电源。

X射线管是X射线产生装置的核心元件，图14-1所示的是普通的热阴极X射线管(a)和旋转阳极式X射线管(b)。

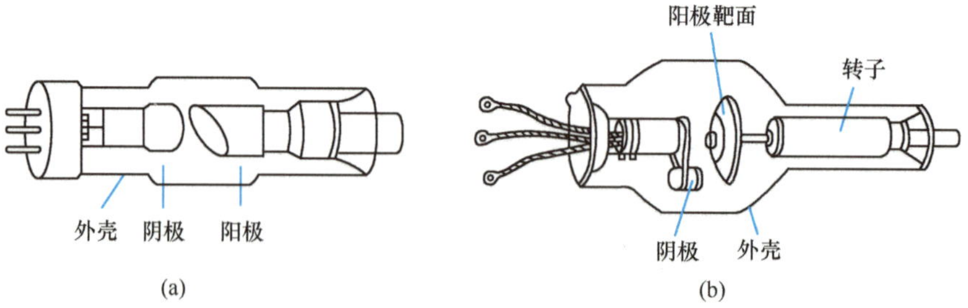

图14-1 X射线管

如图14-1(a)所示，X射线管是在一个高度真空的硬质玻璃管做成的外壳中，封装一个阴极和阳极。阴极由钨丝制成，单独用低压电源供电，以加热钨丝发射热电子。阳极是用铜制圆柱体和钨板制成，铜圆柱体主要起散热作用，钨板是接受高速电子流撞击的靶。玻璃外壳内的高真空($P<10^{-4}$Pa)环境可以使电子在运动过程中尽可能减少能量损耗，保护灯丝不被氧化。工作时X射线管的阴极和阳极之间加有几十万伏左右的直流高压，称为管电压，常用千伏(kV)为

单位。灯丝发出的热电子在强大的电场力作用于下高速飞向阳极形成管电流，管电流常用毫安(mA)为单位。当高速电子流撞击到阳极时，被钨靶急剧减速，此时电子的动能会有少部分转变为光能，产生X射线，而其余动能则转变为热能。

在阳极靶材料的选择上需要考虑两个方面的问题：一是由于在高速电子轰击时平均不到1%电子动能转变为X射线的能量，而99%以上的能量转变为阳极的热能，使阳极温度升高，所以应当选用熔点高的物质来做靶。能够在高温下仍然保持自身的强度，钨几乎是唯一的材料；二是X射线的转化效率。理论和实验都表明，在同样速度和数目的电子轰击下，原子序数Z不同的各种物质做成的靶所发出X射线的光子总数和光子总能量近似与Z^2成正比，所以Z愈大则发生X射线的效率愈高。因此，在兼顾熔点高、原子序数大和其他一些技术要求时，材料一般选择钨(Z=74)和它的合金(主要是钨铼合金)。在需要波长较长的X射线的情况下，如乳房透视，在管电压较低的情况下，也有用钼(Z=42)作为靶材料的，其标识X射线所具有的能量很适合这类特殊用途。

为把阳极发出的热量发散掉，阳极的基体一般采用导热系数较大的铜做成，受电子轰击的钨或钼靶则镶嵌在铜座上，以便更好地导出和散发热量。

由于阳极产生的热量非常多，所以通常的X射线管不能连续工作太长时间，否则阳极靶可能因为过热而熔毁。为解决这一问题，按照X射管的功率的大小，阳极将采用散热片通风冷却，或把阳极做成中空的，用流动的冷却油进行降温，并把整个X射线管完全浸在绝缘油中。

图14-2是一个比较典型的X射线机的基本线路示意图。它主要包括①X射线管；②升压变压器，用以提供阴极与阳极之间的高压，通过对初级线圈的调节，可调节输出电压；③降压变压器，组成低压电源(一般为5～10 V)，用来给阴极钨丝供电，也包括一调节钨丝电流的变阻器R，改变钨丝电流，即改变阴极发出的热电子数，从而控制管电流；④全波桥式整流器，由四个大功率二级管构成，将升压变压器次级线圈输出的高压交流电变为阳极所需要的高压直流电。此外，X射线发生装置还应包括灯丝稳压线路、延时电路和限时器、控制X射线管运动的装置及自动保护设备等部分。

二、有效焦点和实际焦点

高速电子流在靶面上的轰击的实际面积称为实际焦点，实际焦点的投影面积称为有效焦点，如图14-3所示。一般X射线管的阳极靶面，均作成斜面，钨靶为一矩形。图中实际焦点为$ab \times cd$。θ角是靶面与垂直于电子流方向间的夹角，有效焦点面积近似等于$cd \times ab\sin\theta$。焦点的尺寸对X射线成像来讲有重要的影响。从产生模糊最小的X射线图像来说，希望焦点越小越好，因为焦点越小在X射线投影时交错程度越小，在荧光屏或照相底片上所成的像愈清晰。但焦点小往往容易导致热量集中，造成对钨靶的破坏。在实际应用中要求实际焦点大些，以便于散热，而影像清晰度又要求有效焦点小些。为了解决这一矛盾，还可将固定阳极改为旋转阳极，如图14-1(b)所示。将钨靶做成环带状，并镶嵌在碟形的可旋转基座上，制作成旋转阳极式X射线管。高速电子束轰击的区域$ab \times cd$不是固定在一处，而是均匀地分布在整个环面上，这样热量就分散在整个钨盘上，从而避免了局部温度过高的情形。实际焦点的大小和灯丝的形状有关，长灯丝所形成的焦点叫大焦点，短灯丝形成的焦点叫小焦点。有效焦点的大小除了跟实际焦点有关外，还和靶面与垂直于电子流方向间的夹角即靶的倾斜度有关，大约只有实际焦点的1/2到1/4，近似成正方形。虽然电子撞击在靶上的面积较大，但X射线却像是从较小的面积上发射出来。一般诊断用的X射线管采用小焦点，而治疗用X射线管则采用大焦点，因为治疗时需要X射线功率较高。

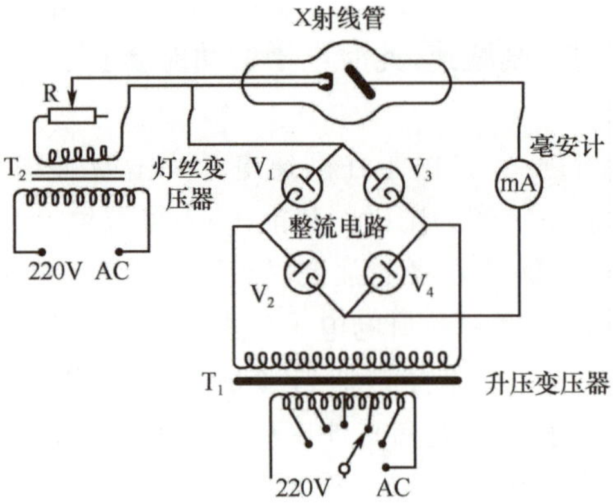

图 14-2 X 射线机的基本线路

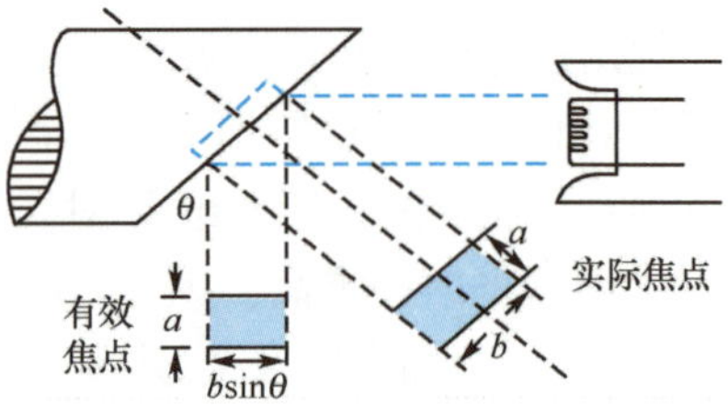

图 14-3 有效焦点和实际焦点

三、X 射线的强度与硬度

1. X 射线的强度

X 射线的强度(intensity)表示 X 射线的"量",指的是单位时间内通过与 X 射线方向垂直的单位面积的辐射能量。单位为 $W \cdot m^{-2}$。它与两个因素有关:一是每个光子所具有的能量($h\nu$),二是靶在单位时间内发出光子数目的多少。如果用 $N_1, N_2, \cdots, N_n$分别表示在单位时间内通过与 X 射线垂直的单位面积上的光子数目,其能量分别为 $h\nu_1, h\nu_2, \cdots, h\nu_n$,X 射线的强度 I 可以表示为:

$$I = \sum_{i=1}^{n} N_i h\nu_i = N_1 h\nu_1 + N_2 h\nu_2 + \cdots + N_n h\nu_n \tag{14-1}$$

对于连续 X 射线来讲,则根据 X 射线随波长变化的强度分布情况,有

$$I = \int_{\lambda_{\min}}^{\infty} f(\lambda) \mathrm{d}\lambda \tag{14-2}$$

式中:λ 为 X 射线波长,$f(\lambda)$为分布函数。

由此可知,轰击靶的高速电子数目越多,靶辐射出来的光子数目就越多,X 射线的辐射强度就越大。也就是说,X 射线的强度与管电流成正比。由于光子的数量不易测出,通常是在管电压保持一定的条件下,通过调节管电流来控制 X 射线的强度。因此,在医学中用管电流的 mA 数来表示 X 射线的强度。

在管电压一定的情况下,X 射线管灯丝电流越大,灯丝热电子发射的数目就越多,这时管电流也就越大。因此,可以通过调节灯丝电流的方法改变管电流,从而调节 X 射线强度的强度。X 射线的照射具有累积效应,所以在考虑 X 射线通过某一截面积的总辐射能量时必须还考虑照射时间。通常 X 射线的总辐射能量采用管电流的毫安数(mA)与辐射时间(s)的乘积表示,其单位为 $mA \cdot s$。

2. X 射线的硬度

X 射线的硬度(hardness)是表示 X 射线的"质",它是指 X 射线对物质穿透能力的大小。X 射线的硬度只决定于 X 射线的波长(即 X 光子的能量),而与光子数目无关。X 射线管两端的管电压愈高,则轰击靶面的电子动能愈大,发射光子的能量也愈大。而能量愈大的光子愈不易被物质吸收,即管电压愈高产生的 X 射线愈硬。同样,由于 X 射线光子能量不易测出,因此,在医学上通常用管电压的 kV 数来表示 X 射线的硬度。调节管电压即可控制 X 射线的硬度。根据 X 射线的用途,医学上把 X 射线按硬度分为极软、软、硬和极硬四类,它们的管电压、波长及用途见表 14-1。

表 14-1 X 射线按硬度的分类

名称	管电压(kV)	最短波长(nm)	主要用途
极软 X 射线	5～20	0.25～0.062	软组织摄影、表皮治疗
软 X 射线	20～100	0.062～0.012	透视和摄影
硬 X 射线	100～250	0.012～0.005	较深组织治疗
极硬 X 射线	250 以上	0.005 以下	深部组织治疗

第二节 X 射线的性质和 X 射线衍射

一、X 射线的性质

实验表明,X 射线是一种频率很高的电磁波,也是能量很高的光子流。X 射线作为一种电磁波,具有电磁波的一般性质如反射、折射、衍射等。其波长很短,光子能量很高,不可见也不能用玻璃透镜进行聚焦,所以它还具有如下一些特性。

1. 电离作用

X 光子与物质相互作用的过程中使物质中的原子或分子发生电离。比如在 X 射线的照射下,气体能够被电离而导电,利用这一性质,可以测量 X 射线的强度。

2. 荧光作用

当 X 射线与一些物质(如硫酸锌、铂氰化钡、钨酸钙)作用时,使这些物质的原子或分子处于激发状态,当它们回到基态时发出荧光。如果激发态是亚稳态,则回到基态的过程会持续一段时间,发出的光称之为磷光。在医学影像检查上通过荧光屏对于人体的透视就是利用了 X 射线的这种荧光作用。

3. 光化学效应

X 射线能使很多物质发生光化学反应。它能使照相底片感光,在医学中常用于 X 射线胶片摄影。

4. 贯穿作用

X 射线对各种物质具有一定程度的贯穿作用,对不同的物质其贯穿本领不相同,医学上利用这一性质与光化学效应结合用于拍摄 X 射线片帮助诊断。例如,同样强度的 X 射线照射肌肉和骨骼,肌肉的阴影较浅,骨骼的阴影则较深。

5. 生物效应

一定量的 X 射线照射生物体能使生物体产生各种生物效应,它可以使细胞损伤、生长受到抑制甚至死亡,这是放射治疗的基础,它的原发机制是射线在生物体内产生电离和激发,造成生物大分子的破坏,如 DNA 链的断裂。因此,放射工作者必须对 X 射线加以防护。

二、X 射线的衍射

1. X 射线衍射的原理

X 射线的波长范围约为 0.001～10 nm,不能用普通的光学分光仪器进行研究。自然界中晶体相邻两原子间距的数量级与此大致相仿，而且晶体中原子有规则排列，所以晶体成为了 X 射线很合适的衍射光栅。1912 年，劳厄即用晶体衍射方法证明了 X 射线具有波动性，从而揭示了 X 射线的本质。通过 X 射线的晶体衍射，也对 X 射线谱进行研究，测量了 X 射线的波长。

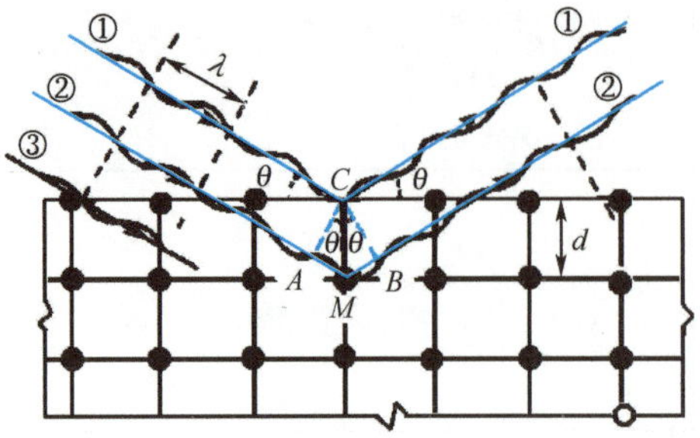

图 14-4 X 射线在晶体上的衍射

1913 年，英国亨利·布拉格（W. H. Bragg，1862～1942）和劳伦斯·布拉格（W. L. Bragg，1890～1971）父子用晶体制成世界上第一台 X 射线摄谱仪。当 X 射线照射晶体时，晶体中的原子会对 X 射线进行散射。实验证明，在散射的射线中，只有按反射定律反射的射线强度最大。图 14-4 显示了 X 射线在晶体上的衍射情况，晶体中间的原子以黑点表示，其间距为 d。当波长为 λ 的单色 X 射线以 θ 角掠射到晶体上时，上层原子阵列和内部各层原子将 X 射线进行反射，两层之间反射光波的波列①和②的光程差为：

$$AM+BM=2d\sin\theta \tag{14-3}$$

如果两列光波满足相干加强的条件，即

$$2d\sin\theta=k\lambda \quad (k=1,2,3,\cdots) \tag{14-4}$$

两列光波会发生相长干涉，即产生加强反射。如果用胶片进行拍摄，则可在相应位置记录下曝光程度不同的明暗带。式(14-4)称为**布拉格定律**(Bragg law)。

如果单色 X 射线束投射到晶体上，要满足式(14-4)的条件非常困难。但由于入射 X 射线的波长是连续的，则对于以掠射角 θ 的 X 射线而言总能够找到波长值为 $2d\sin\theta=k\lambda(k=1,2,3,\cdots)$ 的 X 射线束。通过对衍射情况的拍摄，能够对掠射角 θ 进行测量，如果用结构已知的晶体作为光栅，式中 d 为已知，则利用式(14-4)可以计算出入射 X 射线的波长。反之，如果利用波长已知的 X 射线对晶体进行照射，则可测出晶体各点阵原子的位置和间隔。

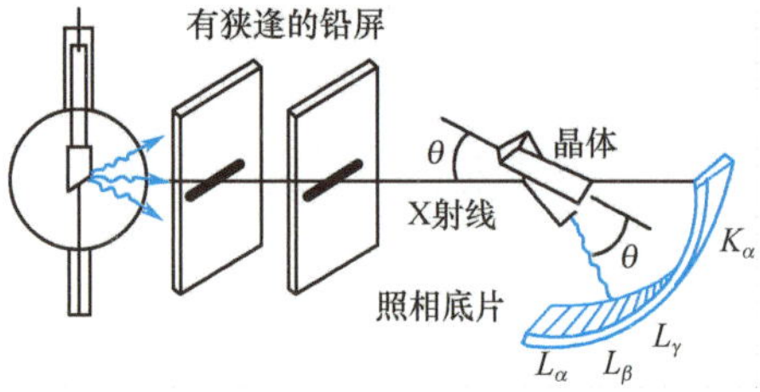

图 14-5 X 射线摄谱仪

根据上述基本原理，布拉格父子设计出了 X 射线摄谱仪。X 射线摄谱仪既能用于观察 X 射线衍射，又可用于拍摄 X 射线谱。其装置原理如图 14-5 所示，包含不同波长成分的 X 射线束通过两个铅屏上的狭缝射到晶体光栅上，当入射 X 射线与晶体表面的夹角为某一角度时，入射 X 射线中某一波长刚好满足式(14-4)的关系，此波长的 X 线将被增强反射到放置在其附近的圆弧形胶片上。往复转动晶体，反射 X 线束就在胶片上从一端到另一端对不同波长的 X 射线反复感光。胶片经冲洗后就可获得本章下一节图 14-7 所示的 X 射线谱，进而获得波长—强度关系曲线。此外，利用该摄谱仪能够把不同波长 X 射线分配在不同方向上的功能，还可获得特定波长的单色 X 射线。

2. X 射线结构分析

由于利用已知波长的 X 射线照射晶体可以测出晶体各点阵原子的位置和间隔，所以 X 射线衍射可以用于研究晶体结构。同样方法也可在生物医学上研究有机体如细胞和蛋白质等的精细结构。现在这种研究已经发展成一门独立学科，称为 X 射线结构分析。

图 14-6(a)所示是一个分析单晶的装置，X 射线从射线管发出后，经过滤板使它的波长范围变窄一些，获得接近单色的 X 射线，然后再经过带有小孔的铅屏进行准直，得到一束很细的射线。X 射线束穿过晶体样品后投射在照相底片上，X 射线透射方向对应光斑的四周将产生若干衍射斑点，如图 14-6(b)所示的 X 射线衍射图。这是因为晶体中的原子点阵可以在不同方向上分解为一系列的平行平面，当某一组平面对于这种波长的 X 射线满足布拉格公式时，就得到一

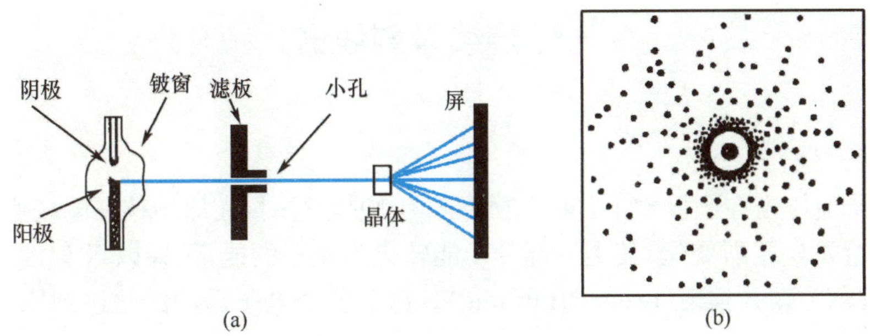

图 14-6 X 射线结构分析

个斑点。如果已知入射线的波长，由衍射斑的位置就可以确定这组平面的取向和相邻平面间的距离，这样就可以确定晶体点阵的排列方式。由衍射斑点的强度，还可以推算点阵中原子的数目以及内部的结构。

应用 X 射线衍射来研究物质的微观结构，已经成为一种十分有用的手段。它不仅可以用于简单的无机晶体，而且还成功地用于像蛋白质和核酸之类的有机生物大分子的结构研究。最早利用 X 射线衍射来进行结构研究的是血红蛋白。通过对其衍射图像的分析能够确定血红蛋白中的球蛋白是如何折褶的，以及血红蛋白变性时其结构的变化。在 DNA 的双螺旋结构的发现过程中，X 射线衍射结构分析也发挥了关键的作用。此外，X 射线衍射也用来研究神经纤维、骨骼、毛发和病毒等。在现代药学研究中，对药物分子空间结构的设计和分析中，X 射线衍射也发挥着重要的作用。

第三节 X 射线谱

通常 X 射线发生装置产生包含各种不同波长的 X 射线，通过 X 射线摄谱仪得到的强度按照波长排列的图谱，称为 X 射线谱。

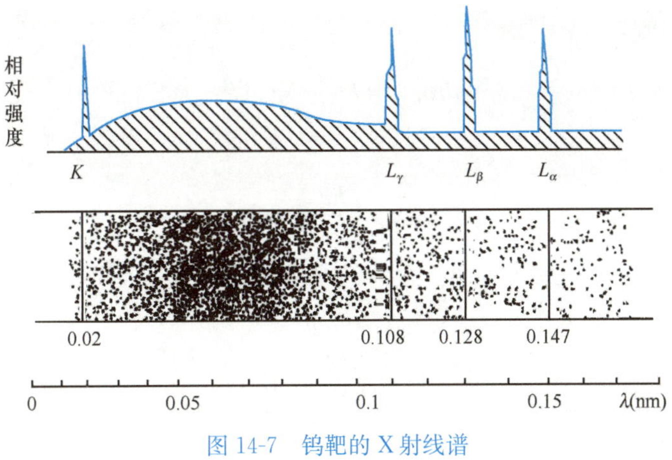

图 14-7 钨靶的 X 射线谱

图 14-7 为钨靶 X 射线管所产生的 X 射线谱，下部是照在底片上的 X 射线谱，上部是谱强度与波长关系的曲线。从图 14-7 可清楚地看到，X 射线谱包括多种 X 射线成分，根据相对强度的不同可认为 X 射线谱是由两部分组成：一是光滑曲线下的阴影部分，它对应于照片上的背景，称为连续 X 射线谱或连续谱，它包含连续波长的 X 射线组成；二是叠加在光滑曲线上几条明显的谱线，对应上方曲线凸出的尖峰，称为标识 X 射线，它仅有几种不同波长的 X 射线成分。

一、连续 X 射线谱

1. 产生机制

当高速电子流撞击在阳极靶上，电子在原子核附近通过时，在原子核强电场作用下，其速度大小和方向都会发生剧烈变化，其中一部分动能转化为光子的能量，即以 X 射线的形式辐射出去，这种辐射被称为韧致辐射(bremsstrahlung)。由于各个电子运动的轨迹到原子核的距离不同，速度变化情况也各不一样，所以每个电子损失的动能会不同，这样辐射出来的光子能量也会拥有不同的数值，而且分布是随机的，从而形成具有各种频率成分的连续 X 射线谱。同时，实验指出，在管电压较低的情况下，只有 X 射线连续谱出现。

2. 连续谱特性

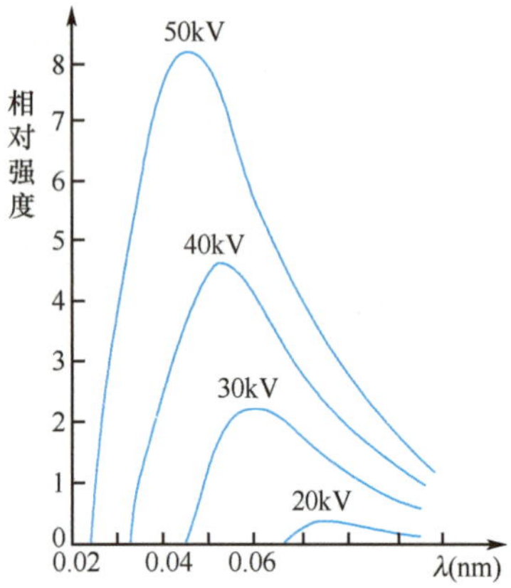

图 14-8 钨靶 X 射线管在四种较低管电压下的 X 射线谱

图 14-8 是钨靶 X 射线管在四种较低管电压下的 X 射线谱，四条曲线代表四种不同的管电压。从图上可以看到，在每一个管电压条件下，X 射线的强度都是从长波开始逐渐上升，达到最大值后很快下降为零。在强度为零处 X 射线拥有的最短波长被称为短波极限(short-wave limit)。曲线最高处代表 X 射线拥有最大强度。比较不同的曲线，可以看到当管电压增大时，各波长的强度都增大，在不同管电压作用下连续谱中最大强度对应的波长位置并不一样，强度最大处对应的波长和短波极限都向短波方向移动。设管电压为 U，电子质量为 m，电量为 e，由于电子的动能是从电场加速而来，所以电子的动能 $E_k=\frac{1}{2}mv^2=eU$，它等于 X 射线光子可能具有的最大能量 $h\nu_{max}$，ν_{max}是与短波极限 λ_{min}对应的最高频率，由此得到：

$$h\nu_{max}=h\frac{c}{\lambda_{min}}=eU$$

即

$$\lambda_{min}=\frac{hc}{e}\cdot\frac{1}{U} \tag{14-5}$$

式(14-5)表明，连续 X 射线谱的短波极限与管电压成反比。管电压越高，则越短。如果把 h、c、e 的值代入上式，并取 kV 为电压单位，则可得

$$\lambda_{min}=\frac{1.242}{U(\mathrm{kV})}\times10^{-9}\mathrm{m} \tag{14-6}$$

连续 X 射线谱的强度同时受到靶子原子序数、管电流及管电压影响，其中靶原子序数的变化与连续谱强度的变化成正比，这是因为原子的序数等于它的核电荷数，原子序数大的原子核电场强，对电子的减速作用大，因此电子损失能量多，辐射出来的光子能量大，X 射线的强度就大。

二、标识 X 射线谱

1. 产生机制

笔记栏

图 14-9 可以看到，当钨靶 X 射线管管电压升到 70 kV 以上时，连续谱上在波长 0.02 nm 附

近出现了四条强度更大的谱线，即钨的标识 X 射线谱。标识 X 射线谱的产生与原子可见光谱的产生相类似，可见光谱的产生是由于原子外层电子的跃迁，而标识 X 射线谱的产生是由于靶原子内层电子的跃迁。当高速电子的动能足够大时，它不仅有可能进入靶原子与某个内层电子相碰撞，而且能把该电子打出原子之外，这样在原子内层某一轨道上就出现了一个空位。如被打出去的是 K 层电子，则空出来的位置就会被外面的 L 层、M 层或更外层的电子填补，并在跃迁过程中发出标识 X 射线，其射线能量等于两个能级的能量差。这样发出的谱线，通常以表示，称为 K 线系(如图 14-10 所示)。如果空位出现在层(这个空位可能是由高速电子直接把一个 L 层电子击出去，也可能由 L 层电子跃迁到 K 层而产生)，那么，这个空位就可能由 M、N、O 层电子来补充，并同样在跃迁中发出标识 X 射线，以符号 L_α、L_β、…表示，称为 L 线系。依次类推，还有 M、N 等线系。必须指出，这些跃迁不是同时在一个原子中发生的，而是在各个原子中发生跃迁的总和。因为离核越远的电子其能级差越小，所以 L 线系的谱线波长比 K 线系要长。同样 M 线系的波长会更长。不同能级的电子到达同一壳层的空位时发出的谱线组成一个线系，在一个线系中有一个最短的波长，是由自由电子(或近似认为是最外一层的电子)进入该空位时产生。而且，由于原子中各内层轨道的能级差是随着原子序数增加而增加的，因此，对于原子序数越高的元素，各标识 X 射线系的最短波长越短。

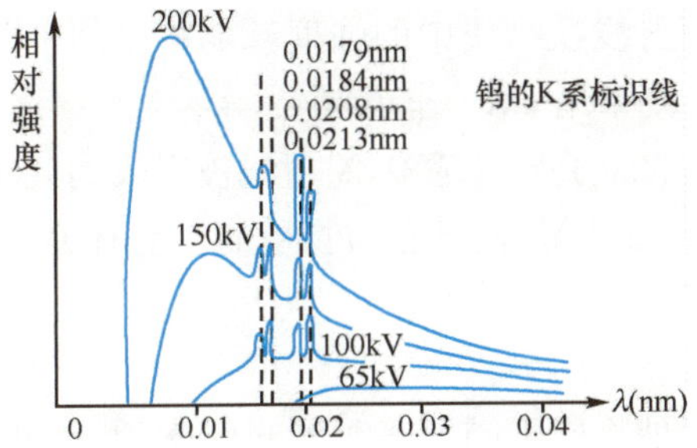

图 14-9　钨靶标识 X 射线谱

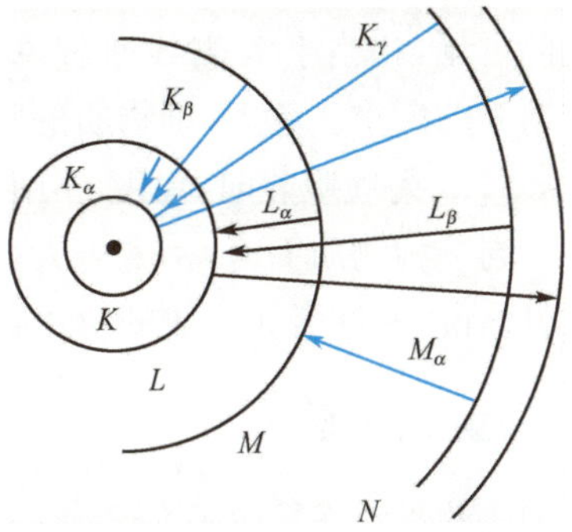

图 14-10　钨靶标识 X 射线谱的产生

2. 标识谱特性

对于一定的靶材料，管电压变化，连续谱会发生相应的变化，但其表征标识谱的尖峰的位置并未改变。对于钨靶而言，管电压在 50kV 以下只有 X 射线连续谱产生。当管电压增加到 70kV 以上时，在连续谱上出现几个尖峰，即标识谱出现，且不随管电压变化而变化。所以，标识谱的波长是一个定值，只取决于阳极靶的材料，与管电压无关。由于每一种元素都有其特定波长的线状 X 射线谱，可成为这种元素的标识，所以叫做标识 X 射线谱。

3. X 射线微区分析

由于每一种元素都有其特定波长的标识 X 射线谱，所以可以利用这一特征对未知元素成分的物体进行成分分析。用很细的电子射线束去轰击由未知元素组成的样品，采集样品中所含有的元素发出的标识 X 射线谱，根据谱特征，便可以确定样品的成分。由于电子射线束非常细，所以通常叫做电子探针，被轰击的区域也很微小，通常称为微区。所以这种分析样品的方法被称为 X 射线微区分析，或者电子探针微区分析。目前，X 射线微区分析不但广泛应用于金属，陶瓷，半导体材料等，也被应用于生物医学领域，如对动物的皮毛或其他组织进行分析。应用 X 射线微区分析不但能够鉴定组成样品的元素，而且还能对元素浓度进行测量，做到定量分析。

第四节　物质对 X 射线的吸收规律

当 X 射线通过物质时，光子能与物质中的原子发生多种相互作用。而这些相互作用会使 X

笔记栏

射线能量转变为其他形式的能量，使 X 射线强度被减弱，这种现象叫做 X 射线的吸收。

一、单色 X 射线的衰减规律

1. 吸收规律

实验指出，单色 X 射线束被同一均匀物质吸收的宏观规律与可见光一样，服从朗伯定律，即：

$$I = I_0 e^{-\mu L} \tag{14-7}$$

式(14-7)中 I_0 是入射 X 射线的强度，I 是通过厚度为 L 的物质后的射线强度，μ 称为线性吸收系数(linear absorption coefficient)，负号表示 X 射线在吸收物质中的强度总是减弱的。

2. 线性吸收系数 μ

将式(14-7)微分可得：

$$\mu = -\frac{1}{I}\frac{dI}{dL} \tag{14-8}$$

由此可见，相当于 X 射线通过单位厚度的物质后强度减弱的分数值。它表示物质对 X 射线吸收本领的大小。越大，则物质的吸收本领越大，射线在物质中的强度减弱得越快。通常在讨论物质对 X 射线吸收时，厚度 L 用 cm 作单位，μ 则常用 cm^{-1} 作单位。

对于同一种物质而言，密度越大，则单位体积内的原子数就越多，X 射线被吸收的几率也越大。这就是说，线性吸收系数的值不仅是物质种类的特征量，而且它与物质的密度有关。

3. 质量吸收系数

由于线性吸收系数 μ 不便于比较不同物质或同种物质不同状态时的吸收本领，为此，引入质量吸收系数(absorption coefficient) μ_m，它是物质的线性吸收系数 μ 与密度 ρ 的比值：

$$\mu_m = \mu/\rho \tag{14-9}$$

它表示 X 射线通过单位质量厚度后强度吸收的分数值，常用单位为 $cm^2 \cdot g^{-1}$。μ_m 仅与物质的特征有关，而与物质的密度和状态无关。例如，水、水蒸气和冰的密度与状态虽然不同，但是他们的 μ_m 值却是相同的。引入 μ_m 后，将表示吸收宏观规律的式(14-7)改写成：

$$I = I_0 e^{-\frac{\mu L}{\rho}\rho} = I_0 e^{-\mu_m L_m} \tag{14-10}$$

式(14-10)中，L_m 称为质量厚度，它等于单位面积中厚度为 L 的吸收层质量，单位为 $g \cdot cm^{-2}$。μ_m 与 X 射线的波长 λ 和吸收物质的原子序数 Z 有关，他们的关系为：

$$\mu_m = k\lambda^3 Z^a \tag{14-11}$$

式(14-11)中 k 为比例系数，Z 是吸收物质的原子序数，λ 是 X 射线的波长，a 在 3 与 4 之间，与吸收物质和射线波长有关。吸收物质为水、空气和人体组织时，此值常为 3.5。因此，对于一定波长的 X 射线而言，原子序数 Z 越大的物质吸收本领越大。吸收物质中含有多种元素时，它的质量衰减系数，大约等于其中各种元素的质量衰减系数按照物体中所含质量比例计算的平均值。

人体肌肉组织的分子主要由氢、氮、氧、碳等原子组成，他们的原子序数均较小，吸收本领都很小。而骨的成分主要是 $Ca_3(PO_4)_2$，其吸收本领大，因而可以利用其对 X 射线的吸收能力上的差别，通过 X 射线透视和摄影使我们能在透视荧光屏或 X 射线胶片上观察骨骼的阴影。在胃肠透视时服钡盐也是因为钡的原子序数较高($Z=56$)，吸收本领较大，可以显示出胃肠的阴影。铅的原子序数很高($Z=82$)，因此铅板和铅制品是应用最广泛的防护材料。波长愈长的 X 射线，愈容易被吸收。

笔记栏

4. 半价层

由于 X 射线的强度随进入物质厚度的增加而按指数衰减。为了计算方便，特引入另一物理量——半价层。物质对 X 射线强度吸收一半的厚度，叫做该物质的半价层。常用 $\frac{1}{2}L$ 或 $\frac{1}{2}L_m$ 来表示。由公式(14-11)可得：

$$L_{\frac{1}{2}}=\frac{\ln 2}{\mu}=\frac{0.693}{\mu} \tag{14-12}$$

采用质量吸收系数，公式(14-12)可写成

$$L_{m\frac{1}{2}}=\frac{\ln 2}{\mu_m}=\frac{0.693}{\mu_m} \tag{14-13}$$

二、连续 X 射线的衰减规律

1. 含有多种波长成分的 X 射线束的衰减规律

对于医学上常用的低能 X 射线，光子能量在数十到数百 keV 之间，包含有各种不同的波长。由于各种物质的吸收都与射线谱波长有关，所以，这种含多种波长的 X 射线强度的吸收要比单色 X 射线的吸收复杂得多，而且并不严格地服从指数衰减规律。但为了简便起见，在实际中仍经常近似地运用指数衰减规律(即朗伯定律)，不过式中的吸收系数将用各种波长吸收系数的平均值来代替。如此修正后，上述单色 X 射线的各种结论均成立。

2. X 射线的硬化及其应用

随着进入物质厚度的增加，短波 X 射线所占的比例将越来越大，平均吸收系数愈来愈小，这意味着 X 射线进入物质后将愈来愈硬，这种现象称为 X 射线的硬化。在医学中常用这种硬化原理来获得人们所需要的硬 X 射线。例如，在治疗深部肿瘤时，可先让 X 射线通过某种金属板，吸收其长波成分，从而得到硬度既高、波长范围又窄的 X 射线用于治疗肿瘤。利用硬化原理来获得硬 X 射线的装置，称为滤线板。由于各种物质在吸收 X 射线时可能会发出它本身的标识谱，因此，在使用多层滤线板时，一定要以正确的顺序放置各种不同性质的滤线板，以便除去这些标识 X 射线。一般以锡、铜、铝为序，将铝板放在 X 射线最后射出的一侧。这是因为铜能大量吸收锡所发出的标识 X 射线，铝能吸收铜所发出的标识 X 射线，而铝板所发出的标识 X 射线的波长约在 0.8 nm 以上，它很容易被空气吸收。

习 题 十 四

14-1 产生 X 射线的必要条件是什么？X 射线管的一般构造包括哪些部分？各部分的功能分别是什么？

14-2 什么是实际焦点、有效焦点、它们跟 X 射线成像有何关系？

14-3 什么是 X 射线的强度？它决定于哪些因素？什么是 X 射线的硬度？如何调节？

14-4 X 射线有哪些基本性质？这些基本性质在 X 射线的应用上各有何意义？

14-5 什么是韧致辐射？连续 X 射线谱中的最短波长是如何产生的？

14-6 设 X 射线机的管电压为 50kV，计算其产生连续 X 射线的最短波长和 X 光子的最大能量。

[0.0248nm，50KeV]

14-7 标识 X 射线是如何产生的？影响标识辐射的因素有哪些？它与光学光谱的产生有何不同？

14-8 一束 X 射线，在单晶体氯化钠的天然晶面上反射，当掠射角一直减少到 4.10 时才观

察到镜反射，已知X射线波长为0.281nm，试确定该氯化钠晶体的晶格常数是多少？

[0.04nm]

14-9 若空气中各组分的质量百分比为氮75%、氧23.7%、二氧化碳1.3%、氮的质量衰减系数为$0.36m^2kg^{-1}$、氧的质量衰减系数为$0.587m^2kg^{-1}$、二氧化碳的质量衰减系数为$8.31m^2kg^{-1}$，求空气的质量衰减系数是多少？

[$0.515m^2kg^{-1}$]

14-10 X射线被衰减时，要经过几个半价层，强度才减少到原来的千分之一？

[约10个]

14-11 对波长为0.154nm的X射线，铝的衰减系数为$132cm^{-1}$，铅的衰减系数为$2610cm^{-1}$。要和1mm厚的铅层得到相同的防护效果，铝板的厚度应为多大？

[19.8mm]

14-12 和传统X射线摄影相比较，X-CT成像的特点是什么？

14-13 X-CT图像重建中的主要方法有哪些？

14-14 在X射线CT技术中，什么叫窗宽？什么叫窗位？

阅读材料

X射线的医学应用

一、治疗和诊断

X射线在临床医学的应用，包括治疗和诊断两个方面。

1. 治疗

X射线在临床上主要用于癌症的放射治疗。由于X射线的电离作用，生物效应等性质，X射线的照射可引起细胞死亡和组织损伤，也可引起遗传物质受损而产生遗传变易。X射线这种损伤效应与X射线的辐射量有关，也与被照射物质的吸收量和敏感程度有关。研究表明，各种细胞对X射线的敏感性是不一样的。X射线对生物组织细胞的破坏作用尤其对于分裂活动旺盛或正在分裂的细胞较强。组织细胞分裂旺盛是肿瘤细胞的特征，用X射线照射可以抑制它的生长或使它坏死。不同恶性肿瘤细胞对X射线的敏感度有很大的差异，如恶性淋巴瘤、白血病和胚胎性癌对射线最敏感，放射治疗效果较好；皮肤和粘膜的鳞状细胞瘤、恶性腺瘤对射线中等敏感，放射治疗效效果也不错；而肉瘤、神经胶质瘤对射线不敏感，一般不宜用放射治疗。

由于X射线的放疗大部分是局部性的体外照射，因此要根据病变的性质，深度和大小来确定合适的放射治疗方案，选择合适的治疗装置，计算出给予病人肿瘤部位及任何正常组织的照射量，还要及时测定和调节治疗设备输出的射线量等。X射线透射力低、有效照射面积小的接触型治疗机适合用于皮肤或腔内的肿瘤的治疗；管电压较高、照射距离长、X射线焦点较大的表层型治疗机适合用于较大面积的皮肤或浅层组织的肿瘤；对于深部的肿瘤，则需选用管电压180～250 kV的深部型治疗机。临床上采用的普通X射线治疗设备与常规摄影X射线机的结构基本相同，只是X射线管采用了大焦点，常用来治疗皮肤肿瘤。较新的X射线治疗设备是被称为“X-刀”的装置。“X-刀”具有更好的定点照射的性能。它利用直线加速器产生的高能量X射线和电子线作为放射源，围绕中心点作270°～360°旋转，依其垂直旋转与操作台180°范围内的水平旋转，在靶区形成多个非共面的聚焦照射弧，使照射线集中于某中心点上以获得最大的辐射量。“X-刀”可用于各器官、组织肿瘤的放射治疗。

2. 诊断

在临床诊断方面,X射线的应用包括传统的透视、摄影和建立在计算机技术基础上的X-CT以及近几年出现的数字减影血管造影技术,目前这些技术和装备的应用都已成为是医学影像诊断中的普通手段。

(1) 透视和摄影。X射线目前在医学上最广泛的应用仍然是透视和摄影。其基本原理是,强度均匀的X射线穿透过人体,由于体内不同组织或脏器对X射线的吸收本领不同,通过不同部位后的强度是不相同的,投射到荧光屏上就可以对体内的情况进行观察。这种方法被称为X射线透视。如果让透过人体的X射线投射到照相胶片上,经显影定影后就可在照片上观察到组织或脏器的影像,该技术被称为X射线摄影。通过X射线透视或摄影,可以清楚地观察到人体各组织的形态、位置及与周围组织的关系,能获得骨折的程度、肺结核病灶、体内肿瘤的位置和大小、脏器形状及体内异物的位置等信息,达到诊断目的。

由于X射线的贯穿本领大,在X射线摄影时会穿透胶片而使胶片上乳胶吸收的射线量不足,这样暴光量可能会不够。弥补的手段可以在胶片前后各放置一个紧贴着的荧光屏,利用X射线产生的荧光,从而增强对摄影胶片的暴光,这个屏被称为增感屏。增感屏的使用可以降低X射线的强度或缩短摄影时间,因而减少患者所接受的照射量。此外在X射线透视中还可使用影像增强管提高影像亮度,易于医生观察,在此基础上的X射线电视透视装置,更使X射线透视变得方便快速。

在人体内,不同的组织对X射线的吸收本领不同,对X射线的吸收系数基本上是按骨骼、肌肉等软组织、脂肪和气体这样的顺序依次降低,当X射线通过时,它们可以在底片上形成良好的对比度。对同一类组织,由于其对X射线的吸收本领类似,所以无法分辨具体组织成分等细节。对于软组织X射线摄影,由于软组织对硬X射线的能量吸收较少,透过后的X射线强度差异小,无法分辨不同种类的组织,所以常采用较软的X射线,这样可以增大软组织之间的影像反差。目前有使用低电压(25 kV)的钼靶X射线管,其发出射线波长约0.7Å,专供软组织特别是乳腺摄影之用,取得了较好的结果,成为乳腺的良性病变和乳腺癌的早期诊断的有力工具。此外对某些脏器还可采用造影剂。人体某些脏器或病灶对X射线的衰减本领与周围组织相差很少,在荧光屏或胶片上不能显示出来。可给这些脏器或组织注入被称为造影剂的物质。和周围组织衰减系数相比,造影剂具有较大差异,这样增加注入部位和周围组织的对比。实践中常用的有检查消化道时利用"钡餐"(即硫酸钡)进行消化道造影和作关节检查时在关节腔内注入密度很小的空气进行造影,以及心血管造影等。

(2) 数字化的X射线成像技术:数字化的X射线成像技术主要有两种:计算机X射线成像CR(Computed radiography)和数字化X射线成像DR(Digital Radiography)。通过CR和DR,可方便地将X射线影像采集到计算机中,通过计算机进行处理、显示、分析、传输等,对X射线成像技术来说是一数字化时代的重要变革。

传统的X射线成像是经X射线摄照,将影像信息记录在胶片上,在显定影处理后,影像才能于照片上显示。**计算机X射线成像**(computed radiography,CR)则不同,是将X射线摄照的影像信息记录在**影像板**(image plate,IP)上,经读取装置读取,由计算机计算出一个数字化图像,再经数字/模拟转换器转换,于荧屏上显示出灰阶图像。

CR的成像要经过影像信息的记录、读取、处理和显示等步骤。影像信息的记录采用的是一种含有微量元素铕(Eu^{2+})的钡氟溴化合物结晶($BaFXEu^{2+}$,X=Cl,Br,I)制成的IP影像板代替X射线胶片,接受透过人体的X射线,使影像板感光,形成潜影。在影像信息的读取过程中,影像板上的潜影用激光扫描系统读取,并转换成数字信号。激光束对匀速移动的影像板整体进行精确而均匀的扫描。在影像板上由激光激发出的辉尽性荧光，由自动跟踪的集光器收集，再经光电转换器转换成电信号，放大后，由模拟/数字转换器转换成数字化影像信息。在影像板扫描完了后，则可得到一个数字化图像。之后影像板上潜影消失，可再次投入使用。一般IP影像板可重复使用达2万～3万次。扫描成像后可在计算机中对数字化图像进行处理。图像处理主要功能有：灰阶处理、窗位处理、数字减影血管造影处理和X射线吸收率减影处理等。在一定范围内任意改变图像的显示特性，以达到最佳的观察效果，更有利于观察不同的组织结构。

DR成像利用的是被称为"电子暗盒"的成像装置，在扫描控制器、系统控制器的配合下，它直接将X光子通过电子暗盒转换为数字化图像。通常采用的"电子暗盒"有能检测X射线强度的薄膜晶体管(thin film transistor，TFT)阵列和平板探测器(flat panel detector)两种。这两种装置原理上有所差异，但作用都类似数码相机中的光学感应芯片，当不同强度的X射线投射到检测器件表面，会产生强度不同的电荷信号，通过电压或电流将这些信号读出，送到对应的像素中以相应的灰度显示，就构成了一幅数字化X射线图像。同样DR可以利用计算机强大的数字图像处理功能。

与传统的X射线成像系统相比，数字化的X射线成像技术具有诸多优点。在其暴光宽容度方面，相对于普通的增感屏-胶片系统，CR和DR由于采用数字技术，动态范围广，都有很宽的暴光宽容度，因而允许照相中的技术误差，即使在一些暴光条件难以掌握的部位，也能获得很好的图像。CR和DR可以根据临床需要进行各种图像后处理，如各种图像滤波，窗宽窗位调节、放大漫游、图像拼接以及距离、面积、密度测量等丰富的功能，为影像诊断中的细节观察、前后对比、定量分析提供技术支持。数字化成像获得的图像以数字文件的形式存储，也可方便地在网络上进行传输，为日益发展的远程医疗和远程诊断提供了良好的图像基础。

(3) 数字减影血管造影：数字减影血管造影(digital subtraction angiography，DSA)严格说来DSA与CR和DR以及下面所介绍的CT同属数字化成像，所不同的是DSA的用途相对单一，主要用于对心血管系统的观察。其基本原理是，通过数字化成像装置把穿过人体的X射线影像转变为数字图像，存入图像计算机存储器。在数字减影过程中，造影剂未到达观察区域时获得的影像称为"原像"或"本底图像"，造影剂到达观察区域时获得的图像称为"造影像"，这两种图像分别以数字形式存在两个图像存储器内。由于图像是进行连续拍摄而且造影剂进入观察区域速度很快，可以认为"原像"和"造影像"反映的是同一身体位置的图像。通过计算机图像处理技术将代表"原像"和"造影像"的数字相减，即从造影像中减去原像，使充盈造影剂的血管图像保留下来，而骨髓等无关组织的影像则被减影除去。保留下来的血管图像信号再经过放大处理使对比度提高，然后经数模转换器恢复为视频信号，输入监视器，就可得到血管图像。DSA是一种理想的非损伤性血管造影检查技术，它取代了危险性较大的动脉造影检查。DSA不仅用于血管疾病的诊断，如观察血管梗阻、狭窄、畸形及血管瘤等，而且还在"介入治疗"中扮演着重要角色，它可以为血管内插管进行导向，从而施行一定程度的手术治疗。

二、X-CT

X-CT是计算机技术在X射线成像中的重要应用。虽然X射线摄影作为一种重要的临床诊断手段被广泛使用，而且在技术上也不断被改进，但由于X射线摄影是用X射线透过三维物体而用二维胶片来成像的，大量的空间信息会相互重叠难以区分，造成成像结果复杂，获取诊断信息困难。这些缺点对X射线摄影而言在根本上是难以克服的，这迫使人们寻求能获得与断面解剖类似X射线成像方法。经过不懈地努力之后，X-CT于1972年由

笔记栏

英国 EMI 公司首次研制成功，成为继 1895 年伦琴发现 X 射线之后，在医学成像领域中的又一次重大突破。为此，其发明者英国工程师 G. N. Housfield 和创立影像重建理论的美国物理学家 A. M. Cormack 共同获得了 1979 年度的诺贝尔生理学和医学奖。

X-CT 是**X 射线电子计算机断层扫描装置**(X-ray Computed Tomography，X-CT)的缩写。其影像的形成和普通 X 射线成像相比，存在着本质的区别。它通过 X 射线管环绕人体某层面的扫描，利用探测器测得从各个方向透过该层面后的射线强度值，利用计算机及图像重建原理，获得该层面的图像。由于成像方式的不同，普通 X 射线摄影只能测出 5%～7%的密度差异，而 CT 却能测出 0.5%的密度变化。而且因为是计算机成像，在 X-CT 中可以采用计算机的各种软件功能进行图像处理，使图像的对比度得到明显的改善，更有利观察细节。故 X-CT 是一种图像质量好且无创伤的诊断方法之一。下面先从 X-CT 成像的一些基本概念开始对此技术进行介绍。

1. X-CT 的基本概念

从前面的学习已经知道，如果用单色 X 射线穿过密度均匀的物质，其穿透量为

$$I = I_0 e^{-\mu L} \tag{14-14}$$

式(14-14)中：I 为透过物质后的 X 射线强度；I_0 为入射的 X 射线强度；μ 为物质的吸收系数，它与 X 射线的能量、物质的原子序数以及密度有关；L 为 X 射线穿过物质的厚度。如果密度和吸收系数不均匀，则可以把整个介质看成由若干个很小而且等大的体积元组成，如图 14-11 所示。图中的小体积元也就是 X-CT **体素**(voXel)。每块体素均可视为一均匀介质，有独立的吸收系数。

图 14-11 体素的概念

对于穿过第一个体素的 X 射线，有

$$I_1 = I_0 e^{-\mu_1 L} \tag{14-15}$$

对于穿过第二个体素的 X 射线，有

$$I_2 = I_1 e^{-\mu_2 L} = (I_0 e^{-\mu_1 L}) e^{-\mu_2 L} = I_0 e^{-(\mu_1+\mu_2)L} \tag{14-16}$$

同理，对于穿过第 n 个体素的 X 射线，有

$$I_n = I_0 e^{-(\mu_1+\mu_2+\mu_3+\cdots+\mu_n)L} \tag{14-17}$$

当 X 射线穿透人体后，I_n 是 X 射线透射过组织后的强度，可用检测器测出。式(14-17)中 I_0 和 L 是已知的，所以可以算出总的吸收系数，也叫做**投影值**，即

$$\sum \mu_i = \mu_1 + \mu_2 + \mu_3 + \cdots + \mu_n = \frac{1}{L}\ln\frac{I_0}{I_n} \tag{14-18}$$

投影值的大小决定于 X 射线经过路径上人体组织的线性吸收系数，如果把线性吸收系数 μ 值作为一种成像参数，通过把吸收系数换算成 CT 值，并采用窗口技术，最后就能获得理想的图像。

2. X-CT 图像的产生

X-CT 图像的产生的过程来看，可以分为三个阶段：

首先是进行断层面的扫描。如图 14-12 所示，一束细的扇形 X 射线束投射穿过人体一个欲成像的横断面(层面)。穿过此断面的辐射由探测器阵列测量。这些探测器“看”不到

身体断面的完整图像，而只能从某个方向获得穿过断层的X射线的强度。剖面像上的数据也就是对从X射线管发出的、穿过人体延伸到达各个探测器的各X射线的测定。为了获得足够的信息以产生完整的图像，X射线束必须围绕身体的断面旋转(或扫描)，以便从各种角度检测。一般要进行数百次的检测，每次检测的断面图数据都储存在计算机的存储器中。每次扫描过程中进行的穿透测量的总次数等于检测次数和探测器单元(每次检测的X射线束的个数)的乘积。每个层面的总扫描时间约1～15s，这取决于扫描机械的设计和操作者对扫描变量的选择。一般来说，采用较长的扫描时间可以使图像质量得到改善。

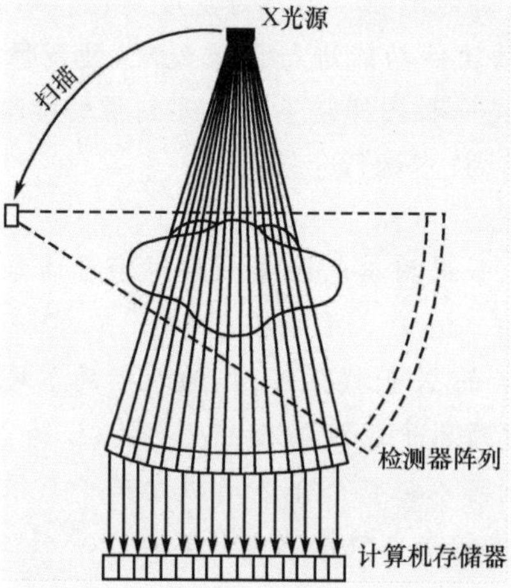

图14-12 X-CT的扫描

第二阶段是进行图像的重建。图像重建是把各次扫描获得的数据转换为数字图像的数学过程，由作为CT系统的一部分的数字计算机进行。从扫描过程中获得的不同路径上衰减后的X射线强度，可以获得该路径上总的吸收系数，即投影值。根据扫描时的空间位置关系，得到相应路径和方向的投影值分布图。利用重建算法，在层面所在的平面上建立直角坐标系(x,y)，从投影值分布图可以获得衰减系数分布函数$\mu(x,y)$进行描述。计算机中的图像由像素阵列构成，通过CT值，由$\mu(x,y)$间接决定对应位置处的像素的灰度，这样就完成了CT图像。图像重建通常需几秒钟，这由图像的复杂程度和计算机的配置决定。

图像重建之后，作适当的处理与调整，调整过程中的像素CT值和灰度梯度(或亮度)间的关系由窗口技术提供。

最后是图像转换。即将数字图像转换成视频显示，以便直接观测或记录在胶片上。

从上述过程可以看出，一幅X-CT图像实际上是反映层面X射线衰减系数μ的空间分布。而如何通过众多不同路径上的总的吸收系数，求得X射线衰减系数μ的空间分布，即求得扫描层面中每一个体素的μ值，就是X-CT基本原理的关键所在。

3. X-CT图像重建的原理

图像重建的数学方法有多种，大致可分直接法和间接法两大类。直接法是指直接对包含吸收系数的线性方程求解，其中有联立方程法、逐次近似(迭代)法等；间接法是指先对积分方程进行傅里叶变换，然后求解吸收系数的值，其中有反投影法、滤波反投影法、傅里叶变换重建法等。在医学影像应用中主要采用的是反投影法方法基础上发展起来的滤波反投影法，下面就二者进行简要介绍。

(1) 反投影法。反投影法是把在很多方向上的投影值沿各投影的反方向投影回矩阵里，然后把它们累加起来，经数学方法处理后，获得吸收系数的二维分布的方法。为了理解这种成像方法，我们以一2×2矩阵的特例加以说明。如图14-13所示，上方是一四像素矩

笔记栏

阵。最初从下方开始投影，获得投影值被反投影到各体素所在位置，即在右方表格中的体素μ值被置为各路径上的投影值。其余各方向上投影均做同样处理，在表格中可见四个投影方向的反投影情况。然后，将这些数值加到体素格内而得到最终的投影值总数为13、16、19和22。为了提高图像的对比度，需将这些数作最后一个步骤处理，即把每个体素格内的数减去一个基数10，并除以3，使各体素降低到一个最简单的比例，结果是1、2、3和4。

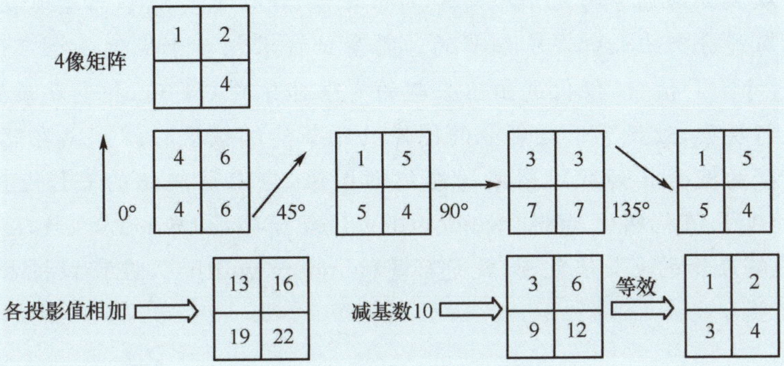

图14-13 CT反投影图像重建法

反投影图像重建法的缺点是会出现图像的边缘失锐(即一种伪像)现象。由于各反投影在围绕目标附近的叠加，造成离目标越近的地方重叠部分越多，阴影也就越重。这会造成影像的模糊。为了消除反投影法产生的图像的边缘失锐，在它的基础上发展出了滤波反投影法。

(2) 滤波反投影法。滤波反投影法是把获得的投影函数作数字滤波处理，用它对所得投影函数进行改造，而后把这些改造过的投影函数进行相加等处理，就可以达到消除星状伪影的目的。滤波的过程实际上是一个很复杂的数学处理过程。一般依靠卷积来进行。通过将滤波函数和投影函数做卷积运算，可以改造投影函数的波形，达到滤除噪声成分的目的。滤波效果的好坏取决于滤波函数形式的选择，所以滤波函数的设计在CT技术中起着关键性的作用。滤波反投影法的另一优点是每一次投照结束，就可以通过计算机对投影函数作数学处理，待扫描结束之后，数据的处理和求解也随之很快完成，所以图像重建的速度很快。

4. CT值和窗口技术

(1) CT值。如前所述，CT图像的本质扫描层面相应体素的吸收系数成像。只与X射线图像所示的灰度影像一样，在CT图像中，灰度低的区域表示低吸收区，即低密度区，如肺部；灰度高的区域表示高吸收区，即高密度区，如骨骼。所谓灰度也就是指黑白或明暗程度。CT图像是数字图像，它在计算机中是以一定数量由不同的灰度排列成的数据矩阵来反映衰减系数的二维分布的。矩阵中的每一个单元叫做像素。每个像素的灰度值反映器官和组织对X线的吸收程度。但在CT图像重建过程中，并不直接采用衰减系数来作为决定灰度高低程度，而是用与此有关且能表达组织密度的合适数值来反映，这一数值即是CT值。CT值由下列公式计算：

$$\text{CT值} = K\left(\frac{\mu_{\text{待}} - \mu_{\text{水}}}{\mu_{\text{水}}}\right) \tag{14-19}$$

式中：K被称为分度因数，在通常情况下取值为1000，$\mu_{\text{待}}$是待测定像素的CT值，$\mu_{\text{水}}$是水的吸收系数。CT值的单位为H(hounsfield)。以水的吸收系数作为参考标准，即$\mu_{\text{水}}=1$，空气的吸收系数$\mu=0.0013$，骨的吸收系数$\mu_{\text{骨}}=2.0$。根据式(14-19)可计算出水的CT=0，空气的CT值=-1000H，而骨的CT值=1000 H，其他人体组织的CT值介于-1000H~1000H之间。可见CT值是反映物质吸收系数对水的相对值。在一定范围内将CT值与

笔记栏

像素的灰度值对应起来，我们就可以获得基于CT值的图像了。这种对应关系是非常灵活的，通过窗口技术，可以调节对应的范围和比例，以提高分辨图像细节的能力，从而提高对感兴趣的组织结构细节的显示质量。

(2) 窗口技术。由CT值的定义式可知，从骨的CT值+1000H到空气的CT值-1000H，CT值范围大致可分为2000个等级，可用2000个灰阶(灰度分级)表示。但人眼最多只能分辨出从黑到白划分为几十个灰阶。如果将2000个灰阶全部呈现在一幅图像中，人眼显然是不可能分辨出相邻灰阶细节的。而窗口技术相当于提供一个可调节的数字限幅范围，即在整个CT值中，仅仅选出感兴趣的有限部分的CT值，把它扩展到人眼能分辨的灰阶范围进行观察，致使感兴趣部分的图像的细节能够被区分识别。在此过程中，须要用到窗位和窗宽的概念。如欲观察某一组织的图像，应以该组织的CT值为中心进行观察，选定的这个CT值就叫做**窗位**(window level)或**窗中心**(window centre)。利用整个CRT显示器能够表示的CT值范围，就是窗宽(window width)。在窗口技术中，这两者都是可以调节的。

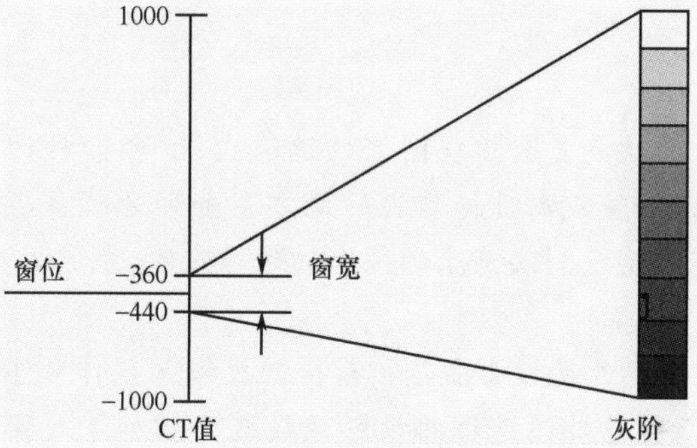

图14-14 窗口技术

例如，图像采用8阶显示灰阶，这表示把图像从全黑到全白的黑白对比按平均分成8级不同的黑白程度显示。如图14-14所示，如果用8个灰阶去显示2000H的CT值范围，每个灰阶所代表的CT值跨度为250H，显然对于CT值差异小于250H就没有办法区分。假定这时要观察的组织CT值分布以-400H左右为中心，范围约从－360H到－440H，即可将窗位选为－400H，把窗宽选为80H，即把这80H的CT值用8个灰度级显示。因此，每个灰度级相当于10H。这时，只要两种组织的CT值相差大于10H，人眼就能把它们分辨清楚。在这种情况下，CT值大于－360H的组织的图像全为白色，而CT值小于－440H的组织的图像全为黑色。由此可见，在显示CT图像时，利用窗口技术，可以大大提高对图像细节的分辨能力。虽然在人体内软组织的密度差别较小，吸收系数较接近于水，但将大小相近的CT值以不同灰度表示后，也能形成对比而成像。与X线图像相比，CT的对比度分辨力高，即有很高的**密度分辨力**(density resolution)，因此这是CT的突出优点。所以，CT可以更好地显示由软组织构成的器官，如脑、脊髓、纵隔、肺、肝、胆、胰以及盆部器官等，并在良好的解剖图像背景上显示出病变的影像。

5. X-CT系统的结构和扫描方式

X-CT系统按功能可以分为三个部分。①数据采集部分包括：扫描床、X线管、准直器、检测器、滤过器、对数放大器、模数转换器(A/D)、接口电路等；②图像重建部分包括：计算机、磁盘机、D/A转换器等；③图像显示部分包括：图像显示器、多幅照相机、接口电路等。其中由X射线管与检测器组成的扫描系统围绕扫描床上的受检对象进行同步运动，这种扫描运动形式称为扫描方式。

X-CT扫描机主要是由X射线管与检测器组成的扫描系统。由于使用的X射线束和检测器数量的不同，因此采用的扫描方式不同。根据检测器的排列和移动方式的不同，可以将 CT 机按扫描方式的发展作如下划分：单束扫描、窄角扇形线束扫描、广角扇形线束扫描、固定—旋转广角扇束扫描、拥有多个球管的**动态空间重现机**(dynamic spatial reconstructor，DSR)和电子束扫描。现在普遍采用的是在广角扇形线束扫描基础上发展起来的**螺旋** CT(spiral CT，SCT)。螺旋 CT 是在电器性能和计算机得到改进的基础上，为了减少运动伪影而发展起来的，并且得到了广泛的应用。螺旋 CT 使用的散热性能好的大容积 X 射线管和高效率的检测器，供电采用电刷和滑环平行接触式连接。其采集数据的扫描方式是 X 射线管向一个方向连续旋转扫描，检查床同时向一个方向移动，即 X 射线管相对于受检体的运动划过一柱面螺旋线形轨迹。这种扫描方式使得原始数据获取的时间大大地缩短了，横断层面可以在一次均匀呼吸的基础上重建而得，还可以消除相邻层面之间的偏差。螺旋 CT 的优点主要有：①螺旋 CT 的连续扫描，提高了扫描速度，使扫描范围在 24～30 秒钟内达到 24～30cm，从而满足绝大部分不同部位的 CT 检查，病人可在一次屏气中完成扫描，避免了漏扫和重扫。②螺旋 CT 可以进行薄层扫描，且在体层与体层之间没有采集数据上的遗漏，因而可提供较好的三维图像重建的容积数据，便于进行任何部分的影像重建，同时由于螺旋 CT 扫描时避免了病变部位的移动，因而重建图像质量很好。螺旋 CT 扫描时间短，使病人更容易接受 CT 检查，更有益于危重病人和要求短时间的保持的功能的快速诊断，而且在注射造影剂增强扫描时可使几乎全部扫描都在增强高峰期完成，从而用较少量的造影剂便能获得最佳增强效果。

6. CT 技术的发展趋势

CT 主要围绕加快扫描速度、提高图像质量、简化操作、提高工作效率等方面发展。提高扫描速度有着重要意义，一方面可以减少运动伪影，提高图像质量；另一方面扫描速度的提高意味着机器效率的提高。滑环技术和螺旋扫描技术的推广也反映了这一发展趋势。此外为了实现高速扫描，X 线管的容量和探测器的灵敏度均有大幅度提高。电子超高速 CT 则完全抛弃了机械运动，采用电子束旋转方式，使得扫描速度的提高有了质的飞跃。

随着 CT 硬件技术和软件技术的改进，设备的图像质量已有了明显提高。采用单色 X 射线，可极大提高对比度和清晰度。而能提供单色 X 射线的 X 射线激光也正在研究之中。此外，新型造影剂的使用也提高了增强效果和减少了造影剂用量。

另一个很重要的发展方向是采用薄层连续或重叠扫描并借助计算机处理获得三维立体图像。三维图像的获得有利于对复杂解剖部位如头颅、脊柱、骨盆及膝关节的肿瘤、骨折、脱位提供精确定位，有利于手术和放疗计划的进行。以螺旋 CT 扫描为基础，静脉快速注射对比度增强剂，应用计算机三维重建而显示血管结构的影像技术为螺旋 CT 血管造影。螺旋 CT 血管造影能在血管内造影剂高峰期获得大量薄层扫描图像，并采用特殊重建方法，显示血管的解剖细节，是一种无创伤的临床评价血管疾病的方法。目前多用于颅脑及腹部 CT 血管造影，用于评价颅内动脉瘤，估计颅内血管与肿瘤的关系，也可用于腹腔动脉、肾动脉狭窄的检查。

7. X-CT 的医学应用

CT 影像的实质就是以人体组织对 X 线衰减的线性衰减系数分布为基础的影像，并且一开始就用于诊断。它具有很高的空间分辨率和密度分辨率，比放射摄影学优越得多，可分辨出密度差较小的脂肪，肌肉和软骨等组织，能显示微小的病灶。借助于软件功能，可轻而易举的获得三维图像(冠状面，矢状面等)。一般用直接扫描便可查出病变，定出其位置和范围。CT 检查具有无痛苦、无损伤、快速及时等优点。和 X 射线摄影学，X-CT 具有以下优点：①X-CT 解决了影像重迭等一般 X 射线诊断难以解决的问题，更能真实地显示患病部位的解部学变化。通过 X-CT 装置，可在荧光屏上看到各种脏器、骨骼形状和位置的“切片”，看清病变的部位、形态和性质，因此诊断的准确率很高；②X-CT 具有高密度分辨率，比普通 X 射线照片高 10～20 倍，能准确测出某一平面各种不同组织之间的放射衰减特性的微小差异，以图像或数字将其显示，极其精细地分辨出各种软组织的不同密度，从而形成对比。如头颅 X 射线平片不能区分脑组织及脑脊液，而 CT 不仅能显示出脑室系统、还能分辨出脑实质的灰质与白质；如再引入造影剂以增强对比度，对其分辨率更为提高，故而加宽了疾病的诊断范畴，还提高了诊断正确率。

目前，使用 X-CT 机诊断遍及人体各个部位的疾病，广泛用于对中枢神经系统疾病、头颈部疾病、胸部疾病和腹部及盆部疾病的诊断等，尤其对识别良性或恶性、原发性或继发性肿瘤具有较高的确诊价值，是临床诊断疾病的重要工具之一。但 CT 也有其局限，如密度差异小的软组织病变、消化道腔内病变以及某些病变的定性等。

（幸浩洋　陈　霞）

第 15 章 原子核和放射性

1896 年，贝可勒尔(Becquerel)发现天然放射性现象，这一重大发现被认为是核物理学的开端。核物理学(nuclear physics)是研究原子核的性质、结构和相互作用，以及支配原子核组元之间作用力的规律等问题的一门科学。核物理是一个国际上竞争十分激烈的科技领域，核物理基础研究的重大成就，核能和核科学技术的广泛应用已成为科技现代化的主要标志之一。

核物理学研究的内容涉及两个方面：一是研究核力、核结构和核反应等有关物质结构的基本问题；二是研究放射性和射线。射线是放射性原子核和原子核反应所发射的极其灵敏的信号，是探索原子核特性的可靠线索，也是原子核技术应用的基础。

核物理学的研究成果在医学上获得了广泛的应用。原子核技术与医学相结合，已经建立了一门新兴学科——核医学(nuclear medicine)。本章重点讨论核衰变的规律和射线对物质的作用，为学习核医学奠定理论基础。

第一节　原子核的基本性质

1911 年，卢瑟福(Rutherford)在 α 粒子散射实验的基础上提出了原子的行星模型(也称为有核模型)，这为原子结构和原子核的研究奠定了基础(在此之前，连原子核这个名词也不存在)。

一、原子核的组成

1. 原子核的成分

原子核(atomic nucleus)是由质子(proton)和中子(neutron)组成的。质子的质量等于 1.007 277 u，带一个单位(e)正电荷。中子不带电，其质量为 1.008 665 u。质子和中子统称核子(nucleon)。原子核用 ${}^{A}_{Z}X$ 或 ${}^{A}X$ 标记，X 为相应原子的元素符号，A 为核子数，Z 为质子数。因为核子的质量数为 1，所以 A 也是相应原子的质量数；因为每个质子带一个单位正电荷，所以 Z 也是原子核的电荷数和相应原子的原子序数。由于 Z 和 X 的一致性，Z 经常略去不记。由 A 和 Z 可知核内的中子数为 $N=A\text{-}Z$。自然界中最轻的原子核是 ${}^{1}H$，只有 1 个质子，无中子；最重的原子核是 ${}^{238}_{92}U$，由 92 个质子和 146 个中子组成。

2. 核素、同位素、同量异位素和同质异能素的概念

原子核内质子数、中子数和能量状态均相同的一类原子称为一种核素(nuclide)，三者之中只要有任何一项特征不同即为不同的核素。目前已知的包括人工合成在内已达 113 种元素，而核素却有 2 300 多种。质子数相同而中子数不同的一类核素，在元素周期表中处于同一位置，称为同位素(isotope)。例如，${}^{16}O$、${}^{17}O$、${}^{18}O$ 是氧的三种同位素。同理，质量数相同而质子数不同的一类核素称为同量异位素(isobar)。例如，${}^{14}C$ 和 ${}^{14}N$ 互为同量异位素。原子核的能量状态也是量子化的，具有分离的能级，一般为基态(处于最低能级)，也可能为激发态(处于较高能级)；有些原子核处于激发态且比较稳定，习惯上把这些质量数相同，质子数也相同，仅能量状态不相同的核素称为同质异能素(nuclear isomer)。${}^{A}X$ 核的同质异能素记为 ${}^{Am}X$，例如，${}^{99m}Tc$ 就是 ${}^{99}Tc$ 的同质异能素。

二、原子核的质量和大小

1. 原子核的质量

由于原子核的质量不便于直接测量，通常都是通过测定原子的质量来推得原子核的质量。原子的质量等于原子核的质量加核外电子的质量，再减去相当电子全部结合能的数值。由于电子组成原子的结合能很小，一般忽略不计，因此原子核的质量 M_n，简单地等于原子质量 M_a 与核外电子质量 Zm_e 之差，即

$$M_n = M_a - Zm_e \tag{15-1}$$

式中 m_e 为电子的质量。

在对原子核的描述或进行某些计算时往往就用整个原子的质量。因为大多数的原子核变化过程，参与变化前后的电子数目相同，可以自动抵消。即使参与变化前后的电子数目不同(如β衰变就是这样)，也只需稍加核正就可以了。

在原子核物理学中，常把 ^{12}C 原子质量的 1/12 作为质量单位，叫做原子质量单位，记作 u。它与 SI 质量单位的关系是

$$1\ u = 1.660\ 55 \times 10^{-27}\ kg$$

这种原子质量单位叫做碳单位，是 1960 年物理学国际会议通过采用的，而此前采用的是氧单位(amu)。

2. 原子核的大小

卢瑟福(Rutherford)α粒子散射实验证明，原子核的形状近似球形，半径小于 10^{-15} m。实验显示各种原子核的半径 R 与原子质量数 A 有如下关系：

$$R = R_0 A^{1/3} \tag{15-2}$$

式中 R_0 是常数，其值约等于 1.20×10^{-15} m。若原子核的体积 $V = \dfrac{4}{3}\pi R^3$，质量为 M_n，则其平均这密度 ρ 为

$$\rho = \frac{M_n}{V} = \frac{M_n}{\frac{4}{3}\pi R^3} = \frac{M_n}{\frac{4}{3}\pi R_0^3 A} = \frac{3}{4\pi R_0^3 N_A} \tag{15-3}$$

式中 $N_A = \dfrac{A}{M_n}$ 是阿佛加德罗常数。由此得到一个重要结论：原子核的体积与核子数 A(质量数)成正比；而各种原子核的密度是相同的，与核子数的多少无关。

若把 N_A 和 R_0 的数值代入式(15-3)，其 $\rho = 2.3 \times 10^{17}\ kg \cdot m^{-3}$，比水的密度($10^3\ kg \cdot m^{-3}$)大 10^{14} 倍，足见原子核是物质紧密集中之处。

三、原子核的角动量和磁矩

1. 原子核的角动量

原子核中的每个核子都在围绕着自身轴旋转，这种旋转运动称为原子核的自旋，是原子核的最重要特性之一；产生原子核自旋的原因是由于组成原子核的质子和中子具有自旋、且质子和中子还在核内作复杂的相对运动所致；它是核的内部运动所具有的特性，与整个核的外部运动无关。核子自旋也存在着与运动有关的角动量，原子核中所有核子的自旋角动量的矢量和就是原子核的自旋角动量，用 S_n 表示。

笔记栏

$$S_n = \sqrt{I(I+1)}\,\frac{h}{2\pi} \tag{15-4}$$

式中 h 是普朗克常数，I 是表征原子核自旋角动量的量子数，简称核自旋量子数，可以取下列的数值之一：0，1/2，1，3/2 等整数或半整数。I 确定了，原子核的自旋角动量也就确定了。同核外电子的情况相仿，原子核的角动量在任一方向上可以观察到的最大分量是 $I\dfrac{h}{2\pi}$。

2. 原子核的磁矩

原子核是带电的，它的自旋使电荷环流，所以原子核还具有磁矩。用 μ_L 表示原子核的磁矩，它与核自旋之间的关系为

$$\mu_I = g_I\sqrt{I(I+1)}\,\mu_N \tag{15-5}$$

式中 g_I 称为原子核的 g 因子，由实验测定知，μ_I 是常数，通常作为核磁矩的单位，称为核磁子（nuclear magneton），其值为

$$\mu_N = \frac{eh}{4\pi m_p} = 5.05\times10^{-27}\ \mathrm{J\cdot T^{-1}}$$

原子核的自旋和磁矩可以通过原子光谱的超精细结构、核磁共振等实验测得。表 15-1 列出了一些原子核的自旋和磁矩，测定结果表明：质量数为偶数的原子核的自旋量子数 I 为整数；质量数为奇数的原子核的 I 为半整数。这是原子核由质子和中子组成理论的必然结果，因为质子和中子的自旋都为 1/2。测定结果还表明：质子的磁矩并不为一个核磁子；中子的磁矩也不为零。这说明质子和中子还有着复杂的内部结构。

表 15-1 一些原子核的自旋和磁矩

原子核	I	$\mu_I(\mu_N)$	原子核	I	$\mu_I(\mu_N)$
n	1/2	−1.912 80	^{14}N	1	+0.403 65
^{1}H	1/2	+2.792 55	^{15}N	1/2	−0.282 99
^{2}H	1	+0.857 348	^{20}Ne	0	0
^{4}He	0	0	^{23}Na	3/2	+2.217 11
^{6}Li	1	+0.821 89	^{39}K	3/2	+0.391 46
^{7}Li	3/2	+3.255 86	^{40}K	4	−1.298 1
^{9}Be	3/2	−1.177 4	^{41}K	3/2	+0.215 17

四、原子核的结合能及质量亏损

1. 原子核的质量亏损

前面已指出，原子核是由核子组成的，它的质量应等于全部核子质量之和，即，$M_n = Zm_p + (A-Z)m_n$；其中 M_n、m_p 和 m_n 分别表示原子核 ^A_ZX、质子和中子的质量。但实验测定的 M_n 总是少于 $Zm_p+(A-Z)m_n$，其差值为 Δm，称为质量亏损（mass defect）。

$$\Delta m = (Zm_p + Nm_n) - M_n \tag{15-6}$$

将式(15-1)代入式(15-6)后，可将质量亏损换成原子质量表示

$$\Delta m = (ZM_H + Nm_n) - M_a \tag{15-7}$$

式中 M_H 是 ^{1}H 原子的质量。

例如，^{4}He 原子的质量为 4.002 603 u，^{1}H 原子的质量是 1.007 825 u，中子的质量是 1.008 665 u，两个质子和两个中子组成 ^{4}He 核时质量亏损为

$$\Delta m = (2\times1.007\,825 + 2\times1.008\,665) - 4.002\,603 = 0.030\,377\ (\mathrm{u})$$

2. 原子核的结合能

核子组成原子核时，质量减少了 Δm；根据爱因斯坦质能关系式，应有相当的能量 ΔE 释放

笔记栏

出来，其关系为

$$\Delta E=\Delta mc^2 \tag{15-8}$$

显然 ΔE 也可表示为

$$\Delta E=(Zm_p+Nm_n-M_a)c^2 \tag{15-9}$$

可见当质子和中子组成核时，有大量的能量释放出，这能量称为原子核的结合能(binding energy)。根据爱因斯坦的质能关系，1 u 的质量其能量为

$$1(\mathrm{u})c^2=1.660\ 54\times10^{-27}\times(2.997\ 92\times10^8)^2=1.492\ 42\times10^{-10}\ \mathrm{J}$$

再根据能量单位 eV 与 J 的关系换算得

$$1(\mathrm{u})c^2=931.494\ \mathrm{MeV}$$

当 2 mol 质子(2 g)和 2 mol 中子(2 g)结合成 1 mol ^{4}He 核(4 g)时，将释放能量

$$\Delta E=[0.030\ 377\times1.660\ 55\times10^{-27}\times(2.997\ 9\times10^8)^2]\times6.022\ 04\times10^{23}=2.730\ 2\times10^{12}\ \mathrm{J}$$

相当于 100 吨优质煤燃烧时所释放的化学能。可见原子核的结合能是非常巨大的。

五、原子核的稳定性

核子在结合成原子核时要释放出大量的结合能；反之，如果要使原子核内的核子重新分裂开来，也要供给同样多的能量。故原子核一般是一个非常稳定的系统。但是，各种原子核的稳定程度是不相同的，常用每核子的平均结合能 $\Delta\varepsilon=\Delta E/A$ 来反映原子核的稳定程度。$\Delta\varepsilon$ 越大的核越稳定，反之越不稳定。图 15-1 是自然界中各种核素的平均结合能 $\Delta\varepsilon$ 与核子数 A 的关系曲线。注意图中以 $A=25$ 为界，左右两区 A 的标尺不同；对于每一个 A 值，图中绘出的是最稳定的同量异位素。

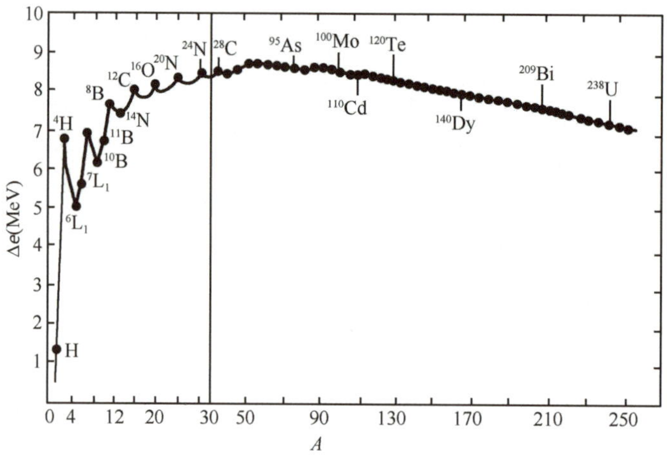

图 15-1　平均结合能曲线

从图 15-1 可以看出：①当 $A<30$ 时，曲线呈上升趋势，但有明显的起伏，峰值的位置都在 A 为 4 的整数倍的地方，如^{4}He、^{12}C、^{16}O、^{20}Ne、^{24}Mg 等。这显示出 4 个核子(2 个质子和 2 个中子)可以构成一个稳定的原子核；②当 $A>30$ 时，$\Delta\varepsilon$ 变化不大，即原子核的结合能 ΔE 差不多与 A 成正比。这一事实显示了核子之间的相互作用力具有饱和性；③曲线中间高，两端低，说明 A 为 40～120 之间的原子核的 $\Delta\varepsilon$ 较大，在 8.6 MeV 左右，因而较稳定；A 在上述范围之上或之下的原于核，$\Delta\varepsilon$ 较小，因而稳定性较差。这一事实是原子能利用的基础。

由核子构成原子核，虽然质子间存在着静电排斥力，结合却如此紧密，以致密度高达 10^{17} $\mathrm{kg\cdot m^{-3}}$ 数量级。可见，核子之间有极强的吸引力，这种使核子紧密结合在一起的力称为核力(nuclear force)。核力有如下的性质：

(1) 核力作用与电荷无关。核力既能把带电的质子束缚在原子核中，也能把不带电的中子束缚在原子核中，促成质子与中子成双成对地结合。

(2) 核力是短程力,其作用范围只有 10^{-15} m 的数量级。否则原子核将把其他核子拉进来。但是,在核力的作用范围内,核力比电力大得多;否则克服不了核子间的静电斥力,组成稳定的原子核。

(3) 由于原子核的体积与核子数成正比,因而核物质的密度几乎是常数;原子核的结合能也近似与核子数成正比。因此,一个核子不能同时与所有其他核子相互作用,只能与邻近的几个核子相互作用。这又与电力的行为不同,就电力而言,原子核中的每个质子与其他各个质子都相互排斥。一个核子所能相互作用的其他核子的最大数目是有限制的,这种限制叫做核力的饱和性。

根据核力的性质以及吸引的核力与排斥的电力之间的竞争,可以更深入地了解原子核的稳定性。由于核力促成核子成双成对地结合,因此在没有电的相互作用时,最稳定的原子核应该是中子数和质子数相等($N=Z$)的那些原子核,低 Z 核就是这样。随着 Z 的增加,较快增长的电的排斥作用改变了 $N=Z$ 的结合,有利于包含更多的中子,在 Z 很高时,$N=1.6Z$。但是,中子数过多的原子核是不稳定的,因为那时没有足够的质子来与每个中子配对。质子过多的原子核,其电力的排斥作用比核力的吸引作用又强得多,因而也是不稳定的。总之,由于核力和电力的竞争,作为一个稳定的原子核,中子数 N 与质子数 Z 要求有一定的比例,否则将是不稳定的;核子数 A 要求不超过最大值 209,即核子数多于 209 时,无论采取怎样的中子—质子比,都不能组成稳定的原子核。不稳定的核将以衰变方式自发地响应这些条件,过渡到稳定的核。原子核自发地放射各种射线的现象,称为放射性(radioactivity)。能自发地放射各种射线的核素称为放射性核素(radioactive nuclide),也叫不稳定的核素。

第二节　原子核的衰变

核素有两大类,即放射性核素和稳定性核素。放射性核素又分为天然放射性核素和人工放射性核素(简称人造核素)。人造核素主要由反应堆和加速器制备。目前已知的核素有 2 300 多种,近 90%是放射性核素。医用放射性核素均是人造核素,如 ^{131}I、^{99m}Tc 等。放射性核素能自发放出射线而过渡到稳定的原子核,这种现象称为原子核衰变(nuclear decay),简称核衰变。核衰变过程同样遵守电荷、质量、能量、动量和核子数守恒定律。下面讨论几种主要核衰变类型。

一、α 衰变

原子核放出一个 α 粒子而变成另一种原子核的过程称为 **α 衰变**(α decay)。α 衰变主要发生在核子数过多或质量数过大的重原子核($Z>82$ 或 $A>209$);α 粒子实际上是^{4}He 原子核。因此,凡是发生 α 衰变的核素在衰变之后它的质量数 A 减少 4,原子序数 Z 减少 2,同时放出结合能——衰变能 Q。因此,α 衰变方程式为

$$^{A}_{Z}\mathrm{X} \rightarrow {}^{A-4}_{Z-2}\mathrm{Y} + {}^{4}_{2}\mathrm{He} + Q \tag{15-10}$$

式中 X 叫母核,Y 叫子核。从式中可知衰变前后的核子数和电量数是守恒的。以原子为系统(在实际计算中总是这样),根据质能守恒,Q 值为

$$Q = M_{\mathrm{X}} - (M_{\mathrm{Y}} + M_{\mathrm{He}}) \tag{15-11}$$

式中 M_{X}为母核相应的原子质量,M_{Y}为子核相应的原子质量,M_{He}为^{4}He 的原子质量。衰变能 Q 由子核和 α 粒子以动能的形式带走,结合动量守恒,不难得出子核和 α 粒子从 Q 中分配的能量 E_{Y}和 E_α 分别为

$$E_{\mathrm{Y}} = \frac{M_{\mathrm{He}}}{M_{\mathrm{Y}} + M_{\mathrm{He}}} Q \tag{15-12}$$

$$E_\alpha = \frac{M_{\mathrm{Y}}}{M_{\mathrm{Y}} + M_{\mathrm{He}}} Q \tag{15-13}$$

笔记栏

由于核衰变过程是不稳定的原子核变成稳定的原子核的自发过程，因此 $Q>0$。所以，凡是能产生 α 衰变的核素必须满足条件

$$M_X>M_Y+M_{He} \quad (15\text{-}14)$$

α 射线是大量放射性核素进行α 衰变的产物，是高速的 ^4He 原子核组成的粒子束流。由于只有子核和 α 粒子两者分配能量和动量，其分配比例是确定酌。因此，对于给定的核素和给定的衰变过程，α 射线的能量是单一的。

二、β 衰变

β 衰变是核电荷改变而核子数不变的核衰变，它包括 β^- 衰变、β^+ 衰变和电子俘获三种类型。

1. β^- 衰变

某些原子核，由于中子数过多，放出一个 β^- 粒子和一个中微子而变成另一种原子核，这种过程称为 β^- 衰变。β^- 粒子实际上是电子（${}_{-1}^{0}e$）。中微子是电中性的、几乎没有静止质量的粒子，常用符号 v 表示。凡是 β^- 衰变的原子核在衰变之后，它的质量数 A 不变，原子序数 Z 增加 1。根据核子数守恒和电荷守恒，β^- 衰变方程式为

$${}_{Z}^{A}X \rightarrow {}_{Z+1}^{A}Y + {}_{-1}^{0}e + {}_{0}^{0}\nu + Q \quad (15\text{-}15)$$

式中 ${}_{Z}^{A}X$ 和 ${}_{Z+1}^{A}Y$ 分别代表母核和子核，Q 为衰变能。

原子核中只有质子和中子，并不存在电子。β^- 衰变实际上可以看成是母核中的一个中子放出一个电子变为一个质子的过程，即 β^- 衰变的净过程是

$${}_{0}^{1}n \rightarrow {}_{1}^{1}p + {}_{-1}^{0}e + {}_{0}^{0}v \quad (15\text{-}16)$$

由于中微子的质量十分微小，可以忽略不计；以原子为系统，根据质能守恒，β^- 衰变的 Q 值为

$$Q=M_X-M_Y \quad (15\text{-}17)$$

衰变能 Q 必须是正值，发生 β^- 衰变的条件是

$$M_X>M_Y \quad (15\text{-}18)$$

β^- 放射性核素在医学上有很大的应用价值。一般所说的 β 放射性核素就是指的 β^- 放射性核素，医学上常用的除 ^{32}P 外还有 ^3H、^{14}C 等。

2. β^+ 衰变

某些原子核，由于质子数过多，放出一个 β^+ 粒子和一个反中微子（$\tilde{v}$）而变成另一种原子核的过程称为 β^+ 衰变，实际上 β^+ 粒子就是正电子，是一种质量和电量都与电子相等而电荷符号相反的粒子，常用符号 ${}_{+1}^{0}e$ 表示。因此，β^+ 衰变的核素在衰变后，它的质量数 A 不变，原子序数减少 1，β^+ 衰变方程式为

$${}_{Z}^{A}X \rightarrow {}_{Z-1}^{A}Y + {}_{1}^{0}e + {}_{0}^{0}\tilde{\nu} + Q \quad (15\text{-}19)$$

进行 β^+ 衰变的核素可以看成是由于核内的质子转变成中子而放出正电子和反中微子的结果：

$${}_{1}^{1}p \rightarrow {}_{0}^{1}n + {}_{1}^{0}e + {}_{0}^{0}\tilde{\nu} \quad (15\text{-}20)$$

在计算 Q 值时，同样是用原子的质量而不用原子核的质量，即

$$Q=M_X-(M_Y+2m_e) \quad (15\text{-}21)$$

式中 m_e 为电子的质量。因为衰变能 Q 必须是正值，产生 β^+ 衰变的必要条件为

$$M_X>(M_Y+2m_e) \quad (15\text{-}22)$$

从上面的阐述中可看出，不管是 β^- 或 β^+ 衰变都有三种产物，因此衰变时所放出的能量为三者共有，而且 β 所携带的能量不是分立的，而是连续的 β 能谱。图 15-2 给出了 ^{40}K、^{30}P 和 ^{28}Al 的 β 能谱图。其特点有：β 粒子数按能量连续分布；每一种放射性物质的 β 能谱有固定的上

笔记栏

限能量和峰值；不同的放射性物质有不同形状的能量分布，且其上限能量和峰值也不相同。

β^+ 射线是正电子组成的粒子束流，它们在物质中停下来后会与电子发生湮没反应，一般转化成一对 γ 光子，每个 γ 光子的能量为 0.511 MeV。根据动量守恒，这两个 γ 光子的发射方向相反。因此，β^+ 放射性核素主要用作 γ 射线源。β^+ 放射性核素也很多，核医学中常用的有 ^{11}C、^{13}N、^{15}O、^{18}F、^{52}Fe 等。

在衰变过程中，原子核放出一个正电子，即原子核中一个质子放出一个正电子而变成中子，同时放出一个中微子遵守位移法则。

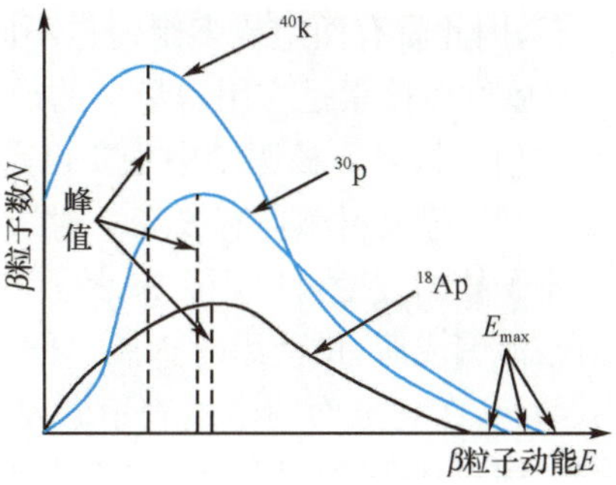

图 15-2　^{40}K、^{30}P 和 $^{28}A1$ 的 β 能谱图

3. 电子俘获

对 β^+ 衰变的讨论可以看出，如果

$$(M_Y + 2m_e) > M_X > M_Y \tag{15-23}$$

发生 β^+ 衰变是不可能的。在这种情况下，原子核（母核）可以俘获一个核外轨道电子使核内的一个质子转成中子和反中微子，解决质子数过多的矛盾，即

$${}^1_1p + {}^{0}_{-1}e \rightarrow {}^1_0n + {}^0_0\tilde{\nu} \tag{15-24}$$

电荷数变为 Z-1。相应的衰变方程式为

$${}^A_ZX + {}^{0}_{-1}e \rightarrow {}_{Z-1}^{A}Y + {}^0_0\tilde{\nu} + Q \tag{15-25}$$

原子核的这种衰变方式叫做轨道电子俘获（electron capture），记作 EC。因为 K 壳层最靠近核，K 电子被俘获的几率最大，故这样的衰变又称 K 电子俘获

在轨道电子俘获过程中，整个系统的电子数目在衰变前后并无增减，只是在俘获电子时必须消耗相当于电子结合能的能量 ε_i，即使系统（原子）处于激发态，所以 Q 值应为

$$Q = M_X - \left(M_Y + \frac{\varepsilon_i}{c^2}\right) \quad (i = K, L, M, \cdots) \tag{15-26}$$

式中 c 为光速。产生轨道电子俘获的必要条件则为

$$M_X > M_Y + \frac{\varepsilon_i}{c^2} \tag{15-27}$$

轨道电子俘获只放出一个反中微子，所以反中微子的能量是单一的，$E_{\tilde{\nu}} \approx Q$。

在电子俘获过程中，可能出现核外层电子填补内层电子空位，而产生标志 X 射线或俄歇电子。俄歇电子是当高能级的电子跃迁至低能级，其多余的能量直接转移给同一能级的另一电子，而不辐射 X 射线，接受这份能量的电子脱离原子，成为自由电子，这种电子叫俄歇电子。在核医学中，计算核衰变时，人体接收的剂量应考虑这一因素。

具有轨道电子俘获的核素常常用作标识 X 射线源，^{55}Fe 就是最常用的一种，以 100% 的轨道电子俘获方式衰变。

三、γ 衰变和内转换

1. γ 衰变

α 和 β 衰变后的子核大部分处于激发态，并以 γ 粒子的形式释放能量，跃迁到较低的能态或基态，这种过程叫 γ 衰变（γ decay）。γ 粒子实际上就是光子，是从原子核内部发射出来的电磁波。因此，经 γ 衰变的核素其质量数 A 和原子序数 Z 都将保持不变，只是能量状态发生了改变，故 γ 衰变为同质异能跃迁。这样，${}^{Am}_{Z}X$ 的 γ 衰变方程式可表示为

$${}^{Am}_{Z}X \rightarrow {}^A_ZX + \gamma \tag{15-28}$$

笔记栏

γ 衰变通常是伴随 α 衰变和 β 衰变而产生的。有时一次核衰变要经过两次或多次联级跃迁才回到基态,因此就有两组或多组能量不同的 γ 射线。

γ 放射性核素是应用得最多的放射源。在工农业中,在生物医学中,辐照用的放射源主要是 γ 放射性核素。核医学中主要也是利用 γ 放射性核素进行诊断和治疗,在核医学中使用的 ^{60}Co、^{99m}Tc 等放射源均有 β 和 γ 射线发射。

原子核的衰变可以用图来表示,这种图叫做**衰变图**(decay sketch)。常用放射性核素的衰变图已汇编成册,供使用时查阅。图 15-3 为核衰变示意图,图中横线表示核能级,最低一横线表示基态,在它上面的横线表示激发态,图中右侧的数字为能级的能量 MeV,左侧的数字为半衰期。利用衰变图可以十分方便地计算一定量放射性核素所发射的任何一种射线的强度。

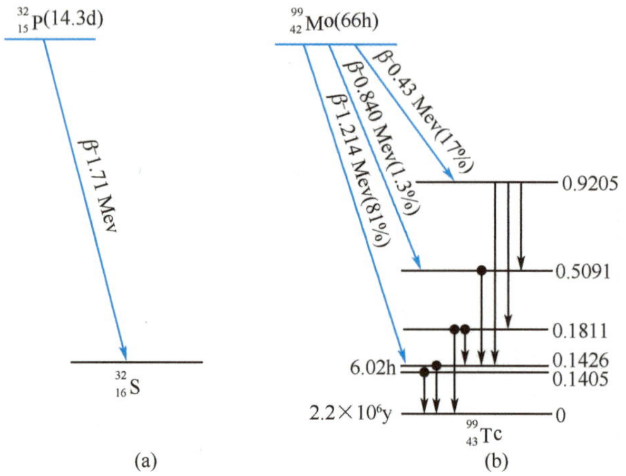

图 15-3 核衰变示意图

(a) $^{32}_{15}P$ 的衰变图;(b) ^{99}Mo 的衰变图

2. 内转换

处于激发态的原子核还有另一种释放能量的方式,即原子核由激发态回到基态时,并不发射 γ 射线,而是将其能量直接传递给核外电子,使该电子脱离原子的束缚发射出来,这种衰变方式叫**内转换**(internal conversion),发射的电子叫内转换电子。内转换主要发生在 K 电子,也有 L 电子或其它壳层电子。内转换电子的能量,用 E_e 表示为

$$E_e = E_\gamma - \varepsilon_i, \qquad (i=K,L,M,\cdots\cdots) \tag{15-29}$$

可见,内转换电子的能量是单一的,这是与 β 射线的不同之处。

要注意的是不能将内转换过程理解为内光电效应,即不能认为是原子核先放出电子,然后再与核外轨道电子发生光电效应,这是因为发生内转换概率远大于发生内光电效应。

在内转换过程中,由于原子的内壳层缺少电子而出现空位,外层电子将会填充这个空位。因此这个过程将伴随着标识 X 射线和俄歇电子的发射。这与电子俘获过程一样。

第三节 放射性核素的衰变规律

放射现象是原子核趋于稳定的过程,不稳定的核素自发地进行衰变,同时发出各种射线。上节已讨论核衰变的类型,本节讨论核衰变的基本规律。

一、衰变规律

核衰变是原子核自发变化的过程,放射性核素中所有的原子核都会发生衰变,但不同时发生,而是有先有后。对于某个原子核来说,什么时候发生衰变是随机的。但大量原子核组成的放射性物质中,其衰变服从统计规律。

笔记栏

设 t 时刻原子核的数目为 N，经过 dt 时间后，其中有 dN 个核衰变了，则 dN/dt 就是 t 时刻单位时间内发生衰变的核的数目，即 t 时刻的衰变率。实验证明，它与当时尚存的原子核数目 N 成正比，即

$$\frac{dN}{dt}=-\lambda N \tag{15-30}$$

式中右边的负号表示衰变率是负值，λ 称为衰变常数(decay constant)，其值反映放射性核素随时间衰变的快慢。

如果 $t=0$ 时刻，原子核的数目为 N_0，则求解微分方程(15-30)，可得衰变规律为

$$N=N_0 e^{-\lambda t} \tag{15-31}$$

值得注意的是一种核素能够进行几种类型的衰变，或子核可能处于几种不同的状态，则对应于每种衰变类型和子核状态，有各自的衰变常数 λ_1，λ_2，⋯ λn，式中的 λ 应是各衰变常数之和，即 $\lambda=\lambda_1+\lambda_2+\cdots+\lambda_n$。式(15-31)是放射性物质衰变的基本定律，它说明放射性核素衰变服从指数规律。

二、半衰期和平均寿命

1. 半衰期

原子核的数目因衰变减少到原来一半所需要的时间叫做该核素的半衰期(half period)，它也是表示放射性核数衰变快慢的物理量，用符号 T 表示。即 $t=T$ 时，$N=N_0/2$，代入式(15-31)，可得 T 和 λ 的关系为

$$T=\frac{\ln 2}{\lambda}=\frac{0.693}{\lambda} \tag{15-32}$$

单位用秒(s)，对半衰期长的核素用分(min)、小时(h)、天(d)和年(y)。

将式(15-32)代入式(15-31)，可得到由半衰期表示的衰变规律

$$N=N_0\left(\frac{1}{2}\right)^{t/T} \tag{15-33}$$

引入体内的放射性物质，其原子核的数量一方面按自身的衰变规律递减，另一方面还由于人体的新陈代谢而排出体外，使体内的放射性数量减少比单纯的衰变要快。对应于上述的物理衰变常数 λ，生物衰变常数 λ_b 指生物体对放射性核素的排出率，即单位时间内从体内排出的原子核数与当时存在的原子核数之比。因此，在生物体内的放射性核素的衰变率为

$$\frac{dN}{dt}=-(\lambda+\lambda_b)N=-\lambda_e N$$

式中 $\lambda_e=\lambda+\lambda_b$，$\lambda_e$ 称为有效衰变常数。三种衰变常数的半衰期分别为有效半衰期 T_e，物理半衰期 T 和生物半衰期 T_b，三者的关系为 $1/T_e=1/T+1/T_b$，即

$$T_e=\frac{TT_b}{T+T_b} \tag{15-34}$$

可见 T_e 比 T 和 T_b 都短。

2. 平均寿命

另一个有用的常数是平均寿命(mean life time)，它是指放射性原子核平均生存的时间，用 τ 表示。对大量放射性原子核而言，有的核先衰变，有的核后衰变，各个核的寿命长短一般不同。但是，对某一核素而言，平均寿命是确定的。从式(15-30)知，在 $t\to t+dt$ 时间内衰变的核数 $dN=-\lambda N dt$，它们的寿命为 t，t 可以是 0 到 ∞ 之间，故 N_0 个原子核的平均寿命为

$$\tau=\frac{1}{N_0}\int_0^{\infty}(dN)t=\frac{1}{N_0}\int_0^{\infty}(-\lambda N)t\,dt=\frac{\lambda}{N_0}\int_0^{\infty}N_0 e^{-\lambda t}t\,dt=\frac{1}{\lambda} \tag{15-35}$$

笔记栏

考虑到(15-32)式后,可得

$$\tau = 1.44\ T \tag{15-35a}$$

τ 为 λ 的倒数,约比 T 大 50%。

衰变常数 λ,半衰期 T 和平均寿命 τ 都是表征原子核衰变快慢的物理量,是原子核的重要特性之一。

三、放射性活度

放射性物质的多少并不能反映出放射性的强弱,而放射性活度才能表示该物质放射性的强弱。放射性物质的放射性活度(radioactivity)是指单位时间内衰变的原子核数,用 A 表示。由式(15-30)得

$$A = -\frac{dN}{dt} = \lambda N = \lambda N_0 e^{-\lambda t} = A_0 e^{-\lambda t} \tag{15-36}$$

式中 A 和 A_0 分别表示 t 时刻和初始时刻的放射性活度。式(15-36)表明:对于活度一定的放射性物质,要使得用量小(N 小),必须使用衰变得快的核素(λ 大),这一规律在医学上应用放射性核素时很有指导意义。

放射性活度的国际单位是贝可勒尔(Becquerel,Bq),1 Bq=1 衰变/秒,其衍生单位有 MBq,GBq 和 TBq。在此之前,放射性活度单位用居里(Curie,Ci)表示。$1\ \text{Ci}=3.7\times10^{10}\ \text{Bq}=3.7\times10^{4}\ \text{MBq}=3.7\times10\ \text{GBq}=3.7\times10^{-2}\ \text{TBq}$。

例题 15-1 已知 ^{60}Co 的半衰期 $T=5.27$ 年,设一台 ^{60}Co γ-刀初装时的总活度为 6040 Ci,使用 4 年后,钴源活度还剩多少 Bq? 其平均寿命为多少年?

解: 已知 $A_0=6040\ \text{Ci}\approx224\ \text{TBq}$,^{60}Co 的半衰期 $T=5.27$ y,$t=4$ y;代入式(15-36),得 5 年后钴源的总活度为

$$A = 224\times\exp\left(-\frac{0.693}{5.27}\times4\right) = 132\ \text{TBq}$$

$$\text{平均寿命}\ \tau = 1.44\quad T = 7.6\ \text{y}$$

在放射治疗中经常使用放射性比活度(specific radioactivity)这个物理量,它是指单位质量放射源的放射性活度,其单位是 $\text{Bq}\cdot\text{g}^{-1}$,它是衡量放射性物质纯度的指标。任何放射性物质不可能全部由该种物质组成,而是由相同物质的稳定同位素所稀释,还可能含有与放射性元素相化合的其他元素的一些稳定同位素和有衰变的子核。含其他核素少的,放射性比活度就高,反之则低。如果放射性样品是溶液或气体,还常用放射性浓度来表示比活度,即单位体积放射源的活度,其单位是 $\text{Bq}\cdot\text{cm}^{-3}$。

四、放射平衡

很多放射性核素衰变后生成的核素是不稳定的,生成后又衰变成为第二"代"新核素,这一现象可以延续好几代,形成一个放射性核素的"家族",称为放射族或放射系(radioactive series)。

天然存在的放射族有铀族、钍族和锕族,它们都是从一个长寿命的核素开始,这个起始的核素称为母体,这些母体的半衰期都很长,有些可以和地质年代相比拟。如铀族:母体是 ^{238}U,半衰期 $T=4.51\times10^{9}$ y,经过 8 次 α 衰变和 6 次 β^- 衰变最后生成稳定的 ^{206}Pb;钍族:母体是 ^{232}Th,半衰期 $T=1.4\times10^{10}$ y,经 6 次 α 衰变和 4 次 β^- 衰变,最后达到稳定的 ^{208}Pb;锕族:母体是铀的同位素 ^{235}U,半衰期 $T=7.04\times10^{8}$ y,又叫锕铀(AcU),经 7 次 α 衰变和 4 次 β^- 衰变,最终生成铅同位素 ^{207}Pb。在上述放射族中都存在母体衰变为子体,再衰变为第三、第四代子体等,各代衰变快慢相差很大。对母体,其数量决定于自己的衰变过程,与后代的存在或多少无关。但对于子体来说,情况要复杂得多,这是因为一方面子体不断衰变为第三代核,另一方面又从母

笔记栏

体的衰变中获得补充，这样，子体在数量上的变化不仅和它自己的衰变常数有关，而且也和母体的衰变常数有关。在母体的半衰期大于子体半衰期的情况下，由于母体的衰变，子体的核数将逐渐增加，这些子体将按照自己的规律进行衰变。因为衰变率是与现有核数成正比的，所以随着子体的积累，子体每秒种衰变的核数也将增加。经过一段时间后，子体每秒衰变的核素将等于它从母体衰变而得到补充的核数，子体的核数就不再增加，达到放射平衡(radioactive equilibrium)。母体半衰期仅大于子体半衰期，不是大得很多的情况下的放射平衡称为暂时平衡；而母体半衰期远远大于子体半衰期的情况下的放射平衡称为长期平衡。如果母体半衰期小于子体半衰期，则不可能出现子体与母体的任何平衡。

放射平衡在放射性核素的应用中具有一定的意义。半衰期短的核素在医学应用中有很多优越性，但在供应上有很大困难，有些短寿命核素是由长寿命核素衰变产生的，当母体与子体到达到或接近放射平衡时，子体和母体的放射性活度相等。若把子体从母体分离出来，经过一段时间后，子体和母体又会到达新的放射平衡，再把子体分离出来，又会再达到新的放射平衡。这种由长寿命核素不断获得短寿命核素的分离装置叫核素发生器(isotope generator)，俗称“母牛”(cow)，常用的“母牛”有$^{99}Mo \rightarrow ^{99}Tc^{m}$，$^{68}Ge \rightarrow ^{68}Ga$，$^{226}Ra \rightarrow ^{222}Rn$ 等。由于母体的寿命较长，一条“母牛”可以在较长时间供应短寿命核素，很适合远离同位素生产中心交通不便的地方开展短寿命核素的应用工作。

第四节　射线与物质的相互作用

原子核在衰变过程中发出的各种射线通过物质时，将与物质发生相互作用。研究射线与物质的相互作用，一方面可以更详细地了解原子和原子核的结构，射线的性质，射线产生的物理过程，射线对物质(尤其是对生物机体组织)的影响；另一方面，为设计和研制射线探测装置提供重要依据。总之，射线与物质相互作用的规律是进行射线探测、防护和分析、射线诊断和治疗等许多领域的基础，具有十分重要的意义。

一、带电粒子与物质的相互作用

带电粒子与物质发生相互作用一般有四种方式：①与原子核外电子发生非弹性碰撞；②与原子核发生非弹性碰撞；③与原子核外电子发生弹性碰撞；④与原子核发生弹性碰撞。这些相互作用的本质是带电粒子与原子核和核外电子之间的库仑力相互作用。这里不涉及带电粒子可能进入原子核引起的核反应。

1. 电离和激发

电离和激发是带电粒子与被作用物质原子的核外电子发生非弹性碰撞的结果。α 粒子和 β 粒子都是高速运动中的带电粒子，当带电粒子从物质原子近旁掠过时，由于入射粒子与核外电子之间的静电力作用，使核外电子获得能量，如果该能量足以使电子克服原子核的束缚，则此电子脱离原子成为自由电子，而原子失去电子后成为正离子，这一过程叫电离(ionization)。一个自由电子和一个正离子合称为离子对。若脱离出来的自由电子能量足够大，它又可以使其他原子电离，称为间接电离或次级电离。电离过程中发射出来的自由电子，称为次级电子或 δ 电子。当内壳层电子被电离后，该壳层留下空位，外层电子就要向内层空位跃迁，发出特征 X 射线或俄歇电子。

如果电子获得的能量不足以使它脱离原子，而只能使它由低能级跃迁到高能级，使原子处于激发态，这一过程称为激发(excitation)。处于激发态的原子是不稳定的，退激时释放出来的能量，可能转变为热运动的能量；也可能以光的形式发射出来，这就是受激原子的发光现象。

由于带电粒子的电离作用，在它通过物质的路径周围将留下许多离子对。单位长度上产生

笔记栏

的离子对的数目，称为电离密度或电离比值（specific ionization），也叫比电离，它表示带电粒子电离本领大小，在生物体内表示对机体的损伤程度。比电离的大小决定于带电粒子的电量、速度和被照射物质的密度。粒子带的电量多，则作用于原子外层电子的力大，电离比值就大；带电粒子的速度小，则作用时间长，电离比值大；物质的密度大，单位体积的电子数目多，与带电粒子的作用机会多，因而电离比值也大；这三种情况使粒子路径上产生的离子对增多。α 粒子所带的电量大于 β 粒子，而速度比 β 粒子小，所以 α 粒子的电离比值比 β 粒子大。能量为 1 MeV 的 α 粒子在空气中的电离比值约为 4×10^4 离子对/厘米，而相同能量的 β 粒子则只有 50 离子对/厘米。由于它们的电离比值不同，其生物效应就有明显差异。

2. 散射和轫致辐射

当带电粒子通过物质时，由于受到原子核电场的作用（吸引或排斥），速度和方向会发生改变，这种现象称为散射（dispersion），在发生散射前后，带电粒子的能量保持不变，称为弹性散射。若能量有部分损失，称为非弹性散射。α 比 β 粒子的质量大得多，散射不明显，其路径基本是一条直线，而 β 粒子因受原子核和电子的多次散射，路径是曲折的。

带电粒子通过物质时，因受到原子核电场的作用，速度突然变小，损失的能量以电磁波的形式发射出来，称为轫致辐射（bremsstrahlung），其实质就是连续 X 射线的发生机制；而由此造成带电粒子的能量损失称为辐射损失。辐射损失与带电粒子的质量的平方成反比，与吸收物质的原子序数 Z 的平方成正比，与带电粒子的能量成正比。因此，轻带电粒子的辐射损失比重带电粒子的辐射损失大得多。若与电离作用相比，粒子由于散射和轫致辐射所损失的能量要小得多。

综上所述，带电粒子通过物质时，总的能量损失应为电离损失与辐射损失之和；重带电粒子的辐射损失一般可以忽略不计。

3. 吸收和射程

带电粒子通过物质时，由于不断引起电离、激发、散射和轫致辐射，其能量不断损失，能量耗尽后便停留在物质中。此时，我们说粒子被物质吸收了，被作用物质叫做吸收物质或吸收体（absorber）。粒子在物质中通过的最大距离称为射程（range）。这时若是 α 粒子，则将吸收两个电子而成为氦原子；β^- 粒子则变成自由电子；β^+ 粒子则会与自由电子结合而转变为两个光子。带电粒子的能量损失与粒子能量和吸收体的性质有关，所以射程能比较直观地反映带电粒子贯穿本领的大小。用另一句话说，电离比值大，粒子的能量损失快，其射程短。β 粒子的电离比值远小于 α 粒子，其射程比 α 粒子长得多，即 β 粒子的穿透本领比 α 粒子强得多。天然放射性核素发出的 α 粒子，在空气中的射程为数厘米，在生物体内的射程只有几百个微米。而 β 粒子的射程要比 α 粒子的大得多，它在空气中可达到数米，在生物体内也有几毫米到几十毫米。因此，在外照射的情况下，α 粒子的危害性不大，而 β 粒子的危害性就大得多了。在内照射的情况下，α 粒子的电离比值大，伤害很集中，应特别注意。

电子束在物质中的衰减规律近似为指数规律，即

$$I=I_0e^{-\mu x}=I_0e^{-\mu_m x_m} \tag{15-37}$$

式中，I_0 为入射电子束的强度，I 是经过厚度为 x 的吸收体后剩余电子束的强度。μ 和 μ_m 分别为线衰减系数和质量衰减系数，代表吸收体对电子束的衰减能力。实验表明：μ_m 随吸收物质的原子序数 Z 的增加而缓慢地增加，随电子能量的增加而减小。

二、光子与物质的相互作用

X 射线和 γ 射线都是光子，是从原子核衰变中放射出来的。光子与物质的相互作用和带电粒子与物质的相互作用有显著的不同。光子既不带电，又无静止质量，不能像带电粒子那样，通过连续碰撞逐渐损失能量，而是趋于在一次碰撞中失掉大部分或全部能量；也不能像带电粒子

那样直接使物质电离或激发，而是通过产生的次级电子使物质电离或激发。光子束通过物质时其强度按指数规律衰减。

光子与物质相互作用的方式主要有三种：光电效应、康普顿散射和电子对生成。此外，还可能发生相干散射、光致核反应和核共振反应，但一般可能性很小。只有当能量很低（<100 keV）时，才考虑相干散射；当能量很高（>30 MeV）时，才考虑光致核反应和核共振反应。

1. 光电效应

光子与物质中的原子相互作用时，将其全部能量传递给原子中内层电子，使之脱出原子，而光子整个被吸收，这一过程称为光电效应。

获得光子能量的电子将一部分能量用于克服核电场力的束缚脱离轨道，而将多余的能量变为它的动能，从原子中高速飞出，习惯上称这个飞出的电子为光电子。此时，原子将处于激发状态，飞出电子所留下的空位，将很快由外层电子来填补，同时产生标识 X 射线（又叫荧光放射），使原子恢复至正常的稳定状态。如图 15-4 所示，图中 A 表示 X 射线，B 是光电子，C 是荧光放射。所以，在发生光电吸收的同时有光电子和标识 X 射线。由于光子的能量不同，所以，可见光和紫外线的光电效应一般发生在价电子和外层电子中，而 X 射线的光电吸收通常发生在内层电子之中。医学上常用的低能 X 射线和 γ 射线，在与原子序数较高的物质相互作用时，光电效应占主要作用。

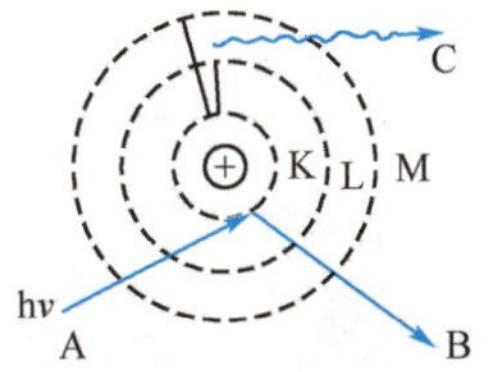

图 15-4 光电吸收示意图

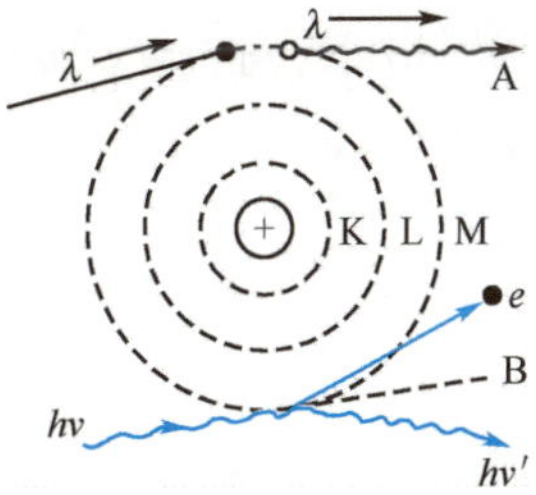

图 15-5 经典散射和康普顿散射

2. 康普顿散射

光子进入物质时因受到原子核电场的作用而改变了行进方向的微观过程称为散射吸收。散射吸收使原行进方向上光子束的强度减弱了。

光子与物质相互作用时，将会发生两种散射：经典散射和康普顿散射。这两种散射都是入射光子与原子中被核电场束缚的电子相互碰撞的结果。所谓经典散射就是入射光子与电子碰撞后，光子只改变行进方向，而它的能量没有变化。如图 15-5 中的 A 所示，其结果是散射的光子与入射的光子具有相同的波长。所谓康普顿散射就是入射光子与电子相碰后，不仅改变了行进方向，而且能量也减少了。如图 15-5 中 B 所示，其结果是散射的波长变长，同时还出现一个反冲电子。当入射光子的能量低于原子中电子的结合能时，光电吸收和康普顿散射都不会发生，只可能出现经典散射；当光子的能量大于原子中电子的结合能时，经典散射产生的概率骤然减少，而康普顿散射的概率增加，并且与原子中结合能远小于光子能量的电子数目成正比。

康普顿散射的实质是入射光子与原子中结合比较松弛的电子之间的弹性碰撞。若光子与原子中结合紧密的电子碰撞，则相当于光子与一个质量远大于自己的静止粒子的碰撞。在这种碰撞过程中，光子能量的损失是微不足道的，因此，散射线的波长也就基本上等于入射线的波长。这就是在康普顿实验中，既能测量到比入射波长长的散射线，又能测量到与入射线波长相同的散射线的原因所在。

康普顿散射是美国物理学家康普顿（A. H. Compton，1892～1962）于 1923 年发现的。他因

笔记栏

此在35岁时，获得1927年的诺贝尔物理学奖。在康普顿实验的同一时期，中国物理学家（前中国科学院副院长）吴有训教授（1897～1977）用精湛的实验技术和精辟的理论分析，无可争议地证实了康普顿效应。并用实验证明：波长的改变只与散射角的大小有关，而与入射线的波长和散射物质无关。由于吴教授的杰出工作，康普顿效应也称为康普顿-吴有训效应。

3. 电子对生成

当光子的能量大于1.022 MeV时，光子在原子的核场作用下可能转化为一个电子（普通电子）和一个正电子，同时光子消失，这一过程称为电子对生成，如图15-6所示。

由于光子在物质中形成的电子对不断地与原子碰撞，其能量将逐渐减少，最终导致负电子留在物质中。正电子在速度减慢至一定程度时，将与一个自由电子相结合，变成两个能量各为0.51 MeV、飞行方向相反的光子，这一现象称为电子对的湮灭，这些光子将通过康普顿吸收或光电吸收而损失能量。由于医用X射线的能量一般都低于1.02 MeV，故不会出现电子对生成的过程。但是，对于放射性核素发射的γ射线或由高能加速器产生的高能X射线，只要它们的能量大于1.02 MeV，就会产生电子对，而且能量越高，产生的概率也越高。

综上所述，光子与物质作用的三种形式与光子的能量和物质的原子序数Z有关，用图15-7说明。从图中可见能量低的光子和原子序数高的物质，以光电效应为主；中等能量的射线以康普顿散射为主；电子对生成主要发生在高能光子和高原子序数的物质中，但在能量极高的光子作用下，较低原子序数物质中，电子对生成也不可忽视。对原子序数而言，光电吸收正比于Z^3，电子对吸收正比于Z，而康普顿吸收与Z几乎无关，不过三种吸收都正比于密度。

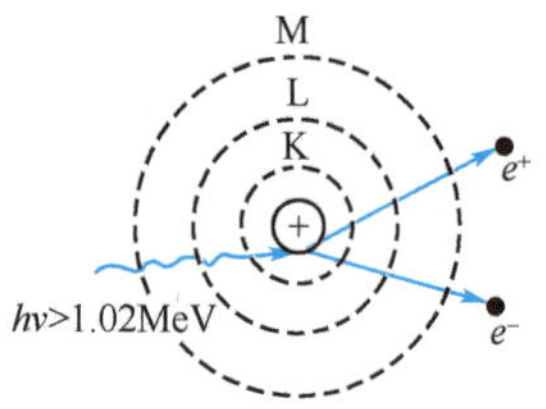

图15-6 电子对的产生

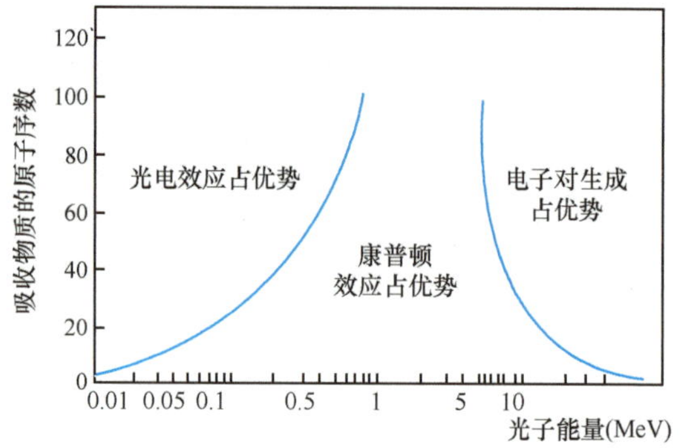

图15-7 X(γ)与物质相互作用的三种形式与光子能量、吸收物质Z的关系

4. 次级射线

从上述三种吸收过程的讨论中可知，当光子射线通过吸收物质时，一方面它本身的强度逐渐减弱，另一方面又产生出多种射线。通常将入射光子射线称为初级射线，而将初级射线在与物质的相互作用过程中所产生的射线称为次级射线，它包括次级光子射线和次级粒子射线这两大部分。

次级光子射线有：①在光电吸收中的荧光X射线；②经典散射和康普顿散射中的散射线；③电子对“湮灭”时产生的两个0.51 MeV的光子。

次级粒子射线有：①光电吸收中的光电子；②康普顿散射中的反冲电子；③电子对。此外，还包括次级光子射线在上述过程中所产生的次级粒子。次级粒子能使物质发生电离和激发。这些带电粒子贯穿本领弱，能量往往就地被吸收。

三、中子与物质的相互作用

中子本身不带电，在物质中不直接引起电离而损失能量，它在物质中能穿行很长的距离，易于接近原子核。中子与物质的相互作用主要是受到原子核的散射或进入原子核内，发生核反应。中子和光子一样，在物质中也不能直接引起电离，它主要靠和原子核相互作用产生能引起电离反应的次级带电粒子使物质电离。可见，中子与物质发生相互作用只有两种方式：中子与原子核的弹性碰撞和中子与原子核的非弹性碰撞。

在中子与原子核发生碰撞时，将部分能量传递给原子核，并改变自身运动的方向和降低速度，引起原子核发生反冲，这种作用称为中子的弹性散射。能量低的中子与轻核相互作用主要是弹性散射。愈轻的原子核在弹性碰撞时得到的反冲能量愈多，即中子损失的能量越大，而且反应中生成的核素多数是稳定的。因此，要使中子减速时应当使用轻元素。所以常用含氢多的水、石腊等，使中子减速，防护中子辐射。

由于中子不受库仑电场的阻碍，容易进入原子核，引起核反应，放射出各种次级射线，其反应前后的中子和原子核系统的总能量也就不再守恒，这种现象叫中子的**非弹性碰撞**。能量大的(1 MeV 以上)中子与重核相互作用主要是非弹性碰撞。中子与原子核发生核反应，其反应的产物有稳定的核素和放射性核素，并伴随着各种射线产生。中子与原子核反应的产物（α、β 粒子和 γ 射线等）都有电离作用，可导致生物组织的电离，有些放射性核素还可能较长时间滞留在人体内，造成组织损伤，所以中子对机体的危害是很大的。

中子束通过物质层后的减弱规律，与光子束类似，满足指数减弱规律，即

$$I=I_0 e^{-\mu x} \qquad (15\text{-}38)$$

式(15-38)中，x 表示中子束通过的吸收物质层厚度，I_0 是入射中子束的强度，I 为通过 x 厚度后中子束的剩余强度，μ 是吸收系数，与中子的能量和吸收物质的性质有关。

第五节　辐射剂量

射线与物质的相互作用是一种能量传递过程，其结果是：一方面，射线的能量被物质吸收；另一方面，物质吸收能量后会发生各种变化，其中有物理学的、有化学的和生物学的。所有这些由于射线使物质发生的变化，称为**辐射效应**。射线给人类带来了很多好处，但也伴有一定危害，主要是对人体健康的影响。准确了解组织中吸收的电离辐射能量，对评估放射治疗的疗效及其副作用是很重要的，是进行放射治疗和防护最基本的医学物理学知识。“剂量”是用来表示人体接受电离辐射的量。本节主要介绍有关辐射剂量的几个基本概念。

一、X 射线和 γ 射线的照射量

测量电离辐射最早的方法之一就是利用射线在空气中产生的电离效应。我们知道，当光子与空气中的原子发生相互作用时会产生次级电子，然后再由这些次级电子致使空气电离。次级电子在空气中产生的任何一种离子(电子或正离子)的总电荷量，反映着 X 射线或 γ 射线对空气的电离程度。照射量就是根据次级电子对空气的电离程度来表征 X 射线或 γ 射线辐照能力的一个物理量。

假设在空气中某处，X 射线或 γ 射线在质量为 dm 的空气中产生的所有次级电子完全被空气吸收，产生同一种符号的离子的总电荷量为 dQ，则该处由 X 射线或 γ 射线造成的**照射量(exposure)**定义为

$$E=dQ/dm \qquad (15\text{-}39)$$

式(15-39)中 E 是照射量，单位为库仑/千克($C\cdot kg^{-1}$)，没有专门名称。现在人们习惯用的专用单位为**伦琴**(R)，$1\ R=2.58\times10^{-4}\ C\cdot kg^{-1}$。根据定义，$dQ$ 中不包括次级电子发生轫致辐射

笔记栏

被吸收后产生的电离。在实际测量中，照射量也常提到在其他介质，如水中的照射量，可以理解为在水介质中某一小体积单位，用空气替代后测得的照射量，称为水中某点的照射量。照射率是指单位时间内的照射量，单位用 $C \cdot kg^{-1} \cdot s^{-1}$ 或 $R \cdot s^{-1}$ 表示。

由于在照射量的基准测量中存在着某些目前还无法克服的困难，它只能用于能量在 10 keV 到 3 MeV 范围内的 X 射线和 γ 射线。在辐射防护中，由于允许较大的误差，照射量的能量上限允许扩大到 8 MeV。

二、吸收剂量

受照射物质发生的辐射效应与它们所吸收的射线能量以及这部分能量在物质中的分散程度有关。因此，我们用授与某一体积元内物质的射线能量与该体积元内物质的质量之比，表示物质吸收射线能量的程度，这就是广泛应用的吸收剂量。

假定某体积元内物质的质量为 dm，射线授与该体积元的平均能量为 dE，则该物质的吸收剂量(absorbed dose)定义为

$$D = dE / dm \tag{15-40}$$

式中 D 叫吸收剂量，单位为 $J \cdot kg^{-1}$，专用名词叫戈瑞(Gy)，1 Gy=1 $J \cdot kg^{-1}$，曾用单位为拉德(rad)，1 Gy=100 rad，它是衡量单位质量受照射物质吸收辐射能量多少的一个物理量，在辐射效应研究中很重要。因为辐射作用物质所引起的效应取决于该物质吸收的辐射能量，所以吸收剂量适用于任何类型和任何能量的电离辐射，以及受照射的任何物质。由于在同样照射条件下，不同物质，像骨和软组织等，吸收辐射能量的本领有差异，所以在谈及吸收剂量，应该说明是哪种辐射对何种物质和照射位置造成的吸收剂量。单位时间内的吸收剂量叫吸收剂量率，单位为 $Gy \cdot s^{-1}$。

三、剂量当量

辐射的生物效应很大程度上取决于射线的品质(射线传给物质的能量在微观空间的分布特征)。根据多年研究已经了解，对产生包括致癌作用在内的各种生物效应，高比电离的射线比低比电离的射线有着更高的生物学效应。在放射生物学中，应用相对生物效应系数 RBE(relative biological effectiveness)比较不同辐射在引起生物效应方面存在的差异。射线的生物效应，除了取决于照射的物理条件外，还与被照射的生物种系、用以观察的效应类型及其终点目标有关。

某种试验射线对作为比较基准的参考射线的 RBE，是在影响生物效应的其它因素相同的情况下，为引起同样类型和同一水平的生物效应，参考射线所用的吸收剂量 D_r，与试验射线所用的吸收剂量 D_t，的比值，即

$$RBE = D_r / D_t \tag{15-41}$$

由此可见，对于给定的生物效应和参考射线，试验射线的 RBE 值越大，反映该种射线的生物学效能越高。RBE 值可以在任何两种射线之间由实验确定。通常是以 200 kV 至 250 kV 的 X 射线或 ^{60}Co 的 γ 射线作为比较基准的参考射线。此时，参考射线本身的 RBE 值等于 1。

同样，RBE 值不仅与射线的品质有关，而且与生物种系，效应的生物学终点以及与射线传递能量有关的环境条件有关。在射线防护方面，涉及的是低水平吸收剂量范围内射线的生物学后果。为了使问题简化，我们引进射线的品质因数 Q 来近似代表射线的 RBE 值，并以此为依据定义剂量当量①(dose equivalent)，记为 H

---

① ①国际辐射防护委员会(International Commission on Radiological Protection，ICRP)1990 年出版物把剂量当量改用当量剂量(equivalent dose)Hm，是指某一组织或脏器所接受的平均吸收剂量 Dm，经辐射权重因子(radiation weighting factor)ω_R 加权处理的吸收剂量，ω_R 表示辐射在小剂量照射时诱发随机性效应的 RBE 的数值，ω_R 值与 Q 值基本一致

$$H=DQ \tag{15-42}$$

式中 Q 是一个无量纲量，因此剂量当量与吸收剂量具有相同的量纲，为了区别于吸收剂量，H 的单位为希沃特(Sv)，曾用单位为雷姆(rem)，它们之间的关系：1 Sv=1 J·kg^{-1}，1 rem =0.01 Sv，即吸收剂量为 1 rad 时的剂量当量。表 15-2 列出几种射线的品质因数 Q，表中是以 X(γ)射线作为比较标准的。

剂量当量提供了一个更好的与射线所致有害效应的严重程度相联系的量。当所考虑的器官同时受到几种辐射照射时，则相应的剂量当量等于每一种射线的剂量当量之和。

表 15-2　射线的品质因数 Q

射线种类及能量范围	Q(近似值)
X(γ)射线	1
β^- 和 β^+ 射线	1
中子，能量<10 eV	5
100 eV～2 MeV	20
2 MeV～20 MeV	10
>20 MeV	5
质子，能量>2 MeV	5
α 粒子，重核	20

习题十五

15-1　在 ^{12}C、^{13}C、^{14}C、^{14}N、^{15}N、^{16}O 和 ^{17}O 等核素中，哪些核素含有相同的①质子数；②中子数；③核子数，哪些核素有相同的核外电子数？

15-2　计算两个 ^{2}H 原子核结合成一个 ^{4}He 原子核时释放的能量(以 MeV 为单位)。

[23.69 MeV]

15-3　放射性衰变有哪几种类型？举例说明。

15-4　两个氢原子结合成氢分子时释放的能量为 4.73 eV，试计算由此发生的质量亏损，并计算 1 mol 氢分子的结合能。

[5.08×10^{-9} u；4.563×10^{5} J·mol^{-1}]

15-5　试计算氘核和氦原子核的结合能和平均结合能。

[氘：2.23 MeV，1.11 MeV；氦：28.28 MeV，7.07 MeV]

15-6　^{32}P 的半衰期是 14.3 d，试计算它的衰变常数 λ 和平均寿命，1 μg 纯 ^{32}P 的放射性活度是多少？

[4.85×10^{-2}/d，20.62 d，1.06×10^{10} Bq]

15-7　^{131}I 的半衰期是 8.04 d，问在 12 日上午 9 时测量时为 5.55×10^{8} Bq 的 ^{131}I，到同月 30 日下午 3 时，放射性活度还有多少？

[1.15×10^{8} Bq]

15-8　利用 ^{131}I 的溶液作甲状腺扫描，在溶液出厂时只需注射 0.5 ml 就够了(^{131}I 的半衰期为 8.04 d)。如果溶液出厂后贮存了 11 d，作同样扫描需注射多少溶液？

[1.30 ml]

15-9　一个含 ^{3}H 的样品的放射性活度为 3.7×10^{2} Bq，问样品中 ^{3}H 的含量有多少克？

[1.03×10^{-12} g]

15-10　设例题 15-1 中的 ^{60}Co 源初装时不含任何杂质，试计算其质量。

[5.36 g]

15-11　某患者口服 ^{131}I 治疗甲状腺功能亢进症，设每克甲状腺实际吸收 3.7×10^{6} Bq 的 ^{131}I，其有效半衰期约为 5 d(这里所说的有效半衰期就是包括衰变和排泄过程，使体内放射性减少一半的时间)，衰变时发出的 β 射线的平均能量为 200 keV，全部在甲状腺内吸收，γ 射线的吸收可忽略，试计算甲状腺接受的剂量。

[73.8 Gy]

15-12　两种放射性核素的半衰期分别为 8 d 和 6 h，设含这两种放射性药物的放射性活度

笔记栏

相同，问其中放射性物质的 mol 数相差多少倍？

[32 倍]

15-13 已知 U_3O_8 中的铀为放射性核素，今有 5.0 g U_3O_8.，试求其放射性活度。

[52400Bq]

15-14 ^{226}Ra 和 ^{222}Rn 原子质量分别为 226.025 36 u 和 222.017 53 u，^{4}He 原子质量 4.002 603 u，试求 ^{226}Ra 衰变为 ^{222}Rn 时衰变能 Q 为多大？

[4.866 MeV]

阅读材料

Ⅰ. 射线的测量原理和放射性核素在医学上的应用

一、射线的测量原理

射线探测器，简称探测器，是指在射线作用下能产生次级效应的器件，而且这种次级效应能被电子仪器检测。多数探测测器是根据射线能使物质的原子、分子电离或激发的原理制成的，它们可以把射线的能量转变为电流或电压信号，供电子仪器采集，实际上是一种换能器件。射线探测器的种类很多，根据射线在探测器内产生的效应和探测器的工作介质，可分成气体电离探测器、闪烁探测器和半导体探测器等。

1. 气体电离探测器

气体电离探测器是通过诱发的电离电流和电荷来探测射线的，它又叫电离室。图 15-8 是电离室探测器示意图，左边是两个互相平行的电极，内充有一定量的气体，两电极间加上适当的电压形成电场。当射线射入电离室，与气体介质相互作用，在射线运动的路径上使气体中的原子电离，产生一系列正负离子对，在电场作用下，正负离子向两极漂移，被电极收集，使在外接电路中形成电离电流，这一电离电流应为次级电子所产生的全部电离电荷量。在实际应用中，电离室的输出电流很弱，必须对其进行放大，右边三角形是一个负反馈运算放大器，用以测量电离室的输出电荷量，电流或电压信号，这三种信号都是由射线进入电离室产生的。在医学中，常用电离电流来测量射线的强度和辐射剂量。

2. 闪烁探测器

某些物质在射线的作用下能发光，这些物质称为闪烁体，用它们制作的放射性探测器叫做闪烁探测器。单个粒子在闪烁体中产生的闪光极弱，闪烁体必须与光电倍增管配合才能将射线的能量转换成电信号。因此，闪烁探测器主要由闪烁晶体、光电倍增管和输出电路组成，如图 15-9 所示。它的工作原理是当射线进入闪烁晶体，与其发生相互作用，使闪烁体中分子或原子激发，受激分子（或原子）由激发态过渡到基态时将发出荧光，其荧光强度与射线的能量成正比。光电倍增管由一个易于发生光电效应的光阴极 K，一个光阳极 A 和若干个中间电极（一般有 7～11 个）组成，密封在一个真空管中，各电极的电压由高压电源经分压供给。发出荧光利用反射层、光导管将其收集到光电倍增管的 K 上，由于光电效应，产生光电子，经各级电极打出更多的二次电子，这些电子被 A 极收集（落在 A 极上的二次电子比 K 发射的光电子增加 5～6 个数量级），在负载电阻上形成电信号，然后由测量装置记录下来，电信号的强度与射线进入闪烁晶体内的能量成正比。闪烁探测器可用来探测 α、β、γ 射线，其分辨时间短，是目前应用较多的一类探测器。在核医学中应用最广泛的闪烁体是含铊的碘化钠[NaI(T1)]晶体和闪烁液。

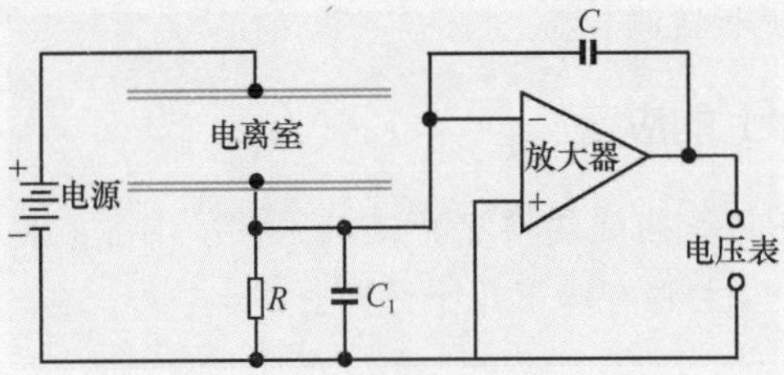

图 15-8 电离室探测器示意图

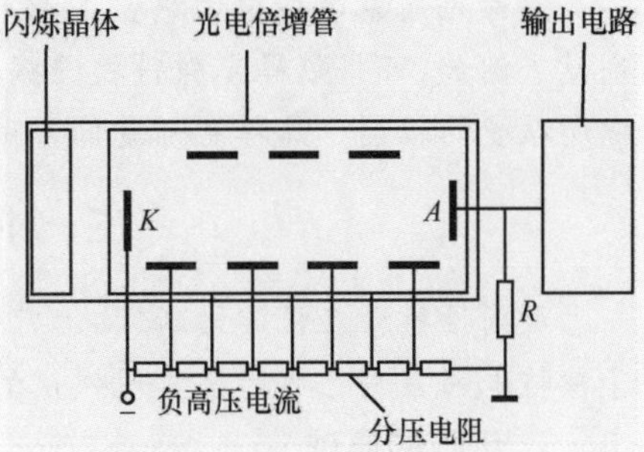

图 15-9 闪烁探测器示意图

3. 半导体探测器

半导体探测器是 60 年代以来迅速发展的一种探测器，其探测介质是半导体材料。它的工作原理同气体电离室类似，如图 15-10 所示。在一定条件下，半导体材料中的载流子很少，电阻很大。所以，当探测器加上电压以后，在其中可形成足够强的电场，但几乎没有电流流过。当带电粒子射入探测器后，通过与半导体材料中的电子相互作用，很快地损失掉能量。带电粒子所消耗的能量在半导体中形成可以导电的电子-空穴对。在电场的作用下，电子和空穴分别向两极漂移，于是在输出电路 R 中形成信号。因此，有人将半导体探测器称为固体电离室。当电场足够强时，电子和空穴在半导体材料中的复合和俘获可以忽略。这时，输出信号的幅度与带电粒子在探测器中损失的能量成正比。如果带电粒子的全部能量都消耗在探测器中，通过测量信号脉冲的幅度就可以测定带电粒子的能量。

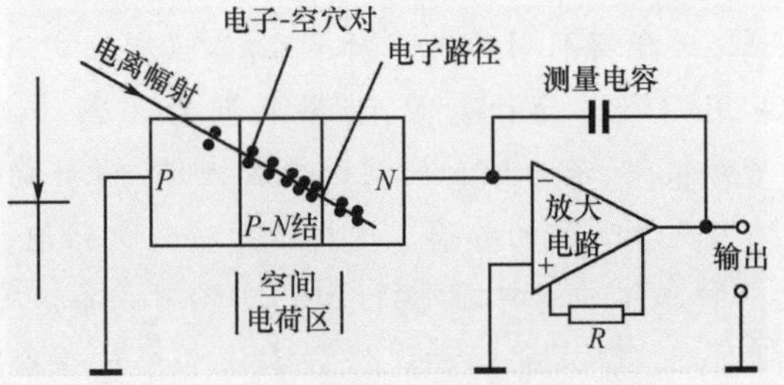

图 15-10 半导体探测器示意图

半导体探测器和气体电离室比较具有很高的灵敏度，因为硅半导体的密度 2.3 $g \cdot cm^{-3}$，远大于气体的密度(空气)0.001 29 $g \cdot cm^{-3}$，在硅半导体中产生一对电子-空穴时，只需 3.5 eV 的辐射能，而在气体中则需要 33.97 eV，所以其灵敏度高。辐射剂量输出信号有很好的线性关系，即能量线性响应好，分辨时间短，体积小，可制成任意形状便于携带，有很好的应用前景。

半导体探测器，由于它的优良的能量分辨率，在核医学中应用于同时使用多种放射性核素的示踪研究，放射性药物的纯度检测，X 荧光分析和中子活化分析等方面。

4. 热释光剂量计

晶格结构的固体，常因含有杂质或晶格缺陷形成一些亚稳态能级。当晶体受到射线照射时，电子获得足够的能量，就可能跃迁到这些亚稳态能级上被束缚起来。由此，大约 1% 的射线能量可以贮存于晶体内部。当晶体加热时，这些束缚在亚稳态能级上的电子通过热运动获得能量达到不稳定的激发态能级上，立即跃迁回基态能级而发射蓝绿色的可见光。这个现象称为**热释光现象**(thermoluminescence)。发光强度与激发到亚稳态的电子数成正比，因而与所受的剂量成正比。因此，测量发光强度就可以推算出剂量。这就是热释光剂量计的简单原理。

笔记栏

热释光剂量计可用于测量X射线、γ射线、高能电子束以及能量较高的β射线的吸收剂量。例如，可将热释光材料放进病人体内，如空腔、膀胱、肛门及阴道等，以测量病人治疗中所接受的辐射。热释光剂量计常用于射线的防护和监测。

二、射性核素在医学上的应用

放射性核素在医学诊断、临治疗和基础医学研究等领域获得了广泛的应用。目前，原子核技术的应用已成为医学现代化的重要标志之一，主要有以下几个方面。

1. 示踪的原理

放射性核素在衰变时发出的各种射线很容易被探测，显示出它的踪迹。如要研究某一种元素在机体内的情况，只要在这种元素中掺入少量该元素的放射性核素，这些放射性核素在体内参与各种过程的变化，然后借助它们放出的射线，在体外探查该元素的行踪，这种方法叫示踪原子法。引入的放射性核素叫标记原子或示踪原子，就是说使该元素无形中带上一种特殊的标记，便于从体外进行跟踪。临床上的示踪诊断应用日益广泛，如应用^{131}I标记的马尿酸作为示踪剂，静脉注射后通过肾图仪描记出肾区放射性活度随时间变化情况，可以反映肾动脉血流、肾小管分泌功能和尿路排泄情况。

示踪原子方法的灵敏度很高，可在生理条件下研究物质在机体内的活动规律，而且简单易行。因此，放射性核素作为示踪原子的应用十分广泛。

2. 放射治疗

放射治疗简称放疗，已是公认的治疗肿瘤的一种有效的物理疗法。它是利用放射性核素放出的射线通过机体时，会对机体组织产生破坏作用，来达到治疗肿瘤的目的。从射线的照射方式可分为外照射、近距离照射和内照射。目前，临床上广泛使用的外照射装置有：

(1) 钴-60治疗机：用^{60}Co作为放射源，其半衰期为5.27 y，射线平均能量为1.25 MeV。它主要由机头、治疗机架、治疗床和控制台组成。^{60}Co的γ射线从体外照射，主要用于治疗深部肿瘤，如颅脑内及鼻咽喉的肿瘤。这种治疗机俗称钴炮。

(2) γ-刀：γ-刀是一种立体放射神经外科(SRNS)治疗设备。它是根据半圆弧等中心聚焦技术原理，借助高精度的立体定向仪和现代影像技术等对颅内病灶施行准确定位，然后使用大剂量γ射线一次多方向限制性地聚焦在颅内靶点上，使病灶受到不可逆性摧毁，发生放射性坏死，同时又能保证靶区边缘及其周围正常组织所接受的放射性剂量呈锐减分布，控制在安全剂量以内，使靶点以外脑组织无任何不可逆损伤，达到类似于外科手术的治疗效果，故称为γ-刀。

此外，医用电子感应加速器和医用电子直线加速器也相继进入临床，并且疗效得到了显著提高。

放射治疗的发展与原子核技术的发展是紧密相关的。每当原子核技术上有了新的发展和进展时，放射治疗的水平就会有进一步提高。目前已开始高比电离放射治疗阶段。已用于放射治疗的高比电离射线有中子、负π介子和重离子。用负π介子治疗某些深部肿瘤的前景很令人鼓舞。重离子束在人体内的深度剂量分布曲线是最理想的，人们对重离子治癌寄予很大的希望。此外，近年来在后装技术和设备方面有不少更新和发展，使得在治疗中可进行细致的剂量监测，已经达到了很高的治癌效果，又避免周围脏器的放射损害，是一种用于腔道肿瘤治疗的较好的先进的放射治疗技术。

3. 放射诊断

在医学中，图像对于认识疾病具有很重要的意义。随着科学技术的发展，如今不仅可以凭借图像观察形态学的变化，而且还可以作出功能性分析、诊断。这里，放射诊断主要介绍放射性核素成像，简称核素成像(radionuclide imaging，RI)，它是一种利用放射性核素示踪方法显示人体内部结构的医学影像技术。目前，临床使用最多的核素成像仪器是γ照相机和发射型计算机断层成像术(ECT)。

(1) γ照相机：γ照相机主要用于肿瘤和循环系统疾病的诊断，它可以将体内放射性核素分布一次性成像，其突出优点是成像速度快，可提供静态和动态图像，把形态和功能结合起来进行观察、分析和诊断。γ照相机是现代医学成像技术之一，是现代核医学的主要诊断工具。

图 15-11 是γ照相机框图，γ照相机由探头、位置信号和能量信号通道、显示系统等构成。

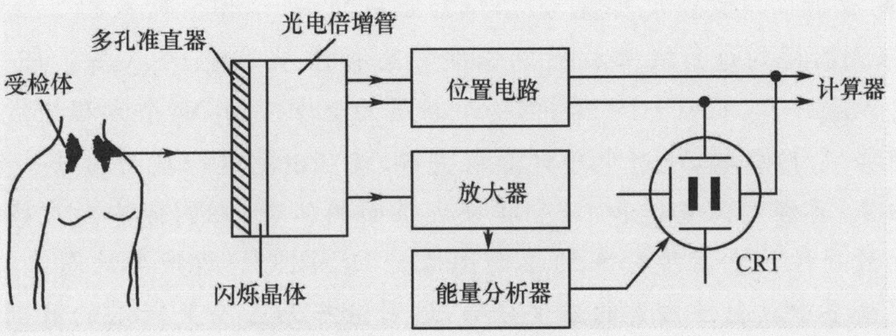

图 15-11　γ照相机框图

探头主要由准直器、闪烁晶体和光电倍增管等组成。由于引入体内的放射性核素放射出来的γ射线向四面八方传播，而且强度在每一个方向的几率相同，靠它们在闪烁晶体上激发产生的闪烁光点无法确定射线的空间位置。因此，需要用准直器来进行空间定位。准直器由铅或铅钨合金做成，能有效吸收γ射线。在探头前方有千个以上紧密排列整齐的孔道，每一个孔道就是一个准直器。γ照相机配有若干个可交替使用的准直器，它们的区别在于其孔道的大小、长度、数目及孔道排列方式和方向，选用不同的准直器可以提高采集特定检查部位射线的灵敏度，进而提高图像的质量。

闪烁晶体吸收通过准直器的γ光子，并将其转变为闪烁光点。出现在晶体背面的光点强度很弱，还不足以直接照相，而需要通过紧贴在其背后的光电倍增管，使光电子成 2^n 倍数增加。把晶体上的光点转变成电脉冲，输出的电脉冲信号分成三路：一路通过能量通道进入显示系统，用来表示γ射线强弱；另外两路分别代表水平位置和垂直位置，提供描述光子在图像区的位置。

能量信号通道主要是一个脉冲高度分析器，它位于探头和显示系统之间。能通过脉冲高度分析器的脉冲大小由两个控制器的设置来确定，即能量阈值(基线)和能量范围(窗口)。凡是能够超过阈值并在预选的能量范围内的电脉冲，将通过脉冲高度分析器到达成像单元，在屏幕上产生一个光点。光点的位置由位置信号在水平位置和垂直位置的电路来确定，使光点在图像中的位置对应于被查部位放射点的位置。放射性物质在体内分布情况的图像正是由各个γ光子放射源的光点像所组成的，图像最后显示在屏幕或胶片上。γ照相机一般都有两个屏来显示图像，一个用于显示图像，另一个用于将图像摄于胶片上。

(2) 发射型计算机断层摄影术(ECT)：发射型计算机断层摄影术(emission computed tomography，ECT)是在放射性核素扫描仪和γ照相机的基础上，引进计算机断层图像重建技术(CT)而发展起来的。它可分为单光子发射型计算机断层成像术(single photon emission computed tomography，SPECT)和正电子发射型计算机断层成像术(positron emission tomography，PET)。与其他医学影像技术相比，ECT 发挥了核医学的固有特点，可以显示脏器功能，观察代谢情况，又可进行定性与定量的诊断。

1) 单光子发射型计算机断层(SPECT)：单光子发射型计算机断层的基本原理是，让放射性示踪核素通过口服或注射进入体内，使机体成为放射源，再用探测器绕着人体外部，分别把各个方向放射性核素所放射出来的射线强度记录下来，输入到计算机进行数据处理，显示出示踪核素在机体内部吸收代谢状态，以及在器官或组织中的分布图像。因此，SPECT 所得图像反映了机体的生理、生化病理过程。

SPECT 的过程是先进行直线扫描，将每一条直线上体内放射性核素发射出来的射线记录下来，得到一组直线的投影值。每完成一次直线扫描，探测器旋转一定角度，再重复以上过程，直到绕人体一周。然后将每一个角度的直线投影值集合组成一个投影断层面，这就是人体内某一断层面上放射性核素分布的层面图像。设被扫描的断层面是 $N\times N$ 个体素(每个体素的放射性核素密度可视为均匀的)组成的，每个体素的放射性强度为 I_{11}、I_{12}、$\cdots I_{1n}$ 等。从探测器得到每条线上放射性强度的总和为 y_1、y_2、$\cdots$、y_n 等。即 $y_1=I_{11}+I_{12}+\cdots+I_{1n}$；$y_2=I_{21}+I_{22}+\cdots+I_{2n}$ 等，则一个断层面至少应由 N^2 个方程组成，将这些大小不同的强度值经 A/D 转换，送进电子计算机去解，就可以把这一层面的每一个体素的放射性强度计算出来；再经图像重建和 D/A 转换成层面的体素，在图像中对应像素的灰度，得到一幅按层面放射性核素密度分布的层面图像。但 SPECT 所产生的图像仅是描绘人体内组织和脏器断层中放射性核素的浓度分布，这种分布不是有关断层的解剖学形态，而是把放射性核素注入体内一个或几个有关组织脏器时的生理，生化过程的分布。

SPECT 常用的放射性标记物主要有 ^{99m}Tc、^{201}Tl、^{131}I 和 ^{67}Ga 等能产生 γ 射线的核素。SPECT 的扫描方式有纵向断层扫描和横向断层扫描两种方式。

2) 正电子发射型计算机断层(PET)：PET 是通过探测注入体内的 β^+ 放射性核素所放射的 β^+ 射线产生的湮没光子而实现断层成像的，是目前大型的医学影像设备之一。

PET 的基本原理不同于 X-CT，X-CT 的原理是通过体外 X 线穿透机体，根据不同组织对 X 线的吸收差别，由探测器接收后再由计算机处理重建断层图像，反映机体内组织的结构和形态，是一种获得解剖学图像的设备。而 PET 是通过跟踪技术将具有选择性吸收的 β^+ 放射性核素或其标记化合物引入体内某些特定的脏器或病变部位，根据探测正电子在体内器官湮没后辐射到体表的光子，由计算机处理重建图像。其探测方法和重建图像所用数据表示的物理意义不同于 X-CT。在 PET 中探测器放置在需要扫描的断层周围。由于体内放射性核素衰变而产生的正电子，与组织的分子、原子相互作用而使本身的能量很快消耗，故在人体组织内的射程最多只有几毫米。正电子的寿命很短，它丧失全部动能后即与电子复合，发生电子对湮没，同时放射出的两个能量均为 0.511 MeV 的光子，沿相反方向离开湮没点。

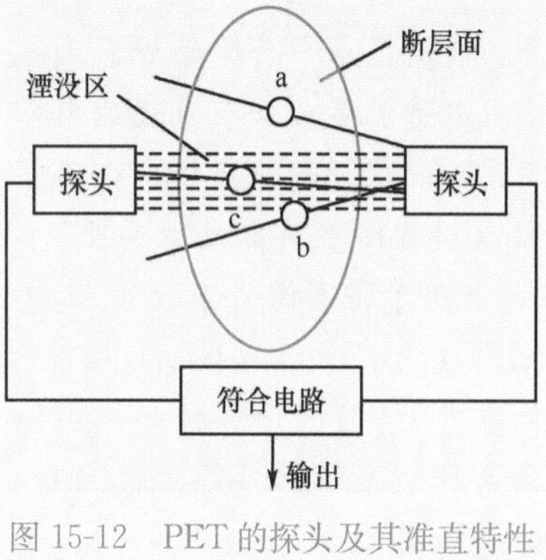

图 15-12　PET 的探头及其准直特性

PET 探测系统的特点是位于扫描断层两侧的一对探头同时工作，只有当两个探头都分别接收到湮没光子时，才有信号发生。图 15-12 所示为 PET 的探头及其电子准直特性，设扫描断层中 a、b、c 为某瞬间正电子湮没点，其放射出的光子，a 点的一对光子没有进入探头，b 点的一对光子只有一个进入探头，因而没有信号发生，称为无效辐射，只有 c 点的一对光子同时进入探头对，符合计数探测要求，称为符合事件，可以通过测定两探头间组织中湮没光子的起点而推知放射源的位置，这是因为该起点离正电子的初始位置，即放射源(衰变核)的位置最多几毫米。

与 SPECT 比较，PET 不需要笨重的铅准直，而是用电子准直，且这种“电子准直”的视野非常均匀，分辨率不受深度的影响，探测效率高；PET 使用的标记化合物相当多，如测定

笔记栏

糖代谢的^{18}F-DG、^{11}C-DG，测定血流量的$^{13}NH_3$、$C^{15}O_2$，测定血容量的$C^{15}O$，测定蛋白质合成的^{11}C-蛋氨酸等，其中C、N、O和F是构成人体组织的基本元素，它们在体内的代谢、生化反应和稳定性元素一样，将这些标记化合物注入体内后，在体外用PET即可记录到有关组织脏器的摄取、吸收、分泌、代谢、排泄等一系列生理和生化反应过程。因此，PET所提供的图像反映了人体的生理、病理及功能的状况。又由于PET所使用的核素半衰期非常短，可以注入较大的剂量，而人体接受的辐射剂量却相对较小，这就有利于提高图像的对比度和空间分辨能力。总的来说，用PET所得到的断层图像比SPECT真实、清晰、不论器官大小都能反映放射性量的分布。

SPECT在医学上的应用提高了影像对比度与分辨力，可以测量病变的大小，范围和脏器的体积，定量分析放射性在脏器内的分布等。而PET能探测C、N、O等标记的化合物，是研究生命现象的重要手段，用图像的方法来表达人体在生理条件下的血流量、血容量、耗氧量、糖代谢、蛋白质合成及受体的分布和功能。因此，PET有可能将人的思维、行为和脑化学联系起来，探讨、解释和定位人脑的功能活动。对于许多精神、感情、功能及运动障碍等功能性疾病，PET具有理论意义和实用价值。

但PET设备昂贵，且它使用的核素半衰期太短，需要配备小型回旋加速器，同时还需要有理工医三结合的研究组织，才能充分发挥其作用，这些都使PET的推广普及受到限制。

目前还正在进行利用质子束、重离子束和中子束成像的研究，以获得信息量更多的图像。

4. 射线分析

射线分析技术对生命科学的影响是巨大的。放射自显影技术已广泛用于医学各领域的研究，成为最常用的方法之一。1959年Berson创建的放射免疫分析技术，为医学、生物学、药物学和微生物学等方面的研究作出了突破性的贡献。中子活化分析(带电粒子活化分析和γ射线活化分析也是如此)是一种灵敏度高、非破坏性多元素分析技术。目前已逐渐在一些现代化的大型医院中利用中子活化分析技术对患者的血、尿和组织样品作常规分析。高分辨率Si(Li)探测器技术的发展，使得X荧光分析技术达到了新的水平，在生物医学和法医鉴定等领域已开始应用。离子反散射技术是60年代后期发展起来的一种微量分析技术。它的主要特点可得出元素的含量与深度的分布情况，是物质表面层元素分析的有效手段之一，在医学上可用来分析牙和骨表面层微量元素及其随深度分布情况。

尽管，原子核技术在生物医学领域中获得了广泛应用，但远未达到它应有的深度和广度，其开发利用的潜力依然很大。

Ⅱ. 基本粒子简介

基本粒子是指物质微观结构的基本单元，没有内部结构，不能再分割的物质最小单元。目前发现的“基本粒子”有400多种，但这些粒子中大部分是有内部结构的，由更基本的单元组成。所以一般不叫基本粒子，而叫粒子。但由于方便和习惯，仍称这些粒子为基本粒子。研究这些粒子的基本性质、粒子间相互作用、转化及探索其内部结构的学科叫粒子物理或高能物理。

一、描述粒子基本性质的物理量

粒子的基本性质主要用质量、电荷、自旋、磁矩、平均寿命等物理量来描述。① 质量是粒子基本性质的量度之一，通常以电子质量m_e为单位，也可用能量单位MeV表示；② 粒子的电荷单位是e，至今测得的粒子电荷都是e的整数倍或零；③ 每一种粒子都有自旋角动量，用自旋量子数表示，简称自旋。例如正、负电子、质子、中子和μ子等的自旋为 1/2。光子和 ρ 介子的自旋为 1，基本粒子的自旋可以是零、整数或半整数；④ 粒子的磁矩用玻尔磁子μ_B或核磁子μ_N，如电子的磁矩为 1.001 145 μ_B，质子的磁矩为 2.789 6 μ_N，中子的磁矩为 −1.903 μ_N；⑤ 大多数粒子都是不稳定的，可以自发衰变为其它粒子，通常用平均寿命或半衰期来表征其衰变快慢。同一种粒子的平均寿命是一定的，若平均寿命$>10^{-22}$ s 的粒子，称为"稳定"粒子。

二、粒子的相互作用

粒子间相互作用有引力相互作用、弱相互作用、电磁相互作用和强相互作用。

1. 引力相互作用

一切有质量的粒子间都有引力作用，与其他相互作用比较是一种最弱的力。

2. 弱相互作用

是中子、质子相互转换过程中起作用的力，如导致原子核发生衰变的力就是一种弱相互作用力，是一种短程力，力程约为 10^{-17} m，强度为电磁力的 10^{-11}，除光子以外，其他粒子都有这种作用力。

3. 电磁相互作用

一切带有电荷或磁矩的粒子都有电磁力，它是通过交换电磁场的量子即光子来实现的。

4. 强相互作用

强相互作用是四种相互作用中最强的一种，将中子和质子维系在一起组成坚固的原子核的核力就是强相互作用力，又叫强力，是一种短程力，力程约 10^{-15} m。

三、粒子的分类

粒子的分类很多，一般是按粒子参与相互作用的情况分成三类。

1. 光子

它是电磁相互作用的媒介，存在于一切带电粒子或具有磁矩的粒子间的电磁相互作用中，一些中性粒子可以通过电磁作用发生衰变产生光子。

2. 轻子

目前发现的轻子有电子 e^-、μ^-子、τ子、中微子有电子中微子 υ_e，μ中微子 υ_μ 和τ中微子 υ_τ①，它们的反粒子 e^+、μ^+、τ^+、$\tilde{\upsilon}_e$、$\tilde{\upsilon}$ 和 $\tilde{\upsilon}_\tau$ 共 12 种。反粒子的质量、寿命与相应粒子相同，但电荷符号和磁矩方向相反。反粒子的基本特征是与相应的粒子结合时，能够转变为其他粒子，发生湮没过程，特点是没有强相互作用。

3. 强子

强子参与强相互作用和弱相互作用，带电强子或中性带磁矩的强子都参与电磁相互作用。根据粒子的自旋，强子可分为介子和重子：

(1) 介子：介子的质量介于核子和轻子(τ子除外)之间，自旋量子数为零或整数，具有强相互作用，有π、κ 和η及它们的反粒子。

① τ中微子是物理学家"标准模型"亚原子粒子一家族中的第三代粒子。2000 年 7 月份各国科学家组成的研究小组，动用巨大的外力，进行了审慎的分析，在数百万个中微子轰击到一沓感光底片上后，对每一张底片进行数码扫描和重建，显示每个粒子穿过胶片路径的三维示意图，得到 4 颗 τ 中微子的踪迹。此项发现打开利用 τ 中微子研究大门，尤其是研究其具有质量的可能性。这一发现有人说将会让亚原子家族实现团圆，有人说最终将会导致这个家族分裂。

2001 年 6 月，国际物理学科研小组还宣布，在加拿大萨伯里中微子观测台发现，太阳中微子失踪的原因在于中微子从太阳到地球的旅途中本身特性发生了变化，电子中微子转变成了其他形式的中微子。这一发现揭开了 30 多年来困扰物理学界的中微子失踪之迷。

笔记栏

(2) 重子：重子的自旋为半整数的粒子，包括质子、中子和超子及它们的反粒子，具有强相互作用。

表 15-3 列出一些寿命较长的基本粒子，表中稳定粒子是指它们不会自发地衰变为其它粒子。强子具有较复杂的内部结构，光子和轻子尚未发现有任何内部结构。

在基本粒子中除了电子和核子外，π^- 介子已在医学上得到应用。π^- 介子通过物质的情况与稳定粒子基本相同，但在射程末端，π^- 介子失去动能后，在进行自发衰变前就很容易被原子核俘获而发生星裂，π^- 介子的全部固有能量(约 140 MeV)都转变为碎片的动能。这些碎片都是带电重粒子，电离比值很大，射程很小。用适当能量π^- 介子照射肿瘤，能够在它的射程末端对肿瘤组织造成大伤害，比 X、γ 射线和 α 、β 粒子造成的伤害更集中，疗效更好。

表 15-3　基本粒子简表

分类	粒子名称	符　号	质量(MeV)	电荷(e)	自旋	平均寿命(s)	主要衰变方式
光子	光子	γ	$0(<10^{-21})$	0	1	稳定	
轻子	中微子	$\upsilon_e,\tilde{\upsilon}_e$	0(<60 eV)	0	1/2	稳定	
		$\upsilon_\mu,\tilde{\upsilon}_\mu$	0(<1.2)	0	1/2	稳定	
		$\upsilon_\tau,\tilde{\upsilon}_\tau$	0(<250 MeV)	0	1/2	稳定	
	电子	e^-,e^+	0.511 003	−1,+1	1/2	稳定	
	μ子	μ^-,μ^+	105.659 5	−1,+1	1/2	2.2×10^{-6}	$\mu^-\to e^-+\upsilon_\mu+\tilde{\upsilon}_e$
	τ子	τ^-,τ^+	1 807±20	−1,+1	1/2	$\leqslant2.3\times10^{-12}$	$\tau^-\to\upsilon_\tau+\mu^-+\tilde{\upsilon}_\mu$ $\upsilon_\tau+e^-+\tilde{\upsilon}_\mu$ $\upsilon_\tau+\pi^-$
强子 介子	π介子	π^0	134.965	0	0	0.84×10^{-16}	$\pi^0\to\gamma+\gamma$
		π^+,π^-	139.569	0	0	2.6×10^{-8}	$\pi^+\to\mu^++\upsilon_\mu$
	K介子	κ_1^0	497.7	0	0	0.866×10^{-10}	$\kappa_1^0\to\pi^++\pi^-\ \pi^0+\pi^0$
		κ_2^0	497.7	0	0	5.179×10^{-8}	$\kappa_2^0\to\pi^++\pi^-+\pi^0,3\pi^0$
		κ^+,κ^-	493.71	+1,−1	0	1.237×10^{-8}	$\kappa^+\to\mu^++\upsilon_\mu,\pi^++\pi^0$ $2\pi^++\pi^-$, $e^++\upsilon_e+\pi^0$
	η介子	η^0	548.8	0	0	2.52×10^{-19}	$\eta^0\to\gamma+\gamma,3\pi^0$ $\pi^++\pi^-+\pi^0$
强子 重子	质子	$p,\bar{p}$	938.26	+1,−1	1/2	稳定	
	中质	$n,\bar{n}$	939.573	0	1/2	918	$n\to p+e^-+\upsilon$
	Λ超子	$\Lambda^0,\bar{\Lambda}^0$	1 115.6	0	1/2	2.578×10^{-10}	$\Lambda^0\to p+\pi^-$ $n+\pi^0$
	Σ超子	Σ^0,Σ^0	1 192.48	0	1/2	$\sim10^{-20}$	$\Sigma^0\to\Lambda^0+\gamma$
		Σ^+,Σ^-	1 189.37	+1,−1	1/2	0.8×10^{-10}	$\Sigma^+\to n+\pi^+$
		Σ^-,Σ^+	1 197.35	−1,+1	1/2	1.48×10^{-10}	$\Sigma^-\to n+\pi^-$
	Ξ超子	Ξ^0,Ξ^0	1 314.9	0	1/2	3×10^{-10}	$\Xi^0\to\Lambda^0+\pi^0$
	Ω超子	Ξ^-,Ξ^+	1 321.3	−1,+1	1/2	1.65×10^{-10}	$\Xi^-\to\Lambda^0+\pi^-$
		Ω^-,Ω^+	1 672.2	−1,+1	3/2	1.3×10^{-10}	$\Omega^-\to\Xi^0+\pi^-,\Xi^-+\pi^0$, $\Lambda^0+\kappa^-$

(李宾中　王亚平)

笔记栏

第16章 生物热力学

热力学定律与生命活动过程的关系是重要而明显的，各种各样的生命活动表现都伴随着物质、能量、信息的传递和转化，像细胞生长、DNA自我复制和有机物质的合成这些生命的基本过程都离不开能量的传递和转化，否则就不会有生命。如同落叶永离、覆水难收一样，人生易老，返老还童只是梦想，生物体大都呈现出这样一种不可逆过程。人是自然的一部分，在统一的宇宙中，人既是观众，也是演员。所以我们必须以热力学相关理论与自然界进行对话。

要正确地认识生命过程，需要站在宏观的角度，应用热力学基本原理来探讨生物体生命活动变化规律及其过程、特征，一方面，生命系统内能量传递和转化必须服从热力学的两个定律；另一方面，热力学定律在生命领域也表现出新的现象，从而为生物学的深入探讨和定量研究创造条件。这就构成了生物热力学(Biological Thermodynamics)的主要内容。

第一节 人体代谢过程中的能量转换

根据热力学第二定律可知，人体这样一个高度有序的系统，如果与外界隔绝，不与外界进行能量转换和物质交换的话，熵增的结构将使它逐渐地从有序变为无序，生命就不能维持下去。为了保证生命过程的正常进行，人体就需要不断地和外界进行能量和物质的交换。

人体是一个远离平衡态的高度有序的系统。一个蛋白质分子就是由成千上万个原子按照一定的顺序组合而成的，细胞的结构就更复杂了，它们在机体内具有特定的结构和位置。从热力学第二定律可知，这样一个高度有序的系统，如果与外界隔离，不能进行能量和物质的交换，熵增加的结果将使它逐渐从有序变为无序，生命就不能维持下去。为了保证生命过程的正常进行，人体内部就得不断地消耗能量做功。例如，血管中的血液受到摩擦力的作用，部分动能转变为热能，心脏收缩对血液作功等。又如，细胞膜内外的离子要保持一定的浓度差，而自然趋势将使浓度差减少，因而要保持浓度差就必须消耗化学能作功来维持。死亡的细胞必须更替，生物生长过程中，新的组织必须再生，为此必须把较小的、相对更杂乱的成分组成新的蛋白质和细胞。由此可见，生命过程包含着建成和保持有序的结构，而要达到这一目的，就必须消耗能量作功。维持机体有序结构所需要的能量来自外界供给它的食物，食物的结构也是高度有序的，当食物的化学结合能在人体内被释放后，它的有序结构也就解体了，最后分解为简单的排泄物。各种排泄物的化学结构要比营养物质的简单得多，也就是说，排泄物的无序程度要比食物的无序程度大得多。如果把人体和它们的环境(包括环境供给的食物等)考虑在一起则熵总是增加的，可见生命过程也不能违反热力学第二定律。

生命系统是开放系统。因为新陈代谢，它每时每刻都与外界进行着能量的和物质的交换，尤其在其内部，每时每刻都在进行着分解和化合作用，这种分解和化合作用的总趋势，是把相对无序的物质转变为相对有序的物质，以不断地建成和保持自身的高度有序结构。例如，植物不断地经过光合作用把相对无序的无机物转变为相对有序的有机物；动物不断地把相对无序的低级蛋白转变为相对有序的高级蛋白。这种由相对无序到相对有序的过程即为熵减少过程。但是，伴随熵减少过程一定有能量的吸收和消耗。例如，人体细胞内部的离子浓度与细胞外不同，这是一种有序安排。自然的趋势是由于扩散而使细胞内外的离子浓度相等，因此，只有消耗化学能(转变为热)才能产生和维持这种浓度差。同样，植物通过光合作用生成葡萄糖的过程要吸收光能

$$6H_2O+6CO_2 \xrightarrow{\text{光合作用,吸收 } h\nu} C_6H_{12}O_6+6O_2$$

可以计算,每生成 1 摩尔的葡萄糖,熵减少为 $0.26\times10^3 J\cdot K^{-1}\cdot mol^{-1}$。所以,生命体内的熵减少过程是一个负熵吸能过程。

人体内的新陈代谢是同时进行着两个不同方面的过程,即一方面进行合成代谢,另一方面进行分解代谢;即一方面进行合成性的、建设性的变化过程,另一方面进行分解性的变化过程,这样才构成一个完整统一的代谢过程。因此,在人体内进行的代谢过程中,负熵过程一定与一个正熵过程相关联,这称为负熵补偿原理。其实践意义在于从人体中某一负熵过程必然能够找出其对应的向这一过程提供能量的正熵过程。例如,葡萄糖-1-磷酸+果糖→蔗糖+无极磷酸盐,这是一个化合负熵过程,对应有三磷酸腺苷(ATP)+葡萄糖→二磷酸腺苷(ADP)+葡萄糖-1-磷酸,就是分解正熵过程。可见,没有正熵反应,也就没有负熵过程,生命就不能维持。人体通过化合作用可以建造 20 几种不同的氨基酸,又用这些氨基酸来建造生物大分子——蛋白质,这是负熵过程。同时,体内各种糖类的分解又是正熵放能过程。例如,

$$C_6H_{12}O_6+6O_2 \xrightarrow{\text{分解}} 6H_2O+6CO_2+2867.5\times10^3 J$$

人体消耗能量的 60%~70%来自于体内糖类的分解。

人体是一个远离热平衡状态的高度有序系统,新陈代谢的正常进行,才能确保人体把相对无序的物质转变成相对有序的物质,以不断地生成和保持自身的高度有序结构,生命得以延续。因此,整个生命系统在生命进程的全过程中,是一个负熵吸能过程。但是,如果我们把人体和它的环境放在一起考虑,组成一个孤立系统,那么这个孤立系统的总熵是要增加的(比如排泄物的无序程度要比食物的无序程度大得多),是要向无序程度发展的。

人体内部的能量转换,可以根据第六章所述来定量计算人体对外作功的总机械效率和心、肺等器官的代谢率。如心脏的代谢率($\Delta E/\Delta t$),由理论计算得到的数值为 $586\ kJ\cdot d^{-1}$,而根据耗氧量测定的实验值是 $490\ kJ\cdot d^{-1}$,考虑到各种误差,可以认为理论计算值与测量值基本是一致的。人体所需要的能量来自食物中的糖、脂肪和蛋白质。在这三类营养素中,人体每日需要摄入的总能量,三者之间应保持合理的比例。在我国,营养学家建议,由糖供给的能量占总能量 58%~64%,脂肪占 20%~22%,蛋白质占 11%~12%。人体各器官在代谢过程中转化的能量大约有 50%以上直接以热的形式散失掉。各器官产热的多少,决定于该组织活动程度。安静时,以肝、肾产热量多;寒冷时,肌肉不自觉紧张起来,出现寒颤,产热增加;运动时;以骨骼肌产热最多,大约占总产热量的 75%~80%。此外,分解代谢增强,进食或精神紧张产热也会增多。

人体的内能除用于产热,对外界作功外,还有一部分转化为可以做生物功的化学能。化学能蕴藏在化学键上,不同的化学键,所含的能量高低不等,有些化学键,所含能量特别高,称为“高能键”,例如,人体内的“三磷酸腺苷”,简称 ATP。这种物质含有两个“高能磷酸键”,是人体内的一种主要高能物质。一个高能磷酸键水解时可释放大约 32.5kJ 能量。ATP 在细胞内含量并不多,一个人全身的含量约 100g。人体对 ATP 的需要,是随时消耗、随时补充。只有这样,才能保证肌肉收缩、神经传导、腺体分泌和合成代谢等生命活动的正常进行。补充 ATP 的办法是,由二磷酸(简称 ADT)和磷酸吸收能量合成,即

$$ADT+H_3PO_4 \xrightarrow{\text{吸能}} ATP$$

上式中合成所需要的能量,就是由糖、脂肪和蛋白质三大物质氧化而来的。

对于一个健康状况良好,职业稳定、生活有规律的人来说,每天摄入的能量与消耗的能量保持平衡,定期测量体重可以了解能量代谢是否保持平衡。如果体重减轻,则表示摄入的能量少于消耗的能量,这意味着体内储存的一部分脂肪和蛋白质被分解了;反之,如果体重增加,说明摄入的能量超过消耗的能量。减少 1g 脂肪,需要消耗肌肉 38.9kJ 的能量;减少 0.5kg 脂肪,要消耗 19.5MJ 的能量。这一能量比一个从事极重体力劳动,或从事激烈体育运动的人一天消耗的能量还多,由此可知,通过体力劳动或体育锻炼来减轻体重是相当困难的;而通过克制过量饮

笔记栏

食的诱惑来控制体重，相对来说，则比较容易达到目的。

在这一节要结束的时候，我们一起思考一个能量转换的核心问题。包括人体在内的动物生命的许多过程都需要大量的氧气，而新陈代谢的副产品中又不包含分子氧，那么在地球内，什么地方是供给氧气的来源？回答是，氧气是光合作用的产物，它保持大气中分子氧含量达 20%。为了使植物进行光合作用，就需要 CO_2、水和阳光（辐射能），而整个反应的能量变化为正；反过来，CO_2 由动物呼吸、燃料燃烧、有机物分解和草木生长来供给。如我们希望的那样，地球上生命的循环总熵的变化为正，这个原因的产生是由于呼吸是一个不可逆过程；同时很容易理解，如果没有充足的阳光，所有植物和动物将死亡而分解为矿物和气体，这些不可逆过程不可避免地导致熵的增加。在这里起决定因素的是由动物所引起的熵变化的速率。我们本质上都是一些与周围环境时时以稳定状态交换质量和能量的开放热力学系统，从太阳所获得的能量足以使我们可以不考虑总熵的损失。在太阳完全冷却以前，太阳和地球可以共同组成一个封闭系统（仅有能量交换），然而人口增加、燃料特别是化石（油）的大量消耗将逐渐改变熵变的稳定状态，（熵增加的时间变化率是逐渐增加的），这在大城市中最为明显，因为居住拥挤和空气污染都将导致熵的增加。

第二节　生物系统热力学

经典热力学定律只适用于孤立体系，而生命体系是一个开放体系，生命过程是一个和外界环境不断进行物质与能量交换的不可逆过程。近年来，不可逆过程热力学研究不断发展，热力学在生物学中的应用大大扩展。例如，经典热力学难以解释的“主动转运”过程（离子在细胞膜内外逆着浓度梯度的运动），用不可逆过程热力学就能作出较好的说明。

一、耗散结构

第六章讨论的热力学规律都是以系统处于平衡态的有序结构为前提的，比如热力学第一定律和第二定律均在准静态过程中引入，注意准静态的定义即为系统在任一时刻都无限趋近平衡态。然而生命系统都是远离平衡态的开放系统，平衡则意味着生命的终止。因此生命系统是非平衡态下有序的、开放的、随时间周期变化的复杂系统，这是一种远离平衡状态之下的非孤立系统的稳定有序结构。

在人们的想像中，一般认为倘若系统原先处于一种混乱无序的非平衡态时，则不可能在非平衡状态下呈现出一种稳定有序的结构。但普利高津（I. Prigogine）提出：一个远离平衡的开放系统（包括物理的、化学的、生物的、甚至社会的）在外界条件变化达到某一特定值时，系统通过不断地与外界交换能量和物质，就有可能从原来的无序状态转变为一种在时间、空间或功能上有序的状态，称为耗散结构（dissipative structure）。耗散结构与平衡结构不同，稳定有序的平衡结构是一种“死”的结构，它不需要靠外界供应能量和物质来维持；而稳定有序的耗散结构则是一种“活”的结构：它必须不断地与外界发生能量和物质交换，才能维持它的有序状态，它正是通过这种有序的状态去耗散能量和物质的。这种状态可以有一定的空间结构，在时间上有一定的运动秩序，而这些正是生命现象的重要特征——生物有序。

生命系统是由蛋白质、核酸等生物高分子，通过各种信息的联系与调节过程而形成的一种有高度组织的有序结构。这种有序结构处于远离平衡状态，一刻也不能与外界孤立起来，必须依赖不断地与外界进行能量和物质的交换，来保持这种有序的非平衡状态。如果它一旦由有序变成无序，由非平衡态变成平衡态，生命系统就被破坏而趋于死亡。所以说，生命系统是一种耗散结构。耗散结构在某些物理化学过程、自动控制系统以及生物学过程中都有很重要的意义，它有助于阐明生命现象中组织结构和有序度增长的现象。由于这方面的卓越贡献，普里高津荣获 1977 年的诺贝尔化学奖。

二、自组织现象

若系统内部由无序变为有序，使其中大量分子按一定规律运动的现象称为自组织现象(self-organization phenomenon)。它产生于远离平衡态的与外界有能量和物质交换的开放系统中，生命过程实际上就是开放系统中生物体进行的自组织过程。物理—化学系统中发生的各种时-空有序现象，其代表性的例子是苏联化学家别洛乌索夫和 A. M. 扎勃京斯基于 20 世纪 50、60 年代研究的柠檬酸或丙二酸被溴酸氧化的反应(简称 B-Z 反应)。在适当条件下(包括适当的催化剂)，该反应可呈现出某些组分的浓度随时间周期变化而不随空间变化的现象(化学振荡)，或随空间周期变化而不随时间变化的现象(空间花纹)或同时随时间和空间周期变化的现象(化学波)，甚至可呈现出具有宏观随机性的不规则振荡现象(化学混沌)。

根据热力学第二定律可知，生命系统若不与外界进行能量和物质交换，熵增加的结果将使它逐渐地从有序变为无序，生命就不能维持下去。正是由于生命在自然环境中非凡的自动组织过程，在宏观上表现出时间一空间水平的自发有序化现象，从而使生命系统由各种细胞按精确的规律组成高度有序的结构。比如人的大脑是由 150 亿个神经细胞组成的极精密有序的装置，最聪明的人也仅利用了这些细胞的 10%。进一步说，每个生物细胞中也有着奇特的有序结构。而一个生物体的全部遗传信息都编码在其 4 个不同的核苷酸碱基排列次序中，这些有序竟都源于那些汲取的食物中混乱无规的原子。

生物组织形成的自发性是沿着从低级到高级的进化方向进行的。在这一过程中，必须不断地对系统作某种形式的“功”，即不断的耗散能量，使原来相对无序，对称的低级组织自发地产生出新的高级组织。正是由于这种自发的进化组织过程是一种被动的耗能过程，故普利高津把自组织系统称为耗散结构。目前在生命科学领域，耗散结构理论主要应用于糖酵解、神经信号传导、肿瘤生长、免疫系统和神经网络等方面的研究。根据具体条件列出各变量随时间变化的微分方程组(反应扩散方程)，求出定态解并判定这些解的稳定性。解析生物效应机制，预言未知的作用趋势，给出生物医学应用的新思想和新建议。

三、生物进化与混沌

在很长的一段时期内，人们认为生物的进化不遵守热力学第二定律，而是受另外的自然规律支配。耗散结构理论从原则上为从物理学原理出发认识生物有序现象以及与之相关的生物进化现象开辟了一条新的途径。

耗散结构理论的建立使人们对自然界的发展有了新的认识：在平衡态附近，发展过程主要表现为趋向平衡态或类似的稳定态，并伴随着无序的增加和结构的消失；而在远离平衡的条件下，发展过程可以经受突变、导致新结构的形成和有序的增加。这种认识首先基于如下的观点：任何一种新的有序状态的出现，可以看作是旧的状态失去稳定性而使得某些涨落放大的结果。这就是耗散结构理论的“通过涨落达到有序”的观点。一种状态的稳定性取决于系统内部的动力学特性和系统的非平衡程度，非平衡程度又取决于系统所处的外部条件。当外部条件(可以用参数的值表征)发生变化而达到某个临界条件时，本来稳定的状态会突然失去稳定性，从而某些涨落可以放大而驱动整个系统达到一种新的状态。新状态的出现是一种突变现象，在数学上称为分岔现象(临界点称为分岔点)。通过分岔现象，系统可以从无序状态发展到某种稳定的有序状态。随着外部条件的进一步变化，这种有序状态又可能失去稳定性而驱使系统发展到一种新的更加复杂的有序状态，这称为二级分岔现象。还可发生三级分岔和更高级的分岔现象。伴随着逐级分岔现象的发生，系统可发展到越来越复杂的有序状态，甚至发展到宏观无规的“有序状态”——混沌状态。

生物系统无论就其某种特定的基本单元(分子、细胞、组织等)的数量来说，还是单元的种类(如不同的物种)的数量来说都会发生涨落，这种涨落可能是由生物系统内在的机制(如通过复

笔记栏

制误差)产生的,也可能是由于和外界的相互作用中的不确定因素造成的,另一方面生物系统所处的环境(外部条件)会不断发生变化。这种变化可能是由于更广意义上的外部环境(如宇宙)的变化引起的,也可能是由于生物系统本身的行为造成的(因为生物体本身又是环境的一部分)。伴随着环境的变化,生物系统的功能和结构(包括物种类型)都可能发生类似物理—化学系统中发生的逐级分岔现象。通过各个分岔点时,生物系统原来的状态会失去稳定性而不能继续存在,而具有特定时—空行为的微小涨落(比如由变异作用偶然产生的某个物种)可以长大,在适当条件下可达到宏观的量级,使系统达到一个新的、时一空行为可能更加复杂的状态。这种类似"进化树"的"分叉"是自然演化的一种基本方式,分叉的选择表现在通过远离平衡态对外部随机涨落的敏感性上。在近平衡态,涨落随生随灭,对系统并不造成破坏性影响。在远离平衡态,系统对微小涨落变得极为敏感。分叉表明了系统稳定性与不稳定性的辩证统一。对系统进化来说,稳定性是不稳定性的基础,不稳定性是达到新的稳定性的必经之途。这种过程反复进行就导致了类似"生物进化树"那样的分支系统,使生物系统的结构和功能趋于丰富多彩。这正好符合达尔文的"适者生存"的生物进化学说。因此耗散结构理论至少从原则上可以解释生物的进化现象。

对于生命过程,我们无法根据一般性原理做出像卫星轨道那样的精确预测;而且人类自身也是这个赖以生存的环境的一部分,人类可以通过自身的作用去影响和控制环境,从而也可以影响生物进化过程。这是耗散结构理论给予人们的重要启示。

习题十六

16-1 什么是生物热力学？它的主要研究内容有哪两个方面？

16-2 薛定锷说:"要摆脱死亡,就是说要活着,唯一的办法就是从环境中不断地吸取负熵。我们马上就会明白,负熵是十分积极的东西。有机体就是赖负熵为生的,或者更确切地说,新陈代谢中的本质的东西,乃是使有机体成功地消除了当它自身活着的时候不得不产生的全部的熵。"如何理解负熵对于生命过程的重要性？

16-3 如何理解地球上的能量大部分来自太阳,而光合作用是地球上最重要的能量转化过程？

16-4 什么是自组织现象？有何特征？举例说明之。

16-5 生命的起源和演化过程是否与熵增加原理矛盾？为什么？

(廖新华)

第17章 生物电现象

生物电现象是一切生物机体普遍存在的现象。人体的每一个活动，都伴随着电现象，如神经传导、肌肉兴奋、心脏跳动和大脑活动以及腺体分泌等生理过程，都会产生相应的电变化。另一方面，所有组织对电流的作用都有很高的敏锐性，这说明电流现象与生命状态的密切关系。生理机能发生改变时，就会发生相应的电变化。如正常的心电图和病理心电图就不一样。现代医学上已广泛利用心电图、脑电图、肌电图、网膜电图以及皮肤电图等记录有关的生物电变化的信息，作为判断各组织活动的生理和病理状态的重要指标。

生物电现象是生命活动的重要过程之一，并与许多重要的物理化学过程相联系。本章主要介绍细胞膜电位，神经传导及心电图形成的电学原理，让医学学生们了解生命过程与电活动的密切关系。

第一节　细胞膜电位及神经传导的电学原理

一、静息电位

大量实验证明，活组织的细胞膜内外存在一定的电势差，称为跨膜电势差(transmembrane potential)，也称为膜电位。在正常安静状态下，这种电位差就是静息电位(resting membrane potential)。生物细胞膜产生静息电位的能力是一切生物机体都具备的一种普遍特性。

由于电的中和特性，细胞内的液体的正、负离子浓度相等，细胞外的浓度也相等。实验表明生物细胞膜是半透膜，它对离子的大小和带电的正负具有选择通透性，从而形成了这些正负离子在迁移率上的差距，造成细胞膜内外正负离子的不均匀分布。细胞膜对 K^+ 离子通透性较大，使 K^+ 离子透过膜，并紧密地聚集在细胞膜的外表面，等量的负离子也紧密地聚集在细胞膜的内表面，产生了膜电位，这种现象称为极化(polarized)。

如图 17-1，有两种不同浓度($C_1 > C_2$)的 KCl 溶液，由一个半透膜隔开。设半透膜只允许 K^+ 离子通过而不允许 Cl^- 离子通过。由于浓度不同，K^+ 离子从浓度大的 C_1 一侧向浓度小的 C_2 一侧扩散，结果使得右侧正电荷逐渐增加，左侧出现过剩的负电荷。这些电荷在膜的两侧聚集起来，产生一个阻碍离子扩散的电场，最后达到平衡，膜的两侧具有一定的电势差 ε 。半透膜的电位差有一稳定值，其值的大小可以用波尔兹曼能量分布定律来推算。在温度相同的条件下，具有电势能 E_P 的带电粒子的平均密度 n(即单位体积的粒子数)与电势能 E_P 的关系为

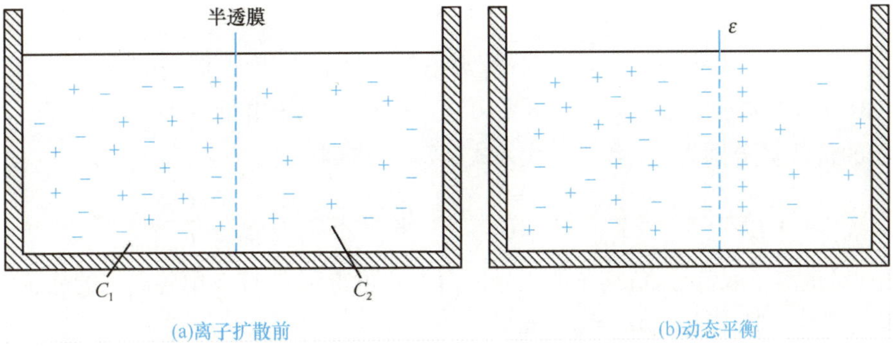

图 17-1　能斯托电位的形成

$$n=n_0e^{-\frac{E_P}{kT}}$$

式中 n_0 是势能为零处的单位体积分子数，k 为波尔兹曼常数。

设在平衡态下，半透膜两侧的粒子密度分别为 n_1、n_2，膜两侧的电位为 U_1、U_2，离子价数为 Z，电子电量为 e，则两侧离子的电势能分别为 ZeU_1 和 ZeU_2。代入上式得到

$$n_1=n_0e^{-\frac{ZeU_1}{kT}},\quad n_2=n_0e^{-\frac{ZeU_2}{kT}}$$

两式相比，得到

$$\frac{n_1}{n_2}=\frac{n_1}{n_2}=e^{-\frac{Ze(U_1-U_2)}{kT}}$$

取自然对数得

$$\ln\frac{n_1}{n_2}=-\frac{Ze}{kT}(U_1-U_2)$$

因为膜两侧浓度与离子密度成正比，即 $\frac{C_1}{C_2}=\frac{n_1}{n_2}$，所以上式可写为

$$U_1-U_2=-\frac{kT}{Ze}\ln\frac{C_1}{C_2}\tag{17-1}$$

若改用常用对数，则上式可写成

$$\varepsilon=U_1-U_2=-2.3\frac{kT}{Ze}\lg\frac{C_1}{C_2}\tag{17-2}$$

式(17-2)称为**能斯托方程**(Nernst equation)。它给出了半透膜扩散达到平衡状态时的跨膜电位与两侧离子浓度之间的关系。这里的电位差也称为**平衡电位或能斯托电位**(Nernst potential)。

在静息状态下，细胞膜外表面带正电，内表面带负电。蛙肌的静息电位为－97.6mV，人的神经细胞的静息电位为－85mV，负号表示膜内电势为负，膜外电势为正。图 17-2 为测量膜电位的实验装置的模式图，记录细胞膜电位用尖端极细的玻璃微电机(小于 0.5μm)。开始测量时两电极置于细胞外间隙内，两电极无电位差，细胞外间隙的电位一般规定为零。将微电极刺入细胞内，记录的电势出现一个向负值的变化约为－70 mV，即膜内电势比外电势低 70 mV。

一般说来，最容易通过细胞膜的粒子是 K^+ 离子(即细胞膜对钾离子的通透性最大)，其次是 Cl^- 离子，Na^+ 离子的通透性很小，酸根等负离子就完全不能通过细胞膜。在人体神经细胞内外的几种主要离子的浓度如表 17-1 所示。

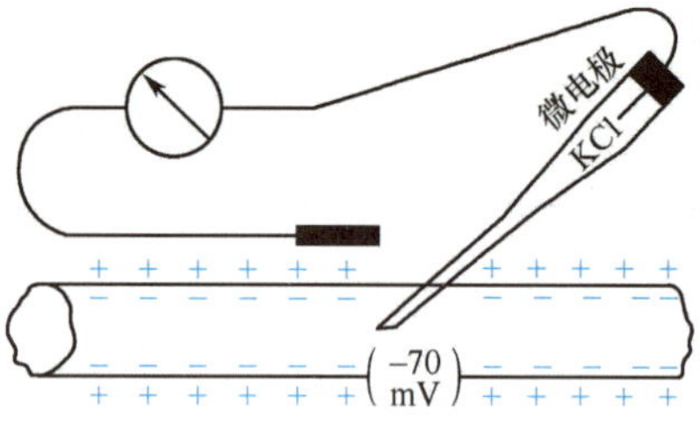

图 17-2 细胞膜电位的测量

表 17-1 细胞内外主要离子浓度及静息电位

离子	细胞内浓度 C_1	细胞外浓度 C_2
Na^+	10	142
	>151	>147
K^+	141	5
Cl^-	4	100
	>151	>147
A^-	147	47

根据表 17-1 中给出的离子浓度就可计算离子的静息电位(即能斯托电位)。人体温度 $T=273+37=310K$，波尔兹曼常数 $k=1.38\times10^{-23}J\cdot K^{-1}$，电子电量 $e=1.6\times10^{-19}C$，K^+、Na^+ 和 Cl^- 离子的价数 Z 分别为＋1 和－1，代入式(17-2)，得到

$$\varepsilon=\pm\frac{2.3\times1.38\times10^{-23}\times310}{1.6\times10^{-19}}\lg\frac{C_1}{C_2}=\pm61.51\lg\frac{C_1}{C_2}\text{mV}\tag{17-3}$$

式(17-3)中，对正离子取负号，负离子取正号。由上式可得到表 17-1 中各离子的静息电位。

Na^+：$\varepsilon_{Na^+}=-61.51\lg0.07=+71\text{mV}$

K^+：$\varepsilon_{K^+}=-61.51\lg28.2=-89\text{mV}$

笔记栏

Cl^-：$\varepsilon_{Cl^-}=+61.51\lg0.04=-86\text{mV}$

把以上的计算值与实验测量得到的神经细胞静息电位值 $\varepsilon = -86\text{mV}$ 相比较，可以发现，Cl^- 离子正好处在平衡状态，即通过细胞膜扩散出入的 Cl^- 离子数目保持平衡。对于 K^+ 离子来说，两种结果相差不大，而对于 Na^+ 离子来说却相差很远。这说明，在静息状态下细胞膜对于 K^+ 离子是通透的，而 Na^+ 离子通透性却很差。细胞在静息状态下，离子浓度保持不变，必须认为存在着某种机制把流到膜外多余的 K^+ 离子和进入膜内多余的 Na^+ 离子逆着浓度差运回远处，这种机制称为钾泵（K^+ pump）和钠泵（Na^+ pump）。

二、动作电位

当神经或肌肉细胞处于静息状态时，细胞膜内外表面均匀地分布着等量的负离子和正离子，形成静息电位。但是当细胞受到外来刺激时，不管刺激的性质是电的、化学的、热的或机械的，只要达到一定程度，细胞膜对 Na^+ 离子的通透会突然增大。由于膜外 Na^+ 离子的浓度远高于膜内，膜内的电位又低于膜外，则大量 Na^+ 离子在浓度差和电势差的双重影响下由细胞膜外涌入细胞膜内。大约在 0.2ms 的时间里，细胞膜对 Na^+ 离子的通透性比 K^+ 离子大 100 倍，这时细胞膜的纳离子通道被激活。这一过程的直接结果是使细胞膜内电位迅速提高，当膜内、外 Na^+ 离子的浓度差和电位差的作用相互平衡时，细胞膜的极化状态发生逆转，结果细胞膜内带正电，膜外带负电，这一过程叫除极（depolarization）。与此同时，电位也由静息状态下的 -86mV 变成 $+60\text{mV}$ 。

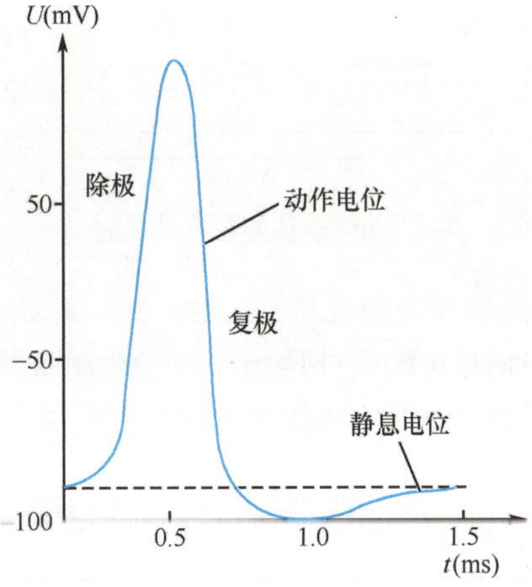

图 17-3　动作电位

此后，细胞膜又使 Na^+ 离子的通透性恢复了原状，几乎不能通过。同时 K^+ 离子的通透性突然提高。结果大量 K^+ 离子由细胞膜内向膜外扩散，使膜电位由 $+60\text{mV}$ 迅速下降到 -100mV 左右。这一过程使离子在细胞兴奋时的移位得这以恢复，即细胞膜内再次带负电、膜外带正电，称之为复极（repolarization）。之后由于"钠-钾泵"的作用，细胞膜内的 Na^+ 离子被输送到膜外，与此同时细胞膜外的 K^+ 离子又被送到膜内，膜电位又恢复到静息电位值 -86mV。

由上面的论述可以看出，细胞受刺激所经历的除极和复极过程，膜电位突然上升或下降构成一个短暂的具有 100～150 mV 的波动。这个电势差称为动作电位（action potential）。图 17-3 给出了一个动作电位的形成过程。在细胞恢复到静息状态以后，又可以接受另一次刺激，产生另一个动作电位。在不断的强刺激下，一秒钟内可以产生几百个动作电位。

三、神经传导

神经系统的基本结构单位是神经元，神经元是专门用于电信息的接收、译码和传送的神经细胞，它由细胞体、树突和轴突组成。树突接受传入信息并将其传向细胞体；轴突很长，由细胞体的小丘分出，直径均匀，所以称其为神经纤维。

神经纤维可以传递各种机体信息，如痛、光、声、热的感觉以及抽象的思维等。这些信息并不是按原来形式传递，而是以神经冲动（神经脉冲）的形式来传导的。当感觉器官接收到外界刺激后，把外界的刺激转化为神经冲动，在相应的神经纤维中传导。

当感官在活动时或大脑发出指令时，在相应的神经纤维上都可以检查出电的反应。当刺激足够强时，就能引起动作电位。这种动作电位的持续时间很短，必须借助于电子仪器才能观察。在神经肌肉标本上用足够强的电流刺激神经干的一端，结果肌肉收缩。可见，电刺激必然在神经干内引起了某种变化或过程，这就是神经冲动。神经冲动传导肌肉引起肌肉收缩，在观察过程中用电描记法测量动作电位的传播速度。同时，用肌动描记法测量神经冲动的传播速度，结

笔记栏

果证明两者完全相等。这种等同说明了动作电位和神经冲动是同步的，即神经冲动的传导实际上是动作电位的传播。

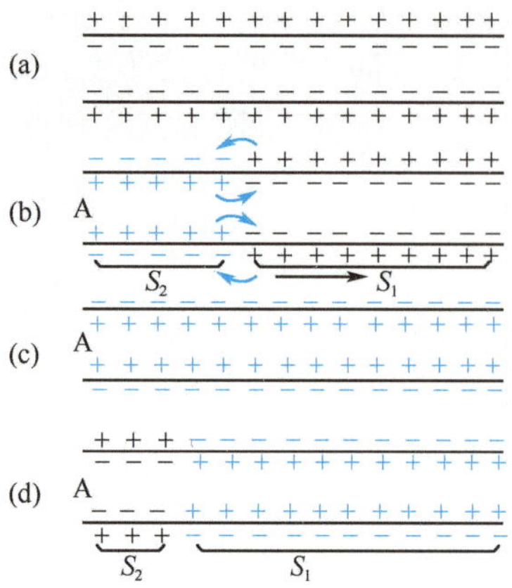

图 17-4　动作电位沿轴突的传播

图 17-4 表示动作电位在神经轴突中的传播过程。其中图(a)表示一根处于极化状态的神经轴突。如果在 A 端进行刺激(无论哪种刺激)，使它发生局部除极。在受刺激的 A 端的膜的外表面带负电，内表面带正电，在 A 端形成除极区，外表面的正电荷向除极区运动，使临近区域电势降低，在内表面正电荷向静息区运动，使临近区域电势升高，结果使临近区域的膜电位发生变化，离子通透性突然增加，邻近区域发生除极，变成新的除极区，出现动作电位，从而使动作电位以恒定的速度由远及近的沿轴突传播，如图(b)所示。传播的速度与神经纤维的结构和大小有关，慢的约 0.5m・s^{-1}，快的可达 130 m・s^{-1}，图(c)表示整个区域处于除极状态，图(d)表示被刺激部分开始复极。如果仅刺激一次，则当整个神经轴突除极完毕后，又从 A 端开始复极，最后恢复到静息状态。如果连续刺激，则动作电位就连从 A 端向外传播。神经冲动就是以动作电位的传播的方式把来自感受器官的信息传至大脑，再由大脑传到运动器官。

四、神经纤维的电缆性质

神经纤维中的轴突中间所含轴浆是比较稀的电离物质溶液，其中的 K^+、Na^+、Cl^- 离子可沿轴突流动，形成纵向电流称为**轴浆电流** i_a。还有很少的带电离子通过纤维膜流到膜外，形成横向电流称为**膜电流** i_m。所以，在轴突内液的纵向和横向都有电阻。纵向电阻称为**轴浆电阻** R_i，且用 r_i 表示单位长度的轴浆电阻。横向上的电阻称为**膜电阻** R_m，用 r_m 表示单位长度的膜电阻。细胞外液及细胞内液均为含电解质的液体，可看作两个导体；细胞膜是含脂肪的膜，可视为绝缘体。因此三者组成了电容，称为**膜电容** C_m，并用 c_m 表示单位面积的电容。如图 17-5 所示。

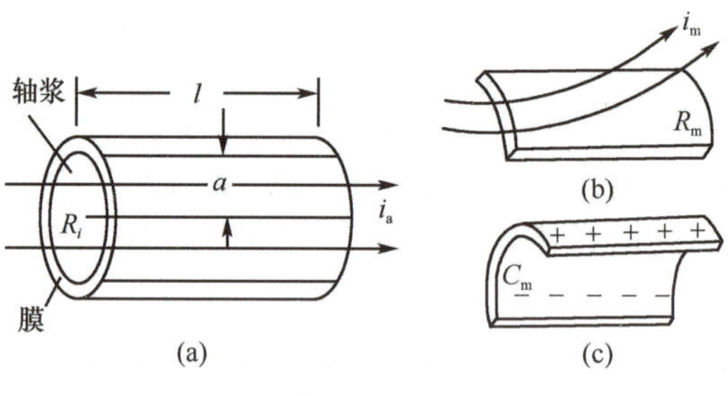

图 17-5　神经纤维的电缆性质

由此可见，轴突类似绝缘不良的电缆。由于轴浆电阻、膜电阻与膜电容的组合，使电流对膜电位的影响起着随距离而衰减和在时间上的延缓作用。神经纤维的这种性能可以比较满意地解释电流对神经膜的作用。因此，也称为电缆学说。

当可兴奋细胞受到刺激时，膜电位将发生变化。如果刺激低于一定强度，细胞的电阻、电容及静息电位不发生变化，这时的膜称为**被动膜**。图 17-6(a)是测量神经纤维电缆性质的装置。在神经纤维中插入两个微电极，其中一个电极突然通入恒定电流 I 刺激神经，另一个电极记录该处膜电位的改变量 ε（即膜电位与静息电位的差值 ε）。图(b)表示在电源附近处（$x=0$），ε 上升较快，其随时间的变化的终值最大。在远离电源处（$x=2.5$mm、$x=5.0$mm）ε 上升较慢，而且终值也较低。图(c)表示膜电位变化量终值和 x 之间的关系。膜电位变化量在时间和

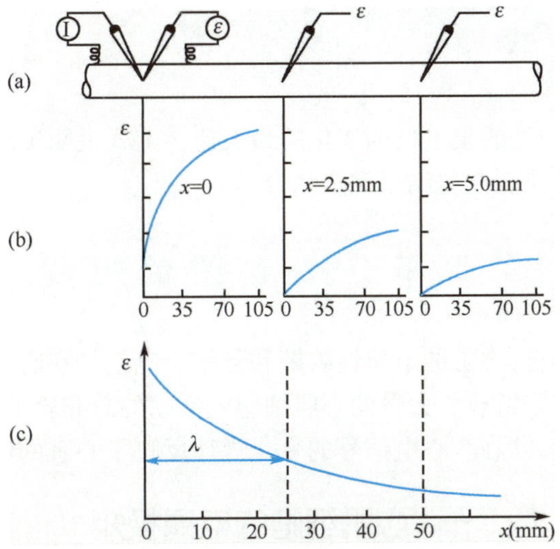

图 17-6 膜电位变化与时间和距离的关系

(a) 测量膜电位变化的示意图;(b) 膜电位变化 ε 与时间 t 的关系;(c) 膜电位变化 ε 与距离 x 的关系

空间的分布与轴浆电阻、膜电阻有关,也与膜电容有关。由于膜电容的作用,可引起某点处膜电位改变量 ε 随时间变慢,又由于轴浆电阻及膜电阻的作用,使得膜电位变化的最大值 ε_{max} 随距离 x 的增加按指数规律而减小,这就是被动膜的电缆性质。

五、电缆方程

将神经纤维分为许多长度为 Δx 的小段,每一小段膜的电性质可用一个膜电容 C_m 和膜电阻 R_m 并联组成的等效电路来表示,如图 17-7 所示。将邻近小段的等效电路连接在一起就构成神经纤维的等效电路,如图 17-8 所示。

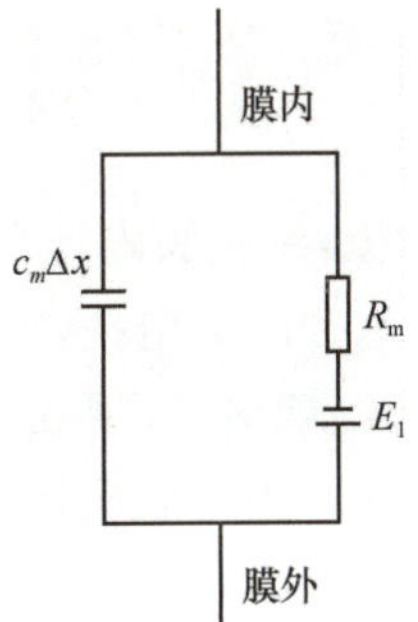

图 17-7 一小段被动膜的等效电路

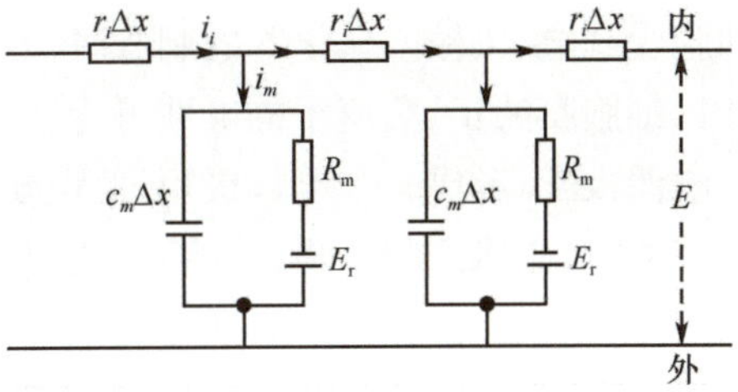

图 17-8 神经纤维的等效电路

r_i 表示单位长度轴浆的电阻,细胞外液的电阻忽略不计。r_m 和 c_m 分别为单位长度的膜电阻和膜电容。由欧姆定律和基尔霍夫定律可得到

$$\frac{r_m\partial^2\varepsilon}{r_i\partial x^2}-r_m c_m\frac{\partial\varepsilon}{\partial t}-\varepsilon=0 \qquad (17\text{-}4a)$$

令 $\lambda=\sqrt{\frac{r_m}{r_i}}$ 称为被动膜的空间常数,$\tau=r_m c_m$ 称为时间常数,则上式变为

$$\lambda^2\frac{\partial^2\varepsilon}{\partial x^2}-\tau\frac{\partial\varepsilon}{\partial t}-\varepsilon=0 \qquad (17\text{-}4b)$$

式(17-4)称为神经纤维的**电缆方程**。式中 ε 随时间 t 和距离 x 而变化,当膜电流 i_m 使膜电容 c_m 充电完毕后,则 ε 不再随时间而变化,即 $\frac{\partial\varepsilon}{\partial t}=0$。式(17-4b)变为

笔记栏

$$\lambda^2 \frac{\partial^2 \varepsilon}{\partial x^2} - \varepsilon = 0 \tag{17-5}$$

解上式得

$$\varepsilon = \varepsilon_0 e^{-\frac{x}{\lambda}} = 0$$

式中 ε_0 为电流电极($x=0$)处的膜电位的变化的最大值。上式说明了膜电位的变化随距离 x 而按指数规律减小。理论结果和实验结果完全吻合。

第二节 心电图的形成

心脏是人体的核心器官,心脏的节律性收缩和舒张是电信号在心肌纤维中传播的结果。心肌纤维是由大量的心肌细胞组成。大量的心肌细胞电活动的总和就形成了心肌纤维的电活动,进一步产生心脏的电活动。因此,心电信号的变化规律反映了心脏的活动规律。

一、心肌细胞的电偶极矩

心肌细胞的电活动是心脏电活动的基本单元。心肌细胞与其他可激活细胞一样,处于静息状态时,在其膜的内外两侧分别均匀对称地聚集着等量异号的带电离子,形成一闭合曲面的电偶层。此时,电偶层周围的电势为零。因此,在无刺激时,心肌细胞处于极化的静息状态,如图 17-9(a)所示。

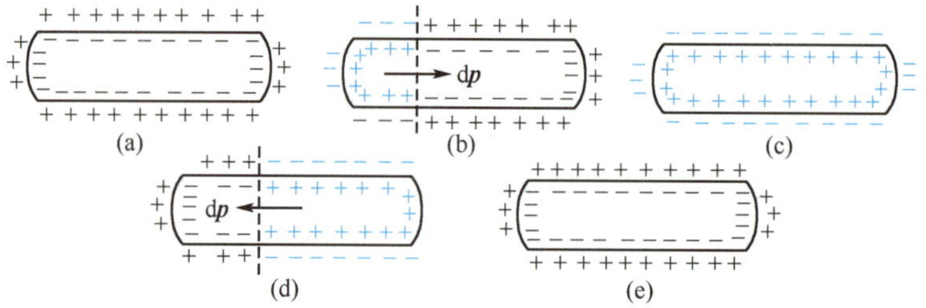

图 17-9 心肌细胞的电学模型

(a) 极化状态;(b) 除极过程;(c) 除极结束;(d) 复极过程;(e) 复极结束

当心肌细胞受到电、机械或化学等的刺激时,心肌细胞开始除极,细胞膜内外整体电荷不再是均匀的,此时,细胞膜的正、负离子的电性可等效为两个位置不重合的点电荷,而使整个心肌细胞类似一个电偶极子,形成一个电偶极矩,此电矩称为心肌细胞电偶极矩,用 d$\boldsymbol{p}$ 表示。除极在心肌细胞中传播时,心肌细胞电矩也随着变化,如图 17-9(b)所示。当心肌除极完毕时,整个心肌细胞的电荷分布又是均匀的,外表面为负电荷,内表面为正电荷,心肌细胞电矩为零,细胞外的电势也为零,如图 17-9(c)所示。图 17-9(d)表示心肌细胞的复极过程,在此过程中,心肌细胞形成一个与除极时方向相反的变化的电矩 d$\boldsymbol{p}$,心肌细胞外出现一个变化的电势。复极完毕后,心肌细胞恢复到极化状态,如图 17-9(e)所示,又可接受另一次刺激。

从上面的讨论可见,心肌细胞只有在除极和复极的过程中表现出电偶极子特性,其电矩不为零,而是一个随时间变化的量,它在其周围产生的电势也随时间和空间方位而发生变化。

二、瞬时心电向量

心脏是由几块心肌构成。在一块心肌中,如果一端的心肌细胞受刺激发生除极,该处的细胞膜就形成动作电位,同时形成局部的环形电流,这局部的环形电流刺激附近的静息膜,使其除极而兴奋,原来的静息膜变成除极膜,从而使动作电位和局部环形电流沿着心肌细胞逐渐向前扩张,除了纵向传播外,还要横向传播,使兴奋以除极波的形式向前传播。除极未到达的地方的心肌细胞处于静息状态,细胞电矩 d$\boldsymbol{p}$ 为零。除极后的各个心肌细胞要依次复极,复极完毕的各个细胞也处于静息状态，电矩亦为零，只有除极到达之处的各个细胞电矩不为零，复极时也同样如此。

当除极波阵面在某一瞬间传播到某处时，除极波阵面上所有正在除极的心肌细胞电矩的矢量和称为瞬时心电向量，用 $\boldsymbol{P}$ 表示，即

$$\boldsymbol{P}=\sum d\boldsymbol{p}$$

复极时也有瞬时心电向量，它的大小也可用上式计算。由此可见，心脏在除极和复极时，具有电偶极子特性。因而，可将心脏的电特性等效为一个电偶极子，这种电偶极子称为心脏电偶极子。它在某一时刻的电矩就是瞬时心电向量 $\boldsymbol{P}$，它随时间和空间变化。如图 17-10(a)所示，瞬时心电向量 $\boldsymbol{P}$ 用箭头表示，箭头的长短表示向量的大小，箭头指向表示其方向，箭尾表示心脏电偶极子的中心。

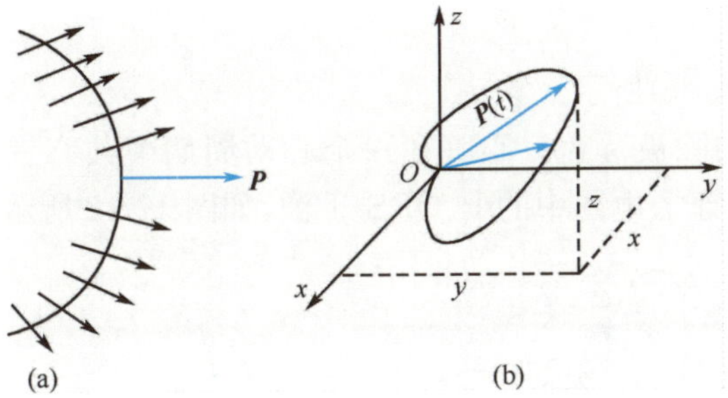

图 17-10　心电向量

(a) 瞬时心电向量；(b) 空间心电向量环

三、空间心电向量环

当心肌中的兴奋以除极波的形式向各个方向传播时，各瞬间除极波阵面上的心肌细胞电矩的数目各不相同。因此，瞬时心电向量的方向和大小都随时间而变。

心脏是一个不规则的立体脏器，它占有三维空间。因而，除极波阵面和瞬时心电向量 $\boldsymbol{P}$ 也是在三维空间变动。为了描述瞬时心电向量随时空的变化规律，通常按先后顺序将各个瞬时心电向量 $\boldsymbol{P}$ 经过平移，将箭尾收拢在一点，箭头随时间和空间变化的三维空间曲线称为空间心电向量环。如图 17-10(b)所示。空间心电向量环包含无穷多个瞬时心电向量 $\boldsymbol{P}$。空间心电向量环在立体坐标 $Oxyz$ 中的 xy 、yz、zx 三个平面的投影而形成的平面曲线称为平面心电向量环。

心脏分左右心房和左右心室，窦房结位于右心房后上部。窦房结发出激动，产生动作电位，首先传到心房，然后再传到心室。整个心房除极时间约为 0.06s～0.1s。基本上是，前 1/3 的时间是在右心房除极，中间 1/3 的时间是左右心房同时除极，后 1/3 时间是左心房除极。

右心房单独除极时，瞬时心电向量大致指向下方偏左，左右心房同时除极时瞬时心电向量指向坐下方稍偏前，向量较长。左心房单独除极时，瞬时心电向量指向左后方偏下。表示其变化规律的空间向量环就是心房除极心电向量环，即 $\boldsymbol{P}$ 环，如图 17-11(a)所示。

左心室位于左后方偏下，右心室位于右前方偏上。心尖前部除极向量指向左前方稍向下，左心室除极向量较长，指向左下方稍偏后，基底部除极向量较短，指向左上方稍偏后。心室除极时各瞬时心电向量的箭尾收拢在一点，连接各瞬时心电向量的箭头所形成的空间曲线即心室除极心电向量环。简称 QRS 环，如图 17-11(b)所示。

心室除极后紧接着有个复极过程。心室复极过程与心肌的代谢功能有关。一般来讲，温度高、血压低、供血好的部位，其心肌细胞的复极就要快些。另外，心室复极过程并不像除极过程形成除极面那样形成复极面。复极时的心电向量指向心尖的方向。一个心肌细胞除极时间只需要 2ms，而复极却需要 200～300ms。可见，复极要比除极慢得多。将心室复极时各瞬时心电向量的箭尾收于一点，连接各瞬时心电向量的箭头所形成的空间曲线就是心室复极心电向量

笔记栏

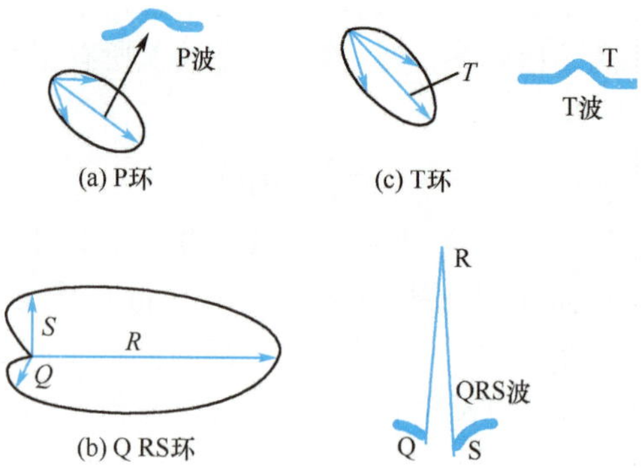

图 17-11 P 环、QRS 环、T 环及对应的波形

环。简称 T 环，如图 17-11(c)所示。

心房的复极被心室的除极覆盖。心脏在一个心动周期中共有三个心电向量环，即 P 环，QRS 环，T 环。分别对应于心电图中的 P、QRS、T 波，如图 17-12 所示。

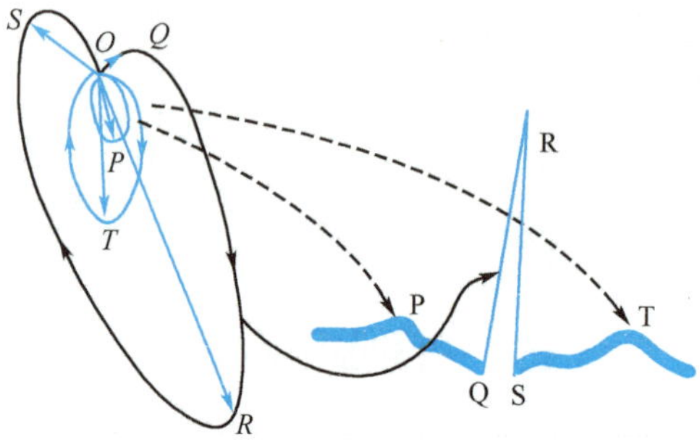

图 17-12 心电向量环对应的心电图

心房除极引起心房收缩，心室除极引起心室收缩，心脏复极时处于舒张状态。因此，从心电图的变化可以反应心脏的功能状态。

四、心电图的形成

我们不能直接在心脏上进行电测量，只能在身体表面不同的部分测量心脏所激发的电位而得到诊断信息。心电向量在体表引起的电势可由 $U=k\dfrac{\boldsymbol{P}}{r^2}\cos\theta$ 计算得到。式中 $\boldsymbol{P}$ 为瞬时心电向量，即心脏电偶极子的电矩，r 为心脏电偶极子中心到体表探测点的距离，也是电偶极子中心到探测点的连线，称为导联轴。θ 为 $\boldsymbol{P}$ 与 r 之间的夹角。

在体表任一点的电势不仅随电矩 $\boldsymbol{P}$ 而变，而且还要随 θ 的大小而变。将电势随时间的变化用心电图机记录下来就形成了心电图。

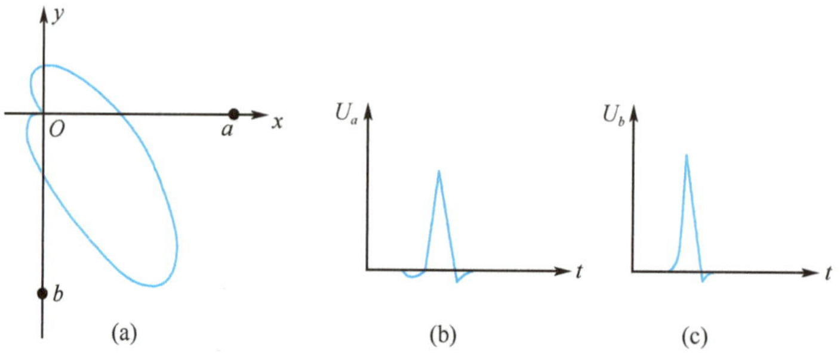

图 17-13 心电波形与向量环的关系

在体表不同探测点(θ 角不同)对同一定点向量环测量的波形不同。如图 17-13 所示,图(a)表示对于 QRS 环,将探测点位于在 a 点,以 Oa 导联轴为 x 轴,通过 O 点作 Oa 的垂线为 y 轴,当瞬时心电向量位于 y 轴的左侧时,θ 角大于 90°,在 a 点的电势为负;当瞬时心电向量位于 y 轴的右侧时,θ 角小于 90°,在 a 点的电势为正。心电向量环上的箭头表示瞬时心电向量时空变化的顺序。因此,在 a 点的电势变化规律如图 17-13(b)所示。

如果探测点在 b 点(y 轴上),这时的导联线为 Ob。x 轴与导联线垂直。因此,当瞬时心电向量位于 x 轴的下方时 b 点的电势为正值,瞬时心电向量位于 x 轴的上方时 b 点的电势为负值。b 点的电势变化规律如图 17-13(c)所示。

五、中心电端

通常用心电图机描绘心电图时,关键是找出零电势点。从理论上分析,心电向量电场的零电势面上的所有点都是零电势,可以作为参考零电势点。但由于心电向量是时空的变化量,零电势点也随时空变化,因而不可能用心电向量的零电势作参考点。实际上,由于人体是生命有机体,在心脏周围是一些电解质溶液。可设心脏电偶极子处于电阻分布均匀的容积导体中,把右上肢 R、左上肢 L、右下肢 F 到心脏的连线构成的构成的角度看成是 120°,图 17-14 所示。

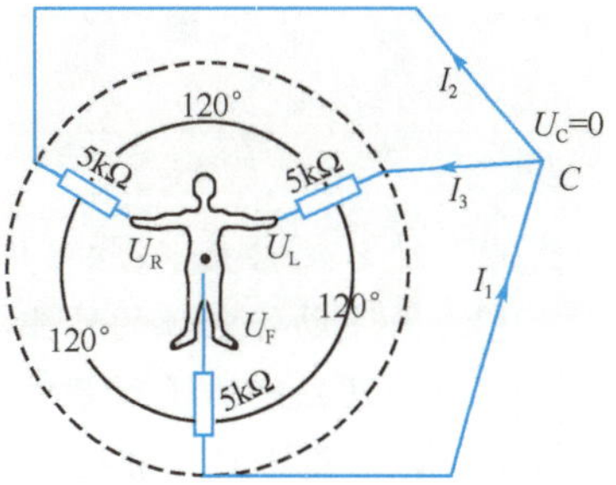

图 17-14　中心电端的连接法

为了消除 R、L、F 三肢体到心脏的电阻差异性,分别在 R、L、F 连线上连接阻值相同的高电阻 5kΩ,然后再连接到 C 点,可以证明 C 点的电势为零,这个体外电势为零的 C 点称为**中心电端**,也即心电图机的无效电极的连接点。

六、电极导联

应用心电图机测量时,将两电极放在体表指定位置,并与心电图机相连接,就可以将体表两点间的电位差或一点的电位变化导人心电图机。导入体表电位差或体表电位的线路连接方式称为**心电导联**。

导联方式主要有:双极肢体导联,习惯称为标准导联;单极加压肢体导联,简称加压导联;单极心前区导联,简称胸导联。双极导联法是将心电图机的两个测量电极放在体表两个任意部位,测量出心脏电偶极子电场在这两点的电势差随时间的变化曲线,它不需要中心电端。而单级导联是以一个恒定的点作为参考点,测出体表任一点的电势的变化曲线,它需要中心电端。下面简单介绍单级导联法。

单级导联法有两个电极,一个是有效电极,测量电势用。另一个是无效电极,测量时放置在参考零电势点。如果将心电图机的有效电极压粗触到心区,将无效电极连接到中心电端,就构成了单机胸导联。在实际测量中,胸导联一般要移动有效电极,沿着心前区下缘测量几个不同点的电势变化曲线,如图 17-15 所示。

如图所示,如果将心电图机的有效电极接到肢体上,无效电极接于中心电端,开关 K_1、K_2、K_3 都接通,就构成了单级肢体导联 U_R 、U_L 、U_F 。

肢体离心脏较远,单级肢体导联测得的心电变化幅度较小,不便于观察和分析。为了增大心电幅度变化,并且不使波形产生失真,常采用单级加压导联的方法,它是在单机导联的基础上把要观察的肢体上的电路断开。在图中,若要观察右臂 R 处的心电变化,只要断开 K_1,闭合 K_2、K_3,有效电极与右臂相连,就可测量右臂相对于 C 点的电位差(此时 K_1 断开,$U_C \neq 0$),这样测量出的电势差值就比单级肢体测出的电势差增大 1.5 倍。

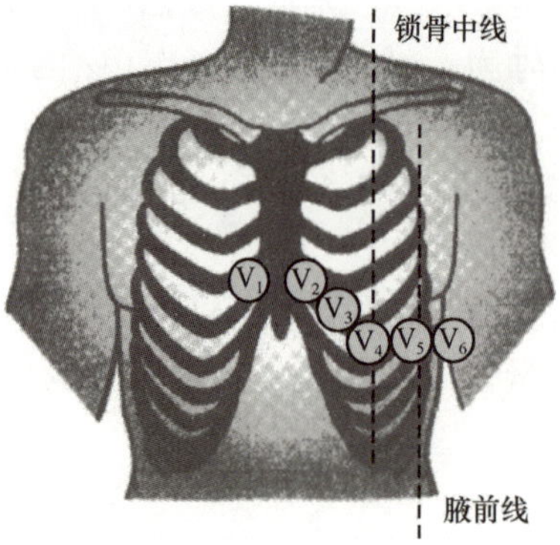

图 17-15　胸导联示意图

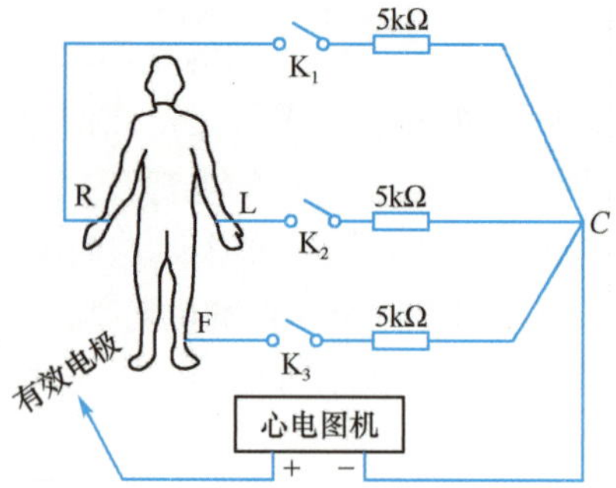

图 17-16　单级肢体和单级加压肢体导联

习 题 十 七

17-1　什么是膜电位，膜电位的值与那些因素有关？

17-2　简述动作电位的产生机制以及传导特性。

17-3　如果每个离子所带电荷的电量为$+1.6\times10^{-19}$C，在轴突内、外这种离子的浓度分别为 10mol·m^{-3}与 160 mol·m^{-3}，求在 37℃时，离子的静息电位是多少？

[74mV]

17-4　简述被动膜的电缆性质。

17-5　什么是瞬时心电向量？什么是空间心电向量环？

17-6　心电图是怎么形成的？

（汤明玥　张益珍）

笔记栏

第18章 生物磁现象

从电与磁的关系来看，有电荷的运动就有磁场的存在。而人体的生命活动离不开电荷的运动和电流的传导，例如心脏搏动、呼吸、大脑活动等许多功能和活动都是通过电子传递、离子转移及神经系统的电活动完成的。因此，我们将生物电产生的磁场称为生物磁场。

生物磁学是研究生命物质磁性、生物磁场与生命活动之间相互关系和影响的医学物理学学科分支。由于生物磁场强度非常微小，大约为 $10^{-10} \sim 10^{-13}$ T，而地球表面的地磁场强度约为 0.5×10^{-4} T，在进行生物磁场测量时既要有良好的磁屏蔽环境，又要有灵敏度极高的测试仪器。近年来使用 Josephon 效应制成的超导量子干涉仪（superconducting quantum interference device，SQUID）能够测量出人体中由生物电产生的磁信号，绘制出表现人体磁场随时间变化关系的曲线——人体磁图，不仅促进有关人体生理学的基础研究，还是临床医疗应用中某些疾病诊断的依据。

第一节 磁场的生物效应

地球上的一切生物均生活在地球的磁场中，磁对人体来说是不可少的。因为人体本身就是在地球磁力的作用下生活的。磁场的生物效应大致有以下几个方面。

一、磁场对生物的物理作用

与其他物理因素（如光、电、声、力等）相同，在一定条件下磁场对生物也能产生物理作用：①生物体相对于磁场作某种运动时，会在生物体中产生感应电动势，使生物体中带电离子漂移而形成电流，产生热效应。这种现象在直流或交变磁场中都会发生。例如，交变磁场穿透人体，在体内引起涡流并往复循环；25μT 交变磁场在人手臂内产生的电流密度为 $50\mu A/m^2$。②体液中带电离子在外磁场中运动，都会受到洛仑兹力的作用，使粒子改变原来的运动方向，从而导致体内物质的重新分布。生物体中的电子传递、自由基的运动和离子扩散等都是带电体的运动，这样重新分布的情况不但与粒子受力的大小有关，而且与粒子周围的环境有关。

上述现象的相互作用实质——力是矢量，它的方向决定于生物体中有关现象和磁场或磁场梯度与该方向的关系。从宏观现象角度来考察，磁场对生物的物理作用体现出下列共同性特点：

（1）磁场阈值效应。磁场或磁场梯度作用于生物体时，它们的强度必须超过一定数值（阈值），才能引起磁场的生物学效应。不同的生物或生命现象的阈磁场强度或阈磁场梯度是不相同的。因此要判断某种生物或生命现象是否受磁场影响，必须在较宽范围的磁场强度或磁场梯度内进行实验才能确定。

（2）磁场场型效应。磁场场型分为恒定磁场和变化磁场；变化磁场又分交变磁场、旋转磁场、脉动磁场和脉冲磁场。研究实验表明，变化的磁场会产生不同的生物效应。例如，雌性小白鼠在均匀磁场中体重减轻较多，而在不均匀磁场中减轻较少。人眼的磁闪光效应只在变化的磁场中才出现，而且磁闪光的强度和特性与交变磁场的频率有关；磁疗中有些病例的疗效与所用磁场类型有关。这些差异是由于不同类型的磁场引起不同的物理效应，从而导致不同的生物效应。

（3）磁场矢量效应。磁场强度和磁场梯度都是矢量。磁场的物理作用与矢量的性质有关。

如果在磁场作用过程中，这些矢量发生变化，磁场的生物效应就会在磁场大小、方向发生变化的过程中引起削弱甚至抵消的效果。

(4) 磁场的滞后效应。通常，磁场所引起的生物学效应，并不在施加磁场后立刻发生，同样在去掉磁场后，磁场的生物学效应也并不立即消失。这种生物效应在时间上落后于磁场的现象称为磁场的滞后效应。

(5) 磁场累积效应。磁场的物理作用非常弱，要一定时间的累积才能引起生物作用。对于生物细胞的分裂和生长，尽管磁场的物理作用很弱，仍然能引起明显的生物学效应。

二、磁场引起的化学或生化反应

对于生物大分子而言，有力矩作用于永磁偶极子和非球形抗磁或顺磁颗粒上，改变了生物大分子磁矩的取向。这种力矩在均匀和不均匀磁场中都会发生。生物体中的顺磁性分子在受外磁场作用时分子转动变慢，减少分子碰撞的几率，因而可使与其相关的生物化学反应速度变慢。因此，对于一些含顺磁性原(离)子的酶和催化剂的催化作用可以显示磁场的影响，这表明利用磁场可能影响化学反应的速度。

此外，磁场产生的化学或生化现象还有：减弱大分子的转动扩散，降低生化反应速率；使与化学反应效率相关的大分子的键面角发生改变；在量子层面，引起 DNA 和 RNA 中的质子隧道效应，而使生物大分子性质发生变化。

在磁场的生物效应中，以上各种物理、化学的作用究竟哪几种起重要作用或单独或同时起作用等，目前尚无定论。

三、磁场的物理因子对生物作用的影响

国内外大量的实验和临床实践表明，磁场对生物体的生物作用有一定的影响，引起生物效应的磁场的物理因素，目前认为有密切关系的是以下 6 个因素。

(1) 磁场强度。由于地球上生长的生物，已经适应了地磁场的作用，因此磁场的增强或减弱对于生物来说都是一种异常环境。例如，老鼠在地磁场被完全屏蔽的环境(即零磁场)中，体内酶活性发生强烈变化，寿命显著缩短。

鉴于磁场能量密度和磁场强度的平方成正比，似乎磁场的生物作用也应和磁场强度的平方成正比。但实验结果却不一致。科学家认为其原因在于受影响的生物颗粒的磁性质不同，如果生物颗粒是永磁偶极子，则磁能的传递和磁场强度成正比；若不是永磁的，则磁能的传递和磁场强度的平方成正比。总之，磁场越强，其作用效果越大。至于生物学效应的磁场强度阈值，要具体分析，不同的生物效应所需磁场阈值不同。

(2) 磁场的均匀性与磁场梯度。均匀磁场和非均匀磁场对生物的作用不同。许多生物效应(如对组织生长及白细胞形成的影响)大多是由于不均匀恒定磁场所引起的。均匀恒定磁场所产生生物效应较少。但实验表明均匀磁场对小鼠的发育抑制作用大，而非均匀磁场对肿瘤细胞的抑制作用大。均匀和非均匀磁场不仅生物作用不同，有时甚至作用相反。在非均匀磁场中，磁场梯度不同，生物效应也不同。

(3) 磁场场型。不同类型的磁场对生物体有不同作用效果。恒定磁场对组织的再生和愈合似有抑制作用，而脉冲磁场却对促进骨质愈合有良好的疗效。在磁场中培养微生物，除在特殊情况下增加酶活性，一般会使脱氢酶活性降低，但变化磁场的影响比恒定磁场小。不同频率的变化磁场对生物体的作用也有不同。如在磁场对血液作用的研究中，发现在 50～20 000Hz 频率范围内的脉冲磁场，只有频率为 1～2kHz 范围内会促进血液的纤溶性质，其他则对纤溶性有抑制作用。

笔记栏

(4) 磁场的方向。磁场对生物的作用，随磁场方向的不同而不同。通常是当磁场方向和生物体轴保持某一角度时，其作用最大。例如，当磁场的方向是从大鼠背部指向腹部时，会减少白

细胞数目。如果磁场方向是任意的，则磁场强度要增大两倍才能明显看到白细胞数目减少。由于动物的活动，在实验中确定磁场方向对生物作用的影响比较困难。

(5) 磁场的作用范围。通常，有两种情况研究和临床应用磁场的生物效应：一是将整个生物体放在磁场中进行，二是对生物体的一部分进行作用(如磁疗等)。显然，磁场的作用范围不同，将产生的结果不同。

(6) 磁场的作用时间。磁场物理作用的累积效应主要体现在累积到一定程度后才能产生生物作用。磁场越强，这个作用时间越短。但磁场的生物效应很复杂，除物理作用时间外(即物理作用累积到刚刚能产生生物效应的时间)，还有生物反应时间。它是生物效应开始后，在组织中一再扩大，直到生物体产生可观测的变化所经历的一段时间。

总之，磁场对于生物的影响。不但与磁场的种类、强度和分布有关，而且也与磁场所作用的生物种类、部位、不同层次有关。大量研究实验都说明了这一现象。

四、磁场对人体的作用及磁疗

外磁场对生物体特别是人体的生命活动有着重要影响，在器官、组织水平上研究磁场对人体的作用是当前医学物理学的重要内容。

1. 磁场对人体的作用

当强外磁场作用于人体时也会产生许多效应，例如：血液在强磁场中的流速降低；大于5mT的交变磁场能够使人的眼睛感生出闪烁视觉的现象；人在靠近巨型加速器磁场时，在开始几分钟有行走不稳和不能确定空间方向的感觉，但停留稍久，这一感觉逐渐消失；而离开磁场时，又在几分钟内有行走不稳的感觉。目前已研究证实，5kGs/cm 以上的强磁场对人体有害无益。

19 世纪就有磁场对视网膜等神经组织的刺激作用的记载，现已证明：10mT、20Hz 的交变磁场可以使视网膜有反映。20 世纪 80 年代初报道了磁场对周围神经影响的实验。1985 年，Barker 首次提出了穿透大脑皮层磁刺激设想：根据电磁感应原理，作用于大脑神经系统的1kHz 或更高频率的交变磁场，会在神经纤维上产生相当于动作电位的电脉冲，即在外部磁场作用下产生的感应电场，引起神经膜两侧离子浓度的变化和膜的通透性变化，使神经纤维极化而产生神经脉冲。因此，使用可以穿透大脑皮层的磁刺激，研究和检测磁场作用下人神经系统的功能，例如：检测神经电脉冲从人脑的运动区到达四肢的传导时间，运动中枢和外围神经的潜伏期及其变化，分析大脑对四肢的控制方式，从而找出瘫痪病人的脑病变部位等。磁刺激对神经传导有明显的抑制作用，对治疗癫痫等疾病有较好的疗效；磁刺激大脑的视听区神经可望使盲人看见光亮。

2. 磁疗

磁场疗法(简称磁疗)是在人体的一定部位(经穴或患处)施加恒定或变化的磁场以治疗疾病的一种疗法。早在战国时期，我国就有用磁石治疗的记载，近些年来，在发掘祖国医学遗产和磁石治疗的基础上发展起来的磁疗已出现了“磁场疗法”“经络磁疗”“腧穴磁疗”等磁疗法，现在在临床中对一些疾病有良好或一定的疗效，它是磁场对生物体作用的集中表现和医学应用。

那么，磁疗法通过什么机理作用于人体的呢？磁疗的机制、病种、各种类型磁场的强度、作用部位、治疗时间等都还在不断的实践和探索中，综合大量的文献，表现在下列几个方面：①对细胞膜的影响：经使用磁场后，红细胞流动性明显增强，低渗盐溶液的溶血效力显著降低。脉冲磁场和恒定磁场对心肌细胞膜电活动具有双向调节作用，能抑制异常的心电活动过速或过缓，对正常心肌电活动无明显影响。②对酶的作用：磁场对酶具有催化活性的影响。交变磁场的作用能增强小肠上皮细胞三磷酸腺苷酶的活性，对红细胞超氧化物歧化酶活动也有增强作用；恒

笔记栏

定磁场能增强骨骼肌乳酸脱氢酶的活性。用交变磁场作用于颈动脉区治疗脑卒中患者，患者血液中红细胞内超氧化物歧化酶和溶胱甘肽过氧化物酶活性物明显增强。③对肿瘤细胞免疫功能的影响：电磁场能抑制肉瘤瘤细胞的生长，增强患者巨噬细胞吞噬功能、增高T淋巴细胞百分率。旋转磁场、恒定磁场和低频脉冲磁场的作用，都能增强腥腔巨噬细胞吞噬白色念珠菌的活性。如果用0.35T恒磁场连续作用于瘤体2周，特异性细胞毒杀伤效应增强。④抗尖和促修复作用：交变磁场有非特异性抗渗出作用，具有阻止渗出和促进吸收的双重效应。交变磁场作用于瘢痕组织，能促进肌成纤细胞退化，降低胶原合成代谢，增强皮纤维细胞修复功能。恒定磁场对组织的再生和愈合有抑制作用，而脉冲磁场却对骨质愈合有良好的效果。⑤对内分泌、代谢的影响：0.2T永磁片贴于患者前肢足三里部位，2小时后血清T2、T3和皮质醇含量明显增高。电磁场能降低磷酸化酶活动，抑制肝糖元分解代谢；而恒定磁场有增强骨骼肌乳酸脱氢酶活性，增强无氧代谢的作用。穴位埋磁能降低血清胆固醇和低密度脂蛋白含量。⑥对血液的影响：正常人的离体血液经磁场作用后，淋巴细胞、中性粒细胞作单核细胞的超微结构都将发生改变，红细胞体积增大、携氧能力增强，而全血黏度、红细胞压积不受影响。⑦对心血管功能的影响：经交变磁场作用后，对心血管功能的调节作用增强。交变磁场具有扩张微血管、改善微循环的作用。内关穴处贴磁治疗，血压降低脉压升高，心率无改变。脉冲磁场和恒定磁场的作用，能抑制药源性心动过速和心动过缓。健康成人在双侧内关穴贴磁10天，甲皱微血管扩张，血流加速，微血管开放的数量无明显改变。腰腿痛病人经电磁场治疗后，周围小血管扩张，下肢微循环改善。⑧对胃肠功能的影响：交变磁场的作用，能促进正常小肠、结肠的蠕动，而对病理性肠蠕动加快有抑制作用；饮用磁处理水后，抗饥饿能力增强，胃应激性溃疡发生率降低。⑨对神经系统的影响：恒定磁场对疼痛有明显的镇痛作用，且随磁场强度提高而增强。交变磁场只对慢性疼痛作用明显，磁场的镇痛作用与磁场减低延髓中缝大核神经元放电频率有关。总结起来，磁场具有镇痛、镇静、止泻、消炎等功能，临床上已能治疗急性扭挫伤、腰肌劳损、风湿性关节炎、高血压、神经性头痛、支气管哮喘、功能性腹泻、痛经等数十种常见病和多发病。

磁疗具有以下特点：对症疗效显著、适应证广、经济节约、易学易用、省时省事、无痛苦、无创伤等，可同时治疗几种疾病，可与其他疗法配合治疗。磁疗的这些特点具有重要的临床和保健意义，对于磁疗的适应证以及各种疾病的最佳磁场参数、条件，还需要进一步深入研究和实践探索。

第二节 生物磁场

我们通常见到的磁场是由电流、电磁铁或永磁体产生的，生物体的磁场主要来自三个方面：

(1) 生物电流是生物磁场的主要源泉。各种生命活动中经常发生电子传递、离子转移、神经电活动等，均属生物电过程，会产生频率、强度、波形各异的生物电流和相伴随的生物磁场。如人体的心磁、脑磁、肌磁等都是由心电、脑电、肌电所引起的磁场。

(2) 由生物磁性材料产生的感应磁场，或者某些外界因素刺激下，生物体的某些部位可产生一定的诱发电位，同时产生一定的诱发磁场，也是生物磁场的来源之一。活体组织、器官等的组成物质有一定的磁性，称为生物磁性材料，它们在地磁场及其他外界磁场的作用下产生感应场，例如人的脾脏所呈现的磁性就属于这一类。而$10\mu V$的诱发脑电位可引起$10^{-13}T$的诱发脑磁场。

(3) 某些铁磁性物质被吸入肺脏或随食物进入胃肠器官并沉积在里面，当这些磁性物质被地磁场或外界磁场磁化后，它们就成为小磁石残留在体内，从而也在体外产生一定的生物磁场。如在含有铁磁性物质粉尘下作业的工人，呼吸道和肺部、食道和肠胃系统往往被污染。

因此，人体磁性活动具有普遍性。尽管人们熟知电与磁的孪生关系，而且预言生物磁信号肯定是存在的，但是直到1963年才由锡拉丘兹大学Baule和Mcfee第一次从人体上探测到心脏电流的磁场。可见,生物电信号的首次记录(1875 年)与生物磁信号的首次记录相比,后者落后,主要是由于生物磁信号非常微弱,而且往往深深地埋藏在环境磁噪音之中,测量仪器的分辨率长期达不到要求。随着量子力学的发展和新材料、新技术的进步,有关生物磁场测量的问题逐步得到了解决,有关 SQUID 磁场梯度计的测量装置和技术原理可参考有详细介绍的相关书籍,这里不再详述。目前的 SQUID,可以不用磁屏蔽室,就能够测量心、脑、肺、肌肉和神经等组织产生的生物磁场。

一、心磁场和心磁图

心磁场是指心脏的心房和心室的肌肉周期性收缩和舒张伴随着复杂的交变生物电流而产生的磁场。由于心脏除极、复极过程中产生的电流非常微弱,约为 10^{-6} A,因此人体的心磁场强度很小,为 10^{-11} T 数量级;根据心脏的解剖结构和心肌细胞离子流向的特点,心磁场方向指向固定,与心腔长轴大致同向,变化的主要是磁场强弱。

在人体体表记录到的心脏电流所产生的磁场随时间的变化曲线称为心磁图(magnetocardiogram,MCG),如图 18-1 所示。与心电图的记录方法不同,心磁图的记录是在前胸壁面选 36 点作为记录部位。心磁图也采用爱因托芬(Einthoven)命名法,分为 P 波,主要反映心房的除极过程;QRS 综合波群主要反映心室的除极过程;T 波,反映心室的复极化过程。图 18-1 表示正常人同一时间同一部位的心电图和心磁图的对照,可以看出,心磁图与心电图在时间变量与波峰值上有相似之处,这是因为两者的产生皆源于心肌细胞膜内外钠、钾离子浓度的改变(钠-钾泵)而引起的离子电流。

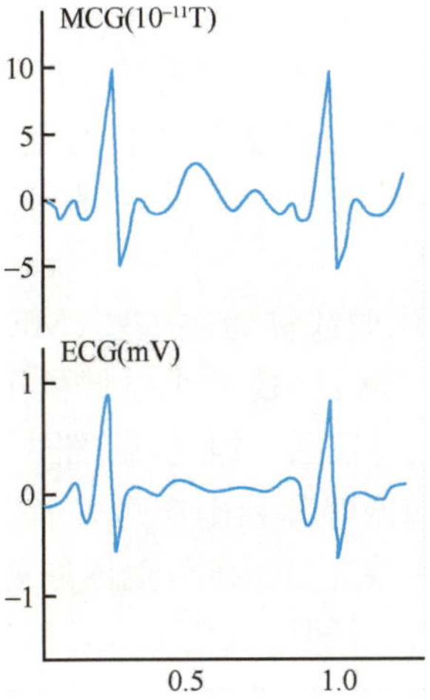

图 18-1　心磁图并与心电图的比较

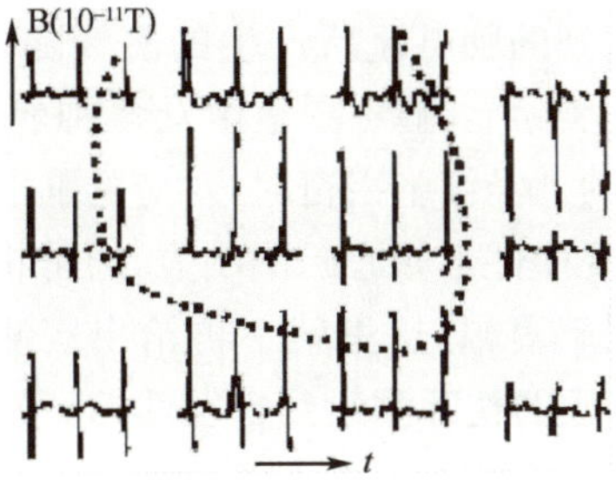

图 18-2　心磁场与心磁图

心磁图的测量原理是使用极为敏感的超导量子干涉仪对在心动周期中的心脏电活动引起的微小磁场进行测定,测量时需要将 SQUID 探头放在心脏位置的胸前,随着探头位置的变化记录所得 MCG 信号成分亦有所不同,如图 18-2 所示,图中黑点包围的部位表示心脏相应的部位。心磁图法是低温超导与计算机技术相结合的高科技方法,是心脏无创伤性(由于探头只是一个感应接收装置,没有向外发射任何波,所以无辐射和绝对无创)检查领域的最新进展。近年来,影像学技术发展所提供的如正电子断层显像(PET)、核磁共振、单光子断层显像、16 层螺旋 CT,负荷超声心动图等无创技术,也可以用来诊断缺血性心肌疾病,或者判定心脏有无病变以及病变的位置和程度等。但这些技术无一例外会使受检者或者需要承担一定的风险,或者需要暴露于辐射场中。

从心磁图获得的心脏信息更多,更有其优点。虽然心磁信号比心电信号更微弱,但是更稳定,而且丝毫不受肺、胸壁、肋骨等介质的干扰,得到的结果非常可靠。以心脏为例,心磁图可以衡量直流电效应,而心电图对直流电效应无法感知。并且,磁场测量几乎不受信号源和检测线

笔记栏

圈之间夹杂物的影响，所以可以检测出局部变化的磁场信号。又例如，心、脑电图的测量都需要使用同人体接触的电极片，而电极片的干湿程度以及与人体接触的松紧程度都会影响测量的结果，同时因使用电极片，测量必须与人体接触，故只能是二维空间的测量；但是心、脑磁图却是使用可以不与人体接触的测量线圈（磁探头），既没有接触的影响，又可以离开人体进行三维空间的测量，可得到比二维空间测量更多的信息。

对照研究大量的心脏病患者的心磁图和心电图资料，发现对某些心脏疾病的诊断，使用心磁图方法的灵敏度和准确度都优于心电图，如通过对 ST 段直流部分的波形判别，对左心室肥厚和高血压的正确诊断率心磁图可达 40%～55%，而心电图只有 14%～20%，也对右心房、左心室增大，心肌劳损的诊断具有重要意义。此外，心磁图的优点还在于它能测出肌肉、神经等组织损伤时所产生的直流电磁场，如对早期心肌梗死所产生的损伤电位的直流电磁场，心磁图上能呈现出大幅度的变化信号。所以，能够对早期和小范围的心肌梗死及早做出诊断。使用心磁图来检测心肌缺血是目前临床常用的方法，心磁图对于静息心电图表现正常或呈非特异性改变的冠心病患者的诊断具有很高的价值并筛选成为实用的诊断指标。

二、脑 磁 图

人大脑神经元像人体中的其他细胞一样，具有生物电活动。但通常不受外界刺激的情况下，在头皮上无法检测到大脑皮层中单个神经元的膜电位，而能够检测到的是由大脑皮层中无数个神经元同步化的电活动所形成、有节律的电位变化，称为自发脑电位（EEG）；这种自发的电活动（脑电）受直接的脑中枢控制或外界的确定性刺激（如电、光、声等），将产生局部化的电位变化称为诱发脑电位（EP）。这两种脑电都会在颅内形成极小区域神经元活动的非常微弱的电流，可以看成是一个小的电偶极子（它所产生的磁场分布与一个孤立的微小磁体产生的磁场分布相似），因此脑磁场是指大脑在自发或诱发情况下，无数个神经元同步化的电活动伴随着复杂的交变生物电流而产生的磁场。由于脑电流非常微弱，约为 10^{-8}A，因此脑磁场强度很小，在 10^{-13}T 范围。

在颅外记录到的脑电流所产生的磁场随时间的变化曲线称为脑磁图（MEG，magneto-encephalogram）。实际上，脑磁图是由众多神经元电活动等效而成的小电偶极子磁场叠加的结果，当某一部位的神经细胞兴奋时，对应的脑电流和脑磁场较强。但是，脑磁图是一种随机性很强的磁信号，其规律性不如心磁图明显，通常将脑磁图的振幅和频率作为大脑生理和病理诊断的主要依据。限于篇幅，这里就不再给出实测脑磁图曲线。1968 年，美国麻省理工学院教授 Cohen 首次在头颅的枕叶测量到自发性的α节律脑磁场随时间的变化曲线，1972 年他又用磁屏蔽室和 SQUID 磁场梯度计记录到了第一个清晰的、小噪声的α波脑磁图。由于颅骨不是铁磁物质，有很高的阻抗，颅外和头皮中的电流很小，脑电活动经颅骨后可能产生波形畸变，常使脑电图模糊不清，但脑磁场是可以穿透颅骨的，且对颅内的电流和磁场影响很弱，因而在体外测得的脑磁图能精确地反映大脑活动，脑磁图比脑电图定位更准确。另外脑磁图能直接反映脑内场源的活动状态，特别能显示出脑深层场源的活动状态，从颅外记录的脑磁图波峰下的颅内部位，就是场源所在。这就是脑磁图对脑内兴奋部位推断的独特性，据此推断癫痫病人的病灶部位，其特异性明显优于脑电图。

脑磁图比脑电图有许多明显的优点。首先，脑磁图既不需要参考点也不需要与皮肤接触，脑磁图的检测是非接触性的，不会出现由此引起的干扰误差。其次，就是脑磁图的分辨率高，因而可提高某些疾病的确诊率。对应于脑电的产生，脑磁图一般分为无外界刺激的自发性脑磁图、有外界刺激的诱发性脑磁图、依赖于意识的内因性脑磁图三种。人的精神状态对脑磁场强弱有极大的影响，在自发性脑磁场中，除正常神经所引起的α波外，神经细胞的异常放电，如癫病时出现的棘波也会引起自发的脑磁场。诱发性脑磁场是由大脑皮质以及其他部位产生的，如听觉诱发的脑磁场发生源在听性脑干；脊髓神经诱发的脑磁场，发生源就在脊髓。内因性脑磁场依赖意识，在脑的高级中枢神经相对应的部位得到应答。第三，对脑磁图求逆更能准确确定场源的强度和位置。脑磁图源于原始的脑电活动，由于可以在感觉器官上施加外来刺激（强弱、时间长短都可以调节），通过反向诱发脑电即产生脑磁逆问题能获取比脑电逆问题更多的信息，而且属于非侵入性手段。因此，对于生命科学（尤其是脑科学）的研究、高级神经活动特别是心理活动的研究等具有重要意义，也将对脑疾病诊断水平和治疗发展起很大的推动作用。

综上所述，器官或者组织层次上的生物电活动或者生物材料的磁性变化都包含着生命活动的信息。比如，机体组织的病理变化会引起其磁性的变化，在其病变发生的初始阶段就可借助磁图获知：人喉的正常组织的磁化率 $\mu=-4\pi(0.57\pm0.007)\times10^{-6}\,\mathrm{T\cdot m\cdot A^{-1}}$，肿瘤组织的磁化率 $\mu'=-4\pi(0.61\pm0.008)\times10^{-6}\,\mathrm{T\cdot m\cdot A^{-1}}$。目前对生物磁信号的测量除上述两方面外，对肺磁场、眼磁场、神经磁场和肌磁场等的研究也十分活跃。测量肺部强磁物质剩磁产生的肺磁场，并据此来估计肺受到的磁性粉尘污染，可比 X 射线更早发现肺受到磁污染的职业病人。通过测量体外磁场强度和分布，可以了解内强磁性物质的含量和分布，有助于诊断和检查某些职业病。辩证地看待所有这些进步，正是由于消除了外界的干扰，磁图才能更早、更准确地显示生命活动的信息。从本章的学习中可以看出，人体组织磁图将会是未来医学检查和疾病诊断的高端手段，希望在不久的将来，上述诸方面都能获得广泛的临床应用。

习题十八

18-1　不同频段的磁场对人体的作用有哪些？

18-2　构成生物体的各种生物大分子是否具有磁性质？大多数生物大分子属于哪种磁介质？

18-3　心磁图、脑磁图记录的都是什么曲线？在医学诊断上有哪些实际应用？

（廖新华）

第19章 激光及其医学应用

激光的发明可以追溯到1916年爱因斯坦提出的受激辐射概念,1926年狄拉克指出根据受激辐射的特点可以制成量子放大器,1954年Townes和他的同事使用NH_3制成了微波量子放大器(Maser)。1958年Schawlow和Townes指出可以在可见光波段实现光放大,1960年Maiman终于发明了世界上第一台红宝石激光器。从此,激光的发展突飞猛进,并促使光学发生了革命性的变化,派生了许多崭新的学科。目前,激光已广泛应用于科学技术、工业、农业、国防、医药卫生和日常生活等各个方面。

我国在激光领域的起步几乎与国际同步,1961年邓锡铭(我国著名激光科学家)领导的科研小组发明了我国第一台红宝石激光器。历经40余年的辛勤耕耘,我国的激光科学与技术以及激光工程居于世界先进之列。

激光和微电子技术、电子计算机、原子能一起被称为20世纪人类的四大发明。由于激光所具有的无可比拟的特性,它可以转化为一系列的新工艺和新技术。如以激光为基础形成了光电子学和光电子技术,光电子技术是现代信息技术的基石和控制全局制高点的核心技术,并以此形成了新兴的工业门类——光电子产业。同时,激光与医学相结合形成了一门新兴前沿学科——激光医学。

本章主要介绍激光的基本原理、特性及其在医学中的应用。

第一节 激光的基本原理

一、原子的能级与粒子数按能级分布的规律

1. 原子的能级

原子是由原子核和绕核运动的电子组成。电子只能在一系列特定的轨道上绕核运动,即原子只能处在一系列特定的能量状态。我们把分立的原子能量值称为原子的能级。在原子可能的能量状态中,其中最低者称为基态(ground state),其余称为激发态(excited state)。粒子处于基态最稳定,而处于激发态则不稳定,且停留时间既很短暂又互不一致。为此我们定义大量粒子在某激发态停留时间的平均值称为该激发态的平均寿命,一般在$10^{-7}\sim10^{-9}$ s。某些平均寿命相对较长,约在$10^{-2}\sim10^{-3}$ s左右的激发态称为亚稳态(metastable state)。

处于某一能级的粒子可以跃迁到另外的能级,这种跃迁必然伴随与外界交换能量的过程。跃迁只在满足所谓“选择定则”的能级之间才能实现,且各能级之间跃迁的概率也并不一致,有的大,有的小。粒子实现能级间跃迁的方式有两种:一种是以光能的形式吸收或释放,称为光辐射或辐射跃迁;另一种是以非光能(例如热能)的形式吸收或释放,称为非光辐射或无辐射跃迁。

2. 粒子数按能级分布的规律

在热平衡状态下,粒子数按能级的分布遵从玻耳兹曼定律。

$$\frac{n_2}{n_1}=\exp\left(-\frac{E_2-E_1}{kT}\right) \tag{19-1}$$

式中$k=1.38\times10^{-23}J\cdot K^{-1}$,$T$为系统在此热平衡状态下的绝对温度,$E_1$、$E_2$是原子的任意两

个能级，且 $E_1<E_2$，n_1、n_2分别是处于能级 E_1、E_2上的粒子数。由式(19-1)知

$$\frac{n_2}{n_1}=\exp\left(-\frac{E_2-E_1}{kT}\right)<1$$

即 $n_2<n_1$。所以，在正常状态下，处于基态的粒子数总是最多的，能级越高，处于该能级的粒子数越少。例如，氖原子的 3s 态与基态的能量差为 2.704×10^{-19} J，在常温 $T=300$ K 时两能级原子数密度之比 $n_2/n_1=e^{-653}\ll1$，即氖气的原子此时几乎都在基态。

二、光与原子的相互作用

人们对于光的性质的了解，都是通过观察光与物质相互作用而获得的。为了了解激光产生的原理，我们先讨论光与物质的相互作用。光与物质的相互作用可以归结为光与原子的相互作用，爱因斯坦指出，光与原子的相互作用应包含原子的自发辐射、受激吸收和受激辐射三种过程。

1. 自发辐射

处于激发态的原子是不稳定的，它们在激发态的停留时间一般都非常短暂，大约在 10^{-8}秒的数量级。在不受外界的影响时，它们会自发地从激发态跃迁到基态，并释放出光子。这种处于高能级(E_2)的原子自发地跃迁到低能级(E_1)，并发射出一个能量为 $h\upsilon$ ($h\upsilon=E_2-E_1$)的光子的过程，叫做自发辐射(spontaneous emission)，如图 19-1 所示。

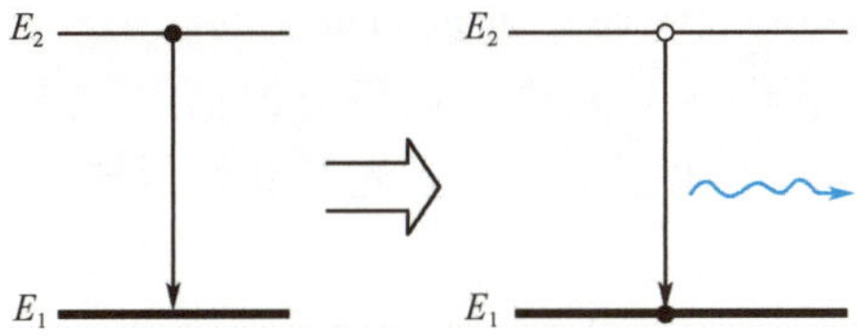

图 19-1 自发辐射过程示意图

自发辐射的特点：自发辐射过程与外界作用无关，只与原子本身性质有关。各个原子的辐射都是自发地、独立地、随机地进行的，因而各个原子发射出的光子在频率、初相位、偏振态和传播方向上都彼此无关，因此，自发辐射发出的光是非相干光。普通光源发出的光都属于自发辐射，因此，普通光源发出的光是非相干光。自发辐射光子的能量等于两个能级能量值之差，即 $h\upsilon=E_2-E_1$。

2. 受激吸收

原子通常处于基态，如果没有外界的作用，它就很稳定。如果有外来光子照射它，则它可能会吸收一个光子而跃迁至激发态。这种处于低能级(E_1)的原子，在频率为 ν($h\upsilon=E_2-E_1$)的外来光子照射下，受激跃迁至高能级(E_2)，并吸收一个光子的过程，叫做受激吸收(stimulated absorption)，如图 19-2 所示。

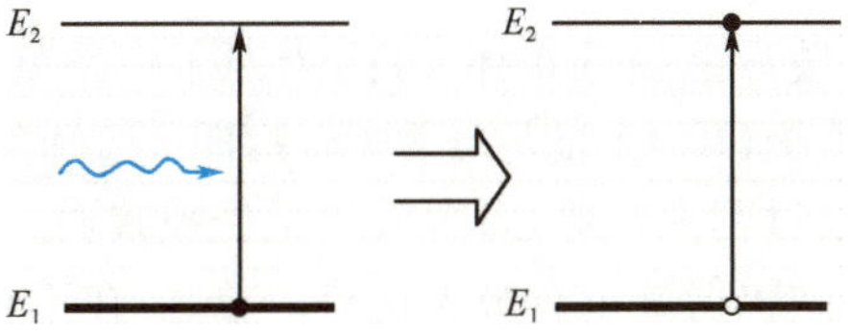

图 19-2 受激吸收过程示意图

受激吸收的特点：受激吸收过程不仅与原子本身性质有关，还与外界作用有关。受激吸收不是自发进行的，必须要有外来光子的作用(照射)，并且外来光子的能量等于两个能级能量值

笔记栏

之差，即 $h\nu=E_2-E_1$。

3. 受激辐射

处于激发态的原子在不受外界的影响时，会自发地跃迁到基态。但如果处于激发态的原子受到外来光子的作用，它就可能释放出一个与外来光子状态相同的光子。这种处于高能级(E_2)的原子，在频率为 ν($h\nu=E_2-E_1$)的外来光子照射下，受激跃迁至低能级(E_1)，并发射出一个与外来光子状态相同的光子的过程，叫做受激辐射(stimulated emission)，如图 19-3 所示。

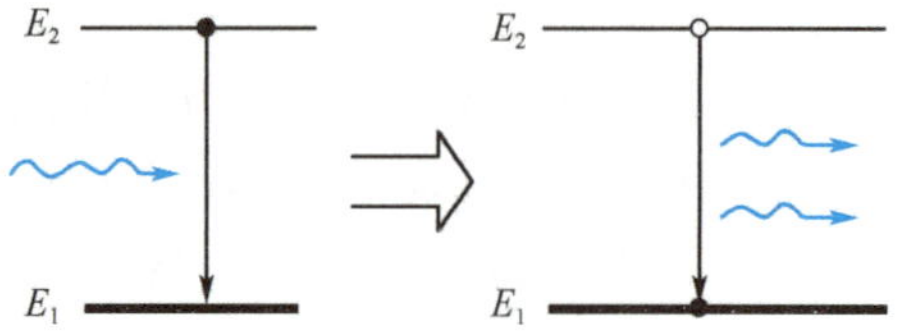

图 19-3　受激辐射过程示意图

受激辐射的特点：受激辐射过程不仅与原子本身性质有关，还与外界作用有关。受激辐射不是自发进行的，必须要有外来光子的作用(照射)，并且外来光子的能量等于两个能级能量值之差，即 $h\nu=E_2-E_1$。受激辐射发射出的光子与外来作用的光子具有相同的频率、相同的相位、相同的偏振态、相同的速率和传播方向，因此，受激辐射发出的光是相干光。激光产生的机理便是受激辐射，因此，激光是相干光。

要强调指出的是，受激辐射与自发辐射的极为重要的区别——相干性。如前所述，自发辐射是非相干的，而受激辐射是相干的，这是由它们各自的辐射跃迁过程的特点决定的。在爱因斯坦预言存在受激辐射 40 余年后，由于第一台激光器开始运转，而得到了有力地证实，从此人类拥有了强相干光源。

三、产生激光的基本思想

要产生激光，则必须实现光的受激辐射放大和光的自激振荡。前者反映了激光的物理本质；后者则是要维持光的受激辐射放大，并实现光波模式的选择，使特定的模式不断得到加强，产生振荡。

1. 光的受激辐射放大

(1) 光放大的概念。什么是光放大呢？一个光子射入一个原子体系后，在离开该原子体系时，成了两个或更多个光子，而且这些光子的特征是完全相同的，这就实现了光放大。但是，光与原子体系相互作用时，总是同时存在着吸收、自发辐射和受激辐射三种过程，不可能要求只存在受激辐射过程。问题是在什么样的特定条件下，受激辐射可能强于吸收和自发辐射，而在三个过程中占主导地位，实现光的受激辐射放大。这个条件就是原子体系处于粒子数反转分布状态。

(2) 粒子数反转(集居数反转)——产生激光的必要条件之一。在正常状态(热平衡状态)下，粒子数按能级的分布遵从玻耳兹曼分布律。即，当原子体系处于正常状态时，低能级(E_1)上的原子数(n_1)总是多于高能级(E_2)上的原子数(n_2)，即 $n_1>n_2$。通常绝大多数原子都处于基态，若有入射光照射，则吸收过程占优势，宏观效果是光被减弱。而处于高能级的粒子向较低能级跃迁时，自发辐射较之受激辐射又占有极大优势。总之，在正常状态下，受激辐射总是被湮没，宏观上得不到光放大的效果。

要实现光的受激辐射放大，则必须改变粒子数按能级分布的正常状态，使高能级(E_2)上的原子数(n_2)多余低能级(E_1)上的原子数(n_1)，即 $n_2>n_1$；这种分布状态称为粒子数反转分布(也叫集居数反转)(population inversion)，这是产生激光的必要条件。

笔记栏

要使物质实现粒子数反转，则必须具备两个条件：①物质必须具有合适的能级结构（要有亚稳态）和必要的能量输入系统（以便从外界输入能量）；②外界向激光工作物质供给能量，这个过程叫做激励（激发、抽运或泵浦）。实现了粒子数反转分布的工作物质就是一个光放大器。

2. 光的自激振荡

实际上，通常所说的激光器都是指激光自激振荡器。

（1）自激振荡的概念。在实现了光的受激辐射放大的同时，总是还存在着光的损耗。假设有微弱的光信号 I_0 进入一足够长的光放大器，光强将被不断放大，并趋于饱和。不管 I_0 多么微弱，只要放大器足够长，就能形成确定大小的光强 I_m，这实际上就是自激振荡的概念。

实际上，并不需要真正将放大器的长度无限增加，而只需要在一定长度的光放大器的两端放置一种装置，使在某一方向上的受激辐射不断得到放大和加强。就是说，使受激辐射在某一方向上产生振荡，这样，就能在这一方向上实现受激辐射占主导地位的情况，这种装置叫做光学谐振腔。

（2）光学谐振腔——产生激光的必要条件之一。光学谐振腔的种类很多，例如，在激光工作物质的两端，分别放置一块全反射镜和一块部分反射镜，它们互相平行，且垂直于工作物质的轴线，这两块反射镜便构成一个简单的**光学谐振腔**（optical resonator），称为 F-P 腔，如图 19-4 所示。

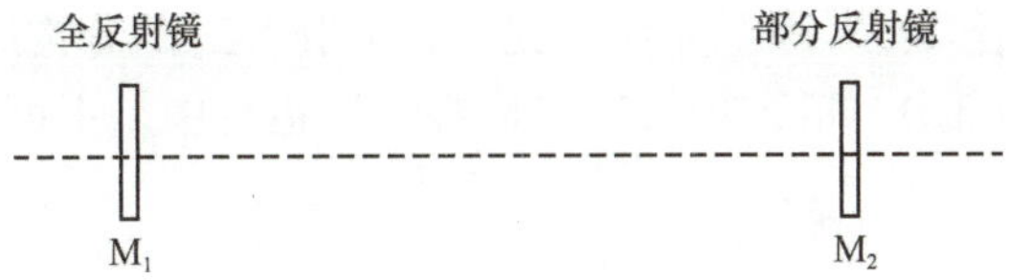

图 19-4 光学谐振腔的示意图

光学谐振腔的主要作用可以归结为两点：

1）模式选择。保证激光器单模（或少数轴向模）振荡，从而提高激光的相干性。

2）提供轴向光波模的正反馈。

当能实现粒子数反转的工作物质受到外界的激励后，就有许多粒子跃迁到激发态去。激发态的粒子是不稳定的，它们在激发态寿命的时间范围内会纷纷跳回到基态，而发射出自发辐射光子。这些光子射向四面八方，其中偏离轴向的光子很快就会逸出谐振腔外，只有沿着轴向的光子，在谐振腔内受到两端两块反射镜的反射而不至于逸出腔外。这部分光子就成为引起受激辐射的外界作用因素，以致产生了轴向的受激辐射。受激辐射发射出来的光子和引起受激辐射的光子具有相同的频率、反射方向、偏振状态、相位和速率。它们沿轴线方向不断地往复通过已实现了粒子数反转的工作物质，因而不断地引起受激辐射，使轴向的行进的光子不断得到放大和振荡。这是一种雪崩式的放大过程，使谐振腔内沿轴向的光骤然增加，而在部分反射镜中输出，这就是激光。如图 19-5 所示。

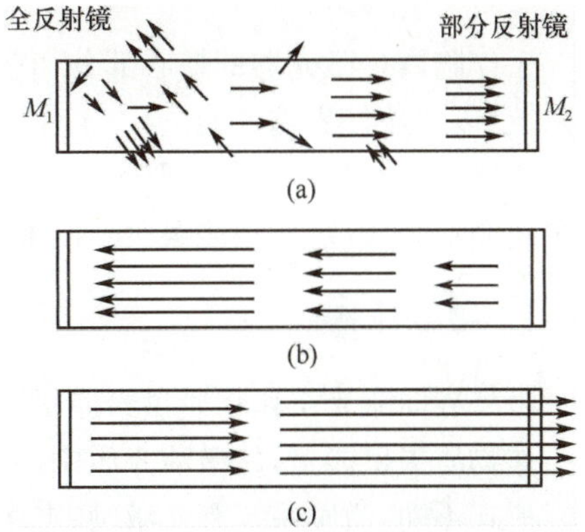

图 19-5 光学谐振腔内激光产生过程的示意图

至此，我们已经清楚：**激光**（Laser）就是光的受激辐射放大（Light Amplification by Stimulated Emission of Radiation）。“Laser”一词，早期译作“莱塞”，（台港澳地区译作“镭射”），也叫“死光”；我国科技界初期曾称其为“光受激发射”。1964 年 10 月 15 日著名科学家钱学森建议将“光受激发射”命名为“激光”，后经第三届全国光受激发射学术报告会通过而正式启用。激光

笔记栏

是人类发明的一种新型光源，它的发光机理不同于普通光。

要指出的是，有了稳定的光学谐振腔，有了能实现粒子数反转的工作物质，还不一定能引起受激辐射的光振荡而产生激光。因为工作物质在光学谐振腔内虽然能够引起光放大，但是在光学谐振腔内还存在着许多损耗的因素。只有当满足一定的条件（阈值条件），即：增益≥损耗，这时才能引起受激辐射的光振荡而产生激光。

第二节 激 光 器

产生激光的装置称为激光器。目前激光器的种类已达数百种之多。就激光工作物质而言，有固体、液体、气体和半导体。就激光输出的波长范围而言，从远红外到紫外甚至X光波段；波长可以是单一的，也可是多种可调的。就激光的发光粒子而言，有原子、分子、离子、准分子等。就激光输出方式而言，可以是连续的，也可是多种形式的脉冲。就激光输出功率而言，从mW到10^5 W，脉冲峰值可达10^{13} W。就激光器的几何尺寸而言，有微米(μm)量级的激光二极管，也有要一个足球场才能放置下的巨型激光系统。下面介绍激光器的构成和几种典型的激光器。

一、激光器的构成

由前述产生激光的基本思想可知，激光器应包括光放大器和光学谐振腔两部分。具体而言一个激光器主要由激光工作物质、激励系统和光学谐振腔等三部分构成，如图19-6所示。当然一个激光器还有其它辅助部分，如冷却系统，有时在实际运行中是不可缺少的。

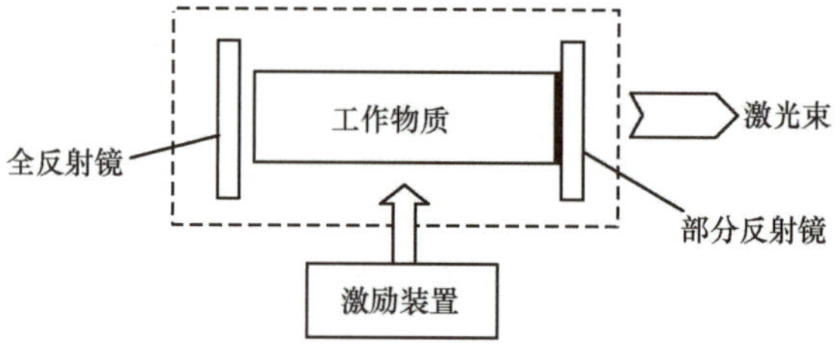

图19-6 激光器结构示意图

1. 工作物质

工作物质是激光器的核心部分，它必须要有合适的能级结构（要有亚稳态）和必要的能量输入系统（以便从外界输入能量）。工作物质包括激活介质与一些辅助物质。激活介质内激活粒子的能级中参与受激辐射，即与出现反转分布有关的能级称为工作能级 。一般依工作能级的多少将激活介质分为“三能级”与“四能级”系统。

2. 激励系统

由外界向激光工作物质供给能量的装置叫做激励系统或泵浦系统。激励系统的作用就是向工作物质提供能量，使激活介质中的粒子被激发到高能级上以便实现粒子数反转分布。由于供能形式不同，激励系统有光激励、电激励、化学激励、热激励、核激励以及用一种激光器去激励另一种激光器等。

由工作物质和激励系统可构成光放大器，实现了粒子数反转分布的工作物质就是一个光放大器。但仅有光放大器是不够的，还需要光学谐振腔。

3. 光学谐振腔

光学谐振腔是构成激光振荡器的必要条件之一，它的主要作用是：模式选择、提供轴向光波模的正反馈以及由谐振腔中的部分反射镜输出激光。

值得指出的是近年出现的自由电子激光是一种非受激辐射，其产生机制不同于前述激光，它无需粒子数反转分布。它具有一系列优于普通激光器的特点。中国科学院高能物理研究所已于 1993 年制成我国第一台红外自由电子激光装置。

二、激光器举例

通常根据激光工作物质将激光器分为固体激光器、液体激光器、气体激光器和半导体激光器等。这里以红宝石激光器为例介绍激光产生的原理。

红宝石激光器的结构如图 19-7 所示。作为激光工作物质的红宝石棒的两端磨成相互平行的反射镜，平行度极高。一端镀银成全反射镜，另一端成部分反射镜，激光由此端输出。红宝石是一种 Al_2O_3 中掺入少量(0.05%～1%)Cr_2O_3 的晶体，在光照下呈淡红色，Cr^{3+} 均匀地分布在晶体中。红宝石激光器是一个典型的三能级系统的激光器，图 19-8 是红宝石激光器的能级跃迁简图。Cr^{3+} 在激励光源的照射下吸收合适的光子从基态 E_1 跃迁到激发态 E_3，而后经无辐射跃迁至亚稳态 E_2，其自发辐射概率很小，于是在此出现粒子的积累。在氙灯强大的激励下，在亚稳态 E_2 与基态 E_1 之间可形成粒子数反转分布，当激励的氙灯的光强增加到某一阈值，以致增益满足振荡条件，于是激光器开始振荡，受激辐射占据主导地位，激光器便发出 694.3 nm 的红色激光。

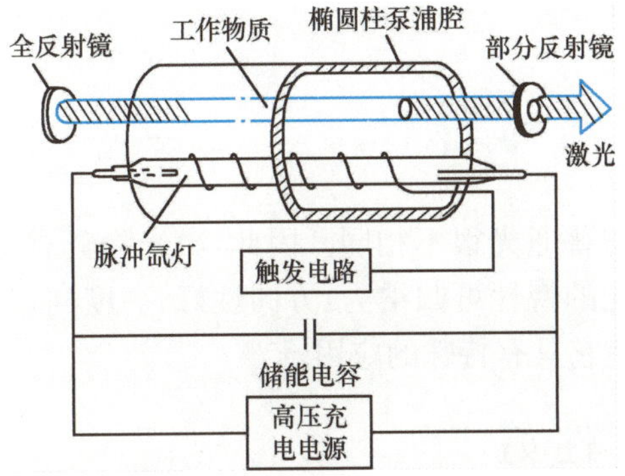

图 19-7　红宝石激光器的结构示意图

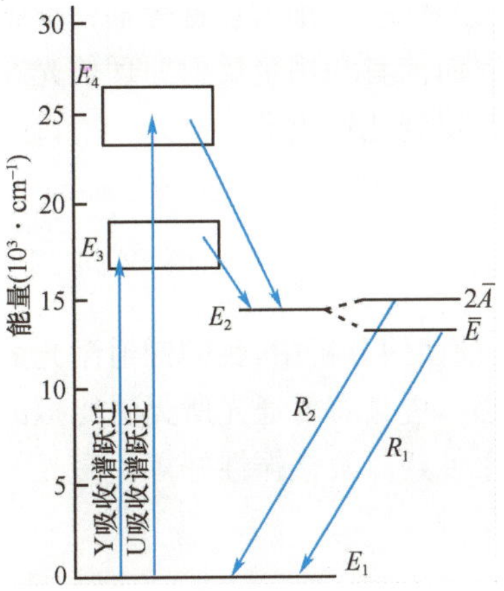

图 19-8　红宝石激光器的能级跃迁简图

从上面的分析可看出，三能级系统中能实现粒子数反转分布的上能级是 E_2(亚稳态)，下能级是 E_1(基态)。由于基态上总是聚集着大量的粒子，因此要实现粒子数反转分布($n_2 > n_1$)，激励能源必须很强。此外，三能级系统的转换效率也很低。这是三能级系统的显著缺点。

三、医用激光器

1960 年 Maiman 研制出第一台红宝石激光器，1961 年激光就应用于医学领域——红宝石视网膜凝固机问世。应用于医学领域的激光器一般亦可按工作物质形态(固体、气体、液体、半导体等)，发光粒子(原子、分子、离子、准分子等)，输出方式(连续、脉冲等)以及波段、功率等进行分类。常用的医用激光器如表 19-1 所列。

表 19-1　常用的医用激光器

类别	名称	输出方式	波长(nm)	主要应用
固体	Ruby	脉冲	694.3	眼科，皮肤科，基础研究
固体	Nd:YAG	连续、脉冲	1064	各科手术，内镜手术
固体	KTP/Nd:YAG	脉冲、连续	532	眼科，皮肤科，肿瘤科，显微外科，内镜手术，微光束技术

笔记栏

续表

类别	名称	输出方式	波长(nm)	主要应用
固体	Ho:YAG	脉冲	2120	胸外科，耳科，内镜手术，口腔科
固体	Er:YAG	脉冲	2080;2940	耳科，皮肤科，眼科，口腔科
气体	He-Ne	连续	632.8	各科弱激光治疗，PDT，全息照相，基础研究
气体	CO_2	连续、脉冲	10 600	体表与浅表体腔各科手术，理疗
气体	Ar^+	连续	488;514.5	眼科，皮肤科，内镜手术，针灸，全息照相，微光束技术，扫描共焦显微镜
气体	N_2	脉冲	337.1	肿瘤科，理疗，基础研究
气体	He-Cd	连续	441.6	肿瘤荧光诊断，针灸，理疗
气体	ArF	脉冲	193	眼科 PRK
气体	XeCl	脉冲	308	血管成形术
气体	Cu	脉冲	510.5;578.2	PDT，皮肤科
液体	Dye	连续、脉冲	300～1300	眼科，PDT，皮肤科，内镜治疗，细胞融合术
半导体	半导体	连续、脉冲	330～34 000	各科手术，内镜治疗，基础研究，弱激光治疗

目前，常用的医用激光机已有十几种。医用激光机由激光器、激光电源和激光导光系统三大部分以及支架、排烟装置等辅助设备构成，其核心是激光器。导光系统有光导纤维与机械关节臂两类，前者利用全反射原理使光在纤芯体中无损传输，后者利用反射定律使光路能较灵活地改变，以到达输出端。

第三节 激光的特性

从前面的分析中，我们知道激光的产生机理与普通光很不相同。因此，激光除具有普通光的性质外，更具有普通光所无法比拟的特性。激光的特性可归纳为：方向性好、亮度高、单色性好、相干性好以及偏振性好等。激光的这些特性使它具有特殊的应用。

一、方向性好

发散角是衡量光束方向性好坏的标志，方向性表明光能量在空间分布上的集中性。普通光源发出的自然光射向四面八方，常常使用聚光装置来改善它的方向性。激光由于受激辐射的光子行进方向相同以及谐振腔对腔内离轴光子的淘汰作用，使得只有沿轴向的光波才能形成振荡并输出，因而有很好的方向性。激光束的发散角一般在 10^{-2}～10^{-4} rad，与普通光束比相差 10～10^4倍。这一特性被用来作精密长度测量。例如，曾利用月亮上的反射镜对激光的反射来测量地球与月球之间的距离，其精度可达几个厘米。激光束是理想的平行光束，还被广泛用于准直、目标照射、通讯和雷达等方面。

由于激光器输出端造成光的衍射，使激光束的发散角以其衍射角为极限而不能无限减小。

二、亮度高、强度大

亮度是衡量光源发光强弱程度的标志，表明光源发射的光能量对时间与空间方向的分布特性。激光器由于其输出端发光面积小，光束发散角小，输出功率高，而使其亮度，尤其是超短脉冲激光的亮度可比普通光源高出 10^{12}～10^{19}倍。因此激光器是目前世界上最亮的光源。例如将长 1 m、端面输出孔径为 4 mm、发散角为 3 mrad 的 40 W 二氧化碳激光管与一支长 1 m、直径为 40 mm、发散角为 π rad 的 40 W 日光灯管输出光的亮度进行比较，前者是后者的 100 亿倍。

笔记栏

对同一光束，强度与亮度成正比。激光极高的亮度加之方向性好而能被聚焦成很小的光斑，故激光的强度比普通光也大得惊人。目前激光的输出功率可达 10^{13} W，可聚焦到 10^{-2}～10^{-3}mm 之内，强度可达 10^{17} W·cm^{-2}，而氧炔焰的强度不过 10^{3} W·cm^{-2}。这可用于制造激光武器以及工业上的打孔、切割、焊接等。利用极高强度的脉冲激光加热氘和氚的混合物可使其温度达到 0.5～2 亿度，有望用于实现受控热核聚变。在临床治疗中，激光这一特性被用作手术刀与用于体内碎石。

三、单色性好

谱线宽度是衡量单色性好坏的标志，谱线宽度越窄，颜色越纯，则单色性越好。单色性表明光能量在频谱分布上的集中性。普通光源发出自然光的光子频率各异，含有各种颜色。激光则由于受激辐射的光子频率(或波长)相同与谐振腔的选频作用而使其具有很好的单色性。例如普通光源中单色性最好的氪(Kr^{86})灯(605.7 nm)谱线宽度为 4.7×10^{-4} nm，而 H_e-N_e激光器发出的红光(632.8 nm)谱线宽度则小于 10^{-8} nm，两者相差数万倍。故激光器是目前世界上最好的单色光源。

由于光的生物效应强烈地依赖于光的波长，使得激光良好的单色性在临床治疗上获得重要应用。激光的单色特性在光谱技术、全息技术及光学测量中得到广泛应用，已成为基础医学研究与临床诊断的重要手段。

四、相干性好

自发辐射产生的普通光是非相干光；而受激辐射产生的激光则是相干光，具有良好的相干性。

同一地点，不同时刻发出的光相干，即空间同一位置在相同时间间隔 τ_c 的相位关系不随时间而变化，称为光的时间相干，τ_c 称作相干时间，而 $L_c=c\tau_c$ 则称相干长度。τ_c 或 L_c 越长，则光的时间相干性越好。时间相干性起因于粒子发光的间断性，由物理光学可知相干时间就是粒子发光的持续时间，而粒子在受激辐射上能级的平均寿命 τ 即是粒子相应发光的持续时间，故有

$$\tau_c=\tau\propto 1/\Delta\upsilon \tag{19-2}$$

受激辐射高能级的平均寿命很长，其谱线宽度($\Delta\upsilon$)很窄，因此激光的时间相干性很好。例：氪(Kr^{86})灯的相干长度只有几十厘米，而单模稳频 H_e-N_e激光器的相干长度达几十公里，两者相差十万倍。

式(19-2)揭示了时间相干性与单色性的简单关系，时间相干性越好，则其单色性也越好；时间相干性越差，则其单色性也越差。

同一时刻、不同地点发出的光相干，即空间不同位置在同一时刻的相位关系不随时间而变化，称为光的空间相干。满足此相干的空间发光范围称相干面积，相干面积越大则光的空间相干性越好。空间相干性起因于粒子发光之间的联系，尤其是相位关系。受激辐射的光子在相位、频率、偏振方向上都相同，再加之谐振腔的选模作用，使激光束横截面上各点间有固定的相位关系，所以激光的空间相干性也很好。

空间相干性越好，则其方向性也越好；空间相干性越差，则其方向性也越差。

激光器的问世，为我们提供了最好的相干光源，促使相干技术获得飞跃发展，全息技术才得以容易实现。

五、偏振性好

受激辐射的特点表明激光束中各个光子的偏振状态相同。利用谐振腔输出端的布鲁斯特窗在临界角时只允许与入射面平行的光振动通过，可输出偏振光，并可对其调整。因此，激光具

有良好的偏振性。

上述激光在五个方面的特性彼此是相互关联的，可以概括为两大方面。第一，与普通光源相比，激光器所输出的光能量的特别之处不在于其大小而在于分布特性，即光能量在空间、时间以及频谱分布上的高度集中，使激光成为极强的光。第二，激光是单色的相干光，而普通光是非相干光。显然，这些特性的产生都是源于激光特殊的发射机理与光学谐振腔的作用。这些特性正在不断地获得应用。例如激光通信是利用信号对激光载波进行调制而传递信息，其最大优点是传输的信息量大，理论上红外激光可同时传送上千亿个电话。利用激光技术获得低温的方法叫激光冷却，现已可使中性气体分子达到 10^{-10} K 的极低温状态。朱棣文(S. Chu)、达诺基(C. C. Tannoudji)和菲利浦斯(W. D. Phillips)因在激光冷却和捕陷原子研究中的出色贡献而获得 1997 年诺贝尔物理奖，其中朱棣文是第五位获得诺贝尔奖的华人科学家。

第四节　激光的医学应用

激光由于其优异特性而获得广泛应用，例如，激光通讯、激光测距、激光定向、激光准直、激光雷达、激光切割、激光加工、激光手术、激光武器、激光显微光谱分析、惯性约束聚变等等。

激光最早应用于医学领域，1961 年世界上第一台医用激光器——红宝石视网膜凝固机在美国问世，同年三篇基础研究论文发表。经过 60 年代的基础研究，70 年代的临床应用，至 80 年代已建立较为系统、完整的理论体系；初步形成教学、科研与临床应用的专业队伍；建立健全了专业学术机构与学术交流。于是形成了一门新的交叉学科——激光医学。

激光医学经过 50 余年的发展，虽已长足直进，但尚处于青年时代。应该指出的是激光是一种先进的治疗和诊断手段，但它不可能取代其它的治疗和诊断手段，而且它本身尚需不断发展和完善。目前激光医学包括激光医学基础、临床检测诊断与治疗、医学生物学用激光器械与技术、激光的安全与防护等四部分内容。

一、激光的生物作用

激光和生物组织相互作用后所引起的生物组织的任何变化，都称为激光生物效应。激光的生物效应是激光应用于医学的基础。激光与生物组织的相互作用及其机理很复杂，至今尚待充实、完善，其滞后也制约了激光临床治疗的发展。

激光生物效应的强弱不仅与激光的性能有关，而且与生物组织的性质有关。在医学领域，激光对被照射之生物组织，若能直接造成不可逆性损伤者称其为强激光；若不能直接造成不可逆性损伤者称其为弱激光。当然强与弱也是相对的。

激光的生物作用一般认为有五种，即热作用、机械作用、光化作用、电磁场作用和生物刺激作用，现分别阐述如下。

1. 热作用

(1) 热作用的概念。激光照射生物组织使组织温度升高，性质发生变化，这即是热作用。低能量光子(红外激光)可使组织直接生热，高能量光子(可见与紫外激光)则需经过一些中间过程才能使组织生热。

(2) 热作用对生物组织的影响。热作用对蛋白质、酶、神经细胞、皮肤等的影响效果是不一样的。温升将引起生物组织内的热化反应及生物分子变性，对代谢率、血液循环以及神经细胞带来影响，造成热损伤。对于不同的照射时间，生物组织损伤的阈值温度不同。照射时间越短，生物组织能耐受的温度越高。例如，皮肤受到激光照射后，被照处的温度升高，随着温度的升高，在皮肤与软组织上将由热致温热(38～42 ℃)开始，相继出现红斑，水泡，凝固，沸腾，碳化，燃烧，直至 5730 ℃以上的热致气化等反应。在临床上，热致温热与红斑被用于理疗；沸腾、碳

笔记栏

化、燃烧统称为“汽化”被用于手术治疗，热致气化用于直接破坏肿瘤细胞与检测微量元素等等。

在临床治疗中，应根据需要选择适当的激光器，例如，用激光手术刀切开时，可选用 Nd：YAG 或 CO_2激光刀；治疗肿瘤时，应选用强激光；理疗应选用 He-Ne 激光等。

2. 机械作用

(1) 机械作用的概念。当生物组织吸收激光能量时，可近似地把生物组织当作单相水样溶液，此时可能发生两种现象：如果激光能量超过某一阈值时，就会产生蒸发并伴随机械波。反之，若激光能量低于该阈值时，就只产生机械波而无蒸发。

其次，激光也是一种电磁波，其电场对生物组织作用，可发生电致收缩、自聚焦、自俘获及受激布里渊散射等现象。这些现象可以伴生机械作用。

最后，根据光的量子性观点，激光是由光子组成的，其光子与生物组织碰撞时，也有机械作用。

机械波是由一系列压强因素造成的。激光照射生物组织，可直接或间接产生对组织的压强，称为激光的机械作用，也叫做激光的压强作用。

(2) 压强效应。由于激光是由光子组成的，当激光光子将其动量传递给被照射组织时，将对组织产生光压。激光照射生物组织时，对于被照处的光压，即激光本身的辐射压强，称为激光对生物组织的一次压强。医用激光的一次压强一般很小，可忽略不计，只有超短波激光的光压才予以考虑。

当激光照射生物组织时，组织吸收聚焦的激光能量而急剧升温，直至沸腾，组织中的液体被汽化，从受照处喷出汽流并夹有组织碎片，同时对组织形成与汽流方向相反的反冲压力，其产生的压强称为气流反冲压强，这对致密组织作用明显。

内部汽化压强是发生在组织内部或封闭腔(眼球，脑室)内部的汽化所形成的类似冲击压的瞬变压强。可使其内部“爆炸”，造成的损伤是定域的。

体膨胀超声压强是由于被强激光照射的生物组织迅速升温形成汽化和体膨胀，从而在其边区产生的超声振动发出在生物体内传播的超声波所产生的压强。可造成体内远距离的损伤。

强脉冲激光照射生物组织形成的等离子体强烈吸收光能引起体膨胀，产生冲击波，破坏局部组织，此压强称为等离子体膨胀压强。

电致伸缩压强是在强激光的强电场作用下生物体被极化而出现形变，即电致伸缩所产生的压强。它将在体内激起冲击波、超声波。这种压强显然与能量吸收无直接关系，透明越好的组织此项压强越显著。

上述的气流反冲压强、内部汽化压强、体膨胀超声压强、等离子体膨胀压强、电致伸缩压强等，这些压强称为激光对生物组织的二次压强。二次压强比一次压强显著，尤其体膨胀超声压强是形成机械波最重要的因素，它大约比光压大六至七个数量级。

激光在生物组织中产生的机械波由于频率高还具有空化作用，从而引起组织发生化学变化，结果使机械能直接转化为化学能。

激光的机械作用对治疗有利也有弊。例如在眼科利用二次压强打孔，可降低眼压，治疗青光眼、白内障。在外科手术中用于切开组织等。而在眼球与颅内由于二次压强剧升形成“爆炸”性损伤，甚至死亡。二次压强也可使被照射的肿瘤组织被压向深部或反向飞溅而造成转移或污染等。

3. 光化作用

(1) 光化作用基本概念。激光与生物组织相互作用时，生物大分子吸收激光光子的能量受激活而引起生物组织内一系列的化学反应称之为光化反应。激光照射直接引起机体发生光化反应的作用称为光化作用。

光化反应与热化反应不同(在产生原因、产物、对光频的选择、受温度影响等方面)。光化反应分为两个阶段,即初级过程和次级过程。初级过程有光参与,产物不稳定,可进一步触发化学反应即次级过程,生成最终的稳定产物。一般不需光参与。

(2) 光化作用的基本定律。光化学第一定律(吸收定律):只有被分子吸收了的光子才能引起光化反应。该定律强调的是,只有被物质吸收了的光子才能引起光化反应,而透射的光子不能引起光化反应。由此推知光化反应具有波长选择性。光化学第二定律(量子定律):在光化反应中,每个分子只吸收一个单色光的光子而成为光化激活分子。因此,光化反应的程度,即最终产物的多少应与被吸收的光子总数,亦即激光的总剂量成正比。应指出第二定律不适用于强激光。因为生物组织对强激光可发生一个分子吸收多个光子,即多光子(或非线性)吸收的现象。即使是红外激光,只要光强足够强也能引起光化反应。

(3) 光化反应的类型。光化反应有光致分解,光致氧化,光致聚合,光致异构以及光致敏化等类型。其中光致敏化是指生物系统所特有的由光引起的,在敏化剂参与下发生的化学反应。这种反应因有无氧分子参加而分为两类,前者称光动力学作用,常用的敏化剂有血卟啉衍生物(HPD)等;后者即无需氧分子参加的光致敏化反应,常用的敏化剂有呋喃香豆素等。敏化剂能有选择地长时间集中于体内病变组织,并在适当波长激光照射下发生光致敏化反应。因而,光致敏化对肿瘤的治疗具有重要意义,并已做出贡献。光化作用还可引起红斑效应、色素沉着、维生素 D 合成等生物效应。

由于激光有高度的单色性和足够的光强,使得它的光化作用被应用于杀菌、同位素分离、物质提纯、分子剪裁等方面。

4. 电磁场作用

根据光的波动性观点,激光是电磁波,因此,激光还以电磁场的形式对生物组织产生作用。一般认为这一作用主要是电场所致。强激光的电场强度可高达 $10^6 \sim 10^9\ \mathrm{V \cdot cm^{-1}}$,如此高的强电场对生物组织作用时,会使组织中产生光学谐波、电致伸缩、受激拉曼散射、受激布里渊散射、倒轫致辐射、等离子体,等等。并能导致生物组织电系统的重新分布,即可使无序的生物分子发生电离、极化,趋于有序。这又将进一步在组织内引起高温、高压,从而使组织受到破坏或损伤。目前,对激光与生物组织的电磁场作用研究得还不深入,有关的研究报道也比较少。

5. 生物刺激作用

在实践中发现,弱激光的很多生物效应无法用热作用、机械作用、光化作用和电磁场作用来解释。所以,又提出弱激光的刺激作用。

生物刺激作用主要是弱激光对生物组织的作用。He-Ne 激光、氩粒子激光、CO_2激光和红宝石激光都能对生物组织产生弱激光的刺激效应。弱激光对生物分子、细胞、细菌和微生物,对烧伤、创伤、溃疡的愈合,对关节炎及其他炎症等,对神经系统,对机体免疫功能等都有刺激作用。

目前观察、研究较多的是弱 He-Ne 激光的刺激作用。发现它对生物分子、细胞、细菌与微生物都有作用,并总结出定量的规律:①激光能量密度小时起刺激作用,能量密度大时起抑制作用。这是相对受照射的生物过程而言的;②刺激作用有累积效应,最终效果取决于总剂量;③刺激作用强弱与刺激次数(等间隔、等剂量)的关系呈现出抛物线特征。应指出以上规律对于其他波长的激光是否成立尚待研究。对于 He-Ne 激光刺激作用的机理研究目前尚不成熟。为此,在前苏联与东欧提出了生物电场,色素调节,细胞膜受体,偏振刺激,受体蛋白质等五种设想。这些设想都是根据各自的实验结果提出来的,都有不完善之处,并有持不同意见者。尽管如此,弱激光的生物刺激作用却已被广泛应用于临床,效果是肯定的。

笔记栏

在临床应用上,上述激光的五种生物作用有不同的表现,对强激光主要表现为机械作用、电磁场作用与光化作用，对弱激光主要表现为生物刺激作用与光化作用，而热作用则在各类激光对生物组织的作用中普遍存在。目前研究较成熟的是热作用和机械作用，而生物刺激作用则只在前苏联、东欧和我国较受重视。

目前，对激光的生物作用的认识还很不够，有待进一步研究探讨。下面阐述影响激光生物作用的因素。

6. 影响激光生物作用的因素

激光的生物效应取决于激光本身的性能、生物组织的性质、激光与生物组织作用的时间和方式。

激光本身的性能主要包括：波长（或频率）、功率、功率密度、激光的工作方式（连续、脉冲）和模式等。

生物组织的性质主要包括：①生物组织的物理性质。例如光学性质（反射率、吸收率、透射率、散射系数等）、热学性质（热导率、热扩散率、热传递方式等）、机械性质（密度、弹性等）、电学性质（电阻抗、电极化率等）、声学性质（声阻抗、声的反射率、吸收率等）等等。②生物组织的生物性质。例如色素、含水量、血流量、供氧、代谢等状态以及组织的性质、结构与不均匀性等。

相同性能的激光作用在不同的生物组织上产生的生物效应不同。同一种生物组织在不同激光作用下，产生的效应也不相同。作用时间和方式（如是垂直照射还是斜入射等）不同，生物效应也不同。为此，采用生物剂量（即直接将生物组织对激光辐照的反应强弱程度）按照一定标准进行分级，以表征生物效应的强弱程度。

掌握激光的生物作用机制，对于激光医学基础研究与临床应用都是十分重要的。

二、激光在基础医学研究中的应用

激光基础医学研究在激光医学应用中占有相当重要的地位，然而却常常被忽视。特别是注重实践的医学人员对此认识不足。激光的基础生物医学研究主要有以下几个方面。

1. 激光照射生物组织的温升分布的分析与计算

在激光的生物医学应用中，激光常常用于切割或凝固组织，其基本机理是热效应。热效应是普遍存在的，因此，研究激光照射生物组织的温升分布具有非常重要的意义。

2. 激光对生物分子、细胞、组织的作用与效应

激光对生物分子、细胞、组织的作用与效应是临床应用的依据和基础。

(1) 对生物分子。激光作为刺激源可在分子水平上调整蛋白质与核酸的合成与活性；影响 DNA 的复制、各种酶的活性与功能、氨基酸的变化等。生物大分子吸收光子能量受激活产生受激原子、分子和自由基，引起一系列光化反应，使生物分子在组成、性质、构型等方面出现不可逆的改变。

(2) 对细胞。激光问世以来，一方面为细胞生物学的研究提供了全新的手段与技术；另一方面就各类激光的照射对细胞器、细胞质、细胞核、线粒体等及细胞性质与功能等的影响作了广泛研究，在此基础上已逐渐形成一门新的学科——激光细胞生物学。激光通过对细胞的作用而影响细胞的增殖、分化、遗传、发育、凋亡、代谢以及免疫等过程或功能。

(3) 对组织。激光照射组织，当剂量足够大时将造成对组织的损伤直至完全破坏。这种损伤分为热损伤与非热损伤两大类。一般多为热损伤，这是由于热作用导致组织的凝固、汽化（包括炭化、燃烧）、气化所造成的。另一类非热损伤，包括机械作用导致的冲击波对组织的损伤，甚至远距离损伤；强电场作用导致的光击穿或产生等离子体；光化作用导致的光化激活组织，发生光化反应造成对组织的损伤等。激光除对组织有损伤作用外还有修复作用。由于激光的生物

笔记栏

刺激作用加之温热、光化、机械等作用对细胞的影响以及对修复机制的调动，使得受损伤的组织在一定剂量范围内的激光照射下能加快修复与再生的过程。激光对组织的损伤与修复作用正好分别是强、弱激光用于临床治疗的依据与基础。

3. 用于医学基础研究的激光技术

激光的问世为医学基础研究提供了新的技术手段，主要有以下一些技术。

（1）激光微光束技术。激光经透镜或显微镜光学系统聚焦后可形成强度很高而光斑直径在微米量级的微光束。利用此微光束可进行细胞水平的研究，形成激光的光镊术、显微照射术、细胞打孔术、细胞融合术等以实现对细胞进行俘获、转移、穿孔、移植、融合及切断等微操作。激光微光束的另一种应用是激光微探针分析术，即标本的微区在激光微光束照射下被汽化，同时用摄谱仪或质谱仪记录进行微量和痕量元素的定性或定量分析。此项技术被用于测定各种生理离子及痕量元素在软组织中的分布、生物矿化结构中痕量元素的分析及矿化过程的研究、生物组织中有毒痕量元素的检测、体液中各种元素含量的分析及生物样品中有机化合物的定量测定等。

（2）激光流式细胞计。这是激光、电子检测与计算机等多种技术与流式计数方法结合而形成的一种新型生物医学仪器。这一新技术在细胞生物学、免疫学、遗传学、肿瘤学以及药学等方面有广泛的应用前景。

（3）激光拉曼光谱技术。当光子与物质分子相互作用时，除有与入射光频率相同的瑞利散射外，还有由于非弹性碰撞而在其谱线两侧对称分布的散射光，称之为拉曼散射。它对样品几乎无损害，可让样品处于与生物活性物质相同的环境下进行分析等优点，此项技术已在核酸与蛋白质的高级结构、生物膜的结构和功能、酶的催化动力学、药理学（特别是抗癌药物与癌细胞的作用机理）等的研究中得到应用。

（4）激光多普勒技术。这是利用激光照射运动物体所发生的光的多普勒效应进行检测的技术。激光多普勒血流计可用于对人体甲皱、口唇、舌尖微循环与视网膜微血管等的血流速度进行检测。激光多普勒电泳是应用激光多普勒效应与电泳技术结合的一种分析检测新技术。可快速自动准确地测量生物细胞及大分子的电泳迁移率、表面电荷、扩散系数等重要参量。此外，激光多普勒技术还用于对巨细胞质流、精子活力、眼球运动、耳听力等的测定。由于此项技术具有极高空间分辨率、快速、灵敏、连续、非侵入性等特点，被应用于微循环、血液流变学、病理生理学、免疫学等方面的研究。

（5）激光全息显微技术。激光全息显微技术是激光全息术与光学显微系统结合的产物，它具有分辨率高、像差小、景深大、能对活标本进行动态观察等优点，被用于对细胞的观测分析等。

（6）激光扫描共聚焦显微镜。这是激光与显微镜、光度及计算机图像分析技术结合的产物。是形态学、分子与细胞生物学、神经科学、遗传学、药理学等领域研究的有力工具。

除上述外，还有其他一些激光技术用于医学基础研究。

三、激光的临床应用

诊断和治疗是临床医学的两大根本任务。下面介绍激光在诊断和临床治疗中的应用。

1. 激光在诊断中的应用

诊断是治疗疾病的前提。显然，疾病治疗水平的提高有赖于诊断准确率的提高，而诊断准确率的提高则有赖于科学技术的提高。诊断学的发展与科学技术的应用密切相关，激光作为本世纪的重大科技发明之一，为诊断学增添了一种新方法。

激光诊断应用于 20 世纪 60 年代。激光诊断的主要方法有以下几种。以光学分析分类，激光诊断一般有如下方法：①激光光谱分析法（荧光光谱、微区光谱、拉曼光谱等）；②激光干涉分析法(全息术、干涉条纹视力测定、视觉对比敏感度测量、散斑技术等);③激光散射分析法(多普勒技术、静态和动态散射技术、闪烁细胞计等);④激光衍射分析法(用于测红细胞变形能力)、激光透射分析法(用于检查软组织肿物);⑤激光偏振法(用于鉴别肿瘤细胞);以及其它激光分析法(流式细胞计、扫描检眼镜等)。

当前,诊断学正向非侵入性、微量化、自动化及实时快速方向发展,激光检测和诊断技术为此开辟了新途径。

2. 激光在临床治疗中的应用

所谓治疗,是指采取措施去消除疾病,包括去除病因、消除症状、改善机体功能、减少病人痛苦和促进病人恢复健康的过程。激光治疗是激光医学要研究的最重要的内容,是激光在医学应用中最成熟的领域。

激光作为一种手段应用于临床已遍及内科、外科、妇科等各科近 300 余种疾病的治疗,且兼有中、西医的疗法。现在,已经广泛应用的激光治疗的基本方法有激光外科术、激光理疗术、激光针灸术、激光内镜术和激光光动力学术等。

(1) 激光手术治疗。这是以激光束代替金属的常规手术器械对组织进行分离、切割、切除、凝固、焊接、打孔、截骨等以去除病灶以及吻合组织、血管、淋巴管、神经等。手术用激光治疗机统称光刀,按其作用机理分为热光刀(利用可见与红外激光对组织的热作用与二次压强作用进行手术,刀头焦点附近不同区域接触组织有不同效果)与冷光刀(利用紫外激光的光致化学分解作用进行手术,术中切口两侧无热损伤)两大类。激光手术有多功能、止血效果好、感染少、质量高、可选择性破坏特定组织等优点,还可做各种精细的显微手术。

(2) 弱激光治疗。弱激光以其特有的生物作用被用于治疗几十种疾病。其方法主要有三种:①激光理疗,用弱激光作为理疗的物理因子进行治病的疗法;②激光针灸,利用弱激光的生物刺激作用代替传统的毫针和燃着的艾绒的刺激作用进行治疗的方法;③弱激光血管内照射疗法(ILLLIT,以弱激光光针插入静脉照射循环血液的疗法)。

(3) 激光光动力学治疗。有分子氧参加的光敏化作用称为光动力作用,利用光动力作用治疗疾病的方法称为光动力学疗法,简称 PDT。这是主要治疗恶性肿瘤的方法。

(4) 激光内镜术治疗。通过内镜对内腔疾病进行激光治疗的方法。可做腔内手术、理疗与光动力学治疗,具有很大的发展前景。

四、激光的安全防护

由于激光是一种能量密度极高的光束,它容易对人体造成危害;即使是医学上常用的弱激光,如一台 10 mW 的 He-Ne 激光器,其辐射亮度也比太阳大 1 万倍;太阳光尚需防护,激光就更不用说了。当激光使用不当,或因一些意外失误,会对人体带来危害。从事激光工作的人员,应该学习安全防护知识,尽量避免激光引起的伤害。

激光对人体可能造成的危害有两类。一类是直接危害,即超阈值的激光照射将对眼睛、皮肤、神经系统以及内脏造成损伤。另一类是与激光器有关的危害,即电损伤、污染物、噪声、软 X 射线以及泵或管的爆裂等。为此应采取的安全措施也有两方面。一方面是对激光系统及工作环境的监控管理。激光器因其辐射危害而分为四类,对其应有明显的专用标志,应有自动显示、报警、停车装置。室内充分通风,光线充足,有吸、排烟装置消除有害物质等。另一方面是个人防护。工作人员要培训,严格按规章操作。避免直接或间接(反射或漫反射)的激光照射,佩戴与激光输出波长相匹配的防护眼镜以及尽量减少身体暴露部位,使人体接触的激光剂量在国家安全标准之内。严格实行医学监督,定期对工作人员进行体检是十分必要的。

激光防护又分为直射光和散射(镜反射、漫反射、透射)光的防护。人们对直射光的防护通常都很重视,但对散射光的防护却不被重视,因而造成不少悲剧。例如,据报道国外某研究者,

笔记栏

因观察激光轰击粉笔，而造成眼严重烧伤；黑色相纸反射的激光曾将实验者的眼严重烧伤。眼球是人体对光最敏感的器官，即使散射激光对其危害也很大，应特别注意防护。其次，应注意对皮肤的防护。

习题十九

19-1 试阐述自发辐射与受激辐射的特点。

19-2 试阐述激光产生的基本思想。

19-3 什么是粒子数反转分布？实现粒子数反转分布的条件是什么？

19-4 激光器有哪些基本组成部分？它们各有何作用？怎样才能获得激光的输出？

19-5 试阐述激光的特性。

19-6 试阐述激光的生物作用及影响激光生物作用的因素。

19-7 激光在医学领域有哪些主要应用？如何采取对激光的防护措施？

（李宾中）

笔记栏

第20章 磁共振成像

在现代医学中,影像技术已成为医学应用技术一个重要部分。20世纪80年代以后出现的磁共振成像与超声成像、X-CT、放射性核素成像等技术一道,成为临床医学诊断中获取人体内部图像数据的必须工具,得到了快速的发展和广泛普及,被称为现代医学中四大成像技术。四大成像技术在临床医学诊断学方面各有所长,互为补充,不仅大大提高了临床医学诊断水平,而且解决了很多疑难杂症的诊断问题,为人类健康做出了巨大贡献。本章主要学习磁共振成像技术。

核磁共振(nuclear magnetic resonance,NMR)是原子核产生的一种特殊物理现象。早在1946年Block与Purcell就报道了这种现象并应用于波谱学。Lauterbur1973年提出了利用核磁共振信号成像的方法,使核磁共振不仅用于物理学和化学,也应用于临床医学领域。为了和放射性核素成像相区别,医学上把核磁共振成像称为磁共振成像(magnetic resonance imaging,MRI)。近年来,磁共振成像技术发展十分迅速,已日臻成熟完善。其检查范围基本上覆盖了全身各系统,并在世界范围内推广应用。与其他成像技术相比较,磁共振成像技术是一种多参数、多核种的成像技术。其基本原理是利用射频电磁波,对处于磁场中的人体内自旋不为零的原子核进行激发。这些自旋不为零的原子核在电磁波作用下会发生核磁共振,吸收电磁波的能量。在射频电磁波消失后原子核又会发射电磁波。利用感应线圈检测到这些来自人体组织中的电磁波信号之后,经计算机处理和图像重建,得到人体的断层图像。由于磁共振信号的产生受周围化学环境的影响,所以由磁共振成像获得的人体断层图像不但提供了形态学方面的信息,也包含了与病理,生化有关的信息。因此,和其他成像技术相比,磁共振成像有独特的应用价值。

第一节 核磁共振的基本概念

一、原子核的自旋和磁矩

1. 原子核的自旋

由量子力学和核物理的知识可知,原子核具有自旋的性质。自旋是微观粒子的一种运动形式,可以理解成微观粒子像地球绕自转轴一样高速旋转,但是自旋不能被理解为象宏观物体一样经典的自旋,它是一种微观粒子的固有属性。由于微观粒子的固有角动量和轨道角动量是自旋存在的原因,角动量是度量转动的重要物理量,所以在考虑自旋时可用角动量表述。

在量子力学中,角动量是量子化的,核自旋角动量的大小

$$L=\sqrt{I(I+1)}\ \frac{h}{2\pi} \tag{20-1}$$

式中h为普朗克常数。I为核自旋量子数,只能取整数和半整数,即只能取0、1/2、1、3/2、…等。不同种类的原子核I值不相同,具体与构成原子核的中子数和质子数有关。原子核中的质子数Z和中子数N相等,且均为偶数的核称为偶偶核,这类核的自旋量子数都是零,即$I=0$,如^{16}O,^{12}C。原子核中的质子数Z和中子数N有一个为奇数,另一个为偶数的核称为奇偶核。这样的核自旋量子数都是半整数,即$I=1/2,3/2,\cdots$,如^{1}H,^{31}P,^{15}C,^{15}N等。原子核中的质子数Z和中子数N都是奇数的核为奇奇核。这样的核自旋都是整数,即I=1,2,3,…,如^{6}Li,^{14}N。

目前,应用于医学成像的核主要是^{1}H核,其自旋量子数为1/2。此外,^{31}P等其他核素成像

也在研究之中。

在量子力学中，除了角动量大小是量子化的以外，核自旋角动量也具有空间量子化的性质，即 L 在外磁场方向（z 方向）的分量 L_z 也只能取一系列不连续的值：

$$L_z = m_I \hbar \tag{20-2}$$

式中 $m_I = I, I-1, I-2, \cdots, -I$，是核自旋的磁量子数，总共有 $(2I+1)$ 个可能值。

2. 原子核的磁矩

原子核具有电荷，作自旋运动的时候如同圆线圈中的环形电流，会产生磁矩，叫做核磁矩。而自旋则是原子核产生磁矩的根本原因，它的大小与磁矩大小的关系如下：

$$\mu = \frac{eg}{2m_P} L \tag{20-3}$$

式中：L 为自旋角动量，μ 为对应的磁矩，g 为朗德因子，其大小与核种类有关。e 为质子的电荷量，m_P 是质子的质量。上式也可写成：

$$\mu = g\mu_N \sqrt{I(I+1)} \tag{20-4}$$

式中 $\mu_N = \dfrac{eh}{4\pi m_P}$，是核磁矩的基本单位，叫做核磁子（Nuclear magneton），其值为 $5.05 \times 10^{-27}\,\mathrm{J \cdot T^{-1}}$。

在核磁共振中，常将核磁矩与核自旋关系表示为：

$$\mu = \gamma L \tag{20-5}$$

式中 γ 被称为旋磁比（gyro—magnetic ratio），定义为系统的磁矩与其角动量之比。旋磁比 γ 与 g 和 μ_N 有如下关系：$\gamma = g\mu_N / h$ 。

不同种类的原子核，γ 的大小不同。例如 ^{1}H 的 γ 为 42.58MHz/T，^{31}P 的 γ 为 17.24MHz/T，^{23}Na 的 γ 为 11.26MHz/T。

由式(20-2)也可知，自旋量子数 $I=0$ 的原子核，即核自旋量子数为 0，没有核磁矩，所以无法用核磁共振对此类原子核进行研究。对于自旋量子数 I 等于或大于 1 的原子核，可看作是电荷分布不均匀椭球，核磁共振情况较复杂，不适合用核磁共振进行研究。而自旋量子数 I 等于 1/2 的原子核，可看作是存电荷分布均匀的球体，存在核磁矩。并且因为生物体中以水的形式存在大量的氢原子核，所以特别适合核磁共振进行研究和磁共振成像。

二、原子核在磁场中的运动

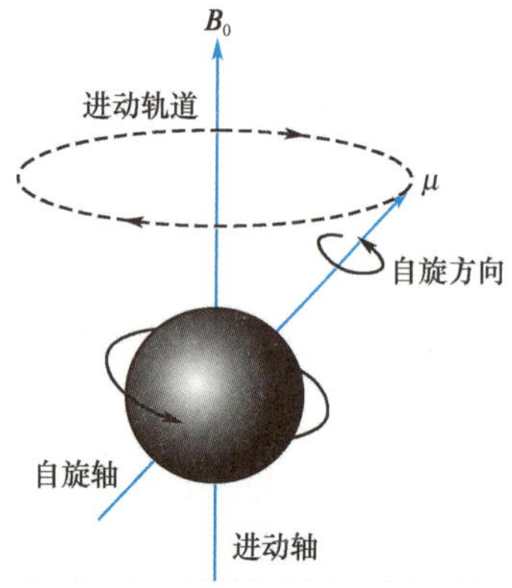

图 20-1 原子核的自旋

在经典力学中，当具有角动量的物体受到一个力矩的作用时，角动量会发生改变。如果力矩与角动量始终垂直，角动量大小不变，方向发生连续变化，表现为角动量矢端沿一圆周旋转，合起来表现为沿自身轴旋转的同时又沿另一个轴作旋转运动，这种运动被称为进动（Procession），也称旋进，如旋转陀螺在地球引力场中的运动。

如果把原子核置于外部静磁场 $\boldsymbol{B}_0$ 中，如图 20-1 所示，在外部磁场作用下，自旋核会受到一个与核磁矩垂直方向的力矩，所以原子核在自身旋转的同时又会以 $\boldsymbol{B}$（外磁场）为轴旋进。其旋进圆频率 ω，称为拉莫尔频率（1armor frequency），该频率的大小与外磁场强度成正比，并由拉莫尔方程决定：

$$\omega = \gamma B_0 \tag{20-6}$$

式中 γ 是旋磁比。

笔记栏

由拉莫尔方程可知，对于同一种原子核，外部磁场愈强，原子核进动的频率愈高。而对不同种类的原子核，在相同的外部磁场中，γ 不同，原子核进动的频率也不同。

三、原子核在磁场中的能量和塞曼效应

把具有自旋磁矩的核置于静磁场，磁场对核磁矩的作用力将使核磁矩具有一定的附加能量。由于核自旋在静磁场中取向具有空间量子化的性质，所以核磁矩在静磁场中的能量也是量子化的。其核能级的数目取决于核自旋量子数 I，能级总数为$(2I+1)$，即磁量子数 m 的取值个数。m 为正值的那些状态，核磁矩在 z 轴方向(外部静磁场方向)取向与静磁场方向相同，其能量为负，称之为低能态；而 m 为负值的那些状态，核磁矩取向与静磁场方向相反，其能量为正，称之为高能态。

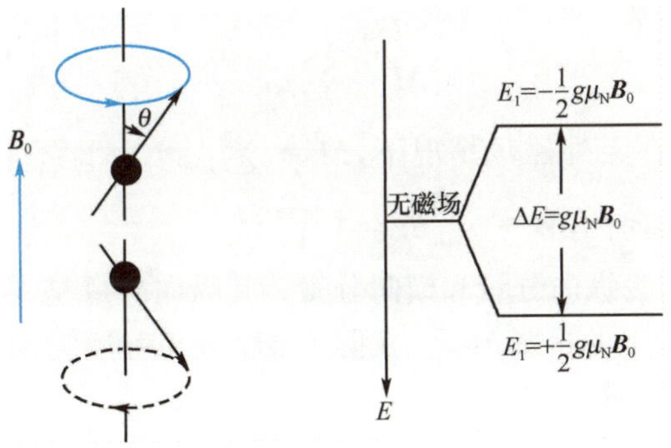

图 20-2　外磁场中的核自旋与能级

对于氢原子核而言，只有一个质子，其自旋量子数等于 1/2。在外磁场的作用下，核磁矩在 z 轴方向上有两个状态：即平行或反平行于外磁场，如图 20-2 所示。前者为低能态；后者为高能态。两个能级上的能量分别为

$$E_1=-\frac{1}{2}g\mu_N B_0 \quad 和 \quad E_2=+\frac{1}{2}g\mu_N B_0 \tag{20-7}$$

两能级之间的能级差为

$$\Delta E=g\mu_N B_0 \tag{20-8}$$

所以，原子核原来的一个能级，如果受外磁场作用下就可分裂为$(2I+1)$个。物理学上把这种基态能级在外磁场中发生分裂的现象称为**塞曼效应**(Zeeman effect)。

四、原子核的宏观磁化

虽然原子核具有磁矩，但由于物体是由很多个原子组成，在通常情况下，原子核的核磁矩方向分布是杂乱无章的，如图 20-3(a)所示。磁矩间的磁性会相互抵消，所以对整体的宏观效果来讲不表现出磁矩的性质。但在静磁场中，核磁矩的取向具有一定的方向性，其具体分布与能量状态有关，符合波尔兹曼分布。位于高能级状态原子核数 N_h 和低能级状态原子核数目 N_l 之比为

$$\frac{N_h}{N_l}=e^{-\frac{\Delta E}{kT}} \tag{20-9}$$

式中 $\Delta E=g\mu_N B_0$，k 为波尔兹曼常数，T 是绝对温度。由于 $g\mu_N B_0 \ll kT$，常温下 N_h 和 N_l 之比非常接近于 1，即静磁场中位于高能级状态原子核数和低能级状态原子核数相差非常少。但处于低能态的数目仍然会多于高能态的数目。由在外磁场中原子核核磁矩的方向与能级的关系可知，核磁矩取向平行于外磁场 $\boldsymbol{B}_0$ 的原子核数目会多于反平行于外磁场的数目。从宏观上看在平行于外磁场 $\boldsymbol{B}_0$ 的方向上会出现一个磁矩，如图 20-3(b)所示。这里，我们引入磁化强度矢量来对这种宏观的磁化程度进行描述。磁化强度矢量是样品单位体积中核磁矩的矢量和，用符号 $\boldsymbol{M}$ 表示，有时也简称宏观磁矩或磁化矢量。

笔记栏

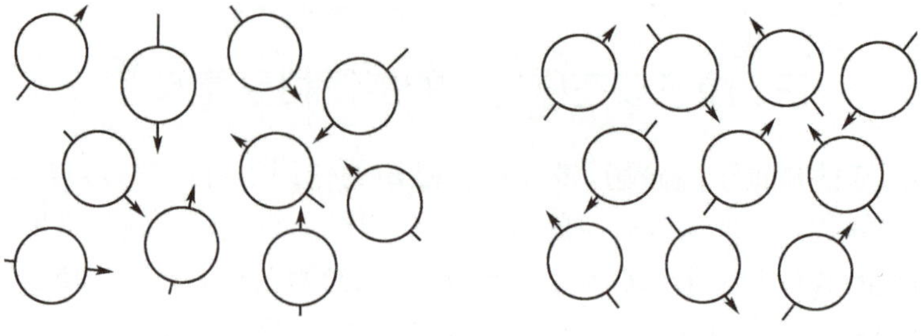

图 20-3 宏观磁矩的产生

根据磁化强度矢量的定义，有

$$\boldsymbol{M}=\sum\mu_i \tag{20-10}$$

式中求和遍及单位体积。在无外磁场情况下，$\boldsymbol{M}=\sum\mu_i=0$，即不表现宏观磁矩。在外磁场中，核磁矩分布有一定的方向性，$\boldsymbol{M}=\sum\mu_i\neq 0$。

通常又可以把 $\boldsymbol{M}$ 分解为纵向分量和横向分量。其纵向分量是 $\boldsymbol{M}$ 在 z 方向上的投影 $\boldsymbol{M}_Z$。其横向分量是 $\boldsymbol{M}$ 在 xoy 面上的投影 $\boldsymbol{M}_{xy}$。实际上 $\boldsymbol{M}_{xy}$ 还可分解为 $\boldsymbol{M}_x$ 和 $\boldsymbol{M}_y$ 两部分，它们分别表示 $\boldsymbol{M}$ 在 x 轴和 y 轴上的投影。

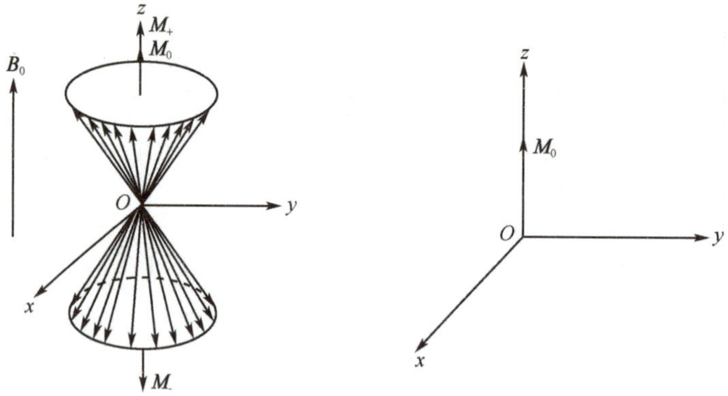

图 20-4 核磁矩的合成

(a) 合成矢量及其方向；(b) 净磁化强度矢量 M_0

具体分析核磁矩在外磁场中的方向，可把系统中所有进动相位相同的同类原子核的矢量和用一箭头表示，并将其始端平移到坐标原点，就可绘出图 20-4(a)所示的矢量分布图。空间各方向上核的总磁矩均可用同长度的矢线来表示。热平衡时自旋核的进动只有与 $\boldsymbol{B}_0$ 有相同和相反两种取向，这两个方向上各进动矢线就构成了图 20-4(a)中的上下两个圆锥面。图中分别用 $\boldsymbol{M}_+$ 和 $\boldsymbol{M}_-$ 表示低、高能级上的进动核在 $\boldsymbol{B}_0$ 方向和 $\boldsymbol{B}_0$ 反方向上的矢量和．由于低能级上的核数略多于高能级上的核数，所以存在 $\boldsymbol{M}_+>\boldsymbol{M}_-$，即出现平行于 $\boldsymbol{B}_0$ 的净磁化强度矢量 $\boldsymbol{M}_0$，如图 20-4(b)所示，$\boldsymbol{M}_0$ 为 $\boldsymbol{M}_+$ 和 $\boldsymbol{M}_-$ 的矢量和。所以对 $\boldsymbol{M}$ 在 z 方向上的分量来说，有 $\boldsymbol{M}_Z=\boldsymbol{M}_0$。而在与外磁场垂直的方向上，由于具体各核磁矩进动的相位分布是随机的，总体看来分布均匀，各核磁矩在 xy 平面上的分量互相抵消，所以不再表现出磁矩，即 $\boldsymbol{M}_{xy}=0$。

第二节 核磁共振现象

一、核磁共振现象的发生

笔记栏

当原子核处于外磁场 $\boldsymbol{B}_0$ 中时，它的能级将产生塞曼分裂，当处于热平衡时，位于低能级的原子核要多于位于高能级的原子核。由式(20-7)可知，对于氢原子来讲，塞曼分裂后相邻两能级之间的能量差为 $\Delta E=g\mu_N B_0$。因此，在磁场中一个核要从低能态向高能态跃迁，就必须吸收 ΔE 的能量。换言之，核吸收 ΔE 的能量后会产生共振。如果在外磁场的垂直方向设置射频线圈，采用的频率为 v，大小为 $\boldsymbol{B}_1$ 射频磁场进行共振激发。当激励电磁波的频率 v 所决定的能量与两相邻能级之间的能量差 ΔE 相等时，原子核两个能级之间的跃迁就会发生。因此，核磁共振激励电磁波的频率 v 必须满足

$$v=\Delta E/h=g\mu_N B_0/h \tag{20-11}$$

核能级的跃迁就会发生。由于射频磁场 $\boldsymbol{B}_1$ 变化的圆频率 $\omega=2\pi v=2\pi g\mu_N B_0/h$，而 $\gamma=2\pi g\mu_N/h$，可以看到射频磁场的圆频率等于拉莫尔频率。此时原子核就从低能级跃迁到高能级。在此过程中，部分原子核从射频磁场吸收能量，这种现象就叫共振吸收。共振吸收之后，使整体原子核中处于高能态和低能态的数目发生了变化，$\boldsymbol{M}_-$ 和 $\boldsymbol{M}_+$ 在 z 轴方向的差值 $\boldsymbol{M}_z$ 将会减小。同时，在射频磁场 $\boldsymbol{B}_1$ 作用下，各核磁矩的旋进会发生相位相干，可以理解为处于各能级的核磁矩旋进相位会趋于一致。这时的 $\boldsymbol{M}$ 的水平分量 $\boldsymbol{M}_{xy}$ 不再为 0。从宏观效果来看，可以看作宏观磁矩 $\boldsymbol{M}$ 在射频磁场 $\boldsymbol{B}_1$ 作用下会偏离平衡位置一定角度。如果偏离的是 α 角，就说产生射频磁场所加的脉冲为 α 脉冲，如图 20-5；如果 $\boldsymbol{M}$ 偏离的角度为 90°，为 $\frac{\pi}{2}$ 脉冲；如果对核系统加上一个 π 脉冲，$\boldsymbol{M}$ 即会转到 z 轴的负方向。这取决于射频脉冲的强度与持续的时间。

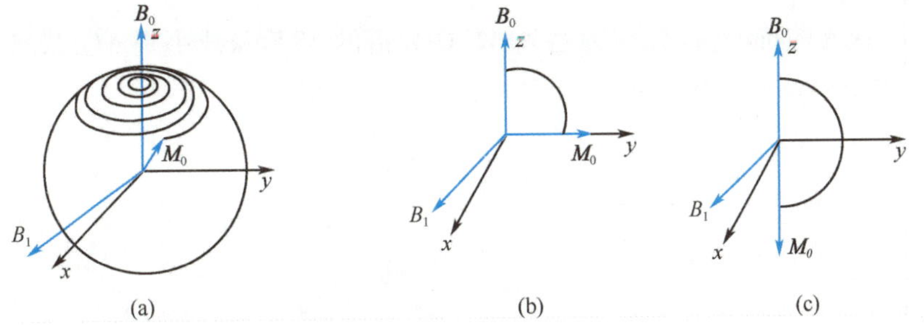

图 20-5　α 脉冲

(a) α 角脉冲使 M 产生 α 角的偏离；(b) $\frac{\pi}{2}$ 脉冲；(c) π 脉冲

二、弛豫过程和弛豫时间

当射频脉冲停止作用后，核磁矩解脱了射频场的影响，而只是受到主磁场 $\boldsymbol{B}_0$ 的作用，这时所有核磁矩逐步向原来的热平衡状态恢复，恢复过程中会把吸收的能量以电磁波的形式发射出去，称为共振发射。这种恢复不是立即完成，而是慢慢进行最后回到平衡位置，其过程称为**弛豫过程**(relaxation process)。

进一步分析弛豫过程情况，以 90°脉冲后的弛豫过程为例。如图 20-6 所示，随着原子核中处于高能态和低能态数目分布向平衡状态的恢复和各核磁矩旋进相位的分散，从各矢量大小来看，$\boldsymbol{M}_z$ 会逐步增大，而 $\boldsymbol{M}_{xy}$ 则逐步减小。整体看来就象宏观磁矩 $\boldsymbol{M}$ 逐步绕回到 z 轴方向。

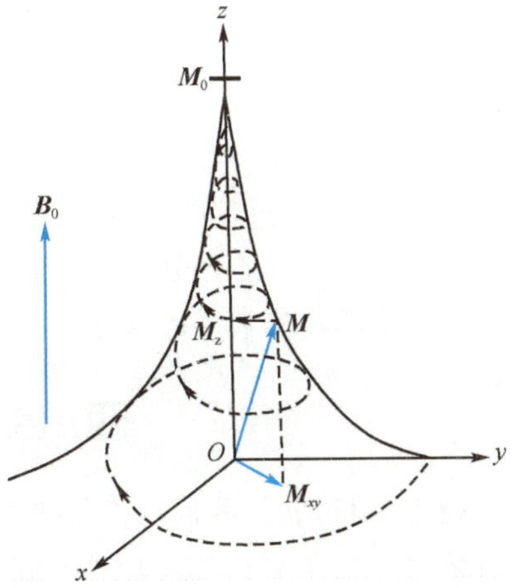

图 20-6　弛豫过程

根据 $\boldsymbol{M}_{xy}$ 和 $\boldsymbol{M}_z$ 变化原因的不同，我们把这一过程分为两种独立的弛豫。随着 $\boldsymbol{M}_0$ 逐渐回到平衡位置，的逐渐衰减，而 $\boldsymbol{M}_z$ 则是逐渐增大的。一般把 $\boldsymbol{M}_{xy}$ 的衰减过程称为**横向弛豫过程**(transverse relaxation

笔记栏

process)，而把 $\boldsymbol{M}_z$ 的恢复过程称为纵向弛豫过程(longitudinal relaxation process)。这两种情况对应着不同的能量交换机理。$\boldsymbol{M}_{xy}$ 的衰减对应着相位分散的过程，从能量的角度可以理解为是一个同种核互相交换能量的过程，所以也称自旋-自旋弛豫过程(spin-spin relaxation process)。$\boldsymbol{M}_z$ 的恢复过程是将共振吸收的能量释放到周围物质中，所以也称自旋-晶格弛豫过程(spin-lattice relaxation process)。

当外加射频脉冲磁场停止作用后，随着时间的推移，M_z 增大而 M_{xy} 减小，即它们都是时间的函数，都有各自的变化规律。$\boldsymbol{M}_z$ 和 $\boldsymbol{M}_{xy}$ 向平衡位置恢复和衰减的速度与它们离开平衡位置的程度成正比。对于 90°的激励脉冲来说，这两个量的时间导数可以写成

$$\frac{\mathrm{d}M_z}{\mathrm{d}t}=\frac{M_z-M_0}{T_1} \tag{20-12}$$

和

$$\frac{\mathrm{d}M_{xy}}{\mathrm{d}t}=-\frac{M_{xy}}{T_2} \tag{20-13}$$

式中负号表示弛豫过程和共振过程相反。解上述方程，得

$$M_Z=M_0(1-e^{-t/T_1}) \tag{20-14}$$

$$M_{xy}=M_{xy\max}e^{-t/T_2} \tag{20-15}$$

由此可见，磁化强度矢量 $\boldsymbol{M}$ 的 z 分量按指数规律增长而趋向于平衡值 $\boldsymbol{M}$；$\boldsymbol{M}$ 在 xy 平面上的分量 $\boldsymbol{M}_{xy}$ 随时间按指数规律衰减至零。变化情况如图 20-6 所示。式中 T_1，T_2 是描述 $\boldsymbol{M}_z$ 和 $\boldsymbol{M}_{xy}$ 增长和衰减快慢的特征量，分别为达到 $\boldsymbol{M}_z$ 最大值的 63% 和减小到 $\boldsymbol{M}_{xy}$ 最大值 37% 的时间，分别被称为纵向、横向弛豫时间。

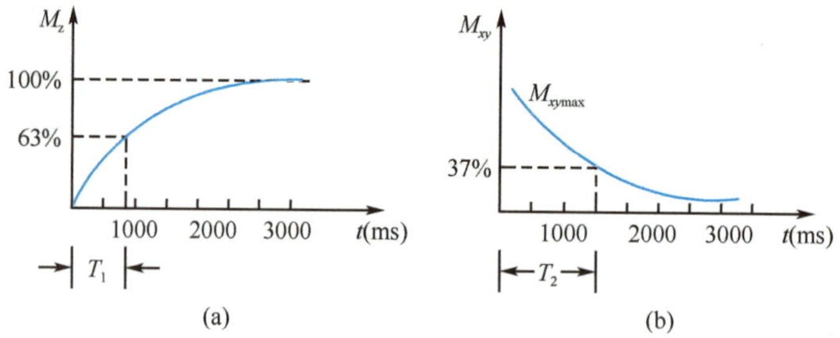

图 20-7 纵向弛豫时间和横向弛豫时间

(a) 纵向分量 $\boldsymbol{M}_z$ 的变化曲线；(b) 横向分量 $\boldsymbol{M}_{xy}$ 的变化曲线

三、自由感应衰减信号

弛豫过程中能量的释放有部分是以电磁波形式释放的。射频电磁波停止后，核磁矩会发射出电磁波。如果在 y 轴上放置一个如图 20-8 所示的线圈，并让 y 轴通过线圈的中心轴线。那么，当 $\boldsymbol{M}_{xy}$ 反复扫过接收线圈时，便在线圈中感生出一个交变信号。这就是 NMR 信号，称为自由感应衰减信号(free induction decay signal，FIDS)。F1DS 的强度与自旋核密度有关，而且随着时间的推移按指数规律衰减，衰减速度由 T_1、T_2 决定。

四、磁共振参数的医学诊断意义

利用 FID 信号，我们可以获得关于核密度 ρ 和 T_1、T_2 的信息，而人体内不同组织不同器官的氢核密度和 T_1、T_2 等参数是不同的，进而可以利用这些信号进行成像。采用氢核密度差别作为对比度的来源，其所用的 MR 信号最强，产生的密度图像也最清晰，分辨率也最高。人体各种组织含水比例不同，即氢核密度不同，则 MR 信号强度有差异，利用这种差异作为特征量，把各种组织区分开，这就是氢核密度的 MR 图像。表 20-1 列出人体几种组织和脏器的含水比例。

笔记栏

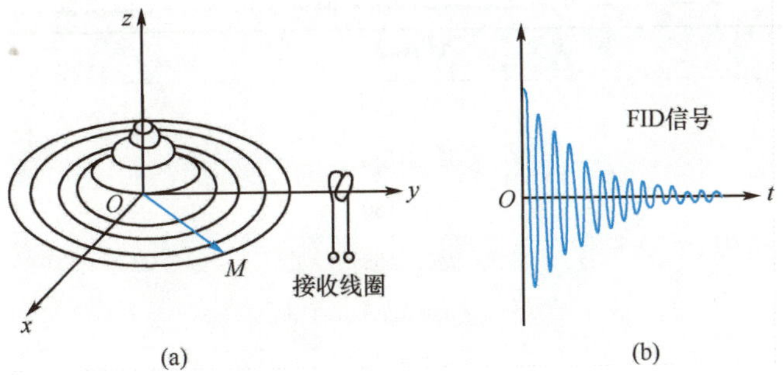

图 20-8 自由感应衰减信号

(a) FIDS 的产生;(b) FIDS 与时间的关系

表 20-1 几种人体组织、脏器含水比例

组织名称	含水比例(%)	组织名称	含水比例(%)
皮肤	69	肾	81
肌肉	79	心	80
脑灰质	83	脾	79
脑白质	72	肝	71
脂肪	80	骨	13

但是,很多人体组织含水比例差别很小,所以图像反差不大。人体不同组织的 T_1、T_2值差别远大于含水比例的差别,所以常采用 T_1、T_2加权成像,获得的图像的反差比密度图像好。同时了 T_1、T_2加权图像还能反映氢核周围分子结构、生化特征的信息。如脂肪、脊髓、白质和灰质,其 T_1差异就较大。表 20-2 列出人体几种正常组织在同一磁场下的不同 T_1、T_2。此外,正常和病变组织的 T_1、T_2也存在差异。如正常的肝组织与肝癌、肝脓肿。由于氢核密度相差无几,所以在密度图像中没有明显的差别。但在 T_1加权图像中,由于肝脓肿 T_1很长,肝癌次之,正常肝较短,所以三者灰度等级有明显差别,即肝脓肿最暗,肝癌次之,正常肝较为明亮;而在 T_2加权图像中,由于肝脓肿 T_2最长,肝癌和正常肝的 T_2值相近,所以肝脓肿在图像中变得相当明亮,肝癌和正常肝差别却很小。表 20-2 列出几种病变组织和正常组织不同的 T_1、T_2。所以在 MRI 中,选择合适的成像参数,获得不同 ρ、T_1、T_2的加权,对为疾病的定位、定性诊断是非常重要的。

表 20-2 几种正常组织在 0.5T 情况下的 T_1、T_2 值范围

组织名称	T_1(ms)	T_2(ms)
脂肪	240±20	60±10
肌 肉	400±40	50±20
肝脏	380±20	40±20
肾脏	670±60	80±10
胰	398±20	60±40
主动脉	860±510	90±50
脊柱	380±50	70±20
胆道	890±140	80±20
尿	2200±610	570±230

笔记栏

表 20-3 几种病变组织在 0.5T 情况下的 T_1、T_2 值范围

组织名称	T_1(ms)	T_2(ms)
肝癌	570±190	40±10
胰腺癌	840±130	40±10
肾上腺癌	570±160	110±40
肺癌	940±460	20±10
胰	398±20	60±40
前列腺癌	610±60	140±90
膀胱癌	600±280	140±110
骨髓炎	770±20	220±40

第三节 磁共振成像的原理

任何一种断层数字图像都有两个必需解决的问题，其一是从体素上测得成像参数，并用以控制对应像素的灰度；其二是获得层面内体素的空间位置，这包括层面及体素在层面上的位置。在 MRI 中前一问题主要如何从 MR 信号中提取出成像参数，后一问题是体素的空间位置编码。

一、磁共振信号成像参数和加权成像

核磁共振信号的强度是由一些基本物理量决定的，其中最重要的是质子密度 ρ、纵向弛豫时间 T_1 和横向弛豫时间 T_2，它的数学表达式为

$$I = kM_0 f_1(T_1) f_2(T_2) \tag{20-16}$$

式中 k 为与电子线路有关的常量，$\boldsymbol{M}_0$ 为磁化强度矢量的初始值，有关质子密度 ρ 的信息就包含在 $\boldsymbol{M}_0$ 内，f_1 和 f_2 为 T_1 和 T_2 的函数。

为了对这些基本参数进行测量，常采用脉冲序列对病人扫描。在不同条件下采用不同脉冲序列的目的就是为了获得最佳的核磁共振信号。脉冲序列是由 $\pi/2$ 脉冲、π 脉冲构成的。核磁共振信号的强度不仅取决于脉冲的高度和宽度，还取决于作用时间的长短和组成方式。我们把这些可以随意改变的成像参数称为扫描参数。只要改变这些参数就可以得到加权图像。比如，如果在成像过程中，突出了 T_1 对图像亮度的贡献而忽略其他参数的影响，这时得到的就是 T_1 加权成像。

在临床上用得最多和最具代表性的是**自旋回波**(Spin Echo，SE)序列。自旋回波序列由 90°、180°脉冲构成，其序列结构和用该序列得到的 MR 信号如图 20-9 所示。

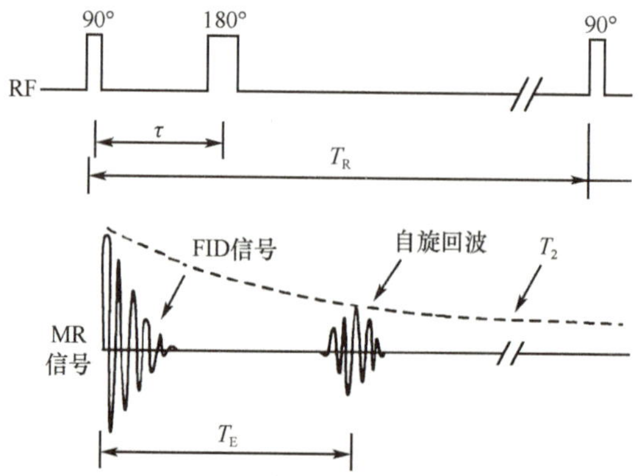

图 20-9 自旋回波序列

图中第一个 RF 脉冲为 90°脉冲，对样品起着激励作用，使其产生 $\boldsymbol{M}_{xy}$。由于磁场总是存在一定的空间不均匀性，即自旋核所在处的磁场大小不一，这样自旋核磁矩旋进的速度不一样，造成自旋核磁矩相位比理论横向弛豫更快的分散，达到相位完全错乱的状态。其宏观效果是使宏观磁矩的水平分量 $\boldsymbol{M}_{xy}$ 在水平面内很快衰减。

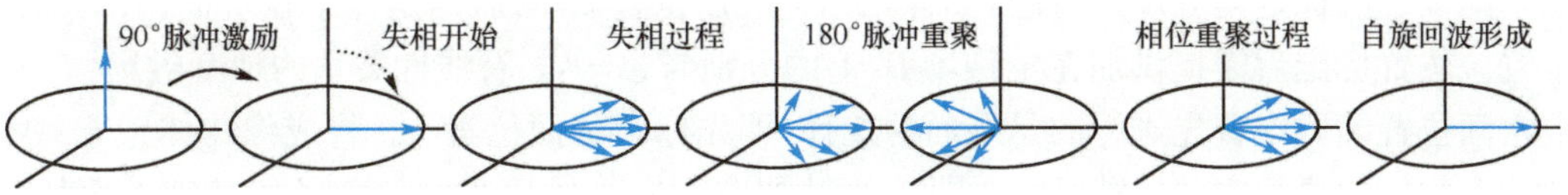

图 20-10　180°脉冲的作用

为消除磁场不均匀的影响，在 90°脉冲后经过 τ 时间，再施加一个 180°脉冲，如图 20-10 所示，180°脉冲使处于前面旋进速度快的核排到了后面，而后面的核排到前面。但旋进速度的大小和方向不变，故原来散开的核磁矩又重新聚集起来，于是 $\boldsymbol{M}_{xy}$ 由零开始增大，但达到最大后又散开，后又变为零。这段时间称为自旋-回波时间，用 T_E 表示，接收到的这个信号称为自旋—回波信号。经过一定时间后再施加一个 180°脉冲后，这种散开和重新聚集的过程就会重复，并发出新的自旋-回波信号。由于利用 180°脉冲抵消的只是磁场不均匀的影响，反映样品特性的横向弛豫时间 T_2 不受 180°脉冲影响，所以每次回波信号的幅度随时间 t 的变化并以 T_2 时间常数按指数规律衰减。在整个过程中，磁矩 $\boldsymbol{M}$ 同时也在完成纵向弛豫过程，即以 T_1 为时间常数按指数规律恢复到 $\boldsymbol{M}_0$，到下一个 90°脉冲为止。整个时间间隔称为重复时间，用 T_R 表示。由核磁共振的理论，可以证明在自旋—回波脉冲序列作用下，MR 信号的幅度的变化符合以下规律：

$$A = A_0\rho(1 - e^{-T_R/T_1})(e^{-T_E/T_2}) \tag{20-17}$$

式中 A_0 为常数，ρ 是氢核密度。下面分三种情况进行讨论：

(1) 当 $T_R \gg T_1$、$T_E \ll T_2$ 时，式(20-17)可化简为

$$A = A_0\rho \tag{20-18}$$

此时信号幅度仅取决于氢核密度，所以用这种信号获得的图像称为氢核密度图像。在实际操作中的典型数据是 $T_E \leqslant 30\text{ms}$，$T_R \geqslant 1500\text{ms}$。

(2) 当 $T_R \leqslant T_1$、$T_E \ll T_2$ 时，式(20-17)可化简为

$$A = A_0\rho(1 - e^{-T_R/T_1}) \tag{20-19}$$

此时信号幅度由氢核密度和 T_1 决定，所以用这种信号获得图像称为 T_1 加权图像。其中 T_R 取得愈短，A 受 T_1 的影响就愈大，则 T_1 加权愈重。在获得这种加权图像的操作中，典型数据是 $T_R \leqslant 300\text{ms}$，$T_E \leqslant 30\text{ms}$。

(3) $T_R \geqslant T_1$，$T_E \geqslant T_2$ 公式(20-17)可写成

$$A = A_0\rho(e^{-T_E/T_2}) \tag{20-20}$$

此时信号幅度决定于氢核密度 ρ 和 T_2，用这种信号获得的图像称为 T_2 加权图像。T_E 取得愈长，幅度受 T_2 的影响愈大，则 T_2 加权愈重。在实际操作中获得 T_2 加权图像的典型数据是 $T_E \geqslant 60\text{ms}$，$T_R \geqslant 1500\text{ms}$。

用 SE 序列的优点是通过对 T_R 和 T_E 的适当选取，可以获得自旋核的密度图像和 T_1、T_2 加权图像，或者获得不同 T_1、T_2 加权程度的图像和 T_1、T_2 同时加权的图像。

此外，常采用的序列还有多回波脉冲序列、反转恢复序列(IR)和部分饱合序列等，这些序列在测量 T_1、T_2 方面分别有自己的优势。

二、磁共振成像的基本方法

从 MR 信号中提取出 MRI 的成像参数后，需要在对应的空间位置将成像参数表示出来。如何获得 MR 信号来源处的空间位置，也就是体素的空间位置编码呢？体素的空间位置编码是

笔记栏

用磁场值来标定受检体共振核的空间位置，其理论基础是决定自旋核动量在磁场中旋进频率拉莫尔公式 $\omega=\gamma B_0$。由拉莫尔公式可知，沿梯度场方向的位置不同，共振频率不同。如果人为在样品中建立一个由体素空间坐标 x,y,z 决定的磁场强 $\boldsymbol{B}(x,y,z)$，则此体素上发生的核磁共振频率 v 就与 x,y,z 有对应的关系，也就是说有可能用 v 去表示体素的空间坐标。MRI 中体素的空间位置的标定是分步进行的，如首先标定层面位置 z，而后标定体素在层面内的 x,y 坐标位置。位置标定后需提供加在主磁场 $\boldsymbol{B}_0$ 上的分别与 x,y,z 有线性关系的梯度磁场。

空间位置编码中首先进行的是层面的选择，即先标定层面位置 z。将成像物体置于一 z 轴方向分布均匀的磁场 $\boldsymbol{B}_0$ 中，磁场方向即是 z 轴方向方向。然后在均匀磁场的基础上叠加一个同方向的线性梯度场 $\boldsymbol{B}_z$，磁感应强度沿 z 轴由小到大均匀改变，如图 20-11 所示。根据拉莫尔公式，在不同的 z 位置上，将有不同的共振频率，也就是说可以用不同的共振频率来表示自旋核所在的层面。设计合适频率的 RF 脉冲，可使其中一层面的自旋核发生共振，而其它层面的自旋核因不满足拉莫尔公式而不发生共振。通过这种梯度磁场，就可以做到层面的选择。层面的选择也称为选片，所以 $\boldsymbol{B}_z$ 称为选片梯度场。

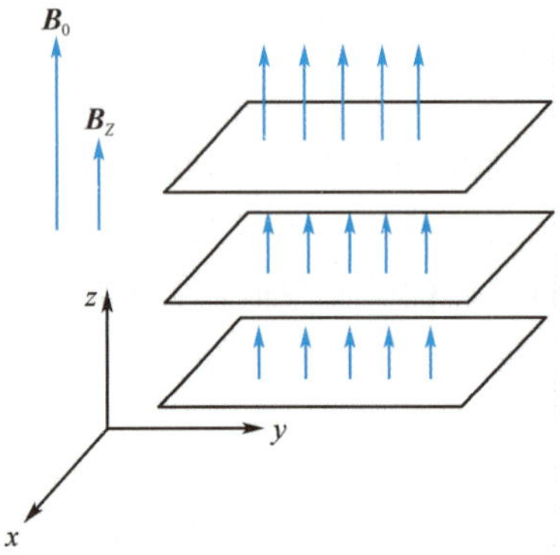

图 20-11　z 轴方向的梯度磁场

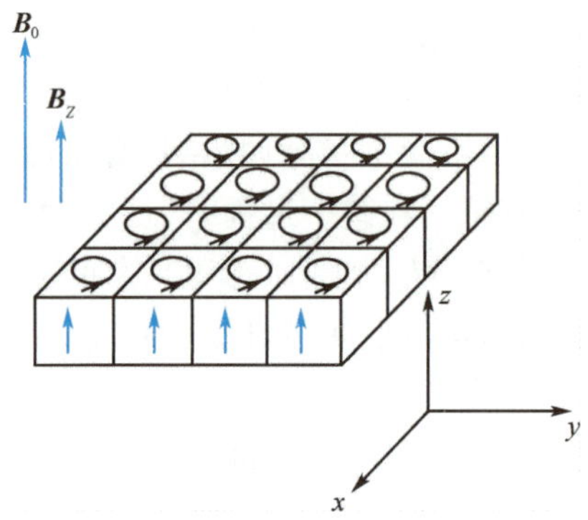

图 20-12　选片的层面具有相同状态

通过合适的 RF 脉冲，可以在 z 方向选取出一层面，但仍需对这一层面上的 x,y 位置进行编码。在选片中同一层面上的所有自旋核的核磁矩于激励脉冲结束瞬间在旋进圆锥上都处于同一相位，如图 20-12 所示。若沿层面的 y 方向加一梯度磁场 $\boldsymbol{B}_y$，经一定时间后，由于不同 y 轴位置的自旋核所受磁场强度不同，其核磁矩（在一定体积的像素内有大量质子，故严格讲应是该点的宏观磁矩）的旋进频率将沿 y 方向递增，在一定时间后，各像素的磁化矢量在旋进圆锥上所处位置不同，即它们的相位不等，如图 20-13 所示。图中不同的箭头即代表不同的相位，且相位与 y 成正比，即空间位置 y 用相位进行编码。

若沿 y 方向的梯度磁场撤消后，转而沿 x 方向加一强度为 $\boldsymbol{B}_x$ 的线性梯度磁场。由于在刚加上 $\boldsymbol{B}_x$ 梯度场时，各自旋核的初相已受 $\boldsymbol{B}_y$ 梯度场编码，将这些初相产生的信号采集后储存在计算机的存储器中，作为像素的位置信息。现在，在 $\boldsymbol{B}_x$ 磁场作用下，不同 x 位置的自旋核核磁矩的旋进频率随 x 作线性增加，于是 x 方向的空间位置可用频率进行编码。

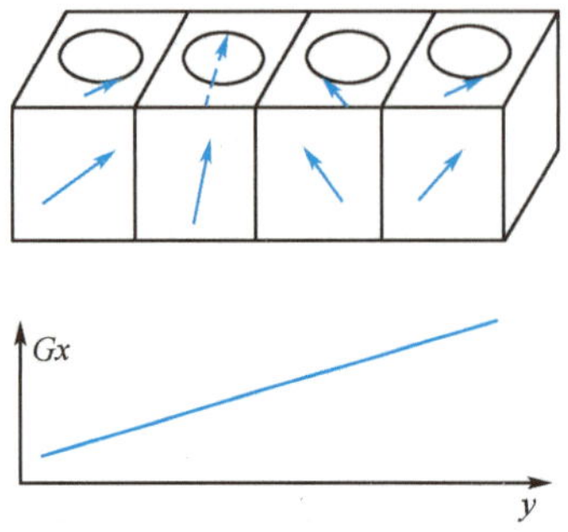

图 20-13　y 轴方向的相位编码

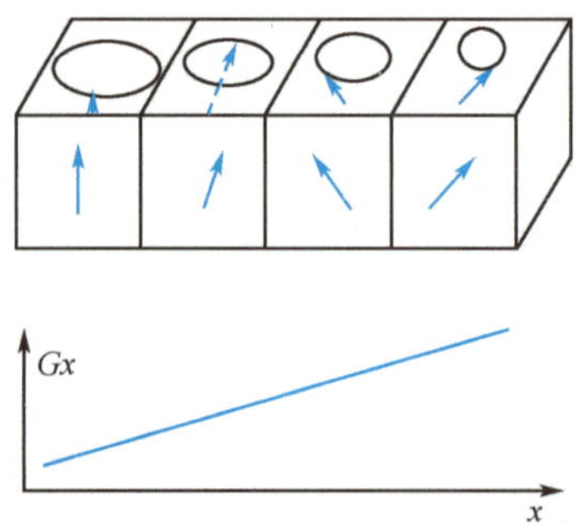

图 20-14　x 轴方向的频率编码

三、图像重建

首先在扫描过程中，通过 z 轴方向的层面选择梯度磁场和 RF 脉冲频率的选择，将扫描层面确定在感兴趣的区域上。再通过 y 方向的相位编码梯度磁场和最终读出回波信号时施加的 x 方向频率编码梯度磁场，使得到的选片层面内各体素的 MR 信号包含了不同初相位（每一初相位对应于同一 x 坐标上的自旋核）和频率（每一频率对应于同一 y 坐标上的自旋核）。在图像重建时，则利用该信号所携带的相位编码和频率编码的特征，将层面内各体素的 MR 信号的谐波成分彼此分离，这个过程称为解码。解码工作由计算机来完成，通常采用二维傅立叶逆变换对采集后存储于 K 空间内的 MR 信号进行处理，将谐波成分分离，从而得到具有不同相位和频率特征（代表体素的空间位置）的信号，最后根据各体素与层面选择编码的对应关系，将体素信号按空间位置顺序依次显示在荧光屏上，这样就获得了断层的 MR 信号的图像，完成了图像重建工作。

四、核磁共振成像装置的基本结构

MRI 的成像系统包括 MR 信号采集和数据采集与处理及图像显示两部分。MRI 设备中 MR 信号采集部分包括静磁场系统（磁体）、梯度磁场系统（梯度线圈）、射频系统（射频发射器及 MR 信号接收器）、供电部分，这些部分负责 MR 信号产生、检测与编码；而其余部件包括模数转换器、计算机、磁盘与磁带机等，则负责数据处理、图像重建、显示与存储。其结构框图如图 20-15 所示，其中关键的是静磁场系统、梯度磁场系统、射频系统和计算机图像重建系统。

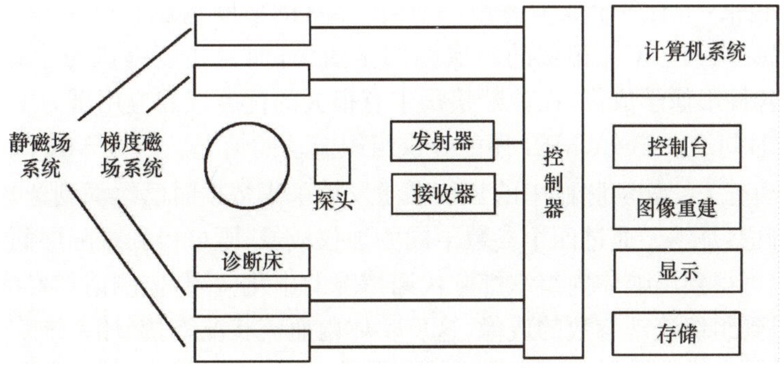

图 20-15 MRI 系统结构框图

1. 静磁场系统

这是磁共振成像系统的关键部件，静磁场系统性能的好坏直接关系到磁场强度、均匀度和稳定性，并影响 MRI 的图像质量。通常也采用磁体类型来说明 MRI 设备的类型。特别要求它产生的静磁场均匀度高。目前有常导型、超导型和永磁型三种类型的磁体。常导电磁体线圈用铜、铝线绕成，磁场强度可达到 0.15～0.3T，均匀度可满足 MRI 的基本要求，但耗电量大；永磁体用磁性物质制成的磁砖所组成，较重，磁场强度偏低，磁场强度可达到 0.3T，均匀度可以满足要求，且使用这种磁体没有昂贵和复杂的附加设备；超导磁体线圈用铌-钛合金线绕成，磁场有 0.5、1.0、1.5、2.0T 等，用液氦及液氮冷却，均匀度很高，但造价高。

2. 梯度场系统

用来产生并控制磁场中的梯度，磁场强度只有主磁场的几百分之一，为人体 MR 信号提供了空间定位的三维编码的可能，以实现磁共振信号的空间编码，这个系统有三个线圈，产生 x、y、z 三个方向的梯度场，并有驱动器以便在扫描过程中快速改变磁场的方向与强度，形成任意

笔记栏

方向的梯度场，迅速完成三维编码。

3. 射频系统

由射频发射器和射频接收器以及控制电路等部分组成。射频发生器用来产生临床检查目的不同的脉冲序列，以激发人体内氢原子核产生MR信号。主要包括射频振荡器、发射门、脉冲功率放大器、脉冲程度器。射频接收器则用于接收MR信号，并进行放大。控制电路则提供各种脉冲序列，以精确控制信号的发送和接收。

4. 计算机图像重建系统

这部分的作用类似于X-CT中的计算机图像重建部分。首先由射频接收器送来的信号经A/D转换器，把模拟信号转变为数字信号，然后送入计算机中存储和进行累加运算。经过累加运算后的NMR信号，采用二维傅里叶变换进行处理，得到具有相位和频率特征的NMR信号大小。然后根据与观测层面各体素的空间对应关系，经计算机运算和处理，得出层面图像数据，即完成数字图像的重建工作。最后经过D/A转换，输送到图像显示器。按信号的大小用不同的灰度等级显示出所欲观测的层面图像。

第四节 MRI的应用与发展

一、MRI的优点

MRI的优点包括：①有多个成像参数，能提供丰富的诊断信息。由于参与MRI成像的因素较多，不但可以提供和X-CT相似的断层解剖学图像，而且还能提供与生化、病理有关的信息。不同于原有各种影像学成像，在诊断疾病中有很大的优越性和应用潜力。除前面所介绍的氢核密度ρ，弛豫时间T_1、T_2外，MRI还能提供组织流动的情况。因为MR信号的大小还与受激发核的宏观运动有关。如动脉血中的氢核在激发后采集数据时已运动到选片层面之外，其对应空间像素信号自然是零。通过四个参数不同的加权成像，既可得到观测层面组织脏器的形态和位置的图像，也可得到反映体内组织细胞代谢情况的生化蓝图，监测诸如炎症、良性和恶性病变的性质；还可得到组织流动参数的成像，这反映体内血流状况，对循环系统疾病诊断有特殊意义。②无电离辐射，安全可靠。在完成MR成像的磁场强度范围内，对人体健康不致带来不良影响，所以是一种非损伤性检查。③有极好的组织分辨能力；不需要造影剂，即可观察心脏和血管系统。④扫描（切层）方向灵活，能作横断面、冠状面、矢状面，以至任何方向的斜切面等的断层扫描。目前，在神经系统疾病的检查，如脑脱髓鞘疾病、多发性硬化、脑梗塞；骨髓的病变（骨髓在MRI上表现为高信号区）；在恶性肿瘤的早期显示；对腹部与盆部器官，如肝、肾、膀胱，前列腺和子宫，颈部和乳腺的检查方面，MRI应用都有相当价值；在显示关节内病变及软组织方面也有一定优势。

但MRI也有不足，主要表现为：一般来说，扫描时间相对较长；空间分辨力还不够理想；钙化灶及骨皮质病灶等的检出敏感度不如CT；MRI征象的特异性常还不够理想（多有重叠），亟待提高等等；而且对装有心脏起搏器、人工关节、义齿（假牙）等患者不宜作这种检查。

二、MRI的发展和前景

MRI技术的临床应用尚为时不长，通过这些年的实践，证明它的优点非常突出，是一项尚待进一步完善和开发，很有潜力和崭新的影像学诊断检查手段。近几年来，MRI诊断技术的研究在不断地展开和向前发展，检查适应症范围日益开阔，检查技术逐渐完善，诊断的敏感性和特异性不断提高。归纳起来，MRI技术近年来的进展，主要是快速扫描速度、获得更高的分辨率

笔记栏

和更多的生化信息，以及磁共振频谱学检查、肺部的 MRI 成像、脑功能性 MRI 检查、心电图门控心脏 MRI、磁共振血管造影术、磁共振成像造影剂等。

目前 MRI 的分辨率已达到 1.0mm 左右，配有各种表面线圈其空间分辨率已达到先进的 X-CT。作为一种多核种的成像技术，除^{1}H 核外，^{31}P、^{23}Na、^{19}F 等的 MRI 已在实验室获得图像，而且化学位移的 MRI 也逐步发展，这些能为我们提供更精细的组织结构和生化代谢信息。肺部的 MRI 成像是 MRI 应用研究中的一个热点，肺脏的 MRI 一直较为困难。为解决这个问题，研究人员提出参照核医学的方法，从外界引入一个信息载体——激光预极化惰性气体^{129}Xe，采用大功率阵列式激光二极管可连续产生的惰性气体浓度，在磁场中形成足够大的宏观磁化矢量用于肺部成像。而惰性气体的 MRI 在磁共振领域里属气体成像，解决了肺部的 MRI 问题，弥补 MRI 的缺陷，提高了 MRI 的竞争能力，进一步完善和扩大了 MRI 的应用范围。脑 fMRI 是一项 90 年代初才开展的，以 MRI 研究活体脑神经细胞活动状态的崭新检查技术。它主要利用快速或超快速 MRI 扫描技术，测量人脑在思维、视觉或听觉、或局部肢体活动时，相应脑组织的血流量、血流速度、血氧含量以及局部灌注状态等的变化，并将这些变化显示于 MRI 图像上。而心电图门控心脏 MRI 是用 MRI 技术来获得心动周期任意相位的心脏图像，它是基于心脏搏动和瓣膜振动的规律性，用心电图的及波触发典型的反转恢复序列，可以清晰显示整个心脏搏动过程任意时刻的心内结构，既能反映心脏功能的形态变化，还能提供心肌代谢的信息，是一种比较理想的心脏成像技术。随着上述研究的深入，在物理学、计算机工程学以及临床医学（特别是医学影像学）等专家的共同努力下，MRI 将会以更强大的功能在更广阔的领域发挥作用。

习 题 二 十

20-1　具有核磁矩的原子核置于外磁场中，为什么会发生进动现象？

20-2　在磁共振成像的中，主要研究的是哪一类原子核？

20-3　要产生核磁共振，外部射频磁场必须满足什么样的条件？如果磁体是 0.5T 的 MRI 系统，氢核成像的射频波频率大约为多少 MHz？

20-4　什么是共振吸收和共振发射，核磁共振的信号是通过什么来检测的？

20-5　什么是纵向弛豫、横向弛豫，什么是 T_1、T_2，它们在 MRI 中起什么样的作用？

20-6　MRI 图像的对比度由哪些因素决定？为什么同一层面的组织，有时其相对亮度会截然不同？

20-7　什么是 SE 脉冲序列？SE 脉冲序列中的 90°脉冲和 180°脉冲的作用是什么？

20-8　MRI 中进行空间定位采用的是什么方法？

20-9　MRI 系统主要有哪几部分组成？各部分的作用是什么？

20-10　和其他成像技术相比，MRI 的突出优势是什么？

（幸浩洋　陈　霞）

参考文献

蔡履中．光学．3版．北京:科学出版社
陈家璧．2004. 激光原理及应用．北京:电子工业出版社
陈熙谋．2007. 光学·近代物理．北京:北京大学出版社
仇惠,余大昆．2008. 医学物理学．北京:科学出版社
邓玉林等．2007. 生物医学工程学．北京:科学出版社
菲利普·纳尔逊．2006. 生物物理学——能量　信息　生命．上海:上海科学技术出版社
冯元桢．1983. 生物力学．北京:科学出版社
龚尔璋,胡新珉．1993. 医用物理学．北京:科学技术文献出版社
郭永康,包培悌．1988. 光学教程．成都:四川大学出版社
过祥龙等．1999. 基础物理学．苏州:苏州大学出版社
洪洋,鲍修增．2004. 医用物理学．北京:高等教育出版社
胡纪湘．1995. 医用物理学．4版．北京:人民卫生出版社
胡金麟．2000. 细胞流变学．北京:科学出版社
胡新珉．2008. 医学物理学．7版．北京:人民卫生出版社
霍纪文,王秀．1994章．医学成像技术．沈阳:辽宁科学技术出版社
喀蔚波．2008. 医用物理学．北京:高等教育出版社
康斌．2001. 骨骼肌系统疾病超声诊断学．北京:科学出版社
邝华俊．1989. 医用物理学．3版．北京:人民卫生出版社
李兰英,等．2005. 生物液晶．化学通报,10
李宜贵,张益珍．2003. 医学物理学．成都:四川大学出版社
梁竹健,喀蔚波译．2005. 力学以外的世界．北京:北京大学出版社
刘普和,刘国刚．1989. 激光生物学作用机制．北京:科学出版社
刘普和．1989. 医学物理学．北京:人民卫生出版社
刘普和．1992. 物理因子的生物效应．北京:科学出版社
卢德馨．1998. 大学物理学．北京:高等教育出版社
卢希庭．1981. 原子核物理．北京:原子能出版社
陆果．1998. 基础物理学(上、下卷). 北京:高等教育出版社
吕百达．1992. 激光光学．成都:四川大学出版社
马文蔚,解希顺,周雨青．2006. 物理学．5版．北京:高等教育出版社
母国光、战元令．1978. 光学．北京:人民教育出版社
倪忠强,刘海兰,武荷岚．2014. 医用物理学．北京:清华大学出版社
潘志达．2007. 医学物理学．北京:科学出版社
秦家楠．1988. 激光医学．北京:科学出版社
秦任甲,明纪堂．1990. 医用物理学．桂林:广西师范大学出版社
舒辰慧．2003. 物理学．北京:人民卫生出版社
唐建民,赵玉衡,傅昌余．1989. 实用激光医学．重庆:科学技术文献出版社重庆分社
王鸿儒．2000. 物理学．北京:人民卫生出版社
王鸿儒等译．1980. 生命科学用物理学．2版．北京:人民卫生出版社
王纪龙,周希坚．2007. 大学物理(上、下册). 3版．北京:科学出版社
王纪龙,周希坚．2007. 大学物理．北京:科学出版社
王磊,陈钢,聂娅．2010. 大学物理学．北京:高等教育出版社
王少杰,顾牡,吴天刚．2014. 新编基础物理学(上、下册). 2版．北京:科学出版社
王仕璠,朱自强．1998. 现代光学原理．成都:电子科技大学出版社
王文军,张山彪,杨兆华．2011. 光学．北京:科学出版社
王勇．1994. 物理学及其在医学中的应用．成都:成都科技大学出版社
吴百诗．2001. 大学物理(上、下册),新版．北京:科学出版社
吴茂良．1989. 应用核物理．成都:四川大学出版社

笔记栏

吴强．2006．光学．北京：科学出版社
徐国祥．1998．激光医学．北京：人民卫生出版社
杨子彬．2000．生物医学工程学．哈尔滨：黑龙江科学技术出版社
姚啟钧．1981．光学教程．北京：人民教育出版社
张里仁．2000．医学影像设备学．北京：人民卫生出版社
张三慧．1999．大学物理学(第二册)：热学．2版．北京：清华大学出版社
张三慧．1999．大学物理学(第三册)：电磁学．2版．北京：清华大学出版社
张三慧．1999．大学物理学(第一册)：力学．2版．北京：清华大学出版社
张三慧．2000．大学物理学(第四册)：波动与光学．2版．北京：清华大学出版社
张三慧．2000．大学物理学(第五册)：量子物理．2版．北京：清华大学出版社
张书琴，王鸿儒．1988．物理学．成都：四川科学技术出版社
张泽宝．2000．医学影像物理学．北京：人民卫生出版社
赵凯华，罗蔚茵．2001．新概念物理教程·力学．北京：高等教育出版社
赵凯华，罗蔚茵．2001．新概念物理教程·量子物理．北京：高等教育出版社
赵凯华，钟锡华．1984．光学．北京：北京大学出版社
周炳琨，高以智、陈家骅，等．1984．激光原理．北京：国防工业出版社
周光垌，等．2000．流体力学(上、下卷)．2版北京：高等教育出版社
周静娴．2002．物理学．北京：中国农业出版社
祝之光．2009．物理学．3版．北京：高等教育出版社
Ajoy Ghatak. 2009. Optics. 4th ed. Tata McGraw-Hill Publishing Company Limited
A. E. Siegman. 1986. LASERS. Milly Valley: University Science Books
Eugene Hecht. 2004. Physics: Calculus, 2nd ed. Brooks/Cole
Jerry N Barham. 1978. MECHANICAL KINESIOLOGY. Saint Louis: The C. V. Mosby Company
Jurgen R Meyer-Arendt. 1989. INTRODUCTION TO CLASSICAL AND MODEN OPTICS. 3rd ed.. New Jersey: Prentice-Hall International, Inc
Kanel J W, et al. 1978. Life Science Physics. New York: John Wiley & Sons
M Born, E Wolf. 1999. PRINCIPLES OF OPTICS. 7th ed. Cambridge: Cambridge University Press
Nicholas J Giordano, Hisao Nakanishi. 2006. Computational Physics, 2nd ed. Pearson education, Inc
Paul Peter Urone. 2002. College Physics. 2nd ed. Brooks/Cole Publishing Company
Raymond A Serway, Clement J Moses, Curt A Moyer. 2005. Modern Physics. 3rd ed. Cengage Learning
Ronald Lane Reese. 2002. University Physics. Brooks/Cole Publishing Company
W. Lauterborn, T. Kurz, M. Wiesenfeldt. 2007. COHERENT OPTICS. Berlin: Springer-Verlag, 1999

笔记栏